新时代发展方略党政干部参考读本

自由贸易区建设

政策解读与经验集萃

中国政策研究网编辑组 编

中国言实出版社

图书在版编目（CIP）数据

自由贸易区建设 ：政策解读与经验集萃 / 中国政策研究网编辑组编. -- 北京 ：中国言实出版社，2019.1
（新时代发展方略党政干部参考读本）
ISBN 978-7-5171-3055-0

Ⅰ. ①自… Ⅱ. ①中… Ⅲ. ①自由贸易区－经济发展－研究－中国－干部教育－学习参考资料 Ⅳ. ① F752

中国版本图书馆 CIP 数据核字（2019）第 010387 号

出 版 人 王昕朋
总 监 制 朱艳华
责任编辑 敖 华
责任校对 史会美
出版统筹 刘 力
责任印制 佟贵兆
封面设计 薄 璐

出版发行 中国言实出版社
地 址：北京市朝阳区北苑路 180 号加利大厦 5 号楼 105 室
邮 编：100101
编辑部：北京市海淀区北太平庄路甲 1 号
邮 编：100088
电 话：64924853（总编室） 64924716（发行部）
网 址：www.zgyscbs.cn
E-mail：zgyscbs@263.net
经 销 新华书店
印 刷 北京温林源印刷有限公司
版 次 2020 年 1 月第 1 版 2020 年 1 月第 1 次印刷
规 格 710 毫米 ×1000 毫米 1/16 37.5 印张
字 数 530 千字
定 价 58.00 元 ISBN 978-7-5171-3055-0

建设自由贸易试验区，是党中央为推进新形势下改革开放提出的一项重大举措。要牢牢把握国际通行规则，加快形成与国际投资、贸易通行规则相衔接的基本制度体系和监管模式，既充分发挥市场在资源配置中的决定性作用，又更好发挥政府作用。要大胆闯、大胆试、自主改，尽快形成一批可复制、可推广的新制度，加快在促进投资贸易便利、监管高效便捷、法制环境规范等方面先试出首批管用、有效的成果。

——摘自习近平参加十二届全国人大二次会议上海代表团审议时讲话

（2014年3月5日）

目　录

第一部分　相关政策

第二部分　政策解读

第三部分　地方创新

第四部分　国际经验

第一部分
相关政策

国务院关于印发中国（上海）自由贸易试验区总体方案的通知

（2013 年 9 月 18 日）

国发〔2013〕38 号

各省、自治区、直辖市人民政府，国务院各部委、各直属机构：

国务院批准《中国（上海）自由贸易试验区总体方案》（以下简称《方案》），现予印发。

一、建立中国（上海）自由贸易试验区，是党中央、国务院作出的重大决策，是深入贯彻党的十八大精神，在新形势下推进改革开放的重大举措，对加快政府职能转变、积极探索管理模式创新、促进贸易和投资便利化，为全面深化改革和扩大开放探索新途径、积累新经验，具有重要意义。

二、上海市人民政府要精心组织好《方案》的实施工作。要探索建立投资准入前国民待遇和负面清单管理模式，深化行政审批制度改革，加快转变政府职能，全面提升事中、事后监管水平。要扩大服务业开放、推进金融领域开放创新，建设具有国际水准的投资贸易便利、监管高效便捷、法制环境规范的自由贸易试验区，使之成为推进改革和提高开放型经济水平的“试验田”，形成可复制、可推广的经验，发挥示范带动、服务全国的积极作用，促进各地区共同发展。有关部门要大力支持，做好协调配合、指导评估等工作。

三、根据《全国人民代表大会常务委员会关于授权国务院在中国（上海）自由贸易试验区暂时调整有关法律规定的行政审批的决定》，相应暂时调整有关行政法规和国务院文件的部分规定。具体由国务院另行印发。

《方案》实施中的重大问题，上海市人民政府要及时向国务院请示报告。

国务院

2013 年 9 月 18 日

中国（上海）自由贸易试验区总体方案

建立中国（上海）自由贸易试验区（以下简称试验区）是党中央、国务院作出的重大决策，是深入贯彻党的十八大精神，在新形势下推进改革开放的重大举措。为全面有效推进试验区工作，制定本方案。

一、总体要求

试验区肩负着我国在新时期加快政府职能转变、积极探索管理模式创新、促进贸易和投资便利化，为全面深化改革和扩大开放探索新途径、积累新经验的重要使命，是国家战略需要。

（一）指导思想

高举中国特色社会主义伟大旗帜，以邓小平理论、“三个代表”重要思想、科学发展观为指导，紧紧围绕国家战略，进一步解放思想，坚持先行先试，以开放促改革、促发展，率先建立符合国际化和法治化要求的跨境投资和贸易规则体系，使试验区成为我国进一步融入经济全球化的重要载体，打造中国经济升级版，为实现中华民族伟大复兴的中国梦作出贡献。

（二）总体目标

经过两至三年的改革试验，加快转变政府职能，积极推进服务业扩大开放和外商投资管理体制改革，大力发展总部经济和新型贸易业态，加快探索资本项目可兑换和金融服务业全面开放，探索建立货物状态分类监管模式，努力形成促进投资和创新的政策支持体系，着力培育国际化和法治化的营商环境，力争建设成为具有国际水准的投资贸易便利、货币兑换自由、监管高效便捷、法制环境规范的自由贸易试验区，为我国扩大开放和深化改革探索新思路和新途径，更好地为全国服务。

（三）实施范围

试验区的范围涵盖上海外高桥保税区、上海外高桥保税物流园区、洋山保税港区和上海浦东机场综合保税区等4个海关特殊监管区域，并根据先行先试推进情况以及产业发展和辐射带动需要，逐步拓展实施范围和试点政策范围，形成与上海国际经济、金融、贸易、航运中心建设的联动机制。

二、主要任务和措施

紧紧围绕面向世界、服务全国的战略要求和上海“四个中心”建设的战略任务，按照先行先试、风险可控、分步推进、逐步完善的方式，把扩大开放与体制改革相结合、把培育功能与政策创新相结合，形成与国际投资、贸易通行规则相衔接的基本制度框架。

（一）加快政府职能转变

1. 深化行政管理体制改革。加快转变政府职能，改革创新政府管理方式，按照国际化、法治化的要求，积极探索建立与国际高标准投资和贸易规则体系相适应的行政管理体系，推进政府管理由注重事先审批转为注重事中、事后监管。建立一口受理、综合审批和高效运作的服务模式，完善信息网络平台，实现不同部门的协同管理机制。建立行业信息跟踪、监管和归集的综合性评估机制，加强对试验区内企业在区外经营活动全过程的跟踪、管理和监督。建立集中统一的市场监管综合执法体系，在质量技术监督、食品药品监管、知识产权、工商、税务等管理领域，实现高效监管，积极鼓励社会力量参与市场监督。提高行政透明度，完善体现投资者参与、符合国际规则的信息公开机制。完善投资者权益有效保障机制，实现各类投资主体的公平竞争，允许符合条件的外国投资者自由转移其投资收益。建立知识产权纠纷调解、援助等解决机制。

（二）扩大投资领域的开放

2. 扩大服务业开放。选择金融服务、航运服务、商贸服务、专业服务、文化服务以及社会服务领域扩大开放，暂停或取消投资者资质要求、股比限制、经营范围限制等准入限制措施（银行业机构、信息通信服务除外），营造有利于各类投资者平等准入的市场环境。

3. 探索建立负面清单管理模式。借鉴国际通行规则，对外商投资试行准入前国民待遇，研究制订试验区外商投资与国民待遇等不符的负面清单，改革外商投资管理模式。对负面清单之外的领域，按照内外资一致的原则，将外商投资项目由核准制改为备案制（国务院规定对国内投资项目保留核准的除外），由上海市负责办理；将外商投资企业合同章程审批改为由上海市负责备案管理，备案后按国家有关规定办理相关手续；工商登记与商事登记制度改革相衔接，逐步优化登记流程；完善国家安全审查制度，在试验区内试点开展涉及外资的国家安全审查，构建安全高效的开放型经济体系。在总结试点经验的基础上，逐步形成与国际接轨的外商投资管理制度。

4. 构筑对外投资服务促进体系。改革境外投资管理方式，对境外投资开办企业实行以备案制为主的管理方式，对境外投资一般项目实行备案制，由上海市负责备案管理，提高境外投资便利化程度。创新投资服务促进机制，加强境外投资事后管理和服务，形成多部门共享的信息监测平台，做好对外直接投资统计和年检工作。支持试验区内各类投资主体开展多种形式的境外投资。鼓励在试验区设立专业从事境外股权投资的项目公司，支持有条件的投资者设立境外投资股权投资母基金。

（三）推进贸易发展方式转变

5. 推动贸易转型升级。积极培育贸易新型业态和功能，形成以技术、品牌、质量、服务为核心的外贸竞争新优势，加快提升我国在全球贸易价值链中的地位。鼓励跨国公司建立亚太地区总部，建立整合贸易、物流、结算等功能的营运中心。深化国际贸易结算中心试点，拓展专用账户的服务贸易跨境收付和融资功能。支持试验区内企业发展离岸业务。鼓励企业统筹开展国际国内贸易，实现内外贸一体化发展。探索在试验区内设立国际大宗商品交易和资源配置平台，开展能源产品、基本工业原料和大宗农产品的国际贸易。扩大完善期货保税交割试点，拓展仓单质押融资等功能。加快对外文化贸易基地建设。推动生物医药、软件信息、管理咨询、数据服务等外包业务发展。允许和支持各类融资租赁公司在试验区内设立项目子公司并开展境内外租赁服务。鼓励设立第三方检验鉴定机构，按照国际标准采信其检测结果。试点开展境内外高技术、高附加值的维修业务。加快培育跨境电子商务服务功能，试点建立与之相适应的海关监管、检验检疫、退税、跨境支付、物流等支撑系统。

6. 提升国际航运服务能级。积极发挥外高桥港、洋山深水港、浦东空港国际枢纽港的联动作用，探索形成具有国际竞争力的航运发展制度和运作模式。积极发展航运金融、国际船舶运输、国际船舶管理、国际航运经纪等产业。加快发展航运运价指数衍生品交易业务。推动中转集拼业务发展，允许中资公司拥有或控股拥有的非五星旗船，先行先试外贸进出口集装箱在国内沿海港口和上海港之间的沿海捎带业务。支持浦东机场增加国际中转货运航班。充分发挥上海的区域优势，利用中资“方便旗”船税收优惠政策，促进符合条件的船舶在上海落户登记。在试验区实行已在天津试点的国际船舶登记政策。简化国际船舶运输经营许可流程，形成高效率的船籍登记制度。

（四）深化金融领域的开放创新

7. 加快金融制度创新。在风险可控前提下，可在试验区内对人民币资本项目可兑换、金融市场利率市场化、人民币跨境使用等方面创造条件进行先行先试。在试验区内实现金融机构资产方价格实行市场化定价。探索面向国际的外汇管理改革试点，建立与自由贸易试验区相适应的外汇管理体制，全面实现贸易投资便利化。鼓励企业充分利用境内外两种资源、两个市场，实现跨境融资自由化。深化外债管理方式改革，促进跨境融资便利化。深化跨国公司总部外汇资金集中运营管理试点，促进跨国公司设立区域性或全球性资金管理中心。建立试验区金融改革创新与上海国际金融中心建设的联动机制。

8. 增强金融服务功能。推动金融服务业对符合条件的民营资本和外资金融机构全面开放，支持在试验区内设立外资银行和中外合资银行。允许金融市场在试验区内建立面向国际的交易平台。逐步允许境外企业参与商品期货交易。鼓励金融市场产品创新。支持股权托管交易机构在试验区内建立综合金融服务平台。支持开展人民币跨境再保险业务，培育发展再保险市场。

（五）完善法制领域的制度保障

9. 完善法制保障。加快形成符合试验区发展需要的高标准投资和贸易规则体系。针对试点内容，需要停止实施有关行政法规和国务院文件的部分规定的，按规定程序办理。其中，经全国人民代表大会常务委员会授权，暂时调整《中华人民共和国外资企业法》、《中华人民共和国中外合资经营企业法》和《中华人民共和国中外合作经营企业法》规定的有关行政审批，自 2013 年 10 月 1 日起在三年内试行。各部门要支持试验区在服务业扩大开放、实施准入前国民待遇和负面清单管理模式等方面深化改革试点，及时解决试点过程中的制度保障问题。上海市要通过地方立法，建立与试点要求相适应的试验区管理制度。

三、营造相应的监管和税收制度环境

适应建立国际高水平投资和贸易服务体系的需要，创新监管模式，促进试验区内货物、服务等各类要素自由流动，推动服务业扩大开放和货物贸易深入发展，形成公开、透明的管理制度。同时，在维护现行税制公平、统一、规范的前提下，以培育功能为导向，完善相关政策。

（一）创新监管服务模式

1. 推进实施“一线放开”。允许企业凭进口舱单将货物直接入区，再凭进境货物备案清单向主管海关办理申报手续，探索简化进出境备案清单，简化国际中转、集拼和分拨等业务进出境手续；实行“进境检疫，适当放宽进出口检验”模式，创新监管技术和方法。探索构建相对独立的以贸易便利化为主的货物贸易区域和以扩大服务领域开放为主的服务贸易区域。在确保有效监管的前提下，探索建立货物状态分类监管模式。深化功能拓展，在严格执行货物进出口税收政策的前提下，允许在特定区域设立保税展示交易平台。

2. 坚决实施“二线安全高效管住”。优化卡口管理，加强电子信息联网，通过进出境清单比对、账册管理、卡口实货核注、风险分析等加强监管，促进二线监管模式与一线监管模式相衔接，推行“方便进出，严密防范质量安全风险”的检验检疫监管模式。加强电子账册管理，推动试验区内货物在各海关特殊监管区域之间和跨关区便捷流转。试验区内企业原则上不受地域限制，可到区外再投资或开展业务，如有专项规定要求办理相关手续，仍应按照专项规定办理。推进企业运营信息与监管系统对接。通过风险监控、第三方管理、保证金要求等方式实行有效监管，充分发挥上海市诚信体系建设的作用，加快形成企业商务诚信管理和经营活动专属管辖制度。

3. 进一步强化监管协作。以切实维护国家安全和市场公平竞争为原则，加强各有关部门与上海市政府的协同，提高维护经济社会安全的服务保障能力。试验区配合国务院有关部门严格实施经营者集中反垄断审查。加强海关、质检、工商、税务、外汇等管理部门的协作。加快完善一体化监管方式，推进组建统一高效的口岸监管机构。探索试验区统一电子围网管理，建立风险可控的海关监管机制。

（二）探索与试验区相配套的税收政策

4. 实施促进投资的税收政策。注册在试验区内的企业或个人股东，因非货币性资产对外投资等资产重组行为而产生的资产评估增值部分，可在不超过 5 年期限内，分期缴纳所得税。对试验区内企业以股份或出资比例等股权形式给予企业高端人才和紧缺人才的奖励，实行已在中关村等地区试点的股权激励个人所得税分期纳税政策。

5. 实施促进贸易的税收政策。将试验区内注册的融资租赁企业或金融租赁公司在试验区内设立的项目子公司纳入融资租赁出口退税试点范围。对试验区内注册的国内租赁公司或租赁公司设立的项目子公司，经国家有关部门批准从境外购买空载重量在 25 吨以上并租赁给国内航空公司使用的飞机，享受相关进口环节增值税优惠政策。对设在试验区内的企业生产、加工并经“二线”销往内地的货物照章征收进口环节增值税、消费税。根据企业申请，试行对该内销货物按其对应进口料件或按实际报验状态征收关税的政策。在现行政策框架下，对试验区内生产企业和生产性服务业企业进口所需的机器、设备等货物予以免税，但生活性服务业等企业进口的货物以及法律、行政法规和相关规定明确不予免税的货物除外。完善启运港退税试点政策，适时研究扩大启运地、承运企业和运输工具等试点范围。

此外，在符合税制改革方向和国际惯例，以及不导致利润转移和税基侵蚀的前提下，积极研究完善适应境外股权投资和离岸业务发展的税收政策。

四、扎实做好组织实施

国务院统筹领导和协调试验区推进工作。上海市要精心组织实施，完善工作机制，落实工作责任，根据《方案》明确的目标定位和先行先试任务，按照“成熟的可先做，再逐步完善”的要求，形成可操作的具体计划，抓紧推进实施，并在推进过程中认真研究新情况、解决新问题，重大问题要及时向国务院请示报告。各有关部门要大力支持，积极做好协调配合、指导评估等工作，共同推进相关体制机制和政策创新，把试验区建设好、管理好。

（中国政府网 2013 年 9 月 27 日）

国务院关于推广中国（上海）自由贸易试验区可复制改革试点经验的通知

（2014 年 12 月 21 日）

国发〔2014〕65 号

各省、自治区、直辖市人民政府，国务院各部委、各直属机构：

设立中国（上海）自由贸易试验区（以下简称上海自贸试验区）是党中央、国务院作出的重大决策。上海自贸试验区成立一年多来，上海市和有关部门以简政放权、放管结合的制度创新为核心，加快政府职能转变，探索体制机制创新，在建立以负面清单管理为核心的外商投资管理制度、以贸易便利化为重点的贸易监管制度、以资本项目可兑换和金融服务业开放为目标的金融创新制度、以政府职能转变为核心的事中事后监管制度等方面，形成了一批可复制、可推广的改革创新成果。经党中央、国务院批准，上海自贸试验区的可复制改革试点经验将在全国范围内推广。现就有关事项通知如下：

一、可复制推广的主要内容

上海自贸试验区可复制改革试点经验，原则上，除涉及法律修订、上海国际金融中心建设事项外，能在其他地区推广的要尽快推广，能在全国范围内推广的要推广到全国。有关部门结合自身深化改革的各项工作，已在全国范围复制推广了一批经验和做法。在此基础上，进一步推广以下事项：

（一）在全国范围内复制推广的改革事项

1. 投资管理领域：外商投资广告企业项目备案制、涉税事项网上审批备案、税务登记号码网上自动赋码、网上自主办税、纳税信用管理的网上信用评级、组织机构代码实时赋码、企业标准备案管理制度创新、取消生产许可证委托加工备案、企业设立实行“单一窗口”等。

2. 贸易便利化领域：全球维修产业检验检疫监管、中转货物产地来源证管理、检验检疫通关无纸化、第三方检验结果采信、出入境生物材料制品风险管理等。

3. 金融领域：个人其他经常项下人民币结算业务、外商投资企业外汇资本金意愿结汇、银行办理大宗商品衍生品柜台交易涉及的结售汇业务、直接投资项下外汇登记及变更登记下放银行办理等。

4. 服务业开放领域：允许融资租赁公司兼营与主营业务有关的商业保理业务、允许设立外商投资资信调查公司、允许设立股份制外资投资性公司、融资租赁公司设立子公司不设最低注册资本限制、允许内外资企业从事游戏游艺设备生产和销售等。

5. 事中事后监管措施：社会信用体系、信息共享和综合执法制度、企业年度报告公示和经营异常名录制度、社会力量参与市场监督制度，以及各部门的专业监管制度。

（二）在全国其他海关特殊监管区域复制推广的改革事项

1. 海关监管制度创新：期货保税交割海关监管制度、境内外维修海关监管制度、融资租赁海关监管制度等措施。

2. 检验检疫制度创新：进口货物预检验、分线监督管理制度、动植物及其产品检疫审批负面清单管理等措施。

二、高度重视推广工作

各地区、各部门要深刻认识推广上海自贸试验区可复制改革试点经验的重大意义，将推广工作作为全面深化改革的重要举措，积极转变政府管理理念，以开放促改革，结合本地区、本部门实际情况，着力解决市场体系不完善、政府干预过多和监管不到位等问题，更好地发挥市场在资源配置中的决定性作用和政府作用。要适应经济全球化的趋势，逐步构建与我国开放型经济发展要求相适应的新体制、新模式，释放改革红利，促进国际国内要素有序自由流动、资源高效配置、市场深度融合，加快培育参与和引领国际经济合作竞争的新优势。

三、切实做好组织实施

各省（区、市）人民政府要因地制宜，将推广相关体制机制改革措施列为本地区重点工作，建立健全领导机制，积极创造条件、扎实推进，确保改革试点经验生根落地，产生实效。国务院各有关部门要按照规定时限完成相关改革试点经验推广工作。各省（区、市）人民政府和国务院各有关部门要制订工作方案，明确具体任务、时间节点和可检验的成果形式，于2015年1月31日前送商务部，由商务部汇总后报国务院。改革试点经验推广过程中遇到的重大问题，要及时报告国务院。

国务院

2014年12月21日

（中国政府网 2015年1月29日）

国务院关于印发中国（广东）自由贸易试验区总体方案的通知

（2015 年 4 月 8 日）

国发〔2015〕18 号

各省、自治区、直辖市人民政府，国务院各部委、各直属机构：

国务院批准《中国（广东）自由贸易试验区总体方案》（以下简称《方案》），现予印发。

一、建立中国（广东）自由贸易试验区（以下简称自贸试验区），是党中央、国务院作出的重大决策，是在新形势下推进改革开放和促进内地与港澳深度合作的重要举措，对加快政府职能转变、积极探索管理模式创新、促进贸易和投资便利化，为全面深化改革和扩大开放探索新途径、积累新经验，具有重要意义。

二、自贸试验区要当好改革开放排头兵、创新发展先行者，以制度创新为核心，贯彻“一带一路”建设等国家战略，在构建开放型经济新体制、探索粤港澳经济合作新模式、建设法治化营商环境等方面，率先挖掘改革潜力，破解改革难题。要积极探索外商投资准入前国民待遇加负面清单管理模式，深化行政管理体制改革，提高行政管理效能，提升事中事后监管能力和水平。

三、广东省人民政府和有关部门要解放思想、改革创新，大胆实践、积极探索，统筹谋划、加强协调，支持自贸试验区先行先试。要加强组织领导，明确责任主体，精心组织好《方案》实施工作，有效防控各类风险。要及时总结评估试点实施效果，形成可复制可推广的改革经验，发挥示范带动、服务全国的积极作用。

四、根据《全国人民代表大会常务委员会关于授权国务院在中国（广东）自由贸易试验区、中国（天津）自由贸易试验区、中国（福建）自由贸易试验区以

及中国（上海）自由贸易试验区扩展区域暂时调整有关法律规定的行政审批的决定》，相应暂时调整有关行政法规和国务院文件的部分规定。具体由国务院另行印发。

五、《方案》实施中的重大问题，广东省人民政府要及时向国务院请示报告。

国务院

2015年4月8日

中国（广东）自由贸易试验区总体方案

建立中国（广东）自由贸易试验区（以下简称自贸试验区）是党中央、国务院作出的重大决策，是新形势下全面深化改革、扩大开放和促进内地与港澳深度合作的重大举措。为全面有效推进自贸试验区建设，制定本方案。

一、总体要求

（一）指导思想

全面贯彻落实党的十八大和十八届二中、三中、四中全会精神，按照党中央、国务院决策部署，紧紧围绕国家战略，进一步解放思想，先行先试，以开放促改革、促发展，以制度创新为核心，促进内地与港澳经济深度合作，为全面深化改革和扩大开放探索新途径、积累新经验，发挥示范带动、服务全国的积极作用。

（二）战略定位

依托港澳、服务内地、面向世界，将自贸试验区建设成为粤港澳深度合作示范区、21世纪海上丝绸之路重要枢纽和全国新一轮改革开放先行地。

（三）发展目标

经过三至五年改革试验，营造国际化、市场化、法治化营商环境，构建开放型经济新体制，实现粤港澳深度合作，形成国际经济合作竞争新优势，力争建成符合国际高标准的法制环境规范、投资贸易便利、辐射带动功能突出、监管安全高效的自由贸易园区。

二、区位布局

（一）实施范围

自贸试验区的实施范围116.2平方公里，涵盖三个片区：广州南沙新区片区60平方公里（含广州南沙保税港区7.06平方公里），深圳前海蛇口片区28.2平方公里（含深圳前海湾保税港区3.71平方公里），珠海横琴新区片区28平方公里。

自贸试验区土地开发利用须遵守土地利用法律法规。

（二）功能划分

按区域布局划分，广州南沙新区片区重点发展航运物流、特色金融、国际商贸、高端制造等产业，建设以生产性服务业为主导的现代产业新高地和具有世界先进水平的综合服务枢纽；深圳前海蛇口片区重点发展金融、现代物流、信息服务、科技服务等战略性新兴服务业，建设我国金融业对外开放试验示范窗口、世界服务贸易重要基地和国际性枢纽港；珠海横琴新区片区重点发展旅游休闲健康、商务金融服务、文化科教和高新技术等产业，建设文化教育开放先导区和国际商务服务休闲旅游基地，打造促进澳门经济适度多元发展新载体。

按海关监管方式划分，广州南沙新区片区和深圳前海蛇口片区内的非海关特殊监管区域，重点探索体制机制创新，积极发展现代服务业和高端制造业；广州南沙保税港区和深圳前海湾保税港区等海关特殊监管区域，试点以货物贸易便利化为主要内容的制度创新，主要开展国际贸易和保税服务等业务；珠海横琴新区片区试点有关货物贸易便利化和现代服务业发展的制度创新。

三、主要任务和措施

（一）建设国际化、市场化、法治化营商环境

1. 优化法治环境。在扩大开放的制度建设上大胆探索、先行先试，加快形成高标准投资贸易规则体系。按照统一、公开、公平原则，试点开展对内对外开放的执法与司法建设，实现各类市场主体公平竞争。强化自贸试验区制度性和程序性法规规章建设，完善公众参与法规规章起草机制，探索委托第三方起草法规规章草案。对涉及自贸试验区投资贸易等商事案件，建立专业化审理机制。完善知

识产权管理和执法体制，完善知识产权纠纷调解和维权援助机制，探索建立自贸试验区重点产业知识产权快速维权机制。发展国际仲裁、商事调解机制。

2. 创新行政管理体制。按照权责一致原则，建立行政权责清单制度，明确政府职能边界。深化行政审批制度改革，最大限度取消行政审批事项。推进行政审批标准化、信息化建设，探索全程电子化登记和电子营业执照管理，建立一口受理、同步审批的“一站式”高效服务模式，建设市场准入统一平台和国际贸易“单一窗口”，实现多部门信息共享和协同管理。深化投资管理体制改革，对实行备案制的企业投资项目，探索备案文件自动获准制。建立集中统一的综合行政执法体系，相对集中执法权，建设网上执法办案系统，建设联勤联动指挥平台。提高知识产权行政执法与海关保护的协调性和便捷性。探索设立法定机构，将专业性、技术性或社会参与性较强的公共管理和服务职能交由法定机构承担。建立行政咨询体系，成立由粤港澳专业人士组成的专业咨询委员会，为自贸试验区发展提供咨询。推进建立一体化的廉政监督新机制。

3. 建立宽进严管的市场准入和监管制度。实施自贸试验区外商投资负面清单制度，减少和取消对外商投资准入限制，重点扩大服务业和制造业对外开放，提高开放度和透明度。对外商投资实行准入前国民待遇加负面清单管理模式，对外商投资准入特别管理措施（负面清单）之外领域的外商投资项目实行备案制（国务院规定对国内投资项目保留核准的除外），由广东省负责办理；根据全国人民代表大会常务委员会授权，将外商投资企业设立、变更及合同章程审批改为备案管理，由广东省负责办理，备案后按国家有关规定办理相关手续。健全社会诚信体系，建立企业诚信制度，开展信用调查和等级评价，完善企业信用约束机制，实施守信激励和失信惩戒制度。完善企业信用信息公示系统，实施企业年报公示、经营异常名录和严重违法企业名单制度。以商务诚信为核心，在追溯、监管、执法、处罚、先行赔付等方面强化全流程监管。配合国家有关部门实施外商投资国家安全审查和经营者集中反垄断审查，实施外商投资全周期监管。探索把服务相关行业的管理职能交由社会组织承担，建立健全行业协会法人治理结构。根据高标准国际投资和贸易规则要求，强化企业责任，完善工资支付保障和集体协商制度，建立工作环境损害监督等制度，严格执行环境保护法规和标准，探索开展出口产品低碳认证。

（二）深入推进粤港澳服务贸易自由化

4. 进一步扩大对港澳服务业开放。在《内地与香港关于建立更紧密经贸关系的安排》、《内地与澳门关于建立更紧密经贸关系的安排》及其补充协议（以下统称《安排》）框架下探索对港澳更深度的开放，进一步取消或放宽对港澳投资者的资质要求、股比限制、经营范围等准入限制，重点在金融服务、交通航运服务、商贸服务、专业服务、科技服务等领域取得突破。允许港澳服务提供者在自贸试验区设立独资国际船舶运输企业，经营国际海上船舶运输服务。允许港澳服务提供者在自贸试验区设立自费出国留学中介服务机构。支持在自贸试验区内设立的港澳资旅行社（各限 5 家）经营内地居民出国（境）（不包括台湾地区）团队旅游业务。在自贸试验区内试行粤港澳认证及相关检测业务互认制度，实行“一次认证、一次检测、三地通行”，适度放开港澳认证机构进入自贸试验区开展认证检测业务，比照内地认证机构、检查机构和实验室，给予港澳服务提供者在内地设立的合资与独资认证机构、检查机构和实验室同等待遇。允许港澳服务提供者发展高端医疗服务，开展粤港澳医疗机构转诊合作试点。建设具有粤港澳特色的中医药产业基地。优化自贸试验区区域布局，规划特定区域，建设港澳现代服务业集聚发展区。

5. 促进服务要素便捷流动。推进粤港澳服务行业管理标准和规则相衔接。结合国家关于外籍高层次人才认定以及入出境和工作生活待遇政策，研究制订自贸试验区港澳及外籍高层次人才认定办法，为高层次人才入出境、在华停居留提供便利，在项目申报、创新创业、评价激励、服务保障等方面给予特殊政策。探索通过特殊机制安排，推进粤港澳服务业人员职业资格互认。探索在自贸试验区工作、居住的港澳人士社会保障与港澳有效衔接。创新粤港澳口岸通关模式，推进建设统一高效、与港澳联动的口岸监管机制，加快推进粤港、粤澳之间信息互换、监管互认、执法互助。加快实施澳门车辆在横琴与澳门间便利进出政策，制定粤港、粤澳游艇出入境便利化措施。支持建设自贸试验区至我国国际通信业务出入口局的直达国际数据专用通道，建设互联互通的信息环境。

（三）强化国际贸易功能集成

6. 推进贸易发展方式转变。粤港澳共同加强与 21 世纪海上丝绸之路沿线国家和地区的贸易往来，开拓国际市场。鼓励企业在自贸试验区设立总部，建立整合物流、贸易、结算等功能的营运中心。探索自贸试验区与港澳联动发展离岸贸易。加强粤港澳会展业合作，在严格执行货物进出口税收政策前提下，允许在海关特殊监管区域内设立保税展示交易平台。支持开展汽车平行进口试点，平行进口汽车应符合国家质量安全标准，进口商应承担售后服务、召回、“三包”等责任，并向消费者警示消费风险。鼓励融资租赁业创新发展，对注册在自贸试验区海关特殊监管区域内的融资租赁企业进出口飞机、船舶和海洋工程结构物等大型设备涉及跨关区的，在确保有效监管和执行现行相关税收政策前提下，按物流实际需要，实行海关异地委托监管。支持在海关特殊监管区域内开展期货保税交割、仓单质押融资等业务。创新粤港澳电子商务互动发展模式。按照公平竞争原则，积极发展跨境电子商务，完善相应的海关监管、检验检疫、退税、跨境支付、物流等支撑系统，加快推进跨境贸易电子商务配套平台建设。拓展服务贸易新领域，搭建服务贸易公共服务平台。建立华南地区知识产权运营中心，探索开展知识产权处置和收益管理改革试点。积极承接服务外包，推进软件研发、工业设计、信息管理等业务发展。加强粤港澳产品检验检测技术和标准研究合作，逐步推进第三方结果采信，逐步扩大粤港澳三方计量服务互认范畴。改革和加强原产地证签证管理，便利证书申领，强化事中事后监管。

7. 增强国际航运服务功能。建立自贸试验区与粤港澳海空港联动机制，建设 21 世纪海上丝绸之路物流枢纽，探索具有国际竞争力的航运发展制度和协同运作模式。探索与港澳在货运代理和货物运输等方面的规范和标准对接，推动港澳国际航运高端产业向内地延伸和拓展。积极发展国际船舶运输、国际船舶管理、国际船员服务、国际航运经纪等产业，支持港澳投资国际远洋、国际航空运输服务，允许在自贸试验区试点航空快件国际和台港澳中转集拼业务。允许设立外商独资国际船舶管理企业。放宽在自贸试验区设立的中外合资、中外合作国际船舶企业的外资股比限制。允许外商以合资、合作形式从事公共国际船舶代理业务，外方持股比例放宽至51%，将外资经营国际船舶管理业务的许可权限下放给广东省。促进航运金融发展，建设航运交易信息平台，发展航运电子商务、支付结算等业务，推进组建专业化地方法人航运保险机构，允许境内外保险公司和保险经纪公司等服务中介设立营业机构并开展航运保险业务，探索航运运价指数场外衍生品开发与交易业务。推动中转集拼业务发展，允许中资公司拥有或控股拥有的非五星旗船，试点开展外贸集装箱在国内沿海港口和自贸试验区内港口之间的沿海捎带业务。在落实国际船舶登记制度相关配套政策基础上，自贸试验区海关特殊监管区域内中方投资人持有船公司的股权比例可低于50%。充分利用现有中资“方便旗”船税收优惠政策，促进符合条件的船舶在自贸试验区落户登记。允许在自贸试验区内注册的内地资本邮轮企业所属“方便旗”邮轮，经批准从事两岸四地邮轮运输和其他国内运输。简化国际船舶运输经营许可程序，优化船舶营运、检验与登记业务流程，形成高效率的船舶登记制度。

（四）深化金融领域开放创新

8. 推动跨境人民币业务创新发展。推动人民币作为自贸试验区与港澳地区及国外跨境大额贸易和投资计价、结算的主要货币。推动自贸试验区与港澳地区开展双向人民币融资。在总结其他地区相关试点经验、完善宏观审慎管理机制基础上，研究适时允许自贸试验区企业在一定范围内进行跨境人民币融资、允许自贸试验区银行业金融机构与港澳同业机构开展跨境人民币借款等业务。支持粤港澳三地机构在自贸试验区共同设立人民币海外投贷基金。允许自贸试验区金融机构和企业从港澳及国外借用人民币资金。支持自贸试验区内港澳资企业的境外母公司按规定在境内资本市场发行人民币债券。研究探索自贸试验区企业在香港股票市场发行人民币股票，放宽区内企业在境外发行本外币债券的审批和规模限制，所筹资金根据需要可调回区内使用。支持符合条件的港澳金融机构在自贸试验区以人民币进行新设、增资或参股自贸试验区内金融机构等直接投资活动。在《安排》框架下，研究探索自贸试验区金融机构与港澳地区同业开展跨境人民币信贷资产转让业务。允许自贸试验区证券公司、基金管理公司、期货公司、保险公司等非银行金融机构开展与港澳地区跨境人民币业务。支持与港澳地区开展个人跨境人民币业务创新。

9. 推动适应粤港澳服务贸易自由化的金融创新。在《安排》框架下，完善金融业负面清单准入模式，简化金融机构准入方式，推动自贸试验区金融服务业对港澳地区进一步开放。允许符合条件的外国金融机构设立外商独资银行，符合条件的外国金融机构与中国公司、企业出资共同设立中外合资银行。在条件具备时，适时在自贸试验区内试点设立有限牌照银行。降低港澳资保险公司进入自贸试验区的门槛，支持符合条件的港澳保险公司在自贸试验区设立分支机构，对进入自贸试验区的港澳保险公司分支机构视同内地保险机构，适用相同或相近的监管法规。支持符合条件的港澳保险中介机构进入自贸试验区，适用与内地保险中介机构相同或相近的准入标准和监管法规。在自贸试验区建立与粤港澳商贸、旅游、物流、信息等服务贸易自由化相适应的金融服务体系。积极推动个人本外币兑换特许机构、外汇代兑点发展和银行卡使用，便利港元、澳门元在自贸试验区兑换使用。在完善相关管理办法、加强有效监管前提下，支持商业银行在自贸试验区内设立机构开展外币离岸业务，允许自贸试验区内符合条件的中资银行试点开办外币离岸业务。允许外资股权投资管理机构、外资创业投资管理机构在自贸试验区发起管理人民币股权投资和创业投资基金。建立健全全口径外债宏观审慎管理框架，探索外债管理新模式。在《安排》框架下，推动自贸试验区公共服务领域的支付服务向粤港澳三地银行业开放，允许自贸试验区内注册设立的、拟从事支付服务的港澳资非金融机构，在符合支付服务市场发展政策导向以及《非金融机构支付服务管理办法》规定资质条件的前提下，依法从事第三方支付业务。支持符合条件的内地和港澳地区机构在自贸试验区设立金融租赁公司、融资租赁公司，开展飞机、船舶和海洋工程设备等融资租赁业务。统一内外资融资租赁企业准入标准、审批流程和事中事后监管，允许注册在自贸试验区内由广东省商务主管部门准入的内资融资租赁企业享受与现行内资融资租赁试点企业同等待遇。支持商业保理业务发展，探索适合商业保理发展的外汇管理模式。稳妥推进外商投资典当行试点。创新知识产权投融资及保险、风险投资、信托等金融服务，推动建立知识产权质物处置机制。发展与港澳地区保险服务贸易，探索与港澳地区保险产品互认、资金互通、市场互联的机制。支持自贸试验区内符合互认条件的基金产品参与内地与香港基金产品互认。允许自贸试验区在符合国家规定前提下开展贵金属（除黄金外）跨境现货交易。允许境内期货交易所在自贸试验区内的海关特殊监管区域设立大宗商品期货保税交割仓库，支持港澳地区企业参与商品期货交易。

10. 推动投融资便利化。探索实行本外币账户管理新模式，在账户设置、账户业务范围、资金划转和流动监测机制方面进行创新。探索通过自由贸易账户和其他风险可控的方式，开展跨境投融资创新业务。在风险可控前提下，开展以资本项目可兑换为重点的外汇管理改革试点。支持自贸试验区金融机构与港澳地区同业合作开展跨境担保业务。允许在自贸试验区注册的机构在宏观审慎框架下从境外融入本外币资金和境外发行本外币债券。深化外汇管理改革，将直接投资外汇登记下放银行办理，外商直接投资项下外汇资本金可意愿结汇，进一步提高对外放款比例。提高投融资便利化水平，统一内外资企业外债政策，建立健全外债宏观审慎管理制度。区内试行资本项目限额内可兑换，符合条件的区内机构在限额内自主开展直接投资、并购、债务工具、金融类投资等交易。构建个人跨境投资权益保护制度，严格投资者适当性管理。建立健全对区内个人投资的资金流动监测预警和风险防范机制。深化跨国公司本外币资金集中运营管理改革试点。研究探索自贸试验区与港澳地区和 21 世纪海上丝绸之路沿线国家按照规定开展符合条件的跨境金融资产交易。按照国家规定设立面向港澳和国际的新型要素交易平台，引入港澳投资者参股自贸试验区要素交易平台，逐步提高港澳投资者参与自贸试验区要素平台交易的便利化水平。研究设立以碳排放为首个品种的创新型期货交易所。

11. 建立健全自贸试验区金融风险防控体系。构建自贸试验区金融宏观审慎管理体系，建立金融监管协调机制，完善跨行业、跨市场的金融风险监测评估机制，加强对重大风险的识别和系统性金融风险的防范。探索建立本外币一体化管理机制。综合利用金融机构及企业主体的本外币数据信息，对企业、个人跨境收支进行全面监测、评价并实施分类管理。根据宏观审慎管理需要，加强对跨境资金流动、套利金融交易的监测和管理。做好反洗钱、反恐怖融资工作，防范非法资金跨境、跨区流动，完善粤港澳反洗钱和反恐怖融资监管合作和信息共享机制。探索在自贸试验区建立粤港澳金融消费者权益保护协作机制以及和解、专业调解、仲裁等金融纠纷司法替代性解决机制，鼓励金融行业协会、自律组织独立或者联合依法开展专业调解，建立调解与仲裁、诉讼的对接机制，加大金融消费者维权支持力度，依法维护金融消费者合法权益。支持建立健全金融消费者教育服务体系，积极创新自贸试验区特色的多元化金融消费者教育产品和方式。

（五）增强自贸试验区辐射带动功能

12.引领珠三角地区加工贸易转型升级。发挥自贸试验区高端要素集聚优势，搭建服务于加工贸易转型升级的技术研发、工业设计、知识产权等公共服务平台。支持在自贸试验区发展加工贸易结算业务、建设结算中心。支持设立符合内销规定的加工贸易产品内销平台，建设加工贸易产品内销后续服务基地。推进企业依托海关特殊监管区域开展面向国内外市场的高技术、高附加值的检测维修等保税服务业务。允许外商开展机电产品及零部件维修与再制造业务。建立专利导航产业发展工作机制。支持企业依托自贸试验区开展自主营销，拓展境内外营销网络。

13.打造泛珠三角区域发展综合服务区。推动自贸试验区与泛珠三角区域开展广泛的经贸合作，依托自贸试验区深化与港澳合作，更好地发挥辐射和带动作用。鼓励自贸试验区内企业统筹开展国际国内贸易，形成内外贸相互促进机制。扶持和培育外贸综合服务企业，为中小企业提供通关、融资、退税、国际结算等服务。强化对泛珠三角区域的市场集聚和辐射功能，开展大宗商品现货交易和国际贸易，探索构建国际商品交易集散中心、信息中心和价格形成中心。

14.建设内地企业和个人“走出去”重要窗口。依托港澳在金融服务、信息资讯、国际贸易网络、风险管理等方面的优势，将自贸试验区建设成为内地企业和个人“走出去”的窗口和综合服务平台，支持国内企业和个人参与21世纪海上丝绸之路建设。扩大企业和个人对外投资，完善“走出去”政策促进、服务保障和风险防控体系。鼓励企业和个人创新对外投资合作方式，开展绿地投资、并购投资、证券投资、联合投资等，逐步减少对个人对外投资的外汇管制。允许自贸试验区金融机构按规定为自贸试验区内个人投资者投资香港资本市场的股票、债券及其他有价证券提供服务。加强与港澳在项目对接、投资拓展、信息交流、人才培训等方面交流合作，共同到境外开展基础设施建设和能源资源等合作。探索将境外产业投资与港澳资本市场有机结合，鼓励在自贸试验区设立专业从事境外股权投资的项目公司，支持有条件的投资者设立境外投资股权投资母基金。

四、监管服务和税收政策

（一）监管服务模式

1. 创新通关监管服务模式。广州南沙保税港区、深圳前海湾保税港区等现有海关特殊监管区域，比照中国（上海）自由贸易试验区内海关特殊监管区域的有关监管模式，实行“一线放开”、“二线安全高效管住”的通关监管服务模式，同时实施海关特殊监管区域整合优化措施，并根据自贸试验区发展需要，不断探索口岸监管制度创新。如海关特殊监管区域规划面积不能满足发展需求的，可按现行海关特殊监管区域管理规定申请扩大区域面积。除废物原料、危险化学品及其包装、散装货物外，检验检疫在一线实施“进境检疫，适当放宽进出口检验”模式，创新监管技术和方法；促进二线监管模式与一线监管模式相衔接，简化检验检疫流程，在二线推行“方便进出，严密防范质量安全风险”的检验检疫监管模式。

广州南沙新区片区、深圳前海蛇口片区内的非海关特殊监管区域，按照现行通关模式实施监管，不新增一线、二线分线管理方式。

珠海横琴新区片区按照《国务院关于横琴开发有关政策的批复》（国函〔2011〕85号）确定的“一线放宽、二线管住、人货分离、分类管理”原则实施分线管理。经一线进入横琴的进口废物原料、危险化学品及其包装、进入横琴后无法分清批次的散装货物，按现行进出口商品检验模式管理。

2. 加强监管协作。以切实维护国家安全和市场公平竞争为原则，加强各部门与广东省人民政府的协同，完善政府经济调节、市场监管、社会管理和公共服务职能，提高维护经济社会安全的服务保障能力。

（二）税收政策

抓紧落实现有相关税收政策，充分发挥现有政策的支持促进作用。中国（上海）自由贸易试验区已经试点的税收政策原则上可在自贸试验区进行试点，其中促进贸易的选择性征收关税、其他相关进出口税收等政策在自贸试验区内的海关特殊监管区域进行试点。自贸试验区内的海关特殊监管区域实施范围和税收政策适用范围维持不变。深圳前海深港现代服务业合作区、珠海横琴税收优惠政策不适用于自贸试验区内其他区域。此外，在符合税制改革方向和国际惯例，以及不导致利润转移和税基侵蚀前提下，积极研究完善适应境外股权投资和离岸业务发展的税收政策。结合上海试点实施情况，在统筹评估政策成效基础上，研究实施启运港退税政策试点问题。符合条件的地区可按照政策规定申请实施境外旅客购物离境退税政策。

五、保障机制

（一）法制保障

全国人民代表大会常务委员会已经授权国务院，暂时调整《中华人民共和国外资企业法》、《中华人民共和国中外合资经营企业法》、《中华人民共和国中外合作经营企业法》和《中华人民共和国台湾同胞投资保护法》规定的有关行政审批，自 2015 年 3 月 1 日至 2018 年 2 月 28 日试行。自贸试验区需要暂时调整实施有关行政法规、国务院文件和经国务院批准的部门规章的部分规定的，按规定程序办理。各有关部门要支持自贸试验区在扩大投资领域开放、实施负面清单管理模式、创新投资管理体制等方面深化改革试点，及时解决试点过程中的制度保障问题。授权广东省制定自贸试验区落实《安排》的配套细则。广东省要通过地方立法，制定自贸试验区条例和管理办法。

（二）组织实施

在国务院的领导和统筹协调下，由广东省根据试点内容，按照总体筹划、分步实施、率先突破、逐步完善的原则组织实施。按照既有利于合力推进自贸试验区建设，又有利于各片区独立自主运作的原则，建立精简高效、统一管理、分级负责的自贸试验区管理体系。自贸试验区建设相关事宜纳入粤港、粤澳合作联席会议机制。各有关部门要大力支持，加强指导和服务，共同推进相关体制机制创新，并注意研究新情况，解决新问题，总结新经验，重大事项要及时报告国务院，共同把自贸试验区建设好、管理好。

（三）评估推广

自贸试验区要及时总结改革创新经验和成果。商务部、广东省人民政府要会同相关部门，对自贸试验区试点政策执行情况进行综合和专项评估，必要时委托内地和港澳第三方机构进行独立评估，并将评估结果报告国务院。对试点效果好且可复制可推广的成果，经国务院同意后推广到全国其他地区。

（中国政府网 2015 年 4 月 20 日）

国务院关于印发中国（天津）自由贸易试验区总体方案的通知

（2015 年 4 月 8 日）

国发〔2015〕19 号

各省、自治区、直辖市人民政府，国务院各部委、各直属机构：

国务院批准《中国（天津）自由贸易试验区总体方案》（以下简称《方案》），现予印发。

一、建立中国（天津）自由贸易试验区（以下简称自贸试验区），是党中央、国务院作出的重大决策，是在新形势下推进改革开放和加快实施京津冀协同发展战略的重要举措，对加快政府职能转变、积极探索管理模式创新、促进贸易和投资便利化，为全面深化改革和扩大开放探索新途径、积累新经验，具有重要意义。

二、自贸试验区要当好改革开放排头兵、创新发展先行者，以制度创新为核心，贯彻京津冀协同发展等国家战略，在构建开放型经济新体制、探索区域经济合作新模式、建设法治化营商环境等方面，率先挖掘改革潜力，破解改革难题。要积极探索外商投资准入前国民待遇加负面清单管理模式，深化行政管理体制改革，提升事中事后监管能力和水平。

三、天津市人民政府和有关部门要解放思想、改革创新，大胆实践、积极探索，统筹谋划、加强协调，支持自贸试验区先行先试。要加强组织领导，明确责任主体，精心组织好《方案》实施工作，有效防控各类风险。要及时总结评估试点实施效果，形成可复制可推广的改革经验，发挥示范带动、服务全国的积极作用。

四、根据《全国人民代表大会常务委员会关于授权国务院在中国（广东）自由贸易试验区、中国（天津）自由贸易试验区、中国（福建）自由贸易试验区以

及中国（上海）自由贸易试验区扩展区域暂时调整有关法律规定的行政审批的决定》，相应暂时调整有关行政法规和国务院文件的部分规定。具体由国务院另行印发。

五、《方案》实施中的重大问题，天津市人民政府要及时向国务院请示报告。

国务院

2015年4月8日

中国（天津）自由贸易试验区总体方案

建立中国（天津）自由贸易试验区（以下简称自贸试验区）是党中央、国务院作出的重大决策，是新形势下全面深化改革、扩大开放和加快推进京津冀协同发展战略的重大举措。为全面有效推进自贸试验区建设，制定本方案。

一、总体要求

（一）指导思想

全面贯彻落实党的十八大和十八届二中、三中、四中全会精神，按照党中央、国务院决策部署，紧紧围绕国家战略，以开放促改革、促发展、促转型，以制度创新为核心，发挥市场在资源配置中的决定性作用，探索转变政府职能新途径，探索扩大开放新模式，努力打造京津冀协同发展对外开放新引擎，着力营造国际化、市场化、法治化营商环境，为我国全面深化改革和扩大开放探索新途径、积累新经验，发挥示范带动、服务全国的积极作用。

（二）战略定位

以制度创新为核心任务，以可复制可推广为基本要求，努力成为京津冀协同发展高水平对外开放平台、全国改革开放先行区和制度创新试验田、面向世界的高水平自由贸易园区。

（三）总体目标

经过三至五年改革探索，将自贸试验区建设成为贸易自由、投资便利、高端产业集聚、金融服务完善、法制环境规范、监管高效便捷、辐射带动效应明显的国际一流自由贸易园区，在京津冀协同发展和我国经济转型发展中发挥示范引领作用。

二、区位布局

（一）实施范围

自贸试验区的实施范围119.9平方公里，涵盖三个片区：天津港片区30平方公里（含东疆保税港区10平方公里），天津机场片区43.1平方公里（含天津港保税区空港部分1平方公里和滨海新区综合保税区1.96平方公里），滨海新区中心商务片区46.8平方公里（含天津港保税区海港部分和保税物流园区4平方公里）。

自贸试验区土地开发利用须遵守土地利用法律法规。

（二）功能划分

按区域布局划分，天津港片区重点发展航运物流、国际贸易、融资租赁等现代服务业；天津机场片区重点发展航空航天、装备制造、新一代信息技术等高端制造业和研发设计、航空物流等生产性服务业；滨海新区中心商务片区重点发展以金融创新为主的现代服务业。

按海关监管方式划分，自贸试验区内的海关特殊监管区域重点探索以贸易便利化为主要内容的制度创新，开展货物贸易、融资租赁、保税加工和保税物流等业务；非海关特殊监管区域重点探索投资制度改革，完善事中事后监管，推动金融制度创新，积极发展现代服务业和高端制造业。

三、主要任务和措施

（一）加快政府职能转变

创新行政管理方式，提升行政管理水平，建设适应国际化、市场化、法治化要求和贸易投资便利化需求的服务体系。

1. 深化行政体制改革。加快行政审批制度改革，实行审管职能分离，建立综合统一的行政审批机构，实施“一颗印章管审批”。推进政府管理由注重事前审批向注重事中事后监管转变，完善信息网络平台，提高行政透明度，实现部门协同管理。健全社会信用体系；建立行业信息跟踪、监管和归集的综合性评估机制，加强对企业的管理、监督和服务，健全企业及从业人员信用信息记录和披露制度，完善企业信用约束机制；完善企业信用信息公示系统，实施企业年度报告公示、经营异常名录和严重违法企业名单制度；探索建立市场主体信用评级标准，实施分类管理。提高执法效能，建立集中统一的综合执法机构，整合执法力量，实行“一支队伍管执法”，鼓励社会力量参与市场监督，加大对违法行为打击力度。构建反垄断审查机制。加强知识产权保护和服务，完善知识产权管理和执法体制以及纠纷调解、援助、仲裁等服务机制。发挥专业化社会机构力量，提高知识产权保护成效。将原由政府部门承担的资产评估、鉴定、咨询、认证、检验检测等职能逐步交由法律、会计、信用、检验检测认证等专业服务机构承担。

2. 提高行政管理效能。天津市依法向自贸试验区下放经济管理权限。自贸试验区内工作部门依法公开管理权限和流程，建立各部门权责清单制度。建立健全行政审批管理目录制度，完善“一口受理”服务模式，改革审批事项，优化审批流程，缩短审批时间，推进审批后监管标准规范制度建设。加强发展规划、政策、标准的制定和实施工作。

（二）扩大投资领域开放

稳步扩大开放领域，改革“引进来”和“走出去”投资管理方式，突出重点，创新机制，有效监管，完善服务，探索建立与国际通行做法接轨的基本制度框架。

3. 降低投资准入门槛。实施自贸试验区外商投资负面清单制度，减少和取消对外商投资准入限制，提高开放度和透明度。重点选择航运服务、商贸服务、专业服务、文化服务、社会服务等现代服务业和装备制造、新一代信息技术等先进制造业领域扩大对外开放，积极有效吸引外资；金融领域，在完善相关配套措施前提下，研究适当减少对境外投资者资质要求、股权比例、业务范围等准入限制。鼓励跨国公司设立地区性总部、研发中心、销售中心、物流中心和结算中心，鼓励先进制造业延伸价值链，与现代服务业融合发展。支持外资股权投资基金规范创新发展，完善资本金结汇、投资基金管理等新模式，鼓励外资股权投资、创业投资管理机构发起管理人民币股权投资和创业投资基金。允许取得国际资质的外籍和港澳台地区专业服务人员和机构，在自贸试验区内依照有关规定开展相关业务。允许取得中国注册会计师资格的港澳专业人士，在自贸试验区试点担任合伙制事务所的合伙人。

4. 改革外商投资管理模式。探索对外商投资实行准入前国民待遇加负面清单管理模式。对外商投资准入特别管理措施（负面清单）之外领域，按照内外资一致原则,外商投资项目实行备案制(国务院规定对国内投资项目保留核准的除外)，由天津市负责办理；根据全国人民代表大会常务委员会授权，将外商投资企业设立、变更及合同章程审批改为备案管理，备案由天津市负责办理，备案后按国家有关规定办理相关手续。配合国家有关部门实施外商投资国家安全审查制度。完善市场主体信用信息公示系统，实施外商投资全周期监管，建立健全境外追偿保障机制。完善投资者权益保障机制，允许符合条件的境外投资者自由转移其投资收益。

5. 构建对外投资合作服务平台。确立企业及个人对外投资主体地位，支持企业及个人开展多种形式的境外投资合作，在法律法规规定范围内，允许自担风险到各国各地区自由承揽项目。逐步减少个人对外投资的外汇管制。对不涉及敏感国家和地区、敏感行业的境外投资项目全部实行备案制，属市级管理权限的由自贸试验区负责备案。建立对外投资合作“一站式”服务平台。加强对外投资合作事后管理和服务，建设多部门信息共享平台，完善境外资产和人员安全风险预警和应急保障体系。鼓励设立从事境外投资的股权投资企业和项目公司，支持设立从事境外投资的股权投资母基金。

（三）推动贸易转型升级

积极培育新型贸易方式，打造以技术、品牌、质量、服务为核心的外贸竞争新优势，探索形成具有国际竞争力的航运业发展环境。

6. 完善国际贸易服务功能。积极探索服务贸易发展的新途径和新模式，搭建服务贸易公共服务平台、服务贸易促进平台，推动现有融资平台依法合规为中小服务贸易企业提供融资服务。按照公平竞争原则，积极发展跨境电子商务，并完善与之相适应的海关监管、检验检疫、退税、跨境支付、物流等支撑系统。发展服务外包业务，建设文化服务贸易基地。建设亚太经济合作组织绿色供应链合作网络天津示范中心，探索建立绿色供应链管理体系，鼓励开展绿色贸易。探索开展财政资金支持形成的知识产权处置和收益管理改革试点，建立华北地区知识产权运营中心，发展知识产权服务业。开展知识产权跨境交易，创新知识产权投融资及保险、风险投资、信托等金融服务，推动建立知识产权质物处置机制。

加快建设国家进口贸易促进创新示范区，促进对外贸易平衡发展。鼓励企业统筹开展国际国内贸易，实现内外贸一体化发展。支持进口先进技术、关键设备及零部件和资源类商品。支持开展汽车平行进口试点，平行进口汽车应符合国家质量安全标准，进口商应承担售后服务、召回、“三包”等责任，并向消费者警示消费风险。建立国际贸易“单一窗口”管理服务模式。在执行现行税收政策前提下，提升超大超限货物的通关、运输、口岸服务等综合能力。扶持和培育外贸综合服务企业，为从事国际采购的中小企业提供通关、融资、退税、国际结算等服务。

在总结期货保税交割试点经验基础上，鼓励国内期货交易所在自贸试验区的海关特殊监管区域内开展业务，扩大期货保税交割试点品种，拓展仓单质押融资等功能，推动完善仓单质押融资所涉及的仓单确权等工作。依法合规开展大宗商品现货交易，探索建立与国际大宗商品交易相适应的外汇管理和海关监管制度。在严格执行货物进出口税收政策前提下，允许在海关特殊监管区域内设立保税展示交易平台。开展境内外高技术、高附加值产品的维修业务试点。探索开展境外高技术、高附加值产品的再制造业务试点。允许外商开展机电产品及零部件维修与再制造业务。推动建立检验检疫证书国际联网核查机制，推进标准和结果互认。改革和加强原产地证签证管理，便利证书申领，强化事中事后监管。鼓励设立第三方检验检测鉴定机构，逐步推动实施第三方结果采信。

7. 增强国际航运服务功能。促进航运要素集聚，探索形成具有国际竞争力的航运发展机制和运作模式。积极发挥天津港和滨海国际机场的海空联动作用。允许设立外商独资国际船舶管理企业。放宽在自贸试验区设立的中外合资、中外合作国际船舶企业的外资股比限制。允许外商以合资、合作形式从事公共国际船舶代理业务，外方持股比例放宽至51%，将外资经营国际船舶管理业务的许可权限下放给天津市。大力发展航运金融、航运保险业，建设中国北方国际航运融资中心，鼓励境内外航运保险公司和保险经纪公司等航运服务中介机构设立营业机构并开展业务。在落实国际船舶登记制度相关配套政策基础上，中方投资人持有船公司的股权比例可低于50%。充分利用现有中资“方便旗”船税收优惠政策，促进符合条件的船舶在自贸试验区落户登记。

完善集疏运体系，加密航线航班。推动海运集装箱和航空快件国际中转集拼业务发展。允许中资公司拥有或控股拥有的非五星旗船，试点开展外贸集装箱在国内沿海港口和天津港之间的沿海捎带业务。支持天津滨海国际机场增加国际客货运航班，建设航空物流中心。完善国际邮轮旅游支持政策，提升邮轮旅游供应服务和配套设施水平，建立邮轮旅游岸上配送中心和邮轮旅游营销中心。允许在自贸试验区内注册的符合条件的中外合资旅行社，从事除台湾地区以外的出境旅游业务。符合条件的地区可按政策规定申请实施境外旅客购物离境退税政策。

8. 创新通关监管服务模式。自贸试验区内的海关特殊监管区域比照中国（上海）自由贸易试验区内的海关特殊监管区域有关监管模式，实施“一线放开”、“二线安全高效管住”的通关监管服务模式，积极推动实施海关特殊监管区域整合优化改革措施。可根据自贸试验区发展需求，按现行管理规定向国家申请扩大海关特殊监管区域面积。自贸试验区内的非海关特殊监管区域，仍按照现行模式实施监管。不断探索口岸监管制度创新。

强化监管协作。加强电子口岸建设，推动实现海关、检验检疫等口岸监管部门信息共享。推进企业运营信息与监管系统对接。逐步实现基于企业诚信评价的货物抽验制度。除废物原料、危险化学品及其包装、散装货物外，检验检疫在一线实行“进境检疫，适当放宽进出口检验”模式，创新监管技术和方法；在二线简化检验检疫流程，推行“方便进出，严密防范质量安全风险”的检验检疫监管模式。提高知识产权行政执法与海关保护的协调性和便捷性，建立知识产权执法协作调度中心。

（四）深化金融领域开放创新

深化金融体制改革，实施业务模式创新，培育新型金融市场，加强风险控制，推进投融资便利化、利率市场化和人民币跨境使用，做大做强融资租赁业，服务实体经济发展。

9. 推进金融制度创新。开展利率市场化和人民币资本项目可兑换试点。将自贸试验区内符合条件的金融机构纳入优先发行大额可转让存单的机构范围，在自贸试验区内开展大额可转让存单发行试点。区内试行资本项目限额内可兑换，符合条件的区内机构在限额内自主开展直接投资、并购、债务工具、金融类投资等交易。深化外汇管理改革，将直接投资外汇登记下放银行办理，外商直接投资项下外汇资本金可意愿结汇，进一步提高对外放款比例。提高投融资便利化水平，解决自贸试验区内企业特别是中小企业融资难、融资贵问题，统一内外资企业外债政策，建立健全外债宏观审慎管理制度。放宽区内企业在境外发行本外币债券的审批和规模限制，所筹资金根据需要可调回区内使用。

推动跨境人民币业务创新发展，鼓励在人民币跨境使用方面先行先试，鼓励企业充分利用境内外两种资源、两个市场，实现跨境融资自由化。支持跨国公司本外币资金集中运营管理。支持自贸试验区内符合条件的单位和个人按照规定双向投资于境内外证券期货市场。支持通过自由贸易账户或其他风险可控的方式，促进跨境投融资便利化和资本项目可兑换的先行先试。

探索在自贸试验区内建立金融消费者权益保护协作机制以及和解、专业调解、仲裁等金融纠纷司法替代性解决机制，鼓励金融行业协会、自律组织独立或者联合依法开展专业调解，建立调解与仲裁、诉讼的对接机制，加大金融消费者维权支持力度，依法维护金融消费者合法权益。支持建立健全证券投资消费者教育服务体系，积极创新自贸试验区特色的多元化证券投资消费者教育产品和方式。

10. 增强金融服务功能。推动金融服务业对符合条件的民营资本全面开放，在加强监管前提下，允许具备条件的民间资本依法发起设立中小型银行等金融机构。支持在自贸试验区内设立外资银行和中外合资银行。条件具备时适时在自贸试验区内试点设立有限牌照银行。对中小型金融机构实行差别化管理。在完善相关管理办法，加强有效监管前提下，允许自贸试验区内符合条件的中资银行试点开办外币离岸业务。鼓励金融机构积极开展动产融资业务，利用动产融资统一登记平台，服务中小企业发展。支持商业保理业务发展，探索适合商业保理发展的外汇管理模式。开展人民币跨境再保险业务，培育发展再保险市场。支持在自贸试验区内设立专业机构，开展巨灾保险试点工作。逐步允许境外企业参与商品期货交易。

11. 提升租赁业发展水平。率先推进租赁业政策制度创新，形成与国际接轨的租赁业发展环境。加快建设国家租赁创新示范区。在自贸试验区的海关特殊监管区域内，支持设立中国天津租赁平台，推进租赁资产公示等试点。支持设立中国金融租赁登记流转平台，推进租赁资产登记、公示、流转等试点。统一内外资融资租赁企业准入标准、审批流程和事中事后监管，允许注册在自贸试验区内由天津市商务主管部门准入的内资融资租赁企业享受与现行内资融资租赁试点企业同等待遇。支持符合条件的金融租赁公司和融资租赁公司设立专业子公司。支持金融租赁公司和融资租赁公司在符合相关规定前提下，设立项目公司经营大型设备、成套设备等融资租赁业务，并开展境内外租赁业务。经相关部门认可，允许融资租赁企业开展主营业务相关的保理业务和福费廷业务。支持租赁业境外融资，鼓励各类租赁公司扩大跨境人民币资金使用范围。对注册在自贸试验区海关特殊监管区域内的融资租赁企业进出口飞机、船舶和海洋工程结构物等大型设备涉及跨关区的，在确保有效监管和执行现行相关税收政策前提下，按物流实际需要，实行海关异地委托监管。

12. 建立健全金融风险防控体系。建立金融监管协调机制，完善跨行业、跨市场的金融风险监测评估机制，加强对重大风险的识别和系统性金融风险的防范。完善对持有各类牌照金融机构的分类监管机制，加强金融监管协调与合作。探索建立跨境资金流动风险监管机制，对企业跨境收支进行全面监测评价，实施分类管理。强化外汇风险防控，实施主体监管，建立合规评价体系，以大数据为依托开展事中事后管理。做好反洗钱、反恐怖融资工作，防范非法资金跨境、跨区流动。

（五）推动实施京津冀协同发展战略

发挥自贸试验区对外开放高地的综合优势，推动京津冀地区外向型经济发展，构建全方位、多层次、宽领域的区域开放型经济新格局。

13. 增强口岸服务辐射功能。完善京津冀海关区域通关一体化和检验检疫通关业务一体化改革。优化内陆无水港布局，支持内陆地区在条件具备时申请设立海关特殊监管区域和保税监管场所。完善天津口岸与无水港之间在途运输监管模式，推动与内陆口岸通关协作，实现相关部门信息互换、监管互认、执法互助。结合上海试点实施情况，在统筹评估政策成效基础上，研究实施启运港退税试点政策。进一步推动津冀两地港口一体化，在优化港口产业结构的同时，实现两地港口间错位发展和优势互补。支持京冀两地在自贸试验区建设专属物流园区，开展现代物流业务。完善以天津港为出海口的保税物流网络，将意愿结汇等创新政策辐射延伸至京冀两地及港口腹地。依托亚欧大陆桥连接功能，完善多式联运体系，增强对沿线国家及地区转口贸易服务功能，发挥中蒙俄经济走廊重要节点作用和海上合作战略支点作用，推动“一带一路”建设。

14. 促进区域产业转型升级。抓住全球产业重新布局机遇，充分利用国内国外两种资源、两个市场，提高聚集国际资源要素的能力。通过自贸试验区高端产业集聚，促进京津冀地区优化现代服务业、先进制造业和战略性新兴产业布局，创新区域经济合作模式。以产业链为纽带，在自贸试验区建立市场化运作的产业转移引导基金，促进京津冀地区在研发设计、生产销售和物流配送等环节的协同配合。增强自贸试验区大宗商品交易市场的集散功能。加强交易市场互联互通，推动各类资源合理高效流转。鼓励三地企业通过跨区域兼并重组实现产业转型升级，在基础设施、公共设施建设运营领域，推广运用政府和社会资本合作（PPP）等新型投融资模式。鼓励航运物流、航空航天、装备制造、电子信息、生物医药等产业向自贸试验区集聚，形成有利于推动产业集群发展的体制机制，促使自贸试验区成为京津冀地区产业转型升级的新引擎。

15. 推动区域金融市场一体化。探索京津冀金融改革创新试验，开展金融监管、金融产品和服务方面的创新。加强区域金融监管协作，破除地域限制。在遵守国家规定前提下，京津冀三地产权交易市场、技术交易市场、排污权交易市场和碳排放权交易市场可在自贸试验区内开展合作，促进区域排污权指标有偿分配使用。支持金融服务外包企业发展。鼓励和引导互联网金融业健康发展。鼓励自贸试验区金融机构探索与京津冀协同发展相适应的产品创新和管理模式创新，优化京津冀地区金融资源配置。

16. 构筑服务区域发展的科技创新和人才高地。充分发挥自贸试验区和国家自主创新示范区政策叠加优势，将自贸试验区打造成具有创新示范和带动作用的区域性创新平台，增强科技进步对经济增长的贡献度。坚持需求导向和产业化方向，推动科研机构、高校、企业协同创新。积极发展科技金融。依法合规开展知识产权转让，建立专利导航产业发展协同工作机制。根据区域特点和发展需求，针对区域创新发展中面临的突出问题，在自贸试验区内开展有针对性的政策试点。支持京津冀三地政府按规定共同出资，与国家新兴产业创业投资引导基金、国家科技成果转化引导基金形成合作机制。联合国内外知名股权投资机构共同成立创投基金，在自贸试验区先行先试。建立健全科技成果转化交易市场。推动教育部、天津市共建教育国际化综合改革试验区，支持引进境外优质教育资源，开展合作办学。按照国际通行做法探索人才评价方法，实施更加积极的创新人才引进政策，强化激励，吸引领军科学家、企业家、归国创业人员等高端人才，建设国际化人才特区。为符合条件的外国籍高层次人才提供入境及居留便利，进一步简化签证等相关审批程序。

四、保障机制

（一）健全法制保障体系

全国人民代表大会常务委员会已经授权国务院，暂时调整《中华人民共和国外资企业法》、《中华人民共和国中外合资经营企业法》、《中华人民共和国中外合作经营企业法》和《中华人民共和国台湾同胞投资保护法》规定的有关行政审批，自 2015 年 3 月 1 日至 2018 年 2 月 28 日试行。自贸试验区需要暂时调整实施有关行政法规、国务院文件和经国务院批准的部门规章的部分规定的，按规定程序办理。各有关部门要支持自贸试验区在扩大投资领域开放、实施负面清单管理模式、创新投资管理体制等方面深化改革试点，及时解决试点过程中的制度保障问题。天津市要通过地方立法，建立与试点要求相适应的自贸试验区管理制度。

（二）优化行政管理服务环境

转变政府职能，推进落实各项改革创新措施，加强自贸试验区经济运行管理和风险防控，规范市场经济秩序，提高行政管理水平和综合服务能力。加强海关、质检、工商、税务、金融监管及外汇等部门协作，依托地方政府主导的电子口岸等公共电子信息平台，整合监管信息，实现相关监管部门信息共享，共同提高维护经济社会安全的服务保障能力。

（三）完善配套税收政策

中国（上海）自由贸易试验区已经试点的税收政策原则上可在自贸试验区进行试点，其中促进贸易的选择性征收关税、其他相关进出口税收等政策在自贸试验区内的海关特殊监管区域进行试点。自贸试验区内的海关特殊监管区域实施范围和税收政策适用范围维持不变。此外，在符合税制改革方向和国际惯例，以及不导致利润转移和税基侵蚀前提下，积极研究完善适应境外股权投资和离岸业务发展的税收政策。

（四）抓好组织实施工作

在国务院的领导和统筹协调下，由天津市根据试点内容，按照总体筹划、分步实施、率先突破、逐步完善的原则组织实施。对出现的新情况、新问题，要认真研究，及时调整试点内容和政策措施，重大事项要及时向国务院请示报告。各有关部门要大力支持，加强指导和服务，共同推进相关体制机制创新，把自贸试验区建设好、管理好。

（五）建立评估推广机制

自贸试验区要及时总结改革创新经验和成果。商务部、天津市人民政府要会同相关部门，对自贸试验区试点政策执行情况进行综合和专项评估，必要时委托第三方机构进行独立评估，并将评估结果报告国务院。对试点效果好且可复制可推广的成果，经国务院同意后率先在京津冀地区复制推广，具备条件的，进一步推广到全国其他地区。

（中国政府网 2015 年 4 月 20 日）

国务院关于印发中国（福建）自由贸易试验区总体方案的通知

（2015 年 4 月 8 日）

国发〔2015〕20 号

各省、自治区、直辖市人民政府，国务院各部委、各直属机构：

国务院批准《中国（福建）自由贸易试验区总体方案》（以下简称《方案》），现予印发。

一、建立中国（福建）自由贸易试验区（以下简称自贸试验区），是党中央、国务院作出的重大决策，是在新形势下推进改革开放和深化两岸经济合作的重要举措，对加快政府职能转变、积极探索管理模式创新、促进贸易和投资便利化，为全面深化改革和扩大开放探索新途径、积累新经验，具有重要意义。

二、自贸试验区要当好改革开放排头兵、创新发展先行者，以制度创新为核心，贯彻"一带一路"建设等国家战略，在构建开放型经济新体制、探索闽台经济合作新模式、建设法治化营商环境等方面，率先挖掘改革潜力，破解改革难题。要积极探索外商投资准入前国民待遇加负面清单管理模式，深化行政管理体制改革，提升事中事后监管能力和水平。

三、福建省人民政府和有关部门要解放思想、改革创新，大胆实践、积极探索，统筹谋划、加强协调，支持自贸试验区先行先试。要加强组织领导，明确责任主体，精心组织好《方案》实施工作，有效防控各类风险。要及时总结评估试点实施效果，形成可复制可推广的改革经验，发挥示范带动、服务全国的积极作用。

四、根据《全国人民代表大会常务委员会关于授权国务院在中国（广东）自由贸易试验区、中国（天津）自由贸易试验区、中国（福建）自由贸易试验区以

及中国（上海）自由贸易试验区扩展区域暂时调整有关法律规定的行政审批的决定》，相应暂时调整有关行政法规和国务院文件的部分规定。具体由国务院另行印发。

五、《方案》实施中的重大问题，福建省人民政府要及时向国务院请示报告。

国务院

2015 年 4 月 8 日

中国（福建）自由贸易试验区总体方案

建立中国（福建）自由贸易试验区（以下简称自贸试验区）是党中央、国务院作出的重大决策，是新形势下全面深化改革、扩大开放和深化两岸经济合作采取的重大举措。为全面有效推进自贸试验区建设，制定本方案。

一、总体要求

（一）指导思想

全面贯彻落实党的十八大和十八届二中、三中、四中全会精神，按照党中央、国务院决策部署，紧紧围绕国家战略，立足于深化两岸经济合作，立足于体制机制创新，进一步解放思想，先行先试，为深化两岸经济合作探索新模式，为加强与21世纪海上丝绸之路沿线国家和地区的交流合作拓展新途径，为我国全面深化改革和扩大开放积累新经验，发挥示范带动、服务全国的积极作用。

（二）战略定位

围绕立足两岸、服务全国、面向世界的战略要求，充分发挥改革先行优势，营造国际化、市场化、法治化营商环境，把自贸试验区建设成为改革创新试验田；充分发挥对台优势，率先推进与台湾地区投资贸易自由化进程，把自贸试验区建设成为深化两岸经济合作的示范区；充分发挥对外开放前沿优势，建设21世纪海上丝绸之路核心区，打造面向21世纪海上丝绸之路沿线国家和地区开放合作新高地。

（三）发展目标

坚持扩大开放与深化改革相结合、功能培育与制度创新相结合，加快政府职能转变，建立与国际投资贸易规则相适应的新体制。创新两岸合作机制，推动货物、服务、资金、人员等各类要素自由流动，增强闽台经济关联度。加快形成更高水平的对外开放新格局，拓展与21世纪海上丝绸之路沿线国家和地区交流合作的深度和广度。经过三至五年改革探索，力争建成投资贸易便利、金融创新功能突出、服务体系健全、监管高效便捷、法制环境规范的自由贸易园区。

二、区位布局

（一）实施范围

自贸试验区的实施范围118.04平方公里，涵盖三个片区：平潭片区43平方公里，厦门片区43.78平方公里（含象屿保税区0.6平方公里、象屿保税物流园区0.7平方公里、厦门海沧保税港区9.51平方公里），福州片区31.26平方公里（含福州保税区0.6平方公里、福州出口加工区1.14平方公里、福州保税港区9.26平方公里）。

自贸试验区土地开发利用须遵守土地利用法律法规。

（二）功能划分

按区域布局划分，平潭片区重点建设两岸共同家园和国际旅游岛，在投资贸易和资金人员往来方面实施更加自由便利的措施；厦门片区重点建设两岸新兴产业和现代服务业合作示范区、东南国际航运中心、两岸区域性金融服务中心和两岸贸易中心；福州片区重点建设先进制造业基地、21世纪海上丝绸之路沿线国家和地区交流合作的重要平台、两岸服务贸易与金融创新合作示范区。

按海关监管方式划分，自贸试验区内的海关特殊监管区域重点探索以贸易便利化为主要内容的制度创新，开展国际贸易、保税加工和保税物流等业务；非海关特殊监管区域重点探索投资体制改革，推动金融制度创新，积极发展现代服务业和高端制造业。

三、主要任务和措施

（一）切实转变政府职能

1. 深化行政管理体制改革。按照国际化、市场化、法治化要求，加快推进政府管理模式创新，福建省能够下放的经济社会管理权限，全部下放给自贸试验区。依法公开管理权限和流程。加快行政审批制度改革，促进审批标准化、规范化。建立健全行政审批目录制度，实行“一口受理”服务模式。完善知识产权管理和执法体制以及纠纷调解、援助、仲裁等服务机制。健全社会服务体系，将原由政府部门承担的资产评估、鉴定、咨询、认证、检验检测等职能逐步交由法律、会计、信用、检验检测认证等专业服务机构承担。

（二）推进投资管理体制改革

2. 改革外商投资管理模式。探索对外商投资实行准入前国民待遇加负面清单管理模式。对外商投资准入特别管理措施（负面清单）之外领域，按照内外资一致原则，外商投资项目实行备案制（国务院规定对国内投资项目保留核准的除外），由福建省办理；根据全国人民代表大会常务委员会授权，将外商投资企业设立、变更及合同章程审批改为备案管理，备案由福建省负责办理，备案后按国家有关规定办理相关手续。配合国家有关部门实施外商投资国家安全审查和经营者集中反垄断审查。强化外商投资实际控制人管理，完善市场主体信用信息公示系统，实施外商投资全周期监管，建立健全境外追偿保障机制。减少项目前置审批，推进网上并联审批。

放宽外资准入。实施自贸试验区外商投资负面清单制度，减少和取消对外商投资准入限制，提高开放度和透明度。先行选择航运服务、商贸服务、专业服务、文化服务、社会服务及先进制造业等领域扩大对外开放，积极有效吸引外资。降低外商投资性公司准入条件。稳步推进外商投资商业保理、典当行试点。完善投资者权益保障机制，允许符合条件的境外投资者自由转移其合法投资收益。

3. 构建对外投资促进体系。改革境外投资管理方式，将自贸试验区建设成为企业“走出去”的窗口和综合服务平台。对一般境外投资项目和设立企业实行备案制，属省级管理权限的，由自贸试验区负责备案管理。确立企业及个人对外投资主体地位，支持企业在境外设立股权投资企业和专业从事境外股权投资的项目公司，支持设立从事境外投资的股权投资母基金。支持自贸试验区内企业和个人使用自有金融资产进行对外直接投资、自由承揽项目。建立对外投资合作“一站式”服务平台。加强境外投资事后管理和服务，完善境外资产和人员安全风险预警和应急保障体系。

（三）推进贸易发展方式转变

4. 拓展新型贸易方式。积极培育贸易新型业态和功能，形成以技术、品牌、质量、服务为核心的外贸竞争新优势。按照国家规定建设服务实体经济的国际国内大宗商品交易和资源配置平台，开展大宗商品国际贸易。按照公平竞争原则，发展跨境电子商务，完善与之相适应的海关监管、检验检疫、退税、跨境支付、物流等支撑系统。在严格执行货物进出口税收政策前提下，允许在海关特殊监管区内设立保税展示交易平台。符合条件的地区可按政策规定申请实施境外旅客购物离境退税政策。允许境内期货交易所开展期货保税交割试点。推进动漫创意、信息管理、数据处理、供应链管理、飞机及零部件维修等服务外包业务发展。开展飞机等高技术含量、高附加值产品境内外维修业务试点，建立整合物流、贸易、结算等功能的营运中心。扩大对外文化贸易和版权贸易。支持开展汽车平行进口试点，平行进口汽车应符合国家质量安全标准，进口商应承担售后服务、召回、“三包”等责任，并向消费者警示消费风险。

5. 提升航运服务功能。探索具有国际竞争力的航运发展制度和运作模式。允许设立外商独资国际船舶管理企业。放宽在自贸试验区设立的中外合资、中外合作国际船舶企业的外资股比限制。允许外商以合资、合作形式从事公共国际船舶代理业务，外方持股比例放宽至51%，将外资经营国际船舶管理业务的许可权限下放给福建省，简化国际船舶运输经营许可流程。加快国际船舶登记制度创新，充分利用现有中资“方便旗”船税收优惠政策，促进符合条件的船舶在自贸试验区落户登记。允许自贸试验区试点海运快件国际和台港澳中转集拼业务。允许在自贸试验区内注册的大陆资本邮轮企业所属的“方便旗”邮轮，经批准从事两岸四地邮轮运输。允许中资公司拥有或控股拥有的非五星旗船，试点开展外贸集装箱在国内沿海港口和自贸试验区内港口之间的沿海捎带业务。支持推动自贸试验区内符合条件的对外开放口岸对部分国家人员实施72小时过境免签证政策。结合上海试点实施情况，在统筹评估政策成效基础上，研究实施启运港退税试点政策。

6. 推进通关机制创新。建设国际贸易“单一窗口”，全程实施无纸化通关。推进自贸试验区内各区域之间通关一体化。简化《内地与香港关于建立更紧密经贸关系的安排》、《内地与澳门关于建立更紧密经贸关系的安排》以及《海峡两岸经济合作框架协议》（以下简称框架协议）下货物进口原产地证书提交需求。在确保有效监管前提下，简化自贸试验区内的海关特殊监管区域产品内销手续，促进内销便利化。大力发展转口贸易，放宽海运货物直接运输判定标准。试行企业自主报税、自助通关、自助审放、重点稽核的通关征管作业。在确保有效监管前提下，在海关特殊监管区域探索建立货物实施状态分类监管模式。允许海关特殊监管区域内企业生产、加工并内销的货物试行选择性征收关税政策。试行动植物及其产品检疫审批负面清单制度。支持自贸试验区与21世纪海上丝绸之路沿线国家和地区开展海关、检验检疫、认证认可、标准计量等方面的合作与交流，探索实施与21世纪海上丝绸之路沿线国家和地区开展贸易供应链安全与便利合作。

（四）率先推进与台湾地区投资贸易自由

7. 探索闽台产业合作新模式。在产业扶持、科研活动、品牌建设、市场开拓等方面，支持台资企业加快发展。推动台湾先进制造业、战略性新兴产业、现代服务业等产业在自贸试验区内集聚发展，重点承接台湾地区产业转移。取消在自贸试验区内从事农作物（粮棉油作物除外）新品种选育（转基因除外）和种子生产（转基因除外）的两岸合资企业由大陆方面控股要求，但台商不能独资。支持自贸试验区内品牌企业赴台湾投资，促进闽台产业链深度融合。探索闽台合作研发创新，合作打造品牌，合作参与制定标准，拓展产业价值链多环节合作，对接台湾自由经济示范区，构建双向投资促进合作新机制。

8. 扩大对台服务贸易开放。推进服务贸易对台更深度开放，促进闽台服务要素自由流动。进一步扩大通信、运输、旅游、医疗等行业对台开放。支持自贸试验区在框架协议下，先行试点，加快实施。对符合条件的台商，投资自贸试验区内服务行业的资质、门槛要求比照大陆企业。允许持台湾地区身份证明文件的自然人到自贸试验区注册个体工商户，无需经过外资备案（不包括特许经营，具体营业范围由工商总局会同福建省发布）。探索在自贸试验区内推动两岸社会保险等方面对接，将台胞证号管理纳入公民统一社会信用代码管理范畴，方便台胞办理社会保险、理财业务等。探索台湾专业人才在自贸试验区内行政企事业单位、科研院所等机构任职。深入落实《海峡两岸共同打击犯罪及司法互助协议》，创新合作形式，加强两岸司法合作。发展知识产权服务业，扩大对台知识产权服务，开展两岸知识产权经济发展试点。

电信和运输服务领域开放。允许台湾服务提供者在自贸试验区内试点设立合资或独资企业，提供离岸呼叫中心业务及大陆境内多方通信业务、存储转发类业务、呼叫中心业务、国际互联网接入服务业务（为上网用户提供国际互联网接入服务）和信息服务业务（仅限应用商店）。允许台湾服务提供者在自贸试验区内直接申请设立独资海员外派机构并仅向台湾船东所属的商船提供船员派遣服务，无须事先成立船舶管理公司。对台湾投资者在自贸试验区内设立道路客货运站（场）项目和变更的申请，以及在自贸试验区内投资的生产型企业从事货运方面的道路运输业务立项和变更的申请，委托福建省审核或审批。

商贸服务领域开放。在自贸试验区内，允许申请成为赴台游组团社的 3 家台资合资旅行社试点经营福建居民赴台湾地区团队旅游业务。允许台湾导游、领队经自贸试验区旅游主管部门培训认证后换发证件，在福州市、厦门市和平潭综合实验区执业。允许在自贸试验区内居住一年以上的持台湾方面身份证明文件的自然人报考导游资格证，并按规定申领导游证后在大陆执业。允许台湾服务提供者以跨境交付方式在自贸试验区内试点举办展览，委托福建省按规定审批在自贸试验区内举办的涉台经济技术展览会。

建筑业服务领域开放。在自贸试验区内，允许符合条件的台资独资建筑业企业承接福建省内建筑工程项目，不受项目双方投资比例限制。允许取得大陆一级注册建筑师或一级注册结构工程师资格的台湾专业人士作为合伙人，按相应资质标准要求在自贸试验区内设立建筑工程设计事务所并提供相应服务。台湾服务提供者在自贸试验区内设立建设工程设计企业，其在台湾和大陆的业绩可共同作为个人业绩评定依据，但在台湾完成的业绩规模标准应符合大陆建设项目规模划分标准。台湾服务提供者在自贸试验区内投资设立的独资建筑业企业承揽合营建设项目时，不受建设项目的合营方投资比例限制。台湾服务提供者在自贸试验区内设立的独资物业服务企业，在申请大陆企业资质时，可将在台湾和大陆承接的物业建筑面积共同作为评定依据。

产品认证服务领域开放。在强制性产品认证领域，允许经台湾主管机关确认并经台湾认可机构认可的、具备大陆强制性产品认证制度相关产品检测能力的台湾检测机构，在自贸试验区内与大陆指定机构开展合作承担强制性产品认证检测任务，检测范围限于两岸主管机关达成一致的产品，产品范围涉及制造商为台湾当地合法注册企业且产品在台湾设计定型、在自贸试验区内加工或生产的产品。允许经台湾认可机构认可的具备相关产品检测能力的台湾检测机构在自贸试验区设立分支机构，并依法取得资质认定，承担认证服务的范围包括食品类别和其他自愿性产品认证领域。在自愿性产品认证领域，允许经台湾认可机构认可的具备相关产品检测能力的台湾检测机构与大陆认证机构在自贸试验区内开展合作，对台湾本地或在自贸试验区内生产或加工的产品进行检测。台湾服务提供者在台湾和大陆从事环境污染治理设施运营的实践时间，可共同作为其在自贸试验区内申请企业环境污染治理设施运营资质的评定依据。

工程技术服务领域开放。允许台湾服务提供者在自贸试验区内设立的建设工程设计企业聘用台湾注册建筑师、注册工程师，并将其作为本企业申请建设工程设计资质的主要专业技术人员，在资质审查时不考核其专业技术职称条件，只考核其学历、从事工程设计实践年限、在台湾的注册资格、工程设计业绩及信誉。台湾服务提供者在自贸试验区内设立的建设工程设计企业中，出任主要技术人员且持有台湾方面身份证明文件的自然人，不受每人每年在大陆累计居住时间应当不少于 6 个月的限制。台湾服务提供者在自贸试验区内设立的建筑业企业可以聘用台湾专业技术人员作为企业经理，但须具有相应的从事工程管理工作经历；可以聘用台湾建筑业专业人员作为工程技术和经济管理人员，但须满足相应的技术职称要求。台湾服务提供者在自贸试验区内投资设立的建筑业企业申报资质应按大陆有关规定办理，取得建筑业企业资质后，可依规定在大陆参加工程投标。台湾服务提供者在自贸试验区内设立的建筑业企业中，出任工程技术人员和经济管理人员且持有台湾方面身份证明文件的自然人，不受每人每年在大陆累计居住时间应当不少于 3 个月的限制。允许台湾建筑、规划等服务机构执业人员，持台湾相关机构颁发的证书，经批准在自贸试验区内开展业务。允许通过考试取得大陆注册结构工程师、注册土木工程师（港口与航道）、注册公用设备工程师、注册电气工程师资格的台湾专业人士在自贸试验区内执业，不受在台湾注册执业与否的限制，按照大陆有关规定作为福建省内工程设计企业申报企业资质时所要求的注册执业人员予以认定。

专业技术服务领域开放。允许台湾会计师在自贸试验区内设立的符合《代理记账管理办法》规定的中介机构从事代理记账业务。从事代理记账业务的台湾会计师应取得大陆会计从业资格，主管代理记账业务的负责人应当具有大陆会计师以上（含会计师）专业技术资格。允许取得大陆注册会计师资格的台湾专业人士担任自贸试验区内合伙制会计师事务所合伙人，具体办法由福建省制定，报财政部批准后实施。允许符合规定的持台湾方面身份证明文件的自然人参加护士执业资格考试，考试成绩合格者发给相应的资格证书，在证书许可范围内开展业务。允许台湾地区其他医疗专业技术人员比照港澳相关医疗专业人员按照大陆执业管理规定在自贸试验区内从事医疗相关活动。允许取得台湾药剂师执照的持台湾方面身份证明文件的自然人在取得大陆《执业药师资格证书》后，按照大陆《执业药师注册管理暂行办法》等相关文件规定办理注册并执业。

上述各领域开放措施在框架协议下实施，并且只适用于注册在自贸试验区内的企业。

9. 推动对台货物贸易自由。积极创新监管模式，提高贸易便利化水平。建立闽台通关合作机制，开展货物通关、贸易统计、原产地证书核查、“经认证的经营者”互认、检验检测认证等方面合作，逐步实现信息互换、监管互认、执法互助。完善自贸试验区对台小额贸易管理方式。支持自贸试验区发展两岸电子商务，允许符合条件的台商在自贸试验区内试点设立合资或独资企业，提供在线数据处理与交易处理业务（仅限于经营类电子商务），申请可参照大陆企业同等条件。

检验检疫部门对符合条件的跨境电商入境快件采取便利措施。除国家禁止、限制进口的商品，废物原料、危险化学品及其包装、大宗散装商品外，简化自贸试验区内进口原产于台湾商品有关手续。对台湾地区输往自贸试验区的农产品、水产品、食品和花卉苗木等产品试行快速检验检疫模式。进一步优化从台湾进口部分保健食品、化妆品、医疗器械、中药材的审评审批程序。改革和加强原产地证签证管理，便利证书申领，强化事中事后监管。

10. 促进两岸往来更加便利。推动人员往来便利化，在自贸试验区实施更加便利的台湾居民入出境政策。对在自贸试验区内投资、就业的台湾企业高级管理人员、专家和技术人员，在项目申报、入出境等方面给予便利。为自贸试验区内台资企业外籍员工办理就业许可手续提供便利，放宽签证、居留许可有效期限。对自贸试验区内符合条件的外籍员工，提供入境、过境、停居留便利。自贸试验区内一般性赴台文化团组审批权下放给福建省。加快落实台湾车辆在自贸试验区与台湾之间便利进出境政策，推动实施两岸机动车辆互通和驾驶证互认，简化临时入境车辆牌照手续。推动厦门—金门和马尾—马祖游艇、帆船出入境简化手续。

（五）推进金融领域开放创新

11. 扩大金融对外开放。建立与自贸试验区相适应的账户管理体系。完善人民币涉外账户管理模式，简化人民币涉外账户分类，促进跨境贸易、投融资结算便利化。自贸试验区内试行资本项目限额内可兑换，符合条件的自贸试验区内机构在限额内自主开展直接投资、并购、债务工具、金融类投资等交易。深化外汇管理改革，将直接投资外汇登记下放银行办理，外商直接投资项下外汇资本金可意愿结汇，进一步提高对外放款比例。提高投融资便利化水平，统一内外资企业外债政策，建立健全外债宏观审慎管理制度。允许自贸试验区内企业、银行从境外借入本外币资金，企业借入的外币资金可结汇使用。探索建立境外融资与跨境资金流动宏观审慎管理政策框架，支持企业开展国际商业贷款等各类境外融资活动。放宽自贸试验区内法人金融机构和企业在境外发行人民币和外币债券的审批和规模限制，所筹资金可根据需要调回自贸试验区内使用。支持跨国公司本外币资金集中运营管理。探索在自贸试验区内设立单独领取牌照的专业金融托管服务机构，允许自贸试验区内银行和支付机构、托管机构与境外银行和支付机构开展跨境支付合作。构建跨境个人投资者保护制度，严格投资者适当性管理。强化风险防控，实施主体监管，建立合规评价体系，以大数据为依托开展事中事后管理。

12. 拓展金融服务功能。推进利率市场化，允许符合条件的金融机构试点发行企业和个人大额可转让存单。研究探索自贸试验区内金融机构（含准金融机构）向境外转让人民币资产、销售人民币理财产品，多渠道探索跨境资金流动。推动开展跨境人民币业务创新，推进自贸试验区内企业和个人跨境贸易与投资人民币结算业务。在完善相关管理办法、加强有效监管前提下，允许自贸试验区内符合条件的中资银行试点开办外币离岸业务。支持自贸试验区内法人银行按有关规定开展资产证券化业务。创新知识产权投融资及保险、风险投资、信托等金融服务，推动建立知识产权质物处置机制。经相关部门许可，拓展自贸试验区内融资租赁业务经营范围、融资渠道，简化涉外业务办理流程。统一内外资融资租赁企业准入标准、设立审批和事中事后监管，允许注册在自贸试验区内由福建省有关主管部门准入的内资融资租赁企业享受与现行内资试点企业同等待遇。支持自贸试验区内设立多币种的产业投资基金，研究设立多币种的土地信托基金等。支持符合条件的自贸试验区内机构按照规定双向投资于境内外证券期货市场。在合法合规、风险可控前提下，逐步开展商品场外衍生品交易。支持厦门两岸区域性金融服务中心建设。支持境内期货交易所根据需要在平潭设立期货交割仓库。

13. 推动两岸金融合作先行先试。在对台小额贸易市场设立外币兑换机构。允许自贸试验区银行业金融机构与台湾同业开展跨境人民币借款等业务。支持台湾地区的银行向自贸试验区内企业或项目发放跨境人民币贷款。对自贸试验区内的台湾金融机构向母行（公司）借用中长期外债实行外债指标单列，并按余额进行管理。在框架协议下，研究探索自贸试验区金融服务业对台资进一步开放，降低台资金融机构准入和业务门槛，适度提高参股大陆金融机构持股比例，并参照大陆金融机构监管。按照国家区域发展规划，为自贸试验区内台资法人金融机构在大陆设立分支机构开设绿色通道。支持在自贸试验区设立两岸合资银行等金融机构。探索允许台湾地区的银行及其在大陆设立的法人银行在福建省设立的分行参照大陆关于申请设立支行的规定，申请在自贸试验区内设立异地（不同于分行所在城市）支行。台湾地区的银行在大陆的营业性机构经营台资企业人民币业务时，服务对象可包括被认定为视同台湾投资者的第三地投资者在自贸试验区设立的企业。在符合相关规定前提下，支持两岸银行业在自贸试验区内进行相关股权投资合作。研究探索台湾地区的银行在自贸试验区内设立的营业性机构一经开业即可经营人民币业务。在框架协议下，允许自贸试验区内大陆的商业银行从事代客境外理财业务时，可以投资符合条件的台湾金融产品；允许台资金融机构以人民币合格境外机构投资者方式投资自贸试验区内资本市场。研究探索放宽符合条件的台资金融机构参股自贸试验区证券基金机构股权比例限制。研究探索允许符合条件的台资金融机构按照大陆有关规定在自贸试验区内设立合资基金管理公司，台资持股比例可达 50% 以上。研究探索允许符合设立外资参股证券公司条件的台资金融机构按照大陆有关规定在自贸试验区内新设立 2 家两岸合资的全牌照证券公司，大陆股东不限于证券公司，其中一家台资合并持股比例最高可达 51%，另一家台资合并持股比例不超过 49% 且取消大陆单一股东须持股 49% 的限制。支持符合条件的台资保险公司到自贸试验区设立经营机构。支持福建省股权交易场所拓展业务范围，为台资企业提供综合金融服务。加强两岸在金融纠纷调解、仲裁、诉讼及金融消费者维权支持方面的合作，健全多元化纠纷解决渠道。

（六）培育平潭开放开发新优势

14. 推进服务贸易自由化。赋予平潭制定相应从业规范和标准的权限，在框架协议下，允许台湾建筑、规划、医疗、旅游等服务机构执业人员，持台湾有关机构颁发的证书，按规定范围在自贸试验区内开展业务。探索在自贸试验区内行政企事业单位等机构任职的台湾同胞试行两岸同等学历、任职资历对接互认，研究探索技能等级对接互认。对台商独资或控股开发的建设项目，借鉴台湾的规划及工程管理体制。

15. 推动航运自由化。简化船舶进出港口手续，对国内航行船舶进出港海事实行报告制度。支持简化入区申报手续，探索试行相关电子数据自动填报。探索在自贸试验区内对台试行监管互认。对平潭片区与台湾之间进出口商品原则上不实施检验（废物原料、危险化学品及其包装、大宗散装货物以及国家另有特别规定的除外），检验检疫部门加强事后监管。

16.建设国际旅游岛。加快旅游产业转型升级，推行国际通行的旅游服务标准，开发特色旅游产品，拓展文化体育竞技功能，建设休闲度假旅游目的地。研究推动平潭实施部分国家旅游团入境免签政策，对台湾居民实施更加便利的入出境制度。平潭国际旅游岛建设方案另行报批。

四、保障机制

（一）实行有效监管

1.围网区域监管。对自贸试验区内的海关特殊监管区域，比照中国（上海）自由贸易试验区内的海关特殊监管区域有关监管模式，实行“一线放开”、“二线安全高效管住”的通关监管服务模式，推动海关特殊监管区域整合优化。对平潭片区按照“一线放宽、二线管住、人货分离、分类管理”原则实施分线管理。除废物原料、危险化学品及其包装、散装货物外，检验检疫在一线实施“进境检疫，适当放宽进出口检验”模式，在二线推行“方便进出，严密防范质量安全风险”的检验检疫监管模式。

2.全区域监管。建立自贸试验区内企业信用信息采集共享和失信联动惩戒机制，开展使用第三方信用服务机构的信用评级报告试点。完善企业信用信息公示系统，实施企业年度报告公示、经营异常名录和严重违法企业名单制度，建立相应的激励、警示、惩戒制度。建立常态化监测预警、总结评估机制，落实企业社会责任，对自贸试验区内各项业务实施有效监控。加强监管信息共享和综合执法。构筑以商务诚信为核心，覆盖源头溯源、检验检疫、监管、执法、处罚、先行赔付等方面的全流程市场监管体系。建立各部门监管数据和信息归集、交换、共享机制，切实加强事中事后动态监管。整合执法主体，形成权责统一、权威高效的综合执法体制。提高知识产权行政执法与海关保护的协调性与便捷性，建立知识产权执法协作调度中心和专利导航产业发展工作机制。完善金融监管措施，逐步建立跨境资金流动风险监管机制，完善风险监控指标，对企业跨境收支进行全面监测评价，实行分类管理。做好反洗钱、反恐怖融资工作，防范非法资金跨境、跨区流动。探索在自贸试验区内建立有别于区外的金融监管协调机制，形成符合自贸试验区内金融业发展特点的监管体制。健全符合自贸试验区内金融业发展实际的监控指标，实现对自贸试验区内金融机构风险可控。

（二）健全法制保障

全国人民代表大会常务委员会已经授权国务院，暂时调整《中华人民共和国外资企业法》、《中华人民共和国中外合资经营企业法》、《中华人民共和国中外合作经营企业法》和《中华人民共和国台湾同胞投资保护法》规定的有关行政审批，自2015年3月1日至2018年2月28日试行。自贸试验区需要暂时调整实施有关行政法规、国务院文件和经国务院批准的部门规章的部分规定的，按规定程序办理。各有关部门要支持自贸试验区在对台先行先试、拓展与21世纪海上丝绸之路沿线国家和地区交流合作等方面深化改革试点，及时解决试点过程中的制度保障问题。福建省要通过地方立法，建立与试点要求相适应的自贸试验区管理制度。

（三）完善税收环境

自贸试验区抓紧落实好现有相关税收政策，充分发挥现有政策的支持促进作用。中国（上海）自由贸易试验区已经试点的税收政策原则上可在自贸试验区进行试点，其中促进贸易的选择性征收关税、其他相关进出口税收等政策在自贸试验区内的海关特殊监管区域进行试点。自贸试验区内的海关特殊监管区域实施范围和税收政策适用范围维持不变。平潭综合实验区税收优惠政策不适用于自贸试验区内其他区域。此外，在符合税制改革方向和国际惯例，以及不导致利润转移和税基侵蚀前提下，积极研究完善适应境外股权投资和离岸业务发展的税收政策。

（四）加强组织实施

在国务院的领导和统筹协调下，由福建省根据试点内容，按照总体筹划、分步实施、率先突破、逐步完善的原则组织实施。各有关部门要大力支持，加强指导和服务，共同推进相关体制机制创新，在实施过程中要注意研究新情况，解决新问题，总结新经验，重大事项要及时报告国务院，努力推进自贸试验区更好更快发展。

（五）评估推广机制

自贸试验区要及时总结改革创新经验和成果。商务部、福建省人民政府要会同相关部门，对自贸试验区试点政策执行情况进行综合和专项评估，必要时委托第三方机构进行独立评估，并将评估结果报告国务院。对试点效果好且可复制可推广的成果，经国务院同意后推广到全国其他地区。

（中国政府网 2015 年 4 月 20 日）

国务院关于加快实施自由贸易区战略的若干意见

（2015年12月6日）

国发〔2015〕69号

各省、自治区、直辖市人民政府，国务院各部委、各直属机构：

加快实施自由贸易区战略是我国新一轮对外开放的重要内容。党的十八大提出加快实施自由贸易区战略，十八届三中、五中全会进一步要求以周边为基础加快实施自由贸易区战略，形成面向全球的高标准自由贸易区网络。当前，全球范围内自由贸易区的数量不断增加，自由贸易区谈判涵盖议题快速拓展，自由化水平显著提高。我国经济发展进入新常态，外贸发展机遇和挑战并存，“引进来”、“走出去”正面临新的发展形势。加快实施自由贸易区战略是我国适应经济全球化新趋势的客观要求，是全面深化改革、构建开放型经济新体制的必然选择。为加快实施自由贸易区战略，现提出如下意见：

一、总体要求

（一）指导思想。全面贯彻党的十八大和十八届三中、四中、五中全会精神，认真落实党中央、国务院决策部署，按照“四个全面”战略布局要求，坚持使市场在资源配置中起决定性作用和更好发挥政府作用，坚持统筹考虑和综合运用国际国内两个市场、两种资源，坚持与推进共建“一带一路”和国家对外战略紧密衔接，坚持把握开放主动和维护国家安全，逐步构筑起立足周边、辐射“一带一路”、面向全球的高标准自由贸易区网络。

（二）基本原则

一是扩大开放，深化改革。加快实施更加主动的自由贸易区战略，通过自由贸易区扩大开放，提高开放水平和质量，深度参与国际规则制定，拓展开放型经济新空间，形成全方位开放新格局，开创高水平开放新局面，促进全面深化改革，更好地服务国内发展。

二是全面参与，重点突破。全方位参与自由贸易区等各种区域贸易安排合作，重点加快与周边、“一带一路”沿线以及产能合作重点国家、地区和区域经济集团商建自由贸易区。

三是互利共赢，共同发展。树立正确义利观，兼顾各方利益和关切，考虑发展中经济体和最不发达经济体的实际情况，寻求利益契合点和合作公约数，努力构建互利共赢的自由贸易区网络，推动我国与世界各国、各地区共同发展。

四是科学评估，防控风险。加强科学论证，做好风险评估，努力排除自由贸易区建设中的风险因素。同时，提高开放环境下的政府监管能力，建立健全并严格实施安全审查、反垄断和事中事后监管等方面的法律法规，确保国家安全。

（三）目标任务。近期，加快正在进行的自由贸易区谈判进程，在条件具备的情况下逐步提升已有自由贸易区的自由化水平，积极推动与我国周边大部分国家和地区建立自由贸易区，使我国与自由贸易伙伴的贸易额占我国对外贸易总额的比重达到或超过多数发达国家和新兴经济体水平；中长期，形成包括邻近国家和地区、涵盖“一带一路”沿线国家以及辐射五大洲重要国家的全球自由贸易区网络，使我国大部分对外贸易、双向投资实现自由化和便利化。

二、进一步优化自由贸易区建设布局

（四）加快构建周边自由贸易区。力争与所有毗邻国家和地区建立自由贸易区，不断深化经贸关系，构建合作共赢的周边大市场。

（五）积极推进“一带一路”沿线自由贸易区。结合周边自由贸易区建设和推进国际产能合作，积极同“一带一路”沿线国家商建自由贸易区，形成“一带一路”大市场，将“一带一路”打造成畅通之路、商贸之路、开放之路。

（六）逐步形成全球自由贸易区网络。争取同大部分新兴经济体、发展中大国、主要区域经济集团和部分发达国家建立自由贸易区，构建金砖国家大市场、新兴经济体大市场和发展中国家大市场等。

三、加快建设高水平自由贸易区

（七）提高货物贸易开放水平。坚持进出口并重，通过自由贸易区改善与自由贸易伙伴双向市场准入，合理设计原产地规则，促进对自由贸易伙伴贸易的发展，推动构建更高效的全球和区域价值链。在确保经济安全、产业安全和考虑产业动态发展需要的前提下，稳步扩大货物贸易市场准入。同时，坚持与自由贸易伙伴共同削减关税和非关税壁垒，相互开放货物贸易市场，实现互利共赢。

（八）扩大服务业对外开放。通过自由贸易区等途径实施开放带动战略，充分发挥服务业和服务贸易对我国调整经济结构、转变经济发展方式和带动就业的促进作用。推进金融、教育、文化、医疗等服务业领域有序开放，放开育幼养老、建筑设计、会计审计、商贸物流、电子商务等服务业领域外资准入限制。

加快发展对外文化贸易，创新对外文化贸易方式，推出更多体现中华优秀文化、展示当代中国形象、面向国际市场的文化产品和服务。讲好中国故事、传播好中国声音、阐释好中国特色，更好地推动中华文化“走出去”。吸引外商投资于法律法规许可的文化产业领域，积极吸收借鉴国外优秀文化成果，切实维护国家文化安全。

在与自由贸易伙伴协商一致的基础上，逐步推进以负面清单模式开展谈判，先行先试、大胆探索、与时俱进，积极扩大服务业开放，推进服务贸易便利化和自由化。

（九）放宽投资准入。大力推进投资市场开放和外资管理体制改革，进一步优化外商投资环境。加快自由贸易区投资领域谈判，有序推进以准入前国民待遇加负面清单模式开展谈判。在维护好我国作为投资东道国利益和监管权的前提下，为我国投资者“走出去”营造更好的市场准入和投资保护条件，实质性改善我国与自由贸易伙伴双向投资准入。在自由贸易区内积极稳妥推进人民币资本项目可兑换的各项试点，便利境内外主体跨境投融资。加强与自由贸易伙伴货币合作，促进贸易投资便利化。

（十）推进规则谈判。结合全面深化改革和全面依法治国的要求，对符合我国社会主义市场经济体制建设和经济社会稳定发展需要的规则议题，在自由贸易区谈判中积极参与。参照国际通行规则及其发展趋势，结合我国发展水平和治理能力，加快推进知识产权保护、环境保护、电子商务、竞争政策、政府采购等新议题谈判。

知识产权保护方面，通过自由贸易区建设，为我国企业"走出去"营造更加公平的知识产权保护环境，推动各方完善知识产权保护制度，加大知识产权保护和执法力度，增强企业和公众的知识产权保护意识，提升我国企业在知识产权保护领域的适应和应对能力。

环境保护方面，通过自由贸易区建设进一步加强环境保护立法和执法工作，借鉴国际经验探讨建立有关环境影响评价机制的可行性，促进贸易、投资与环境和谐发展。

电子商务方面，通过自由贸易区建设推动我国与自由贸易伙伴电子商务企业的合作，营造对彼此有利的电子商务规则环境。

竞争政策方面，发挥市场在资源配置中的决定性作用，通过自由贸易区建设进一步促进完善我国竞争政策法律环境，构建法治化、国际化的营商环境。

政府采购方面，条件成熟时与自由贸易伙伴在自由贸易区框架下开展政府采购市场开放谈判，推动政府采购市场互惠对等开放。

（十一）提升贸易便利化水平。加强原产地管理，推进电子联网建设，加强与自由贸易伙伴原产地电子数据交换，积极探索在更大范围实施经核准出口商原产地自主声明制度。改革海关监管、检验检疫等管理体制，加强关检等领域合作，逐步实现国际贸易"单一窗口"受理。简化海关通关手续和环节，加速放行低风险货物，加强与自由贸易伙伴海关的协调与合作，推进实现"经认证经营者"互认，提升通关便利化水平。提高检验检疫效率，实行法检目录动态调整。加快推行检验检疫申报无纸化，完善检验检疫电子证书联网核查，加强与自由贸易伙伴电子证书数据交换。增强检验检疫标准和程序的透明度。

（十二）推进规制合作。加强与自由贸易伙伴就各自监管体系的信息交换，加快推进在技术性贸易壁垒、卫生与植物卫生措施、具体行业部门监管标准和资格等方面的互认，促进在监管体系、程序、方法和标准方面适度融合，降低贸易成本，提高贸易效率。

（十三）推动自然人移动便利化。配合我国“走出去”战略的实施，通过自由贸易区建设推动自然人移动便利化，为我国境外投资企业的人员出入境提供更多便利条件。

（十四）加强经济技术合作。不断丰富自由贸易区建设内涵，适当纳入产业合作、发展合作、全球价值链等经济技术合作议题，推动我国与自由贸易伙伴的务实合作。

四、健全保障体系

（十五）继续深化自由贸易试验区试点。上海等自由贸易试验区是我国主动适应经济发展新趋势和国际经贸规则新变化、以开放促改革促发展的试验田。可把对外自由贸易区谈判中具有共性的难点、焦点问题，在上海等自由贸易试验区内先行先试，通过在局部地区进行压力测试，积累防控和化解风险的经验，探索最佳开放模式，为对外谈判提供实践依据。

（十六）完善外商投资法律法规。推动修订中外合资经营企业法、中外合作经营企业法和外资企业法，研究制订新的外资基础性法律，改革外商投资管理体制，实行准入前国民待遇加负面清单的管理模式，完善外商投资国家安全审查制度，保持外资政策稳定、透明、可预期。

（十七）完善事中事后监管的基础性制度。按照全面依法治国的要求，以转变政府职能为核心，在简政放权的同时，加强事中事后监管，通过推进建立社会信用体系、信息共享和综合执法制度、企业年度报告公示和经营异常名录制度、社会力量参与市场监督制度、外商投资信息报告制度、外商投资信息公示平台、境外追偿保障机制等，加强对市场主体“宽进”以后的过程监督和后续管理。

（十八）继续做好贸易救济工作。在扩大产业开放的同时，有效运用世贸组织和自由贸易协定的合法权利，依法开展贸易救济调查，加大对外交涉力度，维护国内产业企业合法权益。强化中央、地方、行业协会商会、企业四体联动的贸易摩擦综合应对机制，指导企业做好贸易摩擦预警、咨询、对话、磋商、诉讼等工作。

（十九）研究建立贸易调整援助机制。在减少政策扭曲、规范产业支持政策的基础上，借鉴有关国家实践经验，研究建立符合世贸组织规则和我国国情的贸易调整援助机制，对因关税减让而受到冲击的产业、企业和个人提供援助，提升其竞争力，促进产业调整。

五、完善支持机制

（二十）完善自由贸易区谈判第三方评估制度。参照我国此前自由贸易区谈判经验，借鉴其他国家开展自由贸易区谈判评估的有益做法，进一步完善第三方评估制度，通过第三方机构对自由贸易区谈判进行利弊分析和风险评估。

（二十一）加强已生效自由贸易协定实施工作。商务部要会同国内各有关部门、地方政府，综合协调推进协定实施工作。优化政府公共服务，全面、及时提供有关自由贸易伙伴的贸易、投资及其他相关领域法律法规和政策信息等咨询服务。加强地方和产业对自由贸易协定实施工作的参与，打造协定实施的示范地区和行业。特别要加强西部地区和有关产业的参与，使自由贸易区建设更好地服务西部地区经济社会建设，促进我国区域协调发展。做好宣传推介，定期开展评估和分析，查找和解决实施中存在的问题，不断挖掘协定潜力，研究改进实施方法，提升企业利用自由贸易协定的便利性，提高协定利用率，用足用好优惠措施。

（二十二）加强对自由贸易区建设的人才支持。增强自由贸易区谈判人员配备，加大对外谈判人员教育培训投入，加强经济外交人才培养工作，逐步建立一支政治素质好、全局意识强、熟悉国内产业、精通国际经贸规则、外语水平高、谈判能力出色的自由贸易区建设领导、管理和谈判人才队伍。积极发挥相关领域专家的作用，吸收各类专业人士参与相关谈判的预案研究和政策咨询。

六、加强组织实施

加快实施自由贸易区战略是一项长期、涉及面广的系统工作，各有关方面要加强协调，形成合力。商务部要会同相关部门研究制订加快实施自由贸易区战略的行动计划，建立协调工作机制。地方各级人民政府要结合本地实际，围绕实施自由贸易区战略推进地方相关工作，调动有关企业充分利用自由贸易协定的积极性，提高协定利用率。

国务院

2015年12月6日

（中国政府网 2015年12月17日）

国务院关于印发中国（辽宁）自由贸易试验区总体方案的通知

（2017 年 3 月 15 日）

国发〔2017〕15 号

各省、自治区、直辖市人民政府，国务院各部委、各直属机构：

现将《中国（辽宁）自由贸易试验区总体方案》印发给你们，请认真贯彻执行。

国务院

2017 年 3 月 15 日

中国（辽宁）自由贸易试验区总体方案

建立中国（辽宁）自由贸易试验区（以下简称自贸试验区）是党中央、国务院作出的重大决策，是新形势下全面深化改革、扩大开放和推动东北地区等老工业基地振兴的重大举措。为全面有效推进自贸试验区建设，制定本方案。

一、总体要求

（一）指导思想

全面贯彻党的十八大和十八届三中、四中、五中、六中全会精神，深入贯彻习近平总书记系列重要讲话精神和治国理政新理念新思想新战略，认真落实党中央、国务院决策部署，统筹推进“五位一体”总体布局和协调推进“四个全面”战略布局，坚持稳中求进工作总基调，牢固树立和贯彻落实创新、协调、绿色、开放、共享的发展理念，进一步解放思想、先行先试，以开放促改革、促发展，着力完善体制机制，着力推进结构调整，着力鼓励创新创业，着力保障和改善民生，为全面深化改革和扩大开放探索新途径、积累新经验，发挥示范带动、服务全国的积极作用。

（二）战略定位

以制度创新为核心，以可复制可推广为基本要求，加快市场取向体制机制改革、积极推动结构调整，努力将自贸试验区建设成为提升东北老工业基地发展整体竞争力和对外开放水平的新引擎。

（三）发展目标

经过三至五年改革探索，形成与国际投资贸易通行规则相衔接的制度创新体系，营造法治化、国际化、便利化的营商环境，巩固提升对人才、资本等要素的吸引力，努力建成高端产业集聚、投资贸易便利、金融服务完善、监管高效便捷、法治环境规范的高水平高标准自由贸易园区，引领东北地区转变经济发展方式、提高经济发展质量和水平。

二、区位布局

（一）实施范围

自贸试验区的实施范围 119.89 平方公里，涵盖三个片区：大连片区 59.96 平方公里（含大连保税区 1.25 平方公里、大连出口加工区 2.95 平方公里、大连大窑湾保税港区 6.88 平方公里），沈阳片区 29.97 平方公里，营口片区 29.96 平方公里。

自贸试验区土地开发利用须遵守土地利用、环境保护、城乡规划法律法规，符合土地利用总体规划，并符合节约集约用地的有关要求；涉及海域的，须符合《中华人民共和国海域使用管理法》有关规定和国务院印发的《全国海洋主体功能区规划》、国务院批复的海洋功能区划、辽宁省出台的海洋生态红线制度；涉及无居民海岛的，须符合《中华人民共和国海岛保护法》有关规定。

（二）功能划分

按区域布局划分，大连片区重点发展港航物流、金融商贸、先进装备制造、高新技术、循环经济、航运服务等产业，推动东北亚国际航运中心、国际物流中心建设进程，形成面向东北亚开放合作的战略高地；沈阳片区重点发展装备制造、汽车及零部件、航空装备等先进制造业和金融、科技、物流等现代服务业，提高国家新型工业化示范城市、东北地区科技创新中心发展水平，建设具有国际竞争力的先进装备制造业基地；营口片区重点发展商贸物流、跨境电商、金融等现代服务业和新一代信息技术、高端装备制造等战略性新兴产业，建设区域性国际物流中心和高端装备制造、高新技术产业基地，构建国际海铁联运大通道的重要枢纽。

按海关监管方式划分，自贸试验区内的海关特殊监管区域重点探索以贸易便利化为主要内容的制度创新，开展保税加工、保税物流、保税服务等业务；

非海关特殊监管区域重点探索投资体制改革，推进制造业转型、金融创新和服务业开放。

三、主要任务和措施

（一）切实转变政府职能

1. 深化行政管理体制改革。深入推进简政放权、放管结合、优化服务改革。辽宁省能够下放的经济社会管理权限，全部下放给自贸试验区。建立权责清单制度、行政审批管理目录制度。深化商事制度改革。推进政府管理由注重事前审批向注重事中事后监管转变，构建事前诚信承诺、事中评估分类、事后联动奖惩的全链条信用监管体系。完善信息网络平台，建立企业信用信息采集共享机制，实现跨部门协同管理。实施“多规合一”改革。配合商务部开展经营者集中反垄断审查。

2. 打造更加公平便利的营商环境。开展知识产权综合管理改革试点。紧扣创新发展需求，发挥专利、商标、版权等知识产权的引领作用，打通知识产权创造、运用、保护、管理、服务全链条，建立高效的知识产权综合管理体制，构建便民利民的知识产权公共服务体系，探索支撑创新发展的知识产权运行机制，推动形成权界清晰、分工合理、责权一致、运转高效、法治保障的体制机制。搭建便利化的知识产权公共服务平台，设立知识产权服务工作站，大力发展知识产权专业服务业。探索建立自贸试验区跨部门知识产权执法协作机制，完善纠纷调解、援助、仲裁工作机制。探索建立自贸试验区重点产业专利导航制度和重点产业快速协同保护机制。

推动税收服务创新，包括一窗国地办税、一厅自助办理、培训辅导点单、缴纳方式多元、业务自主预约、税银信息互动、税收遵从合作、创新网上服务等举措。推进产业预警、信息公开、公平竞争、权益保障制度创新。建立健全国际仲裁、商事调解机制。

（二）深化投资领域改革

3. 提升利用外资水平。对外商投资实行准入前国民待遇加负面清单管理制度，着力构建与负面清单管理方式相适应的事中事后监管制度。外商投资准入特别管理措施（负面清单）之外领域的外商投资项目（国务院规定对国内投资项目保留核准的除外）和外商投资企业设立及变更实行备案制，由自贸试验区负责办理。进一步减少或取消外商投资准入限制，提高开放度和透明度，做好对外开放的压力测试和风险测试。积极有效引进境外资金、先进技术和高端人才，提升利用外资综合质量。外商在自贸试验区内投资适用《自由贸易试验区外商投资准入特别管理措施（负面清单）》和《自由贸易试验区外商投资国家安全审查试行办法》。探索强化外商投资实际控制人管理，建立外商投资信息报告制度和外商投资信息公示平台，充分发挥国家企业信用信息公示系统作用，提升外商投资全周期监管的科学性、规范性和透明度。完善投资者权益保障机制，允许符合条件的境外投资者自由转移其投资收益。

4. 构筑对外投资服务促进体系。实行以备案制为主的境外投资管理方式。鼓励企业开展多种形式的对外投资合作。发挥优惠贷款作用，支持自贸试验区内企业参与大型成套设备出口、工程承包和大型投资项目。支持“走出去”企业以境外资产和股权、矿权等权益为抵押获得贷款，提高企业融资能力。完善“走出去”政策促进、服务保障和风险防控体系，扩大企业对外投资。

（三）推进贸易转型升级

5. 实施贸易便利化措施。依托电子口岸公共平台，完善国际贸易“单一窗口”的货物进出口和运输工具进出境的应用功能，实现贸易许可、资质登记等平台作用，将涉及贸易监管的部门逐步纳入“单一窗口”管理平台，进一步优化口岸监管执法流程和通关流程。将出口退税申报功能纳入“单一窗口”建设项目。推进自贸试验区内各区域之间通关一体化。大力发展转口贸易，放宽海运货物直接运输判定标准。优化沿海捎带业务监管模式，提高中资非五星旗船沿海捎带业务通关效率。在执行现行税收政策的前提下，提升超大超限货物的通关、运输、口岸服务等综合能力。鼓励企业参与“自主报税、自助通关、自动审放、重点稽核”等监管制度创新试点。加快形成贸易便利化创新举措的标准化制度规范，覆盖到所有符合条件的企业。

自贸试验区内的海关特殊监管区域实施“一线放开”、“二线安全高效管住”的通关监管服务模式。在确保有效监管前提下，在海关特殊监管区域探索建立货物状态分类监管模式。在严格执行货物进出口税收政策的前提下，允许在海关特殊监管区域内设立保税展示交易平台。试点开展境内外高技术、高附加值、风险可控的维修业务。对注册在自贸试验区海关特殊监管区域内的融资租赁企业进出口飞机、船舶和海洋工程结构物等大型设备涉及跨关区的，在确保有效监管和执行现行相关税收政策的前提下，按物流实际需要，实行海关异地委托监管。

6. 完善国际贸易服务体系。建立离岸贸易制度，发展离岸贸易。培育跨国企业设立面对国内外两个市场的结算中心和区域性总部，建立整合物流、贸易等功能的营运中心。依托大连商品交易所，支持拓展新的交易品种，促进发展大宗商品国际贸易。探索建立与国际大宗商品交易相适应的外汇管理和海关监管制度。鼓励国内期货交易所在自贸试验区海关特殊监管区域内开展期货保税交易、仓单质押融资等业务。在总结期货保税交割试点经验基础上，扩大期货保税交割试点的品种。推动自贸试验区内符合条件的原油加工企业申请原油进口及使用资质。鼓励自贸试验区内企业统筹开展国际国内贸易，形成内外贸一体化发展促进机制。推进对外文化贸易基地建设，深化艺术品交易市场功能拓展。推动检测维修、生物医药、软件信息、管理咨询、数据服务、文化创意等服务外包业务发展。依托中国（大连）跨境电子商务综合试验区，加快推进跨境贸易电子商务配套平台建设。按照公平竞争原则，完善海关监管、检验检疫、退税、物流等国际贸易支撑系统。鼓励设立第三方检验鉴定机构，积极推进采信第三方检验鉴定结果。

（四）深化金融领域开放创新

7. 推动跨境人民币业务创新发展。探索建立与自贸试验区相适应的本外币账户管理体系，促进跨境贸易、投融资结算便利化。允许自贸试验区内企业的境外母公司或子公司按照有关规定在境内发行人民币债券。允许外资股权投资管理机构、外资创业投资管理机构在自贸试验区发起管理人民币股权投资和创业投资基金。允许自贸试验区内租赁公司在境外开立人民币账户用于跨境人民币租赁业务。扩大人民币跨境使用，自贸试验区内银行可按有关规定发放境外项目人民币贷款。

开展跨国企业集团跨境双向人民币资金池业务。

8. 深化外汇管理体制改革。进一步简化经常项目外汇收支手续，在真实、合法交易基础上，自贸试验区内货物贸易外汇管理分类等级为A类企业的外汇收入无需开立待核查账户。银行按照“了解客户、了解业务、尽职审查”的展业三原则办理经常项目收结汇、购付汇手续。进一步简化资金池管理，允许经银行审核真实、合法的电子单证办理经常项目集中收付汇、轧差净额结算业务。支持商业保理业务发展，探索适合商业保理发展的外汇管理模式。允许自贸试验区内符合条件的融资租赁业务收取外币租金。支持发展总部经济。放宽跨国公司外汇资金集中运营管理准入条件。

9. 增强金融服务功能。进一步推进内资融资租赁企业试点，注册在自贸试验区内的内资融资租赁试点企业由自贸试验区所在省级商务主管部门和同级国家税务局审核；加强事中事后监管，探索建立融资租赁企业设立和变更的备案制度、违反行业管理规定的处罚制度、失信和经营异常企业公示制度、属地监管部门对企业定期抽查检查制度。支持自贸试验区内符合互认条件的基金产品参与内地与香港基金产品互认。取消对自贸试验区内保险支公司高管人员任职资格的事前审批，由自贸试验区所在省级保监机构实施备案管理。逐步允许境外企业参与商品期货交易。结合自贸试验区产业基础和产业发展方向，围绕新型工业化方向和产业转型升级需求，创新金融产品和金融服务。进一步提升金融服务实体经济的能力，逐步完善适合东北老工业基地振兴发展的新型金融支撑体系。

10. 建立健全金融风险防控体系。落实风险为本的原则，探索建立跨境资金流动风险监管机制，强化开展反洗钱、反恐怖融资、反逃税工作，防止非法资金跨境、跨区流动。建立适应金融改革创新举措的事中事后监管体系。

（五）加快老工业基地结构调整

11. 深化国资国企改革。完善国有企业治理模式和经营机制，实施分类监管和改革，探索健全以管资本为主的国有资产监管体系。稳妥推进自贸试验区内企业混合所有制改革，探索各种所有制资本优势互补、相互促进的体制机制。建立健全产权清晰、权责明确、政企分开、管理科学的现代企业制度。推进经营性国有资产集中统一监管，优化国有资本配置，放大国有资本功能，大力推进国有资产资本化。简化地方国有创投企业股权投资退出程序，地方国有创投企业使用国有资产评估报告实行事后备案。

12. 促进产业转型升级。完善有利于推动产业集群发展的体制机制，鼓励智能装备、海洋工程装备、航空制造、汽车（重点是新能源汽车）、新材料、高技术船舶、电子信息、生物医药和高端医疗器械、商贸及快递等现代物流、海水利用等产业向自贸试验区集聚。加快工业化与信息化深度融合，培育发展大数据、云计算、工业互联网等新一代信息技术产业，构建先进装备制造业、战略性新兴产业和现代服务业融合发展的产业布局。利用地方政府投资设立的产业（创业）投资引导基金，支持新兴特色产业集群式发展。鼓励自贸试验区内企业通过跨区域兼并重组推动产业整合。加快中德（沈阳）高端装备制造产业园、大连国家生态工业示范园区与自贸试验区协同发展，打造国际产业投资贸易合作平台。

13. 发展生产性服务业。鼓励自贸试验区内企业开展系统集成、设备租赁、提供解决方案、再制造、检验检测、远程咨询等增值服务。推进专业技术研发、工业设计等集成创新载体及工程研究中心、科研实验室、企业技术中心建设。搭建科技成果推广、科技管理咨询、市场营销等公共服务平台。支持设立符合规定的加工贸易产品内销平台和加工贸易采购、分拨中心。鼓励金融机构、装备制造企业集团在自贸试验区内设立租赁公司或专营租赁业务的子公司，重点开展飞机、船舶、海洋工程结构物、轨道交通车辆、农用机械、高端医疗设备、大型成套设备等融资租赁服务。

14. 构筑科技创新和人才高地。推动科研机构、高校、企业协同创新。按市场化方式，加强与国家科技成果转化引导基金、战略性新兴产业创业投资引导基金、国家中小企业发展基金的对接，设立一批专业化创业投资子基金。依托现有交易场所开展科技成果转化交易。引进境外优质教育资源，推动教育国际化。探索适应企业国际化发展需要的创新人才服务体系和国际人才流动制度。完善创新人才集聚和培育机制，推进人才、项目、资金深度融合。加大对海外人才服务力度，提高境内外人员出入境、外籍人员签证和居留、就业许可、驾照申领等事项办理的便利化水平。

15. 推进东北一体化协同发展。增强自贸试验区口岸服务辐射功能，完善海关通关一体化改革，开展货物通关、贸易统计、“经认证的经营者”互认、检验检测认证等方面合作，逐步实现信息互换、监管互认、执法互助。优化内陆无水港和物流网络布局，加速实现自贸试验区与东北其他地区口岸间互通互联，推进东北地区在研发设计、生产销售、物流配送、人才交流、教育培训等方面的协同配合。

（六）加强东北亚区域开放合作

16. 推进与东北亚全方位经济合作。充分发挥辽宁作为全国重要的老工业基地和欧亚大陆桥东部重要节点的区位、交通、产业及人文等综合优势，推进国家自主创新示范区、全面创新改革试验区、大连金普新区、国家级经济技术开发区、国家级高新技术产业开发区与自贸试验区的互动发展。加快融入“一带一路”建设，不断扩大和丰富东北亚区域合作内涵，全面融入中蒙俄经济走廊建设，巩固对日、对韩合作，加速利用国际国内两个市场、两种资源，进一步扩大东北亚国际合作，在更大范围、更宽领域参与国际竞争。

17. 加快构建双向投资促进合作新机制。推进自贸试验区与“一带一路”沿线国家及日、韩、朝等国的国际产能和装备制造合作，完善国际产能合作金融支持体系，促进由装备产品输出为主向技术输出、资本输出、产品输出、服务输出和标准输出并举转变，加大优势产业“走出去”拓展国际市场的步伐。充分利用自贸试验区国际化贸易规则，提升优势产品在“一带一路”沿线国家及日、韩、朝等国的市场占有率。引导优势企业开展境外工程承包，投资建设境外园区。推动日、韩、俄等国先进制造业、战略性新兴产业、现代服务业等产业在自贸试验区内集聚发展。探索与东北亚各国在文化、教育、体育、卫生、娱乐等专业服务领域开展投资合作。

18. 构建连接亚欧的海陆空大通道。依托自贸试验区加快大连东北亚国际航运中心建设进程，推进营口港海铁联运和沈阳跨境铁路通道建设。加快沈阳内陆无水港建设步伐，支持海关多式联运监管中心建设，构建沈阳—营口陆海联运系统。支持自贸试验区与“一带一路”沿线国家开展海关、检验检疫、认证认可、标准计量等方面的合作与交流，探索与“一带一路”沿线国家开展贸易供应链安全与便利合作。

19. 建设现代物流体系和国际航运中心。打造面向东北亚的现代物流体系和具有国际竞争力的港航发展制度与运作模式。深化自贸试验区多港区联动机制，推进海陆空邮联动发展。建立航空物流枢纽中心，促进港航要素集聚，增强空港服务功能。加快东北亚区域性邮轮港口和国际客滚中心建设。加强邮政和快递集散中心建设，依托日韩海运和中欧班列（辽宁）海铁联运运输邮件、快件，建设有影响力的国际邮件互换局。在交通运输领域，完善快件处理设施和绿色通道。将外资经营国际船舶管理业务的许可权限下放给辽宁省。建设保税航油站和保税油供应基地。支持开展船员管理改革试点工作，在船员培训方面按规定给予政策支持。推动与旅游相关的邮轮、游艇等旅游运输工具出行的便利化。

四、保障机制

（一）强化法制保障

自贸试验区需要暂时调整实施有关行政法规、国务院文件和经国务院批准的部门规章的部分规定的，按规定程序办理。各有关部门要支持自贸试验区在各领域深化改革开放试点、加大压力测试，辽宁省要通过地方立法，建立与试点要求相适应的自贸试验区管理制度。

（二）完善配套税收政策

落实现有相关税收政策，充分发挥现有政策的支持促进作用。中国（上海）自由贸易试验区、中国（广东）自由贸易试验区、中国（天津）自由贸易试验区和中国（福建）自由贸易试验区已经试点的税收政策原则上可在自贸试验区进行试点，其中促进贸易的选择性征收关税、其他相关进出口税收等政策在自贸试验区内的海关特殊监管区域进行试点。自贸试验区内的海关特殊监管区域范围和税收政策适用范围维持不变。此外，在符合税制改革方向和国际惯例，以及不导致利润转移和税基侵蚀的前提下，积极研究完善境外所得税收抵免的税收政策。

（三）加强组织实施

按照党中央、国务院统一部署，在国务院自由贸易试验区工作部际联席会议统筹协调下，由辽宁省完善试点任务组织实施保障机制，按照总体筹划、分步实施、率先突破、逐步完善的原则加快实施。各有关部门要大力支持，及时制定实施细则或办法，加强指导和服务，共同推进相关体制机制创新，把自贸试验区建设好、管理好。在实施过程中，要创新思路、寻找规律、解决问题、积累经验；要充分发挥地方和部门的积极性，因地制宜、突出特色，做好对比试验和互补试验；要抓好改革措施的落实，重大事项要及时向国务院请示报告。

（四）总结推广可复制的试点经验

自贸试验区要及时总结改革创新经验和成果。国务院自由贸易试验区工作部际联席会议办公室要会同辽宁省人民政府及有关部门，及时总结评估自贸试验区改革开放创新试点任务实施效果，加强各领域试点经验系统集成，并委托第三方机构进行独立评估。对试点效果好、风险可控且可复制可推广的成果，实施分类审查程序后复制推广至全国其他地区。

（中国政府网 2017 年 3 月 31 日）

国务院关于印发中国（浙江）自由贸易试验区总体方案的通知

（2017 年 3 月 15 日）

国发〔2017〕16 号

各省、自治区、直辖市人民政府，国务院各部委、各直属机构：

现将《中国（浙江）自由贸易试验区总体方案》印发给你们，请认真贯彻执行。

国务院

2017 年 3 月 15 日

中国（浙江）自由贸易试验区总体方案

建立中国（浙江）自由贸易试验区（以下简称自贸试验区）是党中央、国务院作出的重大决策，是新形势下全面深化改革、扩大开放和提升我国资源配置全球竞争力的重大举措。为全面有效推进自贸试验区建设，制定本方案。

一、总体要求

（一）指导思想

全面贯彻党的十八大和十八届三中、四中、五中、六中全会精神，深入贯彻习近平总书记系列重要讲话精神和治国理政新理念新思想新战略，认真落实党中央、国务院决策部署，统筹推进“五位一体”总体布局和协调推进“四个全面”战略布局，坚持稳中求进工作总基调，牢固树立和贯彻落实创新、协调、绿色、开放、共享的发展理念，进一步解放思想、先行先试，以开放促改革、促发展，为新形势下推动大宗商品贸易自由化发挥示范引领作用，努力营造法治化、国际化、便利化营商环境，为全面深化改革和扩大开放探索新途径、积累新经验，发挥示范带动、服务全国的积极作用。

（二）战略定位

以制度创新为核心，以可复制可推广为基本要求，将自贸试验区建设成为东部地区重要海上开放门户示范区、国际大宗商品贸易自由化先导区和具有国际影响力的资源配置基地。

（三）发展目标

经过三年左右有特色的改革探索，基本实现投资贸易便利、高端产业集聚、法治环境规范、金融服务完善、监管高效便捷、辐射带动作用突出，以油品为核心的大宗商品全球配置能力显著提升，对接国际标准初步建成自由贸易港区先行区。

二、区位布局

（一）实施范围

自贸试验区的实施范围119.95平方公里，由陆域和相关海洋锚地组成，涵盖三个片区：舟山离岛片区78.98平方公里（含舟山港综合保税区区块二3.02平方公里），舟山岛北部片区15.62平方公里（含舟山港综合保税区区块一2.83平方公里），舟山岛南部片区25.35平方公里。

自贸试验区土地开发利用须遵守土地利用、环境保护、城乡规划法律法规，符合土地利用总体规划，并符合节约集约用地的有关要求；涉及海域的，须符合《中华人民共和国海域使用管理法》有关规定和国务院印发的《全国海洋主体功能区规划》、国务院批复的海洋功能区划、近岸海域环境功能区划、浙江省出台的海洋生态红线制度；涉及无居民海岛的，须符合《中华人民共和国海岛保护法》有关规定。

（二）功能划分

按区域布局划分，舟山离岛片区鱼山岛重点建设国际一流的绿色石化基地，鼠浪湖岛、黄泽山岛、双子山岛、衢山岛、小衢山岛、马迹山岛重点发展油品等大宗商品储存、中转、贸易产业，海洋锚地重点发展保税燃料油供应服务；舟山岛北部片区重点发展油品等大宗商品贸易、保税燃料油供应、石油石化产业配套装备保税物流、仓储、制造等产业；舟山岛南部片区重点发展大宗商品交易、航空制造、零部件物流、研发设计及相关配套产业，建设舟山航空产业园，着力发展水产品贸易、海洋旅游、海水利用、现代商贸、金融服务、航运、信息咨询、高新技术等产业。

按海关监管方式划分，自贸试验区内的海关特殊监管区域重点探索以贸易便利化为主要内容的制度创新，重点开展国际贸易和保税加工、保税物流、保税服务等业务；非海关特殊监管区域重点探索投资制度、金融制度等体制机制创新，积极发展以油品为核心的大宗商品中转、加工贸易、保税燃料油供应、装备制造、航空制造、国际海事服务等业务。

三、主要任务和措施

（一）切实转变政府职能

1. 深化行政体制改革。深入推进简政放权、放管结合、优化服务改革。建立权责明确、管理高效、运转协调的自贸试验区行政管理体制。深化完善自贸试验区行政管理权力清单、责任清单。深化行政审批制度改革，建立精简高效的统一行政审批机构，开展相对集中行政许可权改革，依法统一行使相关行政许可权。建立市场准入统一平台，依托电子口岸公共平台建设国际贸易“单一窗口”。深化商事制度改革，全面落实“多证合一、一照一码”等措施。深化完善陆上和海洋综合行政执法体系改革。

开展知识产权综合管理改革试点。紧扣创新发展需求，发挥专利、商标、版权等知识产权的引领作用，打通知识产权创造、运用、保护、管理、服务全链条，建立高效的知识产权综合管理体制，构建便民利民的知识产权公共服务体系，探索支撑创新发展的知识产权运行机制，推动形成权界清晰、分工合理、责权一致、运转高效、法治保障的体制机制。搭建便利化的知识产权公共服务平台，设立知识产权服务工作站，大力发展知识产权专业服务业。探索建立自贸试验区跨部门知识产权执法协作机制，完善纠纷调解、援助、仲裁工作机制。探索建立自贸试验区重点产业专利导航制度和重点产业快速协同保护机制。

推动税收服务创新，包括一窗国地办税、一厅自助办理、培训辅导点单、缴纳方式多元、业务自主预约、税银信息互动、税收遵从合作、创新网上服务等举措。

2. 建立统一开放的市场准入和高标准监管制度。建立与自贸试验区相适应的行政监督管理制度，加强与负面清单管理体制相适应的事中事后监管体系建设。完善社会信用体系，推动各部门间依法履职信息的联通和共享。健全守信激励和失信惩戒机制。对涉及自贸试验区内的投资贸易等商事案件，建立专业化审理机制。严格执行环境保护法规和标准。强化安全监管保障，制定安全生产区域规划，建立自贸试验区油品安全管理制度。建立健全应急联动机制，充实应急救援力量，全力强化应急保障。鼓励企业履行社会责任，保障劳动者权益。配合商务部开展经营者集中反垄断审查。

3.提升利用外资水平。对外商投资实行准入前国民待遇加负面清单管理制度，着力构建与负面清单管理方式相适应的事中事后监管制度。外商投资准入特别管理措施（负面清单）之外领域的外商投资项目（国务院规定对国内投资项目保留核准的除外）和外商投资企业设立及变更实行备案制，由自贸试验区负责办理。进一步减少或取消外商投资准入限制，提高开放度和透明度，做好对外开放的压力测试和风险测试。积极有效引进境外资金、先进技术和高端人才，提升利用外资综合质量。外商在自贸试验区内投资适用《自由贸易试验区外商投资准入特别管理措施（负面清单）》和《自由贸易试验区外商投资国家安全审查试行办法》。探索强化外商投资实际控制人管理，建立外商投资信息报告制度和外商投资信息公示平台，充分发挥国家企业信用信息公示系统作用，提升外商投资全周期监管的科学性、规范性和透明度。完善投资者权益保障机制，允许符合条件的境外投资者自由转移其投资收益。

（二）推动油品全产业链投资便利化和贸易自由化

4.建设国际海事服务基地。对照国际通行税收政策，增强国际竞争力，探索研究推动油品全产业链发展的政策措施。建设东北亚保税燃料油加注中心。制订中国（浙江）自由贸易试验区国际航行船舶保税油管理办法，将区内国际航行船舶保税加油许可权下放至舟山市人民政府。吸引保税燃料油供应商开展供油服务，鼓励企业总部或结算中心落户，丰富市场竞争主体。加快供油港口、储罐、加注锚地等配套设施建设，合理布局海上保税燃料油加注区域，允许在自贸试验区内设立海上保税燃料油供应仓库。在符合监管条件的前提下，允许注册在自贸试验区内的企业开展不同税号下保税油品混兑调和。鼓励自贸试验区内油品企业生产保税燃料油。允许开展保税燃料油跨关区直供业务。全力优化通关等服务方式，将保税燃料油加注纳入“单一窗口”申报平台，开通挂港加油船舶通航、通关特殊通道，简化和加快加油船舶进出自贸试验区通关手续，方便符合条件的船舶驶入特定海域（码头）进行加油操作。

加快拓展国际船舶管理服务。积极培育壮大外轮供应企业，丰富外轮供应品种，为进入自贸试验区的船舶提供生活用品、备品备件、物料、工程服务和代理服务等服务。加快发展自贸试验区内国际船舶修造业务，在海关特殊监管区域内对修造所需的相关进口船舶配件予以保税，支持舟山港船舶配件交易市场建设。

提升国际航运服务功能。积极探索有助于促进油品等大宗商品贸易的航运制度和运作模式。适应自贸试验区发展需要，支持自贸试验区引导液货危险品运输企业加强整合，实现规模化、集约化发展。大力发展转口贸易，放宽海运货物直接运输判定标准。优化沿海捎带业务监管模式，提高中资非五星旗船沿海捎带业务通关效率。推动与旅游相关的邮轮、游艇等旅游运输工具出行的便利化。积极推动国际航运相关的海事、金融、法律、经纪等服务业发展。支持境内外企业开展航运保险、航运仲裁、海损理算、航运交易等高端航运服务。探索组建海洋保险等专业性法人机构，允许符合条件的境内外保险代理公司、保险经纪和保险公估公司等中介机构在自贸试验区设立营业机构并依法开展相关业务。吸引海事仲裁机构和船级社等入驻，打造国际航运服务平台。

5. 建设国际油品储运基地。完善油品储运基础设施。加快码头、管网、油罐、地下油库、锚地、物流基地等物流基础设施建设。以原油、成品油为重点，承接全球资源，面向亚太市场，满足国内需求，在舟山离岛片区布局形成大型油品储运基地。

推进油品储运投资便利化。培育多元化的油品储运主体，鼓励各类主体按照国际标准参与投资建设油品接卸泊位、储运罐区、输油管道等设施。加快自贸试验区港口岸线使用审批。

完善油品储备体系。以原油为主要品种，积极开展汽油、柴油、航空煤油、液化气等储备，科学合理确定储备品种，探索和创新油品储备模式，建立国储、义储、商储、企储相结合的储存体系和运作模式，允许国储租赁符合条件的民企油罐、商储租赁国有企业商业油罐。建立油品储存可动用应急机制。

加强油品储备国际合作。盘活民间闲置的油品储备库资源，为国际组织、跨国石油公司等储存油品。支持与国际产油国共建油品储存基地，加快形成舟山国际油品保税交割体系。

6. 建设国际石化基地。建设国际一流的石化基地。按照国家战略布局，实行最严格的环保准入和监管措施，在鱼山岛打造国际一流的石化产业基地。支持基地以原油精炼为基础产品，以乙烯、芳烃等高端产品为特色，完善上下游一体化产业链，加快形成国际一流的石化产业集群。

扩大油品加工领域投资开放。鼓励国内外投资商以资源、资金、技术、市场参与建设经营石化基地。允许世界一流石油化工企业以及“一带一路”沿线石油富集国企业参与投资建设。

落实产业配套政策。赋予自贸试验区内符合条件的油品加工企业原油进口资质和配额，给予原油进口使用权。

7. 建设国际油品交易中心。依托中国（浙江）大宗商品交易中心，开展原油、成品油、保税燃料油现货交易，条件成熟时开展与期货相关的业务。

放宽原油、成品油资质和配额限制（允许量），支持赋予符合条件的 2—3 家自贸试验区内企业原油进口和使用资质。支持自贸试验区企业积极开展油品离岸和在岸贸易。

集聚境内外原油贸易商做强原油现货交易，加快形成具有国际影响力的原油现货交易市场。加快设立舟山国际原油保税交割中心。鼓励在中国（浙江）大宗商品交易中心开展原油现货交易。

大力发展成品油内外贸分销网络和交易市场。支持在中国（浙江）大宗商品交易中心开展成品油现货交易，在扩大现货交易的基础上，支持自贸试验区发展成品油交割、仓储、保税。简化成品油批发资质条件，支持开展成品油内贸分销业务，逐步搭建成品油内贸分销网络。

建设东北亚保税燃料油交易中心。加快在中国（浙江）大宗商品交易中心开展保税燃料油现货交易，在扩大现货交易基础上，支持自贸试验区发展保税燃料油交割、仓储、保税。

积极开展天然气交易。加快完善天然气配套管网、码头等基础设施布局，实现管网互联互通。

8. 加快石油石化科技研发和人才集聚。积极支持舟山创建以石油石化产业为特色的国家高新技术产业开发区，鼓励在自贸试验区内开展石油石化科学研究和技术服务，加快形成国际石油石化人才培养和集聚机制。

（三）拓展新型贸易投资方式

9. 建设国际矿石中转基地。依托鼠浪湖岛、马迹山岛矿石中转码头，建设国际配矿贸易中心，以接卸外贸进口矿石为主，为长江沿线冶金企业提供中转运输服务，优化完善区域矿石接卸系统布局，为我国沿海、东亚地区提供仓储、分销、加工及配送服务。依托中国（浙江）大宗商品交易中心，大力发展矿石现货交易和国际贸易，形成区域性的矿石信息中心和价格形成中心。支持海关特殊监管区域内矿石保税储存、保税加工、保税出口。

10. 建设舟山航空产业园。在朱家尖岛布局建设舟山航空产业园，通过通用飞机总装组装、制造，对接国际航空产业转移，形成航空产业集群。在环境风险可控的前提下开展飞机零部件制造维修业务试点，积极引进飞行驾驶培训、空中旅游观光、通用航空基地运营服务及相关科研机构，鼓励高端先进航空制造、零部件物流、研发设计及配套产业向自贸试验区集聚。

11. 加强现代贸易投资合作。依托港澳在金融服务、信息资讯、国际贸易网络、风险管理等方面的优势，将自贸试验区建设成为内地企业“走出去”的窗口和综合服务平台。加强与港澳在项目对接、投资拓展、信息交流、人才培训等方面交流合作，共同到境外开展基础设施建设和能源等合作。按照公平竞争原则，积极发展跨境电子商务，完善相应的海关监管、检验检疫、退税、物流等支撑系统，加快推进跨境贸易电子商务配套平台建设。

（四）推动金融管理领域体制机制创新

12. 扩大金融服务领域开放。允许符合条件的中资商业银行立足当地实际需求，依据监管政策导向，在自贸试验区内设立分支机构。支持外资银行在自贸试验区内设立子行、分行、专营机构。支持符合条件的民营资本在区内依法设立金融租赁公司、财务公司等金融机构，支持符合条件的境内纯中资民营企业发起设立民营银行。支持金融租赁公司在自贸试验区内设立专业子公司。支持商业保理业务发展，探索适合保理业务发展的外汇管理模式。支持自贸试验区内符合条件的企业按规定开展人民币境外证券投资等业务。允许外资股权投资管理机构、外资创业投资管理机构在自贸试验区发起管理人民币股权投资和创业投资基金。进一步简化经常项目外汇收支手续，在真实、合法交易基础上，自贸试验区内货物贸易外汇管理分类等级为A类企业的外汇收入无需开立待核查账户。允许自贸试验区内符合条件的融资租赁业务收取外币租金。支持自贸试验区内符合条件的个人按规定投资境内外证券市场。支持自贸试验区内符合互认条件的基金产品参与内地与香港基金产品互认。

13. 拓展金融服务功能。探索建立与自贸试验区相适应的本外币账户管理体系，促进跨境贸易、投融资结算便利化。为符合条件的自贸试验区内主体办理油品贸易相关的跨境经常项下结算业务、政策允许的资本项下结算业务。在自贸试验区内设立的法人机构可根据经营和管理需要，按规定开展跨国公司外汇资金集中运营管理业务和跨国企业集团内跨境双向人民币资金池业务、享受跨境投融资汇兑便利等政策。支持融资租赁公司依托自贸试验区在大宗商品领域开展包含人民币计价结算、跨境双向人民币资金池等跨境人民币创新业务。鼓励地方政府通过引入社会资本方式，在自贸试验区内设立跨境人民币各类投资基金，按注册地管理，开展跨境人民币双向投资业务。允许自贸试验区内从事油品等大宗商品为主的交易平台或交易所在约定的商业银行设立贸易专用账户，存放大宗商品交易保证金。支持自贸试验区发展与油品贸易相关的总部经济，放宽跨国公司外汇资金集中运营管理的准入条件。进一步简化资金池管理，允许经银行审核真实、合法的电子单证办理经常项目集中收付汇、轧差净额结算业务。允许自贸试验区开展油品现期货交易初期采用双币种计价、结算，逐步探索采用人民币计价、结算，推动人民币国际化进程。完善结售汇管理。允许境内外金融机构、金融技术企业、金融信息服务企业参与自贸试验区油品交易现货市场建设。逐步允许境外企业参与商品期货交易。加强与国际金融机构和国际油品贸易公司的合作，积极构建与国际接轨的油品贸易信息统计、监测体系，建立油品交易市场风险管理体系。

14. 积极发展融资租赁与保险业务。鼓励境内外投资者在自贸试验区设立融资租赁企业，进一步推进内资融资租赁企业试点，注册在自贸试验区内的内资融资租赁试点企业由自贸试验区所在省级商务主管部门和同级国家税务局审核；加强事中事后监管，探索建立融资租赁企业设立和变更的备案制度、违反行业管理规定的处罚制度、失信和经营异常企业公示制度、属地监管部门对企业定期抽查检查制度。支持融资租赁企业在自贸试验区设立特殊项目公司。根据期货保税交割业务需要，允许自贸试验区拓展仓单质押融资等功能，推动完善仓单质押融资所涉及的仓单确权等工作。支持在自贸试验区内探索设立服务石油行业的专营保险公司或分支机构，设立为保险业发展提供配套服务的保险经纪、保险代理、风险评估、损失理算、法律咨询等专业性保险服务机构。取消对自贸试验区内保险支公司高管人员任职资格的事前审批，由自贸试验区所在省保监局实施备案管理。创新针对石油行业的特殊风险分散机制，开展能源、化工等特殊风险保险业务，加大再保险对巨灾保险、特殊风险保险的支持力度。

15. 建立健全金融风险防范体系。落实风险为本的原则，探索建立跨境资金流动风险监管机制，强化开展反洗钱、反恐怖融资、反逃税工作，防止非法资金跨境、跨区流动，切实防范开放环境下的金融风险。

（五）推动通关监管领域体制机制创新

16. 创新通关监管服务模式。对自贸试验区内的海关特殊监管区域实施“一线放开”、“二线安全高效管住”的通关监管服务模式。按照严密防范质量安全风险和最大便利化的原则，一线主要实施进出境现场检疫、查验及处理；二线主要实施进出口产品检验检疫监管及实验室检测，维护质量安全。

在确保有效监管前提下，在海关特殊监管区域探索建立货物状态分类监管模式。对注册在自贸试验区海关特殊监管区域内的融资租赁企业进出口飞机、船舶和海洋工程结构物等大型设备涉及跨关区的，在确保有效监管和执行现行相关税收政策的前提下，按物流实际需要，实行海关异地委托监管。在严格执行货物进出口税收政策的前提下，允许在海关特殊监管区域内设立保税展示交易平台。加快形成贸易便利化创新举措的标准化制度规范，覆盖到所有符合条件的企业。完善通关合作机制，开展货物通关、贸易统计、“经认证的经营者”互认、检验检测认证等方面合作，逐步实现信息互换、监管互认、执法互助。支持自贸试验区与“一带一路”沿线国家开展海关、检验检疫、认证认可、标准计量等方面的合作与交流，探索与“一带一路”沿线国家开展贸易供应链安全与便利合作。依托电子口岸公共平台，完善国际贸易“单一窗口”的货物进出口和运输工具进出境的应用功能。将出口退税申报功能纳入国际贸易“单一窗口”建设项目。进一步优化口岸监管执法流程和通关流程，实现贸易许可、资质登记等平台功能，将涉及贸易监管的部门逐步纳入“单一窗口”管理平台。在执行现行税收政策的前提下，提升超大超限货物的通关、运输、口岸服务等综合能力。推进自贸试验区内各区域之间通关一体化。

对自贸试验区内本国人员和外籍人员实行相应的便捷安全管控措施。支持舟山普陀山机场航空口岸对外开放。支持浙江省人民政府向国务院申请在舟山对外开放口岸开展外国人口岸签证业务。在自贸试验区实施人才签证制度。加强外国人才工作部门机构和队伍建设。对外籍高层次人才开辟绿色通道，制定有效政策，简化手续，为高层次人才入出境、工作、在华停居留提供便利。允许获得硕士及以上学位的优秀外国留学生毕业后直接在自贸试验区工作。提供有针对性的指导服务和语言学习机会，多形式多渠道帮助外国人才更好融入中国社会。

四、保障机制

（一）强化法制保障

自贸试验区需要暂时调整实施有关行政法规、国务院文件和经国务院批准的部门规章的部分规定的，按规定程序办理。各有关部门要支持自贸试验区在各领域深化改革开放试点、加大压力测试、加强监管、防控风险，做好与相关法律立改废释的衔接，及时解决试点过程中的制度保障问题。浙江省要通过地方立法，建立与试点要求相适应的自贸试验区管理制度。

（二）完善配套税收政策

落实现有相关税收政策，充分发挥现有政策的支持促进作用。中国（上海）

自由贸易试验区、中国（广东）自由贸易试验区、中国（天津）自由贸易试验区和中国（福建）自由贸易试验区已经试点的税收政策原则上可在自贸试验区进行试点，其中促进贸易的选择性征收关税、其他相关进出口税收等政策在自贸试验区内的海关特殊监管区域进行试点。自贸试验区内的海关特殊监管区域范围和税收政策适用范围维持不变。此外，在符合税制改革方向和国际惯例，以及不导致利润转移和税基侵蚀的前提下，积极研究完善境外所得税收抵免的税收政策。

（三）加强组织实施

按照党中央、国务院统一部署，在国务院自由贸易试验区工作部际联席会议统筹协调下，由浙江省完善试点任务组织实施保障机制，按照总体筹划、分步实施、率先突破、逐步完善的原则加快实施。各有关部门要大力支持，及时制定实施细则或办法，加强指导和服务，共同推进相关体制机制创新，把自贸试验区建设好、管理好。在实施过程中，要创新思路、寻找规律、解决问题、积累经验；要充分发挥地方和部门的积极性，因地制宜、突出特色，做好对比试验和互补试验；要抓好改革措施的落实，重大事项要及时向国务院请示报告。

（四）总结推广可复制的试点经验

自贸试验区要及时总结改革创新经验和成果。国务院自由贸易试验区工作部际联席会议办公室要会同浙江省人民政府及有关部门，及时总结评估自贸试验区改革开放创新试点任务实施效果，加强各领域试点经验系统集成，并委托第三方机构进行独立评估。对试点效果好、风险可控且可复制可推广的成果，实施分类审查程序后复制推广至全国其他地区。

（中国政府网 2017 年 3 月 31 日）

国务院关于印发中国（河南）自由贸易试验区总体方案的通知

（2017 年 3 月 15 日）

国发〔2017〕17 号

各省、自治区、直辖市人民政府，国务院各部委、各直属机构：

现将《中国（河南）自由贸易试验区总体方案》印发给你们，请认真贯彻执行。

国务院

2017 年 3 月 15 日

中国（河南）自由贸易试验区总体方案

建立中国（河南）自由贸易试验区（以下简称自贸试验区）是党中央、国务院作出的重大决策，是新形势下全面深化改革、扩大开放和深入推进“一带一路”建设的重大举措。为全面有效推进自贸试验区建设，制定本方案。

一、总体要求

（一）指导思想

全面贯彻党的十八大和十八届三中、四中、五中、六中全会精神，深入贯彻习近平总书记系列重要讲话精神和治国理政新理念新思想新战略，认真落实党中央、国务院决策部署，统筹推进“五位一体”总体布局和协调推进“四个全面”战略布局，坚持稳中求进工作总基调，牢固树立和贯彻落实创新、协调、绿色、开放、共享的发展理念，进一步解放思想、先行先试，以开放促改革、促发展，为加强与“一带一路”沿线国家交流合作拓展新空间、搭建新平台，为全面深化改革和扩大开放探索新途径、积累新经验，发挥示范带动、服务全国的积极作用。

（二）战略定位

以制度创新为核心，以可复制可推广为基本要求，加快建设贯通南北、连接东西的现代立体交通体系和现代物流体系，将自贸试验区建设成为服务于“一带一路”建设的现代综合交通枢纽、全面改革开放试验田和内陆开放型经济示范区。

（三）发展目标

经过三至五年改革探索，形成与国际投资贸易通行规则相衔接的制度创新体系，营造法治化、国际化、便利化的营商环境，努力将自贸试验区建设成为投资贸易便利、高端产业集聚、交通物流通达、监管高效便捷、辐射带动作用突出的高水平高标准自由贸易园区，引领内陆经济转型发展，推动构建全方位对外开放新格局。

二、区位布局

（一）实施范围

自贸试验区的实施范围 119.77 平方公里，涵盖三个片区：郑州片区 73.17 平方公里（含河南郑州出口加工区 A 区 0.89 平方公里、河南保税物流中心 0.41 平方公里），开封片区 19.94 平方公里，洛阳片区 26.66 平方公里。

自贸试验区土地开发利用须遵守土地利用、环境保护、城乡规划法律法规，符合土地利用总体规划，并符合节约集约用地的有关要求。

（二）功能划分

按区域布局划分，郑州片区重点发展智能终端、高端装备及汽车制造、生物医药等先进制造业以及现代物流、国际商贸、跨境电商、现代金融服务、服务外包、创意设计、商务会展、动漫游戏等现代服务业，在促进交通物流融合发展和投资贸易便利化方面推进体制机制创新，打造多式联运国际性物流中心，发挥服务“一带一路”建设的现代综合交通枢纽作用；开封片区重点发展服务外包、医疗旅游、创意设计、文化传媒、文化金融、艺术品交易、现代物流等服务业，提升装备制造、农副产品加工国际合作及贸易能力，构建国际文化贸易和人文旅游合作平台，打造服务贸易创新发展区和文创产业对外开放先行区，促进国际文化旅游融合发展；洛阳片区重点发展装备制造、机器人、新材料等高端制造业以及研发设计、电子商务、服务外包、国际文化旅游、文化创意、文化贸易、文化展示等现代服务业，提升装备制造业转型升级能力和国际产能合作能力，打造国际智能制造合作示范区，推进华夏历史文明传承创新区建设。

按海关监管方式划分，自贸试验区内的海关特殊监管区域重点探索以贸易便利化为主要内容的制度创新，开展保税加工、保税物流、保税服务等业务；非海关特殊监管区域重点探索投资体制改革，创新内陆地区开放发展机制，完善事中事后监管，积极发展高端制造业和现代服务业。

三、主要任务和措施

（一）加快政府职能转变

1. 深化行政管理体制改革。深入推进简政放权、放管结合、优化服务改革，最大限度减少行政审批事项。探索相对集中的行政许可权模式，建立综合统一的行政审批机构。完善“一口受理”服务模式，推进行政审批规范化、标准化、信息化建设，实施行政审批目录化管理。深化投融资体制改革，试行企业投资项目承诺制。精简投资项目准入阶段的相关手续，探索建立“多评合一、统一评审”的新模式。简化整合投资项目报建手续，探索实行先建后验的管理模式。深化商事制度改革，全面实施“五证合一、一照一码”登记制度，探索实行“多证合一”模式，积极推动工商登记全程电子化和使用电子营业执照。将由政府部门承担的资产评估、鉴定、咨询等职能逐步交由法律、会计、信用等专业服务机构承担。开展知识产权综合管理改革试点，紧扣创新发展需求，发挥专利、商标、版权等知识产权的引领作用，打通知识产权创造、运用、保护、管理、服务全链条，建立高效的知识产权综合管理体制，构建便民利民的知识产权公共服务体系，探索支撑创新发展的知识产权运行机制，推动形成权界清晰、分工合理、责权一致、运转高效、法治保障的体制机制。探索建立自贸试验区跨部门知识产权执法协作机制，完善纠纷调解、援助、仲裁工作机制。

2. 完善市场监管机制。推进政府管理由注重事前审批向注重事中事后监管转变，完善信息网络平台，提高行政透明度，实现跨部门协同管理。完善社会信用体系，推动各部门间依法履职信息的联通和共享。健全守信激励和失信惩戒机制。建立集中统一的综合行政执法体系，建设网上执法办案系统。选择重点敏感产业，配合国家有关部门建立与开放市场环境相匹配的产业预警体系，及时发布产业预警信息。建立资源环境承载能力监测预警机制和社会监督举报机制，探索试行环境损害责任追究和赔偿制度。实施公平竞争审查制度。配合商务部开展经营者集中反垄断审查。建立部门协同监管机制，统筹多元化监管力量，整合监管信息，打造事前诚信承诺、事中评估分类、事后联动奖惩的全链条信用监管体系。

3. 提高行政服务效能。河南省依法向自贸试验区下放经济社会管理权限。完善行政部门权力清单和责任清单，建立健全清单动态管理机制。推广政府和社会资本合作模式，完善基本公共服务体系，提高公共服务供给效率。大力推行“互联网＋政务服务”，推进实体政务大厅向网上办事大厅延伸，打造政务服务“一张网”，对企业和群众办事实行“一号申请、一窗受理、一网通办”。推动税收服务创新，包括一窗国地办税、一厅自助办理、培训辅导点单、缴纳方式多元、业务自主预约、税银信息互动、税收遵从合作、创新网上服务等举措。建立自贸试验区综合统计调查、监测分析制度。建立完善深化改革量化指标体系，加快形成更有吸引力的法治化、国际化、便利化营商环境。

（二）扩大投资领域开放

4. 提升利用外资水平。对外商投资实行准入前国民待遇加负面清单管理制度，着力构建与负面清单管理方式相适应的事中事后监管制度。外商投资准入特别管理措施（负面清单）之外领域的外商投资项目（国务院规定对国内投资项目保留核准的除外）和外商投资企业设立及变更实行备案制，由自贸试验区负责办理。进一步减少或取消外商投资准入限制，提高开放度和透明度，做好对外开放的压力测试和风险测试。积极有效引进境外资金、先进技术和高端人才，提升利用外资综合质量。大力引进国际组织和机构、金融总部、区域性总部入驻自贸试验区。外商在自贸试验区内投资适用《自由贸易试验区外商投资准入特别管理措施（负面清单）》和《自由贸易试验区外商投资国家安全审查试行办法》。探索强化外商投资实际控制人管理，建立外商投资信息报告制度和外商投资信息公示平台，充分发挥国家企业信用信息公示系统作用，提升外商投资全周期监管的科学性、规范性和透明度。完善投资者权益保障机制，允许符合条件的境外投资者自由转移其投资收益。

5. 构建对外投资合作服务平台。改革境外投资管理方式，将自贸试验区建设成为企业“走出去”的窗口和综合服务平台。对一般境外投资项目和设立企业实行备案制，属省级管理权限的，由自贸试验区负责备案管理。确立企业对外投资主体地位，支持自贸试验区内企业开展多种形式的对外直接投资。完善“走出去”

政策促进、服务保障和风险防控体系。加强与港澳在项目对接、投资拓展、信息交流、人才培训等方面交流合作，共同开拓国际市场。加强境外投资事后管理和服务，完善境外资产和人员安全风险预警和应急保障体系。

（三）推动贸易转型升级

6. 完善外贸发展载体。依托郑州商品交易所，支持拓展新的交易品种，促进发展大宗商品国际贸易。探索建立与国际大宗商品交易相适应的外汇管理和海关监管制度。在总结期货保税交割试点经验基础上，鼓励国内期货交易所在自贸试验区的海关特殊监管区域内开展期货保税交易、仓单质押融资等业务，扩大期货保税交割试点的品种。搭建便利化的知识产权公共服务平台，设立知识产权服务工作站，大力发展知识产权专业服务业。探索建立自贸试验区重点产业专利导航制度和重点产业快速协同保护机制。探索建设中部地区知识产权运营中心，加快建设郑州国家知识产权服务业集聚区。深化艺术品交易市场功能拓展。依托电子口岸公共平台，建设国际贸易“单一窗口”，将出口退税申报功能纳入国际贸易“单一窗口”建设项目。加快形成贸易便利化创新举措的标准化制度规范，覆盖到所有符合条件的企业。

7. 拓展新型贸易方式。积极培育贸易新型业态和功能，形成以技术、品牌、质量、服务为核心的竞争新优势。大力发展服务贸易，推进金融、文化创意、客户服务、供应链管理等服务外包发展。在环境风险可控的前提下开展飞机及零部件维修试点。按照公平竞争原则，依托中国（郑州）跨境电子商务综合试验区，积极发展跨境电子商务，完善相应的海关监管、检验检疫、退税、物流等支撑系统，加快推进跨境贸易电子商务配套平台建设。支持企业建设出口商品“海外仓”和海外运营中心，加快融入境外零售体系，探索建设全球性产品交易展示中心和国内进出口货物集散中心。支持电子信息、装备制造、智能终端、汽车及零部件、航空航天等辐射能力和技术溢出能力强的先进制造业加工贸易发展，搭建服务于加工贸易转型升级的技术研发、工业设计等公共服务平台，建设加工贸易产品内销后续服务基地。引导优势企业积极参与国际标准化活动，打造质量标准品牌新高地。积极发展离岸贸易。推动转口贸易发展，依托国际空港、陆港和各类口岸，完善国际中转集拼和国际转口贸易枢纽功能。

8. 创新通关监管机制。自贸试验区内的海关特殊监管区域实施“一线放开”、“二线安全高效管住”的通关监管服务模式。在确保有效监管前提下，在海关特殊监管区域探索建立货物状态分类监管模式。鼓励企业参与“自主报税、自助通关、自动审放、重点稽核”等监管制度创新试点。按照严密防范质量安全风险和最大便利化的原则，一线主要实施进出境现场检疫、查验及处理；二线主要实施进出口产品检验检疫监管及实验室检测，维护质量安全。完善国际贸易“单一窗口”的货物进出口和运输工具进出境的应用功能，进一步优化监管执法流程和通关流程，实现贸易许可、资质登记等平台功能，将涉及贸易监管的部门逐步纳入“单一窗口”管理平台。完善通关合作机制，开展货物通关、贸易统计、“经认证的经营者”互认、检验检测认证等方面合作，逐步实现信息互换、监管互认、执法互助。推进自贸试验区内各区域之间通关一体化。支持自贸试验区与“一带一路”沿线国家开展海关、检验检疫、认证认可、标准计量等方面的合作与交流，探索与“一带一路”沿线国家开展贸易供应链安全便利合作。

（四）深化金融领域开放创新

9. 扩大金融对内对外开放。进一步简化经常项目外汇收支手续，在真实、合法交易基础上，自贸试验区内货物贸易外汇管理分类等级为 A 类企业的外汇收入无需开立待核查账户。推动金融服务业对符合条件的民营资本有序开放，在符合现行法律法规及国家政策导向的前提下，允许符合条件的境内纯中资民营企业在自贸试验区依法发起设立中小型银行等金融机构。探索自贸试验区内符合条件的单位和个人按照规定双向投资于境内外证券市场。允许外资股权投资管理机构、外资创业投资管理机构在自贸试验区发起管理人民币股权投资和创业投资基金。支持发展总部经济，放宽跨国公司外汇资金集中运营管理准入条件。逐步允许境外企业参与商品期货交易。支持保险机构在自贸试验区内开展业务创新，探索特殊风险分散机制，加大再保险对巨灾保险、特殊风险的保险保障力度。取消对自贸试验区内保险支公司高管人员任职资格的事前审批，由省级保监机构实施备案管理。

10. 拓展金融服务功能。拓展跨境电子商务金融服务，开展跨境电子商务人民币结算，推动跨境电子商务线上融资及担保方式创新，鼓励保险机构发展出口信用保险，拓宽服务领域。支持自贸试验区发展科技金融，按照国务院统一部署，积极争取纳入投贷联动试点。创建金融集成电路（IC）卡“一卡通”示范区。进一步简化资金池管理，允许经银行审核真实、合法的电子单证办理经常项目集中收付汇、轧差净额结算业务。进一步推进内资融资租赁企业试点，注册在自贸试验区内的内资融资租赁试点企业由自贸试验区所在省级商务主管部门和同级国家税务局审核；加强事中事后监管，探索建立融资租赁企业设立和变更的备案制度、违反行业管理规定的处罚制度、失信和经营异常企业公示制度、属地监管部门对企业定期抽查检查制度。支持在自贸试验区设立金融租赁公司、融资租赁公司，在符合相关规定前提下，设立项目公司开展飞机、工程机械、大型设备等融资租赁业务。允许自贸试验区内符合条件的融资租赁业务收取外币租金。支持商业保理业务发展，探索适合商业保理发展的监管模式。银行按照“了解客户、了解业务、尽职审查”的展业三原则办理经常项目收结汇、购付汇手续。

11. 推动跨境投融资创新。探索建立与自贸试验区相适应的本外币账户管理体系，促进跨境贸易、投融资结算便利化。在健全风险防控机制的前提下，允许自贸试验区内符合条件的企业、金融机构按照有关规定通过贷款、发债等形式从境外自主融入本外币资金，拓宽境外资金回流渠道。允许自贸试验区内跨国企业集团开展跨境双向人民币资金池业务。允许自贸试验区内企业的境外母公司按照有关规定在境内发行人民币债券。自贸试验区内银行可按有关规定发放境外项目人民币贷款。支持开展人民币跨境再保险业务，培育发展再保险市场。支持自贸试验区内符合互认条件的基金产品参与内地与香港基金产品互认。

12. 建立健全金融风险防控体系。建立对持有各类牌照金融机构的分类监管机制，健全符合自贸试验区内金融业发展实际的监控指标，完善金融监管措施，加强监管协调与合作，确保自贸试验区内金融机构风险可控。逐步建立跨境资金流动风险监管机制，对企业跨境收支进行全面监测评价。做好反洗钱、反恐怖融资、反逃税工作，防范非法资金跨境、跨区流动。建立健全自贸试验区金融消费者权益保护工作机制。

（五）增强服务“一带一路”建设的交通物流枢纽功能

13. 畅通国际交通物流通道。增加国际货运航线航班，构建连接全球主要枢纽机场的空中通道。积极探索以郑州和国外重要枢纽城市协同联动的国内国外“双枢纽”发展模式。依托陆桥通道，加密至丝绸之路经济带沿线国家的中欧班列（郑州），支持开展拼箱、集装箱分装大型设备、国际邮运业务，允许在国内沿线口岸和郑州国际陆港之间开展进出口集装箱加挂业务试点；开通至沿海港口的快捷货运列车，构建东联西进、陆海相通的国际运输通道。完善促进国际便利化运输的相关政策和双边运输合作机制，增加便利运输协定的过境站点和运输线路，加快海外物流基地建设。支持建设自贸试验区至我国国际通信业务出入口局的直达国际数据专用通道，打造互联互通的“信息丝绸之路”，推动国际交通物流通道建设。

14. 完善国内陆空集疏网络。鼓励快递企业利用铁路运送快件，配套建设快件物流基地，依托自贸试验区推动郑州建设全国快递中转集散中心，打造覆盖全国主要经济区域的 4 小时快件集疏网络。支持国内外快递企业在自贸试验区内的非海关特殊监管区域办理符合条件的国际快件属地报关报检业务。开展道路货运无车承运人试点，加快普及公路甩挂运输，扩大“卡车航班”覆盖范围和运营规模，构建以郑州为中心 500 公里范围的公路集疏圈。支持周边省市在自贸试验区建设专属物流园区，开展现代物流业务。加密完善至国内热点城市的“空中快线”，鼓励发展全货机航班、腹舱货运，构建长距离航空集疏网。

15. 开展多式联运先行示范。发展以“一单制”为核心的便捷多式联运。建立健全适合内陆多式联运的标准规范和服务规则，加强与国际联运规则的相互衔接。鼓励企业间联盟合作，率先突破陆空联运、公铁联运，试点推进快件空铁联运，打造多式联运国际性物流中心。在交通运输领域，完善快件处理设施和绿色通道。拓展郑州机场“空空＋空地”货物集疏模式，增加国际中转集拼航线和试点企业。支持设立国际航空运输服务企业，在条件具备时，在自贸试验区试点航空快件国际中转及集拼业务。依托航空和铁路口岸，促进海关特殊监管区域协调联动，创新多式联运（内陆型）监管模式，推进铁路舱单与海运、公路、航空舱单共享和舱单分拨、分拆、合并。建设承载“一单制”电子标签赋码及信息汇集、共享、监测等功能的公共服务平台，推进不同运输方式、不同企业间多式联运信息开放共享和互联互通。在执行现行税收政策前提下，提升超大超限货物的通关、运输、口岸服务等综合能力。推进跨方式技术装备标准化，推广应用托盘、集装箱等标准运载单元。

16. 扩大航空服务对外开放。积极引入基地航空公司和国内外知名物流集成商。允许具备条件的外国航空公司和基地航空公司开展国际航班代码共享。探索与国际枢纽机场建立航空货运联盟，在航线网络、货品、数据共享等方面开展合作。支持航空器及零部件研发、制造、维修企业在自贸试验区集聚，对海关特殊监管区域内企业生产所需的进口机器、设备予以免税。对注册在自贸试验区海关特殊监管区域内的融资租赁企业进出口飞机等大型设备涉及跨关区的，在确保有效监管和执行现行相关税收政策的前提下，按物流实际需要，实行海关异地委托监管。

17. 推进内陆口岸经济创新发展。依托自贸试验区带动郑州航空和铁路国际枢纽口岸建设，支持设立药品、进境植物种苗、木材等指定口岸，提升进境粮食、进口肉类等口岸运营水平，促进各类口岸与物流、贸易联动发展，形成辐射全球主要经济体、带动区域产业升级的口岸开放新格局。探索前端研发设计和后端销售服务“两头在区”、中间加工环节在外的企业集聚模式，优化先进制造业、现代服务业布局，打造高质高端高附加值产业集群，建设中西部制造业总部基地。支持开展进境邮件“一点通关、分拨全国”，研究开展跨境电子商务和商业快件及邮政包裹搭乘中欧班列（郑州）出口等业务。充分发挥海关特殊监管区域功能政策优势，促进形成具有世界竞争力的高技术含量产品售后维修中心。在严格执行货物进出口税收和检验检疫监督管理政策的前提下，允许在海关特殊监管区域内设立保税展示交易平台。

18. 促进国际医疗旅游产业融合发展。发挥国际航空网络和文化旅游优势，积极吸引国际高端医疗企业和研发机构集聚，以健康检查、慢病治疗康复、中医养生保健、整形美容、先进医疗技术研发和孵化为重点，培育康复、健身、养生与休闲旅游融合发展新业态。鼓励自贸试验区在医疗机构治未病服务项目纳入收费项目和确定收费标准等方面先行试点。鼓励社会资本在自贸试验区举办规范的中医养生保健机构。自贸试验区内医疗机构按照现行干细胞临床研究规定开展相关工作。允许在自贸试验区内注册的符合条件的中外合资旅行社，从事除台湾地区以外的出境旅游业务。

19. 培育“一带一路”合作交流新优势。建立健全与“一带一路”沿线国家的合作机制，重点在农业、矿业、装备制造、物流、工程承包、科技教育等领域开展国际合作。建设服务于内陆地区“走出去”和“引进来”的重要窗口，探索内外贸相互促进机制、与“一带一路”沿线国家重点城市产能合作机制，吸引企业统筹开展国际国内贸易，建设一批双向合作经贸产业园区。探索与“一带一路”沿线国家文化交流、文化贸易创新发展机制，推进文化传承和开发，完善服务链条，推进华夏历史文明传承创新区建设。围绕服务“一带一路”建设，探索食品、农产品及水产品的快速检验检疫模式，优化药品、保健食品、化妆品、医疗器械的审评审批程序。支持河南省与教育部在自贸试验区合作共建教育国际化综合改革试验区，积极引进境外优质教育资源开展高水平、示范性合作办学，加大对“一带一路”沿线国家的中国政府奖学金支持力度。积极为经贸类团组和企业人员出国（境）提供便利。研究制定自贸试验区外籍高层次人才认定办法，落实人才签证实施细则，明确外国人才申请和取得人才签证的标准条件和办理程序。对外籍高层次人才开辟绿色通道、简化手续，为高层次人才入出境、工作、在华停居留提供便利。允许获得硕士及以上学位的优秀外国留学生毕业后直接在自贸试验区工作。提供有针对性的指导服务和语言学习机会，多形式多渠道帮助外国人才更好融入中国社会。

四、保障机制

（一）强化法制保障

自贸试验区需要暂时调整实施有关行政法规、国务院文件和经国务院批准的部门规章的部分规定的，按规定程序办理。各有关部门要支持自贸试验区在各领域深化改革开放试点、加大压力测试、加强监管、防控风险，做好与相关法律立改废释的衔接，及时解决试点过程中的制度保障问题。河南省要通过地方立法，建立与试点要求相适应的自贸试验区管理制度。

（二）完善配套税收政策

落实现有相关税收政策，充分发挥现有政策的支持促进作用。中国（上海）自由贸易试验区、中国（广东）自由贸易试验区、中国（天津）自由贸易试验区和中国（福建）自由贸易试验区已经试点的税收政策原则上可在自贸试验区进行试点，其中促进贸易的选择性征收关税、其他相关进出口税收等政策在自贸试验区内的海关特殊监管区域进行试点。自贸试验区内的海关特殊监管区域范围和税收政策适用范围维持不变。此外，在符合税制改革方向和国际惯例，以及不导致利润转移和税基侵蚀的前提下，积极研究完善境外所得税收抵免的税收政策。

（三）加强组织实施

按照党中央、国务院统一部署，在国务院自由贸易试验区工作部际联席会议统筹协调下，由河南省完善试点任务组织实施保障机制，按照总体筹划、分步实施、率先突破、逐步完善的原则加快实施。各有关部门要大力支持，及时制定实施细则或办法，加强指导和服务，共同推进相关体制机制创新，把自贸试验区建设好、管理好。在实施过程中，要创新思路、寻找规律、解决问题、积累经验；要充分发挥地方和部门的积极性，因地制宜、突出特色，做好对比试验和互补试验；要抓好改革措施的落实，重大事项要及时向国务院请示报告。

（四）总结推广可复制的试点经验

自贸试验区要及时总结改革创新经验和成果。国务院自由贸易试验区工作部际联席会议办公室要会同河南省人民政府及有关部门，及时总结评估自贸试验区改革开放创新试点任务实施效果，加强各领域试点经验系统集成，并委托第三方机构进行独立评估。对试点效果好、风险可控且可复制可推广的成果，实施分类审查程序后复制推广至全国其他地区。

（中国政府网 2017 年 3 月 31 日）

国务院关于印发中国（湖北）自由贸易试验区总体方案的通知

（2017 年 3 月 15 日）

国发〔2017〕18 号

各省、自治区、直辖市人民政府，国务院各部委、各直属机构：

现将《中国（湖北）自由贸易试验区总体方案》印发给你们，请认真贯彻执行。

国务院

2017 年 3 月 15 日

中国（湖北）自由贸易试验区总体方案

建立中国（湖北）自由贸易试验区（以下简称自贸试验区）是党中央、国务院作出的重大决策，是新形势下全面深化改革、扩大开放和加快推进中部崛起、长江经济带发展的重大举措。为全面有效推进自贸试验区建设，制定本方案。

一、总体要求

（一）指导思想

全面贯彻党的十八大和十八届三中、四中、五中、六中全会精神，深入贯彻习近平总书记系列重要讲话精神和治国理政新理念新思想新战略，认真落实党中央、国务院决策部署，统筹推进“五位一体”总体布局和协调推进“四个全面”战略布局，坚持稳中求进工作总基调，牢固树立和贯彻落实创新、协调、绿色、开放、共享的发展理念，进一步解放思想、先行先试，以开放促改革、促发展，按照“开放先导、创新驱动、绿色引领、产业集聚”的总体思路，全力打造区域经济发展新引擎，为全面深化改革和扩大开放探索新途径、积累新经验，发挥示范带动、服务全国的积极作用。

（二）战略定位

以制度创新为核心，以可复制可推广为基本要求，立足中部、辐射全国、走向世界，努力成为中部有序承接产业转移示范区、战略性新兴产业和高技术产业集聚区、全面改革开放试验田和内陆对外开放新高地。

（三）发展目标

经过三至五年改革探索，对接国际高标准投资贸易规则体系，力争建成高端产业集聚、创新创业活跃、金融服务完善、监管高效便捷、辐射带动作用突出的高水平高标准自由贸易园区，在实施中部崛起战略和推进长江经济带发展中发挥示范作用。

二、区位布局

（一）实施范围

自贸试验区的实施范围119.96平方公里，涵盖三个片区：武汉片区70平方公里（含武汉东湖综合保税区5.41平方公里），襄阳片区21.99平方公里（含襄阳保税物流中心〔B型〕0.281平方公里），宜昌片区27.97平方公里。

自贸试验区土地开发利用须遵守土地利用、环境保护、城乡规划法律法规，符合土地利用总体规划，并符合节约集约用地的有关要求。

（二）功能划分

按区域布局划分，武汉片区重点发展新一代信息技术、生命健康、智能制造等战略性新兴产业和国际商贸、金融服务、现代物流、检验检测、研发设计、信息服务、专业服务等现代服务业；襄阳片区重点发展高端装备制造、新能源汽车、大数据、云计算、商贸物流、检验检测等产业；宜昌片区重点发展先进制造、生物医药、电子信息、新材料等高新产业及研发设计、总部经济、电子商务等现代服务业。

按海关监管方式划分，自贸试验区内的海关特殊监管区域重点探索以贸易便利化为主要内容的制度创新，主要开展保税加工、保税物流、保税服务等业务；非海关特殊监管区域重点探索投资体制改革，完善事中事后监管，推动金融制度创新，积极发展现代服务业和高端制造业。

三、主要任务和措施

（一）加快政府职能转变

1. 深化行政管理体制改革。按照打造法治化、国际化、便利化营商环境的要求，深入推进简政放权、放管结合、优化服务改革，加快推动政府管理模式创新。湖北省能够下放给自贸试验区的经济社会管理权限，全部依法下放。自贸试验区内工作部门依法公开管理权限和流程，建立各部门权力清单和责任清单制度，明确政府职能边界。探索实行市场准入负面清单制度。加快行政审批制度改革，最大限度取消行政审批事项，建立健全行政审批目录管理制度，实行审管职能分离，建立相对集中行政许可权机制，完善“一口受理”服务模式。推进行政审批标准化、信息化建设。开展“证照分离”改革试点。深化商事制度改革，探索“多证合一”模式，开展企业登记全程电子化和电子营业执照试点。推动税收服务创新，包括一窗国地办税、一厅自助办理、培训辅导点单、缴纳方式多元、业务自主预约、税银信息互动、税收遵从合作、创新网上服务等。健全社会服务体系，将由政府部门承担的资产评估、鉴定、咨询、认证、检验检测等职能逐步交由法律、会计、信用、检验检测认证等专业服务机构承担。对接国际商事争议解决规则，提高商事纠纷仲裁国际化程度。

2. 强化事中事后监管。建立健全以信用监管为核心的事中事后监管体系。完善社会信用体系，推动各部门间依法履职信息的联通和共享。健全守信激励和失信惩戒机制。探索大数据监管，加强风险监测分析。建立集中统一的综合执法体系，提高执法效能。配合商务部开展经营者集中反垄断审查。支持社会力量多渠道参与市场监督。

（二）深化投资领域改革

3. 提升利用外资水平。对外商投资实行准入前国民待遇加负面清单管理制度，着力构建与负面清单管理方式相适应的事中事后监管制度。外商投资准入特别管理措施（负面清单）之外领域的外商投资项目（国务院规定对国内投资项目保留核准的除外）和外商投资企业设立及变更实行备案制，由自贸试验区负责办理。进一步减少或取消外商投资准入限制，提高开放度和透明度，做好对外开放的压力测试和风险测试。积极有效引进境外资金、先进技术和高端人才，提升利用外资综合质量。外商在自贸试验区内投资适用《自由贸易试验区外商投资准入特别管理措施（负面清单）》和《自由贸易试验区外商投资国家安全审查试行办法》。探索强化外商投资实际控制人管理，建立外商投资信息报告制度和外商投资信息公示平台，充分发挥国家企业信用信息公示系统作用，提升外商投资全周期监管的科学性、规范性和透明度。完善投资者权益保障机制，允许符合条件的境外投资者自由转移其投资收益。探索优化投资准入后的管理流程，提升投资便利化水平。

4. 完善对外投资合作促进体系。确立企业对外投资主体地位，支持企业按规定开展多种形式的对外直接投资。对在境外投资开办企业，实行以备案制为主的管理方式，属省级管理权限的，由自贸试验区负责办理。鼓励企业创新对外投资合作方式。完善对外投资合作相关政策促进、服务保障和风险防控体系，推动企业"走出去"方式转型升级，加强国际产能和装备制造合作，融入"一带一路"建设。

（三）推动贸易转型升级

5. 培育新型贸易方式。积极培育、拓展新型贸易业态和功能，形成以技术、品牌、质量、服务为核心的外贸竞争新优势。按照公平竞争原则，积极发展跨境电子商务，完善相应的海关监管、检验检疫、退税、物流等支撑系统，加快推进跨境贸易电子商务配套平台建设。扶持和培育外贸综合服务平台，为中小企业提供通关、融资、退税等服务。

支持国内期货交易所在自贸试验区的海关特殊监管区域内开展期货保税交割、仓单质押融资等业务，在总结期货保税交割试点经验基础上，适时扩大期货保税交割试点的品种。在严格执行货物进出口税收政策前提下，允许在海关特殊监管区域内设立保税展示交易平台。在环境风险可控的前提下，开展境内外高技术、高附加值产品的检测维修业务试点。探索开展境外高技术、高附加值产品的再制造业务试点。

6. 加快服务贸易创新发展。搭建服务贸易促进平台，探索与服务贸易特点相适应的监管模式。推动发展技术转让、许可证贸易、技术咨询及服务、成套设备引进等多种形式的技术贸易。扩大对外文化贸易和版权贸易。积极承接信息技术、生物医药研发、管理咨询、工程设计等服务外包业务。

7. 创新通关监管服务模式。自贸试验区内的海关特殊监管区域比照中国（上海）自由贸易试验区，实施"一线放开"、"二线安全高效管住"的通关监管服务模式。自贸试验区内的非海关特殊监管区域，仍按照现行模式实施监管。加快形成贸易便利化创新举措的标准化制度规范，覆盖到所有符合条件的企业。依托电子口岸公共平台，加快建设国际贸易“单一窗口”，将出口退税申报功能纳入建设项目。积极推动海关、检验检疫、边防、海事等口岸监管部门实现信息互换、监管互认、执法互助。探索在海关特殊监管区域之间使用社会运输工具进行转关作业。支持湖北省内口岸、海关特殊监管区域与自贸试验区联动发展。鼓励企业参与“自主报税、自助通关、自动审放、重点稽核”等监管制度创新试点。在执行现行税收政策前提下，提升超大超限货物的通关、运输、口岸服务等综合能力。在确保有效监管前提下，在海关特殊监管区域探索建立货物状态分类监管模式。实行保税展示交易货物分线监管、预检验和登记核销管理模式。推动建立检验检疫证书国际联网核查机制。鼓励设立第三方检验检测鉴定机构，实施第三方结果采信。有序推进基于企业诚信评价的货物抽验制度。检验检疫按照一线放开、二线管住、严密防范质量安全风险和最大便利化的原则，一线主要实施进出境现场检疫、查验及处理；二线主要实施进出口产品检验检疫监管及实验室检测，维护质量安全。深化长江经济带海关通关一体化改革。完善通关合作机制，开展货物通关、贸易统计、“经认证的经营者”互认、检验检测认证等方面合作。支持自贸试验区与“一带一路”沿线国家开展海关、检验检疫、认证认可、标准计量等方面的合作与交流，探索与“一带一路”沿线国家开展贸易供应链安全与便利合作。

（四）深化金融领域开放创新

8. 扩大金融领域对外开放。探索建立与自贸试验区相适应的本外币账户管理体系，促进跨境贸易、投融资结算便利化。在风险可控前提下，时机成熟时，开展以资本项目可兑换为重点的外汇管理改革试点。拓宽自贸试验区内企业资本项下外币资金结汇用途。自贸试验区内企业可根据自身经营和管理需要，开展集团内跨境双向人民币资金池业务。放宽跨国公司外汇资金集中运营管理准入条件。进一步简化资金池管理，允许经银行审核真实、合法的电子单证办理经常项目集中收付汇、轧差净额结算业务。进一步简化经常项目外汇收支手续，在真实、合法交易基础上，自贸试验区内货物贸易外汇管理分类等级为 A 类企业的外汇收入无需开立待核查账户。银行按照“了解客户、了解业务、尽职审查”的展业三原则办理经常项目收结汇、购付汇手续。提高自贸试验区内企业跨境投资便利化程度。允许自贸试验区内企业的境外母公司按照有关规定在境内发行人民币债券。支持自贸试验区内银行发放境外人民币贷款。允许自贸试验区内银行和已获相应业务许可的非银行支付机构与境外银行和支付机构开展跨境支付合作。鼓励取得互联网支付业务许可的湖北省法人支付机构申请本外币跨境支付业务许可，支持已获得本外币跨境支付业务许可的全国性支付机构在自贸试验区内设立分支机构，按规定为跨境电商交易提供本外币资金收付及结售汇业务。支持自贸试验区内符合互认条件的基金产品参与内地与香港基金产品互认。逐步允许境外企业参与商品期货交易。支持自贸试验区内保险机构开展境外投资。

9. 增强金融服务功能。允许中、外资银行立足当地实际需求，依据监管政策导向，在自贸试验区内新设分行或专营机构、将区内现有银行网点升格为分行。支持符合条件的境内纯中资民营企业在武汉片区发起设立民营银行，服务长江经济带发展。在符合法律法规及政策导向的前提下，支持外资在自贸试验区内设立金融机构。支持符合条件的发起人在自贸试验区内设立金融租赁、汽车金融、消费金融公司和企业集团财务公司等非银行金融机构。支持自贸试验区内银行业金融机构按有关规定开展信贷资产证券化业务。将自贸试验区内符合条件的金融机构纳入优先发行大额可转让存单的机构范围，在自贸试验区内开展大额可转让存单发行试点。鼓励金融机构积极开展动产融资业务，利用动产融资统一登记平台，服务中小企业发展。支持商业保理业务发展，探索适合商业保理业务发展的监管模式。支持证券经营机构在自贸试验区内注册成立分公司或专业子公司，支持证券经营机构利用自贸试验区平台“走出去”，取得合格境内机构投资者（QDII）和人民币合格境内机构投资者（RQDII）资格，开展境外证券投资业务；支持其境外子公司取得合格境外机构投资者（QFII）、人民币合格境外机构投资者（RQFII）资格；支持境外股权投资基金以合格境外有限合伙人（QFLP）开展跨境投资相关业务。支持在自贸试验区内设立健康保险、科技保险和内河航运保险等专业保险机构，扩大出口信用保险覆盖面。完善保险市场体系，推动保险产品研发中心、再保险中心等功能型平台建设。取消对自贸试验区内保险支公司高管人员任职资格的事前审批，由省级保监机构实施备案管理。

大力发展融资租赁业务。进一步推进内资融资租赁企业试点，注册在自贸试验区内的内资融资租赁试点企业由自贸试验区所在省级商务主管部门和同级国家税务局审核；加强事中事后监管，探索建立融资租赁企业设立和变更的备案制度、违反行业管理规定的处罚制度、失信和经营异常企业公示制度、属地监管部门对企业定期抽查检查制度。允许符合条件的融资租赁业务收取外币租金，简化船舶、飞机等大型融资租赁项目预付款手续。支持开展跨境融资租赁服务。支持符合条件的金融租赁公司和融资租赁公司设立专业子公司。经相关部门认可，允许融资租赁公司开展主营业务相关的福费廷业务。对注册在自贸试验区海关特殊监管区域内的融资租赁企业进出口飞机、船舶等大型设备涉及跨关区的，在确保有效监管和执行现行相关税收政策前提下，按物流实际需要，实行海关异地委托监管。支持租赁业境外融资，鼓励各类租赁公司扩大跨境人民币资金使用范围。允许自贸试验区内融资租赁机构依法合规开展跨境双向人民币资金池业务。

10. 推进科技金融创新。完善自贸试验区内股权、技术等资本或要素交易市场，允许外资参与投资。允许外资股权投资管理机构、外资创业投资管理机构在自贸试验区内发起管理人民币股权投资和创业投资基金。鼓励境外天使投资、创业投资等风险投资机构在自贸试验区内开展业务，鼓励“内投外”和“外投内”双向股权投资基金发展，试点开展合格境外有限合伙人（QFLP）和人民币合格境外有限合伙人（RQFLP）业务。鼓励在自贸试验区内设立成套设备进出口保理公司等中介服务机构，有条件的可探索设立并规范发展科技型融资担保公司。促进金融和互联网的融合发展。支持科技型企业通过外资金融机构开展海外上市、离岸并购、特殊目的载体收购。支持武汉股权托管交易中心在依法合规的前提下创新发展，支持武汉股权托管交易中心设立海外归国人员创新创业企业板，推动建立武汉股权托管交易中心与全国中小企业股份转让系统之间的合作对接机制。建立知识产权质押融资市场化风险补偿机制，按照风险可控、商业可持续的原则，开展知识产权质押融资。加快发展科技保险，推进专利保险试点。积极引进海外创新投资机构落户自贸试验区开展相关业务。

11. 建立健全金融风险防控体系。建立金融监管协调机制，完善跨行业、跨市场的金融风险监测评估机制，加强对重大风险的识别和对系统性金融风险的防范。完善对持有各类牌照金融机构的分类监管机制。探索建立跨境资金流动风险监管机制，对企业跨境收支进行全面监测评价，实施分类管理。强化外汇风险防控，实施主体监管，建立合规评价体系，以大数据为依托开展事中事后监管。做好反洗钱、反恐怖融资、反逃税工作，防范非法资金跨境、跨区流动。

（五）推动创新驱动发展

12. 深化科技体制改革。全面推进产业技术创新、科技成果转移转化、科研机构改革、知识产权保护运用、国际创新合作等领域体制机制改革。完善以企业为主体的产业技术创新体系，健全企业主体创新投入机制，支持国有科技型企业开展股权和分红激励。构建市场导向的科技成果转移转化体系。大力发展技术转移中介服务机构，完善技术经纪人制度。完善高校院所科研评价制度。

13. 健全知识产权保护运用机制。开展知识产权综合管理改革试点。紧扣创新发展需求，发挥专利、商标、版权等知识产权的引领作用，打通知识产权创造、运用、保护、管理、服务全链条，建立高效的知识产权综合管理体制，构建便民利民的知识产权公共服务体系，探索支撑创新发展的知识产权运行机制，推动形成权界清晰、分工合理、责权一致、运转高效、法治保障的体制机制。

搭建便利化的知识产权公共服务平台，设立知识产权服务工作站，大力发展知识产权专业服务业。加快建设武汉东湖国家知识产权服务业集聚区。探索建立自贸试验区跨部门知识产权执法协作机制，完善纠纷调解、援助、仲裁工作机制。探索建立自贸试验区重点产业专利导航制度和重点产业快速协同保护机制。建立长江经济带知识产权运营中心，积极推进高校知识产权运营等特色平台建设。

14. 集聚和利用国际创新要素。加快建设现有国家技术标准创新基地和国家宽带网络产品质量监督检验中心。发挥国家技术转移中部中心的作用，促进国际先进技术向自贸试验区转移转化。鼓励国外企业在自贸试验区内设立外资研发中心。鼓励在自贸试验区内建设国际化创新创业孵化平台，重点吸引国际知名孵化器、创业投资机构、高端创新创业人才集聚。

积极融入全球创新网络。鼓励自贸试验区内的企业、高校院所“走出去”，在国外设立研发机构，参与国际科技项目合作。简化自贸试验区内企业海外技术并购审批手续，试行以事后备案代替事前审批。探索通过并购、技术转移、合作参股等多种方式在海外建立孵化基地。

15. 构建人才支撑系统。健全人才激励机制。实行以增加知识价值为导向的激励机制，探索高校、科研院所负责人年薪制和急需紧缺等特殊人才协议工资、项目工资等多种分配办法。完善科研人才双向流动机制，鼓励高校院所科技人员离岗创新创业或到企业兼职。制定外国人在自贸试验区工作管理办法。研究制定自贸试验区外籍高层次人才认定办法，落实人才签证实施细则，明确外国人才申请和取得人才签证的标准条件和办理程序。放宽外国高层次人才工作许可年龄限制。对外籍高层次人才开辟绿色通道、简化手续，为高层次人才入出境、工作、在华停居留提供便利。允许获得硕士及以上学位的优秀外国留学生毕业后直接在自贸试验区工作。探索建立技术移民制度，放宽技术型人才取得外国人永久居留证的条件；对持有外国人永久居留证的外籍高层次人才在自贸试验区内创办科技型企业等创新活动，给予其与中国公民同等的待遇。放宽科研事业单位对外籍人员的岗位限制。提供有针对性的指导服务和语言学习机会，多形式多渠道帮助外国人才更好地融入中国社会。鼓励有条件的国内人力资源服务机构“走出去”与国外人力资源服务机构开展合作，在境外设立分支机构，积极参与国际人才竞争与合作。推进跨国教育和人才培养合作，支持引进境外知名大学、外国机构与中方教育机构合作在自贸试验区内创办人才培养机构；支持在自贸试验区内设立外籍人员子女学校，鼓励中方教育机构与海外学校共建友好学校和人才实习实训基地。建立涉自贸试验区法律服务人才培养机制。

（六）促进中部地区和长江经济带产业转型升级

16. 加快建设长江中游航运中心。鼓励拓展干支直达、江海直达航线和近洋航线。促进航运要素集聚，支持依托自贸试验区发展长江航运电子商务等业务，培育航运保险、海事仲裁、船舶检测认证等高端航运服务业态，探索形成具有国际竞争力的航运发展机制和运作模式。将武汉长江中游航运中心打造成通江达海、辐射中部、面向全国、具有国际影响力的现代化航运中心，初步形成资源高度集聚、服务功能齐全、市场环境优良、现代物流便捷高效的内河航运体系，提升服务长江经济带发展能力。

增强航运服务功能。在保障安全的前提下，放宽船舶融资租赁登记地选择，简化换证程序。将外资经营国际船舶管理业务的许可权限下放给湖北省。逐步开放中国籍国际航行船舶入级检验，允许特定条件下租用外籍船舶从事临时运输。扩大内外贸同船运输、国轮捎带运输适用范围，提升运力资源综合效能。

17. 构建国际物流枢纽。大力推进铁、水、公、空多式联运。支持自贸试验区内有条件的铁路、航空、内河口岸升级为一类开放口岸。贯彻落实“一带一路”建设战略，推进中欧班列（武汉）发展，支持设立中欧班列华中拆拼箱中心。支持有条件的航空口岸开通和增加国际客货运航班，开通至各大洲主要物流节点城市的全货运航线和国际中转货运航班。支持设立国际航空运输服务企业，在条件具备时，在自贸试验区试点航空快件国际中转集拼业务。大力引进国际物流企业在自贸试验区内建立区域总部或营运中心，支持在自贸试验区内设立国际邮件互换局和交换站。支持国内外快递企业在自贸试验区内的非海关特殊监管区域，办理符合条件的国际快件属地报关报检业务。支持建设多式联运物流监管中心，对换装地不改变施封状态的予以直接放行。

18. 促进区域产业转型升级和绿色发展。发挥自贸试验区作为开放高地的综合优势，支持非公企业进入电力、铁路、民航、电信等特许经营领域，支持军民融合深度发展，推动各类要素有序自由流动和优化配置。支持自贸试验区发展总部经济。充分利用长江经济带产业基金等跨区域的产业转移引导基金，推动中部地区和长江经济带产业合理布局、协同发展。全面整合老工业基地调整改造等产业政策资源，推进传统优势产业的跨区域兼并重组、技术改造和转型升级。创新推进战略性新兴产业集聚发展的体制机制，支持建立符合发展需求的制造业创新中心，大力发展股权投资基金等新型投融资模式，鼓励信息技术、智能制造、新能源汽车、生物医药、海工装备、航空航天、北斗、轨道交通装备等高端产业向自贸试验区集聚，推进与提升新型工业化产业示范基地建设，在重点领域培育打造长江经济带世界级产业集群。支持建立“互联网 + 制造”融合发展的标准、认证、安全管理等体制机制。促进“设计 +”、“旅游 +”、“物流 +”、“养老 +”、“商业 +”等新型服务业态发展。统筹研究部分国家旅游团入境免签政策，打造国际文化旅游目的地。允许在自贸试验区内注册的符合条件的中外合资旅行社，从事除台湾地区以外的出境旅游业务。按照全国主体功能区规划要求，探索在自贸试验区内建立生态环境硬约束机制，明确环境质量要求，促进中部地区和长江经济带绿色发展。支持建立环评会商、联合执法、信息共享、预警应急联动机制。探索建立环境保护、绿色发展指标体系。

19. 打造区域发展综合服务平台。推动自贸试验区与中部和长江经济带其他地区开展广泛的经贸合作，更好发挥示范带动作用。推动国家级经济技术开发区与自贸试验区互动发展。探索构建区域商品交易集散中心、信息中心和价格形成中心，增强对中部地区的市场集聚和辐射功能。在遵守国家规定前提下，中部地区产权交易市场、技术交易市场、排污权交易市场和碳排放权交易市场可在自贸试验区内开展合作。

四、保障机制

（一）强化法制保障

自贸试验区需要暂时调整实施有关行政法规、国务院文件和经国务院批准的部门规章的部分规定的，按规定程序办理。各有关部门要支持自贸试验区在各领域深化改革开放试点、加大压力测试、加强监管、防控风险，做好与相关法律立改废释的衔接，及时解决试点过程中的制度保障问题。湖北省要通过地方立法，制定自贸试验区条例和管理办法，不断完善法制保障体系。

（二）完善配套税收政策

落实现有相关税收政策，充分发挥现有政策的支持促进作用。中国（上海）自由贸易试验区、中国（广东）自由贸易试验区、中国（天津）自由贸易试验区和中国（福建）自由贸易试验区已经试点的税收政策原则上可在自贸试验区进行试点，其中促进贸易的选择性征收关税、其他相关进出口税收等政策在自贸试验区内的海关特殊监管区域进行试点。自贸试验区内的海关特殊监管区域范围和税收政策适用范围维持不变。此外，在符合税制改革方向和国际惯例，以及不导致利润转移和税基侵蚀的前提下，积极研究完善境外所得税收抵免的税收政策。

（三）加强组织实施

按照党中央、国务院统一部署，在国务院自由贸易试验区工作部际联席会议统筹协调下，由湖北省完善试点任务组织实施保障机制，按照总体筹划、分步实施、率先突破、逐步完善的原则加快实施。按照既有利于合力推进自贸试验区建设，又有利于各片区独立自主运作的原则，建立精简高效、统一管理、分级负责的自贸试验区管理体系。各有关部门要大力支持，及时制定实施细则或办法，加强指导和服务，共同推进相关体制机制创新，把自贸试验区建设好、管理好。在实施过程中，要创新思路、寻找规律、解决问题、积累经验；要充分发挥地方和部门的积极性，因地制宜、突出特色，做好对比试验和互补试验；要抓好改革措施的落实，重大事项要及时向国务院请示报告。

（四）总结推广可复制的试点经验

自贸试验区要及时总结改革创新经验和成果。国务院自由贸易试验区工作部际联席会议办公室要会同湖北省人民政府及有关部门，及时总结评估自贸试验区改革开放创新试点任务实施效果，加强各领域试点经验系统集成，并委托第三方机构进行独立评估。对试点效果好、风险可控且可复制可推广的成果，实施分类审查程序后复制推广至全国其他地区。

（中国政府网 2017 年 3 月 31 日）

国务院关于印发中国（重庆）自由贸易试验区总体方案的通知

（2017 年 3 月 15 日）

国发〔2017〕19 号

各省、自治区、直辖市人民政府，国务院各部委、各直属机构：

现将《中国（重庆）自由贸易试验区总体方案》印发给你们，请认真贯彻执行。

国务院

2017 年 3 月 15 日

中国（重庆）自由贸易试验区总体方案

建立中国（重庆）自由贸易试验区（以下简称自贸试验区）是党中央、国务院作出的重大决策，是新形势下全面深化改革、扩大开放和深入推进“一带一路”建设、长江经济带发展、西部大开发战略的重大举措。为全面有效推进自贸试验区建设，制定本方案。

一、总体要求

（一）指导思想

全面贯彻党的十八大和十八届三中、四中、五中、六中全会精神，深入贯彻习近平总书记系列重要讲话精神和治国理政新理念新思想新战略，认真落实党中央、国务院决策部署，统筹推进“五位一体”总体布局和协调推进“四个全面”战略布局，坚持稳中求进工作总基调，牢固树立和贯彻落实创新、协调、绿色、开放、共享的发展理念，进一步解放思想、先行先试，以开放促改革、促发展，努力为新形势下内陆开放型经济发展起到示范引领作用，为“一带一路”建设和长江经济带发展打好坚实基础，为全面深化改革和扩大开放探索新途径、积累新经验，发挥示范带动、服务全国的积极作用。

（二）战略定位

以制度创新为核心，以可复制可推广为基本要求，全面落实党中央、国务院关于发挥重庆战略支点和连接点重要作用、加大西部地区门户城市开放力度的要求，努力将自贸试验区建设成为“一带一路”和长江经济带互联互通重要枢纽、西部大开发战略重要支点。

（三）发展目标

经过三至五年改革探索，努力建成投资贸易便利、高端产业集聚、监管高效便捷、金融服务完善、法治环境规范、辐射带动作用突出的高水平高标准自由贸易园区，努力建成服务于“一带一路”建设和长江经济带发展的国际物流枢纽和口岸高地，推动构建西部地区门户城市全方位开放新格局，带动西部大开发战略深入实施。

二、区位布局

（一）实施范围

自贸试验区的实施范围 119.98 平方公里，涵盖 3 个片区：两江片区 66.29 平方公里（含重庆两路寸滩保税港区 8.37 平方公里），西永片区 22.81 平方公里（含重庆西永综合保税区 8.8 平方公里、重庆铁路保税物流中心〔B 型〕0.15 平方公里），果园港片区 30.88 平方公里。

自贸试验区土地开发利用须遵守土地利用、环境保护、城乡规划法律法规，符合土地利用总体规划，并符合节约集约用地的有关要求。

（二）功能划分

按区域布局划分，两江片区着力打造高端产业与高端要素集聚区，重点发展高端装备、电子核心部件、云计算、生物医药等新兴产业及总部贸易、服务贸易、电子商务、展示交易、仓储分拨、专业服务、融资租赁、研发设计等现代服务业，推进金融业开放创新，加快实施创新驱动发展战略，增强物流、技术、资本、人才等要素资源的集聚辐射能力；西永片区着力打造加工贸易转型升级示范区，重点发展电子信息、智能装备等制造业及保税物流中转分拨等生产性服务业，优化加工贸易发展模式；果园港片区着力打造多式联运物流转运中心，重点发展国际中转、集拼分拨等服务业，探索先进制造业创新发展。

按海关监管方式划分，自贸试验区内的海关特殊监管区域重点探索以贸易便利化为主要内容的制度创新，开展保税加工、保税物流、保税服务等业务；非海关特殊监管区域重点探索投资领域开放、投资管理体制改革、完善事中事后监管，推动金融制度创新，积极发展高端制造业和现代服务业。

三、主要任务和措施

（一）建设法治化国际化便利化营商环境

1. 优化法治环境。在扩大开放的制度建设上大胆探索、先行先试，加快形成高标准投资贸易规则体系。按照统一、公开、公平原则，试点开展对内对外开放的执法与司法建设，实现各类主体公平竞争。对涉及自贸试验区投资贸易等商事案件，建立专业化审理机制。支持发展国际仲裁、商事调解机制。开展知识产权综合管理改革试点。紧扣创新发展需求，发挥专利、商标、版权等知识产权的引领作用，打通知识产权创造、运用、保护、管理、服务全链条，建立高效的知识产权综合管理体制，构建便民利民的知识产权公共服务体系，探索支撑创新发展的知识产权运行机制，推动形成权界清晰、分工合理、责权一致、运转高效、法治保障的体制机制。搭建便利化的知识产权公共服务平台，设立知识产权服务工作站，大力发展知识产权专业服务业。探索建立自贸试验区跨部门知识产权执法协作机制，完善纠纷调解、援助、仲裁工作机制。探索建立自贸试验区重点产业专利导航制度和重点产业快速协同保护机制。

2. 深化行政管理体制改革。以切实维护国家安全和市场公平竞争为原则，加强各部门与重庆市人民政府的协同，完善政府的经济调节、市场监管、社会管理和公共服务职能，提高维护经济社会安全的服务保障能力。按照权责一致原则，建立行政权责清单制度，明确政府职能边界。深化行政审批制度改革，进一步取消和调整行政审批项目，健全行政审批服务体系。进一步创新和优化服务，推进政府部分职能向行业协会商会转移试点，减少政府对微观事务的管理。探索建立以综合监管为基础、专业监管为支撑的事中事后监管体系。构建市场主体自律、业界自治、社会监督、政府监管“四位一体”的综合监管体系，充分发挥社会多元共治的作用。完善社会信用体系，推动各部门间依法履职信息的联通和共享。健全守信激励和失信惩戒机制。健全市场主体权益保障机制。公开权力运行流程，完善网上行政审批系统，探索建立体现投资者参与、符合国际规则的信息公开机制。配合商务部开展经营者集中反垄断审查。

3. 提高行政管理效能。重庆市依法向自贸试验区下放经济管理权限，精简行政机构，提高行政效能。实施全程电子化登记和电子营业执照管理，建立“一口受理、同步审批”的“一站式”高效服务模式。完善企业准入“一窗式”受理制度，实现多部门信息共享和协同管理。推动税收服务创新，包括一窗国地办税、一厅自助办理、培训辅导点单、缴纳方式多元化、业务自主预约、税银信息互动、税收遵从合作、创新网上服务等举措。建设社区服务中心，统筹自贸试验区内社会事务，完善便民服务机制，提供高标准的社区公共服务和市政管理服务。

（二）扩大投资领域开放

4. 提升利用外资水平。对外商投资实行准入前国民待遇加负面清单管理制度，着力构建与负面清单管理方式相适应的事中事后监管制度。外商投资准入特别管理措施（负面清单）之外领域的外商投资项目（国务院规定对国内投资项目保留核准的除外）和外商投资企业设立及变更实行备案制，由自贸试验区负责办理。进一步减少或取消外商投资准入限制，提高开放度和透明度，做好对外开放的压力测试和风险测试。积极有效引进境外资金、先进技术和高端人才，提升利用外资综合质量。外商在自贸试验区内投资适用《自由贸易试验区外商投资准入特别管理措施（负面清单）》和《自由贸易试验区外商投资国家安全审查试行办法》。探索强化外商投资实际控制人管理，建立外商投资信息报告制度和外商投资信息公示平台，充分发挥国家企业信用公示系统作用，提升外商投资全周期监管的科学性、规范性和透明度。建立多部门共享的外资管理综合信息数据系统。完善投资者权益保障机制，允许符合条件的境外投资者自由转移其投资收益。

5. 构筑对外投资服务促进体系。实施对外投资管理体制改革，确立企业对外投资主体地位，对不涉及敏感国家和地区、敏感行业的境外投资项目实行备案制，支持企业开展多种形式的境外投资合作，在法律法规规定的范围内，允许自担风险到境外开展投资合作。鼓励企业创新对外投资合作方式。依托港澳在金融服务、信息资讯、国际贸易网络、风险管理等方面的优势，将自贸试验区建设成为内地企业“走出去”的窗口和综合服务平台。加强与港澳在项目对接、投资拓展、信息交流、人才培训等方面交流合作，共同开拓国际市场。加强境外投资事后管理和服务，完善境外资产和人员安全风险预警和应急保障体系。

（三）推进贸易转型升级

6. 促进加工贸易转型升级。充分发挥重庆作为加工贸易承接转移示范地的优势和作用，在自贸试验区打造产业梯度转移的国际加工基地，完善以“整机 + 核心零部件 + 原材料”为龙头的全流程产业链，推动加工贸易由水平分工变为垂直整合，鼓励向产业链、价值链高端拓展，提高附加值。探索“产业链 + 价值链 + 物流链”的内陆加工贸易发展新模式。实施仓储企业联网监管，实行加工贸易工单式核销，探索更为先进的核销制度。支持在自贸试验区设立符合内销规定的加工贸易产品内销平台，建设加工贸易产品内销后续服务基地。大力培育高端饰品、精密仪器、智能机器人、集成电路、平板显示等加工贸易新产业集群，搭建加工贸易转型升级的技术研发、工业设计、知识产权等公共服务平台。

7. 大力发展服务贸易。鼓励跨国公司在自贸试验区设立地区性总部、研发中心、销售中心、维修中心、物流中心和结算中心，鼓励先进制造业延伸价值链，与现代服务业融合发展。支持“互联网 +”发展，推进互联网与现代制造产业深度融合，推广大数据分析在商贸服务、医疗、教育、金融和公共管理等领域的应用。大力发展面向设计开发、生产制造、售后服务全过程的检验检测、标准、认证等第三方服务。鼓励开展研发设计、高技术高附加值产品开发和面向全球市场、风险可控的境内外维修、检测、拆解等业务。依托自贸试验区内的海关特殊监管区域，加快发展对外文化贸易，支持开展面向全球的保税文化艺术品的展示、拍卖、交易业务。深化艺术品交易市场功能拓展。培育文化产业，重点发展影视后期制作、光盘复刻、印刷、胶片拷贝等。

8. 加快发展新型贸易。支持自贸试验区内企业开展全球维修、国际分拨中转等业务。鼓励开展国内商品海外寄售代销业务。支持发展市场采购贸易。大力发展转口贸易，放宽海运货物直接运输判定标准。在自贸试验区海关特殊监管区域内，大力发展临空产业，拓宽进境维修领域，加快发展航空维修业务。允许在自贸试验区海关特殊监管区域内开展进口汽车整车保税仓储业务和保税货物质押融资业务。支持符合条件的境内外机构在自贸试验区内设立金融租赁公司、融资租赁公司，开展飞机、船舶和大型工程设备等融资租赁业务。按照公平竞争原则，积极发展跨境电子商务，完善相应的海关监管、检验检疫、退税、物流等支撑系统，加快推进跨境贸易电子商务配套平台建设。支持在自贸试验区海关特殊监管区域内建立进出口货物集散中心。支持发展国际快递物流，条件具备时，在自贸试验区试点航空快件国际中转集拼业务。支持国内外快递企业在自贸试验区内的非海关特殊监管区域，办理符合条件的国际快件属地报关、报检业务。

9. 实施高效监管服务模式。探索创新海关特殊监管区域监管模式、监管制度。在自贸试验区海关特殊监管区域内，实施“一线放开”、“二线安全高效管住”的通关监管服务模式。根据自贸试验区发展需求，不断探索口岸监管制度创新。推进将企业运营信息纳入监管系统。逐步实现基于企业诚信评价和商品风险评估的货物抽检制度。除废物原料、危险化学品及其包装、散装货物外，检验检疫在一线实行“进出境检疫，重点和敏感商品检验”模式，创新监管技术和方法；在二线简化检验检疫流程，推行“方便进出，严密防范质量安全风险”的检验检疫监管模式。推进自贸试验区检验检疫电子服务平台、数据交换平台和检验检疫智能执法系统建设，提高检验检疫对各类新业态的信息监管服务水平。探索内陆通关及口岸监管“空检通放”新模式。

10. 推进通关机制创新。深化保税货物流转模式改革。在确保有效监管前提下，在海关特殊监管区域探索建立货物状态分类监管模式。对注册在自贸试验区海关特殊监管区域内的融资租赁企业进出口飞机、船舶、海洋工程结构物等大型设备涉及跨关区的，在确保有效监管和执行现行相关税收政策的前提下，按物流实际需要，实行海关异地委托监管。推进海关通关一体化改革。鼓励企业参与“自主报税、自助通关、自动审放、重点稽核”等监管制度创新试点。依托电子口岸公共平台，完善国际贸易“单一窗口”的货物进出口、运输工具进出境、贸易协定实施等应用功能，进一步优化口岸监管执法流程和通关流程，实现贸易许可、资质登记等平台功能，将涉及贸易监管的部门逐步纳入“单一窗口”管理平台。支持将出口退税申报功能纳入国际贸易“单一窗口”建设项目。在符合监管要求和条件的前提下，支持开展进口整车在汽车整车进口口岸间转关试点。在执行现行税收政策前提下，提升超大超限货物通关、运输、口岸服务等综合能力。对入境维修复出口、入境再制造机电料件免于实施装运前检验。加快形成贸易便利化创新举措的标准化制度规范，覆盖到自贸试验区内所有符合条件的企业。

（四）深化金融领域开放创新

11. 优化跨境金融结算服务。支持自贸试验区开展适应内陆加工贸易、转口贸易等多种贸易业态的结算便利化试点。探索与要素市场跨境交易相适应的外汇收支便利化措施，支持区域要素市场开展国际贸易业务。支持发展总部经济，放宽跨国公司外汇资金集中运营管理准入条件。允许重庆市内银行业金融机构与自贸试验区内持有《支付业务许可证》且许可业务范围包括互联网支付的支付机构合作，按照有关管理政策为跨境电子商务（货物贸易或服务贸易）提供跨境本外币支付结算服务。进一步深化支付机构跨境外汇支付业务试点，在保证交易真实性情况下，逐步扩大服务贸易业务范围。

12. 推动跨境人民币业务创新发展。推动自贸试验区与境外开展双向人民币融资。自贸试验区内企业可根据自身经营和管理需要，开展集团内跨境双向人民币资金池业务。允许在自贸试验区内注册的融资租赁企业开展跨境双向人民币资金池业务。允许自贸试验区内租赁企业在境外开立人民币账户用于跨境人民币租赁业务。支持自贸试验区内保险机构开展跨境人民币再保险和全球保单分入业务。研究探索区内金融机构在依法合规、风险可控的前提下向境外销售人民币理财产品、开展人民币项下跨境担保等业务。鼓励在自贸试验区内设立人民币海外投贷基金。在自贸试验区开展人民币基金投资境外项目试点政策下，开展区域性净头寸总规模约束管理试点。允许外资股权投资管理机构、外资创业投资管理机构在自贸试验区发起管理人民币股权投资和创业投资基金。鼓励自贸试验区内金融机构积极创新面向国际的人民币金融产品，扩大境外人民币投资境内金融产品的范围。支持自贸试验区内符合条件的企业按规定开展人民币境外证券投资业务。

13. 探索跨境投融资便利化改革创新。探索建立与自贸试验区相适应的本外币账户管理体系，促进跨境贸易、投融资结算便利化。进一步简化经常项目外汇收支手续，在真实、合法交易基础上，自贸试验区内货物贸易外汇管理分类等级为A类企业的外汇收入无需开立待核查账户。银行按照“了解客户、了解业务、尽职审查”的展业三原则办理经常项目收结汇、购付汇业务。允许自贸试验区内符合条件的融资租赁业务收取外币租金。支持自贸试验区内企业和金融机构通过境外上市、按照有关规定发行债券及标准化金融证券等方式开展境外融资并将资金调回境内使用。支持自贸试验区内符合条件的单位和个人按照规定双向投资于境内外证券市场。逐步允许境外企业参与商品期货交易。支持商业保理业务发展，探索适合商业保理业务发展的监管模式。

14. 增强跨境金融服务功能。支持符合条件的民间资本、境外资本在符合现行法律法规及政策导向的前提下，在自贸试验区内发起和参与设立金融机构。在遵循机构总部统一业务管理政策的前提下，授予自贸试验区内银行业金融机构更多业务自主权，在风险可控的前提下自主开展资金交易业务。支持证券经营机构在自贸试验区内依法设立分支机构或专业子公司。支持在自贸试验区内设立货币兑换、征信等专业化机构。支持符合条件的重庆市证券期货经营机构进入银行间外汇市场，开展人民币对外汇即期业务和衍生品交易。支持自贸试验区符合互认条件的基金产品参与内地与香港基金产品互认。支持符合条件的银行业金融机构在自贸试验区内发行大额存单，区内注册的内外资企业均可参与投资。支持在自贸试验区设立内外资再保险、外资健康保险、国际多式联运物流专业保险等机构。鼓励在自贸试验区设立保险资产管理公司、自保公司、相互制保险机构等新型保险组织，以及为保险业发展提供配套服务的保险经纪、保险代理等专业性保险服务机构。探索在自贸试验区开展巨灾保险服务创新试点。支持在自贸试验区内建立保险资产登记交易平台。鼓励国内期货交易所在自贸试验区的海关特殊监管区域内开展期货保税交易、仓单质押融资等业务。在总结期货保税交割试点经验基础上，鼓励国内期货交易所在自贸试验区的海关特殊监管区域内开展业务，扩大期货保税交割试点的品种。进一步推进内资融资租赁企业试点，注册在自贸试验区内的内资融资租赁试点企业由自贸试验区所在省级商务主管部门和同级国家税务局审核；加强事中事后监管，探索建立融资租赁企业设立和变更的备案制度、违反行业管理规定的处罚制度、失信和经营异常企业公示制度、属地监管部门对企业定期抽查检查制度。支持自贸试验区发展科技金融，按照国务院统一部署，积极争取纳入投贷联动试点。

15. 完善金融风险防控体系。落实风险为本的原则，探索建立跨境资金流动风险监管机制，强化做好反洗钱、反恐怖融资、反逃税工作，防范非法资金跨境、跨区流动。探索建立综合性金融监管协调机制，深入开展跨行业、跨市场的金融风险监测评估，加强对重大风险的预警防范，切实防范开放环境下的金融风险。

（五）推进“一带一路”和长江经济带联动发展

16. 构建多式联运国际物流体系。支持在自贸试验区内建立海关多式联运监管中心，打造覆盖铁、公、水、空多种运输方式的国际物流运输体系。依托中欧国际铁路联运通道，强化运输安全，提高运输效率，降低运输成本，构建中欧陆路国际贸易通道和规则体系，发展国际铁路联运；依托长江黄金水道，探索建立沪渝外贸集装箱“五定”快班轮三峡船闸优先放行机制，发展江海联运；依托渝昆泛亚铁路通道、东南沿海港口、陆路边境口岸，以铁路和高速公路网为陆路通道，发展铁海联运和跨区域、跨国境的国际陆路运输；依托重庆江北国际机场，探索空域和航空资源管理改革，支持国内外大型企业设立基地航空公司，完善集疏运体系，加密航线航班，构建基本覆盖全球主要经济体的航线网络。

17. 探索建立“一带一路”政策支持体系。以中欧国际铁路联运通道为重点，完善自贸试验区与“一带一路”沿线各国海关、检验检疫、标准认证部门和机构之间的通关合作机制，开展货物通关、贸易统计、“经认证的经营者”互认、检验检测认证等方面合作，逐步实现信息互换、监管互认、执法互助。探索与“一带一路”沿线国家开展贸易供应链安全与便利化合作。支持自贸试验区内企业以自建、收购、股权合作等多种方式在“一带一路”沿线国家建立境外营销、物流、结算等区域性运营总部。支持以自贸试验区为依托建设中德、中韩等国际经贸、产业、人文合作平台。探索共同出资、共同受益的资本运作模式，支持在自贸试验区建立市场化的合作基金，为基础设施建设、投资贸易和产业发展提供资金支持。加强自贸试验区与“一带一路”沿线国家的高校联合培养和交流合作，加快培养适合多双边贸易投资的各方面人才。研究制定自贸试验区外籍高层次人才认定办法，落实人才签证实施细则，明确外国人才申请和取得人才签证的标准条件和办理程序，对外籍高层次人才开辟绿色通道，简化手续，为高层次人才入出境、工作、在华停居留提供便利。允许获得硕士及以上学位的外国优秀留学生毕业后直接在自贸试验区工作，完善留学生实习居留、工作居留和创新创业奖励制度。

（六）推动长江经济带和成渝城市群协同发展

18. 探索建立区域联动发展机制。通过自贸试验区高端产业聚集，促进内陆地区现代服务业、先进制造业和战略性新兴产业加快发展。创新区域经济合作、利益共享模式，促进区域一体化发展。依托长江黄金水道，推进自贸试验区内沿江区域有序承接产业转移。鼓励拓展服务功能和范围，自贸试验区内企业原则上不受地域限制，可到区外再投资或开展业务，如有特殊规定要求办理相关手续，应按照相关规定办理。提升自贸试验区与周边地区交通运输服务水平，优化运输组织，创新服务方式，推进自贸试验区与周边城市客运服务公交化运营，鼓励同城化服务。鼓励在自贸试验区发展货运班线、城际速递、共同配送等多样化、专业化服务方式。

19. 促进区域产业转型升级。以产业链为纽带，在自贸试验区内建立市场化运作的产业转移引导基金，促进长江经济带各省市、成渝城市群的相关园区、企业、研发机构等在研发设计、生产销售和物流配送等环节的协同配合。充分发挥长江黄金水道的重大件运输通道优势，整合内陆装备制造业优势资源，推动汽车、重型机械、船舶配套设备、轨道交通设备等向自贸试验区沿江区域集中。充分发挥自贸试验区高端要素集聚平台作用，瞄准全球和国家科技创新趋势，重点突破创新链的关键技术、产业链的关键环节，加快形成电子核心部件、新材料、物联网、航空器及零部件研发制造、高端交通装备、新能源汽车及智能汽车、生物医药、能源环保装备、智能终端等战略性新兴产业集群。在自贸试验区设立区域联合研发和配套协作平台，提高装备设计、制造和集成能力。鼓励各地区高校、科研院所在自贸试验区打造创新创业发展平台，发展新型创业孵化机构。完善自贸试验区创新创业服务体系，大力发展创业辅导、信息咨询、技术支持、融资担保、成果交易、检验检测认证等公共服务。

20. 增强口岸服务辐射功能。按照“零距离换乘”、“无缝衔接”的要求，强化自贸试验区与周边地区水运、铁路、公路、航空等运输方式有机衔接。拓展口岸功能，扩大水运口岸范围，完善自贸试验区内进口整车、水果、肉类等指定口岸建设。推动自贸试验区根据实际需要申报设立进口粮食、植物种苗、金伯利进程国际证书制度等指定口岸和指定实施机构，提升内陆口岸对周边的辐射带动作用。鼓励发展直接或间接依托口岸的经济业态，强化自贸试验区口岸服务功能，提升便利化程度，聚集人流、物流、资金流、信息流，带动腹地经济融入国际国内两个市场，形成扩大开放的叠加效应。

四、保障机制

（一）强化法制保障

自贸试验区需要暂时调整实施有关行政法规、国务院文件和经国务院批准的部门规章的部分规定的，按规定程序办理。各有关部门要支持自贸试验区在各领域深化改革开放试点、加大压力测试、加强监管、防控风险，做好与相关法律立改废释的衔接，及时解决试点过程中的制度保障问题。重庆市要通过地方立法，建立与试点要求相适应的自贸试验区管理制度。

（二）完善配套税收政策

落实现有相关税收政策，充分发挥现有政策的支持促进作用。中国（上海）自由贸易试验区、中国（广东）自由贸易试验区、中国（天津）自由贸易试验区和中国（福建）自由贸易试验区已经试点的税收政策原则上可在自贸试验区进行试点，其中促进贸易的选择性征收关税、其他相关进出口税收等政策在自贸试验区内的海关特殊监管区域进行试点。自贸试验区内的海关特殊监管区域范围和税收政策适用范围维持不变。此外，在符合税制改革方向和国际惯例，以及不导致利润转移和税基侵蚀的前提下，积极研究完善境外所得税收抵免的税收政策。

（三）加强组织实施

按照党中央、国务院统一部署，在国务院自由贸易试验区工作部际联席会议统筹协调下，由重庆市完善试点任务组织实施保障机制，按照总体筹划、分步实施、率先突破、逐步完善的原则加快实施；按照既有利于合力推进自贸试验区建设，又有利于各片区独立自主运作的原则，建立精简高效、统一管理、分级负责的自贸试验区管理体系。各有关部门要大力支持，及时制定实施细则或办法，加强指导和服务，共同推进相关体制机制创新，把自贸试验区建设好、管理好。在实施过程中，要创新思路、寻找规律、解决问题、积累经验；要充分发挥地方和部门的积极性，因地制宜、突出特色，做好对比试验和互补试验；要抓好改革措施的落实，重大事项要及时向国务院请示报告。

（四）总结推广可复制的试点经验

自贸试验区要及时总结改革创新经验和成果。国务院自由贸易试验区工作部际联席会议办公室要会同重庆市人民政府及有关部门，及时总结评估自贸试验区改革开放创新试点任务实施效果，加强各领域试点经验系统集成，并委托第三方机构进行独立评估。对试点效果好、风险可控且可复制可推广的成果，实施分类审查程序后复制推广至全国其他地区。

（中国政府网 2017 年 3 月 31 日）

国务院关于印发中国（四川）自由贸易试验区总体方案的通知

（2017年3月15日）

国发〔2017〕20号

各省、自治区、直辖市人民政府，国务院各部委、各直属机构：

现将《中国（四川）自由贸易试验区总体方案》印发给你们，请认真贯彻执行。

国务院

2017年3月15日

中国（四川）自由贸易试验区总体方案

建立中国（四川）自由贸易试验区（以下简称自贸试验区）是党中央、国务院作出的重大决策，是新形势下全面深化改革、扩大开放和深入推进西部大开发、长江经济带发展的重大举措。为全面有效推进自贸试验区建设，制定本方案。

一、总体要求

（一）指导思想

全面贯彻党的十八大和十八届三中、四中、五中、六中全会精神，深入贯彻习近平总书记系列重要讲话精神和治国理政新理念新思想新战略，认真落实党中央、国务院决策部署，统筹推进“五位一体”总体布局和协调推进“四个全面”战略布局，坚持稳中求进工作总基调，牢固树立和贯彻落实创新、协调、绿色、开放、共享的发展理念，进一步解放思想、先行先试，以开放促改革、促发展，以推进供给侧结构性改革为主线，积极培育内陆地区参与国际经济合作竞争新优势，全力打造区域协调发展新引擎，为全面深化改革和扩大开放探索新途径、积累新经验，发挥示范带动、服务全国的积极作用。

（二）战略定位

以制度创新为核心，以可复制可推广为基本要求，立足内陆、承东启西，服务全国、面向世界，将自贸试验区建设成为西部门户城市开发开放引领区、内陆开放战略支撑带先导区、国际开放通道枢纽区、内陆开放型经济新高地、内陆与沿海沿边沿江协同开放示范区。

（三）发展目标

经过三至五年改革探索，力争建成法治环境规范、投资贸易便利、创新要素集聚、监管高效便捷、协同开放效果显著的高水平高标准自由贸易园区，在打造内陆开放型经济高地、深入推进西部大开发和长江经济带发展中发挥示范作用。

二、区位布局

（一）实施范围

自贸试验区的实施范围 119.99 平方公里，涵盖三个片区：成都天府新区片区 90.32 平方公里（含成都高新综合保税区区块四〔双流园区〕4 平方公里、成都空港保税物流中心〔B 型〕0.09 平方公里），成都青白江铁路港片区 9.68 平方公里（含成都铁路保税物流中心〔B 型〕0.18 平方公里），川南临港片区 19.99 平方公里（含泸州港保税物流中心〔B 型〕0.21 平方公里）。

自贸试验区土地开发利用须遵守土地利用、环境保护、城乡规划法律法规，符合土地利用总体规划，并符合节约集约用地的有关要求。

（二）功能划分

按区域布局划分，成都天府新区片区重点发展现代服务业、高端制造业、高新技术、临空经济、口岸服务等产业，建设国家重要的现代高端产业集聚区、创新驱动发展引领区、开放型金融产业创新高地、商贸物流中心和国际性航空枢纽，打造西部地区门户城市开放高地；成都青白江铁路港片区重点发展国际商品集散转运、分拨展示、保税物流仓储、国际货代、整车进口、特色金融等口岸服务业和信息服务、科技服务、会展服务等现代服务业，打造内陆地区联通丝绸之路经济带的西向国际贸易大通道重要支点；川南临港片区重点发展航运物流、港口贸易、教育医疗等现代服务业，以及装备制造、现代医药、食品饮料等先进制造和特色优势产业，建设成为重要区域性综合交通枢纽和成渝城市群南向开放、辐射滇黔的重要门户。

按海关监管方式划分，自贸试验区内的海关特殊监管区域重点探索以贸易便利化为主要内容的制度创新，开展保税加工、保税物流、保税服务等业务；非海关特殊监管区域重点探索投资、金融、创新创业等制度改革，完善事中事后监管，积极发展现代服务业和高端制造业。

三、主要任务和措施

（一）切实转变政府职能

1. 推进简政放权。按照权责一致原则，建立行政权责清单制度，明确政府职能边界。深化政府机构改革，探索设立法定机构，推进相关政府机构从直接提供公共服务转变为通过合同管理交由第三方机构提供。深化行政审批制度改革，最大限度取消行政审批事项。推进行政审批标准化、信息化建设，探索全程电子化登记、电子营业执照管理。放宽企业名称表述限制，开放企业名称数据库，推行企业名称自主申报、网上核准，完善企业名称争议纠纷处理机制。放宽企业住所登记条件，探索以邮政通信地址作为企业住所的登记方式。建立“一窗受理、协同审批”的“一站式”高效服务模式，建设市场准入统一平台，实现多部门信息共享和协同管理。依托“互联网 + 税务”，创新税收征管服务。

2. 构建事中事后监管体系。推进统一社会信用代码制度建设和部门间数据交换共享，建设公共信用信息目录和运用清单。完善社会信用体系，推动各部门间依法履职信息的联通和共享。健全守信激励和失信惩戒机制。建立企业网上信用承诺制度。政府部门加强对第三方企业信用征信、评估机构开展企业登记评价工作的引导和监督检查。规范开放征信服务，为公民、企业、社会组织、司法部门、政府机构提供信用查询等服务。在监管、执法等方面全面推行“双随机”抽查监管机制。完善行业监管制度和资格审查制度，进一步规范开展文化、教育、信息服务的内容审查。构建事前提醒告知、轻微违法约谈与告诫、严重违法依法处置的“三段式”监管方式。建立健全律师、公证员、司法鉴定人员等法律服务工作者诚信执业制度、违法违规执业惩戒制度。

3. 优化法治环境。建立统一集中的综合行政执法体系，相对集中执法权，建设网上执法办案系统，建设联勤联动指挥平台。建立健全国际仲裁、商事调解机制。对标高标准国际规则，强化企业责任，完善工资支付保障机制，建立工作环境损害监督等制度，严格执行环境保护法规和标准，探索开展出口产品低碳认证。配合商务部开展经营者集中反垄断审查。建立健全廉洁监督机制。开展知识产权综合管理改革试点。紧扣创新发展需求，发挥专利、商标、版权等知识产权的引领作用，打通知识产权创造、运用、保护、管理、服务全链条，建立高效的知识产权综合管理体制，构建便民利民的知识产权公共服务体系，探索支撑创新发展的知识产权运行机制，推动形成权界清晰、分工合理、责权一致、运转高效、法治保障的体制机制。探索建立自贸试验区跨部门知识产权执法协作机制，完善纠纷调解、援助、仲裁工作机制。

4. 建设多方参与的社会治理新体系。健全依法决策机制，明确重大行政决策的范围和标准，把专家咨询、社会听证、第三方评估作为重大行政决策必经程序，建立决策问责和纠错机制。建立行政咨询体系，成立由专业人士组成的专业咨询委员会，为自贸试验区发展提供咨询。编制向社会组织转移职能目录，将由政府部门承担的资产评估、鉴定、认证、检验检测等逐步交由专业服务机构承担。

（二）统筹双向投资合作

5. 提升利用外资水平。对外商投资实行准入前国民待遇加负面清单管理制度，着力构建与负面清单管理方式相适应的事中事后监管制度。外商投资准入特别管理措施（负面清单）之外领域的外商投资项目（国务院规定对国内投资项目保留核准的除外）和外商投资企业设立及变更实行备案制，由自贸试验区负责办理。进一步减少或取消外商投资准入限制，提高开放度和透明度，做好对外开放的压力测试和风险测试。允许在自贸试验区内注册的符合条件的中外合资旅行社，从事除台湾地区以外的出境旅游业务；鼓励外资企业通过多种形式参与投资医疗服务业；鼓励外资发展“互联网 +”健康服务。积极有效引进境外资金、先进技术和高端人才，提升利用外资综合质量。外商在自贸试验区投资适用《自由贸易试验区外商投资准入特别管理措施（负面清单）》和《自由贸易试验区外商投资国家安全审查试行办法》。探索强化外商投资实际控制人管理，建立外商投资信息报告制度和外商投资信息公示平台，充分发挥国家企业信用信息公示系统作用，提升外商投资全周期监管的科学性、规范性和透明度。完善投资者权益保障机制，允许符合条件的境外投资者自由转移其投资收益。

6. 构筑对外投资服务促进体系。实施对外投资管理体制改革，确立企业对外投资主体地位，支持企业开展多种形式的境外投资合作，在法律法规规定的范围内，允许自担风险到境外自由承揽项目。建立对外投资合作“一站式”服务平台。加强境外投资事后管理和服务，完善境外资产和人员安全风险预警和应急保障体系。依托港澳在金融服务、信息资讯、国际贸易网络、风险管理等方面的优势，将自贸试验区建设成为企业“走出去”的窗口和综合服务平台。

7. 创新国际产能合作。对一般性境外投资项目和设立企业实行备案制。为企业对外投资提供高效优质的金融支持和服务保障。鼓励地方政府引入社会资本在自贸试验区内设立境内机构投资者投资基金和境外合作基金。提高办理境外资产评估和抵押处置手续便利化程度。探索开展知识产权、股权、探矿权、采矿权、应收账款、订单、出口退税等抵质押融资业务。推动企业用好“内保外贷”等政策，开展企业“走出去”综合性金融创新服务。加快“中国标准”国际化推广，积极开展与主要贸易国别标准的比对，推动认证认可结果与主要贸易投资合作国家（地区）双向互认。加强与港澳在项目对接、投资拓展、信息交流、人才培训等方面交流合作，共同赴境外开展基础设施建设和能源资源等合作。

8. 深化园区国际合作。坚持引资、引智、引技与优势产业、产品、技术及服务“走出去”相结合，围绕产业合作、科技创新、中小企业合作、职业教育、新型城镇化等领域合作发展，采取“平台 + 园区”、“政府 + 机构 + 企业”的共享开放合作模式，支持在自贸试验区内建设国别产业合作园区，推进创新创业、产业升级。探索建立土地节约集约利用新模式，自贸试验区内土地可以按不同功能用途混合利用，允许同一地块或同一建筑兼容多种功能，产业用地实行弹性年期供应，根据产业政策和项目类别可采取先租后让、差异化年期出让等供地措施。

9. 深化国有企业改革。坚持市场化导向，进一步完善自贸试验区内国有企业现代企业制度，建立健全长效激励约束机制，提升国有资本监管的针对性和有效性。设立国有资本运营平台，提升资本运营能力和水平。鼓励国有企业依托自贸试验区探索创新发展新路径。进一步推进自贸试验区内国有企业产权多元化改革，稳妥发展混合所有制经济。探索国家铁路运输企业、国家铁路控股合资铁路公司与地方政府合作参与成都国际铁路港运营管理，推动铁路资源有效整合。

（三）推动贸易便利化

10. 加快服务贸易创新发展。加快推进服务贸易创新发展试点，积极探索服务贸易发展新模式，建立完善服务贸易公共服务体系和贸易促进平台。重点推进与欧洲地区在产业人才合作、企业对接联动、项目载体共建、商务环境优化等领域的深入合作，提升对欧服务贸易水平。加快发展技术创新和商业模式创新相融合的新兴服务贸易和技术贸易。在海关特殊监管区域内不断拓展保税维修、检测、研发等业务。对注册在自贸试验区海关特殊监管区域内的融资租赁企业进出口飞机、船舶、海洋工程结构物等大型结构设备涉及跨关区的，在确保有效监管和执行现行相关税收政策的前提下，按物流实际需要，实行海关异地委托监管。在环境风险可控的前提下，支持在海关特殊监管区域内开展航空发动机等高技术含量、高附加值商品境内外维修业务试点。鼓励发展动漫创意、信息管理、数据处理、供应链管理等服务外包产业。搭建便利化的知识产权公共服务平台，设立知识产权服务工作站，大力发展知识产权专业服务业。探索建立自贸试验区重点产业专利导航制度和重点产业快速协同保护机制。依托现有交易场所开展知识产权跨境交易，推动建立市场化运作的知识产权质物处置机制。支持和鼓励商标品牌服务机构在品牌设计、价值评估、注册代理、法律服务等方面不断提升服务水平。扩大对外文化贸易和版权贸易。深化艺术品交易市场功能拓展，支持在海关特殊监管区域（保税监管场所）内开展艺术品保税业务，为境内外艺术品生产、物流、仓储、展示和交易提供服务，对从境外进入海关特殊监管区域（保税监管场所）的文化产品，除法律、行政法规和规章另有规定的外，不实行许可证管理。创新文化服务海外推广模式，支持发展以传统手工技艺、武术、戏曲、民族音乐和舞蹈等为代表的非物质文化遗产与旅游、会展、品牌授权相结合的开发模式，鼓励广播影视、新闻出版等企业以项目合作方式进入国际市场，试点国外巡演的商业化运作。大力发展中医药服务贸易，建立四川省中医药服务及贸易大平台，积极与境外开展中药材种植、研发等合作，鼓励开展中医药国际健康旅游线路建设，扩大国际市场。允许境外服务提供者以跨境交付形式提供管理培训、咨询服务。

11. 促进服务要素自由流动。为服务贸易专业人才出入境提供便利。研究制定自贸试验区外籍高层次人才认定办法，落实人才签证实施细则，明确外国人才申请和取得人才签证的标准条件和办理程序。对外籍高层次人才开辟绿色通道、简化手续，为高层次人才入出境、工作、在华停居留提供便利。允许获得硕士及以上学位的优秀外国留学生毕业后直接在自贸试验区工作。提供有针对性的指导服务和语言学习机会，多形式多渠道帮助外国人才更好地融入中国社会。创新建设国际社区，探索外籍人士参与社区治理模式。

12. 助推外贸转型升级。在执行现行税收政策的前提下，允许在自贸试验区非海关特殊监管区域内依托现有交易场所开展大宗商品交易。完善进口商品网络零售和进出口分拨物流体系。探索中欧班列（成都）邮（快）件运输，推动跨境电子商务发展。探索建立适应跨境电商贸易特点的检验检疫监管机制。在严格执行货物进出口税收政策前提下，允许在海关特殊监管区域内设立保税展示交易平台。在海关特殊监管区域内推动保税售后维修业务升级，构建“全球市场销售、本地运营结算”的新型外贸业态新模式。

13. 创新口岸服务机制。加大对口岸和场站公共服务的政策和资金支持。制定口岸作业、报关报检、查验等环节的工作和服务标准。创新税收担保模式，推行涉税担保信息化管理，支持符合条件的涉税担保业务适用总担保制度。建设完善四川电子口岸，依托电子口岸公共平台建设国际贸易“单一窗口”，实现口岸服务一体化。推动口岸监管部门信息互换、监管互认、执法互助。推进企业运营信息与监管系统对接，鼓励企业参与“自主报税、自助通关、自动审放、重点稽核”等监管制度创新试点。创新自贸试验区国际会展检验检疫监管模式。探索检验检疫证书国际联网核查机制。支持自贸试验区与“一带一路”沿线国家开展海关、检验检疫、认证认可、标准计量等方面的合作与交流，探索与“一带一路”沿线国家开展贸易供应链安全与便利合作。

14. 优化监管通关流程。实施 24 小时预约通关服务，建立进出口货物口岸放行时间评价体系。健全与跨境电子商务、进口特殊商品指定口岸、外贸综合服务发展相适应的通关管理机制。积极推动实施一体化通关。积极推进无纸化申报、无纸化放行，探索施检过程无纸化。在确保有效监管前提下，鼓励口岸监管部门优化查验机制。建设空、铁、公、水多式联运物流监管中心，多方联网共享物流全程信息，实现多式联运货物“单一窗口”办理。深化保税货物流转模式改革。对资信良好、管理规范、符合海关监管要求的企业，探索实施自动备案、自核单耗和自主核报。试行企业“主动披露”制度，对企业主动报告海关未发现的违规事项，可依法视情从轻、减轻或不予行政处罚。在确保有效监管前提下，在海关特殊监管区域探索建立货物状态分类监管模式。支持区外法人企业依法在海关特殊监管区域（保税监管场所）内设立分支机构。加强与深圳、珠海等口岸机构的沟通与合作，全面实现供港澳蔬菜出口直放。

（四）深化金融领域改革创新

15. 促进跨境投融资便利化。探索建立与自贸试验区相适应的本外币账户管理体系，促进跨境贸易、投融资结算便利化。鼓励允许自贸试验区内法人金融机构和企业按照有关规定在境外发行人民币和外币债券，所筹资金可根据需要调回自贸试验区内使用。支持符合条件的企业参与跨国公司总部外汇资金集中运营管理和跨境双向人民币资金池业务。支持跨国公司成立全球或区域结算中心。研究探索自贸试验区内银行业金融机构在依法合规、风险可控的前提下，向境外销售人民币理财产品、开展人民币项下跨境担保等业务。允许自贸试验区内符合条件的金融机构和企业按照规定开展境外证券投资业务。

16. 增强金融服务功能。在符合现行法律法规及政策导向的前提下，支持在自贸试验区内设立银行、证券、保险等金融机构。支持外资银行和中外合资银行在自贸试验区内设立营业性机构，发挥外资银行跨境业务的网络平台优势，为跨境企业提供综合金融服务。支持银行业金融机构与已获相应业务许可资质的非银行支付机构合作开展企业和个人跨境货物贸易、服务贸易人民币结算服务。加快发展金融 IC 卡（芯片银行卡）和移动金融，打造金融 IC 卡无障碍示范区。优化境外银行卡刷卡消费环境。支持在自贸试验区内设立货币兑换、征信等专业化机构。支持符合条件的自贸试验区内机构按照规定投资境内外证券市场。支持股权托管交易机构在自贸试验区内建立综合金融服务平台。依托现有交易场所开展长江上游生产要素国际交易业务以及粮食、矿石和建筑材料等大宗商品现货交易业务。支持设立健康、科技、养老等专业保险机构。支持注册在自贸试验区内的法人寿险机构创新发展。支持自贸试验区内保险机构大力开展跨境人民币再保险。鼓励各类保险机构在自贸试验区创新特殊风险分散机制，开展特殊风险保险业务。鼓励保险公司创新保险产品，不断拓展责任保险服务领域。建立完善巨灾保险制度。支持专业性保险中介机构等服务机构以及从事再保险业务的社会组织和个人在自贸试验区依法开展相关业务，为保险业发展提供专业技术配套服务。探索与“一带一路”沿线国家的金融合作。支持符合条件的“一带一路”沿线国家的金融机构在自贸试验区以人民币进行新设、增资或参股自贸试验区金融机构等直接投资活动。进一步简化经常项目外汇收支手续，在真实、合法交易基础上，自贸试验区内货物贸易外汇管理分类等级为A类企业的外汇收入无需开立待核查账户。银行按照“了解客户、了解业务、尽职审查”的展业三原则办理经常项目收结汇、购付汇手续。

17. 发展新兴金融业态。积极引进设立各类金融总部、专业子公司、区域总部等机构。支持民营资本依法合规进入金融业，依法设立财务公司、汽车金融公司和消费金融公司等金融机构，支持符合条件的境内纯中资民营企业发起设立民营银行。地方可结合实际试点设立地方资产管理公司和并购基金等。研究探索自贸试验区内金融机构在依法合规、风险可控的前提下，依托各类跨境投融资工具，研发跨市场投资理财产品。支持自贸试验区发展科技金融，按照国务院统一部署，积极争取纳入投贷联动试点，促进创业创新。鼓励通过社会资本设立融资担保基金，缓解中小微企业融资难。支持符合条件的内地和港澳台机构在自贸试验区设立金融租赁公司、融资租赁公司，鼓励在飞机、船舶及其零部件、机器人、农机、医疗设备及基础设施等领域开展业务，支持其在符合相关规定前提下，设立项目公司开展境内外融资租赁业务。支持在海关特殊监管区域内开展飞机融资租赁。允许自贸试验区内符合条件的融资租赁业务收取外币租金。进一步推进内资融资租赁企业试点，注册在自贸试验区内的内资融资租赁试点企业由自贸试验区所在省级商务主管部门和同级国家税务局审核；加强事中事后监管，探索建立融资租赁企业设立和变更的备案制度、违反行业管理规定的处罚制度、失信和经营异常企业公示制度、属地监管部门对企业定期抽查检查制度。支持租赁业境外融资，鼓励各类租赁公司扩大跨境人民币资金使用范围。鼓励国内期货交易所在自贸试验区的海关特殊监管区域内开展期货保税交易、仓单质押融资等业务。支持证券业经营机构在自贸试验区内依法设立分支机构或专业子公司。支持商业保理业务发展，探索适合商业保理业务发展的监管模式。

18. 探索创新金融监管机制。探索建立与自贸试验区相适应的新型风险监管体系。落实风险为本的原则，探索建立跨境资金流动风险监管机制，强化开展反洗钱、反恐怖融资、反逃税工作，防止非法资金跨境、跨区流动。鼓励金融行业协会、自律组织独立或者联合依法开展专业调解，建立调解与仲裁、诉讼的对接机制，加大对金融消费者维权的支持力度。支持建立健全金融消费者教育服务体系，积极创新自贸试验区特色多元化金融消费者教育产品和方式。

（五）实施内陆与沿海沿边沿江协同开放战略

19. 增强产业辐射带动能力。探索形成有利于高端制造业和现代服务业向自贸试验区集聚集群发展的体制机制。探索自贸试验区与周边地区产业合作新路径，促进区域产业合理布局、优势互补、错位发展。促进研发设计、生产销售和物流配送等环节协同配合。建立市场化运作的产业基金，建立产业协作发展和收益分享机制。发挥川酒优势，在自贸试验区内探索白酒产销体制创新。深化中国国际酒业博览会功能，依托现有交易场所开展国际性酒类产品展示、投资、技术等交易，打造中国白酒创新创业集聚地。依法合规开展大宗商品现货交易，加快推进大宗商品现货市场发展，强化监管、创新制度、探索经验。推动西部地区区域金融合作，依托现有交易场所在西部地区开展产权、技术、排污权、碳排放权等交易。鼓励企业跨区域兼并重组，在基础设施、公共设施建设运营领域，推广政府和社会资本合作等投融资模式。构建自贸试验区与陕滇黔渝藏等西部地区、东部发达地区和长江经济带的国家级开发区协同合作机制，探索共建产业合作园区。探索自贸试验区与其他长江经济带自贸试验区协同开放机制，实现成果共享、监管互认、业务互通。积极承接东部地区优势产业转移，着力打造与东部产业配套协作的高端制造业、现代服务业和临港产业基地。

20. 畅通国际开放通道。依托双流航空枢纽、成都国际铁路港、川南临港口岸，构建与“一带一路”沿线相关国家和长江经济带空、铁、公、水联运的综合物流服务体系。支持成都国际铁路港建设国家对外开放口岸，依托中欧班列（成都）等打造国际铁路运输重要枢纽，推进与泛欧泛亚国家（地区）枢纽城市的互联互通。积极探索与“一带一路”沿线国家相关机构在运输安全、环境保护、通关查验等方面建立合作机制。加快推进国际航空枢纽建设，大力发展临空经济。支持国际航班代码共享，鼓励符合条件的航空公司新开、加密、优化国际（地区）国内航线。构建国际（地区）国内有效衔接、相互支撑的航线网络和航班时刻分配机制。允许设立符合条件的全货运基地航空公司。优化多种运输方式衔接、中转流程，完善多式联运标准和服务规则，探索与沿海沿边沿江重要枢纽城市高效联运新模式，加速构建集高铁、地铁、城际铁路、高速公路于一体的综合交通体系，建设中欧陆空联运基地。推进内陆地区国际多式联运示范建设，试点签发具备物权凭证性质的多式联运提单，探索多式联运“一单制”。在交通运输领域，完善快件处理设施和绿色通道。加快发展快递等现代物流业。

21. 打造沿江开放口岸。支持川南临港片区设立国家对外开放口岸，加快建设高等级航道，促进与长江主要港口的协同开放合作。打造长江口岸现代航运服务系统，推进水运口岸“单一窗口”试点。支持开展内外贸同船运输、国轮捎带业务。大力发展船舶交易、航运物流信息、船员培训、船舶维修等航运服务业。创新长江船舶登记制度，优化船舶运营、检验与登记业务流程，简化入区申报手续，试行电子数据自动填报，加快智能物流网络建设。推进与沿海沿江口岸信息对接互联。大力发展长江航运金融服务，探索组建专业化地方法人航运保险机构，鼓励境内外航运服务中介机构设立营业机构。

（六）激活创新创业要素

22. 优化创新创业制度环境。建立完善技术类无形资产交易制度，制定技术类国有无形资产管理办法。加强国际科技合作平台建设。在海关特殊监管区域内创新企业研发进口设备及材料监管模式，降低企业研发成本。

23. 创新科技金融服务机制。建立科技企业信用评价体系和标准，引导金融机构探索完善科技企业信用风险管理机制。引导境内外资本为创新创业项目提供投融资支持，拓宽创新创业项目境外融资渠道。

24. 整合全球创新创业要素。加强与发达国家（地区）在高端技术、重点技术领域的联合研究和技术引进。引导国内外知名孵化机构和优秀平台运营团队参与构建“众创空间—孵化器—加速器—产业园”全链条创新创业体系。探索本土高校自主扩大海外留学生招生规模，与国外高校合作开展学科建设。开展海外人才离岸创新创业试点，完善创新创业人才社会服务机制。

四、保障机制

（一）强化法制保障

自贸试验区需要暂时调整实施有关行政法规、国务院文件和经国务院批准的部门规章的部分规定的，按规定程序办理。各有关部门要支持自贸试验区在各领域深化改革开放试点、加大压力测试、加强监管、防控风险，做好与相关法律立改废释的衔接，及时解决试点过程中的制度保障问题。四川省要通过地方立法，建立与试点要求相适应的自贸试验区管理制度。

（二）完善配套税收政策

落实现有相关税收政策，充分发挥现有政策的支持促进作用。中国（上海）自由贸易试验区、中国（广东）自由贸易试验区、中国（天津）自由贸易试验区和中国（福建）自由贸易试验区已经试点的税收政策原则上可在自贸试验区进行试点，其中，促进贸易的选择性征收关税、其他相关进出口税收等政策在自贸试验区内的海关特殊监管区域进行试点。自贸试验区内的海关特殊监管区域范围和税收政策适用范围维持不变。此外，在符合税制改革方向和国际惯例，以及不导致利润转移和税基侵蚀的前提下，积极研究完善境外所得税收抵免的税收政策。

（三）加强组织实施

按照党中央、国务院统一部署，在国务院自由贸易试验区工作部际联席会议统筹协调下，由四川省完善试点任务组织实施保障机制，按照总体筹划、分步实施、率先突破、逐步完善的原则加快实施。按照既有利于整体推进自贸试验区建设，又有利于发挥各片区积极性的原则，建立精简高效、统筹协调的自贸试验区管理体系。各有关部门要大力支持，及时制定实施细则或办法，加强指导和服务，共同推进相关体制机制创新，把自贸试验区建设好、管理好。在实施过程中，要创新思路、寻找规律、解决问题、积累经验；要充分发挥地方和部门的积极性，因地制宜、突出特色，做好对比试验和互补试验；要抓好改革措施的落实，重大事项要及时向国务院请示报告。

（四）总结推广可复制的试点经验

自贸试验区要及时总结改革创新经验和成果。国务院自由贸易试验区工作部际联席会议办公室要会同四川省人民政府及有关部门，及时总结评估自贸试验区改革开放创新试点任务实施效果，加强各领域试点经验系统集成，并委托第三方机构进行独立评估。对试点效果好、风险可控且可复制可推广的成果，实施分类审查程序后复制推广至全国其他地区。

（中国政府网 2017 年 3 月 31 日）

国务院关于印发中国（陕西）自由贸易试验区总体方案的通知

（2017 年 3 月 15 日）

国发〔2017〕21 号

各省、自治区、直辖市人民政府，国务院各部委、各直属机构：

现将《中国（陕西）自由贸易试验区总体方案》印发给你们，请认真贯彻执行。

国务院

2017 年 3 月 15 日

中国（陕西）自由贸易试验区总体方案

建立中国（陕西）自由贸易试验区（以下简称自贸试验区）是党中央、国务院作出的重大决策，是新形势下全面深化改革、扩大开放和加快推进“一带一路”建设、深入推进西部大开发的重大举措。为全面有效推进自贸试验区建设，制定本方案。

一、总体要求

（一）指导思想

全面贯彻党的十八大和十八届三中、四中、五中、六中全会精神，深入贯彻习近平总书记系列重要讲话精神和治国理政新理念新思想新战略，认真落实党中央、国务院决策部署，统筹推进“五位一体”总体布局和协调推进“四个全面”战略布局，坚持稳中求进工作总基调，牢固树立和贯彻落实创新、协调、绿色、开放、共享的发展理念，进一步解放思想、先行先试，以开放促改革、促发展，立足于推进“一带一路”建设和西部大开发，为全面深化改革和扩大开放探索新途径、积累新经验，发挥示范带动、服务全国的积极作用。

（二）战略定位

以制度创新为核心，以可复制可推广为基本要求，全面落实党中央、国务院关于更好发挥“一带一路”建设对西部大开发带动作用、加大西部地区门户城市开放力度的要求，努力将自贸试验区建设成为全面改革开放试验田、内陆型改革开放新高地、“一带一路”经济合作和人文交流重要支点。

（三）发展目标

经过三至五年改革探索，形成与国际投资贸易通行规则相衔接的制度创新体系，营造法治化、国际化、便利化的营商环境，努力建成投资贸易便利、高端产业聚集、金融服务完善、人文交流深入、监管高效便捷、法治环境规范的高水平高标准自由贸易园区，推动“一带一路”建设和西部大开发战略的深入实施。

二、区位布局

（一）实施范围

自贸试验区的实施范围119.95平方公里，涵盖三个片区：中心片区87.76平方公里（含陕西西安出口加工区A区0.75平方公里、B区0.79平方公里，西安高新综合保税区3.64平方公里和陕西西咸保税物流中心〔B型〕0.36平方公里），西安国际港务区片区26.43平方公里（含西安综合保税区6.17平方公里），杨凌示范区片区5.76平方公里。

自贸试验区土地开发利用须遵守土地利用、环境保护、城乡规划法律法规，符合土地利用总体规划，并符合节约集约用地的有关要求。

（二）功能划分

按区域布局划分，自贸试验区中心片区重点发展战略性新兴产业和高新技术产业，着力发展高端制造、航空物流、贸易金融等产业，推进服务贸易促进体系建设，拓展科技、教育、文化、旅游、健康医疗等人文交流的深度和广度，打造面向“一带一路”的高端产业高地和人文交流高地；西安国际港务区片区重点发展国际贸易、现代物流、金融服务、旅游会展、电子商务等产业，建设“一带一路”国际中转内陆枢纽港、开放型金融产业创新高地及欧亚贸易和人文交流合作新平台；杨凌示范区片区以农业科技创新、示范推广为重点，通过全面扩大农业领域国际合作交流，打造“一带一路”现代农业国际合作中心。

按海关监管方式划分，自贸试验区内的海关特殊监管区域重点探索以贸易便利化为主要内容的制度创新，开展保税加工、保税物流、保税服务等业务；非海关特殊监管区域重点探索投资体制改革，创新内陆地区开放发展机制，完善事中事后监管，推动金融制度创新，积极发展现代服务业和先进制造业。

三、主要任务和措施

（一）切实转变政府职能

1. 改革创新政府管理方式。按照法治化、国际化、便利化的要求，积极探索建立与国际高标准投资和贸易规则体系相适应的行政管理体系，推动政府管理由注重事前审批转为注重事中事后监管。深化商事制度改革。实施“多证合一”综合审批服务运行模式，建立“一口受理、并联审批”工作机制。推动税收服务创新，包括一窗国地办税、一厅自助办理、培训辅导点单、缴纳方式多元、业务自主预约、税银信息互动、税收遵从合作、创新网上服务等举措。打造事前诚信承诺、事中评估分类、事后联动奖惩的全链条信用监管体系。完善社会信用体系，推动各部门间依法履职信息的联通和共享。健全守信激励和失信惩戒机制。配合商务部开展经营者集中反垄断审查。建立优质、高效、便捷的法律服务体系，建设网上法律服务平台，为自贸试验区内企业提供律师、公证、司法鉴定等综合性法律服务。推动与“一带一路”沿线国家执法联络网络建设。

2. 开展知识产权综合管理改革试点。紧扣创新发展需求，发挥专利、商标、版权等知识产权的引领作用，打通知识产权创造、运用、保护、管理、服务全链条，建立高效的知识产权综合管理体制，构建便民利民的知识产权公共服务体系，探索支撑创新发展的知识产权运行机制，推动形成权界清晰、分工合理、责权一致、运转高效、法治保障的体制机制。探索建立自贸试验区跨部门知识产权执法协作机制，完善纠纷调解、援助、仲裁工作机制。探索建立重点产业快速协同保护机制。

（二）深化投资领域改革

3. 提升利用外资水平。对外商投资实行准入前国民待遇加负面清单管理制度，着力构建与负面清单管理方式相适应的事中事后监管制度。外商投资准入特别管理措施（负面清单）之外领域的外商投资项目（国务院规定对国内投资项目保留核准的除外）和外商投资企业设立及变更实行备案制，由自贸试验区负责办理。进一步减少或取消外商投资准入限制，提高开放度和透明度，做好对外开放的压力测试和风险测试。鼓励外资更多投向高端装备制造、新一代信息技术、新材料、生物医药等先进制造业领域。鼓励跨国公司在自贸试验区设立地区总部、研发中心、销售中心、物流中心和结算中心。积极有效引进境外资金、先进技术和高端人才，提升利用外资综合质量。外商在自贸试验区内投资适用《自由贸易试验区外商投资准入特别管理措施（负面清单）》和《自由贸易试验区外商投资国家安全审查试行办法》。探索强化外商投资实际控制人管理，建立外商投资信息报告制度和外商投资信息公示平台，充分发挥国家企业信用信息公示系统作用，提升外商投资全周期监管的科学性、规范性和透明度。完善投资者权益保障机制，允许符合条件的境外投资者自由转移其投资收益。

4. 构建对外投资促进体系。将自贸试验区建设成为企业“走出去”的窗口和综合服务平台。对一般境外投资项目和设立企业实行备案制，属省级管理权限的，由自贸试验区负责备案管理。确立企业对外投资主体地位，支持企业开展多种形式的对外直接投资。建立对外投资合作“一站式”服务平台。加强境外投资事中事后监管和服务，完善境外资产和人员安全风险防范和应急保障体系。

（三）推动贸易转型升级

5. 拓展新型贸易方式。积极培育贸易新型业态和功能，形成以技术、品牌、质量、服务为核心的外贸竞争新优势。鼓励企业统筹开展国际国内贸易，实现内外贸一体化发展。支持进口先进技术和资源类商品。扶持和培育外贸综合服务企业，为中小企业提供通关、融资、退税、保险等服务。

探索创新服务贸易发展模式，扩大服务贸易双向开放。建立以政府部门“服务清单”制度为核心的服务贸易服务体系，建立一批具有项目对接、海外市场拓展、技术共享等功能的服务贸易公共服务平台。大力发展生产性服务贸易，引导出口企业从生产型企业向生产服务型企业转变，推动金融、保险、物流、信息、研发设计等资本和技术密集型服务出口。推进企业依托海关特殊监管区域开展面向国内外市场的高技术、高附加值的检测维修等保税服务业务。巩固提高旅游、航空运输等传统服务业竞争力，大力促进文化艺术、数字出版、动漫游戏开发、软件开发测试、中医药、技术等服务贸易发展。打造服务外包产业集聚区，培育一批领头企业和国际品牌，提高服务外包产业国际竞争力。支持知识产权服务业集聚发展，完善挂牌竞价、交易、信息检索、政策咨询、价值评估等功能，推动知识产权跨境交易便利化。

6. 创新通关监管服务模式。不断探索海关监管和检验检疫制度创新，鼓励企业参与“自主报税、自助通关、自动审放、重点稽核”等监管制度创新试点。依托电子口岸公共平台，开展国际贸易“单一窗口”建设，完善货物进出口和运输工具进出境的应用功能，进一步优化口岸监管执法流程和通关流程，实现贸易许可、资质登记平台功能。将出口退税申报功能纳入“单一窗口”建设项目，将涉及贸易监管的部门逐步纳入“单一窗口”管理平台。

完善海关特殊监管区域功能。自贸试验区海关特殊监管区域内实施“一线放开”、“二线安全高效管住”的通关监管服务模式。在确保有效监管前提下，在海关特殊监管区域探索建立货物状态分类监管模式。对注册在自贸试验区海关特殊监管区域内的融资租赁企业进出口飞机、船舶等大型设备涉及跨关区的，在确保有效监管和执行现行相关税收政策的前提下，按物流实际需要，实行海关异地委托监管。在执行现行税收政策的前提下，提升超大超限货物的通关、运输、口岸服务等综合能力。在严格执行货物进出口税收政策的前提下，允许在自贸试验区内的海关特殊监管区域设立保税展示交易平台。加快形成贸易便利化创新举措的标准化制度规范，覆盖到所有符合条件的企业。

完善通关合作机制。开展货物通关、贸易统计、原产地证书核查、“经认证的经营者”互认、检验检测认证等方面合作，逐步实现信息互换、监管互认、执法互助。支持自贸试验区与“一带一路”沿线国家开展海关、检验检疫、认证认可、标准计量等方面的合作与交流，探索与“一带一路”沿线国家开展贸易供应链安全与便利合作。推进自贸试验区内各区域之间通关一体化。

（四）深化金融领域开放创新

7. 推动金融制度创新。探索建立与自贸试验区相适应的本外币账户管理体系，促进跨境贸易、投融资便利化。推动人民币作为自贸试验区与“一带一路”沿线国家跨境贸易和投资计价、结算的主要货币。拓展跨境电子商务人民币结算。推行自贸试验区内跨国企业集团跨境双向人民币资金池业务。支持自贸试验区内符合互认条件的基金产品参与内地与香港基金产品互认。自贸试验区内银行可按有关规定发放境外项目人民币贷款。

支持自贸试验区内符合条件的企业按规定开展境外证券投资。支持开展人民币跨境再保险业务，培育发展再保险市场。大力发展自贸试验区国际航运、国际贸易等重点产业责任保险、信用保险、融资租赁保险。取消对自贸试验区内保险支公司高管人员任职资格的事前审批，由省级保监机构实施备案管理。支持商业保理业务发展，探索适合商业保理发展的外汇管理模式。

8. 增强金融服务功能。支持符合条件的“一带一路”沿线国家的金融机构在自贸试验区内以人民币直接投资设立或参股金融机构。支持符合条件的法人在自贸试验区内依法设立金融租赁公司、财务公司、汽车金融公司、消费金融公司等金融机构。支持符合条件的境内纯中资民营企业发起设立民营银行。支持全国性中资商业银行、陕西本地银行、符合条件的外资银行在自贸试验区内新设分行或营业机构。允许外商投资在自贸试验区内新设一家合资证券公司。进一步推进内资融资租赁企业试点，注册在自贸试验区内的内资融资租赁试点企业由自贸试验区所在省级商务主管部门和同级国家税务局审核；加强事中事后监管，探索建立融资租赁企业设立和变更的备案制度、违反行业管理规定的处罚制度、失信和经营异常企业公示制度、属地监管部门对企业定期抽查检查制度。

鼓励自贸试验区内银行业金融机构为能源、科技、文化、绿色环保等领域企业提供高效优质金融服务。放宽跨国公司外汇资金集中运营管理准入条件。进一步简化资金池管理，允许经银行审核真实、合法的电子单证办理经常项目集中收付汇、轧差净额结算业务。进一步简化经常项目外汇收支手续，在真实、合法交易基础上，自贸试验区内货物贸易外汇管理分类等级为 A 类企业的外汇收入无需开立待核查账户。银行按照“了解客户、了解业务、尽职审查”的展业三原则办理经常项目收结汇、购付汇手续。允许自贸试验区内符合条件的融资租赁业务收取外币租金。

允许外资股权投资管理机构、外资创业投资管理机构在自贸试验区内发起管理人民币股权投资和创业投资基金。地方可结合实际，引入社会资本在自贸试验区内设立多币种的产业股权投资基金、产业结构调整基金、创业投资基金和服务贸易创新发展引导基金，为符合产业导向的企业提供融资支持服务。鼓励金融机构创新金融产品和服务，为“轻资产”服务贸易企业提供融资便利。鼓励各类金融机构创新供应链融资、贸易融资等业务。

9. 建立健全金融风险防范体系。落实风险为本的原则，探索建立跨境资金流动风险监管机制，强化开展反洗钱、反恐怖融资、反逃税工作，防止非法资金跨境、跨区流动，切实防范开放环境下的金融风险。

（五）扩大与“一带一路”沿线国家经济合作

10. 创新互联互通合作机制。健全政府对话、企业合作、民间互动的多层次、多领域合作机制。按照共商、共建、共享的原则，构筑全方位立体化开放大通道，建设“一带一路”交通、商贸、快递物流中心。创新航空港、陆港联动发展机制。完善集疏运体系，加密航线航班，增加国际货运航线航班。在自贸试验区内组建符合条件的本地货运航空公司，大力发展空港货运物流，打造国家航空运输枢纽。拓展西安陆路口岸铁路监管功能，推动国际中转集拼业务发展。提升中欧班列（西安）辐射能力，推动将中欧班列（西安）纳入中欧“安智贸”试点计划。深入发展多式联运，引进航运及国际船舶运输服务等经纪公司。引导多式联运企业联盟合作，在设施共享、单证统一、规则衔接、信息互联等方面先行先试。建设国际邮件互换局（交换站）。加快西安领事馆区建设。

11. 创新国际产能合作模式。系统推进与“一带一路”沿线国家产能合作机制建设。发挥金融对“一带一路”经济合作的推动作用，地方可根据实际需要，引入社会资本推动设立“走出去”发展引导基金。

推动合作园区建设。按照开放、共享的原则，加强境外经贸合作区、产业集聚区、农业合作区等建设，开启“两国双园”国际产能合作新模式。

打造绿色丝绸之路。制定鼓励绿色消费的经济政策，落实绿色产品认证制度，建立政府监督、企业自律、公众参与的环保监督机制。支持自贸试验区内的企业按照绿色低碳要求和循环经济理念设计发展战略、生产流程、营销模式、企业文化，打造绿色低碳企业集群和国家级绿色品牌企业。鼓励自贸试验区内绿色低碳龙头企业“走出去”，建设国际产能合作绿色产业园区。加强自贸试验区内重点产业知识产权海外布局和风险防控。

12. 创新现代农业交流合作机制。打造农业领域国际合作交流创新平台，积极推进国际旱作农业交流与合作，组建面向“一带一路”沿线国家的现代农业合作联盟和全球农业智库联盟，拓展在农业新技术、新品种、新业态以及节水农业、设施农业、农业装备制造等领域的国际合作。创立国家（杨凌）农业技术标准创新基地，承担农业技术标准的制定工作，提升“杨凌农科”品牌标准的国际化水平。创新中外农业高等教育和职业教育联合办学模式，开展面向“一带一路”沿线国家的援外农业技术培训。支持杨凌示范区片区加快建设国家现代农业国际创新园和“星创天地”。深化农业金融改革创新，允许引进符合条件的国外专业保险公司，开展涉农保险业务。支持建设“一带一路”现代农业国际合作中心。

（六）创建与“一带一路”沿线国家人文交流新模式

13. 创新科技合作机制。建立健全政府间科技创新合作及对话机制。发挥企业创新主体作用，引导企业成为“一带一路”科技创新合作的投入、执行和收益主体，形成骨干企业先导带动、中小企业大规模参与的合作局面，并吸引社会力量参与。积极发现与“一带一路”沿线国家产业发展的契合点和共振点，引导各类创新主体在沿线国家共建创新平台，深化产学研合作，鼓励企业设立海外研发中心。发挥民间组织作用，鼓励通过青年交往、志愿者互派、学术往来与交流等方式，丰富民间科技交往内容，鼓励民间科技组织广泛开展各类科技公益活动。探索建设信息丝绸之路。以信息基础设施为载体，开辟以通信和互联网产业为抓手的新型国际贸易之路，推动“一带一路”信息文明的创新与传播。

14. 创新教育合作机制。拓展与“一带一路”沿线国家跨境教育合作空间，推动教育资源共享，建设智力丝绸之路。围绕“一带一路”建设需求，调整优化相关院校的学科及专业设置，推进面向“一带一路”沿线国家的教育培训基地建设。在自贸试验区设立国际汉唐学院和中国书法学院。允许获得硕士及以上学位的优秀外国留学生毕业后直接在自贸试验区工作，完善留学生实习居留、工作居留和创新创业奖励制度。

15. 创新文化交流合作机制。加强与“一带一路”沿线国家合作，构建全方位、多层次、宽领域的对外文化交流新格局。保护和传承中华老字号，大力推动中医药、中华传统餐饮、工艺美术等企业“走出去”。与“一带一路”沿线国家共同开展文物保护与考古研究工作，开展博物馆国际交流与合作，建设以丝绸之路文化为主题的智慧博物馆国际合作交流平台和历史文化研究交流平台。依托自贸试验区开展陕西文物国际展示、国际交流试点。鼓励社会资本以多种形式参与文化产业和文化园区建设。鼓励民营文化企业健康快速发展。加强对非物质文化遗产、民间文艺、传统知识的普查、保护和合理利用，振兴传统工艺，推进文化创意、设计服务与相关产业融合发展，打造“国风秦韵”等具有国际影响力的文化品牌。建设中影丝路国际电影城等一批文化产业项目，推出一批具有国际影响力的文化艺术精品。依托现有交易场所，在国家政策法规允许范围内开展文化艺术品交易业务。

发展对外文化贸易。积极推动文化产品和服务出口，减少对文化出口的行政审批事项。拓展艺术品交易市场功能。对完全针对国外外语市场开展出版业务的非公有制企业、中外合资企业给予特殊政策扶持。依托海关特殊监管区域政策功能，促进文化产业发展。加快西安国家数字出版基地、西安印刷包装产业基地建设，创建国家级出版物物流基地。开展文化产品跨境电子商务试点，依托现有交易场所开展文化产品跨境电子交易，鼓励文化企业借助电子商务等新型交易模式拓展国际业务。试点以政府和社会资本合作（PPP）等模式推动对外文化投资。加强文化知识产权保护。积极推进文化金融改革创新。

16. 创新旅游合作机制。深化旅游业资源开放、信息共享、行业监管、公共服务、旅游安全、标准化服务等方面的国际合作，提升旅游服务水平。允许在自贸试验区内注册的符合条件的中外合资旅行社，从事除台湾地区以外的出境旅游服务。吸引外商投资旅行社在自贸试验区内设立公司运营总部。积极与“一带一路”沿线国家签订旅游合作框架协议、旅游合作备忘录等整体性协议，合作举办国际旅游展会。推动中医药健康旅游发展。

17. 创新医疗卫生合作机制。发挥陕西医疗资源、医学教育、医学科研及区位优势，在卫生合作机制、重点传染病防控、重大慢性非传染性疾病防治、突发急性传染病防控与紧急医学救援、能力建设与人才培养、传统医药、卫生体制和政策、卫生发展援助、健康产业发展等重点领域，与“一带一路”沿线国家进行广泛合作。允许“一带一路”沿线国家与国内中医药服务机构在自贸试验区内投资中医理疗、康复、培训、宣传、国际推广等机构，搭建中医药健康养生国际综合服务平台。

（七）推动西部大开发战略深入实施

18. 带动区域开放型经济发展。充分利用自贸试验区的载体和平台作用，在积极承接外向型产业转移的同时，将陕西的科技、产业优势向西部其他地区辐射。培育建设产业集群发展带，推动关中—天水、新疆天山北坡、呼包银榆等重点经济区域协同开放、一体发展，形成西部地区新增长极。联合西部地区相关省份开展多式联运，畅通沟通境内外、连接东中西的新亚欧大陆桥国际经济走廊。建立西部地区联合对外合作交流平台，以资源优势为重点，以资源加工工业为主体，强化国际国内交流，带动西部贫困地区、民族地区开放战略实施。加强区域口岸合作，推动陆港联动，实现口岸功能延伸，提升对外开放、公共卫生安全保障能力。推动检验检疫部门与地方卫生部门等加强联防联控合作，防止传染病跨境传播。

19. 推动区域创新发展。积极鼓励自贸试验区各科研院所与西部地区各类企业合作，推进协同创新。及时总结推广“双创”示范、系统推进全面创新改革及知识产权保护的经验，推动有条件的地区建设具有强大带动力的创新型城市和区域创新中心，培育一批知识产权试点示范城市和知识产权强市、强县。创新军民融合发展机制，建立军民成果双向转化“人才池”和“专利池”。建立重点产业专利导航工作机制，建设国家知识产权服务业聚集区。积极推动国家军民融合知识产权运营工作，依托国家知识产权运营军民融合特色试点平台，探索国防专利横向流通转化、国防专利解密与普通专利跟进保护有机衔接、普通专利参与军品研发生产等机制，促进军民科技成果共享共用。推动西部地区军民技术相互有效利用，开展军民两用技术联合攻关，推动产业化发展。

20. 促进区域产业转型升级。通过自贸试验区高端产业集聚，促进西部地区优化现代服务业、先进制造业和战略性新兴产业布局，创新区域经济合作模式。以产业链为纽带，促进西部地区在研发设计、生产销售和物流配送等环节的协同配合，支持西部地区企业通过跨区域兼并重组实现产业转型升级。

21. 构建服务区域发展的人才高地。率先在自贸试验区建立健全高层次人才评价机制、简化高层次人才评价认定程序、完善符合条件的外国籍高层次人才签证及居留政策等，推动境内外专业人才双向流动，为外国籍高层次人才来陕工作开辟绿色通道，简化手续，在出入境、工作、停居留等方面提供便利，积累经验并向西部地区推广。联合打造西部优质人才载体，提升西部地区高层次人才发展及创业创新平台建设水平。建设面向西部地区的高层次人才综合服务体系，大力发展人力资源服务业。

四、保障机制

（一）强化法制保障

自贸试验区需要暂时调整实施有关行政法规、国务院文件和经国务院批准的部门规章的部分规定的，按规定程序办理。各有关部门要支持自贸试验区在各领域深化改革开放试点、加大压力测试、加强监管、防控风险，做好与相关法律立改废释的衔接，及时解决试点过程中的制度保障问题。陕西省要通过地方立法，建立与试点要求相适应的自贸试验区管理制度。

（二）完善配套税收政策

落实现有相关税收政策，充分发挥现有政策的支撑促进作用。中国（上海）自由贸易试验区、中国（广东）自由贸易试验区、中国（天津）自由贸易试验区和中国（福建）自由贸易试验区已经试点的税收政策原则上可在自贸试验区进行试点，其中促进贸易的选择性征收关税、其他相关进出口税收等政策在自贸试验区内的海关特殊监管区域进行试点。自贸试验区内的海关特殊监管区域范围和税收政策适用范围维持不变。此外，在符合税制改革方向和国际惯例，以及不导致利润转移和税基侵蚀的前提下，积极研究完善境外所得税收抵免的税收政策。

（三）加强组织实施

按照党中央、国务院统一部署，在国务院自由贸易试验区工作部际联席会议统筹协调下，由陕西省完善试点任务组织实施保障机制，按照总体筹划、分步实施、率先突破、逐步完善的原则加快实施；按照既有利于合力推进自贸试验区建设，又有利于各片区独立自主运作的原则，建立精简高效、统一管理、分级负责的自贸试验区管理体系。各有关部门要大力支持，及时制定实施细则或办法，加强指导和服务，共同推进相关体制机制创新，把自贸试验区建设好、管理好。在实施过程中，要创新思路、寻找规律、解决问题、积累经验；要充分发挥地方和部门的积极性，因地制宜、突出特色，做好对比试验和互补试验；要抓好改革措施的落实，重大事项要及时向国务院请示报告。

（四）总结推广可复制的试点经验

自贸试验区要及时总结改革创新经验和成果。国务院自由贸易试验区工作部际联席会议办公室要会同陕西省人民政府及有关部门，及时总结评估自贸试验区改革开放创新试点任务实施效果，加强各领域试点经验系统集成，并委托第三方机构进行独立评估。对试点效果好、风险可控且可复制可推广的成果，实施分类审查程序后复制推广至全国其他地区。

（中国政府网 2017 年 3 月 31 日）

国务院关于印发全面深化中国（上海）自由贸易试验区改革开放方案的通知

（2017 年 3 月 30 日）

国发〔2017〕23 号

各省、自治区、直辖市人民政府，国务院各部委、各直属机构：

现将《全面深化中国（上海）自由贸易试验区改革开放方案》印发给你们，请认真贯彻执行。

国务院

2017 年 3 月 30 日

全面深化中国（上海）自由贸易试验区改革开放方案

建设中国（上海）自由贸易试验区（以下简称自贸试验区）是党中央、国务院在新形势下全面深化改革和扩大开放的战略举措。自贸试验区建设三年多来取得重大进展，总体达到预期目标。为贯彻落实党中央、国务院决策部署，对照国际最高标准、最好水平的自由贸易区，全面深化自贸试验区改革开放，加快构建开放型经济新体制，在新一轮改革开放中进一步发挥引领示范作用，制定本方案。

一、总体要求

（一）指导思想。全面贯彻党的十八大和十八届三中、四中、五中、六中全会精神，深入贯彻习近平总书记系列重要讲话精神和治国理政新理念新思想新战略，认真落实党中央、国务院决策部署，统筹推进“五位一体”总体布局和协调推进“四个全面”战略布局，坚持稳中求进工作总基调，坚定践行新发展理念，坚持以制度创新为核心，继续解放思想、勇于突破、当好标杆，进一步对照国际最高标准、查找短板弱项，大胆试、大胆闯、自主改，坚持全方位对外开放，推动贸易和投资自由化便利化，加大压力测试，切实有效防控风险，以开放促改革、促发展、促创新；进一步加强与上海国际金融中心和具有全球影响力的科技创新中心建设的联动，不断放大政策集成效应，主动服务“一带一路”建设和长江经济带发展，形成经济转型发展新动能和国际竞争新优势；更大力度转变政府职能，加快探索一级地方政府管理体制创新，全面提升政府治理能力；发挥先发优势，加强改革系统集成，力争取得更多可复制推广的制度创新成果，进一步彰显全面深化改革和扩大开放试验田作用。

（二）建设目标。到2020年，率先建立同国际投资和贸易通行规则相衔接的制度体系，把自贸试验区建设成为投资贸易自由、规则开放透明、监管公平高效、营商环境便利的国际高标准自由贸易园区，健全各类市场主体平等准入和有序竞争的投资管理体系、促进贸易转型升级和通关便利的贸易监管服务体系、深化金融开放创新和有效防控风险的金融服务体系、符合市场经济规则和治理能力现代化要求的政府管理体系，率先形成法治化、国际化、便利化的营商环境和公平、统一、高效的市场环境。强化自贸试验区改革同上海市改革的联动，各项改革试点任务具备条件的在浦东新区范围内全面实施，或在上海市推广试验。

二、加强改革系统集成，
建设开放和创新融为一体的综合改革试验区

加强制度创新的系统性、整体性、协同性，围绕深化投资管理体制改革、优化贸易监管服务体系、完善创新促进机制，统筹各环节改革，增强各部门协同，注重改革举措的配套组合，有效破解束缚创新的瓶颈，更大程度激发市场活力。

（三）建立更加开放透明的市场准入管理模式。实施市场准入负面清单和外商投资负面清单制度。在完善市场准入负面清单的基础上，对各类市场主体实行一致管理的，进一步优化、简化办事环节和流程，对业务牌照和资质申请统一审核标准和时限，促进公平竞争。进一步提高外商投资负面清单的透明度和市场准入的可预期性。实施公平竞争审查制度，清理和取消资质资格获取、招投标、权益保护等方面存在的差别化待遇，实现各类市场主体依法平等准入清单之外的行业、领域和业务。

（四）全面深化商事登记制度改革。保障企业登记自主权，尊重企业自主经营的权利。开展企业名称登记制度改革，除涉及前置审批事项或企业名称核准与企业登记不在同一机关外，企业名称不再预先核准。放宽住所（经营场所）登记条件，有效释放场地资源。优化营业执照的经营范围等登记方式。推行全程电子

化登记和电子营业执照改革试点。探索建立普通注销登记制度和简易注销登记制度相互配套的市场主体退出制度。开展“一照多址”改革试点。

（五）全面实现“证照分离”。深化“先照后证”改革，进一步加大探索力度。把涉及市场准入的许可审批事项适时纳入改革试点，能取消的全部取消，需要保留审批的，按照告知承诺和加强市场准入管理等方式进一步优化调整，在改革许可管理方式、完善风险防范措施的基础上，进一步扩大实行告知承诺的领域。加强许可管理与企业设立登记管理的衔接，实现统一社会信用代码在各许可管理环节的“一码贯通”。实施生产许可“一企一证”，探索取消生产许可证产品检验。

（六）建成国际先进水平的国际贸易“单一窗口”。借鉴联合国国际贸易“单一窗口”标准，实施贸易数据协同、简化和标准化。纳入海港、空港和海关特殊监管区域的物流作业功能，通过银行机构或非银行支付机构建立收费账单功能，便利企业办理支付和查询。实现物流和监管等信息的交换共享，为进出口货物质量安全追溯信息的管理和查询提供便利。推动将国际贸易“单一窗口”覆盖领域拓展至服务贸易，逐步纳入技术贸易、服务外包、维修服务等，待条件成熟后逐步将服务贸易出口退（免）税申报纳入“单一窗口”管理。与国家层面“单一窗口”标准规范融合对接，推进长江经济带跨区域通关业务办理，加强数据衔接和协同监管。

（七）建立安全高效便捷的海关综合监管新模式。深化实施全国海关通关一体化、“双随机、一公开”监管以及“互联网+海关”等举措，进一步改革海关业务管理方式，对接国际贸易“单一窗口”，建立权责统一、集成集约、智慧智能、高效便利的海关综合监管新模式。综合应用大数据、云计算、互联网和物联网技术，扩大“自主报税、自助通关、自动审放、重点稽核”试点范围。深化“一线放开”、“二线安全高效管住”改革，强化综合执法，推进协同治理，探索设立与“区港一体”发展需求相适应的配套管理制度。创新加工贸易出口货物专利纠纷担保放行方式。支持海关特殊监管区域外的企业开展高附加值、高技术、无污染的维修业务。深入实施货物状态分类监管，研究将试点从物流仓储企业扩大到贸易、生产加工企业，具备条件时，在上海市其他符合条件的海关特殊监管区域推广实施。

（八）建立检验检疫风险分类监管综合评定机制。完善进口商品风险预警快速反应机制，加强进口货物不合格风险监测，实施消费品等商品召回制度。建立综合应用合格评定新机制，设立国家质量基础检验检疫综合应用示范园区。在制定发布不适用于第三方检验结果采信目录清单基础上，积极推进扩大商品和项目的第三方检验结果采信。探索扩大检验鉴定结果国际互认的范围。

（九）建立具有国际竞争力的创新产业监管模式。优化生物医药全球协同研发的试验用特殊物品的准入许可，完善准入许可的内容和方式。完善有利于提升集成电路全产业链国际竞争力的海关监管模式。研究制定再制造旧机电设备允许进口目录，在风险可控的前提下，试点数控机床、工程设备、通信设备等进口再制造。探索引入市场化保险机制，提高医药生产等领域的监管效率。

（十）优化创新要素的市场配置机制。完善药品上市许可持有人制度。允许自贸试验区内医疗器械注册申请人委托上海市医疗器械生产企业生产产品。健全完善更加符合社会主义市场经济规律、人才成长规律和人才发展流动规律的人才认定标准和推荐方式，标准统一、程序规范的外国人来华工作许可制度及高效、便捷的人才签证制度，吸引更多外籍高层次人才参与创新创业，为其提供出入境和停居留便利，并按规定享受我国鼓励创新创业的相关政策。根据法律法规规定，支持持有外国人永久居留证的外籍高层次人才创办科技型企业，给予与中国籍公民同等待遇。深化上海股权托管交易中心“科技创新板”试点，完善对科创企业的金融服务。支持外资企业设立联合创新平台，协同本土中小微企业开展创新成果产业化项目推进。深化推进金融中心与科技创新中心建设相结合的科技金融模式创新。

（十一）健全知识产权保护和运用体系。充分发挥专利、商标、版权等知识产权引领作用，打通知识产权创造、运用、保护、管理和服务的全链条，提升知识产权质量和效益。以若干优势产业为重点，进一步简化和优化知识产权审查和注册流程，创新知识产权快速维权工作机制。探索互联网、电子商务、大数据等领域的知识产权保护规则。建立健全知识产权服务标准，完善知识产权服务体系。完善知识产权纠纷多元解决机制。支持企业运用知识产权进行海外股权投资。创新发展知识产权金融服务。深化完善有利于激励创新的知识产权归属制度。

三、加强同国际通行规则相衔接，建立开放型经济体系的风险压力测试区

按照国际最高标准，为推动实施新一轮高水平对外开放进行更为充分的压力测试，探索开放型经济发展新领域，形成适应经济更加开放要求的系统试点经验。

（十二）进一步放宽投资准入。最大限度缩减自贸试验区外商投资负面清单，推进金融服务、电信、互联网、文化、文物、维修、航运服务等专业服务业和先进制造业领域对外开放。除特殊领域外，取消对外商投资企业经营期限的特别管理要求。对符合条件的外资创业投资企业和股权投资企业开展境内投资项目，探索实施管理新模式。完善国家安全审查、反垄断审查等投资审查制度。

（十三）实施贸易便利化新规则。优化口岸通关流程，推进各环节监管方式改革，探索公布涵盖各通关环节的货物平均放行时间。最大限度实现覆盖船舶抵离、港口作业、货物通关等口岸作业各环节的全程无纸化，推进贸易领域证书证明的电子化管理。深化亚太示范电子口岸网络试点。推动实施原产地预裁定制度。根据自由贸易协定规定，推动实施原产地自主声明制度。推进企业信用等级的跨部门共享，对高信用等级企业降低查验率。深化完善安全预警和国际竞争力提升的产业安全保障机制。

（十四）创新跨境服务贸易管理模式。在风险可控的前提下，加快推进金融保险、文化旅游、教育卫生等高端服务领域的贸易便利化。提高与服务贸易相关的货物暂时进口便利，拓展暂时进口货物单证制度适用范围，延长单证册的有效期。探索兼顾安全和效率的数字产品贸易监管模式。大力发展中医药服务贸易，扩大中医药服务贸易国际市场准入，推动中医药海外创新发展。深化国际船舶登记制度创新，进一步便利国际船舶管理企业从事海员外派服务。在合适领域分层

次逐步取消或放宽对跨境交付、自然人移动等模式的服务贸易限制措施。探索完善服务贸易统计体系，建立服务贸易监测制度。

（十五）进一步深化金融开放创新。加强与上海国际金融中心建设的联动，积极有序实施《进一步推进中国（上海）自由贸易试验区金融开放创新试点加快上海国际金融中心建设方案》。加快构建面向国际的金融市场体系，建设人民币全球服务体系，有序推进资本项目可兑换试点。加快建立金融监管协调机制，提升金融监管能力，防范金融风险。

（十六）设立自由贸易港区。在洋山保税港区和上海浦东机场综合保税区等海关特殊监管区域内，设立自由贸易港区。对标国际最高水平，实施更高标准的“一线放开”、“二线安全高效管住”贸易监管制度。根据国家授权实行集约管理体制，在口岸风险有效防控的前提下，依托信息化监管手段，取消或最大程度简化入区货物的贸易管制措施，最大程度简化一线申报手续。探索实施符合国际通行做法的金融、外汇、投资和出入境管理制度，建立和完善风险防控体系。

四、进一步转变政府职能，打造提升政府治理能力的先行区

加强自贸试验区建设与浦东新区转变一级地方政府职能的联动，系统推进简政放权、放管结合、优化服务改革，在行政机构改革、管理体制创新、运行机制优化、服务方式转变等方面改革创新，全面提升开放环境下政府治理能力。

（十七）健全以简政放权为重点的行政管理体制。加快推进简政放权，深化行政审批制度改革。以厘清政府、市场、社会关系为重点，进一步取消和简化审批事项，最大限度地给市场放权。推动实现市场准入、执业资格等领域的管理方式转变。深化大部门制改革，在市场监管、经济发展、社会管理和公共服务、改革和法制、环保和城建五个职能模块，按照精简高效原则形成跨部门的协同机制。

（十八）深化创新事中事后监管体制机制。按照探索建立新的政府经济管理体制要求，深化分类综合执法改革，围绕审批、监管、执法适度分离，完善市场

监管、城市管理领域的综合执法改革。推进交通运输综合行政执法改革，加强执法协调。将异常名录信息归集范围扩大到市场监管以外的行政部门，健全跨部门“双告知、双反馈、双跟踪”许可办理机制和“双随机、双评估、双公示”监管协同机制。落实市场主体首负责任制，在安全生产、产品质量、环境保护等领域建立市场主体社会责任报告制度和责任追溯制度。鼓励社会力量参与市场监督，建立健全会计、审计、法律、检验检测认证等第三方专业机构参与市场监管的制度安排。

（十九）优化信息互联共享的政府服务体系。加快构建以企业需求为导向、大数据分析为支撑的“互联网＋政务服务”体系。建立央地协同、条块衔接的信息共享机制，明确部门间信息互联互通的边界规则。以数据共享为基础，再造业务流程，实现市场准入“单窗通办”、“全网通办”，个人事务“全区通办”，政务服务“全员协办”。探索建立公共信用信息和金融信用信息互补机制。探索形成市场主体信用等级标准体系，培育发展信用信息专业服务市场。

五、创新合作发展模式，
成为服务国家“一带一路”建设、推动市场主体走出去的桥头堡

坚持“引进来”和“走出去”有机结合，创新经贸投资合作、产业核心技术研发、国际化融资模式，探索搭建“一带一路”开放合作新平台，建设服务“一带一路”的市场要素资源配置功能枢纽，发挥自贸试验区在服务“一带一路”战略中的辐射带动作用。

（二十）以高标准便利化措施促进经贸合作。对接亚太示范电子口岸网络，积极推进上海国际贸易“单一窗口”与“一带一路”沿线口岸的信息互换和服务共享。率先探索互联互通监管合作新模式，在认证认可、标准计量等方面开展多双边合作交流。加快建设门户复合型国际航空枢纽。促进上海港口与21世纪海上丝绸之路航线港口的合作对接，形成连接国内外重点口岸的亚太供应链中心枢纽。建立综合性对外投资促进机构和境外投资公共信息服务平台，在法律查明和律师服务、商事纠纷调解和仲裁、财务会计和审计服务等方面开展业

务合作。打造“一带一路”产权交易中心与技术转移平台，促进“一带一路”产业科技合作。积极推进能源、港口、通信、高端装备制造等领域的国际产能合作和建设能力合作。

（二十一）增强“一带一路”金融服务功能。推动上海国际金融中心与“一带一路”沿线国家和地区金融市场的深度合作、互联互通。加强与境外人民币离岸市场战略合作，稳妥推进境外机构和企业发行人民币债券和资产证券化产品，支持优质境外企业利用上海资本市场发展壮大，吸引沿线国家央行、主权财富基金和投资者投资境内人民币资产，为“一带一路”重大项目提供融资服务。大力发展海外投资保险、出口信用保险、货物运输保险、工程建设保险等业务，为企业海外投资、产品技术输出、承接“一带一路”重大工程提供综合保险服务。支持金砖国家新开发银行的发展。

（二十二）探索具有国际竞争力的离岸税制安排。适应企业参与国际竞争和服务“一带一路”建设的需求，在不导致税基侵蚀和利润转移的前提下，基于真实贸易和服务背景，结合服务贸易创新试点工作，研究探索服务贸易创新试点扩围的税收政策安排。

六、服务全国改革开放大局，形成更多可复制推广的制度创新成果

紧紧把握自贸试验区的基本定位，坚持先行先试，充分发挥各方面的改革创新主动性和创造性，为全面深化改革和扩大开放，取得更多制度创新成果。

（二十三）加快形成系统性的改革经验和模式。把理念创新、体制机制创新、政策创新和加强风险防控等方面的改革试点经验作为重点，加强试点经验的总结和系统集成。对于市场准入、贸易便利化、创新发展体制机制等领域的改革，加快形成可以在全国复制推广的经验。对于进一步扩大开放、对接高标准国际经贸规则等压力测试事项，积极探索经验，为国家推进构建多双边经贸合作新格局做好政策储备。对于政府管理模式创新等改革事项，在改革理念和组织推进等方面总结形成可供其他地区借鉴的改革经验。

七、抓好工作落实

在国务院自由贸易试验区工作部际联席会议统筹协调下，充分发挥地方和部门的积极性，抓好改革措施的落实。按照总体筹划、分步实施、率先突破、逐步完善的原则，各有关部门要大力支持，及时制定实施细则或办法，加强指导和服务；对涉及法律法规调整的改革事项，及时强化法制保障，做好与相关法律立改废释的衔接，共同推进相关体制机制创新，并注意加强监管、防控风险。上海市要把握基本定位，强化使命担当，创新思路、寻找规律、解决问题、积累经验，完善工作机制，系统推进改革试点任务的落实，继续当好全国改革开放排头兵、创新发展先行者。重大事项要及时向国务院请示报告。

（中国政府网 2017 年 3 月 31 日）

国务院关于印发进一步深化中国（广东）自由贸易试验区改革开放方案的通知

（2018 年 5 月 4 日）

国发〔2018〕13 号

各省、自治区、直辖市人民政府，国务院各部委、各直属机构：

现将《进一步深化中国（广东）自由贸易试验区改革开放方案》印发给你们，请认真贯彻执行。

国务院

2018 年 5 月 4 日

进一步深化中国（广东）自由贸易试验区改革开放方案

建设自由贸易试验区是党中央、国务院在新形势下全面深化改革和扩大开放的战略举措。中国（广东）自由贸易试验区（以下简称自贸试验区）运行以来，建设取得阶段性成果，总体达到预期目标。为贯彻落实党中央、国务院决策部署，进一步深化自贸试验区改革开放，支持香港、澳门融入国家发展大局，制定本方案。

一、总体要求

（一）指导思想。高举中国特色社会主义伟大旗帜，全面贯彻党的十九大精神，以习近平新时代中国特色社会主义思想为指导，贯彻落实党中央、国务院决策部署，统筹推进“五位一体”总体布局和协调推进“四个全面”战略布局，坚持稳中求进工作总基调，坚定践行新发展理念，坚持以供给侧结构性改革为主线，以制度创新为核心，以风险防控为底线，继续解放思想、先行先试，对标国际先进规则，赋予自贸试验区更大改革自主权，以开放促改革、促发展、促创新，推动形成全面开放新格局。更加注重系统集成，加大压力测试，切实有效防控风险，探索更高水平的对外开放和更深层次的改革创新，率先构建开放型经济新体制，形成经济转型发展新动能和国际竞争新优势，推动提升我国参与全球经济治理的影响力和话语权。

（二）建设目标。到 2020 年，率先对标国际投资和贸易通行规则，建立与国际航运枢纽、国际贸易中心和金融业对外开放试验示范窗口相适应的制度体系，打造开放型经济新体制先行区、高水平对外开放门户枢纽和粤港澳大湾区合作示范区。强化自贸试验区同广东省改革的联动，各项改革试点任务具备条件的在珠江三角洲地区全面实施，或在广东省推广试验。

二、对标国际先进规则，建设开放型经济新体制先行区

（三）进一步转变政府职能。依法将下放至地级及以上城市的省级管理权限下放至自贸试验区。深化商事制度改革，开展“证照分离”改革试点。健全事中事后监管体系，完善国家企业信用信息公示系统和公共信用信息平台，建立中央与地方信息共享机制。深入推进“互联网 + 政务服务”，推动企业专属网页与各级政府部门系统对接，优化信息互联共享的政府服务体系。进一步推进法定机构改革，探索经济管理的市场化运作模式。

（四）建立更加开放透明的市场准入管理模式。进一步完善外商投资准入前国民待遇加负面清单管理制度，大幅度放宽市场准入，扩大服务业对外开放，提高自贸试验区外商投资负面清单开放度和透明度，着力构建与负面清单管理方式相适应的事中事后监管制度。除特殊领域外，取消对外商投资企业经营期限的特别管理要求。对于符合条件的外资创业投资企业和股权投资企业开展境内投资项目，探索实施管理新模式。清理和取消资质资格获取、招投标、权益保护等方面的差别化待遇，实现各类市场主体依法平等准入相关行业、领域和业务。

（五）进一步提升贸易便利化水平。加快建设具有国际先进水平的中国（广东）国际贸易“单一窗口”。实现与国家层面“单一窗口”标准规范融合对接。探索推动将国际贸易“单一窗口”拓展至技术贸易、服务外包、维修服务等服务贸易领域，待条件成熟后逐步将服务贸易出口退（免）税申报纳入“单一窗口”管理。推进进出口产品质量溯源体系建设，拓展可追溯商品种类。扩大第三方检验结果采信商品和机构范围。拓展货物暂准进口单证册制度适用范围，延长单证册的有效期。创新出口货物专利纠纷担保放行方式。公布货物平均放行时间，进一步压缩进出口商品和跨境邮件、快件放行时间。在符合监管要求的前提下，支持大型快递企业设立快件中心，支持邮政快递企业跨境电子商务渠道建设。

（六）创新贸易综合监管模式。深入实施货物状态分类监管，研究将试点从物流仓储企业扩大到符合条件的贸易、生产加工企业，具备条件时，在广东省其他符合条件的海关特殊监管区域推广实施。试点开展高技术含量、高附加值项目

境内外检测维修和再制造业务。在风险可控前提下，积极探索开展数控机床、工程设备、通信设备等进口再制造，创新维修监管模式，开展外籍邮轮船舶维修业务。取消平行进口汽车保税仓储业务时限，完善平行进口汽车审价机制，推动试点企业适用预审价、汇总征税等通关便利化措施。在符合相关监管政策的前提下，支持跨境电子商务保税备货业务商品进入海关特殊监管区域时先理货后报关。试点实施进口非特殊用途化妆品备案管理，管理权限下放至广东省。允许自贸试验区内医疗器械注册申请人委托广东省医疗器械生产企业生产产品。优化生物医药全球协同研发的试验用生物材料和特殊物品的检疫查验流程。

（七）健全金融创新发展和监管体制。积极有序实施《中国人民银行关于金融支持中国（广东）自由贸易试验区建设的指导意见》。推动建立与自贸试验区改革开放相适应的账户管理体系。支持符合条件的中外资金融机构深化股权和业务合作。构建金融业综合统计体系，加强金融信用信息基础设施建设。探索在前海蛇口片区开展金融综合监管试点，在依法合规的前提下，实施以合作监管与协调监管为支撑的综合监管。地方政府要在坚持金融管理主要是中央事权的前提下，按照中央统一规则，强化属地风险处置责任。健全金融监管体系，守住不发生系统性金融风险的底线。完善跨境资金监控体制机制，强化反洗钱、反恐怖融资、反逃税工作，及时发现跨境洗钱和恐怖融资风险，防范利用跨境贸易从事洗钱犯罪活动。

（八）完善知识产权保护和运用体系。推进知识产权综合执法，建立跨部门、跨区域的知识产权案件移送、信息通报、配合调查等机制。建立包含行政执法、仲裁、调解等在内的多元化知识产权争端解决与维权援助机制，探索建立自贸试验区重点产业知识产权快速维权机制。探索互联网、电子商务、大数据等领域的知识产权保护规则。探索建立公允的知识产权评估机制，完善知识产权质押登记制度、知识产权质押融资风险分担机制以及方便快捷的质物处置机制，为扩大以知识产权质押为基础的融资提供支持。建立专利导航产业发展工作机制。深化完善有利于激励创新的知识产权归属制度。

（九）建设公正廉洁的法治环境。进一步推动在民商事等重点领域和关键环节改革的配套立法。完善港澳陪审员制度。扩大合伙联营律师事务所业务范围，支持外国法律查明中心发展。推进“诉调对接”、“调仲对接”，建立公正高效便捷的经贸纠纷解决机制，加强商事法律综合服务。推进廉洁示范区建设，建立派驻、巡视巡察、执纪审查、审计监督一体化监督体系，实现对重点领域、重要岗位、重大工程项目、重大资金使用、公共资源交易廉政风险防控的全覆盖。完善激励保障和容错纠错机制。

（十）推动人才管理改革。探索将有关境外人才省级管理权限赋予自贸试验区。开展外国高层次人才服务“一卡通”试点，建立安居保障、子女入学和医疗保健服务通道。创新人力资本入股办法，鼓励企业实施股权分红激励措施。鼓励地方政府设立高层次人才创业引导基金。高层次人才创办科技型企业申请科研项目，符合条件的纳入财政科研资金支持范围。支持在自贸试验区内工作的高层次人才享受快速通关便利。营造有利于人才集聚的制度环境、人文环境和生活环境，促进创新驱动发展。

（十一）维护劳动者合法权益。推进劳动保障监察综合行政执法，强化以随机抽查为基础的日常监管，健全分类监管机制。加强最低工资、工时、职业安全与卫生及工作条件方面的政策研究与执法。完善工资支付保障制度，完善劳动关系矛盾风险预警防范体系。全面推行企业劳动保障监察守法诚信等级评价制度，实现评价信息的归集与共享，对严重失信的用人单位实施联合惩戒。

（十二）加强环境保护。创新环境保护管理制度，实施企业环保承诺制，探索分类管理、同类简化、试行备案的建设项目环评管理模式，建立环境保护联防联控协作机制。探索开展出口产品低碳认证。推进海洋生态文明和海绵城市建设。

三、争创国际经济合作竞争新优势，打造高水平对外开放门户枢纽

（十三）建设国际航运枢纽。扩大对 21 世纪海上丝绸之路沿线国家和地区港口的投资，打造全球港口链。完善集疏运体系，推动广州南沙港铁路建设，优化公路、铁路、海运、内河航运多种运输方式的衔接，构建公铁海河多式联运网络。加密通达世界各大港口的货运航线，重点增加欧美远洋航线。促进与 21 世

纪海上丝绸之路沿线国家和地区港口的合作对接。畅通与香港之间的物流大通道，创新与香港港口的通关模式，发展海空联运中转业务，建立与香港机场的快件海空联运、铁空联运通道。推动港口与航运、铁路、公路、货代、仓储等上下游企业之间以及与口岸联检部门之间的物流信息互通共享。

打造高端航运服务集聚区。促进国际中转、中转集拼、甩挂运输、沿海捎带业务发展，建设国际中转中心。深化国际船舶登记制度创新，推动国际船舶登记配套制度改革。逐步形成专业化第三方船舶管理市场。支持具备相关资质的船舶供油企业开展国际航行船舶保税油供应业务，建设华南国际航行船舶保税油供应基地。大力推动邮轮旅游发展，试点实施国际邮轮入境外国旅游团15天免签政策。深入推进粤港澳游艇自由行，进一步提升游艇通关便利化水平。鼓励社会资本设立海洋产业基金。推动成立航运保险领域社会组织。

（十四）建设国际贸易中心。推动建立统筹国内和国际市场、空港和海港资源、在岸和离岸业务、货物贸易和服务贸易的全球供应链核心枢纽。推动跨国公司在自贸试验区设立全球或地区总部，鼓励金融、物流、信息、会展、科技研发、商品和要素交易等专业化服务企业设立国际业务总部、窗口企业和涉外专业服务机构。进一步支持转口贸易、离岸贸易、维修检测、研发设计等国际业务规范快速发展，促进国际贸易新业态发展，制定并完善跨境电子商务、汽车平行进口、融资租赁等业态的配套监管制度。支持在珠海设立跨境电子商务综合试验区。探索适应商业保理发展的外汇管理模式，发展国际保理业务。积极发展中医药服务贸易。

创新跨境服务贸易管理。在风险可控的前提下，发展通过信息通讯网络提供跨境服务的模式，在专业服务领域率先试点服务贸易跨境交付，探索兼顾安全和效率的数字产品贸易监管模式。支持服务贸易合法资金跨境收付。探索完善服务贸易统计体系，建立服务贸易监测制度。在符合税制改革和国际惯例，以及不导致利润转移和税基侵蚀的前提下，基于真实贸易和服务背景，结合服务贸易创新发展试点工作，研究探索服务贸易创新发展试点扩围的税收政策安排。

（十五）建设金融业对外开放试验示范窗口。积极吸引各类国内外总部机构和大型企业集团设立结算中心。支持深圳证券交易所加强同其他金砖国家交易所的合作。继续研究设立以碳排放为首个交易品种的创新型期货交易所。依托自贸试验区现有金融资产交易平台，依法合规开展相关业务，逐步提高境外投资者参与境内要素平台交易的便利化水平。大力发展海外投资保险、出口信用保险、货物运输保险、工程建设保险等业务。在有效防范风险的前提下，探索建立与港澳地区资金互通、市场互联的机制。深化与港澳及国际再保险市场合作，完善再保险产业链，建设区域性再保险中心。

发展科技金融。按照国务院统一部署，支持自贸试验区积极争取纳入投贷联动试点，促进创新创业。建设广东区域性股权市场，根据资本市场对外开放进程，适时引进港澳及国际投资机构参与交易。大力发展金融科技，在依法合规前提下，加快区块链、大数据技术的研究和运用。

四、开拓协调发展新领域，打造粤港澳大湾区合作示范区

（十六）促进粤港澳经济深度合作。充分发挥自贸试验区全面推进内地同香港、澳门互利合作的示范引领带动作用，以粤港澳大湾区建设、粤港澳合作、泛珠三角区域合作等为重点，加快建设粤港澳大湾区国际航运、国际金融、国际科技创新的重要承载区，打造与港澳营商环境对接、经济发展协同的合作体系。进一步推动粤港澳职业资格互认试点工作。在条件成熟时，在珠澳口岸实行“合作查验、一次放行”和“入境查验、出境监控”的查验通关模式。推进广州南沙粤港深度合作区先行区、粤澳产业园、粤澳信息港、广东海洋经济综合示范区和横琴国际休闲旅游岛等重大项目建设。积极引进港澳高端服务业和高层次人才。

（十七）深入推进粤港澳服务贸易自由化。推动在内地与香港、内地与澳门《关于建立更紧密经贸关系的安排》框架下对港澳在金融、法律、建筑、航运等领域进一步开放。拓展金融IC卡和移动金融在自贸试验区公共服务领域的应用，为粤港澳居民跨境往来提供便捷的支付服务。研究推进在自贸试验区工作的港澳金融专业人士通过培训测试的方式申请获得内地从业资格，其在港澳的从业经历可视同内地从业经历。允许自贸试验区内港澳与内地合伙联营律师事务所的内地

律师受理、承办内地法律适用的行政诉讼法律事务。允许自贸试验区内港澳与内地合伙联营律师事务所以本所名义聘用港澳律师。研究在建设领域（包括规划、工程咨询、设计、测量和建造等）取得香港执业资格的专业人士在自贸试验区港商独资或控股的开发建设项目直接执业或开办工程技术服务有关企业的模式；允许港商独资或控股的开发建设项目试点采用香港工程建设管理模式；支持自贸试验区探索制定香港规划、建筑、设计、测量、工程、园境等顾问公司和工程承建商在自贸试验区注册成立公司或提供服务的准入标准和业务范围界定标准，以及香港企业参与自贸试验区内项目投标的资格条件。将自贸试验区内港澳航线作为国内特殊航线管理。

（十八）创新粤港澳科技合作机制。加强与珠三角国家自主创新示范区联动发展。推动与港澳在科技金融、技术研发和转化、知识产权保护和运用、人才引进和培养、科技园建设和运营方面的交流与合作。实施粤港澳科技创新合作发展计划和粤港澳联合创新资助计划。推动成立促进粤港澳产学研创新的社会组织。推动地方创新券和科研经费跨粤港澳三地使用。建设粤港澳产业发展数据库、技术路线图数据库、创新主体信息数据库和高端人才信息数据库，整合、发布粤港澳创新资源和科技合作供需信息。支持香港纳米科技及先进材料、资讯及通讯技术、物流及供应链管理应用技术等研发中心，以及国家科技兴海产业示范基地等落户自贸试验区。按照《国家实验室组建方案（试行）》，坚持高标准、高水平、突出重点，推动海洋科学领域广东省实验室建设发展。支持粤港澳共建国家级科技成果孵化基地和科技企业孵化器，促进港澳及国际研究机构的先进技术成果向内地转移转化。

（十九）建设粤港澳青年创新创业合作示范基地。推进南沙粤港澳（国际）青年创新工场、前海深港青年梦工场、横琴澳门青年创业谷等粤港澳青年创新创业平台建设。推动创新创业基地与粤港澳地区的天使基金、私募基金、融资担保公司、证券公司等机构合作，按照市场化原则设立粤港澳青年发展基金、创业引导基金、创业导师基金等。为港澳青年创业投资企业提供直通车服务，开通港澳中小企业专属网页，提供免费注册地址、办公场地、便利化商事登记等服务。

（二十）携手港澳参与“一带一路”建设。与港澳共同完善企业参与“一带一路”建设的服务和促进体系。完善境外投资项目和境外投资开办企业的管理模式。建设企业“走出去”综合服务平台，为企业对外投资提供投资备案、金融、会计、法律、安全预警等服务。支持粤港澳机构（银行机构除外）合作设立人民币海外投贷基金，为企业“走出去”开展投资、并购提供投融资服务。推动成立服务“一带一路”建设的法律类社会组织，加快推进“一带一路”法治地图建设。充分利用国际商事法庭等“一带一路”争端解决机制和机构，公正高效化解纠纷，营造良好营商环境。主动对接与“一带一路”沿线国家和地区的合作项目，完善“前港、中园、后城”的合作模式。与“一带一路”沿线国家和地区自由贸易园区在投资、贸易、金融等方面开展功能对接。加强对“一带一路”沿线国家和地区技术性贸易措施与标准的研究，探索与“一带一路”沿线国家和地区自由贸易园区口岸在认证认可、标准计量、检验检测等方面开展多双边合作交流。

五、抓好工作落实

加强组织实施，在国务院自由贸易试验区工作部际联席会议统筹协调下，充分发挥地方和部门积极性，抓好改革举措的落实；各部门要大力支持，及时制定实施细则或办法，加强指导和服务；广东省要把握基本定位，强化使命担当，完善工作机制，系统推进改革试点任务落实。强化法制保障，自贸试验区需要暂时调整实施有关法律、行政法规、经国务院批准的部门规章和国务院文件的部分规定的，按规定程序办理。及时评估推广，加快形成系统性改革经验，实施分类审查程序后复制推广至全国其他地区。重大事项要及时向党中央、国务院请示报告。

（中国政府网 2018 年 5 月 24 日）

国务院关于印发进一步深化中国（天津）自由贸易试验区改革开放方案的通知

（2018 年 5 月 4 日）

国发〔2018〕14 号

各省、自治区、直辖市人民政府，国务院各部委、各直属机构：

现将《进一步深化中国（天津）自由贸易试验区改革开放方案》印发给你们，请认真贯彻执行。

国务院

2018 年 5 月 4 日

进一步深化中国（天津）自由贸易试验区改革开放方案

建设自由贸易试验区是党中央、国务院在新形势下全面深化改革和扩大开放的战略举措。中国（天津）自由贸易试验区（以下简称自贸试验区）运行以来，建设取得阶段性成果，总体达到预期目标。为贯彻落实党中央、国务院决策部署，进一步深化自贸试验区改革开放，深入推动京津冀协同发展，制定本方案。

一、总体要求

（一）指导思想。高举中国特色社会主义伟大旗帜，全面贯彻党的十九大精神，以习近平新时代中国特色社会主义思想为指导，贯彻落实党中央、国务院决策部署，统筹推进“五位一体”总体布局和协调推进“四个全面”战略布局，坚持稳中求进工作总基调，坚定践行新发展理念，坚持以供给侧结构性改革为主线，以制度创新为核心，以风险防控为底线，继续解放思想、先行先试，对标国际先进规则，赋予自贸试验区更大改革自主权，以开放促改革、促发展、促创新，推动形成全面开放新格局。在更广领域和更高层次探索全面深化改革、扩大开放的新路径、新模式，进一步厘清政府与市场的关系，着力构建与国际接轨的高标准投资贸易规则体系，严守风险防控底线，努力将自贸试验区打造成为服务“一带一路”建设和京津冀协同发展的高水平对外开放平台，取得更多可复制可推广的制度创新成果。

（二）建设目标。到2020年，率先建立同国际投资和贸易通行规则相衔接的制度体系，形成法治化、国际化、便利化营商环境，努力构筑开放型经济新体制，增创国际竞争新优势，建设京津冀协同发展示范区。强化自贸试验区改革与天津市改革的联动，各项改革试点任务具备条件的在滨海新区范围内全面实施，或在天津市推广试验。

二、对标国际先进规则，构筑开放型经济新体制

（三）深入推进行政审批职能与流程优化。开展“证照分离”改革试点。精简投资项目准入手续，探索建立“多评合一、统一评审”新模式。简化整合投资项目报建手续，探索实行先建后验管理模式。实行建设项目联合验收，实现“一口受理”、“两验终验”，推行“函证结合”、“容缺后补”等改革。探索实行“一址多证”。探索实施生产许可“一企一证”。推动实现统一社会信用代码在各许可管理环节的“一码贯通”。全面推进行政审批和行政服务标准化。实施全程电子化登记和电子营业执照管理。随增值税、消费税附征的城市维护建设税、教育费附加免于零申报。将国际快递业务（代理）经营许可审批事项下放至天津市邮政管理局。

（四）建立更加开放透明的市场准入管理模式。进一步完善外商投资准入前国民待遇加负面清单管理制度，大幅度放宽市场准入，扩大服务业对外开放，提高自贸试验区外商投资负面清单开放度和透明度，着力构建与负面清单管理方式相适应的事中事后监管制度。除特殊领域外，取消对外商投资企业经营期限的特别管理要求。推动衔接准入后管理措施，实施公平竞争审查制度，清理和取消资质资格获取、招投标、权益保护等方面的差别化待遇，实现各类市场主体依法平等准入相关行业、领域和业务。

（五）进一步深化金融开放和监管创新。积极有序实施《中国人民银行关于金融支持中国（天津）自由贸易试验区建设的指导意见》。鼓励符合条件的银行机构在依法合规和有效控制风险的前提下继续发展离岸金融业务。发布银行业市场准入报告类事项监管清单，统一规范中外资银行报告类事项监管要求。在依法合规条件下，允许外资金融机构在自贸试验区设立外资银行，允许民营资本与外资金融机构在自贸试验区共同设立中外合资银行。支持自贸试验区内符合互认条件的基金产品参与内地与香港基金产品互认。支持私募股权投资基金开展跨境投融资业务。探索知识产权证券化业务。健全金融监管体系，守住不发生系统性金

融风险的底线。完善跨境资金监控体制机制，强化反洗钱、反恐怖融资、反逃税工作，及时发现跨境洗钱和恐怖融资风险，防范利用跨境贸易从事洗钱犯罪活动。探索在滨海新区中心商务片区开展金融综合监管试点，依法合规开展以小额贷款、私募基金、担保、资产管理等为重点，以合作监管与协调监管为支撑的金融综合监管改革。地方政府要在坚持金融管理主要是中央事权的前提下，按照中央统一规则，强化属地风险处置责任。

（六）建成高水平的国际贸易“单一窗口”。借鉴联合国国际贸易“单一窗口”标准，实施贸易数据协同、简化和标准化。探索推动将中国（天津）国际贸易“单一窗口”覆盖领域拓展至技术贸易、服务外包、维修服务等服务贸易领域。待条件成熟后逐步将出口退（免）税申报纳入“单一窗口”管理。最大限度实现覆盖船舶抵离、港口作业、货物通关等口岸作业各环节的全程无纸化，推进贸易领域证书证明电子化管理。实现与国家层面“单一窗口”标准规范融合对接，加强数据衔接和协同监管。推进企业信用等级信息跨部门共享。推进“单一窗口”与“一带一路”沿线国家和地区口岸信息互换和服务共享。

（七）创新贸易综合监管模式。探索开展电子围网监管模式。深入实施货物状态分类监管，研究将试点从物流仓储企业扩大到贸易、生产加工企业，具备条件时，在天津市其他符合条件的海关特殊监管区域推广实施。完善船舶、海洋工程结构物融资租赁标的物海关异地委托监管制度。创新海关税款担保模式。创新出口货物专利纠纷担保放行方式。推动实施原产地预裁定制度。依照自由贸易协定安排，推动实施原产地自主声明制度。提高与服务贸易相关的货物暂时进口便利。支持国内外快递企业在自贸试验区内的非海关特殊监管区域，办理符合条件的国际快件属地报关、报检业务。探索外检内放等贸易便利化措施。

（八）增强国际航运和口岸服务功能。深化国际船舶登记制度创新，推动国际船舶登记配套制度改革。逐步开放中国籍国际航行船舶入级检验。加强与国际船舶管理公司合作，逐步形成专业化第三方船舶管理市场。探索开展邮轮公海游试点。建设邮轮旅游岸上国际配送中心，创建与国际配送业务相适应的海关监管制度。大力发展离岸贸易和转口贸易，放宽海运货物直接运输判定标准。支持设立地方法人性质航运保险机构。支持建设自贸试验区至国际通信出入口局的国际互联网数据专用通道。完善天津国际邮件互换局功能，提高国际邮件通关效率。研究在东疆国际邮轮码头口岸实施国际邮轮入境外国旅游团15天免签政策。支持天津空港口岸成为汽车整车、食用水生动物、肉类进口指定口岸以及邮件、快件转运口岸。推动海洋经济示范区建设。

（九）创新要素市场配置机制。对符合条件的外资创业投资企业和股权投资企业开展境内投资项目，探索实施管理新模式。支持外资企业设立联合创新平台，协同中小微企业开展创新成果产业化项目推进。探索知识产权综合管理改革。探索建立公允的知识产权评估机制，完善知识产权质押登记制度、知识产权质押融资风险分担机制以及质物处置机制。搭建便利化的知识产权公共服务平台，完善知识产权服务体系。健全知识产权纠纷多元解决机制。深化完善有利于激励创新的知识产权归属制度。创新发展知识产权金融服务。加强商事法律综合服务。探索建立土地节约集约利用新模式，自贸试验区内土地可以按不同功能用途混合利用，允许同一地块或同一建筑兼容多种功能，产业用地实行弹性年期供应，根据产业政策和项目类别可采取先租后让、差异化年期出让等供地措施。创新人力资本入股办法，鼓励企业实施股权分红激励措施。支持持有外国人永久居留证的外籍高层次人才创办科技型企业，给予与中国籍公民同等待遇。探索开展职业资格国际互认，鼓励符合条件的服务业领域外籍专业人才到自贸试验区工作，放宽服务业聘雇高层次和急需紧缺外籍专业人才条件限制。

（十）进一步深化事中事后监管体制创新。建立央地协同、条块衔接的信息共享机制，明确部门间信息互联互通的边界规则。探索建立公共信用信息和金融信用信息互补机制。完善跨部门、跨领域的守信联合激励与失信联合惩戒机制。建立企业主体责任清单、违法行为提示清单、行政约谈和企业自查自改制度。落实市场主体首负责任制，在安全生产、产品质量、环境保护等领域建立市场主体社会责任报告制度和责任追溯制度。实施风险分级管理，积极推进部门间风险信息互联共享。

三、培育发展新动能，增创国际竞争新优势

（十一）积极推动前沿新兴技术和产业孵化。建设人工智能产业研发、制造、检测、应用中心，探索设立人工智能产业领域社会组织，开展人工智能重大问题研究、标准研制、试点示范、产业推进和国际合作。建设先进通信技术创新基地。探索建设基因诊断技术应用示范中心，开展出生缺陷疾病、肿瘤等重大疾病防治应用。创新医药产业监管模式。优化生物医药全球协同研发的试验用特殊物品准入许可。对符合国家有关规定的药品实行优先审评审批。支持药品研发机构参与药品上市许可人制度试点。允许自贸试验区内医疗器械注册申请人委托天津市医疗器械生产企业生产产品。试点实施进口非特殊用途化妆品备案管理，管理权限下放至天津市。支持自贸试验区内医疗机构开展国际合作，引进国际多中心临床试验，与国外机构同步开展重大疾病新药临床试验。

（十二）建设新型贸易产业集聚区。创新跨境服务贸易管理模式。在风险可控的前提下，加快推进金融保险、文化旅游、教育卫生等高端服务领域的贸易便利化。拓展货物暂准进口单证册制度适用范围，延长单证册有效期。探索兼顾安全和效率的数字产品贸易监管模式。在合适领域分层次逐步放宽或取消对跨境交付、自然人移动等模式服务贸易限制措施。允许外国律师事务所与中国律师事务所在自贸试验区内实行联营，允许在自贸试验区设立代表处的外国律师事务所与中国律师事务所通过协议方式互派律师担任法律顾问。大力发展中医药服务贸易，扩大中医药服务贸易国际市场准入，推动中医药海外创新发展。

创新发展跨境电子商务。鼓励企业建设出口产品“海外仓”和海外运营中心。在符合相关监管政策前提下，支持跨境电商网购保税进口商品进入海关特殊监管区域时先理货后报关。支持开展保税备货、境内交付模式的跨境电商保税展示业务。

创新汽车平行进口试点。取消平行进口汽车保税仓储业务时限，完善平行进口汽车审价机制，推动试点企业适用预审价、汇总征税等通关便利化措施。在风险可控、依法合规前提下，在海关特殊监管区域内开展平行进口汽车标准符合性

整改等业务。推动实现自贸试验区汽车平行进口服务和管理平台与海关数据信息系统联网。支持建设全国平行进口汽车大数据中心、客服中心和销售定价中心。支持开展平行进口汽车售后服务标准建设。支持定期举办平行进口汽车展会。在汽车平行进口试点基础上，进一步研究探索先进技术装备、关键零部件及其他机电产品（医疗器械等高风险产品除外）、一般消费品等平行进口。

发展维修和再制造业务。试点开展高技术含量、高附加值项目境内外检测维修和再制造业务。在风险可控前提下，创新维修监管模式，开展外籍邮轮船舶维修业务，积极探索开展工程机械、数控机床、通信设备等进口再制造。

创新大宗商品和文化贸易管理模式。在海关特殊监管区域内创新大宗商品现货市场保税交易制度，探索商品备案自动审核、货到即时备案、涉税担保实时验放等措施。支持依法合规开展大宗商品现货离岸交易业务。支持具备相关资质的船舶供油企业开展国际航行船舶保税油供应业务，建设华北国际航行船舶保税油供应基地。支持在海关特殊监管区域依法合规开展面向全球的保税文化艺术品展示、拍卖、交易业务。

（十三）落实与完善促进服务贸易的税收政策。在符合税制改革和国际惯例，以及不导致利润转移和税基侵蚀的前提下，基于真实贸易和服务背景，结合服务贸易创新发展试点工作，研究探索服务贸易创新发展试点扩围的税收政策安排。落实境外所得税收抵免政策。

（十四）支持服务实体经济的金融业务健康发展。支持社会资本在自贸试验区设立境外股权投资基金，支持保险资金等长期资金在符合规定前提下委托保险资产管理、证券等经营机构开展跨境投资。支持企业发行绿色债券，扩大直接融资规模。加快设立全国性金融租赁行业社会组织。推动租赁公司接入金融信用信息基础数据库。在强化监管前提下，研究融资租赁企业税前扣除政策。探索两家及以上金融租赁公司共同设立项目公司开展租赁业务。率先开展租赁产业配套外汇制度创新试点。加快国际租赁业务创新发展，推动装备、技术、资本和管理“走出去”。支持海关、外汇等部门开展数据交换合作，鼓励自贸试验区内符合资质要求的保理企业开展离岸、跨境、跨省市国际保理业务。

四、深化协作发展，建设京津冀协同发展示范区

（十五）发挥对外开放引领作用。支持在自贸试验区内设立外商独资或控股企业开展支线和通用飞机维修业务，允许在自贸试验区设立外商独资演出经纪机构，为京津冀地区提供服务。支持京津冀地区能源、钢铁、对外承包工程等企业通过自贸试验区与“一带一路”沿线国家和地区开展合作。鼓励社会资本在自贸试验区设立京津冀跨国并购基金。建设面向“一带一路”沿线国家和地区的“走出去”综合服务中心，依托港澳在金融服务、信息资讯、国际贸易网络、风险管理等方面的优势，为企业对外投资提供投资备案、跨境金融、会计审计、外国法律查明和律师服务、国别咨询等综合服务。积极参与中蒙俄经济走廊、中巴经济走廊建设。支持企业运用知识产权进行境外股权投资。打造国家海外工程出口基地。扩大“走出去”项目境外投资保险规模，支持保险公司为企业提供综合保险服务。

（十六）增强港口口岸服务辐射功能。发挥天津的北方国际航运核心区优势，开展口岸通关流程和物流流程综合优化改革试点，打造京津冀地区国际贸易大通道。构建京津冀检验检疫产业转移协同、贸易便利化协同、创新驱动发展协同、监管协同、技术发展协同等“五协同”体系。推进国检试验区建设，拉动腹地产业发展。增强港口中转集拼功能，逐步将中欧班列（天津）发展为集跨境电子商务、中转集拼、国际海铁联运等功能于一体的综合系统。吸引“一带一路”沿线国家和地区航空公司开辟往返或经停天津的航线。

（十七）优化区域金融资源配置。探索建立与自贸试验区改革开放相适应的账户管理体系，服务京津冀企业国际化经营。稳妥推进境外机构和企业发行人民币债券等产品，吸引“一带一路”沿线国家和地区中央银行、主权财富基金和投资者投资境内人民币资产。鼓励保险资金支持租赁业发展，丰富保险投资工具。鼓励符合条件的金融租赁公司和融资租赁企业利用银行间市场发行债券和资产证券化产品，支持京津冀协同发展重点产业项目建设。支持服务京津冀协同发展的租赁和保理项目开展跨境融资。适时试点在自贸试验区面向国内外投资者发行地

方政府债券。探索研究京津冀区域内股权市场依法合规开展非经营性业务合作，根据资本市场对外开放进程适时引进港澳及合格境外投资者参与投资交易。

（十八）完善服务协同发展机制。加强顶层设计和统筹安排，依托现有工作机制，率先向京津冀地区复制推广创新成果，借鉴北京市服务业扩大开放综合试点经验，更好推动自贸试验区服务京津冀协同发展。

五、抓好工作落实

加强组织实施，在国务院自由贸易试验区工作部际联席会议统筹协调下，充分发挥地方和部门积极性，抓好改革举措的落实；各部门要大力支持，及时制定实施细则或办法，加强指导和服务；天津市要把握基本定位，强化使命担当，完善工作机制，系统推进改革试点任务落实。强化法制保障，自贸试验区需要暂时调整实施有关法律、行政法规、经国务院批准的部门规章和国务院文件的部分规定的，按规定程序办理。及时评估推广，加快形成系统性改革经验，实施分类审查程序后复制推广至全国其他地区。重大事项要及时向党中央、国务院请示报告。

（中国政府网 2018 年 5 月 24 日）

国务院关于印发进一步深化中国（福建）自由贸易试验区改革开放方案的通知

（2018 年 5 月 4 日）

国发〔2018〕15 号

各省、自治区、直辖市人民政府，国务院各部委、各直属机构：

现将《进一步深化中国（福建）自由贸易试验区改革开放方案》印发给你们，请认真贯彻执行。

国务院

2018 年 5 月 4 日

进一步深化中国（福建）自由贸易试验区改革开放方案

建设自由贸易试验区是党中央、国务院在新形势下全面深化改革和扩大开放的战略举措。中国（福建）自由贸易试验区（以下简称自贸试验区）运行以来，建设取得阶段性成果，总体达到预期目标。为贯彻落实党中央、国务院决策部署，进一步深化自贸试验区改革开放，扩大两岸经济文化交流合作，制定本方案。

一、总体要求

（一）指导思想。高举中国特色社会主义伟大旗帜，全面贯彻党的十九大精神，以习近平新时代中国特色社会主义思想为指导，贯彻落实党中央、国务院决策部署，统筹推进“五位一体”总体布局和协调推进“四个全面”战略布局，坚持稳中求进工作总基调，坚定践行新发展理念，坚持以供给侧结构性改革为主线，以制度创新为核心，以风险防控为底线，继续解放思想、先行先试，对标国际先进规则，赋予自贸试验区更大改革自主权，以开放促改革、促发展、促创新，推动形成全面开放新格局；加快建立与市场化相适应的政府管理体系，进一步提升政府治理水平；发挥沿海近台优势，在深化两岸经济合作、推动21世纪海上丝绸之路建设方面发挥更大作用；加强改革系统集成，力争取得更多可复制可推广的制度创新成果，更好服务全国改革开放大局。

（二）建设目标。到2020年，率先建立同国际投资和贸易通行规则相衔接的制度体系，形成法治化、国际化、便利化营商环境，打造开放和创新融为一体的综合改革试验区、深化两岸经济合作示范区和面向21世纪海上丝绸之路沿线国家和地区开放合作新高地。强化自贸试验区改革同福建省改革的联动，各项改革试点任务具备条件的在福州市、厦门市和平潭综合实验区范围内全面实施，或在福建省推广试验。

二、对标国际先进规则，深入推进各领域改革创新

（三）进一步放宽投资准入。进一步完善外商投资准入前国民待遇加负面清单管理制度，大幅度放宽市场准入，扩大服务业对外开放，提高自贸试验区外商投资负面清单的开放度和透明度，着力构建与负面清单管理方式相适应的事中事后监管制度。清理和取消资质资格获取、招投标、权益保护等方面存在的差别化待遇，实现各类市场主体依法平等准入相关行业、领域和业务。配合做好国家安全审查、反垄断审查等相关工作。

（四）提升国际贸易便利化水平。探索更为便利的加工贸易核销制度，建立以供应链为单元的新型加工贸易监管模式。深入实施货物状态分类监管，研究将试点从物流仓储企业扩大到贸易、生产加工企业，具备条件时，在福建省其他符合条件的海关特殊监管区域推广实施。推广应用货物暂准进口单证册制度。支持设立国检试验区，创新集成检验检疫综合性改革措施。扩大第三方检验检测结果采信商品范围。推进进出口产品质量追溯体系建设，实现重点敏感产品全过程信息可追溯。试点实施海事、交通、船检三部门联合办理船舶证书机制。加强口岸管理部门执法合作，拓展“一站式作业”。赋予自贸试验区内符合条件的2—3家企业原油进口资质和配额。

（五）打造高标准的国际化营商环境。参照国际通行营商环境评价指标，从企业开办、施工许可、产权登记、信贷获取、投资者保护、纳税、破产清算等方面梳理和对标，查找薄弱环节，加大改革力度，着力构建稳定、公平、透明、可预期的一流营商环境。

（六）进一步深化金融开放和监管创新。积极有序实施《中国人民银行关于金融支持中国（福建）自由贸易试验区的指导意见》，研究出台支持自贸试验区深化金融开放创新实施方案。自贸试验区内符合条件的跨国公司可根据自身经营需要备案开展集团内跨境双向人民币资金池业务。探索建立与自贸试验区改革开放相适应的账户管理体系。支持建设以项目投融资服务等为重点的全国性基金管

理服务平台。支持自贸试验区内银行业金融机构在依法合规、风险可控的前提下，向企业发放信用贷款。加强与“一带一路”沿线国家和地区在金融领域的交流合作。健全金融监管体系，守住不发生系统性金融风险的底线。完善跨境资金监控体制机制，强化反洗钱、反恐怖融资、反逃税工作，及时发现跨境洗钱和恐怖融资风险，防范利用跨境贸易从事洗钱犯罪活动。地方政府要在坚持金融管理主要是中央事权的前提下，按照中央统一规则，强化属地风险处置责任。

（七）强化创新要素支撑。建立容错纠错和正向激励机制，鼓励改革创新。开展外国高层次人才服务“一卡通”试点。实施便利外籍高层次人才出入境、工作、在华停居留、永久居留等措施。简化商务人员、高层次人才出入境签证手续。探索知识产权综合管理改革，完善有利于激励创新的知识产权归属制度，健全知识产权保护和运用体系。

三、持续推进简政放权，进一步提升政府治理水平

（八）推进政府服务标准化、透明化。调整完善省级管理权限下放方式，推动关联、相近类别审批事项全链条取消、下放或委托。将更多后置审批事项由串联审批改为并联审批，将更多单项审查与验收改为综合审查与验收，进一步减少检验、检测、认定、认证事项。深化市场准入负面清单制度改革。健全综合审批信息平台和国家企业信用信息公示系统，推行行政审批标准化、模块化，加强部门间信息共享和业务协同，实现相同信息“一次采集、一档管理”。清理规范基层证明材料，没有法律法规依据的一律取消，对确需保留的实行清单管理。全面推进决策、执行、管理、服务、结果公开和重点领域政府信息公开。

（九）深入推进“互联网＋政务服务”。整合资源与数据，加快构建一体化互联网政务服务平台。加强部门间系统对接联动，统一身份认证，按需共享数据，实行“一号申请、一窗受理、一网通办”。涉及企业注册登记、年度报告、项目投资、生产经营、商标专利、资质认定、税费办理、安全生产等方面的政务服务事项，最大限度实行网上受理、网上办理、网上反馈。加快完善电子证照系统。

（十）创新事中事后监管体制机制。推动各部门审批系统、证照系统、监管

系统信息交换与共享，建立基于大数据的高效监管模式。将经营异常企业和严重违法失信企业信息统一归集到福建省公共信用信息平台，并与实施失信联合惩戒的部门共享，完善守信得益、失信受惩的信用体系。健全跨部门联合抽查监管制度，实行“双随机、四公示”监管机制。完善风险防控机制，重点防控市场开放和业务创新等方面的风险。深化综合行政执法体制改革，推进相对集中行政许可权改革试点。在市场监管、城市管理、国土资源、知识产权等重点领域，推行行政执法公示、执法全过程记录、重大执法决定法制审核等制度。健全商事法律综合服务平台，加强仲裁、调解等服务。整合政府部门、行业协会、企业、社会公众等力量，建立社会多元共治机制。

四、加强改革系统集成，形成更多可复制可推广的制度创新成果

（十一）推进商事制度集成化改革。除涉及前置审批事项或名称核准与企业登记不在同一机关外，取消名称预核准环节，名称核准与企业设立登记、名称变更可以同时办理。创新经营范围登记方式。探索对同一主管部门保留的多种审批或备案事项实行“一企一证”。推行“1+N”证照模式，在企业统一社会信用代码基础上，可按需附加经营许可证号，企业按需取证。开展“证照分离”改革试点。推广电子证照和电子签名应用。

（十二）深化投资项目审批全流程改革。试点企业投资项目承诺制，探索创新以政策性条件引导、企业信用承诺、监管有效约束为核心的先建后验管理模式。进一步简化、整合投资项目报建手续。对实行核准制的投资项目推行“多评合一、多图联审、区域评估、联合验收”等模式。对同一阶段需办理的各类审查审批事项实行“一表申请、一口受理、并联审查、一章审批、一次出件”方式，压缩自由裁量权。实行“超时默认”、“缺席默认”，强化审批时限约束。

（十三）建成国际先进水平的国际贸易“单一窗口”。支持中国（福建）国际贸易“单一窗口”建设，将外贸企业资质备案、贸易许可和原产地证办理、货物进出口和船舶出入境申报、出口退税申报等国际贸易主要环节纳入国际贸易“单一窗口”建设。整合归集通关、物流、金融等口岸、贸易数据信息，实现物流和

监管信息系统之间的数据交换共享，打造福建省统一的口岸公共信息服务平台。实现与国家层面“单一窗口”标准规范融合对接，推进省域“单一窗口”互联互通，促进跨区域通关合作、数据互换和协同监管。

（十四）创新产业发展服务模式。支持在福州、厦门设立跨境电子商务综合试验区。将厦门纳入海峡两岸电子商务经济合作实验区。试点航空快件国际中转集拼业务。对注册在自贸试验区海关特殊监管区域内的融资租赁企业进出口飞机、船舶和海洋工程结构物等大型设备涉及跨关区的，在确保有效监管和执行现行相关税收政策的前提下，按物流实际需要，实行海关异地委托监管。依法合规支持厦门机电设备展示交易平台、厦门国际酒类展示交易平台、平潭新丝路跨境交易中心等建设。在满足有关要求的前提下，支持厦门建设毛燕进口指定口岸。研究探索文化艺术品、文物等在海关特殊监管区域开展保税展示交易。支持福州物联网产业基地建设。支持福州、厦门互联网经济集聚区发展。积极探索与国际航空维修业特点和发展相适应的监管模式，研究调整降低部分航材进口税率，支持厦门打造一站式航空维修基地。加快福州、厦门汽车整车进口口岸建设，开展3C认证改革试点。

（十五）促进区域联动发展。加强自贸试验区与平潭综合实验区、福州新区、福厦泉国家自主创新示范区、漳州市构建开放型经济新体制综合试点试验等的联动。充分发挥自贸试验区辐射带动作用，促进厦（门）漳（州）泉（州）一体化发展。推动平潭综合实验区与福州新区等周边地区联动发展，强化福州对平潭的腹地支撑作用。推动海洋经济示范区建设。加强与其他自由贸易试验区的交流合作。

五、进一步发挥沿海近台优势，深化两岸经济合作

（十六）创新产业合作新机制。探索在文化产业、体育产业、教育等领域进一步对台扩大开放。深化集成电路、光学仪器、精密机械等先进制造业和冷链物流、文化创意、健康养老、中医药等现代服务业对台合作。加强与台湾健保、长期照护等机构合作，支持设立两岸健康养老试验区。深化闽台在研发创新、服务

外包、品牌打造、标准制定、市场开拓等方面的合作，促进闽台产业深度融合。

（十七）建立通关合作新模式。推动闽台国际贸易“单一窗口”通关数据信息互换。增加对进口台湾商品实施检验检疫“源头管理、快速验放”的种类。研究台湾船员获得大陆适任证书的培训标准，实现对台船员培训常态化。实施“小三通”客船进出港手续便捷化措施。探索推动厦金游艇自由行。发挥平潭全岛电子围网功能，简化区内货物流转程序。加快建设海西进出境动植物检疫隔离处理中心。完善两岸检验检疫数据交换中心功能，加快闽台标准、技术法规等效性评估和合格评定信息系统建设，推动两岸信息互换、监管互认、执法互助。

（十八）加强闽台金融合作。允许自贸试验区符合条件的银行机构为境外企业和个人开立新台币账户，完善两岸货币现钞调运机制。试点新台币区域性银行间市场交易。支持自贸试验区内符合条件的台资金融机构在银行间债券市场开展承销业务。支持将海峡股权交易中心建成服务台资企业的专业化区域性股权市场。探索建立与台湾地区征信产品互认机制。建立闽台金融沟通常态对接交流机制。

（十九）打造创新创业新平台。研究出台便利台胞在自贸试验区学习、创业、就业、生活的政策措施。支持在自贸试验区就业、生活的台胞在医疗、融资、购房、住宿等方面享受与大陆居民同等待遇，台湾企业在科研经费申请等方面享受与大陆企业同等待遇。推进创业园、创业社区、创业家庭等创业载体建设，做大做强厦门两岸青年创业创新创客基地、平潭台湾创业园、福州台湾青年创业创新创客基地等“三创”基地。建立台胞创业支持服务中心。鼓励台湾地区知识产权权利人在自贸试验区创业发展，鼓励台湾地区居民在大陆取得专利代理人资格证书并执业。推动直接采认台湾地区职业技能资格。扩大台湾地区专业人才在自贸试验区内行政企事业单位、科研院所等机构任职范围，吸引台湾地区专业人才在社会管理服务、中介服务等领域就业。

（二十）拓展交流交往新渠道。在自贸试验区内对台商独资或控股开发的建设项目，借鉴台湾地区的规划及工程管理体制，探索实施“一区两标”。允许台湾地区车辆按照相关管理规定临时入闽行驶，并提供相应便利。支持平潭国际旅游岛建设。探索建立两岸企业信用库，建立信用联动机制，实现信用联合奖惩。支持平潭建设两岸同胞共同家园，在平潭、厦门、福州开展台胞参与城乡社区治理试点。探索社区居民自治新模式，构建两岸融合示范社区。拓宽厦门—金门、马尾—马祖合作领域，在投资、贸易、航运、资金等方面营造更加开放便利的环境。加强两岸工商界、智库、商（协）会和专业服务机构的交流合作，推动自贸试验区打造对台交流合作新平台。

六、加强交流合作，加快建设21世纪海上丝绸之路核心区

（二十一）推进互联互通。加强与“一带一路”沿线国家和地区港口合作，加快福州机场二期工程和厦门新机场建设，增开航线、航班，建设国际物流大通道。支持厦门东南国际航运中心建设，推动邮轮、游艇等出行便利化，试点实施国际邮轮入境外国旅游团15天免签政策，加快厦门邮轮港口建设。支持厦门建设东南亚海事服务基地，发展邮轮物品供应，对国际航行船舶开放保税油供给。支持境内外企业开展航运保险、航运仲裁、海损理算、航运交易、船舶融资租赁等高端航运服务，打造国际航运服务平台。利用现有方便旗船税收政策，促进符合条件的船舶在自贸试验区落户登记。优化沿海捎带业务监管模式，提高中资方便旗船沿海捎带业务通关效率。支持中欧班列（福州）、中欧班列（厦门）开展国际多式联运业务，探索推出多式联运提单。推进实施中欧安全智能贸易航线试点。推动福州与21世纪海上丝绸之路沿线国家和地区扩大航权安排，提高福州机场航班保障能力，吸引沿线国家和地区航空公司开辟经停福州的航线。积极推进国际贸易“单一窗口”与“一带一路”沿线口岸的信息互换和服务共享。

（二十二）建设合作平台。继续支持开展对外援助交流培训。支持中国—东盟海产品交易所建设区域性海产品现货交易中心，在21世纪海上丝绸之路沿线国家和地区设立交易分中心。境外交易分中心的交易、资金结算等与境内交易场所应相互隔离。支持在自贸试验区内建立中国—东盟产业合作园。支持企业在“一带一路”沿线国家和地区建设产业合作园区或制造基地、营销平台。支持先进装备、技术标准、管理理念“走出去”，打造一批跨国公司和国际知名品牌。

（二十三）创新合作模式。加强与“一带一路”沿线国家和地区在通关、认证认可、标准计量等方面合作，扩大开展经认证经营者（AEO）互认的范围，促进贸易畅通。加强与21世纪海上丝绸之路沿线国家和地区文化交流和人员往来合作，携手台湾地区共同传承中华优秀传统文化，促进文化认同和民心相通。充分发挥华侨华人作用，吸引更多华商参与自贸试验区建设。吸引21世纪海上丝绸之路沿线国家和地区领事馆或签证中心落地福州。推动与金砖国家建立合作机制。

七、抓好工作落实

加强组织实施，在国务院自由贸易试验区工作部际联席会议统筹协调下，充分发挥地方和部门积极性，抓好改革举措的落实；各部门要大力支持，及时制定实施细则或办法，加强指导和服务；福建省要把握基本定位，强化使命担当，完善工作机制，系统推进改革试点任务落实。强化法制保障，自贸试验区需要暂时调整实施有关法律、行政法规、经国务院批准的部门规章和国务院文件的部分规定的，按规定程序办理。及时评估推广，加快形成系统性改革经验，实施分类审查程序后复制推广至全国其他地区。重大事项要及时向党中央、国务院请示报告。

（中国政府网 2018年5月24日）

国务院关于印发中国（海南）自由贸易试验区总体方案的通知

（2018 年 9 月 24 日）

国发〔2018〕34 号

各省、自治区、直辖市人民政府，国务院各部委、各直属机构：

现将《中国（海南）自由贸易试验区总体方案》印发给你们，请认真贯彻执行。

国务院

2018 年 9 月 24 日

中国（海南）自由贸易试验区总体方案

赋予海南经济特区改革开放新的使命，是习近平总书记亲自谋划、亲自部署、亲自推动的重大国家战略。建设中国（海南）自由贸易试验区（以下简称自贸试验区）是党中央、国务院着眼于国际国内发展大局，深入研究、统筹考虑、科学谋划作出的重大决策，是彰显我国扩大对外开放、积极推动经济全球化决心的重大举措。为深入贯彻习近平总书记在庆祝海南建省办经济特区30周年大会上的重要讲话精神，落实《中共中央 国务院关于支持海南全面深化改革开放的指导意见》要求，高标准高质量建设自贸试验区，制定本方案。

一、总体要求

（一）指导思想。高举中国特色社会主义伟大旗帜，全面贯彻党的十九大和十九届二中、三中全会精神，以习近平新时代中国特色社会主义思想为指导，坚持和加强党的全面领导，坚持以人民为中心的发展思想，坚持稳中求进工作总基调，坚持新发展理念，坚持高质量发展，统筹推进“五位一体”总体布局和协调推进“四个全面”战略布局，以供给侧结构性改革为主线，解放思想、大胆创新，坚持开放为先，以制度创新为核心，赋予更大改革自主权，大胆试、大胆闯、自主改，深化简政放权、放管结合、优化服务改革，加快形成法治化、国际化、便利化的营商环境和公平开放统一高效的市场环境，将生态文明理念贯穿自贸试验区建设全过程，积极探索自贸试验区生态绿色发展新模式，加强改革系统集成，力争取得更多制度创新成果，彰显全面深化改革和扩大开放试验田作用。

（二）战略定位。发挥海南岛全岛试点的整体优势，紧紧围绕建设全面深化改革开放试验区、国家生态文明试验区、国际旅游消费中心和国家重大战略服务保障区，实行更加积极主动的开放战略，加快构建开放型经济新体制，推动形成全面开放新格局，把海南打造成为我国面向太平洋和印度洋的重要对外开放门户。

（三）发展目标。对标国际先进规则，持续深化改革探索，以高水平开放推动高质量发展，加快建立开放型生态型服务型产业体系。到 2020 年，自贸试验区建设取得重要进展，国际开放度显著提高，努力建成投资贸易便利、法治环境规范、金融服务完善、监管安全高效、生态环境质量一流、辐射带动作用突出的高标准高质量自贸试验区，为逐步探索、稳步推进海南自由贸易港建设，分步骤、分阶段建立自由贸易港政策体系打好坚实基础。

二、在海南全岛建设自由贸易试验区

（四）实施范围。自贸试验区的实施范围为海南岛全岛。自贸试验区土地、海域开发利用须遵守国家法律法规，贯彻生态文明和绿色发展要求，符合海南省“多规合一”总体规划，并符合节约集约用地用海的有关要求。涉及无居民海岛的，须符合《中华人民共和国海岛保护法》有关规定。

（五）功能划分。按照海南省总体规划的要求，以发展旅游业、现代服务业、高新技术产业为主导，科学安排海南岛产业布局。按发展需要增设海关特殊监管区域，在海关特殊监管区域开展以投资贸易自由化便利化为主要内容的制度创新，主要开展国际投资贸易、保税物流、保税维修等业务。在三亚选址增设海关监管隔离区域，开展全球动植物种质资源引进和中转等业务。

三、加快构建开放型经济新体制

（六）大幅放宽外资市场准入。对外资全面实行准入前国民待遇加负面清单管理制度。深化现代农业、高新技术产业、现代服务业对外开放，在种业、医疗、教育、旅游、电信、互联网、文化、金融、航空、海洋经济、新能源汽车制造等重点领域加大开放力度。取消蔬菜新品种选育和种子生产外资股比限制。将增值电信业务外资准入审批权下放给海南省，取消国内多方通信服务业务、上网用户互联网接入服务业务、存储转发类业务外资股比限制，允许外商投资国内互联网虚拟专用网业务（外资股比不超过50%）。允许设立外商投资文艺表演团体（中方控股）。放宽人身险公司外资股比限制至51%。取消船舶（含分段）及干线、支线、通用飞机设计、制造与维修外资股比限制。取消石油天然气勘探开发须通过与中国政府批准的具有对外合作专营权的油气公司签署产品分成合同方式进行的要求。取消国际海上运输公司、国际船舶代理公司外资股比限制。允许在自贸试验区内设立的外商独资建筑业企业承揽区内建筑工程项目，不受项目双方投资比例限制。允许取得我国一级注册建筑师或一级注册结构工程师资格的境外专业人士作为合伙人，按相应资质标准要求设立建筑工程设计事务所。取消新能源汽车制造外资准入限制。

（七）提升贸易便利化水平。对进出海南洋浦保税港区的货物，除禁止进出口和限制出口以及需要检验检疫的货物外，试行“一线放开、二线高效管住”的货物进出境管理制度。加快建设具有国际先进水平的国际贸易“单一窗口”，推动数据协同、简化和标准化，实现物流和监管等信息的全流程采集，实现监管单位的信息互换、监管互认、执法互助。以口岸管理部门的通关物流状态信息为基础，整合作业信息，形成完整的通关物流状态综合信息库，为企业提供全程数据服务。加强口岸管理部门执法合作，推行跨部门一次性联合检查。实施海事、交通、船检三部门船舶证书信息共享。积极推进货物平均放行和结关时间体系化建设，构建规范的测算标准和透明的公布机制。扩大第三方检验结果采信商品和机构范围。依照自由贸易协定安排，推动实施原产地自主声明制度和原产地预裁定制度。拓展暂时进口货物单证制度适用范围，延长单证册的有效期。平行进口汽车企业可以使用价格预裁定、汇总征税等通关便利化措施。创新出口货物专利纠纷担保放行方式。支持开展海关税款保证保险试点。简化野生动植物出口许可程序。

（八）创新贸易综合监管模式。研究赋予海关特殊监管区域内企业增值税一般纳税人资格，在海关特殊监管区域全面实施货物状态分类监管。研究支持对海关特殊监管区域外“两头在外”航空维修业态实行保税监管。在风险可控前提下，创新维修监管模式，开展外籍邮轮船舶维修业务。完善进口商品风险预警快速反应机制，加强安全风险监测，实施安全问题调查制度。建设重要产品进出口安全追溯体系，实现重点敏感产品全过程信息可追溯，与国家重要产品追溯平台对接，实现信息共享。对优质农产品出口免于出具检验检疫证书和备案。优化生物医药全球协同研发的试验用特殊物品的检疫查验流程。完善国际邮件互换局（交换站）布局，加强国际快件监管中心建设，打造重要跨境电商寄递中心。支持在海关特殊监管区域和保税监管场所设立大宗商品期货保税交割库。

（九）推动贸易转型升级。培育贸易新业态新模式，支持发展跨境电商、全球维修等业态。探索建立跨境服务贸易负面清单管理制度。支持海南享受服务外包示范城市政策，建立特色服务出口基地。支持海南设立跨境电子商务综合试验区，完善和提升海关监管、金融、物流等支持体系。支持跨境电商企业建设覆盖重点国别、重点市场的海外仓。支持开展跨境电商零售进口网购保税。支持在海关特殊监管区域设立国际文化艺术品交易场所，依法合规开展面向全球的保税文化艺术品展示、拍卖、交易业务。试点实施进口非特殊用途化妆品备案管理。支持开展橡胶等大宗商品现货离岸交易和保税交割业务。支持跨国公司、贸易公司建立和发展全球或区域贸易网络，打造区域性离岸贸易中心。支持具备资质的供油企业开展国际航行船舶保税油供应业务，建设保税油供应基地。将国际快递业务经营许可审批权下放到海南省邮政管理局。

（十）加快金融开放创新。充分发挥金融支持自贸试验区建设的重要作用，出台金融领域的一揽子政策措施，以服务实体经济、促进贸易投融资便利化为出发点和落脚点，以制度创新为核心，大力推动自贸试验区金融开放创新。进一步扩大人民币跨境使用、探索资本项目可兑换、深化外汇管理改革、探索投融资汇兑便利化，扩大金融业开放，为贸易投资便利化提供优质金融服务。

（十一）加强“一带一路”国际合作。按照“共商、共建、共享”的原则，构筑全方位立体化开放通道。鼓励“一带一路”国家和地区参与自贸试验区建设。支持“一带一路”国家在海南设立领事机构。支持与“一带一路”国家开展科技人文交流、共建联合实验室、科技园区合作、技术转移等科技创新合作。推动海口、三亚与“一带一路”国家和地区扩大包括第五航权在内的航权安排，提高机场航班保障能力，吸引相关国家和地区航空公司开辟经停海南的航线。与“一带一路”国家和地区自由贸易园区在投资、贸易、金融、教育等方面开展交流合作与功能对接。

四、加快服务业创新发展

（十二）推动现代服务业集聚发展。依托博鳌乐城国际医疗旅游先行区，大力发展国际医疗旅游和高端医疗服务，对先行区范围内确需进口的、关税税率较高的部分医疗器械研究适当降低关税。支持开展干细胞临床前沿医疗技术研究项目。依托现有医药产业基础，探索开展重大新药创制国家科技重大专项成果转移转化试点。鼓励中外航空公司新开或加密海南直达全球主要客源地的国际航线。支持举办国际商品博览会、国际电影节、中国（海南）国际海洋产业博览会等大型国际展览会、节庆活动，以及文化旅游、国际品牌等适合海南产业特点的展会。优化国际会议、赛事、展览监管，进一步简化展品检疫审批管理。支持引进国际化的规划、建筑工程、建筑设计、仲裁、会计、知识产权、医疗健康、影视、会展等专业服务机构，推进服务要素集聚。授权自贸试验区制定港澳专业人才执业管理办法，允许具有港澳执业资格的金融、建筑、规划、专利代理等服务领域专业人才经备案后为自贸试验区内企业提供专业服务。支持海南开展供应链创新与应用试点。打造联通国际国内的全球性商贸物流节点，促进港口、机场、铁路车站、物流园区等物流信息互通。加强冷链基础设施网络建设，打造出岛快速冷链通道，提供高质量的冷链快递物流服务。在交通运输领域完善快件处理设施和绿色通道，提高国际快递处理能力，服务带动跨境电商等相关产业集聚。建设以天然橡胶为主的国际热带农产品交易中心、定价中心、价格指数发布中心。设立热带农产品拍卖中心。支持完善跨境消费服务功能。高标准建设商务诚信示范省。

（十三）提升国际航运能力。依托自贸试验区，科学有序开发利用海洋资源，培育壮大特色海洋经济，建设南海服务保障基地。建设具有较强服务功能和辐射能力的国际航运枢纽，不断提高全球航运资源配置能力。大力引进国内外航运企业在自贸试验区设立区域总部或营运中心，促进航运要素集聚。积极培育壮大外轮供应企业，丰富外轮供应品种，为进入自贸试验区的船舶提供生活用品、备品备件、物料、工程服务和代理服务等。利用现有方便旗船税收政策，促进符合条件的船舶在自贸试验区落户登记。扩大内外贸同船运输、国轮捎带运输适用范围，提升运力资源综合效能。支持境内外企业和机构开展航运保险、航运仲裁、海损理算、航运交易、船舶融资租赁等高端航运服务，打造现代国际航运服务平台。支持设立专业化地方法人航运保险机构。培育发展专业化第三方船舶管理公司。逐步开放中国籍国际航行船舶入级检验。将无船承运、外资经营国际船舶管理业务行政许可权下放给海南省。

（十四）提升高端旅游服务能力。发展环海南岛邮轮航线，支持邮轮企业根据市场需求依法拓展东南亚等地区邮轮航线，不断丰富由海南邮轮港口始发的邮轮航线产品。研究支持三亚等邮轮港口参与中资方便旗邮轮公海游试点，将海南纳入国际旅游“一程多站”航线。积极支持实施外国旅游团乘坐邮轮 15 天入境免签政策。优化对邮轮和邮轮旅客的检疫监管模式。建设邮轮旅游岸上国际配送中心，创建与国际配送业务相适应的检验、检疫、验放等海关监管制度。简化游艇入境手续。允许海南对境外游艇开展临时开放水域审批试点。实施琼港澳游艇自由行。建设一流的国际旅行卫生保健中心，为出入境人员提供高质量的国际旅行医疗服务。加强旅游行业信用体系建设。

（十五）加大科技国际合作力度。创建南繁育种科技开放发展平台。划定特定区域，通过指定口岸管辖和加强生物安全管理，建设全球动植物种质资源引进中转基地，探索建立中转隔离基地（保护区）、检疫中心、种质保存中心、种源交易中心。推进农业对外合作科技支撑与人才培训基地建设。引进国际深远海领域科研机构、高校等前沿科技资源，打造国际一流的深海科技创新平台。搭建航天科技开发开放平台，推动商用航天发展和航天国际合作。

五、加快政府职能转变

（十六）深化机构和行政体制改革。赋予海南省人民政府更多自主权，科学配置行政资源，大力转变政府职能，深化“放管服”改革。探索建立与自贸试验区建设相适应的行政管理体制。支持自贸试验区探索按照实际需要加大同类编制资源的统筹使用。深化完善综合行政执法体制改革。实行包容审慎监管，提高执法效能。

（十七）打造国际一流营商环境。借鉴国际经验，开展营商环境评价，在开办企业、办理施工许可证、获得电力、登记财产、获得信贷、保护少数投资者、纳税、跨境贸易、执行合同和办理破产等方面加大改革力度。推动准入前和准入后管理措施的有效衔接，实施公平竞争审查制度，实现各类市场主体依法平等准入相关行业、领域和业务。加快推行“证照分离”改革，全面推进“多证合一”改革。简化外商投资企业设立程序，全面实行外商投资企业商务备案与工商登记“一口办理”。探索建立普通注销登记制度和简易注销登记制度相互配套的市场主体退出制度。

（十八）深入推进行政管理职能与流程优化。全面推进行政审批和行政服务标准化。调整完善省级管理权限下放，推动关联、相近类别审批事项全链条取消、下放或委托。海南省人民政府报国务院批准土地征收事项由国务院授权海南省人民政府批准。推行“极简审批”改革。精简投资项目准入手续，探索实施先建后验管理新模式。实行建设项目联合验收，实现“一口受理”、“两验终验”，推行“函证结合”、“容缺后补”等改革。清理规范基层证明，对暂不宜取消的实行清单管理。

（十九）全面推行“互联网＋政务服务”模式。整合资源与数据，加快构建一体化互联网政务服务平台。涉及企业注册登记、年度报告、项目投资、生产经营、商标专利、资质认定、税费办理、安全生产等方面的政务服务事项，最大限度实行网上受理、网上办理、网上反馈。实施全程电子化登记和电子营业执照管理。围绕行政管理、司法管理、城市管理、环境保护等社会治理的热点难点问题，促进人工智能技术应用，提高社会治理智能化水平。

（二十）完善知识产权保护和运用体系。推进知识产权综合执法，建立跨部门、跨区域的知识产权案件移送、信息通报、配合调查等机制。支持建立知识产权交易中心，推动知识产权运营服务体系建设。建立包含行政执法、仲裁、调解在内的多元化知识产权争端解决与维权援助机制，探索建立重点产业、重点领域知识产权快速维权机制。探索建立自贸试验区专业市场知识产权保护工作机制，完善流通领域知识产权保护体系。探索建立公允的知识产权评估机制，完善知识产权质押登记制度、知识产权质押融资风险分担机制以及方便快捷的质物处置机制，为扩大以知识产权质押为基础的融资提供支持。鼓励探索知识产权证券化，完善知识产权交易体系与交易机制。深化完善有利于激励创新的知识产权归属制度。搭建便利化的知识产权公共服务平台，设立知识产权服务工作站，大力发展知识产权专业服务业。

（二十一）提高外国人才工作便利度。为在自贸试验区工作和创业的外国人才提供出入境、居留和永久居留便利。支持开展国际人才管理改革试点，允许外籍技术技能人员按规定在自贸试验区工作。探索建立与国际接轨的全球人才招聘制度和吸引外国高技术人才的管理制度。开辟外国人才绿色通道，深入实施外国人来华工作许可制度。开展外国高端人才服务“一卡通”试点，建立住房、子女入学、就医社保服务通道。

六、加强重大风险防控体系和机制建设

（二十二）建立健全事中事后监管制度。以风险防控为底线，维护国家安全和社会安全。外商在自贸试验区内投资适用《自由贸易试验区外商投资国家安全审查试行办法》。自贸试验区要建立健全以信用监管为核心、与负面清单管理方式相适应的事中事后监管体系。配合做好国家安全审查、反垄断审查等相关工作。制定重大风险防控规划和制度，建立应急响应机制，协调解决风险防控中的重大问题。完善社会信用体系，加强信用信息归集共享，推行企业信息公示，健全守信激励和失信惩戒机制。推动各部门间依法履职信息联通共享。建立大数据高效监管模式，加强风险监测分析，建立完善信用风险分类监管。

（二十三）建立健全贸易风险防控体系。优化海关监管方式，强化进出境安全准入管理，完善对国家禁止和限制入境货物、物品的监管，精准高效打击走私活动。全面落实联合缉私和统一处理、综合治理的缉私体制。构建自贸试验区进出境安全风险信息平台。确保进出口货物的交易真实、合法，防范不法企业借助

货物进出口的便利化措施从事非法融资、非法跨境资金转移等违法活动。

（二十四）建立健全金融风险防控体系。打好防范化解重大风险攻坚战，有效履行属地金融监管职责，建立区域金融监管协调机制，加强对重大风险的识别和对系统性金融风险的防范，严厉打击洗钱、恐怖融资、逃税等金融违法犯罪活动，有效防范金融风险。

（二十五）加强口岸风险防控。进一步提升口岸核心能力建设，提高口岸传染病防控水平。坚决防范对外经贸往来中的生态环境风险，严格引进种质资源的隔离与监管，严格野生动植物进口管理，防止生物入侵对海岛生态环境的破坏。加强口岸动植物疫病疫情监测，形成多部门协作的疫病疫情和有害生物联防联控局面。完善人员信息采集管控体系，加强对出入境核生化等涉恐材料检查力度。

七、坚持和加强党对自贸试验区建设的全面领导

（二十六）加强党的领导。坚持和加强党对改革开放的领导。把党的领导贯穿于自贸试验区建设的全过程，增强“四个意识”，坚定“四个自信”，自觉维护以习近平同志为核心的党中央权威和集中统一领导，培育践行社会主义核心价值观，确保改革开放的社会主义方向，营造风清气正的良好政治生态。海南省要用习近平新时代中国特色社会主义思想指导改革开放，坚持全面从严治党，把党的政治建设摆在首位，坚决反对腐败、反对“四风”。

（二十七）强化法制保障。本方案提出的各项改革政策措施，凡涉及调整现行法律或行政法规的，经全国人大及其常委会或国务院统一授权后实施。各有关部门要支持自贸试验区在各领域深化改革开放试点、加大压力测试、加强监管、防控风险，做好与相关法律法规立改废释的衔接，及时解决试点过程中的制度保障问题。海南省要加强经济特区立法，建立与试点要求相适应的管理制度，建立公正透明、体系完备的法制环境。

（二十八）完善配套政策。完善人才发展制度，建设高素质专业化干部队伍，全面提升人才服务水平。加大对水利、港口、机场、公路、铁路、综合枢纽等重大基础设施建设的支持力度。落实现有相关税收政策，充分发挥现有政策的支持

促进作用。在其他自由贸易试验区已经试点可复制的税收政策均可在海南自贸试验区进行试点，其中促进贸易的选择性征收关税、其他相关进出口税收等政策在自贸试验区内的海关特殊监管区域进行试点。自贸试验区内的海关特殊监管区域的实施范围和税收政策适用范围维持不变。加快完善军地土地置换政策。

（二十九）加强组织实施。按照党中央、国务院统一部署，在国务院自由贸易试验区工作部际联席会议统筹协调下，由海南省完善试点任务组织实施保障机制，按照总体筹划、分步实施、率先突破、逐步完善的原则，扎扎实实推进各项工作。其他自由贸易试验区施行的政策，凡符合海南发展定位的，海南省均可按程序报批后在自贸试验区进行试点。各有关部门要根据海南建设自贸试验区需要，及时向海南省下放相关管理权限，给予充分的改革自主权，同时加强指导和服务，共同推进相关体制机制创新。自贸试验区建设要更好服务和融入“一带一路”建设、海洋强国、军民融合发展等国家重大战略。要以防控风险为底线，建立健全全面风险管理体系和机制，完善风险防控和处置机制，出台有关政策时，要深入论证、严格把关，成熟一项，推出一项，实现区域稳定安全高效运行。要坚持高标准高质量建设自贸试验区，落实好各项改革试点任务，真正把自贸试验区建设成为全面深化改革开放的新高地。重大事项及时向党中央、国务院请示报告。

（中国政府网 2018 年 10 月 16 日）

国务院关于支持自由贸易试验区深化改革创新若干措施的通知

（2018 年 11 月 7 日）

国发〔2018〕38 号

各省、自治区、直辖市人民政府，国务院各部委、各直属机构：

建设自由贸易试验区（以下简称自贸试验区）是党中央、国务院在新形势下全面深化改革和扩大开放的战略举措。党的十九大报告强调要赋予自贸试验区更大改革自主权，为新时代自贸试验区建设指明了新方向、提出了新要求。为贯彻落实党中央、国务院决策部署，支持自贸试验区深化改革创新，进一步提高建设质量，现将有关事项通知如下：

一、营造优良投资环境

（一）借鉴北京市服务业扩大开放综合试点经验，放宽外商投资建设工程设计企业外籍技术人员的比例要求、放宽人才中介机构限制。（负责部门：人力资源社会保障部、住房城乡建设部、商务部；适用范围：所有自贸试验区，以下除标注适用于特定自贸试验区的措施外，适用范围均为所有自贸试验区）

（二）编制下达全国土地利用计划时，考虑自贸试验区的实际情况，合理安排有关省（市）的用地计划；有关地方应优先支持自贸试验区建设，促进其健康有序发展。（负责部门：自然资源部）

（三）将建筑工程施工许可、建筑施工企业安全生产许可等工程审批类权限下放至自贸试验区。（负责部门：住房城乡建设部）

（四）授权自贸试验区开展试点工作，将省级及以下机关实施的建筑企业资

质申请、升级、增项许可改为实行告知承诺制。（负责部门：住房城乡建设部）

（五）将外商投资设立建筑业（包括设计、施工、监理、检测、造价咨询等所有工程建设相关主体）资质许可的省级及以下审批权限下放至自贸试验区。（负责部门：住房城乡建设部）

（六）自贸试验区内的外商独资建筑业企业承揽本省（市）的中外联合建设项目时，不受建设项目的中外方投资比例限制。（负责部门：住房城乡建设部）

（七）在《内地与香港关于建立更紧密经贸关系的安排》、《内地与澳门关于建立更紧密经贸关系的安排》、《海峡两岸经济合作框架协议》下，对自贸试验区内的港澳台资建筑业企业，不再执行《外商投资建筑业企业管理规定》中关于工程承包范围的限制性规定。（负责部门：住房城乡建设部）

（八）对于自贸试验区内为本省（市）服务的外商投资工程设计（工程勘察除外）企业，取消首次申请资质时对投资者的工程设计业绩要求。（负责部门：住房城乡建设部）

（九）卫生健康行政部门对自贸试验区内的社会办医疗机构配置乙类大型医用设备实行告知承诺制。（负责部门：卫生健康委）

（十）自贸试验区内医疗机构可根据自身的技术能力，按照有关规定开展干细胞临床前沿医疗技术研究项目。（负责部门：卫生健康委）

（十一）允许自贸试验区创新推出与国际接轨的税收服务举措。（负责部门：税务总局）

（十二）省级市场监管部门可以将外国（地区）企业常驻代表机构登记注册初审权限下放至自贸试验区有外资登记管理权限的市场监管部门。（负责部门：市场监管总局）

（十三）支持在自贸试验区设置商标受理窗口。（负责部门：知识产权局）

（十四）在自贸试验区设立受理点，受理商标权质押登记。（负责部门：知识产权局）

（十五）进一步放宽对专利代理机构股东的条件限制，新设立有限责任制专利代理机构的，允许不超过五分之一不具有专利代理人资格、年满18周岁、能

够在专利代理机构专职工作的中国公民担任股东。（负责部门：知识产权局）

（十六）加强顶层设计，在自贸试验区探索创新政府储备与企业储备相结合的石油储备模式。（负责部门：发展改革委、粮食和储备局，适用范围：浙江自贸试验区）

二、提升贸易便利化水平

（十七）研究支持对海关特殊监管区域外的“两头在外”航空维修业态实行保税监管。（负责部门：商务部、海关总署、财政部、税务总局）

（十八）支持有条件的自贸试验区研究和探索赋予国际铁路运单物权凭证功能，将铁路运单作为信用证议付票据，提高国际铁路货运联运水平。（负责部门：商务部、银保监会、铁路局、中国铁路总公司）

（十九）支持符合条件的自贸试验区开展汽车平行进口试点。（负责部门：商务部）

（二十）授予自贸试验区自由进出口技术合同登记管理权限。（负责部门：商务部）

（二十一）支持在自贸试验区依法合规建设能源、工业原材料、大宗农产品等国际贸易平台和现货交易市场。（负责部门：商务部）

（二十二）开展艺术品保税仓储，在自贸试验区内海关特殊监管区域之间以及海关特殊监管区域与境外之间进出货物的备案环节，省级文化部门不再核发批准文件。支持开展艺术品进出口经营活动，凭省级文化部门核发的准予进出口批准文件办理海关验放手续；省级文化部门核发的批准文件在有效期内可一证多批使用，但最多不超过六批。（负责部门：文化和旅游部、海关总署）

（二十三）支持自贸试验区开展海关税款保证保险试点。（负责部门：海关总署、银保监会）

（二十四）国际贸易“单一窗口”标准版增加航空、铁路舱单申报功能。（负责部门：海关总署、民航局、中国铁路总公司）

（二十五）支持自贸试验区试点汽车平行进口保税仓储业务。（负责部门：

海关总署）

（二十六）积极探索通过国际贸易“单一窗口”与“一带一路”重点国家和地区开展互联互通和信息共享，推动国际贸易“单一窗口”标准版新项目率先在自贸试验区开展试点，促进贸易便利化。（负责部门：海关总署）

（二十七）在符合国家口岸管理规定的前提下，优先审理自贸试验区内口岸开放项目。（负责部门：海关总署）

（二十八）在自贸试验区试点实施进口非特殊用途化妆品备案管理。（负责部门：药监局）

（二十九）支持平潭口岸建设进境种苗、水果、食用水生动物等监管作业场所。（负责部门：海关总署，适用范围：福建自贸试验区）

（三十）在对外航权谈判中支持郑州机场利用第五航权，在平等互利的基础上允许外国航空公司承载经郑州至第三国的客货业务，积极向国外航空公司推荐并引导申请进入中国市场的国外航空公司执飞郑州机场。（负责部门：民航局，适用范围：河南自贸试验区）

（三十一）在对外航权谈判中支持西安机场利用第五航权，在平等互利的基础上允许外国航空公司承载经西安至第三国的客货业务，积极向国外航空公司推荐并引导申请进入中国市场的国外航空公司执飞西安机场。（负责部门：民航局，适用范围：陕西自贸试验区）

（三十二）进一步加大对西安航空物流发展的支持力度。（负责部门：民航局，适用范围：陕西自贸试验区）

（三十三）支持利用中欧班列开展邮件快件进出口常态化运输。（负责部门：邮政局、中国铁路总公司，适用范围：重庆自贸试验区）

（三十四）支持设立首次进口药品和生物制品口岸。（负责部门：药监局、海关总署，适用范围：重庆自贸试验区）

（三十五）将台湾地区生产且经平潭口岸进口的第一类医疗器械的备案管理权限下放至福建省药品监督管理部门。（负责部门：药监局，适用范围：福建自贸试验区）

三、推动金融创新服务实体经济

（三十六）进一步简化保险分支机构行政审批，建立完善自贸试验区企业保险需求信息共享平台。（负责部门：银保监会）

（三十七）允许自贸试验区内银行业金融机构在依法合规、风险可控的前提下按相关规定为境外机构办理人民币衍生产品等业务。（负责部门：人民银行、银保监会、外汇局）

（三十八）支持坚持市场定位、满足监管要求、符合行政许可相关业务资格条件的地方法人银行在依法合规、风险可控的前提下开展人民币与外汇衍生产品业务，或申请与具备资格的银行业金融机构合作开展远期结售汇业务等。（负责部门：人民银行、银保监会、外汇局）

（三十九）支持自贸试验区依托适合自身特点的账户体系开展人民币跨境业务。（负责部门：人民银行）

（四十）鼓励、支持自贸试验区内银行业金融机构基于真实需求和审慎原则向境外机构和境外项目发放人民币贷款，满足“走出去”企业的海外投资、项目建设、工程承包、大型设备出口等融资需求。自贸试验区内银行业金融机构发放境外人民币贷款，应严格审查借款人资信和项目背景，确保资金使用符合要求。（负责部门：人民银行、外交部、发展改革委、商务部、国资委、银保监会）

（四十一）允许银行将自贸试验区交易所出具的纸质交易凭证（须经交易双方确认）替代双方贸易合同，作为贸易真实性审核依据。（负责部门：银保监会）

（四十二）支持自贸试验区内符合条件的个人按照规定开展境外证券投资。（负责部门：证监会、人民银行）

（四十三）支持在有条件的自贸试验区开展知识产权证券化试点。（负责部门：证监会、知识产权局）

（四十四）允许平潭各金融机构试点人民币与新台币直接清算，允许境外机构境内外汇账户办理定期存款业务。（负责部门：人民银行、外汇局，适用范围：福建自贸试验区）

（四十五）推动与大宗商品出口国、“一带一路”国家和地区在油品等大宗商品贸易中使用人民币计价、结算，引导银行业金融机构根据“谁进口、谁付汇”原则办理油品贸易的跨境支付业务，支持自贸试验区保税燃料油供应以人民币计价、结算。（负责部门：人民银行等部门，适用范围：浙江自贸试验区）

（四十六）允许自贸试验区内银行业金融机构按相关规定向台湾地区金融同业跨境拆出短期人民币资金。（负责部门：人民银行，适用范围：福建自贸试验区）

（四十七）支持“海峡基金业综合服务平台”根据规定向中国证券投资基金业协会申请登记，开展私募投资基金服务业务。支持符合条件的台资保险机构在自贸试验区内设立保险营业机构。（负责部门：银保监会、证监会，适用范围：福建自贸试验区）

四、推进人力资源领域先行先试

（四十八）增强企业用工灵活性，支持自贸试验区内制造企业生产高峰时节与劳动者签订以完成一定工作任务为期限的劳动合同、短期固定期限劳动合同；允许劳务派遣员工从事企业研发中心研发岗位临时性工作。（负责部门：人力资源社会保障部）

（四十九）将在自贸试验区内设立中外合资和外商独资人才中介机构审批权限下放至自贸试验区，由自贸试验区相关职能部门审批并报省（市）人力资源社会保障部门备案。（负责部门：人力资源社会保障部）

（五十）研究制定外国留学生在我国境内勤工助学管理制度，由自贸试验区制定有关实施细则，实现规范管理。（负责部门：教育部）

（五十一）鼓励在吸纳非卫生技术人员在医疗机构提供中医治未病服务、医疗机构中医治未病专职医师职称晋升、中医治未病服务项目收费等方面先行试点。（负责部门：中医药局）

（五十二）授权自贸试验区制定相关港澳专业人才执业管理办法（国家法律法规暂不允许的除外），允许具有港澳执业资格的金融、建筑、规划、专利代理等领域专业人才，经相关部门或机构备案后，按规定范围为自贸试验区内企业提

供专业服务。（负责部门：人力资源社会保障部、住房城乡建设部、银保监会、证监会、知识产权局，适用范围：广东自贸试验区）

（五十三）支持自贸试验区开展非标准就业形式下劳动用工管理和服务试点。（负责部门：人力资源社会保障部，适用范围：上海自贸试验区）

五、切实做好组织实施

坚持党的领导。坚持和加强党对改革开放的领导，把党的领导贯穿于自贸试验区建设全过程。要以习近平新时代中国特色社会主义思想为指导，全面贯彻党的十九大和十九届二中、三中全会精神，深刻认识支持自贸试验区深化改革创新的重大意义，贯彻新发展理念，鼓励地方大胆试、大胆闯、自主改，进一步发挥自贸试验区全面深化改革和扩大开放试验田作用。

维护国家安全。各有关地区和部门、各自贸试验区要牢固树立总体国家安全观，在中央国家安全领导机构统筹领导下，贯彻执行国家安全方针政策和法律法规，强化底线思维和风险意识，维护国家核心利益和政治安全，主动服务大局。各有关省（市）人民政府依法管理本行政区域内自贸试验区的国家安全工作。各有关部门依职责管理指导本系统、本领域国家安全工作，可根据维护国家安全和核心利益需要按程序调整有关措施。

强化组织管理。各有关地区和部门要高度重视、密切协作，不断提高自贸试验区建设和管理水平。国务院自由贸易试验区工作部际联席会议办公室要切实发挥统筹协调作用，加强横向协作、纵向联动，进行差别化指导。各有关部门要加强指导和服务，积极协调指导自贸试验区解决发展中遇到的问题。各有关省（市）人民政府要承担起主体责任，完善工作机制，构建精简高效、权责明晰的自贸试验区管理体制，加强人才培养，打造高素质管理队伍。

狠抓工作落实。各有关地区和部门要以钉钉子精神抓好深化改革创新措施落实工作。国务院自由贸易试验区工作部际联席会议办公室要加强督促检查，对督查中发现的问题要明确责任、限时整改，及时总结评估，对效果好、风险可控的成果，复制推广至全国其他地区。各有关部门要依职责做好改革措施的细化分解，全程过问、一抓到底。各有关省（市）要将落实支持措施作为本地区重点工作，加强监督评估、压实工作责任，推进措施落地生效，同时研究出台本省（市）进一步支持自贸试验区深化改革创新的措施。需调整有关行政法规、国务院文件和部门规章规定的，要按法定程序办理。重大事项及时向党中央、国务院请示报告。

国务院

2018 年 11 月 7 日

（中国政府网 2018 年 11 月 23 日）

国务院关于印发6个新设自由贸易试验区总体方案的通知

（2019年8月2日）

国发〔2019〕16号

各省、自治区、直辖市人民政府，国务院各部委、各直属机构：

现将《中国（山东）自由贸易试验区总体方案》、《中国（江苏）自由贸易试验区总体方案》、《中国（广西）自由贸易试验区总体方案》、《中国（河北）自由贸易试验区总体方案》、《中国（云南）自由贸易试验区总体方案》、《中国（黑龙江）自由贸易试验区总体方案》印发给你们，请认真贯彻执行。

国务院

2019年8月2日

中国（山东）自由贸易试验区总体方案

建立中国（山东）自由贸易试验区（以下简称自贸试验区）是党中央、国务院作出的重大决策，是新时代推进改革开放的战略举措。为高标准高质量建设自贸试验区，制定本方案。

一、总体要求

（一）指导思想。以习近平新时代中国特色社会主义思想为指导，全面贯彻党的十九大和十九届二中、三中全会精神，统筹推进“五位一体”总体布局和协调推进“四个全面”战略布局，坚持稳中求进工作总基调，坚持新发展理念，坚持高质量发展，以供给侧结构性改革为主线，主动服务和融入国家重大战略，更好服务对外开放总体战略布局，解放思想、大胆创新，把自贸试验区建设成为新时代改革开放的新高地。

（二）战略定位及发展目标。以制度创新为核心，以可复制可推广为基本要求，全面落实中央关于增强经济社会发展创新力、转变经济发展方式、建设海洋强国的要求，加快推进新旧发展动能接续转换、发展海洋经济，形成对外开放新高地。经过三至五年改革探索，对标国际先进规则，形成更多有国际竞争力的制度创新成果，推动经济发展质量变革、效率变革、动力变革，努力建成贸易投资便利、金融服务完善、监管安全高效、辐射带动作用突出的高标准高质量自由贸易园区。

二、区位布局

（一）实施范围。自贸试验区的实施范围 119.98 平方公里，涵盖三个片区：

济南片区37.99平方公里，青岛片区52平方公里（含青岛前湾保税港区9.12平方公里、青岛西海岸综合保税区2.01平方公里），烟台片区29.99平方公里（含烟台保税港区区块二2.26平方公里）。

自贸试验区土地开发利用须遵守土地利用、生态环境保护、城乡规划法律法规，符合土地利用总体规划和城乡规划，并符合节约集约用地的有关要求；涉及海洋的，须符合《中华人民共和国海域使用管理法》、《中华人民共和国海洋环境保护法》等法律法规有关规定。

（二）功能划分。济南片区重点发展人工智能、产业金融、医疗康养、文化产业、信息技术等产业，开展开放型经济新体制综合试点试验，建设全国重要的区域性经济中心、物流中心和科技创新中心；青岛片区重点发展现代海洋、国际贸易、航运物流、现代金融、先进制造等产业，打造东北亚国际航运枢纽、东部沿海重要的创新中心、海洋经济发展示范区，助力青岛打造我国沿海重要中心城市；烟台片区重点发展高端装备制造、新材料、新一代信息技术、节能环保、生物医药和生产性服务业，打造中韩贸易和投资合作先行区、海洋智能制造基地、国家科技成果和国际技术转移转化示范区。

三、主要任务和措施

（一）加快转变政府职能

1. 打造国际一流营商环境。深化商事制度改革，推进“证照分离”改革全覆盖。山东省能够下放的经济社会管理权限全部下放给自贸试验区。推行“极简审批”、“不见面审批（服务）”，深化“一次办好”改革。全面开展工程建设项目审批制度改革。应用人工智能技术，提高社会治理水平。建立健全以信用监管为核心、与负面清单管理方式相适应的事中事后监管体系。强化竞争政策的基础性地位。配合做好外商投资安全审查工作。

（二）深化投资领域改革

2. 深入推进投资自由化便利化。全面落实外商投资准入前国民待遇加负面清单管理制度。探索建立外商投资信息报告制度。支持外商投资企业参与氢能源汽车标准制定。支持外商独资设立经营性教育培训和职业技能培训机构。支持外商投资设立航空运输销售代理企业。统一内外资人才中介机构投资者资质要求，由自贸试验区管理机构负责审批，报省级人力资源社会保障部门备案。允许注册在自贸试验区内的符合条件的外资旅行社从事除台湾地区以外的出境旅游业务。

3. 完善投资促进和保护机制。建立健全外商投资服务体系，完善外商投资促进、项目跟踪服务和投诉工作机制。鼓励自贸试验区在法定权限内制定外商投资促进政策。试点建设面向中小企业的双向投资促进公共服务平台。完善企业“走出去”综合服务体系。支持“走出去”企业以境外资产和股权、采矿权等权益为抵押获得贷款。

（三）推动贸易转型升级

4. 提升贸易便利化水平。探索食品农产品等检验检疫和追溯标准国际互认机制，扩大第三方检验结果采信商品和机构范围。创新出口货物专利纠纷担保放行方式。大力发展过境贸易。集中开展境内外货物中转、集拼和国际分拨配送业务。在海关特殊监管区域全面实施货物状态分类监管。对注册在自贸试验区海关特殊监管区域内的融资租赁企业进出口飞机、船舶、海洋工程结构物等大型设备涉及跨关区的，在确保有效监管和执行现行税收政策的前提下，实行海关异地委托监管。探索取消自贸试验区海关特殊监管区域内企业从事贸易经纪与代理的经营许可或改为备案，法律法规另有规定的除外。对符合国家环保要求允许进口的高附加值数控机床、工程设备、电子设备、通信设备等旧机电设备的进口、加工后再出口，海关给予通关便利。支持在自贸试验区符合条件的片区设立综合保税区。

5. 培育贸易新业态新模式。支持自贸试验区内企业开展跨境电商进出口业务，逐步实现自贸试验区内综合保税区依法依规全面适用跨境电商零售进口政策。在风险可控、依法依规前提下，积极开展飞机零部件循环再制造。支持自贸试验区的汽车整车进口口岸建设。支持青岛片区适时增加汽车平行进口试点企业数量。加快发展数字化贸易。促进文物及文化艺术品在自贸试验区内综合保税区存储、展示等。

6. 持续优化贸易结构。根据石油天然气体制改革进程和产业需要，研究赋予自贸试验区内符合条件的企业原油进口资质。允许自贸试验区内注册企业开展不同税号下保税油品混兑调和。支持具备相关资质的船舶供油企业开展国际航行船舶保税油供应业务。支持依托现有交易场所依法依规开展棉花等大宗商品交易。支持设立食品农产品进口指定监管作业场地，打造食品农产品、葡萄酒进出口集散中心。对海关特殊监管区域外有条件企业开展高附加值、高技术含量、符合环保要求的“两头在外”检测、维修和再制造业态实行保税监管。

（四）深化金融领域开放创新

7. 扩大人民币跨境使用。探索通过人民币资本项下输出贸易项下回流方式，重点推动贸易和投资领域的人民币跨境使用。支持符合条件的跨国公司按规定开展跨境人民币资金池业务。支持自贸试验区内银行按规定发放境外人民币贷款。探索自贸试验区内金融机构按规定开展跨境资产转让等业务时使用人民币计价结算，并纳入全口径跨境融资宏观审慎管理。

8. 促进跨境投融资便利化。开展资本项目收入支付便利化改革试点。自贸试验区内货物贸易外汇管理分类等级为 A 类的企业货物贸易收入可直接进入经常项目结算账户。研究开展合格境内有限合伙人（QDLP）试点工作。支持在自贸试验区依法依规设立外商投资金融机构。探索设立专业从事境内股权投资类基金公司。支持外资股权投资管理机构、外资创业投资管理机构在自贸试验区发起管理人民币股权投资和创业投资基金。

9. 探索实施金融创新。在严格监管前提下审慎有序进行金融综合经营试点。支持本地法人银行开展股债联动业务试点。探索发展私募股权投资二级交易基金。鼓励创新知识产权保险业务，开展基金管理服务专项改革创新。支持自贸试验区内保险法人机构依法依规开展境外投资。支持符合条件的融资租赁公司在自贸试验区内设立专业子公司。根据期货保税交割业务需要，允许拓展仓单质押融资功能，推动完善仓单质押融资所涉及的仓单确权等工作。加强对重大风险的识别和系统性金融风险的防范。强化反洗钱、反恐怖融资、反逃税工作。

（五）推动创新驱动发展

10. 加强创新能力建设。支持建设海外创新孵化中心、海外人才离岸创新创业基地等创新平台。支持企业联合金融机构、高校、科研院所建设产业创新平台。支持建设山东产业技术研究院。鼓励外国著名高校来华开展合作办学。推动双元制职业教育发展，设立智能制造技师学院。支持青岛片区开展高水平中德合作办学。

11. 推进医疗医药行业发展。在相关制度安排框架下，允许港澳服务提供者按规定设立独资医疗机构。支持整形美容、先进医疗技术研发和孵化等行业发展。自贸试验区内医疗机构可按有关规定开展干细胞临床前沿医疗技术研究。加快创新药品审批上市，对抗癌药、罕见病用药等临床急需创新药品实施优先审评审批。优化生物医药全球协同研发试验用特殊物品的检疫查验流程。开展医疗器械注册人制度试点，允许自贸试验区内医疗器械注册人委托山东省医疗器械生产企业生产产品。允许引入和创建国际医学组织，承办国际医学会议。给予医疗人才、先进医疗技术优先准入。鼓励在符合条件的人员在医疗机构提供中医治未病服务、医疗机构中医治未病专职医师职称晋升等方面先行先试。

12. 健全知识产权保护和运用体系。建立知识产权争端解决与快速维权机制。支持建立知识产权运营中心。完善知识产权评估机制、质押融资风险分担机制和方便快捷的质物处置机制。探索人才和技术资本化评估机制，实现知识产权可作价、成果转化能估价、人才团队有身价。放宽对专利代理机构股东和合伙人的条件限制。

13. 优化外籍及港澳台人才发展环境。支持港澳台专业人才和符合条件的外籍专业人才到自贸试验区工作。进一步为来自贸试验区开展商务、旅游等活动的外国人提供入出境便利。开展外国高端人才服务“一卡通”试点。在国际会议、对外邀请、使节来访等需审核审批事项上，建立外事审核审批直通车制度。

（六）高质量发展海洋经济

14. 加快发展海洋特色产业。建设东北亚水产品加工及贸易中心。推进海洋工程装备研究院及重大研发、试验验证平台和智慧码头建设，发展涉海装备研发制造、维修、服务等产业。支持探索建设现代化海洋种业资源引进中转基地，加快优质水产苗种的检疫准入。优化海洋生物种质及其生物制品进口许可程序，加强海洋生物种质和基因资源研究及产业应用。推进国家海洋药物中试基地、蓝色药库研发生产基地建设，将海洋药物按规定纳入国家医保目录。支持自贸试验区内有条件的金融机构提供各类涉海金融服务。

15. 提升海洋国际合作水平。发挥东亚海洋合作平台作用，区内区外联动，深化开放合作。支持涉海高校、科研院所、国家实验室、企业与国内外机构共建海洋实验室和海洋研究中心。支持国际海洋组织在山东省设立分支机构。搭建国际海洋基因组学联盟，开展全球海洋生物基因测序服务。支持涉海企业参与国际标准制定。

16. 提升航运服务能力。建设航运大数据综合信息平台。探索依托现有交易场所依法依规开展船舶等航运要素交易。支持青岛国际海洋产权交易中心试点开展国际范围船舶交易。支持设立国际中转集拼货物多功能集拼仓库。逐步开放中国籍国际航行船舶入级检验。支持开展外籍邮轮船舶维修业务。发挥港口功能优势，建立以“一单制”为核心的多式联运服务体系，完善山东省中欧班列运营平台，构建东联日韩、西接欧亚大陆的东西互联互通大通道。加强自贸试验区与海港、空港联动，推进海陆空邮协同发展。

（七）深化中日韩区域经济合作

17. 探索三国地方经济合作。强化优势互补，探索共同开拓第三方市场。高标准建设中韩（烟台）产业园，创新“两国双园”合作模式。支持合作建设医养健康中心。推动建立国际化科技成果转移转化平台。支持依规开展人民币海外基金业务。允许国外交易所在自贸试验区内设立办事机构。

18. 推进区域合作交流便利化。加强中日、中韩海关间“经认证的经营者（AEO）”互认合作，构建信息互换、监管互认、执法互助以及检验检疫、标准计量等方面高效顺畅的合作机制。与日本、韩国合作确定鲜活农副产品目录清单，加快开通快速通关绿色通道。创新自由贸易协定缔约方之间班轮卫生检疫“电讯申报、无疫通行”监管模式。

四、保障机制

坚持和加强党对改革开放的领导，把党的领导贯穿于自贸试验区建设的全过程。强化底线思维和风险意识，完善风险防控和处置机制，实现区域稳定安全高效运行，切实维护国家安全和社会安全。在国务院自由贸易试验区工作部际联席会议统筹协调下，充分发挥地方和部门积极性，抓好各项改革试点任务落实，高标准高质量建设自贸试验区。山东省要完善工作机制，构建精简高效、权责明晰的自贸试验区管理体制，加强人才培养，打造高素质管理队伍；要加强地方立法，建立公正透明、体系完备的法治环境。自贸试验区各片区要把工作做细，制度做实，严格监督，严格执纪执法。各有关部门要及时下放相关管理权限，给予充分的改革自主权。本方案提出的各项改革政策措施，凡涉及调整现行法律或行政法规的，按规定程序办理。重大事项及时向党中央、国务院请示报告。

（中国政府网 2019 年 8 月 26 日）

中国（江苏）自由贸易试验区总体方案

建立中国（江苏）自由贸易试验区（以下简称自贸试验区）是党中央、国务院作出的重大决策，是新时代推进改革开放的战略举措。为高标准高质量建设自贸试验区，制定本方案。

一、总体要求

（一）指导思想。以习近平新时代中国特色社会主义思想为指导，全面贯彻党的十九大和十九届二中、三中全会精神，统筹推进“五位一体”总体布局和协调推进“四个全面”战略布局，坚持稳中求进工作总基调，坚持新发展理念，坚持高质量发展，以供给侧结构性改革为主线，主动服务和融入国家重大战略，更好服务对外开放总体战略布局，解放思想、大胆创新，把自贸试验区建设成为新时代改革开放的新高地。

（二）战略定位及发展目标。以制度创新为核心，以可复制可推广为基本要求，全面落实中央关于深化产业结构调整、深入实施创新驱动发展战略的要求，推动全方位高水平对外开放，加快“一带一路”交汇点建设，着力打造开放型经济发展先行区、实体经济创新发展和产业转型升级示范区。经过三至五年改革探索，对标国际先进规则，形成更多有国际竞争力的制度创新成果，推动经济发展质量变革、效率变革、动力变革，努力建成贸易投资便利、高端产业集聚、金融服务完善、监管安全高效、辐射带动作用突出的高标准高质量自由贸易园区。

二、区位布局

（一）实施范围。自贸试验区的实施范围119.97平方公里，涵盖三个片区：

南京片区39.55平方公里，苏州片区60.15平方公里（含苏州工业园综合保税区5.28平方公里），连云港片区20.27平方公里（含连云港综合保税区2.44平方公里）。

自贸试验区土地开发利用须遵守土地利用、生态环境保护、城乡规划法律法规，符合土地利用总体规划和城乡规划，并符合节约集约用地的有关要求；涉及海洋的，须符合《中华人民共和国海域使用管理法》、《中华人民共和国海洋环境保护法》等法律法规有关规定。

（二）功能划分。南京片区建设具有国际影响力的自主创新先导区、现代产业示范区和对外开放合作重要平台；苏州片区建设世界一流高科技产业园区，打造全方位开放高地、国际化创新高地、高端化产业高地、现代化治理高地；连云港片区建设亚欧重要国际交通枢纽、集聚优质要素的开放门户、“一带一路”沿线国家（地区）交流合作平台。

三、主要任务和措施

（一）加快转变政府职能

1. 打造国际一流营商环境。推进“证照分离”改革全覆盖，持续推动“多证合一”。推进“2个工作日内开办企业、3个工作日内获得不动产登记、30个工作日内取得工业建设项目施工许可证”改革。加强商事审判队伍建设，发展国际商事仲裁、调解等司法替代性解决机制。强化竞争政策的基础性地位。

2. 推进行政管理职能与流程优化。江苏省能够下放的经济社会管理权限，全部下放给自贸试验区。推进综合行政执法体制改革。全面推行“互联网+政务服务”模式。深化“不见面审批（服务）”改革和办税缴费便利化改革。探索高新技术企业认定流程和方式改革。

3. 创新事中事后监管体制机制。建立健全以信用监管为核心、与负面清单管理方式相适应的事中事后监管体系。配合做好外商投资安全审查工作。落实市场主体首负责任制，在安全生产、资源节约、环境保护等领域建立市场主体社会责任报告制度和责任追溯制度。

（二）深化投资领域改革

4. 深入推进投资自由化便利化。全面落实外商投资准入前国民待遇加负面清单管理制度。探索建立外商投资信息报告制度。深入实施公平竞争审查制度，实现各类市场主体依法平等准入。对符合条件的外资创业投资企业和股权投资企业开展境内投资项目，探索实施监管新模式。探索允许外商投资企业将资本项目收入划转或结汇并依法用于境内股权投资。支持外商独资设立经营性教育培训和职业技能培训机构。支持外商投资设立航空运输销售代理企业。统一内外资人才中介机构投资者资质要求，由自贸试验区管理机构负责审批，报省级人力资源社会保障部门备案。

5. 完善投资促进和保护机制。建立健全外商投资服务体系，完善外商投资促进、项目跟踪服务和投诉工作机制。鼓励自贸试验区在法定权限内制定外商投资促进政策。推广市场化招商模式，成立企业化招商机构。实施重大外资项目“直通车”制度。建立完善地方政府招商引资诚信制度。

6. 提高境外投资合作水平。创新境外投资管理，将自贸试验区建设成为企业“走出去”的窗口和综合服务平台。支持建设国家级境外投资服务中心。投资境外非贸易类实体项目的自贸试验区内企业因外保内贷履约形成对外债务时，应办理外债登记，并纳入全口径跨境融资宏观审慎管理。支持依法依规开展人民币海外基金业务。

7. 大力发展总部经济。进一步完善总部经济促进政策，打造总部经济群。推进企业跨境财务结算中心集聚发展，开展跨国公司总部外汇资金集中运营管理。跨境财务结算中心经批准可以进入境内银行间外汇市场交易。支持符合条件的跨国企业集团设立跨境人民币资金池，集中管理集团内人民币资金。

（三）推动贸易转型升级

8. 提升贸易便利化水平。加快建设具有国际先进水平的国际贸易“单一窗口”。推动数据协同、简化和标准化，实现铁路、海关、口岸等相关部门的信息互换、监管互认和执法互助。探索食品、农产品检验检疫和追溯标准国际互认机制。扩大第三方检验结果采信商品和机构范围。优化口岸通关流程，推进货物平均放行和结关时间体系化建设。创新出口货物专利纠纷担保放行方式。支持银行为真实合法的贸易结算提供优质服务。

9. 创新贸易综合监管模式。探索与自贸试验区外机场、港口、铁路以及海关特殊监管区域的联动发展。支持自贸试验区内企业开展跨境电商进出口业务，逐步实现自贸试验区内综合保税区依法依规全面适用跨境电商零售进口政策。支持国际邮件互换局（交换站）和国际快件监管中心建设。完善进口商品质量安全风险预警与快速反应监管体系。支持自贸试验区的汽车整车进口口岸建设。支持依法依规建设首次进口药品和生物制品口岸。搭建生物医药集中监管和公共服务平台。开展进境生物材料风险评估，优化对细胞、组织切片等基础性原料的检疫准入流程。优化生物医药全球协同研发的试验用特殊物品的检疫查验流程。支持在海关特殊监管区域和保税监管场所设立大宗商品期货保税交割库，开展期货保税交割、仓单质押融资等业务。允许海关接受软件报关。

10. 推动服务贸易创新发展。建立完善服务贸易创新发展跨部门协调机制，探索服务贸易行政审批及服务事项集中办理改革。探索建设服务贸易境外促进中心，构建中小微服务贸易企业融资担保体系。打造以数字化贸易为标志的新型服务贸易中心。推动中医药服务贸易创新发展。推进人民币在服务贸易领域的跨境使用。

（四）深化金融领域开放创新

11. 扩大金融领域对内对外开放。支持依法依规设立中外合资银行、民营银行、保险、证券、公募基金、持牌资产管理机构等法人金融机构。支持设立保险资产管理公司。支持发展离岸保险业务。探索投融资汇兑便利化。探索自贸试验区内上市公司外资股东直接参与上市公司配售增发业务，支持外籍员工直接参与境内上市公司股权激励计划。加强对重大风险的识别和系统性金融风险的防范。强化反洗钱、反恐怖融资、反逃税工作。

12. 强化金融对实体经济的支撑。在有效防范风险的基础上，稳妥有序开展供应链金融业务，探索债券、股权融资支持工具试点。支持开展外债注销登记下放给银行办理试点。扩大资本项目收入结汇支付便利化试点规模。依法依规创新绿色金融产品和服务。鼓励保险公司创新产品和服务，为能源、化工等提供保障。

13. 推进金融支持科技创新。研究设立跨境双向股权投资基金。支持开展政府投资基金投向种子期、初创期科技企业的退出试点，探索政府投资基金退出机制和让利机制。研究开展合格境内投资企业（QDIE）政策试点。支持自贸试验区内基金小镇依法依规开展私募投资基金服务。

（五）推动创新驱动发展

14. 支持制造业创新发展。发展前瞻性先导性产业。建设下一代互联网国家工程中心。建设国家集成电路设计服务产业创新平台、国家健康医疗大数据中心。推进 5G 试商用城市建设，打造国家级车联网先导区。在风险可控、依法依规前提下，积极开展高技术、高附加值、符合环保要求的旧机电产品维修和再制造，探索开展高端装备绿色再制造试点。开展医疗器械注册人制度试点，允许自贸试验区内医疗器械注册人委托江苏省医疗器械生产企业生产产品。

15. 推动现代服务业集聚发展。打造健康服务发展先行区。在相关制度安排框架下，允许港澳台服务提供者按规定设立独资医疗机构。加快质子放射治疗系统、手术机器人等大型创新医疗设备和创新药物审批。探索开展前沿医疗技术研究项目、重大新药创制国家科技重大专项成果转移转化试点。推动邮轮、游艇等旅游出行便利化。促进文物及文化艺术品在自贸试验区内的综合保税区存储、展示等。打造品牌化、市场化、国际化的展会平台。

16. 构建开放创新载体。建设高水平产业创新平台，鼓励外资设立研发中心，建设国别合作创新园区、协同创新中心、海外创新机构，构建开放创新生态系统。推进国家级开发区等开放创新平台与自贸试验区互动发展。

17. 完善知识产权保护和运用体系。推进知识产权保护中心建设。完善知识产权金融创新体系，创新知识产权融资产品。完善知识产权评估机制、质押融资风险分担机制和方便快捷的质物处置机制。探索推进职务发明创造所有权、处置权和收益权改革。支持国外知识产权服务机构在自贸试验区依法探索设立办事机构，开展相关业务。

18. 优化创新要素市场配置机制。探索国际人才管理改革试点，为在自贸试验区工作和创业的外国人提供入出境、居留和永久居留便利。开辟外国人才绿色通道，探索开展职业资格国际互认，探索放宽自贸试验区聘雇高层次和急需紧缺外籍专业人才条件限制。开展外国高端人才服务“一卡通”试点，建立住房、子女入学、就医社保服务通道。允许外籍及港澳台地区技术技能人员按规定在自贸试验区工作。支持完善人才跨境金融服务。创新国有建设用地开发利用及监管模式。

（六）积极服务国家战略

19. 推动“一带一路”交汇点建设。支持在自贸试验区内建立多式联运中心，探索建立以“一单制”为核心的便捷多式联运体系。授予自贸试验区铁路对外开放口岸资质。支持规划建设铁路集装箱中心站。建设大宗商品集散中心。促进国际运输便利化，加快海外物流基地建设。搭建新亚欧大陆桥陆海联运电子数据交换通道。加强与“一带一路”沿线国家（地区）口岸执法机构的机制化合作。推动将中欧班列（连云港）纳入中欧安全智能贸易航线试点计划。将外资经营国际船舶管理业务备案下放至江苏省。加强“一带一路”国际产能合作，支持自贸试验区内企业与相关国家的机构合作，参与建设境外经贸合作区、产能合作区等。

20. 推动长江经济带和长江三角洲区域一体化发展。加强与长江经济带和长江三角洲有关省市合作。加快建设扬子江生态文明创新中心。支持完善长江“生态眼”多源感知系统。在自贸试验区打造高水平国际化协同创新共同体，共同培育先进制造业集群和科创高地。加快建设现代产业集聚区，主动服务长江三角洲区域重点产业的优化布局和统筹发展。

四、保障机制

坚持和加强党对改革开放的领导，把党的领导贯穿于自贸试验区建设的全过程。强化底线思维和风险意识，完善风险防控和处置机制，实现区域稳定安全高效运行，切实维护国家安全和社会安全。在国务院自由贸易试验区工作部际联席会议统筹协调下，充分发挥地方和部门积极性，抓好各项改革试点任务落实，高标准高质量建设自贸试验区。江苏省要完善工作机制，构建精简高效、权责明晰的自贸试验区管理体制，加强人才培养，打造高素质管理队伍；要加强地方立法，建立公正透明、体系完备的法治环境。自贸试验区各片区要把工作做细，制度做实，严格监督，严格执纪执法。各有关部门要及时下放相关管理权限，给予充分的改革自主权。本方案提出的各项改革政策措施，凡涉及调整现行法律或行政法规的，按规定程序办理。重大事项及时向党中央、国务院请示报告。

（中国政府网 2019 年 8 月 26 日）

中国（广西）自由贸易试验区总体方案

建立中国（广西）自由贸易试验区（以下简称自贸试验区）是党中央、国务院作出的重大决策，是新时代推进改革开放的战略举措。为高标准高质量建设自贸试验区，制定本方案。

一、总体要求

（一）指导思想。以习近平新时代中国特色社会主义思想为指导，全面贯彻党的十九大和十九届二中、三中全会精神，统筹推进“五位一体”总体布局和协调推进“四个全面”战略布局，坚持稳中求进工作总基调，坚持新发展理念，坚持高质量发展，以供给侧结构性改革为主线，主动服务和融入国家重大战略，更好服务对外开放总体战略布局，解放思想、大胆创新，把自贸试验区建设成为新时代改革开放的新高地。

（二）战略定位及发展目标。以制度创新为核心，以可复制可推广为基本要求，全面落实中央关于打造西南中南地区开放发展新的战略支点的要求，发挥广西与东盟国家陆海相邻的独特优势，着力建设西南中南西北出海口、面向东盟的国际陆海贸易新通道，形成21世纪海上丝绸之路和丝绸之路经济带有机衔接的重要门户。经过三至五年改革探索，对标国际先进规则，形成更多有国际竞争力的制度创新成果，推动经济发展质量变革、效率变革、动力变革，努力建成贸易投资便利、金融服务完善、监管安全高效、辐射带动作用突出、引领中国—东盟开放合作的高标准高质量自由贸易园区。

二、区位布局

（一）实施范围。自贸试验区的实施范围119.99平方公里，涵盖三个片区：南宁片区46.8平方公里（含南宁综合保税区2.37平方公里），钦州港片区58.19平方公里（含钦州保税港区8.81平方公里），崇左片区15平方公里（含凭祥综合保税区1.01平方公里）。

自贸试验区土地开发利用须遵守土地利用、生态环境保护、城乡规划法律法规，符合土地利用总体规划和城乡规划，并符合节约集约用地的有关要求；涉及海洋的，须符合《中华人民共和国海域使用管理法》、《中华人民共和国海岛保护法》、《中华人民共和国海洋环境保护法》等法律法规有关规定。

（二）功能划分。南宁片区重点发展现代金融、智慧物流、数字经济、文化传媒等现代服务业，大力发展新兴制造产业，打造面向东盟的金融开放门户核心区和国际陆海贸易新通道重要节点；钦州港片区重点发展港航物流、国际贸易、绿色化工、新能源汽车关键零部件、电子信息、生物医药等产业，打造国际陆海贸易新通道门户港和向海经济集聚区；崇左片区重点发展跨境贸易、跨境物流、跨境金融、跨境旅游和跨境劳务合作，打造跨境产业合作示范区，构建国际陆海贸易新通道陆路门户。

三、主要任务和措施

（一）加快转变政府职能

1. 打造国际一流营商环境。推进“证照分离”改革全覆盖。深化“一事通办”改革。对标国际标准，在开办企业、办理建筑许可、登记财产等方面加大改革力度。推进重要工业产品生产许可制度改革。探索建立普通注销登记制度和简易注销登记制度相互配套的市场主体退出制度。强化竞争政策的基础性地位。配合做好外商投资安全审查工作。

2. 深入推进行政管理职能与流程优化。调整完善省级管理权限下放内容和方式。推行“极简审批”改革。实施相对集中行政许可权改革试点。优化经营范围登记改革试点。探索实施投资项目先建后验管理新模式。全面开展工程建设项目审批制度改革，实现“一口受理”、“两验终验”，推行“函证结合”、“容缺后补”等改革。全面推行“互联网+政务服务”模式，涉企政务服务事项实现“应上尽上、全程在线”。继续探索创新公共部门绩效管理模式。建立企业信用修复制度。

（二）深化投资领域改革

3. 深入推进投资自由化便利化。全面落实外商投资准入前国民待遇加负面清单管理制度。探索建立外商投资信息报告制度。支持外商独资设立经营性教育培训和职业技能培训机构。统一内外资人才中介机构投资者资质要求，由自贸试验区管理机构负责审批，报省级人力资源社会保障部门备案。支持外商投资设立航空运输销售代理企业。支持将无船承运、外资经营国际船舶管理业务备案下放给广西。深化国际文化创意和体育赛事合作，依托现有交易场所开展演艺及文化创意知识产权交易。

4. 完善投资促进和保护机制。建立健全外商投资服务体系，完善外商投资促进、项目跟踪服务和投诉工作机制。鼓励自贸试验区在法定权限内制定外商投资促进政策。推动准入前和准入后管理措施的有效衔接，实施公平竞争审查制度。

5. 提高境外投资合作水平。完善企业“走出去”综合服务和风险防控体系。鼓励企业“走出去”在周边国家开展农业合作。鼓励金融机构提高对境外资产或权益的处置能力，支持“走出去”企业以境外资产和股权、采矿权等权益为抵押获得贷款。

（三）推动贸易转型升级

6. 提升贸易便利化水平。加快建设国际贸易“单一窗口”，依托“单一窗口”标准版，探索与东盟国家“单一窗口”互联互通。试行“两步申报”通关监管新模式。探索对自贸试验区海关特殊监管区域内企业取消工单核销和单耗管理。依照自由贸易协定安排，推动实施原产地自主声明制度和原产地预裁定制度。优化生物医药全球协同研发的试验用特殊物品的检疫查验流程。优先审理自贸试验区相关口岸开放项目。支持依法依规建设首次进口药品和生物制品口岸。研究开展贸易调整援助试点。

7. 培育贸易新业态新模式。逐步实现自贸试验区内综合保税区依法依规全面适用跨境电商零售进口政策。支持在自贸试验区的海关特殊监管区域开展现货交易、保税交割、融资租赁业务。开展平行进口汽车试点。支持发展国际贸易、现代金融等总部经济。在综合保税区内开展高技术、高附加值、符合环保要求的保税检测和全球维修业务，试点通信设备等进口再制造。促进文物及文化艺术品在自贸试验区内综合保税区存储、展示等。

（四）深化金融领域开放创新

8. 打造面向东盟的金融开放门户。深化以人民币面向东盟跨区域使用为重点的金融改革。推动人民币与东盟国家货币通过银行间市场区域挂牌交易。完善货币现钞跨境调运机制。支持符合规定的私募基金管理人、证券公司、商业银行、金融资产投资公司等机构，依法依规发起设立民营企业股权融资支持工具。支持在自贸试验区依法发起设立民营银行等金融机构。培育融资租赁主体。研究设立中国—东盟金融合作学院。

9. 促进跨境投融资便利化。支持自贸试验区内银行按规定发放境外人民币贷款。支持金融机构和企业赴境外发行人民币债券并回流使用。在宏观审慎管理框架下，探索自贸试验区内金融股权交易平台向境外银行开展不良资产转让业务。放宽跨国公司外汇资金集中运营管理准入条件。拓宽企业资本项下外币资金结汇用途。支持企业境外母公司按照有关规定在境内发行人民币债券。支持符合条件的跨境电子商务企业在宏观审慎管理框架下开展人民币境外借款业务。鼓励跨境电子商务活动中使用人民币计价结算。加强对重大风险的识别和系统性金融风险的防范。强化反洗钱、反恐怖融资、反逃税工作。

（五）推动创新驱动发展

10. 强化科技创新支撑引领。优化新兴行业经营范围登记工作。探索进口研发样品、设备等进出自贸试验区海关特殊监管区域的便利监管措施。支持为创新创业企业提供股权和债权相结合的融资方式。支持与东盟国家共建联合实验室、创新平台、科技园区。支持建立面向东盟的国际科技合作组织。充分发挥中国—东盟技术转移中心作用。探索建立知识产权快速维权机制。完善知识产权交易体系与交易机制。完善知识产权评估机制、质押融资风险分担机制和方便快捷的质物处置机制。

11. 推进人力资源领域改革。深入实施外国人来华工作许可制度。开辟外籍及港澳台人才绿色通道。开展外国高端人才服务“一卡通”试点。为在自贸试验区工作和创业的外籍及港澳台人才提供入出境、居留和永久居留便利。探索建立科技创新引才引智计点积分制度。为来自贸试验区开展商务、旅游等活动的外国人提供入出境便利。

（六）构建面向东盟的国际陆海贸易新通道

12. 畅通国际大通道。支持广西与中西部省（自治区、直辖市）及国际陆海贸易新通道沿线国家和地区建立完善合作机制，实现物流资源整合和高效匹配。支持开通和加密北部湾港国际海运航线。支持北部湾港开行至中西部地区的海铁联运班列，与中欧班列无缝衔接。加快构建经西部地区联通“一带一路”的大能力铁路货运通道。加密中国—中南半岛跨境货运班列、国际道路运输线路。强化南宁空港、南宁国际铁路港的服务支撑能力。支持建设南宁临空经济示范区。支持更多航空公司设立运行基地和分（子）公司。支持加密南宁至东南亚、南亚的客货运航空航线。

13. 创新多式联运服务。建设以海铁联运为主干的多式联运体系，支持开展多式联运“一单制”改革。探索建立国际陆海贸易新通道班列全程定价机制。探索在东盟国家主要港口设立铁路集装箱还箱点。加快推进跨境运输便利化，推进实施中欧安全智能贸易航线试点计划。探索“跨境电子商务＋国际联运”新模式。

14. 打造对东盟合作先行先试示范区。依托现有交易场所依法依规开展面向东盟的大宗特色商品交易。支持在中国—马来西亚“两国双园”间形成更加高效便利的国际产业链合作关系。推动中国—马来西亚全球电子商务平台落户自贸试验区。加强与东盟国家在通关、认证认可、标准计量等方面合作，大力推进“经认证的经营者（AEO）”互认合作。支持发展面向东盟的临港石化产业，延伸产业链，提升产业精细化水平。支持在自贸试验区内发展新能源汽车产业，加强与东盟国家在汽车产业的国际合作，符合条件的新能源汽车投资项目按照《汽车产业投资管理规定》办理。支持发展以东盟国家中草药为原料的医药产业。支持自贸试验区内医疗机构与东盟国家依法同步开展重大疾病新药临床试验。自贸试验区内医疗机构可根据自身的技术能力，按照有关规定开展干细胞临床前沿医疗技术研究项目。加快推进中国—东盟信息港建设。与东盟国家加强北斗导航、大数据、人工智能等产业合作。支持中国—东盟博览会服务区域从中国—东盟向“一带一路”沿线国家（地区）延伸。在国际会展检验检疫监管模式下，支持博览会扩大原产于东盟国家农产品的展示。支持中西部地区在自贸试验区设立面向东盟的开放型园区。

（七）形成“一带一路”有机衔接的重要门户

15. 打造西部陆海联通门户港。加快建设服务西南中南西北的国际陆海联运基地。深化泛北部湾次区域合作，加快推进中国—东盟港口城市网络建设。支持钦州港提升集装箱干线运输水平。支持北部湾港重大港航及公共项目用海用地。支持设立航运、物流区域总部或运营中心，开展国际中转、中转集拼、航运交易等服务。探索依托现有交易场所依法依规开展船舶等航运要素交易。支持开展北部湾港至粤港澳大湾区的内外贸集装箱同船运输。探索建立更加开放的国际船舶登记制度。

16. 建设中国—中南半岛陆路门户。深度参与澜沧江—湄公河次区域合作，加快推进中国—中南半岛经济走廊建设。推动经友谊关口岸的中越直通车范围延伸至西部重要节点城市。创新边境口岸出入境车辆电讯检疫监管制度。加快推进跨境运输车辆牌证互认。鼓励发展中国—东盟跨境汽车自驾游。积极推动车辆、人员自助通关。支持边境小额贸易创新发展和转型升级。探索边境贸易管理更加便利化，推进企业信用管理。充分发挥中国—东盟边境贸易凭祥检验检疫试验区作用。探索开展跨境动物疫病区域化管理工作。开展跨境劳务谈判，规范边境地区外籍劳务人员试点工作。

四、保障机制

坚持和加强党对改革开放的领导，把党的领导贯穿于自贸试验区建设的全过程。强化底线思维和风险意识，完善风险防控和处置机制，实现区域稳定安全高效运行，切实维护国家安全和社会安全。在国务院自由贸易试验区工作部际联席会议统筹协调下，充分发挥地方和部门积极性，抓好各项改革试点任务落实，高标准高质量建设自贸试验区。广西壮族自治区要完善工作机制，构建精简高效、权责明晰的自贸试验区管理体制和用编用人制度，加强人才培养，打造高素质管理队伍；要加强地方立法，建立公正透明、体系完备的法治环境。自贸试验区各片区要把工作做细，制度做实，严格监督，严格执纪执法。各有关部门要及时下放相关管理权限，给予充分的改革自主权。本方案提出的各项改革政策措施，凡涉及调整现行法律或行政法规的，按规定程序办理。重大事项及时向党中央、国务院请示报告。

（中国政府网 2019 年 8 月 26 日）

中国（河北）自由贸易试验区总体方案

建立中国（河北）自由贸易试验区（以下简称自贸试验区）是党中央、国务院作出的重大决策，是新时代推进改革开放的战略举措。为高标准高质量建设自贸试验区，制定本方案。

一、总体要求

（一）指导思想。以习近平新时代中国特色社会主义思想为指导，全面贯彻党的十九大和十九届二中、三中全会精神，统筹推进“五位一体”总体布局和协调推进“四个全面”战略布局，坚持稳中求进工作总基调，坚持新发展理念，坚持高质量发展，以供给侧结构性改革为主线，主动服务和融入国家重大战略，更好服务对外开放总体战略布局，解放思想、大胆创新，把自贸试验区建设成为新时代改革开放的新高地。

（二）战略定位及发展目标。以制度创新为核心，以可复制可推广为基本要求，全面落实中央关于京津冀协同发展战略和高标准高质量建设雄安新区要求，积极承接北京非首都功能疏解和京津科技成果转化，着力建设国际商贸物流重要枢纽、新型工业化基地、全球创新高地和开放发展先行区。经过三至五年改革探索，对标国际先进规则，形成更多有国际竞争力的制度创新成果，推动经济发展质量变革、效率变革、动力变革，努力建成贸易投资自由便利、高端高新产业集聚、金融服务开放创新、政府治理包容审慎、区域发展高度协同的高标准高质量自由贸易园区。

二、区位布局

（一）实施范围。自贸试验区的实施范围 119.97 平方公里，涵盖四个片区：雄安片区 33.23 平方公里，正定片区 33.29 平方公里（含石家庄综合保税区 2.86 平方公里），曹妃甸片区 33.48 平方公里（含曹妃甸综合保税区 4.59 平方公里），大兴机场片区 19.97 平方公里。

自贸试验区土地开发利用须遵守土地利用、生态环境保护、城乡规划法律法规，符合土地利用总体规划和城乡规划，并符合节约集约用地的有关要求；涉及海洋的，须符合《中华人民共和国海域使用管理法》、《中华人民共和国海洋环境保护法》等法律法规有关规定。

（二）功能划分。雄安片区重点发展新一代信息技术、现代生命科学和生物技术、高端现代服务业等产业，建设高端高新产业开放发展引领区、数字商务发展示范区、金融创新先行区。正定片区重点发展临空产业、生物医药、国际物流、高端装备制造等产业，建设航空产业开放发展集聚区、生物医药产业开放创新引领区、综合物流枢纽。曹妃甸片区重点发展国际大宗商品贸易、港航服务、能源储配、高端装备制造等产业，建设东北亚经济合作引领区、临港经济创新示范区。大兴机场片区重点发展航空物流、航空科技、融资租赁等产业，建设国际交往中心功能承载区、国家航空科技创新引领区、京津冀协同发展示范区。

三、主要任务和措施

（一）加快转变政府职能

1. 打造国际一流营商环境。推进“证照分离”改革全覆盖。调整完善省级管理权限下放内容和方式。全面开展工程建设项目审批制度改革，实现“一口受理”、“两验终验”，推行“函证结合”、“容缺后补”等改革。探索实施投资项目先建后验管理新模式。对环境影响小、环境风险不高的建设项目探索推行环境影响评价承诺备案制，对建设项目环境许可、现场勘察实施同类豁免或简化模式。搭建知识产权服务工作站。建立完善知识产权评估机制、质押登记制度、质押融资风险分担机制以及方便快捷的质物处置机制。强化竞争政策的基础性地位。配合做好外商投资安全审查工作。

（二）深化投资领域改革

2. 深入推进投资自由化便利化。全面落实外商投资准入前国民待遇加负面清单管理制度。探索建立外商投资信息报告制度。允许取得我国一级注册建筑师或一级注册结构工程师资格的境外专业人士作为合伙人，按相应资质标准要求设立建筑工程设计事务所。支持外商独资设立经营性教育培训和职业技能培训机构。支持外商投资设立航空运输销售代理企业。统一内外资人才中介机构投资者资质要求，由自贸试验区管理机构负责审批，报省级人力资源社会保障部门备案。

3. 完善投资促进和保护机制。建立健全外商投资服务体系，完善外商投资促进、项目跟踪服务和投诉工作机制。鼓励自贸试验区在法定权限内制定外商投资促进政策。完善"走出去"综合服务和风险防控体系。支持"走出去"企业以境外资产和股权、采矿权等权益为抵押获得贷款。

（三）推动贸易转型升级

4. 提升贸易便利化水平。在海关特殊监管区域深入实施货物状态分类监管。探索以企业为单元的税收担保制度。允许展会展品提前备案，以担保方式放行展品，展品展后结转进入海关特殊监管区域予以核销。支持在雄安片区设立综合保税区。支持曹妃甸开展平行进口汽车试点。支持曹妃甸片区建设国际海运快件监管中心。研究开展贸易调整援助试点。

5. 支持开展国际大宗商品贸易。依托现有交易场所，依法依规开展矿石、钢铁、煤炭、木材、天然气、粮食、食糖等大宗商品现货交易。支持建立大宗商品期货保税交割仓库、跨境交易平台。支持开展矿石混配业务，完善仓储、分销、加工及配送体系。发展国际能源储配贸易，允许商储租赁国有企业商业油罐，支持开展成品油和保税燃料油交割、仓储，允许自贸试验区内企业开展不同税号下保税油品混兑调和。支持建设液化天然气（LNG）储运设施，完善配送体系。

6. 建设国际商贸物流重要枢纽。支持设立多式联运中心。培育发展航运企业。支持设立航运保险机构。支持曹妃甸片区设立国际船舶备件供船公共平台、设备翻新中心和船舶配件市场。在对外航权谈判中，在平等互利基础上，积极争取石家庄正定国际机场航空枢纽建设所需的包括第五航权在内的国际航权。在符合省内统一规划前提下，研究推进在正定片区按相关规定申请设立A类低空飞行服务站。支持北京大兴国际机场申请设立水果、种子种苗、食用水生动物、肉类、冰鲜水产品等其他特殊商品进出口指定监管作业场地。加强北京大兴国际机场临空经济区与自贸试验区的改革联动、发展联动。支持正定片区设立进口钻石指定口岸。

（四）深化金融领域开放创新

7. 增强金融服务功能。支持符合条件的商业银行注册设立金融资产投资子公司。支持设立直销银行、征信机构等。支持试点设立健康保险等外资专业保险机构。研究开展合格境外有限合伙人（QFLP）和合格境内投资企业（QDIE）业务试点，放宽项目投资限制，提高基金持股比例。加强对重大风险的识别和系统性金融风险的防范。强化反洗钱、反恐怖融资、反逃税工作。

8. 深化外汇管理体制改革。放宽跨国公司外汇资金集中运营管理准入条件。探索研究符合条件的融资租赁公司和商业保理公司进入银行间外汇市场。允许货物贸易外汇管理分类等级为A类的企业货物贸易收入无需开立待核查账户。

9. 推动跨境人民币业务创新。支持自贸试验区内银行按规定发放境外人民币贷款，探索开展境内人民币贸易融资资产跨境转让业务，并纳入全口径跨境融资宏观审慎管理。支持企业境外母公司按照有关规定在境内发行人民币债券。

（五）推动高端高新产业开放发展

10. 支持生物医药和生命健康产业开放发展。优化生物医药全球协同研发的试验用特殊物品的检疫查验流程。建立新药研发用材料、试剂和设备进口绿色通道，免除企业一次性进口药品通关单，实行一次审批、分次核销。适度放宽医药研发用小剂量特殊化学制剂的管理，支持在自贸试验区内建立备货仓库。简化一公斤以内的药物样品、中间体出境空运手续。支持石家庄依法依规建设进口药品口岸，条件成熟时设立首次进口药品和生物制品口岸。建立基因检测技术应用示范中心和公共技术平台，支持开展基因测序技术临床应用，支持开展感染微生物、罕见病等基因质谱试点。支持自贸试验区内符合条件的医疗卫生机构，按照有关规定开展干细胞临床前沿医疗技术研究项目，建立项目备案绿色通道。开展医疗器械注册人制度试点。优化二类医疗器械审批流程。支持开展医疗器械跨区域生产试点。设立医药知识产权维权援助分中心。

11. 支持装备制造产业开放创新。支持建设国家进口高端装备再制造产业示范园区。试点数控机床、石油钻采产品等高附加值大型成套设备及关键零部件进口再制造。放宽高端装备制造产品售后维修进出口管理，适当延长售后维修设备和备件返厂期限。对符合条件的入境维修复出口免于实施装运前检验。完善装备制造出口产品退换货制度，允许出口企业按照“先出口后回收”方式办理境外用户退换货业务。允许进口入境期限不超过一年的二手研发专用关键设备。简化对非民用进口机电设备免 3C 认证手续。

（六）引领雄安新区高质量发展

12. 建设金融创新先行区。在依法依规前提下，探索监管“沙盒机制”。推进绿色金融第三方认证计划，探索开展环境信息强制披露试点，建立绿色金融国际标准。加快培育排污权、节能量、水权等环境权益交易市场，依托现有交易场所开展碳排放权、水权、新能源现货交易。支持股权众筹试点在雄安股权交易所先行先试。

13. 建设数字商务发展示范区。发展大数据交易、数据中心和数字内容等高端数字化贸易业态。支持建立数字化贸易综合服务平台。探索符合国情的数字化贸易发展规则，参与数据资产国际贸易规则和协议制定。探索兼顾安全和效率的数字化贸易监管模式。推进公共数据利用改革试点。建立大数据资产评估定价、交易规则、标准合约等政策体系。依托现有交易场所开展数据资产交易。推进基于区块链、电子身份（eID）确权认证等技术的大数据可信交易。支持开展数据资产管理、安全保障、数据交易、结算、交付和融资等业务。

建设从雄安片区到国际通信业务出入口局的直达数据链路。支持发展数据服务外包业务。在数字商务发展示范区内探索建立影视、游戏和音乐等数字内容加工与运营中心，依法依规开展数字内容加工与运营服务。针对数字商务发展示范区内数字内容相关行业企业，建立健全事中事后监管机制，通过内容审查、行业自律、守信激励、黑白名单等方式实现监管全覆盖。引导企业加强个人隐私信息保护，及时公布和更新企业收集使用个人信息的策略等。建立数据泄露事件报告制度。

14. 推进生命科学与生物技术创新发展。鼓励企业进行免疫细胞治疗、单抗药物、基因治疗、组织工程等新技术研究，允许企业依法依规开展新型生物治疗业务。建立人类遗传资源临床试验备案制度。支持雄安片区建设基因数据中心。

（七）推动京津冀协同发展

15. 推动区域产业协同创新。支持北京中关村、天津滨海新区等与自贸试验区深度合作创新发展。支持建立总部设在雄安片区的国际科学共同体或科技组织。

16. 促进要素跨区域流动。支持北京非首都功能优先向自贸试验区疏解转移。已在北京、天津取得生产经营资质、认证的企业搬迁到自贸试验区后，经审核继续享有原有资质、认证。允许符合条件的北京、天津企业将注册地变更到自贸试验区后，继续使用原企业名称。建立人才跨区域资质互认、双向聘任等制度，在待遇、职称评定等方面根据个人意愿予以保留或调整。

四、保障机制

坚持和加强党对改革开放的领导，把党的领导贯穿于自贸试验区建设的全过程。强化底线思维和风险意识，完善风险防控和处置机制，实现区域稳定安全高效运行，切实维护国家安全和社会安全。在国务院自由贸易试验区工作部际联席会议统筹协调下，充分发挥地方和部门积极性，抓好各项改革试点任务落实，高标准高质量建设自贸试验区。河北省要完善工作机制，构建精简高效、权责明晰的自贸试验区管理体制，加强人才培养，打造高素质管理队伍；要加强地方立法，建立公正透明、体系完备的法治环境。自贸试验区各片区要把工作做细，制度做实，严格监督，严格执纪执法。各有关部门要及时下放相关管理权限，给予充分的改革自主权。本方案提出的各项改革政策措施，凡涉及调整现行法律或行政法规的，按规定程序办理。重大事项及时向党中央、国务院请示报告。

（中国政府网 2019 年 8 月 26 日）

中国（云南）自由贸易试验区总体方案

建立中国（云南）自由贸易试验区（以下简称自贸试验区）是党中央、国务院作出的重大决策，是新时代推进改革开放的战略举措。为高标准高质量建设自贸试验区，制定本方案。

一、总体要求

（一）指导思想。以习近平新时代中国特色社会主义思想为指导，全面贯彻党的十九大和十九届二中、三中全会精神，统筹推进“五位一体”总体布局和协调推进“四个全面”战略布局，坚持稳中求进工作总基调，坚持新发展理念，坚持高质量发展，以供给侧结构性改革为主线，主动服务和融入国家重大战略，更好服务对外开放总体战略布局，解放思想、大胆创新，把自贸试验区建设成为新时代改革开放的新高地。

（二）战略定位及发展目标。以制度创新为核心，以可复制可推广为基本要求，全面落实中央关于加快沿边开放的要求，着力打造“一带一路”和长江经济带互联互通的重要通道，建设连接南亚东南亚大通道的重要节点，推动形成我国面向南亚东南亚辐射中心、开放前沿。经过三至五年改革探索，对标国际先进规则，形成更多有国际竞争力的制度创新成果，推动经济发展质量变革、效率变革、动力变革，努力建成贸易投资便利、交通物流通达、要素流动自由、金融服务创新完善、监管安全高效、生态环境质量一流、辐射带动作用突出的高标准高质量自由贸易园区。

二、区位布局

（一）实施范围。自贸试验区的实施范围 119.86 平方公里，涵盖三个片区：昆明片区 76 平方公里（含昆明综合保税区 0.58 平方公里），红河片区 14.12 平方公里，德宏片区 29.74 平方公里。

自贸试验区土地开发利用须遵守土地利用、生态环境保护、城乡规划法律法规，符合土地利用总体规划和城乡规划，并符合节约集约用地的有关要求。

（二）功能划分。昆明片区加强与空港经济区联动发展，重点发展高端制造、航空物流、数字经济、总部经济等产业，建设面向南亚东南亚的互联互通枢纽、信息物流中心和文化教育中心；红河片区加强与红河综合保税区、蒙自经济技术开发区联动发展，重点发展加工及贸易、大健康服务、跨境旅游、跨境电商等产业，全力打造面向东盟的加工制造基地、商贸物流中心和中越经济走廊创新合作示范区；德宏片区重点发展跨境电商、跨境产能合作、跨境金融等产业，打造沿边开放先行区、中缅经济走廊的门户枢纽。

三、主要任务和措施

（一）加快转变政府职能

1. 推进行政管理职能与流程优化。推进“证照分离”改革全覆盖，突出“照后减证”。调整完善省级管理权限下放内容和方式。全面推进行政审批和行政服务标准化，推行“互联网 + 政务服务”模式，拓展“一部手机办事通”一网通办功能。全面开展工程建设项目审批制度改革。精简投资项目准入手续，实施先建后验管理新模式。

2. 优化外籍及港澳台人才发展环境。探索将有关外籍及港澳台人才省级管理权限赋予自贸试验区。探索开展职业资格国际互认，允许外籍及港澳台技术技能人员按规定在自贸试验区就业，允许在中国高校毕业的优秀留学生在自贸试验区就业和创业，向其发放工作许可。开展外国高端人才服务“一卡通”试点。建设澜湄职业教育培训基地。

3. 创新事中事后监管体制机制。建立健全以信用监管为核心、与负面清单管理方式相适应的事中事后监管体系。强化竞争政策的基础性地位。配合做好外商投资安全审查工作。

（二）深化投资领域改革

4. 深入推进投资自由化便利化。全面落实外商投资准入前国民待遇加负面清单管理制度。探索建立外商投资信息报告制度。支持外商独资设立经营性教育培训和职业技能培训机构。支持外商投资设立航空运输销售代理企业。统一内外资人才中介机构投资者资质要求，由自贸试验区管理机构负责审批，报省级人力资源社会保障部门备案。

5. 完善投资促进和保护机制。建立健全外商投资服务体系，完善外商投资促进、项目跟踪服务和投诉工作机制。鼓励自贸试验区在法定权限内制定外商投资促进政策。加强外商投资合法权益保护。建立健全国际商事调解、仲裁机制。推动知识产权运营服务体系建设。实施公平竞争审查制度。

（三）推动贸易转型升级

6. 提升贸易便利化水平。加快建设具有国际先进水平的国际贸易“单一窗口”，探索拓展至技术贸易、服务外包、维修服务等服务贸易领域，待条件成熟后，逐步将服务出口退（免）税申报纳入“单一窗口”管理。大力发展检验检测、标准、认证等第三方服务，扩大第三方检验结果采信商品和机构范围。创新出口货物专利纠纷担保放行方式。研究开展贸易调整援助试点。

7. 创新贸易监管模式。实施“一口岸多通道”监管创新。支持对海关特殊监管区域外的“两头在外”航空维修业态实行保税监管，打造一站式航空维修基地。试行动植物及其产品检疫审批负面清单制度。优化生物医药全球协同研发的试验用特殊物品的检疫查验流程。做好国际会议、赛事、展演、展览监管，简化展品检疫审批管理。

8. 创新推进跨境电子商务发展。鼓励建设出口产品公共海外仓和海外运营中心。依法依规开展跨境电商人民币结算，推动跨境电商线上融资及担保方式创新。试点航空快件国际中转集拼业务。加快河口、瑞丽国际快件监管中心建设。支持在红河片区、德宏片区建设边境仓。支持复制跨境电商综合试验区探索形成的成熟经验做法。

9. 培育新业态新模式。加快构建 5G 产业体系，推动互联网、大数据、人工智能与实体经济深度融合。加快推进面向南亚东南亚的离岸呼叫中心业务。对海关特殊监管区域外有条件企业开展高附加值、高技术含量、符合环保要求的“两头在外”检测、维修业态实行保税监管。促进文物及文化艺术品在自贸试验区内的综合保税区存储、展示等。支持云南设立汽车整车进口口岸，开展平行进口汽车试点。探索先进技术装备、关键零部件及其他机电产品（医疗器械等高风险产品除外）等平行进口。医疗机构可按照规定开展干细胞临床前沿医疗技术研究项目。大力发展中医药服务贸易，推动中医药海外创新发展。支持开展全球动植物种质资源引进和中转等业务。

（四）深化金融领域开放创新

10. 扩大金融领域对外开放。支持符合条件的南亚东南亚等国家金融机构设立外资金融分支机构（证券期货经营机构除外）。鼓励自贸试验区内符合条件的保理企业开展跨地区的保理业务。拓展“银税互动”受惠面。推进与南亚东南亚国家签订保险业双边监管合作协议，优化跨境保险规则，实现理赔查勘相互委托或结果互认。加强对重大风险的识别和系统性金融风险的防范。支持加强与周边国家的金融监管协作，强化反洗钱、反恐怖融资、反逃税工作。

11. 推动跨境人民币业务创新发展。推动人民币作为跨境贸易和投资计价、结算货币。研究推动金融机构参与人民币与周边国家非主要国际储备货币银行间市场区域交易。支持企业境外母公司按照有关规定在境内发行人民币债券。支持金融机构和企业按规定从境外融入人民币资金。支持依法依规开展人民币海外基金业务。

12. 促进跨境投融资便利化。支持银行业金融机构按规定开展跨境融资业务。允许银行和已获相应业务许可的非银行支付机构通过具备合法资质的清算机构与境外银行、支付机构开展跨境支付合作。放宽跨国公司外汇资金集中运营管理准入条件。支持金融租赁公司和融资租赁公司在符合相关规定前提下，开展境内外租赁业务。

（五）创新沿边经济社会发展新模式

13. 创新沿边跨境经济合作模式。依托跨境经济合作区、边境经济合作区开展国际产能合作。适时出台姐告边境贸易区管理条例，完善政策法规体系。与周边国家推动实施“一次认证、一次检测、一地两检、双边互认”通关模式。推动机动车牌和驾驶证互认，简化临时入境车辆牌照手续，允许外国运输车辆进入红河片区、德宏片区。深入推进跨境动物疫病区域化管理试点。对毗邻国家输入的农产品、水产品、种子种苗及花卉苗木等产品实行快速检验检疫模式。支持建设境外农业经贸合作区，稳步解决跨境农业合作返销农产品检验检疫准入。支持“走出去”企业以境外资产和股权、林权、采矿权等权益为抵押获得贷款。

14. 探索推进边境地区人员往来便利化。积极推进与毗邻国家签署跨境人力资源合作协议，探索建立外籍务工人员管理长效机制。研究外籍员工办理就业许可、签证及居留许可便利措施。进一步为来自贸试验区开展商贸、旅游等活动的外国人提供入出境便利。开辟境外人员入境就医紧急救助通道。自贸试验区经贸、科技人员可向审批机关申请办理一次审批、一年多次有效出国任务批件。简化内地人员办理《中华人民共和国出入境通行证》提交的资料和手续。在国际会议、对外邀请、使节来访等需审核审批事项上，建立外事审核审批直通车制度。

15. 加大科技领域国际合作力度。引导各类创新主体在“一带一路”沿线国家（地区）共建创新平台，鼓励企业设立海外研发中心。支持云南与周边国家共建科技成果孵化基地和科技企业孵化器。按市场化方式，设立一批专业化投资基金。

（六）加快建设我国面向南亚东南亚辐射中心

16. 构建连接南亚东南亚的国际开放大通道。加快推动孟中印缅经济走廊、中国—中南半岛经济走廊陆路大通道建设，构建区域运输大动脉。建设昆明国际航空枢纽和空港型国家物流枢纽，在对外航权谈判中，在平等互利基础上，积极争取昆明航空枢纽建设所需的包括第五航权在内的国际航权。支持昆明长水国际机场开展航班时刻改革试点。完善昆明区域性国际通信业务出入口局功能，扩容国际通信出口带宽。依托昆明电力交易中心，进一步丰富现货产品种类，逐步建成面向南亚东南亚跨境电力合作交易平台。

17. 打造区域跨境物流中心。支持开展面向南亚东南亚国家的国际多式联运试点，推进国际道路运输便利化进程。支持创新发展现代供应链。加强冷链基础设施网络建设。加快建设面向南亚东南亚的跨境物流公共信息平台。加快推进中缅、中越、中老、中老泰等国际物流大通道建设，允许企业在周边国家运营（或参与运营）的货运车辆进入云南境内停靠和装卸货。拓展昆明长水国际机场“空空+空地”货物集疏模式，鼓励发展全货机航班、腹舱货运，构建面向南亚东南亚航空物流集散中心。

18. 建设沿边资源储备基地。支持建设成品油与天然气储备库。试点牛肉、天然橡胶等产品储备制度改革，支持红河片区、德宏片区建立大宗产品储备基地。推动碳排放权交易资源储备。依托现有交易场所依法依规开展有色金属、咖啡、橡胶、畜产品等优势产品交易，设立农产品、有色金属拍卖中心。

19. 全力打造世界一流的健康生活目的地。支持引进国内外高端医疗资源，建设区域性国际诊疗保健合作中心。加快创新药品审批上市，对抗癌药、罕见病用药等临床急需的创新药品实施优先审评审批。建立仿制药研发公共平台，加大对仿制药政策支持力度，引进境外仿制药公司和技术人员。支持建设现代化中药研发平台。支持云南疫苗产品开展世界卫生组织预认证和国际注册。开展医疗器械注册人制度试点。建立孟中印缅经济走廊旅游合作机制，支持打通连接多国的边境旅游环线，推出自驾游等跨境旅游产品，鼓励设立边境旅游试验区和跨境旅游合作区。

四、保障机制

坚持和加强党对改革开放的领导，把党的领导贯穿于自贸试验区建设的全过程。强化底线思维和风险意识，完善风险防控和处置机制，实现区域稳定安全高效运行，切实维护国家安全和社会安全。在国务院自由贸易试验区工作部际联席会议统筹协调下，充分发挥地方和部门积极性，抓好各项改革试点任务落实，高标准高质量建设自贸试验区。云南省要完善工作机制，构建精简高效、权责明晰的自贸试验区管理体制，加强人才培养，打造高素质管理队伍；要加强地方立法，建立公正透明、体系完备的法治环境。自贸试验区各片区要把工作做细，制度做实，严格监督，严格执纪执法。各有关部门要及时下放相关管理权限，给予充分的改革自主权。本方案提出的各项改革政策措施，凡涉及调整现行法律或行政法规的，按规定程序办理。重大事项及时向党中央、国务院请示报告。

（中国政府网 2019 年 8 月 26 日）

中国（黑龙江）自由贸易试验区总体方案

建立中国（黑龙江）自由贸易试验区（以下简称自贸试验区）是党中央、国务院作出的重大决策，是新时代推进改革开放的战略举措。为高标准高质量建设自贸试验区，制定本方案。

一、总体要求

（一）指导思想。以习近平新时代中国特色社会主义思想为指导，全面贯彻党的十九大和十九届二中、三中全会精神，统筹推进“五位一体”总体布局和协调推进“四个全面”战略布局，坚持稳中求进工作总基调，坚持新发展理念，坚持高质量发展，以供给侧结构性改革为主线，主动服务和融入国家重大战略，更好服务对外开放总体战略布局，解放思想、大胆创新，把自贸试验区建设成为新时代改革开放的新高地。

（二）战略定位及发展目标。以制度创新为核心，以可复制可推广为基本要求，全面落实中央关于推动东北全面振兴全方位振兴、建成向北开放重要窗口的要求，着力深化产业结构调整，打造对俄罗斯及东北亚区域合作的中心枢纽。经过三至五年改革探索，对标国际先进规则，形成更多有国际竞争力的制度创新成果，推动经济发展质量变革、效率变革、动力变革，努力建成营商环境优良、贸易投资便利、高端产业集聚、服务体系完善、监管安全高效的高标准高质量自由贸易园区。

二、区位布局

（一）实施范围。自贸试验区的实施范围119.85平方公里，涵盖三个片区：

哈尔滨片区 79.86 平方公里，黑河片区 20 平方公里，绥芬河片区 19.99 平方公里（含绥芬河综合保税区 1.8 平方公里）。

自贸试验区土地开发利用须遵守土地利用、生态环境保护、城乡规划法律法规，符合土地利用总体规划和城乡规划，并符合节约集约用地的有关要求。

（二）功能划分。哈尔滨片区重点发展新一代信息技术、新材料、高端装备、生物医药等战略性新兴产业，科技、金融、文化旅游等现代服务业和寒地冰雪经济，建设对俄罗斯及东北亚全面合作的承载高地和联通国内、辐射欧亚的国家物流枢纽，打造东北全面振兴全方位振兴的增长极和示范区；黑河片区重点发展跨境能源资源综合加工利用、绿色食品、商贸物流、旅游、健康、沿边金融等产业，建设跨境产业集聚区和边境城市合作示范区，打造沿边口岸物流枢纽和中俄交流合作重要基地；绥芬河片区重点发展木材、粮食、清洁能源等进口加工业和商贸金融、现代物流等服务业，建设商品进出口储运加工集散中心和面向国际陆海通道的陆上边境口岸型国家物流枢纽，打造中俄战略合作及东北亚开放合作的重要平台。

三、主要任务和措施

（一）加快转变政府职能

1. 打造国际一流营商环境。推进“证照分离”改革全覆盖和政务服务“最多跑一次”。调整完善省级管理权限下放内容和方式。深入探索地方营商环境法治化体系建设。探索建立普通注销登记制度和简易注销登记制度相互配套的市场主体退出制度。完善知识产权评估机制、质押融资风险分担机制和方便快捷的质物处置机制。加强国际商事仲裁交流合作，提高商事纠纷仲裁国际化水平。建立健全以信用监管为核心、与负面清单管理方式相适应的事中事后监管体系。强化竞争政策的基础性地位。配合做好外商投资安全审查工作。

（二）深化投资领域改革

2. 深入推进投资自由化便利化。全面落实外商投资准入前国民待遇加负面清单管理制度。探索建立外商投资信息报告制度。探索允许外商投资企业将资本项目收入划转或结汇依法用于境内股权投资。支持外商独资设立经营性教育培训和职业技能培训机构。支持外商投资设立航空运输销售代理企业。统一内外资人才中介机构投资者资质要求，由自贸试验区管理机构负责审批，报省级人力资源社会保障部门备案。

3. 完善投资促进和保护机制。建立健全外商投资服务体系，完善外商投资促进、项目跟踪服务和投诉工作机制。鼓励自贸试验区在法定权限内制定外商投资促进政策。

4. 提高境外投资合作水平。鼓励金融机构提高对境外资产或权益的处置能力。支持“走出去”企业以境外资产和股权、采矿权等权益为抵押获得贷款。支持自贸试验区内企业开展出口信用保险项下贸易融资，在风险可控、商业可持续前提下，对效益好、资信良好的企业免抵押、免担保。

（三）推动贸易转型升级

5. 提升贸易便利化水平。加快建设具有国际先进水平的国际贸易“单一窗口”，探索拓展至技术贸易、服务外包、维修服务等服务贸易领域，待条件成熟后，逐步将服务出口退（免）税申报纳入“单一窗口”管理。在海关特殊监管区域全面实施货物状态分类监管。扩大第三方检验结果采信商品和机构范围。创新出口货物专利纠纷担保放行方式。在风险可控的前提下优化鲜活产品检验检疫流程，研究与周边国家确定鲜活农副产品目录清单。优化生物医药全球协同研发的试验用特殊物品的检疫查验流程。支持在自贸试验区符合条件的片区设立综合保税区。

6. 培育贸易新业态新模式。支持跨境电子商务综合试验区建设。支持自贸试验区内企业开展跨境电商进出口业务，逐步实现自贸试验区内综合保税区依法依规全面适用跨境电商零售进口政策。对海关特殊监管区域外有条件企业开展高附加值、高技术含量、符合环保要求的“两头在外”检测、维修业态实行保税监管。支持自贸试验区的汽车整车进口口岸建设，允许自贸试验区内汽车整车进口口岸开展平行进口汽车试点。支持哈尔滨片区申请设立国家文化出口基地。促进文物及文化艺术品在自贸试验区内的综合保税区存储、展示等。

（四）深化金融领域开放创新

7. 促进跨境投融资便利化。研究开展直接投资、外债和境外上市资本项目外汇收入结汇支付便利化试点。在依法依规前提下，允许非银行支付机构选择自贸试验区内有资质的备付金银行开立跨境人民币备付金账户。扩大人民币跨境使用，允许金融机构和企业从俄罗斯等国家和地区融入人民币资金，并纳入全口径跨境融资宏观审慎管理。探索以第三方担保、境内外资产、境外项目抵押等方式支持企业开展境内外融资。

8. 增强金融服务功能。允许银行业金融机构与俄罗斯商业银行开展卢布现钞跨境调运业务资金头寸清算，完善卢布现钞跨境调运体系。支持自贸试验区内金融机构依法依规参与租赁业境外融资、远期结售汇、人民币对外汇掉期、人民币对外汇期权等涉外业务试点。加强对重大风险的识别和系统性金融风险的防范。强化反洗钱、反恐怖融资、反逃税工作。

（五）培育东北振兴发展新动能

9. 加快实体经济转型升级。积极扶持高端装备、智能制造、新一代信息技术、新能源、新材料等新兴产业发展。推动国防工业体系与地方工业体系深度融合，积极发展航空航天、海工装备、新材料、新能源、人工智能等军民融合重点和新兴产业。加快国家新药临床试验基地建设。加快创新药品审批上市，对抗癌药、罕见病用药等临床急需的创新药品实施优先审评审批。允许企业生产和出口符合进口国注册产品标准的药品。开展医疗器械注册人制度试点，允许开展免疫细胞研究试点。支持医药企业申请特殊危险化学品运输资质。支持中药材种养殖规范化基地建设，允许委托省级药品监管部门审批中药材进口许可事项。开展国有资本投资、运营公司试点。支持成立股份制电力现货交易机构。鼓励实行工业用地弹性出让和年租政策，允许采用协议方式续期。支持开展无车承运人试点。支持设立哈尔滨临空经济区，加强临空经济区与自贸试验区的改革联动、发展联动。支持开展低空空域管理改革试点。

10. 推进创新驱动发展。支持开展科技成果转化激励政策试点，支持金融机构开展知识产权质押融资。鼓励企事业单位采取科技成果作价入股、股权期权激励、优先购买股份等方式，奖励有突出贡献的科技人才。高校、科研院所科研人员经所在单位同意，按国家有关规定可在科技研发企业兼职并获得报酬。允许高校、科研院所设立一定比例的流动岗位，吸引具有创新实践经验的企业家、科技人才兼职。推进黑龙江与广东对口合作，复制推广粤港澳大湾区先进经验，建设深圳（哈尔滨）产业园区。支持哈尔滨片区设立国家级自主创新示范区。支持新建扩建黑龙江石墨新材料实验室、哈尔滨网络安全实验室等创新平台。

支持开展国际人才管理改革试点。开展海外人才离岸创新创业试点。允许在中国高校毕业的优秀留学生在自贸试验区就业和创业。探索高校国际学生勤工助学管理制度。支持企业设立高寒、边境地区人才津贴。对企业为解决关键技术难题引进海外高层次人才和智力的，按引进境外技术、管理人才项目给予立项支持。

（六）建设以对俄罗斯及东北亚为重点的开放合作高地

11. 建设面向俄罗斯及东北亚的交通物流枢纽。进一步扩大内贸跨境运输货物范围和进境口岸范围。支持哈尔滨片区设立内陆无水港，根据运输需求及境外铁路建设情况，适时启动绥化至黑河铁路扩能改造，推进绥芬河至俄罗斯格罗杰阔沃区间铁路扩能改造。加快推进哈尔滨国际航空枢纽建设，在对外航权谈判中，在平等互利基础上，积极争取哈尔滨航空枢纽建设所需的包括第五航权在内的国际航权。支持绥芬河片区设立铁路危险化学品办理站。

12. 提升沿边地区开放水平。建设进口能源资源国家储备基地。支持自贸试验区内企业自周边国家进口钾肥，满足本省农业发展需要。支持成立独立法人的对俄罗斯购电运营主体，将俄罗斯电力使用范围扩大到黑河片区。支持自贸试验区内企业“走出去”开展境外农业合作，建设境外农业合作园区，鼓励企业对境外投资合作所得回运产品开展贸易和加工。加快推进对俄罗斯饲草准入进程，支持在一线口岸设立种子种苗、冰鲜水产品等进口指定监管作业场地。建立与口岸贸易额、过货量、鼓励类与限制类产品等综合因素挂钩的边境地区转移支付增长机制。加快发展黑河黑龙江大桥桥头区经济，探索“两国双园”合作新模式。加快黑河寒区国际汽车研发试验基地建设。

13. 畅通交往渠道。进一步为来自贸试验区开展商务、旅游等活动的外国人提供入出境便利。允许注册在自贸试验区内的符合条件的外资旅行社从事除台湾地区以外的出境旅游业务。推进黑河口岸游轮（艇）界江自由行，研究大黑河岛设立国际游艇码头口岸。积极吸引国际高端医疗企业和研发机构集聚，培育康复、健身、养生与休闲旅游融合发展新业态。研究推进中俄博览会永久会址建设。允许展会展品提前备案，以担保方式放行。支持举办大型国际冰雪赛事。

四、保障机制

坚持和加强党对改革开放的领导，把党的领导贯穿于自贸试验区建设的全过程。强化底线思维和风险意识，完善风险防控和处置机制，实现区域稳定安全高效运行，切实维护国家安全和社会安全。在国务院自由贸易试验区工作部际联席会议统筹协调下，充分发挥地方和部门积极性，抓好各项改革试点任务落实，高标准高质量建设自贸试验区。黑龙江省要完善工作机制，构建精简高效、权责明晰的自贸试验区管理体制，加强人才培养，打造高素质管理队伍；要加强地方立法，建立公正透明、体系完备的法治环境。自贸试验区各片区要把工作做细，制度做实，严格监督，严格执纪执法。各有关部门要及时下放相关管理权限，给予充分的改革自主权。本方案提出的各项改革政策措施，凡涉及调整现行法律或行政法规的，按规定程序办理。重大事项及时向党中央、国务院请示报告。

（中国政府网 2019 年 8 月 26 日）

国务院关于印发中国（上海）自由贸易试验区临港新片区总体方案的通知

（2019 年 7 月 27 日）

国发〔2019〕15 号

各省、自治区、直辖市人民政府，国务院各部委、各直属机构：

现将《中国（上海）自由贸易试验区临港新片区总体方案》印发给你们，请认真贯彻执行。

国务院

2019 年 7 月 27 日

中国（上海）自由贸易试验区临港新片区总体方案

设立中国（上海）自由贸易试验区临港新片区（以下简称新片区），是以习近平同志为核心的党中央总揽全局、科学决策作出的进一步扩大开放重大战略部署，是新时代彰显我国坚持全方位开放鲜明态度、主动引领经济全球化健康发展的重要举措。为深入贯彻习近平总书记在首届中国国际进口博览会期间的重要讲话精神，在更深层次、更宽领域、以更大力度推进全方位高水平开放，制定本方案。

一、总体要求

（一）指导思想。以习近平新时代中国特色社会主义思想为指导，全面贯彻党的十九大和十九届二中、三中全会精神，坚持新发展理念，坚持高质量发展，推动经济发展质量变革、效率变革、动力变革，对标国际上公认的竞争力最强的自由贸易园区，选择国家战略需要、国际市场需求大、对开放度要求高但其他地区尚不具备实施条件的重点领域，实施具有较强国际市场竞争力的开放政策和制度，加大开放型经济的风险压力测试，实现新片区与境外投资经营便利、货物自由进出、资金流动便利、运输高度开放、人员自由执业、信息快捷联通，打造更具国际市场影响力和竞争力的特殊经济功能区，主动服务和融入国家重大战略，更好服务对外开放总体战略布局。

（二）发展目标。到2025年，建立比较成熟的投资贸易自由化便利化制度体系，打造一批更高开放度的功能型平台，集聚一批世界一流企业，区域创造力和竞争力显著增强，经济实力和经济总量大幅跃升。到2035年，建成具有较强国际市场影响力和竞争力的特殊经济功能区，形成更加成熟定型的制度成果，打造全球高端资源要素配置的核心功能，成为我国深度融入经济全球化的重要载体。

（三）规划范围。在上海大治河以南、金汇港以东以及小洋山岛、浦东国际机场南侧区域设置新片区。按照“整体规划、分步实施”原则，先行启动南汇新城、临港装备产业区、小洋山岛、浦东机场南侧等区域，面积为 119.5 平方公里。

新片区的开发利用须遵守土地、无居民海岛利用和生态环境、城乡规划等法律法规，并符合节约集约利用资源的有关要求；支持按照国家相关法规和程序，办理合理必需用海。

二、建立以投资贸易自由化为核心的制度体系

在适用自由贸易试验区各项开放创新措施的基础上，支持新片区以投资自由、贸易自由、资金自由、运输自由、人员从业自由等为重点，推进投资贸易自由化便利化。

（四）实施公平竞争的投资经营便利。借鉴国际上自由贸易园区的通行做法，实施外商投资安全审查制度，在电信、保险、证券、科研和技术服务、教育、卫生等重点领域加大对外开放力度，放宽注册资本、投资方式等限制，促进各类市场主体公平竞争。探索试行商事主体登记确认制，尊重市场主体民事权利，对申请人提交的文件实行形式审查。深入实施“证照分离”改革。支持新片区加强国际商事纠纷审判组织建设。允许境外知名仲裁及争议解决机构经上海市人民政府司法行政部门登记并报国务院司法行政部门备案，在新片区内设立业务机构，就国际商事、海事、投资等领域发生的民商事争议开展仲裁业务，依法支持和保障中外当事人在仲裁前和仲裁中的财产保全、证据保全、行为保全等临时措施的申请和执行。

（五）实施高标准的贸易自由化。在新片区内设立物理围网区域，建立洋山特殊综合保税区，作为对标国际公认、竞争力最强自由贸易园区的重要载体，在全面实施综合保税区政策的基础上，取消不必要的贸易监管、许可和程序要求，实施更高水平的贸易自由化便利化政策和制度。对境外抵离物理围网区域的货物，探索实施以安全监管为主、体现更高水平贸易自由化便利化的监管模式，提高口岸监管服务效率，增强国际中转集拼枢纽功能。支持新片区发展具有国际竞争力

的重点产业，根据企业的业务特点，积极探索相适应的海关监管制度。相关监管政策制度由海关总署牵头另行制定。推进服务贸易自由化，加快文化服务、技术产品、信息通讯、医疗健康等资本技术密集型服务贸易发展，创新跨境电商服务模式，鼓励跨境电商企业在新片区内建立国际配送平台。根据油气体制改革进程和产业需要，研究赋予新片区内符合条件的企业原油进口资质。

（六）实施资金便利收付的跨境金融管理制度。在风险可控的前提下，按照法律法规规定，借鉴国际通行的金融监管规则，进一步简化优质企业跨境人民币业务办理流程，推动跨境金融服务便利化。研究开展自由贸易账户本外币一体化功能试点，探索新片区内资本自由流入流出和自由兑换。支持新片区内企业参照国际通行规则依法合规开展跨境金融活动，支持金融机构在依法合规、风险可控、商业可持续的前提下为新片区内企业和非居民提供跨境发债、跨境投资并购和跨境资金集中运营等跨境金融服务。新片区内企业从境外募集的资金、符合条件的金融机构从境外募集的资金及其提供跨境服务取得的收入，可自主用于新片区内及境外的经营投资活动。支持符合条件的金融机构开展跨境证券投资、跨境保险资产管理等业务。按照国家统筹规划、服务实体、风险可控、分步推进的原则，稳步推进资本项目可兑换。先行先试金融业对外开放措施，积极落实放宽金融机构外资持股比例、拓宽外资金融机构业务经营范围等措施，支持符合条件的境外投资者依法设立各类金融机构，保障中外资金融机构依法平等经营。经国家金融管理部门授权，运用科技手段提升金融服务水平和监管能力，建立统一高效的金融管理体制机制，切实防范金融风险。

（七）实施高度开放的国际运输管理。提升拓展全球枢纽港功能，在沿海捎带、国际船舶登记、国际航权开放等方面加强探索，提高对国际航线、货物资源的集聚和配置能力。逐步放开船舶法定检验。在确保有效监管、风险可控前提下，对境内制造船舶在“中国洋山港”登记从事国际运输的，视同出口，给予出口退税。进一步完善启运港退税相关政策，优化监管流程，扩大中资方便旗船沿海捎带政策实施效果，研究在对等原则下允许外籍国际航行船舶开展以洋山港为国际中转港的外贸集装箱沿海捎带业务。推动浦东国际机场与“一带一路”沿线国家和地区扩大包括第五航权在内的航权安排，吸引相关国家和地区航空公司开辟经停航线。支持浦东国际机场探索航空中转集拼业务。以洋山深水港、浦东国际机场与芦潮港铁路集装箱中心站为载体，推动海运、空运、铁路运输信息共享，提高多式联运的运行效率。

（八）实施自由便利的人员管理。放宽现代服务业高端人才从业限制，在人员出入境、外籍人才永久居留等方面实施更加开放便利的政策措施。建立外国人在新片区内工作许可制度和人才签证制度。允许具有境外职业资格的金融、建筑、规划、设计等领域符合条件的专业人才经备案后，在新片区内提供服务，其在境外的从业经历可视同国内从业经历。除涉及国家主权、安全外，允许境外人士在新片区内申请参加我国相关职业资格考试。探索在法医毒物司法鉴定、环境损害司法鉴定等技术含量高的领域开展和加强技术合作。为到新片区内从事商务、交流、访问等经贸活动的外国人提供更加便利的签证和停居留政策措施。制定和完善海外人才引进政策和管理办法，给予科研创新领军人才及团队等海外高层次人才办理工作许可、永久或长期居留手续"绿色通道"。探索实施外籍人员配额管理制度，为新片区内注册企业急需的外国人才提供更加便利的服务。

（九）实施国际互联网数据跨境安全有序流动。建设完备的国际通信设施，加快5G、IPv6、云计算、物联网、车联网等新一代信息基础设施建设，提升新片区内宽带接入能力、网络服务质量和应用水平，构建安全便利的国际互联网数据专用通道。支持新片区聚焦集成电路、人工智能、生物医药、总部经济等关键领域，试点开展数据跨境流动的安全评估，建立数据保护能力认证、数据流通备份审查、跨境数据流通和交易风险评估等数据安全管理机制。开展国际合作规则试点，加大对专利、版权、企业商业秘密等权利及数据的保护力度，主动参与引领全球数字经济交流合作。

（十）实施具有国际竞争力的税收制度和政策。对境外进入物理围网区域内的货物、物理围网区域内企业之间的货物交易和服务实行特殊的税收政策。扩大新片区服务出口增值税政策适用范围，研究适应境外投资和离岸业务发展的新片区税收政策。对新片区内符合条件的从事集成电路、人工智能、生物医药、民用航空等关键领域核心环节生产研发的企业，自设立之日起 5 年内减按 15% 的税率征收企业所得税。研究实施境外人才个人所得税税负差额补贴政策。在不导致税基侵蚀和利润转移的前提下，探索试点自由贸易账户的税收政策安排。

三、建立全面风险管理制度

以风险防控为底线，以分类监管、协同监管、智能监管为基础，全面提升风险防范水平和安全监管水平。

（十一）强化重点领域监管。建立涵盖新片区管理机构、行业主管部门、区内企业和相关运营主体的一体化信息管理服务平台。聚焦投资、贸易、金融、网络、生态环境、文化安全、人员进出、反恐反分裂、公共道德等重点领域，进一步完善外商投资安全审查、反垄断审查、行业管理、用户认证、行为审计等管理措施，在风险研判和防控中加强信息技术应用，建立联防联控机制，实施严格监管、精准监管、有效监管。建立检疫、原产地、知识产权、国际公约、跨境资金等特殊领域的风险精准监测机制，实现全流程的风险实时监测和动态预警管理。

（十二）加强信用分级管理。完善信用评价基本规则和标准，实施经营者适当性管理，按照“守法便利”原则，把信用等级作为企业享受优惠政策和制度便利的重要依据。建立主动披露制度，实施失信名单披露、市场禁入和退出制度。完善商事登记撤销制度，对以欺骗、贿赂等不正当手段取得登记的，登记机关可以依法撤销登记。

（十三）强化边界安全。高标准建设智能化监管基础设施，实现监管信息互联互认共享。守住“一线”国门安全、“二线”经济社会安全。加强进境安全管理，对新片区进境货物实行“两段准入”监管模式。对禁限管制（核生化导爆、毒品等）、重大疫情、高风险商品安全等重大紧急或放行后难以管控的风险，以及法律、行政法规有明确要求的，依法实施“准许入境”监管。对非高风险商品检验、风险可控的检疫等其他风险可依法实施“合格入市”监管。

四、建设具有国际市场竞争力的开放型产业体系

发挥开放型制度体系优势，推动统筹国际业务、跨境金融服务、前沿科技研发、跨境服务贸易等功能集聚，强化开放型经济集聚功能。加快存量企业转型升级，整体提升区域产业能级。

（十四）建立以关键核心技术为突破口的前沿产业集群。建设集成电路综合性产业基地，优化进口料件全程保税监管模式，支持跨国公司设立离岸研发和制造中心，推动核心芯片、特色工艺、关键装备和基础材料等重点领域发展。建设人工智能创新及应用示范区，加快应用场景开放力度，推动智能汽车、智能制造、智能机器人等新产业新业态发展。建设民用航空产业集聚区，以大型客机和民用航空发动机为核心，加速集聚基础研究、技术开发、产品研制、试验验证等配套产业，推动总装交付、生产配套、运营维护、文旅服务等航空全产业链发展。建设面向“一带一路”沿线国家和地区的维修和绿色再制造中心，建立绿色认证和评级体系，支持在综合保税区开展数控机床、工程设备等产品入境维修和再制造，提升高端智能再制造产业国际竞争力。

（十五）发展新型国际贸易。建设亚太供应链管理中心，完善新型国际贸易与国际市场投融资服务的系统性制度支撑体系，吸引总部型机构集聚。发展跨境数字贸易，支持建立跨境电商海外仓。建设国际医疗服务集聚区，支持与境外机构合作开发跨境医疗保险产品、开展国际医疗保险结算试点。允许符合条件的外商独资企业开展面向全球的文化艺术品展示、拍卖、交易。

（十六）建设高能级全球航运枢纽。支持浦东国际机场建设世界级航空枢纽，建设具有物流、分拣和监管集成功能的航空货站，打造区域性航空总部基地和航空快件国际枢纽中心。推进全面实施国际旅客及其行李通程联运。建设国际航运补给服务体系，提升船舶和航空用品供应、维修、备件、燃料油等综合服务能力。支持内外资企业和机构开展航运融资、航运保险、航运结算、航材租赁、船舶交易和航运仲裁等服务，探索发展航运指数衍生品业务，提升高端航运服务功能。

（十七）拓展跨境金融服务功能。大力提升人民币跨境金融服务能力，拓展

人民币跨境金融服务深度和广度。支持开展人民币跨境贸易融资和再融资业务。鼓励跨国公司设立全球或区域资金管理中心。加快发展飞机、船舶等融资租赁业务，鼓励发展环境污染责任保险等绿色金融业务。

（十八）促进产城融合发展。进一步拓宽国际优质资本和经验进入教育、医疗、文化、体育、园区建设、城市管理等公共服务领域的渠道，加强新片区各类基础设施建设管理，提升高品质国际化的城市服务功能。

（十九）加强与长三角协同创新发展。支持境内外投资者在新片区设立联合创新专项资金，就重大科研项目开展合作，允许相关资金在长三角地区自由使用。支持境内投资者在境外发起的私募基金参与新片区创新型科技企业融资，凡符合条件的可在长三角地区投资。支持新片区优势产业向长三角地区拓展形成产业集群。

五、加快推进实施

新片区参照经济特区管理。国家有关部门和上海市要按照总体方案的要求，加强法治建设和风险防控，切实维护国家安全和社会安全，扎实推进各项改革试点任务落地见效。

（二十）加强党的领导。增强“四个意识”，坚定“四个自信”，做到“两个维护”，培育践行社会主义核心价值观，把党的建设始终贯穿于新片区规划建设的全过程，把党的政治优势、组织优势转化为新片区全面深化改革和扩大开放的坚强保障。

（二十一）加大赋权力度。赋予新片区更大的自主发展、自主改革和自主创新管理权限，在风险可控的前提下授权新片区管理机构自主开展贴近市场的创新业务。新片区的各项改革开放举措，凡涉及调整现行法律或行政法规的，按法定程序经全国人大或国务院统一授权后实施。

（二十二）带动长三角新一轮改革开放。定期总结评估新片区在投资管理、贸易监管、金融开放、人才流动、运输管理、风险管控等方面的制度经验，制定推广清单，明确推广范围和监管要求，按程序报批后有序推广实施。加强新片区与海关特殊监管区域、经济技术开发区联动，放大辐射带动效应。

（二十三）抓紧组织实施。国家有关部门进一步向上海市和中央在沪单位放权，按照总体方案，支持、指导制定相关实施细则。

上海市要切实履行主体责任，高标准高质量建设新片区，加快形成成熟定型的制度体系和管理体制，更好地激发市场主体参与国际市场的活力。重大事项及时向党中央、国务院请示报告。

（中国政府网 2019 年 8 月 6 日）

国家发展改革委、商务部发布《自由贸易试验区外商投资准入特别管理措施（负面清单）（2019年版）》

（2019年6月30日）

中华人民共和国国家发展和改革委员会

中华人民共和国商务部

令

第26号

《自由贸易试验区外商投资准入特别管理措施（负面清单）（2019年版）》已经党中央、国务院同意，现予以发布，自2019年7月30日起施行。2018年6月30日国家发展和改革委员会、商务部发布的《自由贸易试验区外商投资准入特别管理措施（负面清单）（2018年版）》同时废止。

国家发展和改革委员会主任：何立峰

商务部部长：钟山

2019年6月30日

自由贸易试验区外商投资准入特别管理措施（负面清单）（2019年版）

（2019年6月30日）

说明

一、《自由贸易试验区外商投资准入特别管理措施（负面清单）》（以下简称《自贸试验区负面清单》）统一列出股权要求、高管要求等外商投资准入方面的特别管理措施，适用于自由贸易试验区。《自贸试验区负面清单》之外的领域，按照内外资一致原则实施管理。

二、《自贸试验区负面清单》对部分领域列出了取消或放宽准入限制的过渡期，过渡期满后将按时取消或放宽其准入限制。

三、境外投资者不得作为个体工商户、个人独资企业投资人、农民专业合作社成员，从事投资经营活动。

四、境外投资者不得投资《自贸试验区负面清单》中禁止外商投资的领域；投资《自贸试验区负面清单》之内的非禁止投资领域，须进行外资准入许可；投资有股比要求的领域，不得设立外商投资合伙企业。

五、境内公司、企业或自然人以其在境外合法设立或控制的公司并购与其有关联关系的境内公司，涉及外商投资项目和企业设立及变更事项的，按照现行规定办理。

六、《自贸试验区负面清单》中未列出的文化、金融等领域与行政审批、资质条件、国家安全等相关措施，按照现行规定执行。

七、《内地与香港关于建立更紧密经贸关系的安排》及其后续协议、《内地与澳门关于建立更紧密经贸关系的安排》及其后续协议、《海峡两岸经济合作框架协议》及其后续协议、我国与有关国家签订的自由贸易区协议和投资协定、我国参加的国际条约对符合条件的投资者有更优惠开放措施的，按照相关协议或协定的规定执行。

八、《自贸试验区负面清单》由发展改革委、商务部会同有关部门负责解释。

序号	特别管理措施
一、农、林、牧、渔业	
1	小麦、玉米新品种选育和种子生产的中方股比不低于34%。
2	禁止投资中国稀有和特有的珍贵优良品种的研发、养殖、种植以及相关繁殖材料的生产（包括种植业、畜牧业、水产业的优良基因）。
3	禁止投资农作物、种畜禽、水产苗种转基因品种选育及其转基因种子(苗)生产。
二、采矿业	
4	禁止投资稀土、放射性矿产、钨勘查、开采及选矿。（未经允许，禁止进入稀土矿区或取得矿山地质资料、矿石样品及生产工艺技术。）
三、制造业	
5	禁止投资中药饮片的蒸、炒、炙、煅等炮制技术的应用及中成药保密处方产品的生产。
6	除专用车、新能源汽车外，汽车整车制造的中方股比不低于50%，同一家外商可在国内建立两家及两家以下生产同类整车产品的合资企业。（2020年取消商用车制造外资股比限制。2022年取消乘用车制造外资股比限制以及同一家外商可在国内建立两家及两家以下生产同类整车产品的合资企业的限制）
7	卫星电视广播地面接收设施及关键件生产。
四、电力、热力、燃气及水生产和供应业	
8	核电站的建设、经营须由中方控股。
9	城市人口50万以上的城市供排水管网的建设、经营须由中方控股。

五、批发和零售业	
10	禁止投资烟叶、卷烟、复烤烟叶及其他烟草制品的批发、零售。
六、交通运输、仓储和邮政业	
11	国内水上运输公司须由中方控股。（且不得经营或租用中国籍船舶或者舱位等方式变相经营国内水路运输业务及其辅助业务；水路运输经营者不得使用外国籍船舶经营国内水路运输业务，但经中国政府批准，在国内没有能够满足所申请运输要求的中国籍船舶，并且船舶停靠的港口或者水域为对外开放的港口或者水域的情况下，水路运输经营者可以在中国政府规定的期限或者航次内，临时使用外国籍船舶经营中国港口之间的海上运输和拖航。）
12	公共航空运输公司须由中方控股，且一家外商及其关联企业投资比例不得超过 25%，法定代表人须由中国籍公民担任。（只有中国公共航空运输企业才能经营国内航空服务，并作为中国指定承运人提供定期和不定期国际航空服务。）
13	通用航空公司的法定代表人须由中国籍公民担任，其中农、林、渔业通用航空公司限于合资，其他通用航空公司限于中方控股。
14	民用机场的建设、经营须由中方相对控股。
15	禁止投资空中交通管制。
16	禁止投资邮政公司（和经营邮政服务）、信件的国内快递业务。
七、信息传输、软件和信息技术服务业	
17	电信公司：限于中国入世承诺开放的电信业务，增值电信业务的外资股比不超过 50%（电子商务、国内多方通信、存储转发类、呼叫中心除外），基础电信业务须由中方控股（且经营者须为依法设立的专门从事基础电信业务的公司）。上海自贸试验区原有区域［28.8 平方公里］试点政策推广至所有自贸试验区执行。
18	禁止投资互联网新闻信息服务、网络出版服务、网络视听节目服务、互联网文化经营（音乐除外）、互联网公众发布信息服务（上述服务中，中国入世承诺中已开放的内容除外）。
八、金融业	
19	证券公司的外资股比不超过 51%，证券投资基金管理公司的外资股比不超过 51%。（2021 年取消外资股比限制）
20	期货公司的外资股比不超过 51%。（2021 年取消外资股比限制）
21	寿险公司的外资股比不超过 51%。（2021 年取消外资股比限制）

九、租赁和商务服务业	
22	禁止投资中国法律事务（提供有关中国法律环境影响的信息除外），不得成为国内律师事务所合伙人。（外国律师事务所只能以代表机构的方式进入中国，且不得聘用中国执业律师，聘用的辅助人员不得为当事人提供法律服务；如在华设立代表机构、派驻代表，须经中国司法行政部门许可。）
23	市场调查限于合资、合作，其中广播电视收听、收视调查须由中方控股。
24	禁止投资社会调查。
十、科学研究和技术服务业	
25	禁止投资人体干细胞、基因诊断与治疗技术开发和应用。
26	禁止投资人文社会科学研究机构。
27	禁止投资大地测量、海洋测绘、测绘航空摄影、地面移动测量、行政区域界线测绘，地形图、世界政区地图、全国政区地图、省级及以下政区地图、全国性教学地图、地方性教学地图、真三维地图和导航电子地图编制，区域性的地质填图、矿产地质、地球物理、地球化学、水文地质、环境地质、地质灾害、遥感地质等调查。
十一、教育	
28	学前、普通高中和高等教育机构限于中外合作办学，须由中方主导（校长或者主要行政负责人应当具有中国国籍（且在中国境内定居），理事会、董事会或者联合管理委员会的中方组成人员不得少于 1/2）。（外国教育机构、其他组织或者个人不得单独设立以中国公民为主要招生对象的学校及其他教育机构（不包括非学制类职业技能培训），但是外国教育机构可以同中国教育机构合作举办以中国公民为主要招生对象的教育机构。）
29	禁止投资义务教育机构、宗教教育机构。

十二、卫生和社会工作	
30	医疗机构限于合资、合作。
十三、文化、体育和娱乐业	
31	禁止投资新闻机构（包括但不限于通讯社）。（外国新闻机构在中国境内设立常驻新闻机构、向中国派遣常驻记者，须经中国政府批准。外国通讯社在中国境内提供新闻的服务业务须由中国政府审批。中外新闻机构业务合作，须中方主导，且须经中国政府批准。）
32	禁止投资图书、报纸、期刊、音像制品和电子出版物的编辑、出版、制作业务。（但经中国政府批准，在确保合作中方的经营主导权和内容终审权并遵守中国政府批复的其他条件下，中外出版单位可进行新闻出版中外合作出版项目。未经中国政府批准，禁止在中国境内提供金融信息服务。）
33	禁止投资各级广播电台（站）、电视台（站）、广播电视频道（率）、广播电视传输覆盖网（发射台、转播台、广播电视卫星、卫星上行站、卫星收转站、微波站、监测台及有线广播电视传输覆盖网等），禁止从事广播电视视频点播业务和卫星电视广播地面接收设施安装服务。（对境外卫星频道落地实行审批制度。）
34	禁止投资广播电视节目制作经营（含引进业务）公司。（引进境外影视剧和以卫星传送方式引进其他境外电视节目由广电总局指定的单位申报。对中外合作制作电视剧（含电视动画片）实行许可制度。）
35	禁止投资电影制作公司、发行公司、院线公司以及电影引进业务。（但经批准，允许中外企业合作摄制电影。）
36	禁止投资文物拍卖的拍卖公司、文物商店和国有文物博物馆。（禁止不可移动文物及国家禁止出境的文物转让、抵押、出租给外国人。禁止设立与经营非物质文化遗产调查机构；境外组织或个人在中国境内进行非物质文化遗产调查和考古调查、勘探、发掘，应采取与中国合作的形式并经专门审批许可。）
37	文艺表演团体须由中方控股。

（中国政府网 2019 年 6 月 30 日）

第二部分
政策解读

商务部国际司负责人解读《国务院关于加快实施自由贸易区战略的若干意见》

国务院于2015年12月17日发布《关于加快实施自由贸易区战略的若干意见》（以下简称《意见》）。为了让公众更好地了解《意见》，商务部国际司负责人就《意见》出台的背景意义和主要内容等进行了解读。

一、《意见》发布的背景和意义是什么？

加快实施自由贸易区战略是我国新一轮对外开放的重要内容。党的十八大提出加快实施自由贸易区战略，党的十八届三中、五中全会进一步要求以周边为基础加快实施自由贸易区战略，形成面向全球的高标准自由贸易区网络。当前，全球范围内自由贸易区的数量不断增加，涵盖议题快速拓展，自由化水平显著提高。我国经济发展进入新常态，外贸发展机遇和挑战并存，引进来、“走出去”正面临新的发展形势。加快实施自由贸易区战略是我国适应经济全球化新趋势的客观要求，是全面深化改革、构建开放型经济新体制的必然选择。在上述背景下，国务院发布了《意见》。这是我国开启自贸区建设进程以来的首个战略性、综合性文件，对我国自贸区建设做出了“顶层设计”，提出了具体要求。

二、我国目前自由贸易区建设情况如何？

截至2015年底，我国已签署14个自贸协定，其中已实施12个自贸协定，涉及22个国家和地区，自贸伙伴遍及亚洲、拉美、大洋洲、欧洲等地区。这些自贸协定分别是我国与东盟、新加坡、巴基斯坦、新西兰、智利、秘鲁、哥斯达黎加、冰岛、瑞士、韩国和澳大利亚的自贸协定，内地与香港、澳门的《更紧密经贸关系安排》（CEPA），以及大陆与台湾的《海峡两岸经济合作框架协议》（ECFA）。

此外，我国也正在推进多个自贸区谈判，包括《区域全面经济伙伴关系协定》（RCEP）、中国—海湾合作委员会自贸区、中国—挪威自贸区、中日韩自贸区、中国—斯里兰卡自贸区等。此外，我们还在推进中国—巴基斯坦自贸区第二阶段谈判和《海峡两岸经济合作框架协议》后续谈判。

三、我国加快实施自由贸易区战略的指导思想是什么？

《意见》明确提出了加快实施自由贸易区战略的指导思想，即全面贯彻党的十八大和十八届三中、四中、五中全会精神，认真落实党中央、国务院决策部署，按照“四个全面”战略布局要求，坚持使市场在资源配置中起决定性作用和更好发挥政府作用，坚持统筹考虑和综合运用国际国内两个市场、两种资源，坚持与推进共建“一带一路”和国家对外战略紧密衔接，坚持把握开放主动和维护国家安全，逐步构筑起立足周边、辐射“一带一路”、面向全球的高标准自由贸易区网络。

四、加快实施自由贸易区战略要坚持什么原则？

《意见》提出了加快实施自由贸易区战略要坚持的四个原则：一是扩大开放，深化改革。通过自由贸易区提高开放水平和质量，深度参与国际规则制定，拓展开放型经济新空间，促进全面深化改革，更好地服务国内发展。二是全面参与，重点突破。全方位参与自贸区等各种区域贸易安排合作，重点加快与周边、“一带一路”沿线以及产能合作重点国家、地区和区域经济集团商建自由贸易区。三是互利共赢、共同发展。以正确义利观指导自由贸易区战略的实施，寻求利益契合点和合作公约数，推动我国与世界各国和各地区共同发展。四是科学评估，防控风险。努力排除自由贸易区建设中的风险因素，同时，提高开放环境下的政府监管能力，建立健全并严格实施安全审查、反垄断和事中事后监管等方面的法律法规，确保国家安全。

五、我国加快实施自由贸易区战略的目标是什么？

《意见》明确了加快实施自由贸易区战略的近期和中长期目标。近期目标是，加快现有自由贸易区谈判进程，在条件具备的情况下逐步提升已有自由贸易区的自由化水平，积极推动与我国周边大部分国家和地区建立自由贸易区，使我国与自由贸易伙伴贸易额占我国对外贸易总额的比重达到或超过多数发达国家和新兴经济体的水平；中长期目标是，形成包括邻近国家和地区、涵盖“一带一路”沿线国家以及辐射五大洲重要国家的全球自由贸易区网络，使我国大部分对外贸易、双向投资实现自由化和便利化。

六、我国未来将形成怎样的自由贸易区建设布局？

《意见》对我国自由贸易区建设的布局在周边、“一带一路”和全球三个层次做出了规划。一是加快构建周边自由贸易区。力争和所有与我国毗邻的国家和地区建立自由贸易区，不断深化经贸关系，构建合作共赢的周边大市场。二是积极推进“一带一路”自由贸易区。结合周边自由贸易区建设和推进国际产能合作，积极同“一带一路”沿线国家商建自由贸易区，形成“一带一路”大市场，将“一带一路”打造成畅通之路、商贸之路、开放之路。三是逐步形成全球自由贸易区网络。争取同大部分新兴经济体、发展中大国、主要区域经济集团和部分发达国家建立自由贸易区，构建金砖国家大市场、新兴经济体大市场和发展中国家大市场等。

七、我国加快建设高水平自由贸易区有哪些具体措施？

《意见》对加快建设高水平自由贸易区，提出了八个方面的要求和措施。

一是提高货物贸易开放水平。与自由贸易伙伴共同削减关税和非关税壁垒，相互开放货物贸易市场，实现互利共赢。

二是扩大服务业对外开放。推进金融、教育、文化、医疗等服务业领域有序开放，放开育幼养老、建筑设计、会计审计、商贸物流、电子商务等服务业领域外资准入限制。在与自由贸易伙伴协商一致的基础上，逐步推进负面清单谈判模式。

三是放宽投资准入。大力推进投资市场开放和外资管理体制改革，进一步优化外商投资环境，实质性改善我国与自由贸易伙伴双向投资准入。积极稳妥推进人民币资本项目可兑换各项试点，加强与自由贸易伙伴货币合作，促进贸易投资便利化。

四是推进规则谈判。对符合我国需要的规则议题，在自由贸易区谈判中积极参与。参照国际通行规则及其发展趋势，结合我国发展水平和治理能力，加快推进知识产权保护、环境保护、电子商务、竞争政策、政府采购等新议题谈判。

五是提升贸易便利化水平。加强原产地实施管理，积极探索在更大范围实施经核准出口商原产地自主声明制度。改革海关监管、检验检疫等管理体制，加强关检等领域合作，逐步实现国际贸易“单一窗口”受理。

六是推进规制合作。加强与自由贸易伙伴就各自监管体系的信息交换，促进在监管体系、程序、方法和标准方面的适度融合，减少贸易成本，提高贸易效率。

七是推动自然人移动便利化。为我国企业境外投资的人员出入境提供更多便利条件。

八是加强经济技术合作。适当纳入产业合作、发展合作、全球价值链等经济技术合作议题，推动我国与自由贸易伙伴的务实合作。

八、我国加快实施自由贸易区战略有哪些保障体系和支持机制？

《意见》对健全加快实施自由贸易区战略的保障体系和完善相关支持机制提出了具体要求。

关于健全保障体系，一是要继续深化自由贸易试验区试点，在上海等自由贸易试验区内先行先试，探索最佳开放模式，为对外谈判提供实践依据。二是要完善外商投资法律法规，实行准入前国民待遇加负面清单的管理模式，保持外资政策稳定、透明、可预期。三是要完善事中事后监管的基础性制度，加强对市场主体“宽进”以后的过程监督和后续管理。四是要继续做好贸易救济工作，依法开展贸易救济调查，维护国内产业企业合法权益。五是要研究建立贸易调整援助机制，在减少政策扭曲、规范产业支持政策的基础上，对因关税减让而受到冲击的产业、企业和个人提供援助，提升其竞争力，促进产业调整。

关于完善支持机制，一是要完善自由贸易区第三方评估制度，通过第三方机构对自由贸易区谈判进行利弊分析和风险评估。二是要加强对已生效自由贸易协定的实施工作，提高协定利用率，用足用好优惠措施。三是要加强对自由贸易区建设的人才支持，逐步建立一支政治素质好、全局意识强、熟悉国内产业、精通国际经贸规则、外语水平高、谈判能力出色的自由贸易区建设领导、管理和谈判人才队伍。

（商务部网站 2015 年 12 月 18 日）

53项新举措推动自贸区建设再上新台阶

张 翼

为推动自贸试验区建设再上新台阶，国务院日前印发《关于支持自由贸易试验区深化改革创新若干措施的通知》(以下简称《若干措施》)。2018年11月23日，《若干措施》正式对外发布，53项切口小、见效快的工作措施面世。

在国新办23日举行的国务院政策例行吹风会上，商务部外国投资管理司司长唐文弘、人民银行研究局局长徐忠和海关总署自贸区和特殊区域发展司主要负责人陈振冲解读了《若干措施》和落实的具体办法。

一、赋予自贸区更大改革自主权

“建设自由贸易试验区是党中央在新时代推进改革开放的一项战略举措，在我国改革开放进程中具有里程碑意义。”唐文弘告诉记者，围绕自贸区建设发展需要，《若干措施》着力打通有关工作的堵点、难点，赋予自贸区更大改革自主权。

《若干措施》在营造优良投资环境、提升贸易便利化水平、推动金融创新服务实体经济、推进人力资源领域先行先试等方面加大改革授权和开放力度，给予政策扶持，体现特色定位。主要有四个亮点：

一是推进简政放权。《若干措施》既有进一步放宽外商投资建设工程设计企业、人才中介机构等方面的资质限制这类降低准入门槛的措施，也有授予自贸试验区自由进出口技术合同登记管理权限这类向地方下放权限的措施。为激发医疗领域投资活力，对自贸试验区内的社会办医疗机构配置乙类大型医用设备实行告知承诺制。为推动自贸试验区文化市场繁荣发展，简化艺术品进出口活动的审批与监管等。

二是做好监管和服务。如在进一步简化保险分支机构行政审批的同时，建立完善自贸试验区企业保险需求信息共享平台，加强事中事后监管，也能更好地为市场主体提供服务。

三是开展创新探索。自贸试验区是我国全面深化改革开放的“试验田”，在一些关键领域先行先试，开展探索。

四是注重国家安全。《若干措施》专节提出维护国家安全，要求各地区、各部门在推进自贸试验区工作中强化底线思维和风险防范意识，维护国家核心利益，主动服务大局。

“建设自贸试验区的根本目的是通过自贸试验区的先行先试、改革创新，为全面深化改革和扩大开放探索新路径、积累新经验。”唐文弘表示，为进一步激发自贸试验区制度创新的活力，商务部将会同各部门和自贸试验区所在省市，以制度创新为核心，坚持问题导向，积极探索，进一步加大对自贸试验区深化改革创新的支持力度；总结出更多成功改革经验，形成可以向全国复制推广的制度创新成果，把自贸试验区“试验田”种出来的成果推向全国；及时梳理、研究落实相关措施在推进落地过程中出现的新情况、新问题，统筹协调解决这些难点问题。各部门和各地方也要及时出台配套政策和细则，推动完成相关任务。

二、为自贸区改革提供金融支持，切实服务实体经济

“人民银行将在自贸试验区建设中积极扩大金融业对外开放，鼓励自贸试验区先行先试，优先落地各项金融业对外开放的措施。”徐忠介绍，《若干措施》涉及金融的内容共有12条，主要是促进贸易便利化，为自贸试验区改革提供金融支持，切实服务实体经济。

此前，人民银行和有关金融监管部门已宣布了进一步扩大金融业对外开放的路线图和时间表。对内对外扩大金融开放，人民银行始终坚持三条原则：一是准入前的国民待遇和负面清单原则；二是金融业对外开放将与汇率形成机制和资本项目可兑换进程相配合，共同推进；三是在开放的同时，要注重防范金融风险，使金融监管能力与金融开放度相匹配。

“我们将逐步缩短金融领域的负面清单，在涉及金融牌照的全领域放松外资金融机构持股比例限制，大幅度扩大外资金融机构业务范围，用审慎要求替代准入和资质的限制，激发外资金融机构参与我国金融市场的积极性，推动资金更为自由地流动。”徐忠在回答记者提问时说。

据徐忠介绍，自贸试验区设立以来，人民银行积极推进自贸试验区金融创新业务的复制推广工作，累计将十几项创新试点业务成功复制推广到全国；跨境人民币业务发展迅速，跨境投融资便利化水平持续提高；以促进贸易和投资便利化为出发点，坚持本币优先原则，进一步简化了经常和直接投资项下跨境人民币结算业务流程，便利区内企业和个人使用本币进行跨境交易，降低了汇兑成本，减少了汇率风险；落实“放管服”改革要求，搭建了以负面清单管理、宏观审慎管理和事中事后管理为核心的跨境人民币业务制度框架，坚决不搞事前行政审批，提高了银行和企业的运营效率。

三、不断提升贸易便利化水平，让企业和消费者受益

“目前，自贸试验区贸易便利化水平得到较大幅度提高，进出口通关水平总体快于全国平均水平。”陈振冲告诉记者。

《若干措施》的53项措施中，9项涉及海关工作，主要涉及三方面的创新：一是完善国际贸易“单一窗口”建设，在现有的货物贸易、海运仓单申报等12项基本功能基础上，拓展航空、铁路仓单申报等新功能，以满足自贸试验区新的发展需要，并加强与“一带一路”重点沿线国家互联互通、信息共享；二是丰富口岸功能建设，主要是涉及促进自贸试验区口岸开放和完善口岸进口种苗、水果、食用水生动物、药品和生物制品等特殊进口货物的功能；三是创新新业务、新模式，主要是支持平行进口汽车保税仓储，创新开展保税维修、艺术品保税仓储、税款保证保险等业务。

“调研显示，平行进口试点以后所释放的信号对市场会有比较大的影响，中高端进口汽车售价降价比较明显，大部分在15%以上，个别甚至超过30%。”

陈振冲指出，前不久，国务院发布了降低汽车整车和零部件的关税税率，

这次平行进口汽车保税仓储的试点可以大大满足国内汽车市场多样化和多层次的需要。

据介绍，为进一步支持汽车平行进口业务发展，海关总署已会同有关部门调整了平行进口汽车保税仓储的期限，原来期限是三个月，这次调整为不设仓储的时间，将有利于进口企业更好地安排销售策略，合理分配资金的占用，降低企业的运营成本。“这种成本的降低也会传导到消费者终端，使广大消费者买到性价比更高的汽车。”陈振冲表示。

（《光明日报》2018年11月24日）

对外开放新高度
——解读中国（上海）自由贸易试验区三大热词

徐寿松　何欣荣

“负面清单管理”“一线放开二线管住”“可复制”……随着中国（上海）自由贸易试验区渐行渐近，此类热词成为人们关注的焦点。自贸试验区的内涵到底是什么？在新一轮改革开放中它将起什么作用？新华社记者近日访问了权威部门及专家学者，通过解读这些热词，可见开启投融资体制大改革、扩大开放新标杆这一国家战略的宏大叙事，以及“试验”之下的静水深流。

一、“负面清单管理”——制度创新而非政策优惠

以各种“特区、新区”为载体，实施包括税收优惠在内的各类特殊政策，是我国改革开放曾经走过的路径。随着“普惠制”渐成趋势，制度创新取代政策优惠，成为新一轮改革开放的着力点。“把制度创新放在第一位，这是中国（上海）自由贸易试验区的核心内涵。”上海社科院世界经济研究所所长张幼文说。

最能体现自由贸易试验区制度创新的，当属其在投资体制方面的大改革。

国务院常务会议近期表示，将在中国（上海）自由贸易试验区内探索国际上通行的“负面清单管理”模式，这一名词迅速成为经济领域的热词。

所谓“负面清单”，实际上是定出一个投资领域的“黑名单”。在这个名单之外，“法无禁止即可为”。“这代表政府管理方法和思维的变化：限制自己的权力，让市场和企业发挥更大的作用。”中国社科院世界经济与政治研究所研究员宋泓说。

在探索“负面清单管理”之前，我国对包括外商在内的投资行为，采取事前

审批的制度。有人说，在某些领域，审批比计划生育还严，不但管“能不能生孩子”，“什么时候生、生男还是生女”也给规定好了。

为了探索投资准入管理新制度，全国人大常委会已授权国务院在试验区内暂时调整有关法律规定的行政审批。一位跨国企业中国区负责人对此表示欢迎：“地方政府应该摆脱以优惠政策来招商引资的思维，改为提供高效透明的行政服务。现阶段过多的条条框框，不利于跨国公司地区总部发挥应有的功能。”

二、“再入世”——扩大开放更是深化改革

建设中国（上海）自由贸易试验区，是顺应全球经贸发展新趋势，更加积极主动对外开放的重大举措。

“为什么叫中国（上海）自由贸易试验区而不是上海自由贸易试验区？”国务院发展研究中心党组成员隆国强说，“从名称上看，试验区要着眼于全国发展和新一轮改革开放。”

眼下，金融危机后全球的贸易和投资规则加速重构。在复旦大学经济学院院长袁志刚看来，正在形成的新的全球贸易秩序，关键内容包括投资自由化、服务贸易开放等。在这样的趋势面前，中国需要“再入世”，以负责任大国的形象，参与国际自由贸易新规则的制定。

在新的全球化背景下，建设中国（上海）自由贸易试验区不仅有助于外贸发展，更重要的是通过优化营商环境，加速各种要素资源的流入，构筑我国面向全球竞争的新优势。

曾有金融业者这样描述国内金融业的盈利模式：“保险公司跑着挣钱，证券公司坐着挣钱，银行躺着挣钱。”扩大开放后，包括金融在内的服务业短期可能迎来一定的冲击。但从长远来看，与高水平的对手同台竞技，汲取对方的先进经验，将使我国的服务业迎来发展新机遇。

对外开放的同时，往往也意味着对内放开。拿投资领域的“负面清单管理”来说，“不能仅仅局限于外资，对本国企业更应该如此。因为市场经济不管对内资外资，都应该是公平的、非歧视性的。”国家发展改革委学术委员会秘书长张燕生说。

开放将不可避免地促动改革。金融领域的开放，将推动我国的要素价格市场化改革。隆国强说，改革开放至今，在一般产品和服务领域，我国实现了市场化定价。但对于不少生产要素如资金价格，市场化改革还不彻底。以建设试验区为契机，推动利率市场化进程，这和近期国务院发布的金融“国十条”、信贷资产证券化试点是一脉相承的。

三、“可复制可推广”——国家战略而非地方战略

形成“可复制、可推广的经验”，是国务院对中国（上海）自由贸易试验区最基本的要求。

在上海自贸试验区正式获批前后，国内不少区域纷纷提出建立自由贸易试验区的设想。上海的先行先试，将成为兄弟省市的模板之一。

上海现代服务业联合会会长周禹鹏表示，一定要从国家战略的高度来看上海自贸试验区。在很多方面，试验区可以为同类改革积累有益经验。比如自贸试验区的管理机构设置，可以遵循“扁平、小型和授权”的原则。有学者建议，在暂停实施有关法律的基础上，能不能更进一步，由人大授权自由贸易试验区制定法律。

此外，还有区内、区外的统筹问题。据了解，未来试验区内将实行“一线（国境线）逐步彻底放开，二线（与非试验区的连接线）高效管住，区内自由流动”的政策。“二线如何管住？这需要在试验中转换观念。原来我们搞保税区，是管住里面的东西不要跑出来、不能走私。现在搞自由贸易试验区，是管住外面的传统体制不要渗进去。”周禹鹏说。

在人民币国际化方面，上海自贸试验区也将扮演重要的角色。央行上海总部跨境人民币业务部副主任施琍娅认为，未来在试验区内，可以建立以人民币计价结算的国际及跨境金融资产交易平台，为本币走出去服务。“根据相关统计，人民币即将进入国际前十大支付货币之列。作为人民币发行国，我们有责任在试验区里把这个平台建立起来。”

（新华社 2013年9月4日电）

广东自贸区：建设背景与运行基础

林　江　范　芹

中国首批自贸区设立在上海，并在上海自贸区运行一年之后决定在广东、天津、福建特定区域再设三个自贸区，在更大范围推广上海自贸区的试点经验，同时发挥地缘合作优势进一步推动新一轮高水平对外开放。自贸区扩容成为我国全面深化改革的又一重要标志。在此背景下，本文将要探讨广东自贸区的建设背景、运行基础与未来发展，进而提出政策建议。

一、广东自贸区的建设背景

中国设立广东以及其他地区自贸区，除了潜在的新的世界经济规则威胁、中国全面深化改革要求以及中国区域战略发展的因素以外，还考虑地缘合作优势下的先行先试，以期推动高水平对外开放，寻找新的经济增长点。因此，广东自贸区的建设背景主要分为外部环境和内部环境。

就外部环境而言，一方面全球贸易竞争加剧。这缘起以比较成本和资源禀赋决定的国际分工格局正在发生变化，全球经济区域化特征趋于明显，美欧发达国家开始通过TPP（跨太平洋伙伴关系协议）、TTIP（跨大西洋贸易和投资协议）和PSA（多边服务业协议）推销更高标准的国际投资和贸易规则。目前，已有12个国家和地区参与TPP谈判，覆盖全球GDP的50%。同时，21个世界贸易组织成员启动了PSA谈判，内容覆盖金融、电信、电子商务、运输、观光旅游、物联网等全部服务业领域。这三大协议的形成，极大可能成为重新构建国际贸易和投资规则的新载体，借以制定新的世界经济规则，并强化既有的“中心—外围—边缘—蛮荒”的世界权利分配体系结构。另一方面内地与港澳合作亟需实质性突破。过去十几年来，内地与港澳合作主要是靠CEPA来实现。CEPA是2003年内地与香港、澳门单独关税区之间签署的自由贸易协议，也是内地第一个全面实施的自由贸易协议。之后，每年均以《补充协议》的方式不断填充和完善框架中的内容。CEPA的最终目标是将香港和澳门纳入整个中国的大市场，实现完全内资待遇。截至目前，CEPA的补充协议签订了十一份，但尚未形成香港服务业大幅挺进大陆的局面。究其原因，一是三地合作存在所谓的“玻璃门、弹簧门”。现实中，CEPA开放对某些部门的资产规模门槛要求较高，存在服务贸易“小门”，而内地复杂的营商环境以及地方保护主义等“玻璃门”也影响港澳服务业投资；二是CEPA信息不透明，条文不明确也影响开放度；三是审批程序繁琐。另外，港澳资企业进来之后面临的主要是产业知识产权、法治环境以及国民待遇、申诉沟通渠道等方面的问题。在上述背景下，广东自贸区的建设，不仅有利于广东加强与港澳经济的深度融合，也有利于先行先试与国际新规体系接轨。

就内部环境而言，一方面是中国自身的改革需求。过去三十年，在WTO关税减让的大背景下，中国依靠中国制造和后发优势实现了经济的“超级赶超”和“大推进”战略。但在国际需求疲弱及低成本优势日趋丧失的局面下，中国过去的核心驱动力（本质上是半市场化形成的资本积累和贸易竞争优势；低版权模仿迅速集聚的制造业产能，而各级政府GDP业绩形成的低成本基础设施、货币投放和国有经济垄断）逐渐衰弱。而以TPP为主的设计则关注环保、知识产权和劳工保护等生产环节的内容，也对中国核心驱动力提出了挑战。同时，经过低成本优势的快速积累中国现在是全球第二大贸易国，客观需要人民币国际化和资本回流的动机。另一方面是中国区域发展的战略选择。中国在上海成立第一个自贸区一年之际，又批准了包括广东在内的三个自贸区，这不仅发挥中国传统的“摸石头技术”，选择具备基础条件的特定区域实施更加开放的政策措施来承担先行先试的任务，符合我国自贸区发展“循序渐进”的总体思路，也体现自贸区发展“前承后继”的切实需求。自1979年以来，我国实行的是从沿海到内地、从东向西、由局部到全面、逐步推进的渐进式开放战略，基本完成了由区域非均衡战略到均衡战略的转变。当下，我国进一步优化经济发展空间格局，实施重点区域带动发展战略。广东作为早期改革开放的前沿阵地，在对外开放和先行先试方面积累了丰富经验，成为第二批自贸区的首要选择地，也成为新一轮改革开放的重点区域。因此，第二批自贸区选择广东和其他城市主要是考虑到中国区域发展战略，也是充分发挥地缘合作优势着力实施“一带一路”战略。

二、广东自贸区的运行基础

中国渐进式、局部性的内地市场开放初期，建立的 4 个经济特区有 3 个在广东，其中 2 个位于珠三角区域，紧邻港澳地区。广东与港澳的经济贸易往来密切，在制造业领域形成了“前店后厂”式产业分工体系，这种经济合作不仅使得珠三角成为“世界制造业基地”，也使香港成为国际金融、贸易和航运中心。这些均为广东自贸区的建设奠定了良好基础。

（一）广东是中国早期改革的试验田

广东是市场经济体制改革的探索者。过去三十年，依托临近港澳的独特区位优势，通过改革开放成为全国外向型程度最高的省份。同时，香港和澳门在广东的改革开放和经济发展中发挥了重要作用，港资企业的直接投资不仅提升了广东的生产技术，且通过经营方式和经济管理体制的潜移默化，促使广东经济高速发展，并使广东成为中国改革开放的试验区和排头兵。在我国经济体制从传统计划经济向社会主义市场经济的转型中完成了先行先试的使命，从而积累了对外开放和内部改革的经验，比如率先探索价格改革，建立市场经济调节机制；探索分配制度改革，建立社会主义市场机制的分配制度，让一部分人先富起来；探索企业和产权制度，构建社会主义市场经济的微观基础，也正是这些经济体制改革和创新促使广东经济的持续高速发展。另外，经过三十年的改革探索与发展，广东具有国际视野和特区模式，以深圳为例，伴随三十年的改革开放，深圳从小渔村到出口加工区、到经济特区、再到经济中心城市，经历了中国改革开放进行中出现的所有争论，并在探索中取得巨大发展，具备了中国全面深化改革的先行先试经验。

（二）广东是内地与港澳合作的先行地

中央政府2014年12月宣布增设3个自贸区，在谈到广东自贸区时，李克强总理明确指出，“广东自贸区要利用毗邻港澳的区位和专业人才优势，加强同港澳深度融合，优先发展金融、科研等高端服务业”，这不仅突出了广东自贸区的特有优势，也进一步指出广东应借助港澳合作先行地再出发，探讨与港澳经济的深度融合，为中国全面参与新一轮全球竞争进行压力测试。广东自贸区涵盖广州南沙新区片区、深圳前海蛇口片区和珠海横琴新区片区，纳入这些片区主要考虑了毗邻港澳的区位优势。同时，从表1中可以看出，相较于其他三个自贸区，在核心趋势方面，广东自贸区也就更加突出同香港与澳门的合作。在定位方面，广东自贸区依托自身基础和条件，将打造粤港澳全面经济一体化示范区。

表1　广东与其他三个自贸区的比较分析

指标	上海自贸区	广东自贸区	天津自贸区	福建自贸区
占地面积	28平方公里	116.2平方公里	119.9平方公里	118.04平方公里
区域位置	上海外高桥保税区，外高桥保税物流园区，空港综合保税区	广州南沙新区，深圳前海蛇口新区，珠海横琴新区	天津港片区，天津机场片区，滨海新区	象屿保税区，象屿保税物流园，海沧保税区
经济腹地	长三角经济群	珠三角经济群	京津冀区域	海西经济区
定位	国际金融中心	粤港澳经济一体化示范区	京津冀区域合作发展	两岸经贸合作示范区
核心趋势	对外样本，金融基础良好，国内首例自贸区的先发优势	港澳合作优势，国内首批经济特区之一，改革开放的先行地	京津冀制造业体系	两岸经贸合作

自1978年粤港澳“前店后厂”的产业分工体系开始，香港充分发挥自由港的制度优势，粤港之间的投资与贸易快速增长。在内地全方位开放的背景下，CEPA作为促进内地与港澳发展经贸关系的一种制度性安排，在过去十年，在深化内地与港澳合作中起到了积极作用。2014年12月，CEPA的补充协议签订了十一份，并签署CEPA在广东省对港澳基本实现服务贸易自由化的协议。这主要

是因为，首先，广东与港澳在地理上是相连的，经贸合作水平高，联系度高，同时从 CEPA 实施以后，陆续在广东已经采取了很多项的先行先试的措施。在广东积累经验的基础之上，这些先行先试的措施又有很多都已经在整个内地推广。其次，内地和香港之间的经贸合作很大一部分都是广东和香港之间的经贸合作，那么香港的服务提供者开拓内地市场，第一步要先选择在广东，然后通过广东再到其他地区甚至整个内地。最后，近年来广东已经开始了行政审批制度的改革试点工作，为新一轮改革开放先行先试。这次协议的最大特点是，它是中国内地第一次以准入前国民待遇和负面清单的形式对外签署的自由贸易协议，且这次协议和深化改革同步进行，广东和香港之间实现服务贸易的自由化，就是在广东已经具备基础的条件下更加开放。同时这种开放为今后内地和香港、澳门实现服务贸易的自由化积累经验和创造条件，而在自贸区框架下，“负面清单”管理模式已是标配。因此，在 CEPA 框架下，广东依靠港澳合作优势为服务贸易自由化积累一定经验，为自贸区运行奠定了良好基础。值得注意的是，上海自贸区成立之时所提供的建设方案其实借鉴了很多 CEPA 在服务业上开放的经验，因此，CEPA 也对广东自贸区的建设和加快发展有着重要推动作用。

（三）广东拥有珠三角庞大的制造业体系

珠江三角洲作为中国内地的第二大三角洲，是广东自贸区的经济腹地，由北向东南和西南呈扇形构成，囊括广州、深圳、珠海、佛山、江门、东莞、中山、惠州、肇庆九个城市。据广东统计年鉴的数据显示，1990—2013 年，珠三角名义 GDP 总量由 1066.88 亿元增加到 50360.5 亿元，年增速为 18.3%。从三次产业构成来看，第一产业比重大幅下降，从 15.3% 下降到 2.1%，以制造业为主体的第二产业比重由 43.8% 调整到 46.3%，第三产业比重从 40.9% 上升到 51.6%。由此可得，在过去三十年，珠三角地区能取得如此巨大的经济成就归因于制造业崛起推动的高速经济增长和经济结构的转型。

一方面，珠三角地区制造业的发展与承接港澳地区制造业的转移密切相关。自 20 世纪 80 年代开始，珠三角依托改革开放先行一步的制度创新优势和毗邻港澳的区位优势，集聚了一批具有市场竞争力和创新能力的制造业集群体，并通过引入外商投资和培育地方产业，积极发展和壮大制造业，使珠三角逐步发展成为“世界制造业基地”。珠三角制造业基地划分为东、中、西三部分，各具特色，位居珠江东岸的深圳、东莞、惠州，是以电子及通信设备制造业为主的全国最大的电子通信制造业基地，被称为“广东电子信息产业走廊”，其中，深圳从小渔村发展为现代化的国际都市，成为信息产业和高科技产业基地，拥有华为、腾讯、中兴等著名企业，惠州则成为中国重要的彩电制造业基地；位居珠江西岸的珠海、中山、顺德、江门，以家用电器和五金制品为主，其中，顺德拥有国内闻名的科龙、格兰仕、美的等企业；位居珠江中部的广州、佛山、肇庆，以汽车、钢铁和电气机械为主，其中，广州汽车工业发展迅速。上述产业集聚带动了珠三角制造业的快速发展，使珠三角拥有庞大的制造业体系。2006 年之前，珠三角占全国制造业增加值的比值一直处于上升趋势，2007 年至今，比值呈现小幅下降，但仍维持在 13%以上。近几年，由于劳动力成本上升、资源和环境限制和人民币升值等因素的影响，珠三角制造业行业的三分之一企业被淘汰以及被迫转移。但是改革开放三十年来，珠三角地区形成的制造业生态环境不可复制，积累的经验也有利于广东制造业的转型与发展，为广东自贸区提供了产业基础。

另一方面，广东拥有的珠三角庞大的制造业体系与香港服务业发展形成优势互补。2000 年来，香港与广东的经贸往来呈现较大变化，以投资、贸易、科技等方面的合作增多，促使粤港的产业合作进入一个新的阶段。据广东统计年鉴的数据显示，广东承接香港投资额从 2001 年的 7019 亿美元上升至 2013 年 10101 亿美元，呈逐渐上升趋势，对粤港服务贸易产生促进作用，服务市场的扩大将进一步提升香港服务业的竞争力，并与广东产业结构转型升级、服务业发展形成良性互动。另外，内地与香港服务业存在较大差异，就整体竞争力而言，香港服务业发展水平高于内地；就分行业竞争力而言，香港旅游业、计算机与信息服务业竞争力低于内地，交通运输业、文娱和文化服务业、专利与特许业、金融业、保险也与通讯业的发展水平均高于内地。由此可得，内地传统服务业，如旅游业、计算机与信息服务业的发展水平较发达，而现代服务业，如金融业、保险业的发展水平较落后。进一步从服务业的内部构成来看，内地传统服务业发展水平高的居多，而为制造业提供服务的现代服务业如金融保险、信息咨询、专业服务等发展水平不足，从而使得服务业与制造业的互动和关联程度较低；而香港服务业主要集中在为生产提供服务的现代服务业，如金融、保险、通讯、文娱和文化服务等行业，这类服务业必须以制造业为基础。从制造业与服务业的分工程度来看，内地的专业分工程度较低，一些本可以通过社会分工来节省成本的机会还没有被恰当运用，诸如会计服务、审计服务、市场调研等本该由市场化的服务企业去解决的任务，不得不由企业自己来解决。值得注意的是，由于内地改革开放，以比较成本形成的分工体系促使香港制造业从20世纪90年代开始大量转移内地，香港经济呈现产业空洞化，从而使香港服务业失去作为实体经济的制造业的支撑。因此，近几年来，粤港服务业合作成为内地与香港经济合作的重点，而与制造业相比，服务业更需要良好的制度环境才能生存与发展。在此基础上，广东自贸区的设立为不断完善广东制度环境、深化改革提供了机遇，也为港澳服务业发展提供了更大的空间与腹地。

三、广东自贸区的未来发展

广东作为第二批自贸区，其最终目的是为了全面深化改革和扩大开放、探索新途径、积累新经验，要把制度创新作为核心任务，把可复制可推广作为基本要求。因此，广东自贸区不仅将在一定制度上复制和借鉴上海自贸区的发展经验，同时，将根据特有优势发展自贸区，突出粤港澳合作。

首先，借鉴和复制上海自贸区的部分经验。过去一年，上海自贸区在投资管理领域、贸易便利化领域、金融领域、服务业开放领域和事中事后监管措施方面积累了可复制和推广的改革事项。投资管理领域的改革事项包括外商投资广告企业项目备案制、涉税事项网上审批备案、税务登记号码网上自动赋码、网上自助办税、纳税信用管理的网上信用评级、组织机构代码实时赋码、企业标准备案管理制度创新、取消生产许可证委托加工备案、企业设立实行“单一窗口”等。贸易便利化领域推广事项包括全球维修产业检验检疫监管、中转货物产地来源证管理、检验检疫通关无纸化、第三方检验结果采信、出入境生物材料制品风险管理等。金融领域的推广事项包括个人其他经常项下人民币结算业务、外商投资企业外汇资本意愿结汇、银行办理大宗商品衍生品柜台交易涉及的结售汇业务、直接投资项下外汇登记及变更登记下方银行办理等。服务业开放领域的推广事项允许融资租赁公司兼营与主营业务有关的商业保理业务、允许设立外商投资资信调查公司、融资租赁公司设立子公司不设最低注册资本限制、允许内外资企业从事游戏游艺设备生产和销售等。事中事后监管措施的推广事项则包括社会信用体系、信息共享和综合执法制度、企业年度报告公示和经营异常名录制度、社会力量参与市场监督制度,以及各部门的专业监督制度。广东作为改革先行地,在投资管理、贸易便利化等领域已经采取了一些措施，比如“单一窗口”制度、个人其他常项下人民币结算业务、检验检疫通关无纸化等。同时，依托地缘合作优势，广东自贸区更注重在扩大对港澳开放、破除准入后的隐形壁垒和政策障碍、自贸区自身体制机制的创新上有所突破，比如，广东自贸区深圳前海片区实行香港资格认证和执业许可；珠海横琴片区也宣布与港澳合作开展“一试双证”“一试三证”证书认证试点工作；广州南沙片区也积极引进境外仲裁员制度，香港仲裁员占大多数。可以预期，广东自贸区将针对海外华裔人才争取更多便利政策，为 CEPA 提供落地平台和实验场。

其次，依托片区优势发展高端制造业和现代服务业。广东自贸区包括广州南沙新区、深圳前海蛇口新区和珠海横琴新区，其中，广州南沙新区地处珠三角地理几何中心、毗邻港澳和拥有深水大码头，未来广州南沙新区将充分利用区位和港口资源丰富的优势重点建设进口商品展示仓储分销配送中心、国际采购配送和供应链管理中心、国际转口贸易中心和出口集拼中心，在此基础上打造国际航运中心；前海作为深港现代服务业合作示范区，在“一国两制”框架下，未来将充分利用现代服务业发展基础和政策优势吸引一批现代服务业集聚，打造粤港现代服务业创新合作示范区、现代服务业体制机制创新区、香港与内地紧密合作的先导区和珠三角产业升级的引领区。同时，建设以金融、现代物流、信息服务、科技服务及其他专业服务四大产业为主导的亚太地区重要的生产性服务业中心和世界服务贸易重要基地，紧跟全球现代服务业发展趋势。蛇口工业区是招商局全资开发的中国第一个外向型经济开发区，与前海形成优势互补，未来将注重制造业与前海服务业融合发展发展，运用信息技术渗透引领制造业的发展升级。珠海横琴新区将充分发挥毗邻澳门的区位优势，重点吸纳国外和港澳的优质发展资源，通过高新技术的转移、扩散和外溢效应，促进珠三角和内地传统产业的技术改造和优化升级。另外，也将积极拓展澳门的产业发展和教育科研空间，促进澳门经济适度多元化，发展包括旅游休闲、商务服务、金融服务、文化创意、中医保健、高科教研发和高技术产业等。

通过探讨广东自贸区的建设背景，除了全球新一轮竞争加剧、中国内部改革需求以及中国战略发展选择以外，内地与港澳合作进入瓶颈期也是重要因素，因此，广东自贸区的最大亮点是粤港澳合作优势。另外，通过分析广东自贸区的运行基础，得出广东自贸区有其优越性，更利于中国全面深化改革、对外开放的先行先试。为了完成上述使命，广东自贸区应在全球竞争中充分发挥粤港澳合作优势，破除制约服务贸易发展的体制机制障碍，探索更加有效的负面清单管理，构建粤港澳合作的全面示范区，并总结开放高端服务业的成效和经验，从而进一步为推进我国的改革开放进程作出新贡献。

（《广东社会科学》2015年第3期）

广东自贸区建设的基本思路和建议

蔡春林

自由贸易试验区（以下简称“自贸区”）从提出到国家层面立项，再到获批的过程创造了一个速度上奇迹，成就了以往任何一项试点制度都无法比拟的推出速度。自贸区承载了新时期改革开放的特殊使命。自贸区是制度创新“高地”而非政策“洼地”。广东获批自贸区为改革“探路”，争创审批的“特区速度”，通过制度创新和规则体系构建打造优质的营商环境，推动粤港澳深度融合。广东需要增强自贸区辐射带动功能，实现珠三角和东西两翼及山区的双赢发展；利用自贸区建设机遇实现经济二次起飞，巩固广东作为改革开放引领者的优势地位；借助自贸区建设机遇对原有经济发展理念进行一次彻底反思和修正，激发经济活力，重新进行全球布局和产业整合，推动制造业服务化、科技化、国际化和特色化；鼓励企业深度参与自贸区建设。同时，要充分利用金融创新推动贸易、投资和产业转型升级，将金融作为促进外贸发展与转型的重要推动力量，加快贸易和投资金融产品创新力度，合理引导资本市场支持自贸区建设。积极倡导建立现有四个自贸区之间开放式合作机制，实现差异化竞争、共赢性发展、开放式合作，共同建立符合国际化和法治化要求的跨境投资和贸易规则体系，使自贸区成为我国进一步融入经济全球化的重要载体和实现中国经济可持续发展的制度基础。

一、广东获批自贸区巩固了改革开放引领者的优势地位

改革开放以来，广东省凭借其地理优势和政策优势，经济发展在全国一路领跑，成为改革开放引领者。随着改革开放程度进一步加深，国内其他地区迅速追上甚至有赶超迹象，广东作为改革开放引领者的优势地位逐步弱化，第一个获批自贸区的

上海就是重要例证。上海获批后，广东立即开始准备申报工作，期望能够在自贸区扩容中占据一席。早在上海自贸区设立之时就有学者提出，既然上海自贸区设立的初衷是为下一步全国的进一步对外开放进行探索和积累经验，形成可复制、可推广的经验，就应该尽快扩大试验范围，因为单纯的28平方公里无法承载太多的改革任务，还有可能凭借特殊地位成为“制度孤岛”，成为对“境内关外”之外的隐形隔离窗，如果对内自由对外封闭，反而不利于长期持续稳定的发展，弱化制度红利带动效应。目前当务之急是考虑全国其他地方的积极性和主动创造精神，选取有发展前途、带动效应大的地区进行自贸区试验。当时甚至有学者给出了具体扩容方案，在东中西部各选取几个地区同时进行自贸区试验，既可以选取临海型自贸区，也可以发展内陆型自贸区，这样就有多样性，也具有同类的示范效应，对于发挥自贸区的制度示范和改革推动作用将会更有效果。在学者呼吁之外，地方政府行动也非常迅速，在全国除港澳台之外的31个省（市、区），至少有27个省市明确提出过要设立自贸区。最终获批的只有三个省市，广东是其中一个。中国（广东）自由贸易试验区（简称“广东自贸区”）由广州南沙新区、深圳前海蛇口片区和珠海横琴新区三个部分组成，总面积为116.2平方公里。广东是改革的先行者和排头兵，建设广东自贸区为广东进一步改革探路，即改革简化审批流程，整合各类证照办理程序，激发市场活力，加强事中事后监管，争创审批的“特区速度”。通过自贸区建设进一步巩固广东作为改革开放引领者的优势地位。

二、广东自贸区功能定位和主要任务

（一）总体功能定位

按照总体方案来看，在功能定位上，广东自贸区立足于内地与港澳经济深度融合，以制度创新为核心、以深化粤港澳合作为重点，依托港澳、服务内地、面向世界，建设粤港澳深度合作的示范区，“21世纪海上丝绸之路”的重要枢纽和全国新一轮改革开放的先行地。

目前，政府官员和学者关于广东自贸区的定位主要是集中在粤港澳合作，这与当时按照“粤港澳自贸区”申报有一定关系。其实，当时申报时与其他省市一样，可能从希望先拿到试点资格的策略性考虑。在国家层面相关部委和核心部门强调要突出区域特色的情况下，各地上报自贸区的材料大多是突出本区域内较为突出的事项，尤其是将涉及国家战略层面的事项作为特色，以便为自己的申报增加分量，提升成功的可能性。当时，广东申请粤港澳自贸区很重要的一条，就是利用自己濒临港澳的优势，港澳对内地来说又具有非常重要的政治经济和特殊的战略意义。因此，将此作为特色进行申报，使用“粤港澳”的称谓，希望以此在新一批自贸区中赢得一席之地。后来慢慢有所转变，在名称上不再使用“港澳”，这当中包含了不少思考与方向调整。过去一直是香港在引导珠三角的发展，而现在改变成对等关系。在金融、航运等产业上，香港无疑具备优势；而在装备产业、高新技术上，珠三角也在逐渐形成主导的位置。近年来由于香港担心与广东合作形成竞争，并造成本港产业空心化，粤港两地的合作并没有很大进展。在与广东的合作上，香港主要是“想要土地”，澳门也有同样的考虑。随着经济总量的上升，广东也存在某种自满情绪。这些因素都在阻碍三地合作共赢的深入。如果这些理念得不到有效解决，广东自贸区想要取得大步前进，并且在粤港澳合作上有重大突破，将会面临不少的困难。

（二）主要试点任务

1. 创造优质营商环境。外源型经济对国际市场的高度依赖，常常受世界经济环境的制约，往往容易受国际市场波动的影响和国际垄断资本的控制，具有很大的风险性。外源型经济也使地区缺乏自主技术创新的动力，从而极大地影响了内生增长机制的加速形成。广东是我国典型的依靠外源型经济增长的地区。目前广东显示出对外资依赖程度过高，这种外源型经济反而限制内生力量的发展。迫切需要通过自贸区建设营造法治化、国际化营商环境，优化法治环境，实行负面清单管理和投资备案项目自动获准制，完善事中事后监管机制。

2. 推动粤港澳深度融合。广东自贸区立足点就在于粤港澳深度融合。实现货物贸易、服务贸易、与贸易有关的投资、与贸易有关的知识产权等全方位对接。在贸易、投资、金融等方面互联互通，形成合力，共同发展。人员、资金、信息等经济发展要素无障碍流通和共享，在经贸规则层面实现互认和互鉴。目前可看到的公开资料显示，一是深入推进粤港澳服务贸易自由化，进一步扩大对港澳服务业开放。推进粤港澳管理标准和规则相衔接，实现三地人员、资金、信息等要素便捷流动。二是强化粤港澳国际贸易功能集成，推进贸易发展方式转变。建立与粤港澳海空港联动机制，建设“21世纪海上丝绸之路”物流枢纽。三是搭建粤港澳金融合作新机制，推动与粤港澳跨境人民币业务创新。扩大人民币跨境使用，开展双向人民币融资；推动适应粤港澳服务贸易自由化的金融创新。探索建立与港澳金融产品互认、资金互通、市场互联的机制；推动粤港澳投融资汇兑便利化。探索实行本外币账户管理新模式、设立面向港澳和国际的新型要素交易平台。

3. 增强自贸区辐射带动功能。近年来，广东一直强调珠三角的辐射带动作用，并不是要把原属于珠三角的产业“搬动”到东西两翼和山区地区，而是希望通过转移为珠三角的产业和技术升级提供足够的空间，从而实现珠三角地区和东西两翼及山区的双赢发展。自贸区成功申报以后，要增强自贸区的辐射带动功能，以广东自贸区为中心，具体辐射：第一层次，向北辐射“珠三角”，向南辐射港澳；第二层次，向北辐射“泛珠三角”，向南辐射东盟；第三层次，向北辐射全国，向外辐射至全球。从广东自贸区方案的空间布局来看，南沙片区重点发展航运物流、特色金融、国际商贸、高端制造等产业，建设以生产性服务业为主导的现代产业新高地和具有世界先进水平的综合服务枢纽。未来南沙新区还将有建设实施CEPA先行先试综合示范区核心功能区、泛珠江三角洲经贸合作区、海上丝绸之路节点（国际经贸合作区）等部署。深圳前海蛇口片区应充分发挥联通深港的优势，重点发展金融、现代物流、信息服务、科技服务等高端服务业，建设我国金融业对外开放试验示范窗口、世界服务贸易重要基地和国际性枢纽港。在自贸区的框架下，前海希望通过与香港进行服务业合作，不仅成为粤港服务贸易自由化的先行地，也为中国加入新型服务贸易规则谈判提高议程设置能力和话语权。珠海横琴片区要充分发挥毗邻澳门的优势，重点发展旅游休闲健康、商务金融服务、文化科技和高新技术等产业，建设文化教育开放先导区和国际商务服务休闲旅游基地，打造促进澳门经济适度多元化发展的新载体。

广东自贸区的空间布局具有很强的辐射带动功能，建成之后可以真正实现珠三角和东西两翼及山区的双赢发展的多年愿望。

三、推动广东自贸区建设的基本思路和政策建议

（一）自贸区是制度创新“高地”而非政策“洼地”

自贸区从设立之初就强调不是政策优惠，更不会形成政策“洼地”，核心是制度创新的“高地”。

在国内外形势复杂变化的背景下，通过创新在贸易、投资、金融等领域形成可复制、可推广的经验，为国内经济改革提供经验支撑。按照新制度经济理论，几乎所有经济安排都涉及制度设计问题。制度在经济发展中的作用是决定性的。制度是一种提供确定性的规则。通过对权利和义务的更明确界定，使模糊性总量减少。同时，制度还具有降低交易成本，为经济提供服务，为合作创造条件，使外部收益内部化等功能。自贸区实际上就是一种制度安排，核心是制度创新，通过制度创新提供相对稳定、透明、开放、公平的规则体系，为经济主体的贸易和投资活动提供便利条件，降低其参与经济活动的交易成本，从而优化资源配置，提升经济效率。当然，制度运行本身也是有成本的，这就涉及制度效率问题。要通过适当的体制机制和规则设计，将自贸区各项举措落到实处，降低制度运行成本，发挥制度创新的最大效率。

（二）粤港澳深度融合是战略需要和责任担当，需共同面对全球竞争

广东与港澳历史渊源较深、经济联系紧密、地理位置接近，粤港澳合作具有独特优势。随着广东地位的提升和中国的全面开放，作为开放“窗口”的港澳对于广东的经济作用有所弱化，广东对港澳的依赖程度相对降低，而且，广州与深圳的经济总量很快就可能分别超过香港。在这样的经济背景下，不少学者和广东当地舆论开始提出在战略上跳出港澳来发展，但在战术上仍重视港澳。其实，这是机会主义和投机心理，是没有认识到港澳的战略地位，没有认识到粤港澳深度融合是战略需要和责任担当。李克强在广东调研时指出，广东自贸区要利用毗邻港澳的优势，加强同港澳深度融合，优先发展金融、科研等高端服务业。在建设高楼大厦的同时，丰富城市的“发展内涵”。其中，重要的一个考虑因素是，近

年来香港产业空心化严重、经济不景气、政治博弈激烈，迷失的香港其实更需要方向。广东与香港的关系其实已经发生了很大的变化，原先广东是借助香港的开放环境作为走向世界的重要渠道，现在广东也对外开放了，香港与广东的关系需要重新定位，不是单纯的谁依赖谁的问题，也不仅仅是转口贸易、资金流通、人员交往的问题，根本的问题和出路在于深度融合。不是一厢情愿的让步，单纯的开放让利实际上解决不了问题，根本上还是要从产业业态、企业竞争力、市场布局等方面进行深度整合。

当然，从另一方面讲，经济发展强调市场化推动，经济利益仍然是重要的考虑因素。如果缺乏实实在在的利益和市场前景，粤港澳企业不会主动参与合作。如果所谓的深度融合仅仅是政治和战略层面的利益诉求而缺乏经济支撑的话，则很难实现。要避免这种现象发生，所需要采取的措施就是借助广东成功获批自贸区的契机，为港澳提供更宽松的营商环境和改革红利，将自贸区打造成为粤港澳合作开拓国际市场、参与全球竞争和挑战的战略平台。

（三）利用自贸区建设机遇实现经济二次起飞，巩固开放引领者地位

1. 对原有经济发展理念进行一次彻底反思和修正。改革 30 多年了，无论从心理上还是从机制上可能呈现出“改革疲劳”的倾向了，改革开放的动力弱化，迫切需要借助“自贸试验区”这一刺激因素，对原有经济发展理念和行为方式进行一次彻底反思和修正。打造自己的品牌和特色，给企业创造商机和利益，维护工人权益，给普通工人创造符合国际标准劳动准则的工作环境和保障，分享经济发展成果。创造就业，实现有就业的增长。应该与国内外形势趋势结合，与经济金融贸易其他制度协调配套，发挥协同效果，形成新理念，推动经济发展、社会稳定、人民幸福的新广东建设。

2. 将自贸区与其他经贸战略互动配合激发经济活力。自贸区本身承担着国家战略需要，要对接国际投资贸易规则，营造法治化、市场化营商环境，力争将广东自贸区建设成为开放程度最高与制度创新能力最强的自贸区，将广东打造成为具有全球影响力的贸易、投资、金融和科技研发创新中心。

如果仅仅探讨如何落实自贸区改革方案，似乎太偏重战术层面，而忽略了广

东更加根本的战略方向，特别是要解决经济发展及产业竞争力的战略问题。其实自贸区只是经济政策的一环，应该与其他政策相配套，作为激发经济活力的重要政策因素。例如，可以将自贸区与海上丝绸之路战略相配合，鼓励企业在海上丝绸之路沿线国家或地区设置海外新生产基地，并拓展新市场。

3. 将自贸区作为竞争力提升的重要平台。自贸区仅仅是为经济社会发展、改革提速升级提供了一次机会，如何把机会变成实实在在的效益是需要思考的一个战略问题。通过自贸区建立以规则为导向的制度体系，推动企业经营、产业发展、技术升级互为促进联动发展的机制，推动经济转型与竞争力提升。作为经济发展的战略，要落到实处，落实到产业、企业层面，提升产业竞争力，创造出优势产业，培育与壮大具有国际竞争力和跨国运营能力的企业。顺应当今世界经济深度转型调整的趋势，国内经济由对外引资净流入国，变成了对外投资国，成为对外投资净投资国，这些趋势要顺应并加以利用，通过政策引导、信息提示、策略指导等提升广东企业跨国运营能力和国际竞争力。

4. 借助自贸区建设契机重新进行全球布局。当前，市场优势和成本优势在跨国企业决策中的地位发生了显著变化，全球生产分工越来越精细化。在当前全球化迅速推进的背景下，竞争优势体现为对全球分工和资源的整合布局的能力，跨国公司已经变成全球整合的企业。根据市场发展潜力、当地劳工成本、技术、资金、人员状况，将分布在不同国家或地区的生产制造、研究开发、营销服务等资源进行全球整合。在国际分工日益精细的同时，厂商的整合能力日显重要，整合力愈强的厂商愈有竞争力。广东要借助于自贸区的设立和“21 世纪海上丝绸之路”建设契机重新进行全球布局，重点就是要让中小企业与大企业在全球进行策略性配套布局。因为中小企业受限于规模及产业特性，不适合单打独斗，只有进行周边或上、中、下游体系的分工，或利用产业群聚的效应，配合大企业的全球布局，才能发挥分工专业化和整合的力量。

5. 鼓励产业整合和创新，推动制造业服务化、科技化、国际化和特色化。自由贸易试验区的核心理念是创造更加自由化、国际化和法治化的贸易投资环境。在此基础上，加快产业技术创新、增强产业实力更加重要。提升产业竞争力、推动产业升级是关键。国际分工使得参与主体将有限资源配置到效率最高、收益最大的行业中去，在全球范围内进行产业整合。跨国公司按照供应链配置生产资源，选择成本最低的地方进行制造和组装。一条产业链往往分布在不同的国家和地区，其动态变化和复杂程度迫切要求厘清在国际分工中的优势产业地位，对自己的产业资源进行整合和战略配置。目前，广东产业竞争力弱化甚至部分丧失，出口竞争力下降。原有的加工贸易类产业缺少品牌，专利技术主要依靠欧美等国家，企业创新意愿不强、能力不足，出口过度集中于电子科技产品，在劳动力成本变化、低成本优势逐渐丧失的情况下，印度尼西亚、越南等国家承接了原来在广东的出口加工产能，广东原有低层次的竞争力逐渐丧失，新的竞争优势仍在培育之中，尚未真正形成有国际影响力的竞争力。要采取综合措施推动制造业服务化、服务业科技化与国际化、传统产业特色化。创新是长期竞争力的源泉和基础，广东要维持自己在创新方面的全球优势地位，需要大量投入智力资本、培养具有创业投资意识的人才，带动企业创新和实体经济转型。

（四）鼓励企业深度参与自贸区建设，让企业获得实实在在的利益

1. 将企业资金尽量引导至自贸区的实体经济。自贸区建设要倡导推动民间力量，鼓励产业组织、行业协会、企业深度参与，不能成为政府部门的独角戏。要通过制度引导企业资金投向实业，实业兴省，发展实体经济才是根本。投资并建立起足以面对国际竞争的研发创新管理及经营能力，对于那些炒作类资金、凑热闹投机类企业要及时进行跟踪引导。上海在推进自贸区建设的过程中就特别注意发挥企业的能动性，鼓励和引导各类市场主体利用上海自贸区的政策功能平台，开展各类创新活动，通过征集企业创新案例方式对自贸区相关制度创新的检验和深化，从投资、贸易、金融等不同角度和领域，展示相关企业的创新理念、创新模式和创新成效，为企业开展创新活动提供了参考和借鉴。

2. 企业与政府联动，引领政商关系新常态。针对广东企业反映国际贸易中经常遭受一些国家不公正待遇，李克强总理表示企业要把一些普遍问题向有关部门反映，国家层面也会在国际谈判和政府磋商中直接提出来，哪怕是小企业碰到的各种不公正待遇，政府也会非常重视，“政府为企业争利，就是为国家谋利”。

政商关系的正常与否，在于是否有清晰透明的边界，官员和商人是否各守其志，按规则办事。简政放权、削减行政审批，企业法无禁止即可为，政府法无授权不可为，从而清晰界定了政商边界，进而塑造新型的政商关系。在国内，政府要营造公平竞争环境，鼓励企业创新；在国际市场，政府自然要为中国企业争取合法利益，拓展营商空间。当企业遇到不公平待遇时，政府在国际规则下为企业争取利益，就是为国家谋利，因为企业是财富创造的主体，也是经济增长与创新的发动机。政府相关职能部门助推中国装备企业等走出国门，不仅能转移消化国内的富余优质产能，更能让中国企业在全球市场接受严苛检验，促进中国制造升级换代。

3. 建立企业利益诉求的快速反应机制。广东自贸区建设需要把企业的积极性充分调动起来，建立政府与企业联动机制，企业在国际贸易和投资中遇到问题，可以第一时间无障碍地传递给相关部门，而且能够在第一时间得到反馈和解决。这样一个为企业经营活动提供快速反应的问题和争端处理机制，是未来企业走向世界的重要基础性的一个环节。美国商务部、贸易代表办公室等部门均能够对企业的海外诉求进行快速反应，将对外经贸政策与企业微观经营活动密切契合，所提国际层面议题均能够反映国内企业和产业实实在在的利益诉求，非常有针对性。从国际层面看，广东自贸区如果能够创造出类似于美国的对企业海外利益诉求的快速反应机制，那么这将成为广东实现外向型经济转型升级的重要战略抓手和平台。

（五）充分利用金融创新推动贸易、投资和产业转型升级

1. 将金融作为促进外贸发展与转型的重要推动力量。贸易金融则是所有贸易活动的血脉和生命线。运用个性化的贸易金融服务理念，根据客户需求量身定做，为企业提供全面金融服务解决方案。从过去的“产品导向”模式转变为“客户导向”模式，从单一环节的贸易融资向内外贸一体化的多环节、全过程的贸易融资模式转变，立足于金融产业培育，集聚资源。将金融业作为支柱产业予以扶持发展，实现经济与金融良性互动发展，探索贸易金融发展新模式。金融服务是服务贸易的重要组成部分，金融是促进外贸发展与转型的重要推动力量。鼓励广东贸

易企业与金融机构融合，发展具有国际影响力的大型综合性贸易集团，通过金融创新促进广东外贸持续快速发展，实现金融创新与外贸发展协调推进，是打造广东经济升级版的一个重要政策着力点。

2. 加快贸易和投资金融产品创新力度。研究创新与“市场采购”新型贸易方式相适应的高效贸易金融发展模式和管理体制。鼓励金融机构积极创新内保外贷、境外融资贷款等结构性贸易融资业务。探索建立以高效信息系统为平台，电子交易、物流配送、仓储管理以及金融服务高度融合的一体化贸易新模式。支持设立第三方支付平台，大力发展跨境电子商务和电子支付业务。鼓励保险机构大力发展财产险、责任险、意外险和健康险等保险产品。鼓励保险公司创新和推广出口信用保险等与国际贸易密切相关的保险业务。

3. 合理引导资本市场支持自贸区建设。从股票市场自贸区板块的表现来看，充分证明了资本是最敏感的。无论实际的自贸区如何推进，至少短期内与自贸区直接相关的贸易、航运、港口、物流、建筑、地产、金融等股票在大幅度上涨。如果仅仅把自贸区作为一个一般的投资概念进行炒作，一阵风过后势必会一地狼藉。应该静下心来思考一下如何充分发挥资本市场作用，如何金融支持自贸区建设，各项试验任务如何利用正确的金融制度创新、恰当的资金杠杆去助推其成为现实。让资金成为自贸区最可靠的伙伴，发挥金融支持自贸区建设的正能量。对自贸区要有爱心、有耐心，要抱着投资培育的目的，而不应该是过度的投机。金融是经济发展的核心推动力量，任何试验的成功都需要金融的支持，在这场资本的盛宴中，注定少不了金融的身影，希望这身影走得踏实，玩得长久。

（六）倡导建立现有四个自贸区之间开放式合作机制

1. 实现自贸区间差异化竞争、共赢性发展、开放式合作。在中国经济亟需寻找新的增长极，进一步适应国内外形势变化的背景下，自贸区成为深入改革，实现经济结构、社会结构转型，并最终完成市场化改革的最大抓手。目前，现有四个自贸区之间如果说存在竞争，那么竞争的焦点就是改革，谁能在改革领域走得更远，谁就是新一代自贸区的旗帜。自贸区的具体建设并没有特殊政策优惠，只是获得了更多的改革试验机会，要好好地利用这一机会，将经济和行政资源更多地配备在推出高质量和高标准的改革和制度创新方面，实现更多突破，破除更多的经济社会发展障碍。现有四个自贸区之间要摒弃“政治锦标赛”“经济争霸赛”的传统思维，实现自贸区间差异化竞争、共赢性发展、开放式合作。

2. 广东作为改革开放的引领者，在自贸区间合作中起带头大哥作用。自贸区之间合作非常必要，企业都想进入自贸区，受益于自贸区建设。企业不可能只进入其中的一个，肯定是都想进入，尤其是现在在全球布局的背景下，现有四个自贸区之间要倡导开放式合作，不能各自之间形成新的障碍和壁垒，更不能出现四个自贸区之间恶性竞争，成为封闭保守的自循环内部系统。应该借鉴国际经贸规则中通行的“最惠国待遇”和“国民待遇”原则，给予“最惠区待遇”和“自动适用本区待遇”，单一企业在进入任何一个自贸区所享有的待遇，自动适用于所有区域。一个企业任何业务在任何一个自贸区备案或申请通过后，可以自动在其他三个自贸区开展同样的业务。如此一来则可以降低企业成本，更好地发挥自贸区制度创新带来的“经贸创造效益”，遏制所谓“经贸转移效益”，从而使自贸区辐射效应最大化。

当前可以从下列事项着手：一是基础设施方面可以通过高铁、航线、管道等实现高效互联互通，提升四地之间的交通运行效率，节约运营时间，提高航班正点率，提升四地之间人员、货运往来效率。二是人员互派机制，可以从上海自贸区借用干部，通过挂职、借调等方式指导广东自贸区建设，如果有困难，可以派出一部分干部通过挂职学习方式熟悉自贸区建设经验。三是建立信息交流共享机制，可通过在广东新设立自贸区合作与发展论坛的方式，聚集企业、高校、政府部门资源，围绕自贸区建设进行理论研究、政策设计和企业产业合作，或者利用广东现有的新兴经济体合作与发展论坛，将自贸区建设作为论坛主要议题，每年定期关注自贸区进展，鼓励全球学者献计献策，为企业和行业提供交流沟通平台。四是在理念上要有共赢思想，倡导功成不必在我，尊重经济发展规律，为自贸区发展提供良好的法治、营商环境，把各方面硬件和软件做好铺垫，为经济强劲、均衡和可持续发展打下基础。

（《国际贸易》2015 年第 1 期）

福建自贸区的战略定位

单玉丽

福建自贸区建设已全面启动，如何推动福建自贸区建设，谈四点想法。

第一，福建自贸区要以突出对台合作为己任，推动两岸关系和平发展。

在国务院批复的文件中，明确自贸区要“以上海自贸试验区试点内容为主体，结合地方特点，充实新的试点内容。”就福建而言，就是要发挥对台交流合作的比较优势，对接台湾，在推广上海自贸区可复制的改革创新成果的基础上，促进闽台要素有序自由流动、资源高效配置、市场深度融合，为台商在福建的经贸活动创造更多商机，提供更多便利。由于三个自贸区在区位优势、经济发展水平等方面的差异，被赋予不同的功能和定位。广东自贸区将以制度创新为核心，以深化粤港澳合作为主轴；天津自贸区将以北方港口枢纽、金融创新、高端制造和服务京津冀一体化为特色；而福建自贸区则以与台湾融合发展，服务两岸关系大局，推动台海经济一体化为使命。福建在数十年的对台交流合作中也彰显了自身的优势，对推动两岸关系和平发展作出了重要贡献。近年来，福建加快推进对台综合实验区先行先试的步伐，平潭综合实验区、台商投资区、加工出口区、各类农业合作区、台湾商品免税区、两岸物流中心、闽台金融合作中心、两岸跨境贸易电子商务试点等，不断发挥中央赋予的政策优势，创新求变，有效推动了两岸经济合作的发展。2014 年 1 月至 11 月，福建全省新设台资企业 389 户，同比增长 75.22%，占同期全省外商投资企业的 43.75%。福建现有台资企业数居祖国大陆第三位，累计注册资本居祖国大陆第二位，台资企业数占外资企业总数的 22.77%，接近祖国大陆平均水平的 3 倍。国家在福建设立自贸区，明确其战略定位，既是对福建在推动两岸关系和平发展中所作贡献的充分肯定，也是对福建进一步发挥对台地缘优势的新期待，福建应抓住这一历史性机遇，以自贸区为抓手，为推进两岸关系和平发展作出更大贡献。

第二，福建自贸区要明确不同片区的功能定位，既突显特色又协同发展。

自贸区的设立是依托现有的新区、园区，在特定区域内设立的。福建自贸区由三个片区，计 118.04 平方公里组成。一是福州片区，面积为 31.26 平方公里，由福州经济技术开发区和福州保税港区组成；二是厦门片区，计 43.78 平方公里。包括两岸贸易中心核心区和东南国际航运中心海沧港区；三是平潭片区，计 43 平方公里，由港口经贸区、高新技术产业区及旅游休闲区构成。从依托的现有新区、园区及港区来看，福州的高新技术产业和港区优势比较突出；厦门以金融服务业为核心的现代服务业占据先机；平潭自由港和国际旅游岛前景可期。这三个片区既要立足自身产业基础和发展方向以及对台的相对优势来把握试验重点，细化政策需求；同时也要树立大局观念，整合资源，避免竞争，协同发展，共同构建投资自由、贸易便利、人员往来便捷的营商环境，并带动周边区域发展，这是福建自贸区需要着力谋划的课题。

在以上三个片区中，福州、厦门、平潭已复制上海自贸区实施的十多项监管创新制度，包括海关监管中的加工贸易工单式核销、智能卡口自动核放、仓储企业联网监管、区外保税展示交易、融资租赁、集中汇总纳税、简化无纸化通关随附单证、简化统一进出境备案清单、内销选择性征税、期货保税交割、“自主报税、自助通关、自动审放、重点稽核”等，但这些都只是自贸区内涵的一部分，如何根据自身特色和港口功能进行自贸区建设的创新工作，各片区的发展可谓任重道远。从宏观层面而言，要尽快完善自贸区总体方案、进一步明确不同片区的试验任务、划分功能定位、建立健全管理体制。从中微观层面看，未来一段时间要抓紧建立权责清单制度；加快推进信息化平台建设；建立健全行政审批目录制度；整合保税港区资源；健全社会服务体系，引入竞争机遇，鼓励税务师事务所、会计师事务所、知识产权服务机构、检验检测机构、认证机构、公证机构、律师事务所、信用服务机构等专业机构在自贸区开展业务，推动自贸区早日形成良好的营商环境。

第三，福建自贸区建设要立足闽台经济融合，提升两地产业竞争力。

当前，在大陆经济社会发展进入新常态情况下，福建同样面临经济运行下行压力增大与外部市场空间收窄等问题，以往的政策红利已弱化。而自贸区的设立，加之福建是国家实施“一带一路”的重要区域，两大政策重叠的重大利好，为福建的进一步改革开放和体制机制的改革创新构建了新的高地，为推动闽台深度融合，探索具有福建自身特色的对台交流合作，提供了新的平台。福建必须紧紧抓住这一千载难逢的机遇，全力以赴以自贸园区为新抓手。在更高层次、更宽领域开展全方位对台合作。

福建建设自贸区，要立足促进闽台经济融合，要发挥现有6个国家级台商投资区、厦门综合配套改革实验区、平潭综合实验区、经济技术开发区、高新技术产业园区、台湾农业创业园等的平台载体作用；要把自贸区体制机制创新与推进闽台产业深度融合结合起来，促进两地产业升级转型，提升两地企业竞争力和应对国际环境的竞争力水平；要鼓励更多的台资优质项目入驻福建，把福建发展的机遇首先与台湾同胞分享，以进一步发挥福建在两岸关系中的作用，推动更多的台资企业赴闽投资兴业并带动两地贸易的增长。

鉴于自贸区在资金流、物流、人才培养及人才自由进出等方面将呈现更开放、高效的态势，更有利于台商在福建的发展，未来福建可加大闽台在航运物流、金融服务、商贸服务、文化产业等领域的先行先试，当前尤其要加快推动与台湾电子口岸平台对接，推动两岸双方检验检疫、认证公证、知识产权的互动互认，建立完善的服务体系，寻求两地更紧密的经济社会联系，为闽台深度融合创造更好的条件。

第四，福建自贸区要努力探索与台湾“自由经济示范区”的合作模式，为推动两岸经济合作再上新台阶积累经验。

福建自贸区重点面向台湾地区，有利于进一步发挥对台区域优势，推动两地自贸区合作。2013年8月，台湾启动“自由经济示范区”计划，推动包括基隆港、台北港、苏澳港、台中港、高雄港、台南安平港、桃园航空自由贸易港区及屏东农业生技园区在内的“六海一空一农技”自由经济示范区建设，以“前店后厂”

模式结合各种专业园区，进行贸易自由化尝试，但因种种原因进展缓慢。福建自贸区的设立与发展，契合台湾自由经济示范区发展的需求，为台湾业界与福建自贸区进行合作、对接提供了进一步发展的纵深空间和可行路径。福建要进一步发挥对台地缘优势，探讨两岸自贸区与台湾自由经济示范区的合作模式。要用自贸区对外“开放”、“自由”的特殊政策，推动闽台双方“对等开放”，突破现有体制障碍，建立区对区、点对点合作新模式、新机制，开辟两岸经济合作新渠道。福建自贸区三个片区各具特色，可对应台湾不同区域的自由经济区，推动区对区的交流与合作，并以经济一体化为切入点，推动两地社会融合，进而以闽台的融合促进两岸的全方位融合。总之，要借助两岸自贸区合作，实施更加开放、自由、便利的经贸政策，努力探索闽台经贸合作新模式，为推进两岸经贸往来正常化和自由化探索经验、积累互信，在新的形势下实现闽台及两岸更大的互利双赢。

（《学术评论》2015年第1期）

《中国（辽宁）自由贸易试验区总体方案》解读

大连市自贸办

一、总体发展定位

辽宁是东北地区唯一设立自贸试验区的省份，承担着国家赋予的东北振兴和自身改革发展的双重任务。《中国（辽宁）自由贸易试验区总体方案》（以下简称《总体方案》）指出：辽宁自贸试验区要按照“加快市场取向体制机制改革、推动结构调整的要求，着力打造提升东北老工业基地发展整体竞争力和对外开放水平的新引擎。”这既是对辽宁自贸试验区的战略定位，也是对辽宁乃至东北地区体制机制、产业结构、经济结构问题的准确把脉，以及倒逼政府体制机制改革和推动结构调整的要旨所在。

（一）辽宁自贸试验区的改革任务：规定动作要更加深刻到位，自选动作要更加突出鲜明

《总体方案》赋予了辽宁自贸试验区两项改革任务：通过体制机制改革为东北老工业基地提供可复制推广经验，成为经济发展新引擎；通过进一步扩大开放促进与东北亚全方位经济合作，成为对外开放新高地。从细分任务看，切实转变政府职能、深化投资领域改革、推进贸易转型升级和深化金融领域开放创新是国家给予 11 个自贸试验区普遍性的任务，即规定动作；加快老工业基地结构调整和加强东北亚区域开放合作是根据辽宁乃至东北的特定禀赋和发展问题寄予的责任和使命，即自选动作。

一是规定动作要更加深刻到位。自贸试验区建设的核心不是索取特殊优惠政策，而是政府改革和制度创新的先行区。李克强总理曾强调：“自贸试验区不是

政策洼地，而是改革高地。”《总体方案》的指导思想明确了“先行先试，为全面深化改革和扩大开放探索新途径、积累新经验，发挥示范带动、服务全国的积极作用”。从制度创新的角度看，辽宁自贸试验区需要承担起为全面深化改革和扩大开放进行改革试验的历史使命，归根结底还是顶层设计层面的制度创新。只有高标准完成政府职能、投资、贸易和金融等领域的改革任务，才能破解辽宁深层次的体制机制矛盾。

二是自选动作要更加突出鲜明。《中共中央国务院关于全面振兴东北地区等老工业基地的若干意见》指出东北当前面临的主要问题和挑战是，市场化程度不高、国有企业活力仍然不足、民营经济发展不充分、产业结构和产品结构不适应市场变化等，归根结底是体制机制问题，是产业结构、经济结构问题。结构调整既是国家任务，又是辽宁乃至东北诉求，《总体方案》指出了结构调整的方向，通过深化国资国企改革、产业升级调整等措施，为东北老工业基地振兴发展探索路径。

“加强东北亚区域开放合作”是辽宁自贸试验区的又一主要任务，能够为老工业基地的结构调整、转型升级提供“国际市场、国际资源”。通过国际先进制造业、战略性新兴产业、现代服务业等产业在自贸试验区内聚集，推动新技术、新产业领域的合作。以中俄蒙经济走廊建设、日韩朝经济合作为抓手，构建东北对外开放的大通道、大平台、大格局。

大连片区要充分发挥产业比较优势和对外开放优势，利用多区叠加的功能优势，推动全面深化改革，规定动作改革到位、自选动作探索出彩，创造自由贸易试验区建设的大连经验。重点发展以下任务：

一是以更大决心和更有力措施推进政府职能转变，打造国际化法治化便利化的营商环境。李克强总理强调：“要痛下决心优化营商环境”，形成“振兴东北首要改善营商环境”振兴之路。《总体方案》主要从知识产权保护、税收服务等方面提出优化营商环境的措施，表面上是营商环境的问题，实质是体制机制问题，是制度创新供给问题，是政府职能转变和干部作风转变问题。大连片区营商环境建设的核心是转变政府职能，降低制度性交易成本，着力于激发市场主体活力、维护公平竞争秩序来发力，主导方向是简政放权的同时监督权力运行、放管结合的同时强化市场监管、优化服务的同时推进公平市场环境建设。

二是充分发挥自贸试验区与大连“三个中心”建设的叠加效应，成为东北振兴改革发展的先行者和排头兵、东北亚开放合作的新高地。促进港航高端要素集聚，探索形成功能完备、辐射力强、具有国际竞争力的航运发展机制和运作模式；提升贸易主体能级和贸易服务功能，推进贸易便利化措施的实施；提升金融服务实体经济的能力，逐步完善适合东北老工业基地振兴发展的新型金融支撑体系。

三是率先突破东北老工业基地振兴的专项改革任务，形成辽宁乃至东北的可复制推广经验。通过自贸试验区的改革先行先试和制度创新，有效破除制约国资国企的各种体制机制障碍，完善有利于推动产业集群发展的体制机制，实现各类高水平创新人才汇聚，实现人才、项目、企业和创新的有效对接。率先在自贸试验区实现“三个推进”取得实效，为全省乃至东北地区提供可复制推广经验。

四是加快融入“一带一路”建设，不断扩大和丰富东北亚区域合作内涵，建立全新的面向东北亚区域开放合作新平台。面向日韩，深耕合作领域，加快“走出去”和“引进来”的步伐；对接中蒙俄经济走廊，探索与“一带一路”沿线国家开展贸易供应链安全与便利合作，加快能源、产能等合作。

五是深入巩固对日韩的合作优势，继续挖掘合作潜能。大连具有与日韩合作的先天优势和基础，在新的开放格局下，“一带一路”和自贸试验区战略为中日韩投资贸易合作提供了新的契机和空间。因此，要有针对性地对接日韩贸易规则，探索中日韩合作的新内容、新平台、新机制。

二、转变政府职能

切实转变政府职能是行政体制改革领域持续推进的重大举措，是全面深化改革和扩大开放进程中探索新途径、积累新经验的直接推力，也是关乎自贸试验区建设成败的关键问题。纵览 11 个自贸试验区总体方案的首要任务，均为“切实转变政府职能”。对于辽宁来说，切实转变政府职能更具有现实紧迫性和挑战艰巨性，是自贸试验区建设的首要问题和关键所在。

（一）切实转变政府职能的实质是划清政府职能边界

转变政府职能的实质是划清政府、市场、社会的职能边界，政府把不该管、管不了、管不好的事情交给市场和社会，“该放给市场和社会的权，一定要放足、放到位。该政府管的事，一定要管好、管到位。”辽宁自贸试验区作为改革试验区，要想通过先行先试和制度创新来激发市场主体活力，率先在政府职能转变上取得成效，关键是要深化“放管服”改革。一是“放”，参照已有的可复制经验和对照第三批其他自贸试验区出台文件，将省级管理权限尽快下放到自贸试验区。二是放权同时加强监“管”，方向是根据下放权限和负面清单，主动提供新的规则供给和制度供给，通过改革解决体制机制问题。三是优化政府“服”务，变管理型政府为服务型政府，通过激励、奖惩制度改进干部作风，树立满足企业需求的服务观。

转变政府职能是简政放权、放管结合、优化服务的有机融合，不是权力“一放了之”“只放不管”，也不是边减边增、明减暗增和权力“体外循环”，更不是将分散的审批权限集中于行政服务大厅、审批时限毫无缩减的简单整合。转变政府职能必须以市场主体需求为导向，以市场主体获得感为出发点和落脚点，以减少对市场的扭曲为根本目标，其关键是提高政府行政效率，提升公共服务质量。

（二）切实转变政府职能的成效与现实挑战

辽宁省委、省政府对转变政府职能的两大抓手——营商环境优化、行政审批改革高度重视，在全国首创营商环境建设地方性立法，2017 年 2 月 1 日正式实施《辽宁省优化营商环境条例》，在全省范围内围绕政务审批效率低、政府招商不讲诚信、滥用职权、涉企乱收费、特定行业服务设定霸王条款等 7 个方面突出问题进行专项整治。截至目前，全省各地区、各部门累计开展专项整治行动已达 112 次，累计受理典型案例 644 起，办结 446 件；先后 8 批共取消调整省政府行政职权 1987 项，同步推动各市共取消调整行政职权 12124 项。大连市共分 11 批取消调整 1626 项行政审批等事项，分 3 批取消 193 项中介服务事项，实现了政府权力的“瘦身”。

辽宁和大连在推进转变政府职能的力度是空前的，成效也在初步显现，在整个东北地区排在前列。但仍有不足：一是经验复制的落地落实效果有待评估。二是行政审批改革和商事制度改革有待进一步精准化、精细化。三是“放管服”有机结合有待加强，政府监管滞后、公共服务提升还有较大空间。四是基础性欠账较多，配套性制约突出。五是自贸试验区部门关系尚需进一步理顺，相关整合工作进展不大。六是推进改革“上热下温”，基层和企业无感现象还部分存在。

（三）大连片区切实转变政府职能的主要着力点

一是下大决心，推动机构整合。加强顶层设计，以减少权力交叉、削减机构重叠、调整人员配置为要核，建立与自贸试验区相适应的管理体制。理顺大连片区各监管部门关系，形成多重发力、协同改革的新格局。

二是雷厉风行，推进改革举措。配套协调推进“法无禁止即可为”的负面清单、“法无授权不可为”的权力清单和“法定责任必须为”的责任清单。尤其是在改革高地观念尚未全面确立、社会诚信体系尚未系统覆盖、法律规章尚未基本完备、企业社会责任尚未成为自觉追求的现实情况下，“放管服”不仅要做好简政放权，更要强化事中事后监管，提升政府服务效率和质量。

三是务实推进，精准补齐短板。补足补好政府职能转变的各项基础性工作欠账。配合政府管理方式由事前审批向事中事后监管转变，健全市场主体名录库，提高执法检查人员监管能力。深化企业基础信息库建设，打破相关部门信息割裂，实现信息融通共享。配合打造法治化、国际化、市场化营商环境，积极引进和培养金融、投资、贸易、国际商法等方面人才，引入国际知名商事争议解决机构。

四是简政放权，监督权力运行。坚持和深化简政放权，加快形成职权法定、运行规范、公开透明、权责统一、廉洁高效的行政权力运行机制，监督政府权力运行和实施。完善行政权力依法、规范、公开运行电子监察平台，对服务事项办理实施全程电子监察、远程监控和动态管理。强化对行政职权运行情况的监督，建立预警和纠错机制。建立行政行为审查制度，赋予投资者对行政行为提请审查的权力，促进政府在法定职权范围内行使权力。

五是放管结合，强化监管职能。构建起事中事后全方位的综合监管体系，推动管理方式由事前审批向事中事后监管模式转变，利用新技术、新机制加强监管体制创新。深化商事登记制度改革。推进企业“单一窗口”建设，建立企业信息共享平台，推动部门监管信息归集和共享。建立社会力量参与市场监督制度，积极发挥第三方机构在市场监管中的作用。

三、深化投资领域改革

综合考察我国3个批次、11个自贸试验区建设的总体方案，深化投资领域改革与切实转变政府职能、推进贸易转型升级、深化金融领域开放创新相比，在政策上更为具体，表现为适用“负面清单”的明确意见，但同时在任务的指向性上，则更为宽泛或者可以说是比较模糊。因此，必须准确把握自贸试验区深化投资领域改革的根本取向，否则就容易将其误读为新形势下的又一次招商引资，就难免在各片区改革实践中形成“运动式”的招商竞赛。从总体方案中的具体要求来看，深化投资领域改革的关键线索是正确认识并充分发挥自贸试验区的“平台”属性。

（一）深化投资领域改革的实质是构建双向投资管理的开放性平台

《总体方案》中，深化投资领域改革具体表述为两个重要任务，一是“提升利用外资水平”；二是“构筑对外投资服务促进体系”。前者服务于“引进来”，后者服务于“走出去”，二者有机统一、互为促进，与传统服务于一区一块经济增长业绩的“招商引资”存在本质区别。“引进来”与“走出去”的有机统一，是站在中立立场上，要义是在制度创新的框架内使两个市场和两种资源相向聚集、双向流动、相互促进，需要持续投入的不是一边向另一边让利的优惠政策，而是对于双方都具有“便利化”的规则和服务。这要求自贸试验区应建设成为提供创新性制度资源的平台。因此，“提升利用外资水平”和“构筑对外投资服务促进体系”是自贸试验区深化投资领域改革的两种成效或两个目标，通过制度创新、服务创新构建双向投资的监管和服务平台是深化投资领域改革的根本要义。

（二）大连片区应在投资领域改革率先形成突破，全力打造投融资双向监管服务平台建设的示范区

在辽宁自贸试验区3个片区中，开放度高、产业基础雄厚、战略思维前瞻性强，是大连片区进行自贸试验区建设的固有优势。在下一阶段投融资体制深化改

革过程中，大连片区应率先摒弃与其他片区纠缠“招商引资”成绩的观念，将投资领域改革的重点转移到双向投资监管服务平台建设上来，将先发优势锁定在大连片区特色、固有优势基础上的主动体制机制创新，将目标定位为引领辽宁自贸试验区制度创新甚至引领全国自贸试验区在特色领域制度创新的示范区，在特色领域抢占全国性、国际化的投融资监管服务平台建设制高点。为此，要特别重视以下几个方面：

一是要活用负面清单，不可画地为牢、抑制主动创新活力。一方面要针对性研究外商在大连投资以往被限制、如今可放开的领域或项目，并进行重点推介和服务；另一方面要高度重视负面清单 1.0、2.0、3.0 版本中逐步放开的“合资”、“合作”领域。往往负面清单中进行限制但不完全禁止的投资领域，恰恰是竞争少、活力大、对外资最具有吸引力的领域。

二是要衔接既有战略和基础，主动引导、优势整合，有的放矢的构建投融资监管服务平台。即使最全面的服务平台也有侧重和优先发展的模块和机制。根据大连片区在开放程度和产业基础方面“缺口”相对最小，特色产业优势突出的特点，将航运物流、装备制造、金融等基础雄厚的优势产业作为大连片区监管服务平台建设的优先突破方向，即将先发优势、固有优势转化为竞争优势、特色优势应是投资领域深化改革的明确方向。

三是要高度重视“走出去”的投资监管和服务，不能忽视双向投资流动带来的巨大平台效益。自贸试验区的平台属性和效益，唯有激活平台两侧的双边市场、实现平台投资流动的双向促进才能实现。大连装备制造产业在全国甚至世界上首屈一指，也是我国“一带一路”、“走出去”战略中的重要领域。大连片区有条件、有优势通过自贸试验区建设形成国内市场装备制造业“走出去”的最优平台，这不仅将凸显大连片区在我国自贸试验区布局中的特色功能，长远来看也将吸引全球相关产业如装备制造服务等领域的优质外资进驻大连片区，形成不可动摇的平台优势。

（三）关于大连片区投资领域深化改革措施的重点建议

一是组建推进投融资双向监管服务平台建设的专门机构平台。对投融资双向监管服务平台的顶层设计、流程构建优化、运行标准制定和监督、实施规划落实等进行指导和监督，保证其对传统的招商、金融、工商等职能部门的协调能力，使其从全局视角对投资领域改革的总体思路和实施途径、方法、细则进行统筹布局和推进。

二是充分引进和利用第三方机构，走出企业减负的过程中政府部门“加负”的误区。对于体制机制内应提高效率、减少成本的政府职能，应进行改进和完善。但是对于体制机制本身造成的效率不高、成本过大、服务不佳等问题，通过政府部门“失血”性的让渡利益使企业等投融资主体获得体验改善，不能带来总体上效率的改进，应充分协调利用各方专业性资源，积极引进第三方机构，利用先进技术手段，着重通过制度创新和流程优化进行解决。

三是组织专门、专业力量对负面清单和大连片区产业基础展开针对性研究。在航运、先进装备制造等领域率先实现投融资体制改革突破。有针对性地弥补重点领域、重点产业的改革创新思路和理念的论证环节，为相关投资领域深化改革提供科学依据。对负面清单试行前后的开放格局进行深度研究，梳理符合大连片区建设和发展的产业目录，摸清摸透大连片区的基础、优势、机会、需求和发展空间等情况，在此基础上形成自上而下的系统性改善。

四是进一步精简政府部门横向联系，增大政府主导的政、企、研纵向联动力度。充分明确和落实大连片区自贸工作机构的权力和责任，补充和强化其内部的专职机构和人员，进一步理顺其与大连片区相关政府部门之间的关系，加强其在大连片区建设过程中对相关部门的协调权和指导作用。另外，在投资领域深化改革中有效纳入企业、研发机构等社会力量，建立健全相应的联动机制和平台。

四、推进贸易转型升级

《总体方案》要求辽宁经过三至五年改革探索，形成与国际投资贸易通行规则相衔接的制度创新体系，营造国际化、便利化的营商环境，巩固提升对人才、资本等要素的吸引力，努力建成投资贸易便利、监管高效便捷、高水平高标准的自由贸易园区。从一定意义上说，创建高水平高标准自由贸易园区就是通过在园区内先行先试贸易方式和贸易规则，最终实现传统贸易向新型贸易的转型升级。推进贸易转型升级是提升我国对外贸易竞争力及保持我国经济可持续增长的必然之路。

（一）推进贸易转型升级的实质是推进贸易便利化和完善国际贸易服务体系

通过自由贸易试验区推进贸易转型升级，是指通过在指定区域开辟自由贸易"试验田"，对贸易便利化措施及国际贸易服务体系的风险压力进行测试，发现问题并找出解决问题的办法，最终形成一套完善可行的体系并向全国推开。通过自由贸易试验区推进贸易转型升级的实质是要实现两个方面的转变：一是改变我国现行的繁琐且较为落后的国际贸易监管体制，简化和协调与贸易有关的程序、清除阻碍贸易流动的行政障碍、降低成本，最终实现生产要素的跨境加速流通；二是完善国际贸易服务体系，实现与国际社会接轨。

（二）大连片区贸易转型升级改革的主要任务及初步成效

根据《总体方案》，大连片区贸易转型升级改革的主要任务是，依托大连在港航物流、国际贸易、金融配套服务等方面的优势，积极支持大宗商品贸易、转口贸易、跨境电商等贸易新业态和新商业模式在大连片区内的集聚发展，打造以技术、品牌、质量、服务为核心的贸易竞争新优势。大连片区应着力在培育战略性新兴产业、高端装备制造业、自主外贸出口品牌、国际标准制定、加大与东北亚及一带一路国家市场开拓方面下功夫，鼓励大连片区内企业优化出口商品结构，全面推动贸易转型升级。

大连片区挂牌两个月以来，在促进贸易转型升级方面已经取得了初步成效。大连海关围绕海关监管制度、"互联网＋海关"应用、推进通关一体化改革、建设国际先进水平的国际贸易"单一窗口"、完善海关税收征管、创新企业管理制度、深化国际间海关合作等 7 个方面出台了 25 项创新举措。围绕加工贸易监管模式、加工贸易核销及单耗管理方式、加快海关特殊监管区域和保税监管场所整合优化、提高保税货物流转效率等四个方面出台了促进加工贸易创新发展的新措施。还将大力推进"互联网＋海关"应用，承诺 2017 年内实现线下手续缩减 1/3；努力完善诚信管理体系，深化"主动披露"制度，年内实现高级认证企业增加 1/3；进一步提高通关效率，年内实现通关时间压缩1/3。

（三）大连片区下一阶段贸易转型升级改革的总体思路和优先方向

坚持以市场和企业需求为导向，积极对接国际投资贸易通行规则，复制和借鉴前两批特别是上海自贸试验区在推进贸易便利化方面的成熟经验和大胆做法，围绕“简政集约、通关便利、安全高效”的要求，大胆创新贸易监管制度。当务之急是优先完成贸易转型升级所必需的基本制度建设，即实现企业通过“单一窗口”一站式办理所有通关手续、深入落实“一线放开”和“二线安全高效管住”政策。

（四）大连片区深化贸易转型升级改革的重点措施建议

一是以离岸贸易和转口贸易为切入点，完善国际服务贸易功能体系。尽快建立离岸贸易制度，发展离岸贸易，鼓励投资人到大连片区注册公司，充分利用大连片区内的特殊政策，全面降低企业进出口运营成本。大力发展转口贸易，放宽海运货物直接运输判定标准。优化沿海捎带业务监管模式，提高中资非五星旗船沿海捎带业务通关效率。在执行现行税收政策的前提下，提升超大超限货物的通关、运输、口岸服务等综合能力。

二是依托两个平台优化贸易水平。依托大连商品交易所，支持拓展新的交易品种，促进发展大宗商品国际贸易。探索建立与国际大宗商品交易相适应的外汇管理和海关监管制度。鼓励国内期货交易所在自贸试验区海关特殊监管区域内开展期货保税交易、仓单质押融资等业务。在总结期货保税交割试点经验基础上，扩大期货保税交割试点的品种。依托中国（大连）跨境电子商务综合试验区，加快推进跨境贸易电子商务配套平台建设。按照公平竞争原则，完善海关监管、检验检疫、退税、物流等国际贸易支撑系统。

三是大力推进对外文化贸易和服务外包发展。创建对外文化贸易基地，深化艺术品交易市场功能，开展文化版权交易、印刷品对外加工等，大力发展知识产权专业服务业，促进文化走出去、扩大和鼓励中外文化贸易融通发展；推动软件开发、物流、金融后台服务等服务外包业务发展。努力提升大连服务外包的规模和质量，承接跨国公司内部的离岸外包业务，吸引跨国公司地区总部、研发中心、服务中心及全球著名培训中心和咨询公司落户。

五、深化金融领域开放创新

金融是现代经济的核心与命脉，金融体系是高效配置资源的媒介和通道，金融开放创新是自贸试验区建设的重要内容。同时，自贸试验区也为进一步深化金融开放与创新提供了自由广阔的试验田。自贸试验区建设的实质，是通过深化改革开放，提高经济便利化程度，充分释放市场主体活力，通过开放实现资源配置国际化，通过创新提高效率。金融领域开放创新是促进贸易投资便利化、提升资源配置效率、风险防范的前提基础。根据《总体方案》，辽宁自贸试验区深化金融领域开放创新方案将以支持东北振兴为地区特色，以区域性金融中心建设为目标，持续推进金融体制机制改革与创新。

（一）大连金融开放创新发展现状和严峻形势

大连地处东北亚经济圈中心，是我国北方重要港口城市、首批对外开放城市和首批金融对外开放城市。“十二五”期间，大连连续5年居全国副省级市第六、东北首位。2015年大连市先后由省市两级人大立法，颁布实施了《促进大连区域性金融中心建设条例》，并组织全市金融科学研究与实际部门科学规划，不断健全金融体系、完善金融市场、提升金融总量、扩大金融开放、强化内生动力，为建设立足辽宁、服务东北、面向东北亚的区域性金融中心奠定了坚实的基础。

但是近年来，由于东北经济整体下滑压力，大连地区金融业务规模、产业体量、总部经济规模发展有所减缓，全球金融中心指数（GFCI）排名有所下降。特别是具有资金洼地效应的上市公司被大量卖壳或兼并，大型国有企业破产倒闭，给大连乃至整个东北的金融声誉及信用环境造成恶劣影响，不利于东北地区投融资活动的开展与开放。金融对东北振兴的服务作用不强，辐射作用没有完全发挥。

（二）明确总体方案中深化金融领域开放创新重点任务

东北振兴需要不断深化供给侧结构性改革，创造性地落实“三去一降一补”任务，培育和发展经济增长新动能，这些都需要高效灵活、充满活力的金融体系给予有力支持。打造东北亚全方位对外开放格局，实现高效的国际经贸合作，也少不了以便利的国际金融业务为基础。依据《总体方案》，为有效地服务东北振兴和东北亚对外开放，应准确把握金融领域开放创新内容。即金融开放的关键在于人民币国际化和外汇管理体制改革深化；金融创新则应着眼于金融服务功能及金融风险防控手段创新。

大连是北方的重要金融城市，金融组织体系、市场体系发展具备良好基础，在大连片区大力推动金融体制机制创新，既是支持东北老工业基地实体经济的现实需要，也是金融系统演进发展的客观要求。大连片区具有对外开放、先行先试的区域开放经验和优势，探索实践进一步深化对外开放的金融制度安排，搭建并不断完善全面对外开放环境下国际金融交易、合作、风险防控的制度体系，是大连片区义不容辞的责任担当。

（三）大连片区深化金融领域开放创新的细化措施

一是坚定不移地推动人民币国际化。利用现有的区域性金融中心地位，加大推动跨境人民币业务创新发展的力度，借鉴上海自贸试验区金融开放创新经验，探索建立与自贸试验区相适应的本外币账户管理体系，促进跨境贸易、投融资结算便利性。同时，复制并拓展现有自贸试验区的开放创新经验，以自贸试验区为业务开展平台，推动境外公司境内发行人民币债券、外资机构发起人民币股权投资和创业投资基金、自贸试验区内跨境人民币租赁业务、跨境双向人民币资金池业务等创新业务发展，扩大人民币跨境使用，为辽宁乃至东北装备制造业走出去创造方便条件。

二是继续深化外汇管理体制改革。辽宁自贸试验区区内企业国际收支经常项目的外汇收支，在真实合法基础上，手续将进一步简化，银行按照“了解客户”、“了解业务”、“尽职审查”的展业三原则办理经常项目收结汇、购付汇手续。简化资金池管理，支持商业保理业务发展，允许符合条件的融资租赁公司收取外币租金。支持总部经济发展，放宽跨国公司外汇资金集中运营管理准入条件，促进自贸试验区跨境资金流动便利。

三是不断加强自贸试验区金融服务功能。进一步推进内资融资租赁企业试点，注册在自贸试验区内的内资融资租赁试点企业由自贸试验区所在省级商务主管部门和同级国家税务局审核；加强事中事后监管，探索建立融资租赁企业设立和变更的备案制度、违反行业管理规定的处罚制度、失信和经营异常企业公示制度、属地监管部门对企业定期抽查检查制度。支持自贸试验区内符合互认条件的基金产品参与内地与香港基金产品互认。取消对自贸试验区内保险支公司高管人员任职资格的事前审批，由自贸试验区所在省级保监机构实施备案管理。逐步允许境外企业参与大连商品交易所商品期货交易。围绕新型工业化方向和产业转型升级需求，创新金融产品和金融服务。

四是建立健全自贸试验区金融风险防控体系。落实风险为本的基本原则，探索建立跨境资金流动风险监管机制，强化开展反洗钱、反恐怖融资、反逃税工作，防止非法资金跨境、跨区流动。

六、加快老工业基地结构调整

辽宁的特殊省情决定自贸试验区建设必须围绕老工业基地、国资国企改革、高端制造业和新兴产业以及现代服务业等重点问题，通过自贸试验区的“负面清单”投资制度和先行先试改革，为突破这些问题提供可复制推广经验。

（一）“加快老工业基地结构调整”方案与辽宁、大连关键问题高度契合

方案提出“深化国资国企改革，稳妥推进企业混合所有制改革，大力推进国有资产资本化”的具体思路和步骤为辽宁及大连的国资国企改革指明了方向。2016 年 12 月辽宁省交投集团等 7 户省属核心国有企业向全社会征集战略投资者，全面推进混改，涉及总资产达到 4010 亿元。2014 年底至 2016 年 5 月，大连辖区的 26 家 A 股公司就有 10 家曾经筹划卖壳重组、跨界收购资产等行为，占比达到 38%，位居东北首位；大连国投集团逐步走向国资运营管理平台，迈出了国资监管体制改革的重要一步。

方案提出“促进产业转型升级，推动新兴产业向自贸试验区集群式发展”。2015 年 7 月，《辽宁省壮大战略性新兴产业实施方案》印发实施，与方案列举的重点新兴产业高度相似。由于自贸试验区具备制度创新先行先试的独特优势，将辽宁及大连重点新兴产业引入自贸试验区，将有利于加快工业化和信息化的深

度融合，优化装备制造业、新兴产业和现代服务业的产业布局。

方案提出“发展生产性服务业，鼓励在自贸试验区开展系统集成、设备租赁等增值服务”，重点是给一系列高端产业提供配套的生产性服务支持。辽宁及大连生产性服务业发展相对滞后，将固化、附属在辽宁及大连工业企业中的服务业分离出来，并形成规模化、社会化的产业，能有效降低工业企业成本，推动整体经济运行质量和效率提升。方案抓住了辽宁省及大连市产业发展的短板问题，为生产性服务业发展提供了明确思路和重点措施。方案提出“构筑科技创新和人才高地”，创新驱动是老工业基地结构调整的关键路径，而人才则是最重要的要素，方案强调协同创新、成果转化和高端人才、项目和资金的深度融合，抓住了辽宁及大连创新驱动力较弱和高端人才流失等关键问题。方案基于辽宁老工业基地及大连特殊的地缘优势，提出“推进东北一体化协同发展”，抓住了辽宁、大连自贸试验区发展须辐射带动东北经济协同发展的关键问题。大连片区要重点发挥港口物流的重要作用，为东北地区经济交流提供高效的互联互通服务，尤其是大连东北亚国际航运中心建设，将是推动东北一体化协同发展的重要载体。

（二）基于“加快老工业基地结构调整”的大连重点任务与细化措施

一是在大连国资国企改革方面。重点任务是运用自贸试验区平台，推动央企、省属国有企业吸引外国资金、技术、理念，加快混合所有制改革进程，简化地方国有创投企业股权投资退出程序。推进大连国有企业战略性重组，推动企业上市，优化国有资本投资布局和结构，发挥国有资本效益。

二是在大连产业转型升级方面。重点任务是充分发挥大连软件产业、先进装备制造业、海洋工程装备等产业的优势，积极培育和发展大数据、云计算和工业互联网等新一代信息技术产业。贯彻落实《大连市创业投资引导基金管理暂行办法》，将大连市特色新兴产业引入到自贸试验片区集群式发展，着力发挥高端产业集聚效应和协同创新效应。

三是在大连生产性服务业发展方面。重点任务是发展集建设、融资和运营一体化的国际工程承包专业服务公司。可借鉴天津自贸试验区的成熟经验，在飞机、船舶、海洋工程等领域开展大型成套设备的融资租赁服务。加快发展研发与设计服务、金融服务、第三方物流、信息技术服务、科技成果转化服务、节能与环保服务、检验检测认证标准计量服务、商务服务、机械设备修理和售后服务等生产性服务业类型。

四是在大连科技创新和人才战略方面。重点任务是积极对标国内先进城市，加快建设国家自主创新示范区。积极执行《关于支持企业创新和发展的政策措施》，落实各项优惠政策，加快推进企业自主创新，实施中小企业“育龙计划”，建立大连市科技创新型企业和服务机构资源库，实施科技创新券制度，完善检验检测公共服务平台建设，创建、完善创新创业政策支持体系和公共服务体系，搭建中小企业创新创业公共服务平台。重视研发投入强度和绩效产出评价机制的构建与实施；加强科研成果转化力度，为企业吸收转化科研成果提供风险防范机制；制定中长期海内外人才引进规划。

五是在大连推动东北一体化协同发展方面。重点任务是打造东北亚国际航运中心，提升通关效率，为辐射带动东北经济提供强有力的基础设施保障。重点推进航运中心制度创新工程、口岸综合服务功能提升工程和国际航运业务提升工程。大力推进海空两港建设，以大连港环渤海内支线为核心，加强同环渤海港口城市的合作，打造“一带一路”国际航运枢纽，推动东北地区通关一体化。

七、加强东北亚区域开放合作

“加强东北亚区域开放合作”是辽宁自贸试验区最鲜明的建设任务，也是国家赋予辽宁自贸试验区对外开放建设的重要使命。

（一）立足两个市场、两种资源，准确把握“加强东北亚区域开放合作”的丰富内涵

根据《总体方案》，辽宁自贸试验区建设必须充分利用好“东北老工业基地”和“东北亚”两个市场、两种资源，加快形成面向东北亚的全方位开放合作新格局。不断扩大和丰富东北亚区域合作的现实内涵，将东北亚区域合作对象由以日韩为主转变为巩固对日、对韩合作，全面融入中蒙俄经济走廊建设，加速融入“一带一路”建设。与此同时，立足东北老工业基地优势，以国际产能和装备制造合

作为切入点，加强与东北亚各国开展多领域合作，提升东北亚区域合作的广度和深度。

（二）充分发挥区位和开放优势，积极打造“东北亚区域开放合作”的战略新高地

大连是辽宁省也是东北地区对外开放度和经济发展水平最高的城市。在实际利用外资额、对外贸易额、人均收入水平、GDP 以及营商环境、服务意识等软环境方面，与沈阳、营口以及东北地区其他城市相比，都遥遥领先。在国家实施新一轮改革开放和“一带一路”建设背景下，大连片区作为“东北亚区域开放合作”的战略前沿和主战场，应准确把握以下重要现实指向。

一是立足优势产业，加速融入“一带一路”建设。大连市于 2015 年成立了“一带一路”战略工作领导小组，出台了《关于推进新一轮对外开放的若干意见》，“一带一路”融入成效初步显现。2015 年大连优势的装备制造业加速发展，一举打破石化、船舶、对日出口、加工贸易四分天下的格局，高居出口榜首。在国际产能合作方面，大连机床、机车车辆、船舶、化工等大型企业积极“走出去”，取得了一系列成果。

二是“巩固对日、对韩合作”，“全面融入中蒙俄经济走廊建设”。受全球经济复苏缓慢、国际经济“逆全球化”趋势明显和美国在韩部署萨德系统等因素影响，大连与日韩经济合作进展缓慢。不少在连的日、韩资企业裁员、撤资、倒闭“潮”至今并未完全消退；大连跨境电商综合实验区暨中韩贸易合作区启动两年来，经济效益和影响远不及威海中韩自贸试验区地方经济合作示范区；在对日合作方面，虽然与日本隔海相望，但不少大项目、好项目并未落在大连，反而扎根在远在珠海的广东自贸试验区横琴片区。基于此，应准确把握自贸试验区对外开放合作内涵，“巩固对日、对韩合作”，“全面融入中蒙俄经济走廊建设”。

三是提升东北亚经济合作的广度和深度。方案提出“促进由装备产品输出为主向技术输出、资本输出、产品输出、服务输出和标准输出转变，探索与东北亚各国在文化、教育、体育、卫生、娱乐等专业服务领域开展投资合作”。这不仅为大连立足自身产业优势，以装备制造产品出口为切入点，促进对外贸易“质、

量”双提升，推动贸易转型升级，加强与东北亚国家开展多领域合作，构建全方位开放合作格局提出了要求，也明确指出了大连与东北亚国家开展合作的短板与痛点。目前大连与东北亚国家合作领域相对较窄、合作程度不深。如对日合作主要集中在动漫、软件服务外包等方面；对俄合作项目主要局限在近源物流通道的建设上。

四是打造现代物流体系和国际航运中心，应注重加强服务功能建设。自2003年《中共中央、国务院关于实施东北地区等老工业基地振兴战略的若干意见》中提出“充分利用东北地区现有港口条件和优势，把大连建成东北亚重要的国际航运中心”以来，大连海港、空港等基础设施建设实现了跨越式发展，航班航线基本覆盖全球主要航区，集疏运体系不断完善，现代物流业实现了规模化高层次发展，港航口岸服务功能跃上新台阶。但是，与上海等先进城市相比，在现代化海港、空港等基础设施建设、相关法律法规和政府服务、金融服务、通关服务、中介服务等领域，还存在很大差距。方案中“促进港航要素聚集，增强空港服务功能”任务措施，高度契合了大连航运发展实际，揭示了大连现代物流体系和国际航运中心建设过程中的短板，为大连充分利用自贸试验区平台，打造东北亚国际航运中心和国际物流中心，指明了建设方向。

（一）以对日、对韩合作为抓手，着力构建东北亚区域多边合作枢纽

一是“巩固对日、对韩合作”。日本和韩国是东北亚区域中两个经济发达国家，尽管出于历史、安全等因素考虑，对日、对韩合作时常受到政治因素干扰。但是现实中，大连对日、对韩的全球产业链分工合作较为紧密，发展也相对成熟。应充分发挥自贸试验区先行先试政策优势，通过对接高标准投资贸易规则，深化贸易投资便利化制度改革创新，提升软环境建设能力与水平，巩固和动态跟踪对日、对韩经济合作。

二是着力构建东北亚区域多边合作中心枢纽，对接“一带一路”战略。以营造有利于航运发展的软环境为着力点，促进大连东北亚国际物流中心和国际航运中心建设。同时，全面融入中蒙俄经济走廊建设，加快融入“一带一路”建设，将大连片区打造成为东北亚区域多边开放合作的重要连通枢纽。通过充分发挥自

贸试验区投资便利、贸易自由等优势，大力发展转口贸易、过境贸易，着力将辽宁自贸试验区大连片区建设成为连结日、韩与俄、蒙以及“一带一路”沿线国家贸易往来的中心枢纽。

八、法治先行强化保障

《总体方案》在保障机制中“强化法制保障”被放在了首要位置。法治先行是深入贯彻党的十八届四中全会《中共中央关于全面推进依法治国若干重大问题的决定》中“重大改革要于法有据”要求的重要体现，也是根据上海自贸试验区等前两批自贸试验区制度创新经验、推进辽宁自贸试验区大连片区改革和建设的根本要求。只有“法治化”的引导和推动，才能保证自贸试验区制度创新科学、持续、稳定的运行，确保自贸试验区改革试验的根本成功。

（一）法治先行是大连片区推动制度创新的必然选择

随着《总体方案》获批，大连片区的实施方案、工作规则、建设管理办法、督查考核办法、容错纠错办法等一系列的基础性文件正陆续通过法治化程序制定、颁布和实施，抓住东北经济发展中长期累存的法治缺位、越位和错位等痛点，率先打响东北地区法治体系建设的攻坚战。长期以来，东北地区法治环境建设与经济转型、社会治理、重新振兴等战略目标不适应的问题尤其突出，因此法治建设也成为自贸试验区落地东北面临的首要问题。法治先行推动自贸试验区制度创新，有利于梳理、整顿政府权责、社会利益等复杂关系，使营商环境建设重回正道，并以此为契机辐射带动全面深化改革大局。

（二）当前大连片区法治建设的战略方向和重点

一是全面牢固树立制度创新过程中的法治观念和法治精神。要充分意识到法治化是调动、盘活全社会创新动力的机制基础。政府部门、事业单位改革创新动力不足的困局需要以法治思维和法治方式进行突破，通过健全激励机制和容错纠错机制使想作为、敢创新的机构和人员充分发挥能动性；通过树立强化法治形象、法治精神和价值逐步培育和改善全民守法的社会生态。

二是改革试验和制度创新要与法治建设紧密衔接和互动。法治建设要主动适应改革和经济社会发展需要，实践证明行之有效的，要及时上升为法律；实践条件还不成熟、需要先行先试的，要按照法定程序作出授权；不适应改革要求的法律法规，要及时修改和废止。

三是着重加强法治化环境中对接国际贸易通行规则的涉外法律建设。自贸试验区作为我国的一种单边开放安排，建设和发展重点在于国内外法治化环境的适应和衔接。一方面要推动依法处理涉外经济、社会事务，强化涉外法律服务，加强和完善国际法学习和应用培训机制；另一方面要深化司法领域国际合作，完善司法协助体制，探索国际商事仲裁机制的引进和接入。

（《大连日报》2017年6月12日）

专家解读：河南自贸区建设面临哪些挑战

中国（河南）创新发展研究院课题组

中国（河南）自由贸易试验区已于2017年4月1日正式挂牌运行。它开启了河南省对外开放的新阶段，构建了开放创新的新平台，孕育着转型发展的新动力，是1亿河南人翘首以盼的大战略。挂牌仅是起点，建设之路任重道远。要深刻认识河南建设自贸区的有利条件和良好基础，坚定建好河南自贸区的信心；深刻认识河南自贸区建设的战略重点、创新点和要破解的难点；同心协力，高标准完成自贸区各项先行先试任务。

一、河南建设自贸区的有利条件和良好基础

为争取进入国家第三批自贸区建设的盘子，全国有20多个省份提出了申请，河南在激烈的角逐中能够胜出绝非偶然，而是由河南所具备的有利条件和良好基础所决定的。

从实施国家战略的角度看。我国设立自贸区从沿海起步，逐步向内地拓展，由点到线到面，形成了“1+3+7”的格局，涵盖了东部率先发展、西部地区开发、东北地区振兴、中部地区崛起以及“一带一路”等重大战略。自贸区的设立是直接服务于重大国家战略的，其中就包括了中部地区崛起和“一带一路”战略，河南在中部地区的领头羊地位、在“一带一路”中的特殊区位和作用，具备设立自贸区的优势和条件。

从河南所具有的综合优势看。河南综合优势明显，如经济大省优势、区位交通优势、产业门类齐全优势、口岸优势、市场优势、人力资源优势、多式联运优势等。特别是郑汴洛都是“一带一路”重要节点城市，且特色明显、互补性强；跨境电

商快速发展、领先全国试点城市和跨境电商综合试验区；郑欧班列在全国 23 家开行的中欧班列中持续领跑；郑州机场的客货运增速持续保持全国大型机场的领先地位。这些情况，为在河南设立自贸区，在构建现代立体交通体系、现代物流体系，建设现代综合交通枢纽方面先行先试，提供了有利条件。

从河南近年来的发展态势看。“十二五”以来，河南在抢抓机遇中乘势而上，在转型攻坚中砥砺前行，干成了一批强基础利长远的大事，办妥了一批多年想办办不了的要事，实现了一系列具有标志性意义的突破。特别是“引进来”与“走出去”成绩斐然。“十二五”时期，河南累计实际利用外资 667 亿美元，引进省外资金 30269 亿元，年均增速分别为 20.8% 和 23.3%。2016 年实际到位省外资金 8438 亿元，占全省固定资产投资的 23%；服务业领域新设外商投资企业占 48.5%，第三产业实际到位省外资金占比达到 45.4%。目前在豫投资的境外世界 500 强企业已达 84 家、国内 500 强企业达到 156 家。由此形成河南良好的发展态势，战略地位更加凸显，战略格局更加完善，战略优势更加彰显，战略保证更加有力，发展潜力加速释放，蓄势崛起态势日益增强。这一切，为河南自贸区建设奠定了坚实基础。

从国务院批复的河南自贸区建设总体方案看。河南在现代立体交通体系、现代物流体系、现代综合交通枢纽方面，优势是比较明显的。一是现代立体交通体系基本建成。高速公路、国省干线道、农村公路三网并举、协调发展。“米”字形高速铁路网大格局基本形成。已建成四条沟通华东和长三角水网地区的水上运输通道，列入国家高等级航道的淮河、沙颍河将全部实现通航，干线航道网主骨架逐步成形。二是现代物流体系初步形成。郑州国际航空物流中心地位基本确立，俄罗斯空桥、顺丰、菜鸟等国内外大型物流集成商先后在实验区落户，郑州机场客货运增速持续保持全国大型机场领先。郑州跨境电商综合试验区已吸引电商、网商、物流、仓储、报关、第三方支付等 1101 家企业集聚，搭建了跨境电子商务较为完善的产业链和生态链，2016 年全省跨境电商贸易额为 111.5 亿美元左右，较上年翻一番。中欧班列（郑州）运行三年来，累计开行 500 多班次，实现“去四回四、每周八班”的常态化开行。三是现代综合交通枢纽地位正在确立。

目前，河南已基本建成支撑公、铁、水、空、管道五种运输方式综合发展的交通基础设施网络，各运输方式统筹协调发展的格局逐步形成。郑州机场已形成辐射全国近20个大中型城市的“陆空联运”货运网络。中欧班列（郑州）的货运总量、承运货类、境内境外集疏分拨范围、开行频次、市场化程度等综合实力，在全国23家开行的中欧班列中持续领先。

另外，河南为建设自贸区还做了两个方面的重要准备。一是积极复制推广其他自贸区的先进经验。落实国务院有关文件精神，复制推广上海等自贸区经验，在社会信用体系、国际贸易“单一窗口”建设等方面取得突破。出台《河南省“十三五”社会信用体系建设规划》、《关于建立完善守信联合激励和失信联合惩戒制度加快推进社会诚信建设的实施方案》、《河南省公共信用信息管理暂行办法》等，为社会信用体系建设提供了顶层设计和管理指南；建立了“红黑榜”发布联席会议制度；河南省公共信用信息平台和信用网站建成运行，向全国信用信息共享平台和“信用中国”网站推送数据1600多万条。发布《关于加快建设国际贸易“单一窗口”的意见》，整合完善跨境电子商务通关平台相关功能，建设完成了服务加工贸易、一般贸易的货物申报系统及大数据应用系统。二是把自贸区建设纳入“三区一群”战略组合之中。按照河南省委同意的《统筹推进国家战略规划实施和战略平台建设工作方案》，郑州航空港经济综合实验区、中国（河南）自由贸易试验区、郑洛新国家自主创新示范区和中原城市群，是事关河南全局和长远发展的四个国家战略，而郑州航空港经济综合实验区、中国（河南）自由贸易试验区、郑洛新国家自主创新示范区，是引领性战略，是支撑河南未来发展的三大支柱。这就理清了我省众多国家战略的地位和关系，建立了协同推进机制，为更好地进行自贸区有关探索和实验提供了体制机制保障。

二、河南自贸区建设的战略重点、创新点和要破解的难点

河南自贸区建设已经拉开序幕，在建设过程中要把握好战略定位，在风险测试中聚焦创新点，在以开放促改革促发展方面破难前行。

（一）把握好战略定位

要按照国务院批复的总体方案，坚持以制度创新为核心，以可复制可推广为基本要求，加快建设贯通南北、连接东西的现代立体交通体系和现代物流体系，将自贸试验区建设成为服务于“一带一路”建设的现代综合交通枢纽、全面改革开放试验田和内陆开放型经济示范区。要进一步解放思想、先行先试，为加强与“一带一路”沿线国家交流合作拓展新空间、搭建新平台，为全面深化改革和扩大开放探索新途径、积累新经验，发挥示范带动、服务全国的积极作用。

为此，一定要统一思想认识，防止认知误区。要知道我们建设自贸区，不是一般的招商引资，不是简单的产业集聚，也不是单纯为了促进地方发展，而是国之大事、地方担当；我们不是来“摘苹果”“分蛋糕”的，而是要“攻山头”“涉险滩”的。所以，从即刻起，我们既拿到了“尚方宝剑”，也担负起了探新路的国家使命，要立足“两体系一枢纽”战略定位，立足服务“一带一路”建设需要，立足新形势下的全面深化改革和扩大开放。

河南自贸区的三个片区要在自贸区建设中扮演好自己的角色。郑州片区要在促进交通物流融合发展和投资贸易便利化方面推进体制机制创新，打造多式联运国际性物流中心，发挥服务“一带一路”建设的现代综合交通枢纽作用；开封片区要努力构建国际文化贸易和人文旅游合作平台，打造服务贸易创新发展区和文创产业对外开放先行区，促进国际文化旅游融合发展；洛阳片区要努力提升装备制造业转型升级能力和国际产能合作能力，打造国际智能制造合作示范区，推进华夏历史文明传承创新区建设。

要明确自贸区建设的目标，就是经过三至五年改革探索，形成与国际投资贸易通行规则相衔接的制度创新体系，营造法治化、国际化、便利化的营商环境，努力将自贸试验区建设成为投资贸易便利、高端产业集聚、交通物流通达、监管高效便捷、辐射带动作用突出的高水平、高标准自由贸易园区，引领内陆经济转型发展，推动构建全方位对外开放新格局，为全面深化改革和扩大开放作出积极贡献。

（二）聚焦主要创新点

试行企业投资项目承诺制。按照企业投资项目承诺制的要求，土地招拍挂前，在项目基本审批条件具备的情况下，开展模拟审批；土地招拍挂后，在部分申报材料尚不完整的情况下，相关审批部门先予以受理审批，项目主体单位向有关部门承诺在一定时间内将报批材料补齐或修正。此种办法具有程序简化、审批高效、周期缩短等优点，为此，投资主管部门要提高监管能力，要构建“多评合一、统一评审”联合评审机制与之配套。

建立资源环境承载能力监测预警机制和社会监督举报机制，探索试行环境损害责任追究和赔偿制度。环境问题既是经济问题，也是民生问题。虽然上海等自贸区的先行先试方案都涉及环境保护，在实践中也都做出了积极努力，但河南自贸区在环境保护方面态度应该更加鲜明，充分体现勇于担当、敢于攻坚的为民情怀。

建立自贸区重点产业专利导航制度和重点产业快速协同保护机制。就是通过专利信息数据库进行专利信息分析，并依据专利信息数据库的信息资源进行合理的产业规划，为产业制定发展战略、产业转型升级指明道路。在专利导航确定的重点产业基础上，依托重点产业知识产权保护中心，开展审查确权、行政执法、维权援助、仲裁调解、司法衔接相联动的产业知识产权快速协同保护工作。

探索以郑州和国外重要枢纽城市协同联动的“双枢纽”发展模式，允许在国内沿线口岸和郑州国际陆港之间开展进出口集装箱加挂业务试点，依托自贸区推动郑州建设全国快递中转集散中心，拓展郑州机场“空空＋空地”货物集疏模式，推进铁路仓单与海运、公路、航空仓单共享和仓单分拨、分拆、合并，允许具备条件的外国航空公司和基地公司开展国际航班代码共享，开展跨境电子商务和商业快件及邮政包裹搭乘中欧班列（郑州）出口等业务。

（三）破解探索中的难点

功能定位方面。“两体系一枢纽”战略规划的深入实施，离不开大宗商品的流动和临空高增加值产业的支撑。在没有国家特殊支持的情况下，河南能否自我加压、勇于创新，在大宗商品自由贸易化和有序承接战略性新兴产业和高技术产业转移方面找到突破口，找到“建设大枢纽、发展大物流、培育大产业、塑造大都市”的有效实现路径，是河南自贸试验区建设面临的首要问题。

战略协同方面。拓展郑州机场航空枢纽功能、发展临空经济，是“两体系一枢纽”建设的重中之重。但郑州自贸片区并未涵盖郑州航空港经济综合实验区，如何创造性地把河南自贸区的政策适用于航空港经济综合实验区，使两者有机衔接，为“两体系一枢纽”建设协同发力，是对自贸区探索者视野、胆略和智慧的考验。此外，“三区一群”战略体系内也面临着主导权、资源配置、合作机制的统筹协调问题，应未雨绸缪预作安排。

营商环境方面。对标国际一流营商环境，河南自贸区需要重点打造廉洁高效的政务环境、诚信规范的市场环境、互利共赢的开放环境、完备优质的要素环境、功能完善的设施环境、温馨包容的社会环境和公平公正的法治环境。当下最迫切的是法治环境打造。如何在短时间内完成必要的机构设置、人员配备和机制构建，为自贸区建设提供法律服务和法制保障，是迫切需要解决的问题。

服务贸易方面。河南省的货物贸易发展仍以加工贸易为主，科技含量低，国际竞争力不强，货物贸易对于服务贸易的促进作用主要表现在服务贸易的进口，而对服务出口则没有显著带动作用。货物贸易面临越南、菲律宾、印度等劳动力成本更为低廉国家的挑战，也面临美国、欧洲不时兴起的民族主义风潮的冲击，如何在促进服务贸易发展方面重点发力，实现货物贸易和服务贸易融合发展，是有关方面不可小视的问题。

三、统筹规划协同推进自贸试验区建设

河南自贸区肩负着国家制度实验和河南创新发展的双重使命，是一项复杂的系统工程，应在要素资源、体制机制、治理方式等方面统筹规划，协同推进。要聚焦战略定位，突破重点难点，发挥引领示范作用，助力中原更加出彩。

开阔视野，借鉴国内外自贸园区建设成功经验。要学习借鉴国内外自贸园区发展的有益经验。如在管理体制上，国内前四个自贸区都采取了设立自贸区管理委员会的管理模式，但国际上运行最为成功的智利伊基克自贸区，采用的是公营

公司管理模式，上海部分自贸片区吸纳了其管理经验。河南自贸区是延续前四个自贸区的管理模式，还是采用公营公司管理模式，或者博采两者长处采用复合式的管理模式，拟应结合河南省实际深入研究。其他如投资贸易便利化、服务业开放、金融业创新、海关监管和税收制度安排等，也应借鉴国际最高端最先进的经验，立足河南实际审慎推进试点。

积极创新，争取更多风险压力测试在河南完成。就是争取国家将交通物流领域全国推广条件暂不成熟的改革事项放在河南自贸区进行风险压力测试。譬如放宽汽车整车、专用汽车中外合资生产企业外方股比限制，赋予河南口岸平行汽车进口功能；设立外资经营的演出经纪机构、演出场所经营单位和娱乐场所等方面给予便利；放宽设立外商独资医疗机构、境外医师执业资质和执业时间的限制，试行简化医疗器械和药品进口注册审批程序；回应呼叫中心业务发展需求，允许外商服务供应商为自贸区企业提供离岸呼叫中心业务及境内多方通信业务、存储转发类业务、呼叫中心业务、国际互联网接入服务业务等。统筹协调，充分释放国家战略叠加的乘数效应。用好国家战略叠加资源，推动基础设施共建和互联互通、要素流动、资源共享。树立系统思想，着力解决跨部门、跨领域、跨区域发展的重大问题。加大“三区一群”统筹推进力度，建立高层决策和议事协调会议机制，发挥各部门职能作用，积极争取国家对口部委支持。进一步明晰各自贸片区的功能定位、发展目标、产业发展重点和方向、创新性政策与重大支持性措施，推动各个片区加快编制产业发展规划。开展“三区一群”联动发展研究，明确“三区一群”联动发展的主要任务、工作重点、实施路径、政策措施等，推进“三区一群”协同联动发展。

加强保障，完善河南自贸区信用体系和法治体系。消除数据利益部门化的藩篱，构建跨部门、跨地区、开放型的诚信信息资源共享制度体系。健全相关领域实名登记制度，加强政务诚信建设、加强个人诚信体系建设和电子商务领域诚信建设，完善提升公共信用信息平台。构建多元化的投资争端解决机制，争取设立自贸区专门法庭等司法机构；引进并扶持自贸区内仲裁机构和调解机构的设立和发展，发挥河南省投资、贸易、金融等领域已有或将有的行业中介机构以及商会在解决投资争端中的作用，探索建立涉自贸区投资案件的多方参与调节机制；推进仲裁制度、仲裁规则与国际接轨。

招才引智，着力加强河南自贸区建设的人才储备。通过政策突破和体制机制创新，集聚一批站在行业科技前沿、具有国际视野和创新能力的高层次人才。研究出台自贸区外籍高层次人才认定办法及相关配套政策，为外籍高层次人才提供便利。制定涵盖吸引、培育、评价、激励、流动等多层面的人才政策，吸引高层次、专业化、国际化创新创业人才集聚，吸引领军企业、科研机构入驻。加大对“双创”企业及个人的资金支持力度，探索以投资收益奖励、企业上市奖励、专项基金投资等形式，激发企业及个人来豫创业热情。

着眼全域，做好河南自贸区探索经验复制推广工作。自贸区建设不能单纯依靠三个片区封闭运行，必须立足中原崛起、中部崛起乃至“一带一路”的高度和广度，举全省之力建设和推进。要和国内其他自贸区建立密切沟通机制，与国外互补性强的自贸园区建立联系，形成对接国际规则、实现资源互联互通、延揽国际人才的纽带。按照“边试点、边总结、边推广”原则，构建自贸区实践评估机制，适时发布自贸区发展研究报告，总结梳理河南自贸区创新经验成果，充分释放河南自贸区制度红利和溢出效应。适时向国家汇报河南自贸区典型经验和创新案例，以便在全国复制推广，提升河南自贸区区域引领和服务全国的作用。

（河南日报网 2017 年 4 月 7 日）

《中国（湖北）自由贸易试验区总体方案》解读

高 炜

2017年3月31日，国务院公布了《中国（湖北）自由贸易试验区总体方案》，《方案》提出了加快政府职能转变、深化投资领域改革、推动贸易转型升级、深化金融领域开放创新、推动创新驱动发展、促进中部地区和长江经济带产业转型升级六大任务和措施，要求湖北自贸区以制度创新为核心，立足中部、辐射全国、走向世界，成为中部有序承接产业转移示范区、战略性新兴产业和高技术产业集聚区、全面改革开放试验田和内陆开放新高地。

一、何为自由贸易试验区

自贸试验区是国家的试验田，不是地方的自留地；是制度创新的高地，不是优惠政策的洼地；是可复制可推广的苗圃，不是实验室里的盆景；是系统集成的综合改革区，不是开发区、保税区的升级版。

现实中经常混淆使用三个概念，即“自由贸易区”、“自由贸易园区”、“自由贸易试验区”。

自由贸易区，英文为Free Trade Area，简称FTA，是主权国双边或多边通过签署协定，在世界贸易组织最惠国待遇基础上，互相进一步开放市场，分阶段取消大部分货物的关税和非关税壁垒，改善服务和投资的市场准入条件，从而形成的实现贸易和投资自由化的特定区域，开放全部关境。比如欧盟、北美自贸区，中韩自贸区、中澳自贸区等。

自由贸易园区，英文为Free Trade Zone，简称FTZ，是指主权国境内的一部分，单方自主开放，实行“境内关外”的海关特殊监管区域，一般需要进行围网隔离，且对境外入区货物的关税实施免税或保税，主要服务货物贸易。比如综保区、出口加工区、保税物流中心等，这些区域对世界上任何一个国家（地区）一视同仁。

自由贸易试验区，英文为 Pilot Free Trade Zone，简称 PFTZ，是我国从自己领土中开辟出来的，面向全球开放，以投资自由化、贸易便利化、金融国际化、监管法制化（行政精简化）为主要目的的多功能经济性特区，是自由贸易园区的一种，但又有一般自由贸易园区所不具有的功能，是自贸区 + 自由贸易园区 + 改革开放试验区三者结合。肩负三大使命：一是集金融、投资、贸易、科创、法制等领域的开放与创新于一体的综合改革区；二是全面对标国际通行规则、全面检验综合监管能力的压力测试区；三是简政放权、放管结合、优化服务，全面提升治理能力、彻底改变行政理念、大幅提高行政效率的政府再造区。如中国现有的上海、天津、福建和广东 4 个自由贸易试验区，还有最近国务院审批的辽宁、浙江、河南、湖北、重庆、四川、陕西 7 个自由贸易试验区。

二、加快政府职能转变

湖北省能够下放给自贸试验区的经济社会管理权限，全部依法下放。自贸试验区内工作部门依法公开管理权限和流程，建立各部门权力清单和责任清单制度，明确政府职能边界。探索实行市场准入负面清单制度。最大限度取消行政审批事项，建立健全行政审批目录管理制度，实行审管职能分离，建立相对集中行政许可权机制，完善“一口受理”服务模式。推进行政审批标准化、信息化建设。开展“证照分离”改革试点。深化商事制度改革，探索“多证合一”模式，开展企业登记全程电子化和电子营业执照试点。推动税收服务创新。建立集中统一的综合执法体系，提高执法效能。配合商务部开展经营者集中反垄断审查。支持社会力量多渠道参与市场监督。

三、深化投资领域改革

对外商投资实行准入前国民待遇加负面清单管理制度。外商投资准入特别管理措施（负面清单）之外领域的外商投资项目（国务院规定对国内投资项目保留核准的除外）和外商投资企业设立及变更实行备案制，由自贸试验区负责办理。进一步减少或取消外商投资准入限制，提高开放度和透明度，做好对外开放的压力测试和风险测试。探索强化外商投资实际控制人管理，建立外商投资信息报告制度和外商投资信息公示平台。完善投资者权益保障机制，允许符合条件的境外投资者自由转移其投资收益。对在境外投资开办企业，实行以备案制为主的管理方式，属省级管理权限的，由自贸试验区负责办理。

四、推动贸易转型升级

积极发展跨境电子商务。支持国内期货交易所在自贸试验区的海关特殊监管区域内开展期货保税交割、仓单质押融资等业务。允许在海关特殊监管区域内设立保税展示交易平台。在环境风险可控的前提下，开展境内外高技术、高附加值产品的检测维修业务试点。探索开展境外高技术、高附加值产品的再制造业务试点。推动发展技术转让、许可证贸易、技术咨询及服务、成套设备引进等多种形式的技术贸易。扩大对外文化贸易和版权贸易。依托电子口岸公共平台，加快建设国际贸易“单一窗口”，将出口退税申报功能纳入建设项目。探索在海关特殊监管区域之间使用社会运输工具进行转关作业。鼓励企业参与“自主报税、自助通关、自动审放、重点稽核”等监管制度创新试点。在确保有效监管前提下，在海关特殊监管区域探索建立货物状态分类监管模式。实行保税展示交易货物分线监管、预检验和登记核销管理模式。推动建立检验检疫证书国际联网核查机制。鼓励设立第三方检验检测鉴定机构，实施第三方结果采信。深化长江经济带海关通关一体化改革。

五、深化金融领域开放创新

在风险可控前提下，时机成熟时，开展以资本项目可兑换为重点的外汇管理改革试点。自贸试验区内企业可开展集团内跨境双向人民币资金池业务。放宽跨国公司外汇资金集中运营管理准入条件。允许经银行审核真实、合法的电子单证办理经常项目集中收付汇、轧差净额结算业务。自贸试验区内货物贸易外汇管理分类等级为A类企业的外汇收入无需开立待核查账户。允许自贸试验区内企业的境外母公司按照有关规定在境内发行人民币债券。支持自贸试验区内银行发放境外人民币贷款。允许自贸试验区内银行和已获相应业务许可的非银行支付机构与境外银行和支付机构开展跨境支付合作。鼓励取得互联网支付业务许可的湖北省法人支付机构申请本外币跨境支付业务许可，支持已获得本外币跨境支付业务许可的全国性支付机构在自贸试验区内设立分支机构，按规定为跨境电商交易提供本外币资金收付及结售汇业务。支持自贸试验区内符合互认条件的基金产品参与内地与香港基金产品互认。逐步允许境外企业参与商品期货交易。支持自贸试验区内保险机构开展境外投资。允许中、外资银行在自贸试验区内新设分行或专营机构、将区内现有银行网点升格为分行。支持符合条件的境内纯中资民营企业在武汉片区发起设立民营银行。支持外资在自贸试验区内设立金融机构。支持在自贸试验区内设立金融租赁、汽车金融、消费金融公司和企业集团财务公司等非银行金融机构。支持自贸试验区内银行业金融机构按有关规定开展信贷资产证券化业务。支持商业保理业务发展，探索适合商业保理业务发展的监管模式。取消对自贸试验区内保险支公司高管人员任职资格的事前审批，由省级保监机构实施备案管理。注册在自贸试验区内的内资融资租赁试点企业由自贸试验区所在省级商务主管部门和同级国家税务局审核。允许符合条件的融资租赁业务收取外币租金，简化船舶、飞机等大型融资租赁项目预付款手续。支持开展跨境融资租赁服务。经相关部门认可，允许融资租赁公司开展主营业务相关的福费廷业务。对注册在自贸试验区海关特殊监管区域内的融资租赁企业进出口飞机、船舶等大型设备涉及跨关区的，在确保有效监管和执行现行相关税收政策前提下，按物流实际需要，实行海关异地委托监管。鼓励各类租赁公司扩大跨境人民币资金使用范围。完善自贸试验区内股权、技术等资本或要素交易市场，允许外资参与投资。允许外资股权投资管理机构、外资创业投资管理机构在自贸试验区内发起管理人民币股权投资和创业投资基金。试点开展合格境外有限合伙人（QFLP）和人民币合格境外有限合伙人（RQFLP）业务。鼓励在自贸试验区内设立成套设备进出口保理公司等中介服务机构，有条件的可探索设立并规范发展科技型融资担保公司。

支持武汉股权托管交易中心设立海外归国人员创新创业企业板，推动建立武汉股权托管交易中心与全国中小企业股份转让系统之间的合作对接机制。建立知识产权质押融资市场化风险补偿机制，加快发展科技保险，推进专利保险试点。

六、推动创新驱动发展

支持国有科技型企业开展股权和分红激励。完善技术经纪人制度，完善高校院所科研评价制度。开展知识产权综合管理改革试点。加快建设武汉东湖国家知识产权服务业集聚区。探索建立自贸试验区跨部门知识产权执法协作机制。探索建立自贸试验区重点产业专利导航制度和重点产业快速协同保护机制。建立长江经济带知识产权运营中心。加快建设现有国家技术标准创新基地和国家宽带网络产品质量监督检验中心。鼓励国外企业在自贸试验区内设立外资研发中心。简化自贸试验区内企业海外技术并购审批手续，试行以事后备案代替事前审批。实行以增加知识价值为导向的激励机制，探索高校、科研院所负责人年薪制和急需紧缺等特殊人才协议工资、项目工资等多种分配办法。鼓励高校院所科技人员离岗创新创业或到企业兼职。研究制定自贸试验区外籍高层次人才认定办法。放宽外国高层次人才工作许可年龄限制。允许获得硕士及以上学位的优秀外国留学生毕业后直接在自贸试验区工作。放宽技术型人才取得外国人永久居留证的条件，对持有外国人永久居留证的外籍高层次人才在自贸试验区内创办科技型企业等创新活动，给予其与中国公民同等的待遇。放宽科研事业单位对外籍人员的岗位限制。支持在自贸试验区内设立外籍人员子女学校，鼓励中方教育机构与海外学校共建友好学校和人才实习实训基地。

七、促进中部地区和长江经济带产业转型升级

加快建设长江中游航运中心。鼓励拓展干支直达、江海直达航线和近洋航线。支持依托自贸试验区发展长江航运电子商务等业务，培育航运保险、海事仲裁、船舶检测认证等高端航运服务业态。在保障安全的前提下，放宽船舶融资租赁登记地选择，简化换证程序。将外资经营国际船舶管理业务的许可权限下放给湖北

省。逐步开放中国籍国际航行船舶入级检验，允许特定条件下租用外籍船舶从事临时运输。支持自贸试验区内有条件的铁路、航空、内河口岸升级为一类开放口岸。支持设立中欧班列华中拆拼箱中心。在条件具备时，在自贸试验区试点航空快件国际中转集拼业务。大力引进国际物流企业在自贸试验区内建立区域总部或营运中心，支持在自贸试验区内设立国际邮件互换局和交换站。支持国内外快递企业在自贸试验区内的非海关特殊监管区域，办理符合条件的国际快件属地报关报检业务。支持建设多式联运物流监管中心，对换装地不改变施封状态的予以直接放行。支持非公企业进入电力、铁路、民航、电信等特许经营领域，支持军民融合深度发展。支持自贸试验区发展总部经济。大力发展股权投资基金等新型投融资模式，鼓励信息技术、智能制造、新能源汽车、生物医药、海工装备、航空航天、北斗、轨道交通装备等高端产业向自贸试验区集聚，推进与提升新型工业化产业示范基地建设，在重点领域培育打造长江经济带世界级产业集群。促进“设计 +”“旅游 +”“物流 +”“养老 +”“商业 +”等新型服务业态发展。统筹研究部分国家旅游团入境免签政策。允许在自贸试验区内注册的符合条件的中外合资旅行社，从事除台湾地区以外的出境旅游业务。探索构建区域商品交易集散中心、信息中心和价格形成中心。中部地区产权交易市场、技术交易市场、排污权交易市场和碳排放权交易市场可在自贸试验区内开展合作。

（《湖北日报》2017 年 4 月 1 日）

《中国（四川）自由贸易试验区总体方案》官方解读

董兴生　赵雅儒

一、为什么分成三大片区？要实现错位发展优势互补

《中国（四川）自由贸易试验区总体方案》历时三年终于出炉。值得注意的是，四川自贸区涵盖了成都天府新区片区、成都青白江铁路港片区、川南临港片区三大片区。为何要将自贸区划分为三个片区，甚至跨越了城市分布于成都、泸州两地？

“这是根据三大片区功能定位，分片区了明确产业发展方向和重点，以期实现优势互补、错位发展。”四川省商务厅相关负责人回答道。

其中，成都天府新区片区重点发展现代服务业、高端制造业、高新技术、临空经济、口岸服务等产业，建设国家重要的现代高端产业集聚区、创新驱动发展引领区、开放型金融产业创新高地、商贸物流中心和国际性航空枢纽，打造西部地区门户城市开放高地。

成都青白江铁路港片区重点发展国际商品集散转运、分拨展示、保税物流仓储、国际货代、整车进口、特色金融等口岸服务业和信息服务、科技服务、会展服务等现代服务业，打造内陆地区联通丝绸之路经济带的西向国际贸易大通道重要支点。

川南临港片区重点发展航运物流、港口贸易、教育医疗等现代服务业，以及装备制造、现代医药、食品饮料等先进制造和特色优势产业，建设成为重要区域性综合交通枢纽和成渝城市群南向开放、辐射滇黔的重要门户。

“这样分片区彰显了区域和产业特色，也成功实现了‘成都＋川南临港片区’

的空间布局。”前述负责人表示。

二、159 项试点，四川将允许试错容错

四川自贸区同时还突出了制度创新核心任务，争取到 159 项重点改革试点任务，其重点主要在转变政府职能、双向投资、国际贸易、金融开放创新、创新创业、内陆与沿海沿边沿江协同开放等 6 个方面进行探索。

（一）切实转变政府职能。推进简政放权、放管结合、优化服务改革，建立行政权责清单制度，深化行政审批制度改革，最大限度取消行政审批事项。构建以社会信用体系为重点的事中事后监管体系。优化法治环境，建立统一集中的综合行政执法体系，建立健全廉洁监督。建设多方参与的社会治理新体系。

（二）统筹双向投资合作。提升利用外资水平，对外商投资实行准入前国民待遇加负面清单管理制度，着力构建与负面清单管理方式相适应的事中事后监管制度。进一步减少或取消外商投资准入限制，提高开放度和透明度。构筑对外投资服务促进体系，加强境外投资事后管理和服务。创新国际产能合作和园区国际合作机制，加快“中国标准”国际化推广，深化国有企业改革。

（三）推动贸易便利化。加快服务贸易创新发展，提升对欧服务贸易水平，建立完善服务贸易公共服务体系和贸易促进平台。促进人才等服务要素自由流动。积极发展跨境电子商务、保税售后维修业务等贸易新型业态，助力外贸转型升级。创新口岸服务机制，优化查验通关流程，创新检验检疫监管制度。

（四）深化金融领域改革创新。促进跨境投融资便利化，增强银行、证券、保险等各类金融机构的金融服务功能，积极发展融资租赁、商业保理等新兴金融业态，探索建立新型金融风险监管机制。

（五）实施内陆与沿海沿边沿江协同开放战略。探索与周边地区产业合作新路径，增强产业辐射带动能力。构建综合物流服务体系，畅通国际开放通道，加快推进国际铁路运输重要枢纽、国际航空枢纽、国家开放水运口岸建设，大力发展多式联运。打造长江口岸现代航运服务系统，全面提升航运服务功能。

（六）激活创新创业要素。优化创新创业制度环境，加强国际科技合作平台

建设。创新科技金融服务机制，引导金融机构探索开展科技企业信用风险管理服务。整合全球创新创业要素，构建全链条创新创业体系。

三、四川将借鉴上海、广东、天津、福建税收政策，并通过地方立法保障自贸区顺利运转

“税收政策我们将充分借鉴上海、广东、天津、福建的既有成果，同时四川方案也有创新空间。”四川省商务厅相关负责人说。依据方案，中国（上海）自由贸易试验区、中国（广东）自由贸易试验区、中国（天津）自由贸易试验区和中国（福建）自由贸易试验区已经试点的税收政策原则上可在自贸试验区进行试点，其中，促进贸易的选择性征收关税、其他相关进出口税收等政策在自贸试验区内的海关特殊监管区域进行试点。自贸试验区内的海关特殊监管区域范围和税收政策适用范围维持不变。此外，在符合税制改革方向和国际惯例，以及不导致利润转移和税基侵蚀的前提下，积极研究完善境外所得税收抵免的税收政策。

四川自贸区的方案已经齐备，如何保障其政策落实？这一企业最关心的问题也有保障。四川省商务厅相关负责人告诉记者，为了完善法制政策保障，四川省将通过地方立法，建立与试点要求相适应的自贸试验区管理制度。同时，各个有关部门也将及时制定实施细则或办法，加强指导和服务，共同推进相关体制机制创新，把自贸试验区建设好、管理好。

具体来说，自贸试验区需要暂时调整实施有关行政法规、国务院文件和经国务院批准的部门规章的部分规定的，按规定程序办理。各有关部门要支持自贸试验区在各领域深化改革开放试点、加大压力测试、加强监管、防控风险，做好与相关法律立改废释的衔接，及时解决试点过程中的制度保障问题。

此外，在硬件方面，四川自贸区还强化了大通道大口岸功能，着力建设联通世界的国际综合物流服务体系。四川省商务厅相关负责人说，依托双流航空枢纽、成都国际铁路港、川南临港口岸、成都中欧班列，四川自贸区将构建内陆开放必备的空、铁、公、水联运的立体综合开放通道体系。

通过开放通道多式联运、无缝对接、内外畅通，四川自贸区将加速构建中东

西互济、海陆空统筹的对外经济走廊，形成独具四川特色的与“一带一路”、孟中印缅经济走廊和长江经济带联通的综合物流服务体系。

此外，没能进入四川自贸试验区的企业也不用担心与自贸试验区政策“无缘”。四川省商务厅透露，四川自贸试验区的相关经验也有可能推广复制至其他地区。据了解，国务院联席会议办公室将会同四川省人民政府及有关部门，及时总结评估自贸试验区改革试点经验，加强各领域试点经验系统集成，开展试点进展情况评估，对试点效果好、风险可控的成果，按照分类审查复制推广原则推广至全国其他地区。

（华西新闻网 2017 年 3 月 31 日）

陕西自贸区：勇做内陆改革的破局者

高振博

当前，自由贸易试验区（简称自贸区）正在成为中国实施新一轮改革开放的重要探索高地。自2013年上海自贸区率先获批以来，自贸区试点已遍及沿海、中部、西北、西南和东北，曾经的星星之火渐成燎原之势。

经过三年的研究筹备，陕西自贸区在近日终于获批。作为西北地区唯一获批的自贸区，在当前国家全方位开放的大潮中，陕西自贸区定位如何？陕西建设自贸区有哪些优势？陕西自贸区的未来又如何？

陕西自贸区获批的消息让西港商城总经理任兴隆十分兴奋：“陕西自贸区政策落地后，相关税费将进一步减少，进口商品价格大约能低15%，这不仅利好消费者，也将降低企业经营成本，提高企业在整个市场上的竞争力。”除此之外，企业融资渠道将更加多元，从西安到丝绸之路经济带沿线国家的转口贸易将更加兴盛，整个产业也将迎来新的发展阶段。

如今身处西北内陆的陕西，再一次站到了开放的潮头。“一带一路”战略让陕西加速向西开放，陕西获批自贸区，全球产业与资本又竞相瞩目。自贸区的获批，将为陕西带来哪些发展机遇？在国家全方位开放的格局中，陕西自贸区又承担了怎样的使命？

一、重磅福利来袭

陕西自贸区的设立，将给普通人的生活带来更多与国际接轨的机会：如果你是“海淘”爱好者，将能买到更丰富的进口商品，而且价格会比目前更低；如果你是追星族，将能在自贸区看到更多原汁原味的国外文艺演出项目；如果你是理财达人，将能获得更便利的全球配置资产的机会；如果你正在找工作，随着更多外资企业的设立，将有更多国际化的职业发展平台在等着你……

对于企业和相关区域，自贸区的设立，又将给它们带来哪些积极影响呢？

西北大学经济管理学院院长任保平表示，自贸区由于减少了审批、税费以及若干现行法律法规所限，极大缩减区内企业在贸易链条的中间环节与国别壁垒，降低了企业的各项成本。自贸区的“特殊政策＋区域优势产业资源”，将会吸引更多、更新、更优的全球企业与资源要素。本土企业在对外投资时，资金不再需要去外管局审批，投资程序也减少很多，投资成本也会降低，企业的投资积极性会增强。

上海易居研究院智库中心研究总监严跃进也分析称，从创业者和开办企业的角度看，自贸区提供了三个优势：第一是在企业注册方面，一般来说很多金融、外贸以及各类服务类机构如会计师事务所等，在自贸区注册有成本低、高效快捷等优势；第二是企业发展将有产业聚集和协同效应，能实现产业更新和优势互补；第三是企业未来运营效率提高，尤其是自贸区提供的自由贸易机制，使得企业能够加快走出去战略，对于企业发展有积极的推进作用。

对于陕西相关开发区的发展，西北大学学术委员会副主任白永秀表示，就陕西而言，目前的发展优势很多，但比较分散，陕西可以利用自贸区的契机进行整合。“陕西可实行一区多园制度，以西安高新区、西咸新区、西安国际港务区等现有园区为基础，把分散的优势资源有效调动。与此同时，陕西可按照政府引导、市场运作和园区提供平台这种运作模式，真正让每个企业都成为创客，实实在在搞产业，探索一条园区发展的新路径，这种模式对今后我省各个开发区的发展也将产生示范带动作用。”白永秀说。

二、“一带一路”上的陕西探索

“作为‘一带一路’国家战略的重要枢纽和‘向西开放’的战略前沿，陕西自贸区正式获批，必将大幅提升陕西的对外开放程度。”白永秀说，“这也与我们在丝绸之路经济带中重要省份的位置相匹配，大大提升了陕西在西部对外开放中的地位，使陕西在中国推进向西开放和共建‘一带一路’中发挥出更重要的作用。”

省决咨委委员、西安邮电大学经管院院长张鸿也表示，陕西自贸区此次获批，对于深化与丝绸之路经济带沿线国家的经贸合作，有直接的意义。借助自贸区，陕西将更好地发挥自身区位优势和交通优势，在商贸和物流领域有更大的突破。除此之外，陕西还可以借此契机，加强与“海上丝绸之路”起点福建省的合作。陕西与福建两省如今都获批自贸区，这为两地、乃至“陆上丝绸之路”与“海上丝绸之路”之间的合作，提供很大的空间。陕西应该不断进行经贸合作模式创新，打通合作通道，让陕西在东西双向开放中获得更大的发展舞台。

事实上作为一个西北内陆省份，陕西这些年借助西安高新区、西安国际港务区、西咸新区等开发区和新区，已积累了丰富的改革和开放经验。如今以这些开发区、新区为基础，组建陕西自贸区，将能充分利用这些基地的既有优势。早在2014年6月，陕西又以复制推广上海自贸区改革试点经验为抓手，开始了自贸区实践。如今“一带一路”战略加快实施，自贸区又获批，陕西在改革开放领域又进入了新的探索时期。

根据省政府相关规划，陕西建设自贸区将秉承三大定位：建成内陆改革创新试验田、全国双向开放示范区、“一带一路”开放合作新高地。陕西力争经过3年至5年的改革试验，建成具有国际水准、投资贸易便利、高端产业聚集、金融服务完善、文化交流深入、监管高效便捷、法制环境规范的自由贸易试验区，更好地支撑“一带一路”战略深入推进。

“自贸区建设，产业始终是核心支撑。”张鸿说，根据省政府相关规划，航空业、商贸流通、文化旅游、能源金融、现代农业等五大产业，将成为重点开放领域。陕西在这些领域都有资源或产业优势，通过外部资本、技术乃至新观念的引入，陕西相关产业将迸发出更强的竞争力。张鸿建议，陕西在“正面清单”开放方面，还可以尝试“AB角”的思路。当前产业变革风起云涌，新兴产业不断涌现。陕西既可以从自身的优势资源与产业出发，设置开放清单的“A角”；又充分考虑行业的不断更新与升级，设置“B角”作为开放清单的补充。

张鸿说，自贸区建设，制度创新是核心内涵。陕西要围绕国际高标准投资贸易规则深入开展制度创新，在投资、贸易、金融、知识产权、监管等方面进行规则对接。陕西要借鉴国内及国际成熟自贸区的经验，并结合本地贸易投资环境实际，进行制度和服务创新。

“陕西应当在自贸区获批的前提下，旗帜鲜明地宣传自己的战略定位，把陕西打造成丝绸之路经济带新起点和‘一带一路’核心区，把西安打造成丝绸之路经济带中国中心和亚欧合作交流的国际化大都市。陕西应当加快西咸行政一体化，尽快组建大西安，才可能与周边的大型城市重庆、成都、武汉、郑州等相抗衡，让西安担负起丝绸之路经济带新起点和亚欧合作交流的国际化大都市重任。”省社会科学院学术委员会副主任张宝通说道。

三、勇做内陆改革的破局者

“自贸区是中国深化改革，实现经济结构转型，并最终完成市场化改革的重大抓手。改革不再是从沿海到内陆的阶梯式递减，而是在不同领域有不同破局者。”张宝通表示。

“陕西此次获批建设自贸区，为陕西建设内陆改革开放新高地，提供了非常重要的支撑平台。”张鸿说道。

改革开放以来，中国凭借土地、劳动力等优势，参与到了全球产业分工体系当中，分享了全球经济一体化的红利。而如今在中国产业结构转型升级，以及国际贸易投资规则变化的背景下，中国正在进一步地深化改革与扩大开放。自贸区正承担了这样的探索使命。

白永秀表示，自贸区意味着制度的创新、体制的创新，具体来说将在提升政府办事效率、简化办事流程、实行审批事项的负面清单等方面推出重大改革举措。通过自贸区这个平台，可实实在在降低企业的办事成本，激发企业的创业、创新热情。与此同时，提升政府服务水平和管理水平，促进服务型政府的建设，催生出更多新的经济增长点。

南开大学国际经济研究所教授葛顺奇说道，以上海自贸区为例，转变政府管理职能、促进贸易便利、推动投资开放、创新金融管理体制等都是自贸区建设的重要内容。

与以前的一些改革试点措施，强调从沿海到内陆层级推进不同，当前的自贸区试点，正呈现出各个区域同时探索的格局。在第一批、第二批的上海、广东、天津、福建 4 个沿海省份纳入自贸区试点之后，近日获批的 7 个自贸区又进一步涵盖了辽宁省、浙江省、河南省、湖北省、重庆市、四川省、陕西省等。经过这三轮，自贸区试点几乎涵盖了中国所有的重要大区。

与此同时，当前的自贸区探索，正和各个区域的经济发展战略结合在一起，从而让各个自贸区有了具体的改革开放探索方向。据上海社会科学院经济研究所所长石良平介绍，浙江设立自贸区，主要是海洋战略的具体体现；湖北、重庆、上海、四川等地，与长江经济带战略的实施息息相关；河南、陕西等地设立自贸区，则与“一带一路”战略挂钩。

正如张宝通所说，自贸区是继特区、新区之后的第三个开放高地。中央搭台，地方唱戏，地方要根据自身特点，进行深化改革和制度创新，形成一批可复制可推广的成功经验。

内陆沿海齐联动，长安明月共潮生。陕西自贸区的设立，让陕西进一步加快改革开放的步伐，也让陕西成为丝绸之路经济带上的重要领航者。在加速融入全球经济的背景下，陕西正像磁石一样汇聚越来越多的发展机遇。

（《陕西日报》2016 年 9 月 11 日）

海南自贸区全岛试点大幅放宽外资市场准入

王红茹

中国的自由贸易试验区再次扩充，2018年10月16日，国务院的批复下来，海南正式加入这份名单。至此，中国的“自贸试验区”总数达到了12个。

在10月16日举办的国务院新闻发布会上，商务部副部长兼国际贸易谈判副代表王受文和海南省人民政府副省长沈丹阳解读当日发布的《中国（海南）自由贸易试验区总体方案》（下称“《方案》”）。《方案》显示，海南将发挥全岛试点的整体优势，围绕建设全面深化改革开放试验区、国家生态文明试验区、国际旅游消费中心和国家重大战略服务保障区的战略定位，到2020年，推动自由贸易试验区取得重要进展。

海南自由贸易试验区和其他11个自由贸易试验区有何区别？海南自由贸易试验区未来如何建设？产业发展有哪些优势？

一、全岛试点，大幅放宽外资市场准入

中国共分3批成立了11个自由贸易试验区，分别是上海、广东、天津、福建、辽宁、浙江、河南、湖北、重庆、四川和陕西自贸区。这11个自贸区中，面积最大的是上海，120.72平方公里，其他均不超过120平方公里。

相比之下，海南自贸区目前面积最大，覆盖了全岛范围。目前，海南省陆地总面积3.54万平方公里，远远超过之前所有自贸区的总和。

国研智库特邀首席经济学家赵晋平做了更为详细的计算：海南自贸试验区相当于我们11个自贸试验区面积总和的27倍、香港特区的32倍、新加坡面积的49倍、迪拜的9倍。尤其是全岛型的自贸试验区，可以避免在自贸区改革创新

方面碎片化的现象，更加增强协同性。

之所以在全岛建设自贸区，王受文解释称：海南全岛试点，是根据中央对海南的定位，充分发挥海南岛独立地理单元的区位优势和全岛试点的整体优势，便于加强改革系统集成，增强制度创新的整体性、协同性，有针对性地研究提出试点任务。

在中国区域科学协会理事长、国家发改委国土开发与土地经济研究所原所长肖金成看来，自贸区不仅仅是自由贸易，也体现了诸多的改革和创新，有利于和国际接轨，“尤其是金融，过去成立的11个自贸区，都有金融开放和试验的功能，海南自贸区也不例外。”

《方案》在“加快金融开放创新”条款中指出：充分发挥金融支持自贸试验区建设的重要作用，出台金融领域的一揽子政策措施，以服务实体经济、促进贸易投融资便利化为出发点和落脚点，以制度创新为核心，大力推动自贸试验区金融开放创新。

不仅是金融业，海南自贸试验区的改革创新，还体现在多个领域都将大幅放宽外资准入。记者注意到，在29条总体方案中，有16条适用于外商，包含允许外商投资国内互联网虚拟专用网业务、放宽人身险公司外资股比限制至51%，以及取消蔬菜新品种选育和种子生产外资股比限制、取消新能源汽车制造外资准入限制等。

肖金成接受《中国经济周刊》记者采访认为，大幅放宽外资市场准入，意味着海南将迎来大开放、大建设、大发展的新机遇，这不仅是海南自己的事情，更标志着我国改革开放的新格局、新方向。

二、打造国际旅游岛升级版

任何一个自贸区的发展，都离不开产业布局。海南自贸区产业发展方向已经明确，《方案》提出，自贸试验区以发展旅游业、现代服务业、高新技术产业为主导，科学安排海南岛产业布局。

将旅游业作为海南三大主导产业放在第一位，一点都不奇怪。目前，以旅游业为主的第三产业已成为海南的经济支柱，且发展空间巨大。2018 年海南旅游工作会议公布的数据显示，2017 年全年接待游客 6745.01 万人次，同比增长 12%，实现旅游总收入 811.99 亿元，同比增长 20.8%。入境游提前 3 年完成接待百万人次的目标，全年接待入境游客 111.94 万人次，同比增长 49.5%，旅游外汇收入 6.81 亿美元，同比增长 94.6%。

海南旅游业迅猛发展非一日之功。2010 年初，国务院印发《国务院关于推进海南国际旅游岛建设发展的若干意见》（下称“《意见》”），不仅标志着海南国际旅游岛建设上升为国家战略，对海南而言，借助“国际旅游岛”这块金字招牌，海南着力提升旅游国际化水平，旅游市场开发取得积极成效。

肖金成对此给予肯定，他告诉《中国经济周刊》记者，海南的生态资源和旅游资源都非常丰富，旅游产业在海南的支柱产业地位愈发凸显，这说明海南旅游产业正在快速发展，全域旅游发展态势良好。

不仅如此，2018 年 4 月中旬印发的《关于支持海南全面深化改革开放的指导意见》（下称“中央 12 号文件”），再次提及国际旅游岛，“深入推进国际旅游岛建设，不断优化发展环境，进一步开放旅游消费领域……”

中国（海南）改革发展研究院海南研究所所长甘露接受《中国经济周刊》记者采访说，习近平总书记“4·13”重要讲话和中央 12 号文件，都提出要把海南建设成为具有世界影响力的国际旅游消费中心，就是要打造国际旅游岛的升级版。“海南国际旅游岛是海南的一张靓丽名片，通过建设国际旅游消费中心，使得这张名片更加出彩。”

建设国际旅游消费中心的抓手在哪儿？甘露一语道破：“通过发展与旅游相关的服务业，比如免税购物、健康、医疗、文化体育娱乐、邮轮旅游等，拓展海南旅游消费空间，形成海南旅游消费新热点。”

三、海航领衔助力服务业大发展

《方案》第四部分“加快服务业创新发展”提出，鼓励中外航空公司新开或加密海南直达全球主要客源地的国际航线，无疑给海南本地的世界 500 强企业海航集团带来了机遇。

海航集团相关负责人接受《中国经济周刊》记者采访时表示，海航积极响应国家“加密海南直达全球主要客源地的国际航线”指示和海南省政府加快海南区域枢纽建设的要求，持续投入资源，大力拓展国际航线，持续增辟、加密洲际直飞航线，构建支撑海南和“一带一路”沿线国家通达通畅的航线网络。

“计划到2022年末，海航集团旗下航空公司新增海南始发国际航线40余条，助力海南在未来3至5年内开通国际航线100条以及入境游客量达到200万人次发展目标。”海航上述负责人表示。

海航是海南服务业发展的一个缩影。自2015年海南省提出发展以服务业为主的12个重点产业以来（包括旅游产业、热带特色高效农业、互联网产业、医疗健康产业、现代金融服务业、会展业、现代物流业、油气产业、医药产业、低碳制造业、房地产业、高新技术教育文化体育产业），截至2017年底，海南三次产业增加值在国内生产总值中的比重顺序，由建省之初的“一（50%）、三（19%）、二（31%）”调至“三（55.7%）、二（22.3%）、一（22%）”，服务业对经济增长贡献率达79.5%。

甘露告诉《中国经济周刊》记者，服务业对海南的经济社会发展极为重要，从海南省着力发展的12个重点产业看，服务业占大头，是拉动经济增长的重要动力。“去年，海南服务业占比为55.7%，高出全国平均水平4.1个百分点，对经济增长的贡献率达到70%以上。”

四、“链”上海之南

2018年10月18日，海南省与百度宣布共建区块链试验区，政企双方将共同推动百度智能城市的示范项目建设，依托百度大脑、智能云、大数据等技术，建设智能政务、智能教育、智能旅游等应用场景，充分发挥海南的政策、开放优势，促进百度智能驾驶汽车产业在海南的发展。

与此同时，百度正式发布“超级链”系统，并宣布度链公司落户海南，该公司也是百度目前唯一的区块链业务公司。“通过建设区块链新型试验区，实现海南高新技术产业的重大突破。”甘露说。

除了区块链被海南寄予厚望外，在甘露看来，在全岛推广使用新能源汽车，进而带动能源变革，也是海南发展高新技术产业、形成新的经济增长点的重要抓手。这在《方案》中亦有所体现。

《方案》要求，大幅放宽外资市场准入，对外资全面实行准入前国民待遇加负面清单管理制度，在种业、医疗、教育、旅游、电信、互联网、文化、金融、航空、海洋经济、新能源汽车制造等重点领域加大开放力度。“我们做过研究测算，燃油汽车对空气质量 PM2.5 和 PM10 的影响因素比较大，其中对 PM2.5 的影响达到 30%。海南目前 PM2.5 的平均含量是 18 微克每立方米。如果在海南全面推广使用新能源汽车，海南的 PM2.5 值有可能降低到 10 微克每立方米左右，由此形成全球一流的空气质量，这对当地老百姓和吸引岛外游客都是十分有利的。”甘露说。

记者注意到，《方案》在科学安排海南岛产业布局方面，通篇没有提到发展重工业，这是否意味着海南自贸区以后不再发展重工业？

肖金成分析认为，“海南的发展不以重工业为主，但是第二产业还是要适度发展，主要是发展那些没有污染的第二产业。因为海南人口只有 910 万，接近 1000 万，1000 万人口如果仅仅依靠服务业，很难支撑海南的经济发展。毕竟服务业要有服务对象，仅仅服务旅游者、服务游客，这个动力还不足。”

（《中国经济周刊》2018 年第 42 期）

海南自贸区建设的时代背景、深远意义与推进路径

吴士存　蔡振伟

2018 年 4 月 13 日，习近平总书记在庆祝海南建省办经济特区 30 周年大会上发表重要讲话，与此同时中共中央、国务院下发《中共中央国务院关于支持海南全面深化改革开放的指导意见》（以下简称《指导意见》），赋予海南改革开放新的重大责任和使命，特别是支持海南全岛建设自由贸易试验区，支持海南逐步探索、稳步推进中国特色自由贸易港建设。本文旨在从国际政治经济宏观视角，结合新时代我国全面深化改革开放的历史使命，以及海南面临的新的难得的发展机遇，分析海南自由贸易试验区和中国特色自由贸易港（以下简称海南自贸区和自贸港）建设的背景和意义，并思考其建设思路、推进路径。

一、海南自贸区建设的时代背景

赋予海南经济特区改革开放新的使命，推进海南自贸区和自贸港建设，是习近平总书记亲自谋划、亲自部署、亲自推动的重大国家战略，是在当前国际形势继续发生深刻复杂变化的大背景下，着眼于新时期国内国际发展大局并考虑到海南所处的战略地位而作出的重大战略部署和决策。

（一）经济全球化发展面临冲击

20 世纪 70 年代以来，经济全球化和区域一体化潮流加快发展，推动世界经济和国际分工快速发展，深刻影响了世界格局的演变。特别是互联网科技革命将世界“从一个建墙把大家分割开来的体系，转入一个建立万维网将大家紧密联结在一起的体系”，推动全球化继续深入发展。但“我们也要承认，经济全球化是把‘双刃剑’。当世界经济处于下行期的时候，全球经济‘蛋糕’不容易做大，

甚至变小了，增长和分配、资本和劳动、效率和公平的矛盾就会更加突出，发达国家和发展中国家都会感受到压力和冲击”。2008 年全球金融危机之后，上述矛盾凸显，新的孤立主义和反全球化思潮在全世界范围内蔓延。特别以英国“脱欧”、奉行“美国优先”的特朗普当选美国总统等一系列事件为标志，“逆全球化”日益升温，许多国家出台了一系列贸易保护主义措施。受此影响，全球贸易增速连续多年低于世界经济增速。

2008 年国际金融危机爆发以来，在以中国为代表的新兴市场经济体的带动下，世界经济缓慢复苏。国际货币基金组织（IMF）2018 年 4 月发布《世界经济展望》报告显示，2017 年世界经济增长率达 3.8%，为 2012 年以来的最高值，全球 120 个以上经济体经济增长出现好转，全球经济 2010 年以来首次呈现同步好转局面。但这样的较好发展趋势正遭受冲击，2018 年以来美国特朗普政府奉行“美国优先”理念，频频出台贸易保护主义措施，为全球经济增长前景蒙上阴影。经过艰苦谈判于 2017 年 2 月正式生效实施的世界贸易组织（WTO）《贸易便利化协定》的作用发挥受限。据世界贸易组织（WTO）2018 年 7 月 4 日发布的第 19 期 G20 成员国采取贸易限制措施的监测报告，从 2017 年 10 月中旬至 2018 年 5 月中旬 G20 成员国新出台 39 项贸易限制措施，相当于每月新增 6 项，与上一监测期相比翻了一番。在这样的复杂背景下，全球贸易保护主义倾向带来的风险在逐渐积累和显现，全球经济能否继续保持增长态势，经济全球化进程能否继续推进，引发国际社会的高度关注和人们的深入思考。

（二）我国发展进入新时代面临机遇和挑战

改革开放 40 年来，我国发展取得举世瞩目的成就，日益走近世界舞台中央。目前，我国国内生产总值（GDP）稳居世界第二，贸易规模全球第一，对世界经济增长贡献率连续 6 年超过 30%。但与此同时，中国所面临的国际政治经济形势日趋复杂，挑战也前所未有。正如党的十九大报告指出：“我国经济已由高速增长阶段转向高质量发展阶段，正处在转变发展方式、优化经济结构、转换增长动力的攻关期，建设现代化经济体系是跨越关口的迫切要求和我国发展的战略目标。”特别是我国高速发展过程中积累了许多矛盾，进一步改革进入深水区。我国的改革开放需要“再出发”，需要在更高起点、更高层次上进行谋划、推进和探索。通过开放促进国内改革成为中国经济发展进入新常态后全面深化改革的内在要求。

从全球产业发展和价值链的最新趋势来看，服务业在世界经济总量中的比重以及服务贸易占世界贸易总额的比重都在持续上升。我国在过去40年建立在传统制造业基础上的出口优势地位逐渐丧失，长期以来瞄准全球价值链增加值贡献率层级的低端，把进出口贸易规模做到极致的路已经越走越窄。与发达国家相比，我国的服务业发展仍然滞后，服务贸易连续20多年呈逆差态势，且规模持续扩大，2017年，我国货物贸易顺差为2.86万亿元人民币，而服务贸易逆差达1.62万亿元人民币。面对全球价值链重构的历史机遇和挑战，我国必须实施新一轮高水平对外开放，扩大外资流向金融、文化、医疗等服务领域，从而为服务贸易开拓新的发展空间。

从我国在全球化进程中所扮演的角色看，我国已经从经济全球化的“搭便车者”和“受益者”，逐步成为全球治理的利益攸关方和重要参与者。特别是从当前面临的复杂外部环境看，我国亟需主动继续扩大开放，并更加积极地参与新时代全球贸易、投资和金融规则的制定，为保持全球经济稳步发展注入新的动力。2017年12月，特朗普政府首份《美国国家安全战略报告》将中国定性为“战略竞争者”。2018年1月，美国贸易代表办公室发布《2017年度中国履行加入WTO承诺情况的报告》，公开指责中国通过设置市场壁垒、侵犯知识产权等途径等从事不公平贸易，认为中国履行加入WTO承诺的进展不理想，并认为美国2001年支持中国加入WTO是错误的。2018年，特朗普政府单方面挑起对华“贸易战”，先后对从中国进口的2500亿美元产品加征关税，并威胁对更多中国输美商品加征关税。此外，欧洲各国也向中国提出开放更多市场的希望和要求。在这样的背景下，中国能否保持战略定力、按照既定的政策继续坚持对外开放，引领全球化进程和维护多边贸易体制，倍受世界瞩目。

（三）海南承担深化改革开放新使命

从历史上看，海南岛孤悬海外，交通不便，长期被视为“蛮荒之地”和贬官流放之地，历代封建王朝对海南的经营和开发均未能从根本上改变海南贫穷落后的面貌。新中国成立以来，中央政府加大对海南的开发和支持力度，逐步改变了海南长期贫困落后的面貌。特别是1988年海南建省办经济特区以后，海南发展取得了瞩目的成就。2017年海南地区生产总值达到4462.5亿元，人均地区生产总值7179美元，地方一般公共预算收入674亿元，分别较1987年增长21.8倍、14.3倍、226.8倍，基础设施建设日益完备，旅游业、热带农业等产业发展壮大，“多规合一”试点、行政管理体制改革和农垦改革等领域的改革成效明显。但也必须看到，海南经济发展起步晚、底子薄、基础薄弱，历史欠账较多，目前仍属欠发达地区，许多经济指标尚未达到全国平均水平，2017年海南全省人均地区生产总值48430元，为全国人均国内生产总值59660元的81.2%。在产业发展路径上，过于倚重房地产，制约了新兴工业和现代农业的发展。2017年，房地产开发完成投资占全省固定资产投资的近50%，而同期全国平均水平为17.3%，海南产业结构对房地产的过度依赖，由此可见一斑。

海南省因改革开放而生，也因改革开放而兴。站在下一个30年发展的新的历史起点上，海南亟待通过新一轮全方位改革开放推动发展，释放经济社会发展的潜力，在加快提升海南在全国发展中地位的同时，向全国提供可复制、可推广的成功经验，为我国新时代的改革开放作出海南贡献。

二、海南自贸区建设的深远意义和深刻内涵

改革开放事关中国特色社会主义事业的兴衰成败。在新时代中国改革开放“再出发”、海南省及海南经济特区进入“而立之年”的重要历史节点上，党中央赋予海南全面深化改革开放、建设自贸区和自贸港的新使命可谓适逢其时。不仅将驱动海南从我国社会经济发展的“边缘地带”进入“中心位置”，由“边陲地区”走向“开放前沿”，亦对我国实现“两个百年”奋斗目标、实现中华民族伟大复兴的中国梦，使我国在和平的国际环境和开放的国际经济格局中顺利成长为全球大国和世界强国具有战略意义和时代意义。

（一）海南全岛自贸区将成为我国进一步扩大开放的窗口和开展南海区域经济合作的重要平台

世界海洋文明演进和大国崛起的历史经验表明，海洋是一个国家或地区经济对外交往和打造开放型经济体的重要依托和载体。南海是21世纪海上丝绸之路建设的必经之路，也是我国同东南亚国家和地区开展区域合作的地缘纽带。当前南海形势总体稳定，“南海行为准则”（COC）磋商稳步推进，南海问题逐步回归双边磋商与谈判协商解决的正确轨道，深化区域合作，积极推进地区经济一体化，打造周边命运共同体，面临难得的机遇。

海南地处南海之滨，扼守连接太平洋与印度洋之要冲，肩负着经略南海的特殊使命，与东南亚诸多新兴国家地缘相近、人文相通，是我国21世纪海上丝绸之路建设的重要战略支点，完全有条件充分利用其独特区位优势，通过高水平的对外开放，与东南亚及印度洋等“一带一路”沿线国家开展全方位合作，实现《指导意见》中提出的将海南“打造成我国面向太平洋和印度洋的重要开放门户”的定位。

习近平总书记在参加博鳌亚洲论坛2018年年会开幕式时宣布，中国决定在扩大开放方面采取一系列新的重大举措，向世界表明中国开放的大门只会越开越大。在两天之后参加庆祝海南建省办经济特区30周年大会上亲自宣布支持海南全岛建设自由贸易试验区，支持海南逐步探索、稳步推进中国特色自由贸易港建设。其意义不仅仅局限在为海南下一步发展提出新定位和新要求，而是一项重大的国家战略，释放了我国的对外开放仍然在按照自主设定的节奏向前推进的重要信号，体现了我国决心在更大范围、更广领域推进改革开放，具有以实际行动向世界昭示中国开放的大门不会关闭的特殊意义，使海南成为展示中国气派、中国风范和中国形象的“靓丽名片”。

当前，亚洲区域合作方兴未艾，“区域全面经济伙伴关系协定”（RCEP）谈判稳步推进，地区合作机制安排日渐完善。中国和东盟经贸关系日益紧密，截至目前累计双向投资总额已超过2000亿美元，中国已连续9年成为东盟第一大贸易伙伴，东盟连续7年成为中国第三大贸易伙伴。在自贸区和自贸港建设的过程中，海南应通过倡导和实施“泛南海经济合作”，在充分利用博鳌亚洲论坛等国际交流平台的基础上，继续搭建设立一批文化、教育、农业、旅游等领域的高层次对外交流平台，从而与21世纪海上丝绸之路沿线国家，特别是东南亚国家在旅游、环境保护、海洋渔业、热带农业、人文交流、创新创业等领域开展务实高效的合作。

（二）海南自贸区将是我国深化改革和制度创新的时代标杆

从改革的方式和路径来看，我国的经济改革通常采取渐进式道路，大多不是在全国范围内同时推开的，而是每项改革措施都从较小范围内的试验开始，在取得成果并进行总结的基础上加以局部推广，由点及面，不断总结和观察，逐步扩大实行范围。无论是自贸试验区设立之前采取的保税区、出口加工区、保税港区、综合保税区模式，还是试验区成立后的逐步扩容，都遵循了试验与推广相结合的渐进式改革。

作为我国自主扩大开放的重要举措之一，以上海自贸区挂牌成立为标志，五年来，我国自贸试验区逐步扩容，在海南自贸区之前已先后有11家获批，形成了各具特色、各有侧重的“1+3+7”总体布局，通过先行先试建设在探索制度创新、扩大市场开放等方面取得了一系列成果。自2015年1月国务院发布《关于推广中国（上海）自由贸易试验区可复制改革试点经验的通知》，目前已先后发布了四批改革试点经验，自贸试验区探索的100多项制度创新成果分领域、分层次在全国复制推广。特别是经过三次调整，2018年版自由贸易试验区负面清单已由2013版的190条减至45条。但也必须看到，我国自贸区建设还存在一些问题，如服务业的开放力度仍需加大，缺乏自由贸易试验区制度创新的系统集成，各方改革步伐不协调，有些政策落实不接地气，各自贸区同质化严重，监管部门仍维持原有的传统监管思维不能适应建设国际化高水平自由区要求、专业化人才缺乏等问题，需要更大力度的改革和探索。此外，继续扩大范围和规模，将自贸区的开放举措放在更大范围内试验，亦是当初设立自贸区的初衷。

海南自贸区建设正是顺应了上述发展趋势。与国内其他自贸区和单一城市经济体相比，海南作为单一省级行政区划，整体上是在更大地理空间范围内建设自贸试验区。之前的11家自贸试验区面积均为120平方公里左右，而海南从一开始就设定为在全岛范围内建设自由贸易试验区，面积达到3.39万平方公里，区内人口达900多万，不仅仅是“试验”量级的大幅提升，还将带来“试验”质的显著变化。

在开放力度上，《指导意见》提出赋予海南更大的改革自主权，未来海南版的负面清单应更加精简。特别是海南“分步骤、分阶段建立自由贸易港政策体系”。自贸港作为自由贸易区的“升级版”，将实行零关税和真正的“一线放开”政策，货物、资金、人员将可自由流动。按照“到2020年自由贸易试验区建设取得重要进展”“到2025年自由贸易港制度初步建立”的“时间表”，海南的开放程度将全国领先，海南自贸区建设过程中积累的经验和最终的成功将会在全国范围内产生更大的带动效应、示范效应和辐射效应，成为国内其他地区发展的“样板”和“标杆”。

（三）海南自贸区是我国探索自贸区建设和中国特色自贸港理论和实践的“试验场”

纵观自由贸易区或自由港的发展历史，从其出现至今已有百余年历史。目前全世界建立了近千个具有自由贸易功能的特殊经济区，在其演进过程中，各国根据世界经济形势进行了不同的制度安排和设计。中国自贸试验区从设立之初，其功能和定位远远超出了对外贸易与资本流入的范围，广泛地涵盖了政府职能转型、金融改革创新、社会诚信制度建设、对外投资支撑系统构建、与自主创新联动等多个方面。海南自贸区和自贸港建设立足于世情、国情、省情进行更大规模、范围的探索创新，将继续深化、丰富自贸区和中国特色的自贸港的理论基础和实践经验。

首先，与其他自贸区相比，海南全岛自贸区包含广大的农村，且海南80%的土地、60%以上的户籍人口在农村，产业结构中农业占20%以上的比重，这就决定了农村是海南自由贸易试验区的重要组成部分。这也是海南自贸区的独特之处，在农业仍有较大比重的欠发达地区进行自贸区建设的试验，将为国内和世界其他欠发达地区提供借鉴和参考。

其次，从国际通行的一般自贸区来看，无论是从自贸区原海关特别监管区的功能而言，还是从一般自由贸易区通常的产业特征来看，货物及其制造都是基本特点。但《指导意见》中明确提出，海南高标准高质量建设自由贸易试验区，要“围绕种业、医疗、教育、体育、电信、互联网、文化、维修、金融、航运等重点领域，深化现代农业、高新技术产业、现代服务业对外开放，推动服务贸易加快发展”，显然海南自贸试验区的产业取向重点是现代服务业和高新技术产业，更加注重“质量”而非“数量”。

最后，从国际上现有的自由贸易港来看，自由港是设在一国（地区）境内关外、货物资金人员进出自由、绝大多数商品免征关税的特定区域，是目前全球开放水平最高的特殊经济功能区。国际上的自由贸易港形态各异、多种多样，既有香港、新加坡等功能复合型的“整体自由港”，也有迪拜、伦敦模式的“腹地自贸港”，但在其起步阶段大都以便利的港口或交通条件，形成货物和转口贸易集散地、加工贸易集聚地，并逐步演化扩展为包含金融、物流、商业等的综合体。《指导意见》提出海南要逐步探索、稳步推进海南自由贸易港建设，要“学习借鉴国际自由贸易港建设经验，不以转口贸易和加工制造为重点，而以发展旅游业、现代服务业和高新技术产业为主导”。这是在新的全球经济形势下进行的制度创新，特别是在探索过程中形成“中国特色”的定义和内涵，将是对一般自由港发展路径的创新和突破，将丰富世界自由港的制度设计和发展规律。

（四）自贸区和中国特色自由贸易港是海南长远和可持续发展的不二选择

各国和各地区经济发展的历史表明，充分利用要素比较优势虽可以使落后地区摆脱经济贫困，但经济的起飞和经济现代化则必须依赖于竞争优势的形成。在产业发展方向的选择上，按照传统的比较优势理论，国际贸易建立在各国产品差异基础上。而根据现代世界经济发展的最新趋势，国际贸易更多建立在产业差异基础上。中国要提高产业竞争力必须要发展服务业，特别是提高现代服务业的比重，这是从传统比较优势转向竞争优势的重要途径。

就海南而言，目前在资源、环境、区位等方位拥有的天然禀赋和“比较优势”，若不能有效转化成为“竞争优势”，这种“比较优势”就只能是潜在的，只能成为理论上的基础和特点。自1988年海南建省办经济特区以来，围绕海南发展定位和发展方向曾经历过很多的探索和尝试，或主张“贸易立省”，或强调“工业强省”，或提倡“旅游兴省”，但由于诸多因素的制约，其发展历程并非一帆风顺，甚至有过摇摆不定，走过不少弯路，丧失了一些重要的发展机遇。其中主要的原因之一，就在于未能在实践中探索出符合海南实际的、科学的发展定位和政策举措，未能逐步形成海南的比较优势。

在发展定位上，习近平总书记“4·13”重要讲话和《指导意见》在系统总结海南发展经验和教训的基础上，为海南确立了“全面深化改革开放试验区、国家生态文明试验区、国际旅游消费中心、国家重大战略服务保障区”四大战略定位，并就自贸区和自贸港建设、改革方向等重大问题进行了全面规划，清晰描绘了海南未来30年的发展路径和发展目标，此举必将助推海南在形成独特竞争优势的同时，引领我国新一轮改革开放的新潮流。

三、海南自贸区的建设思路和推进路径

《指导意见》指出，海南到2020年“自由贸易试验区建设取得重要进展，国际开放度显著提高”，到2025年“自由贸易港制度初步建立，营商环境达到国内一流水平”，从2018年算起，到两个目标实现分别只有2年多、7年的时间，可谓时间紧、任务重。在自贸区和自贸港建设的过程中，唯有通过深层次的改革和更大的开放力度，聚焦制度创新、改善营商环境、落地改革举措，真正破除影响海南发展体制机制弊端，才能激发海南发展的活力和经济增长的潜力，实现预定目标。

（一）注重改革方案、举措的海南特色和海南经验的可复制、可推广，让改革和开放两个“轮子”同步运转

进一步全面深化改革和扩大开放决定着未来中国的命运，是中国实现“两个一百年”伟大目标的不二选择。回顾我国改革开放40年的历史进程，其宝贵经验和重要启示，就是改革和开放相伴相随，相辅相成，互相促进，成为推动中国经济高速发展的“双引擎”。即通过市场的逐步开放，引入外部变量形成改革的

正向压力，即所谓的倒逼促进内部的体制机制改革。同时，内部的体制机制改革所形成的制度优势又进一步优化了对外开放的市场环境。

海南作为原料和市场均“两头在外”的岛屿经济体，始终坚定不移地对外开放是海南建省办经济特区30年来的宝贵启示和重要法宝。海南自贸区和自贸港建设，必须确保开放力度足够大、开放的领域足够广，唯有如此才能为海南改革提供强大的动力，才能充分发挥开放对改革的倒逼效应。与此同时，海南扩大开放的推进程度有赖于海南自身改革的力度。尤其海南作为全岛自贸区，开放力度之大、速度之快前所未有。若缺乏系统性的制度创新，只是对制约海南发展的制度层面的局部性问题进行“小打小闹”式的改革，则营商环境不优、政府效能不高等老大难问题不仅无法解决，而且可能会引发金融风险和社会、民生等其他新的问题。总之，海南应以习近平总书记“4·13”重要讲话精神和《指导意见》为改革的指引，充分利用推进海南全面深化改革开放领导小组的顶层统筹协调机制作用，加快供给侧结构性改革、经济体制改革、行政体制改革和生态文明体制改革，以及行政区划调整，同时以即将出台的自贸区建设总体方案中所提出的开放举措为指针，将改革举措和开放措施同步落实、协调推进，以改革促开发，以开放逼改革。

（二）把制度创新作为海南自贸区和自贸港建设的重中之重

自贸区探索试验的核心，在于以改革与开放的协同创新构建与经济全球化最新发展趋势相兼容的开放型经济体制，需要围绕制度创新积极探索和大胆尝试。与我国传统的各类经济开发区不同，自贸试验区不是优惠政策的洼地，而是我国制度创新的高地。“大胆闯、大胆试、自主改，尽快形成一批可复制、可推广的新制度”是国内所有自贸区设立的初衷。可以说，持续的制度创新是自贸区的生命力所在和发展的动力源泉，如果没有持续的制度创新，自贸区就会寿终正寝，其存在的必要性就会丧失。

在海南自贸区建设的过程中，我们一方面应创造性地复制其他自贸区的成功经验。另一方面，也应看到，经过几年的探索和实践，制度创新中较容易的“低垂果实”已经被其他自贸区摘下，有待进一步探索的制度创新大都集中在难度大、范围广、风险高的领域。海南自贸区要进行制度创新，必须按照国际水准，力争把海南打造成我国开放层次最高、营商环境最优、聚才优势最强的新特区、新标杆、新高地，形成更加成熟、更加稳定和透明的制度体系，还要逐步探索高度自由化和高度便利化的贸易与投资政策，以及与此相关的土地使用政策、用工政策、外籍人士的长期就业和居留政策、市场准入前的国民待遇加负面清单政策。

（三）以旅游业、现代服务业和高新技术产业为主攻方向，打造具有海南特色的优势产业集群

海南是典型的岛屿经济体，生态容量和环境承载能力有限，这一特质决定了海南不能走传统的工业化发展道路。在深刻分析海南产业发展的资源禀赋和发展目标的基础上，《指导意见》明确了海南未来发展应以发展旅游业、现代服务业和高新技术产业为主导。海南自贸区和自贸港建设应以此为总目标、总方向，按照“体现中国特色、符合中国国情、符合海南发展定位”的要求，完善发展机制和配套政策，形成以大旅游产业、热带高效精品农业、平台经济、港口经济、总部经济、航运物流等为主的产业集群，通过实现海南产业机构调整和经济转型为自贸区建设奠定坚实基础。

首先，因地制宜，分类施策，做到“转型升级”和“引进培育”并举。对于已具备一定发展基础的优势产业，重在通过金融、政策和人才支持，扩大生产规模、提升供给质量。如旅游业要按照打造“国际旅游消费中心”的目标，提升基础设施水平、旅游服务的质量和国际化的旅游消费产品。对于大数据、人工智能等高新技术产业，以及海洋生物、海洋可再生能源、海工装备研发制造等新兴产业，要加快培育，通过引入龙头企业，尽快落地一批带动性强的产业项目，形成产业链。

其次，尽快制定有针对性的产业发展规划，出台可操作性强的配套政策。应围绕重点发展方向，按照“全省一盘棋”的理念，制定各产业未来5—10年的发展定位、方向和布局，尤其是根据各市县的发展基础和资源条件，明确各产业在海南省内的布局，防止“多点开花”和产业集聚效应的弱化。此外，自贸区发展现代服务业的核心是扩大对外开放和放宽投资准入。海南发展演艺娱乐、金融服

务、跨境电商、航运服务等产业，必须在负面清单管理制度的基础上，出台完整、可操作的配套政策和推进路径，方能确保项目落地、形成产业。

最后，充分利用好研发基地、企业总部、军民融合等平台对产业发展的支撑和引领作用。海南应充分发挥自贸区体制机制优势，大力吸引国内外企业总部或区域总部落户海南，继续做好国家南繁科研育种基地（海南）、全球动植物种质资源引进中转基地、南海资源开发后勤服务保障基地、国家深海科技城、国家热带农业科学中心等研发和产业发展基地建设，同时谋划大数据中心、高新技术研发中心以及能源交易平台、大宗商品交易所等落户海南，从而吸引物流、资金流、信息流、技术流等要素的集聚，为海南新型产业的发展提供强有力的支撑。

（四）注重风险控制，构筑海南深化改革和扩大开放的防火墙

习近平总书记指出，“当前，改革又到了一个新的历史关头，推进改革的复杂程度、敏感程度、艰巨程度不亚于40年前”，在这样的背景下，海南新一轮改革开放和自贸区建设需要攻坚克难的都是难啃“硬骨头”，其复杂性和面临的风险不言而喻。

从操作层面来看，海南自贸区建设的主要路径是在限定区域内让渡部分政府的经济管理权力，“一线逐步彻底放开”必须有“二线安全高效管住”作为前提和依托，倘若二线监管缺失或不到位，其中隐含的风险是显而易见的。上海自贸区起步时实施范围仅为28.78平方公里，通过一段时间成功探索实践后才逐步扩容，此后国家逐步加快节奏、扩大范围批复了另外10个自贸区，正是基于风险可控的考量。作为覆盖全岛范围的自贸区，海南自贸区实施的范围广、涉及领域多、改革难度大、理念设计超前，在推进过程中，难免要面临较大的管控压力和难以预测的风险。事实上，在海南对外开放的过程中，由于对改革过程中风险预见不足、管控不力，导致改革遭受重大挫折的例子并不鲜见。“汽车事件”“洋浦风波”都是惨痛教训，深入剖析其起因均在于制度设计、管理层面、风险评估的不足，以及对暴露的问题未能及时妥善处置，而演化成为波及范围较广的“大事件”，进而影响到整个改革目标的推进，使海南错失发展良机。

因此，海南在自贸区和自贸港建设过程中，既将面对因制度创新和市场开放

而可能出现的金融创新、市场监管等领域的外部“未知”风险，也将面临因体制机制改革而对各种既得利益形成冲击的内部阻力和风险，唯有未雨绸缪，增强危机意识，做好政策、制度出台前和执行中的风险压力测试和风险控制，才能到达胜利的彼岸。

（五）推进体制机制创新，应从海南各级政府的“放管服”的能力建设着手

在经济全球化深入发展，技术革命日新月异的今天，各级政府的管理和治理能力面临前所未有的新挑战。自贸区和自贸港的建设，其内在要求是政府职能从以往的审批型向监管服务型转变，要求其在经济运行领域的管制权力部分让渡和下放，从而营造自由的经济要素流通环境和良好的营商环境。政府监管有创新，管理有能力，服务有效率，改革才能有定力。

海南自贸区和自贸港建设，需要探索和建立与之相匹配的体制、机制、法律体系。目前海南各级政府在执行力、管理能力、管理体制、服务效率和国际化水平上，与发达地区还有很大差距，未来负面清单管理、产业和服务业开放、贸易监管等领域的改革和制度设计都需要政府管理体制的革新与重塑。海南推进监管服务型体制建设过程中，要全面采用负面清单管理模式，秉持事前审批向事中事后监管转变的改革理念。一方面，要“破”和“放”，即破除体制和机制的障碍，通过深化“放管服”改革，大范围推进“证照分离”改革，最大限度释放市场的活力，从而吸引各种资源和要素在海南的集聚。另一方面，要“立”和“建”，即建立完善的事中事后监管体制。尤其是要加快“智慧海南岛”建设，建立完善的行政审批系统、面向企业和公众的服务系统、行业监管手段的技术体系。只有具备和提升“二线管住”的能力，才能做到“开放不失守、改革不乱套”。

（六）加强自贸区和中国特色自贸港发展规律的理论研究、经验借鉴，为海南自贸区和自贸港建设提供有力的智力支撑

习近平总书记“4·13”重要讲话和《指导意见》为海南描绘了未来发展的宏伟蓝图，但要让蓝图变为现实，必须要用百倍努力，要有爬坡过坎的坚毅勇气和时不我待的精神状态。这不仅需要海南各级政府部门和全体海南人民的共同努力，也需要相关的研究机构和专家学者及时提供高质量、操作性强的改革开放思

路和决策方案。

一方面，要集中研究力量，按照习近平总书记“4·13”重要讲话中强调的“既总结国内成功做法又借鉴国外有益经验，既大胆探索又脚踏实地，敢闯敢干”，深化对国内外发展经验的针对性研究，为海南在放宽市场准入、投资开放、贸易监管等领域建立完善的制度体系提供对策建议。另一方面，也必须看到，海南自贸区和自贸港建设，在理论和实践上都具有开创和示范意义。国内其他自贸区的建设经验、中国香港和新加坡等自由港建设的经验虽有诸多可借鉴之处，但也不能完全照搬。研究必须立足海南实际，立足创新，既要潜心研究海南省情和国际通行的自贸区建设成败得失和发展规律，又要瞄准自由贸易港这一高水平开放新形态，同步开展前瞻性的研究和探索。

四、结语

海南自贸区和自贸港建设是我国统筹国内国外两个大局形成的重大战略部署，顺应了国际经济发展趋势和我国经济转型升级的内在要求。在新一轮科技和产业革命的背景下，海南作为全国唯一热带岛屿所具有的生态优势、旅游资源优势和地理区位优势将日益显现，再加上中央赋予海南的“四大战略定位”，将逐步培育形成自身独特的竞争优势，成为中国新时代改革开放的领头羊。

（《南海学刊》2018年第3期）

自贸区的本质特征与创新点

赵晋平

面对国际形势的新变化和国内经济转型升级的巨大压力，加快市场经济体制改革和经济发展方式转变，全面提升我国开放型经济水平是党的十八大提出的新要求。十八届三中全会《决定》进一步明确了构建开放型经济新体制的改革目标，并对设立中国（上海）自由贸易试验区和选择若干具备条件的地方设立自由贸易园（港）区做出了具体部署。这是党中央、国务院实行更加积极主动开放战略的重大举措。

一、全球自贸区的主要特征和创新点

一是贸易投资便利化、自由化水平不断提升。按照《京都公约》，自贸区是“一国境内的一部分，进入这一区域的任何货物就进口税费而言，通常视为在关境之外”。从法律上讲，“关境之外”仅限于税收领域，但在目前的实际操作中，海关等对符合所在国法律的区内企业、人员和货物实行特殊监管政策，以最大限度地降低障碍，通过便利化和自由化促进自贸区国际竞争力的提高。如在货物贸易方面，除检疫需在入境第一时间进行外，海关对从国外进入自贸区的进口货物、中转货物没有查验要求，仅对进入关境的货物进行一次查验。例如，德国汉堡港允许船只自由进出，货物在自由港装卸、转船和储存不受海关的任何限制，不要求每批货物立即申报与查验，45 天之内转口无需记录，货物只有进入欧盟市场时才需结关；中国台湾高雄港实施自律管理，货物除涉及安全及国际条约必须设限外，原则上都免审免检，并对国际商务人士实行特殊签证政策。此外，荷兰鹿特丹港、韩国釜山港等还利用信息化手段提升通关效率，如实施电子监控和自动报关等。另一方面，在海关特殊监管之外，自贸区大多给予较高程度的投资自由和金融服务开放，基本上没有投资的行业限制，货币自由兑换、资金自由进出和自由选择结算币种等。例如，香港采用负面清单方式，对军火、毒品等之外的绝大多数货物进口无限制，允许投资自由和金融自由汇兑，不征收增值税和消费税，降低船舶注册费等。

二是特殊区域的功能日趋扩展。经济全球化背景下的国际化生产，推动全球供应链不断延伸和资源配置日趋活跃，对特殊经济区域的作用提出了新的要求。许多国家的自贸区由货物贸易保税中转的单一功能向包括商品展销、加工维修、物流配送、信息集散、研发创新等在内的多功能模式拓展，金融、保险、货代、租赁、咨询等增值服务也日益受到重视。自贸区的功能定位也往往由贸易中心、物流中心逐步向金融中心、信息中心、决策运营中心拓展，在全球贸易和投资活动中发挥的作用日益重要。

三是管理体制更具开放性。近年来，为提升本国自由贸易园区的国际地位和竞争力，各国在实施优惠政策和便利化措施基础上，对自贸区实行更加开放、符合现实发展需求的开放型管理体制。例如，美国对外贸易区的管理，采用“总区＋分区”架构及按需设区的柔性模式；荷兰鹿特丹港采用“自由港区＋保税运输线＋保税仓库＋保税工厂”的功能关联模式；香港、新加坡力推港城一体化发展，践行低碳绿色发展，为高端服务业发展营造良好发展环境；德国汉堡自由港为了更便利地与欧盟腹地经济相衔接，通过保持自由贸易园区覆盖区域和管理体制上的开放，使自贸区的便利化和自由化政策优势向外辐射，强化了腹地经济对港区发展的支撑。

四是更加重视港区资源整合。自由贸易园区竞争已经演变成园区群落之间的竞争。大型自由贸易园区一方面突破国内行政区划限制，实施区港联动，对支线港、喂给港和相邻自由贸易港区进行资源整合，形成组合港，以巩固其枢纽、核心作用，如纽约港和新泽西港，洛杉矶港与长滩港的合作都是成功的案例；另一方面，与其他国际自由贸易港区形成跨国战略联盟，如韩国釜山港与我国山东四港（青岛、日照、烟台和威海）结成战略联盟，以提升对周边港口的竞争力。

五是法律保障日趋完善。自由贸易园区作为特殊经济区域，往往与国内现行法律和政策相冲突，必须通过专门立法为管理体制和监管模式创新保驾护航。许多经济体从国家层面专门颁布《自由贸易园区法》或条例，以保障其合法性和权威性，例如美国1934年通过《对外贸易区法案》、欧洲在《欧共体海关法典》中对自由贸易园区进行了界定。而且，美国还对《对外贸易区法》进行了多次修订，以适应世界经济形势和美国利益需要，特别是园区发展需求的变化。

二、我国自贸试验区的主要功能和作用

根据总体方案的要求，自由贸易试验区并不是为局部地区的发展实施特殊政策，而应立足“加快经济体制改革，提升开放型经济水平”的需要，为我国面向全球进一步扩大开放和体制创新进行先行先试，达到以开放促改革、促发展的战略目标，在全球化潮流中赢得主动。总体来看，试验区具有以下功能和作用。

一是服务业扩大开放先行先试区。我国服务业发展水平相对落后，难以适应产业升级和居民服务消费提升的需要，高端服务业和服务创新与世界先进水平差距尤为明显。在全球新一轮区域和双边自由贸易协议中，服务业开放与签署投资协议成为新的重点。李克强总理在上海考察时指出，服务贸易将是下一步对外开放的重点。试验区可先在重点服务贸易领域的开放深度和广度上大胆尝试，在总结经验的基础上逐步扩大开放试点内容，进而参照发达国家和国际上高水平自贸区的服务开放模式和标准，尝试以“负面清单”的管理模式推进服务业开放。通过放宽准入门槛和经营范围限制、拓展开放领域等，吸引境外服务业投资者进入当地市场，有效促进服务业竞争、提升服务水平，为我国在更高水平的国际服务业竞争中打造开放高地、形成国际竞争新优势。

二是金融开放创新先导区。自由贸易试验区是促进要素自由流动的高水平开放区域。金融是经济的血液，通过改革、开放、创新共同驱动试验区建设，至关重要的任务就是，通过金融领域的开放与创新，增强金融服务功能。通过改革外汇管理体制、探索金融服务业对民营资本和外资的全面开放、拓展金融服务功能和产品创新，推进跨境投资、融资便利化，吸引更多金融资源为试验区实体经济

发展服务，培育各类金融市场，促进国际贸易、国际航运、国际物流和服务业的发展。在防范风险的同时，为试验区建设努力打造专业、便利、高效、安全的金融发展环境，为在全国范围内深化金融开放创新、服务经济转型升级积累经验。

三是高标准国际化投资管理体制和营商环境建设示范区。适应国际发展趋势，改革现行的外资管理体制。通过试行准入前国民待遇和负面清单、简化和优化外商投资审批和工商登记制度、试行外商投资企业合同章程备案管理等，对现有投资准入制度和管理模式进行了改革，在保证资本流动有效监管的前提下，以政策体制上的改革突破切实提高管理效率和跨境投资便利化程度，为境外投资者带来巨大开放红利。与此同时，应加快形成既符合现行税制完善需要、又符合自由贸易试验区发展的税收政策，积极探索建立符合国际规范的产权登记制度，提供国际化的教育、医疗和社会服务，大力引进和培养高素质专门人才、提升人员往来便利化，探索建立一个要素集聚、自由便利、高效便捷、内外平等、法制规范而具有国际竞争力的营商环境。首先在试验区开始先行先试的负面清单管理模式已经被广泛运用于政府职能改革等众多领域，商事注册制度改革的经验也在全国范围内进行复制和推广。

四是国际航运和国际物流中心核心功能区。自提出建设国际航运中心以来，上海港发挥国际航运发展综合试验区和自身综合优势，各项建设指标快速发展，已连续三年位居全球集装箱吞吐量第一。作为上海航运中心的核心区和重要载体，试验区应以促进上海建设现代化国际物流服务业集聚区和高水平国际航运中心为目标，通过在贸易、投资、运输、物流和航运金融等方面进行自由化探索，深化物流和航运的对外开放、强化国际贸易集成功能；通过推动港口、物流的综合发展，拓展现代物流与航运服务功能，提升上海在全球物流、航运领域的影响力和控制力，加快推进国际航运和物流中心的建设进程。天津、福建、广东试验区也具有相类似的发展环境和有利条件。

五是海关特殊监管区整合升级综合载体。海关特殊监管区是我国对外开放的前沿阵地和窗口，承担着为提升贸易投资便利化、自由化水平积累经验的重大责任。但近年来，海关特殊监管区域存在着种类过于繁多、管理体制错综复杂、政策设计不尽统一等问题，降低了行政管理与监管效率，增加了企业入区选择的机会成本，难以适应产业升级和新型业态发展的需求。2012年国务院58号文提出整合不同类型区域，要完善政策和功能、强化监管和服务、促进转型和升级。上海试验区的区域范围覆盖了多种海关监管区域类型，应借鉴国际先进经验，大力拓展新型贸易业态、创新监管模式、整合促进政策，在通关便捷、贸易便利、功能多样和政策开放等方面营造与国际管理最为接轨的便利化环境，提升辐射带动作用，成为我国海关特殊监管区域整合和转型升级的试验平台。

三、自贸区建设要做好统筹规划和科学布局

对于暂不具备新设条件的其他地区，应引导其把本地经济对接、复制和推广自贸试验区先行先试经验作为重点关注的问题，进一步深化现有保税区、综合保税区、保税港区等海关特殊监管区的改革创新，开展适合当地特点的国际贸易投资合作平台建设，为构建高水平开放型经济体系提供强有力的支撑。按照现有方案，试验区需要在2—3年的时间内逐步完成各项先行先试目标，如何建立相应的评估标准和退出机制也是规划的重要内容之一。

目前，关于试验区建设配套改革和保障措施的研究明显不足，相关部门与地方的相互沟通亟待进一步加强。建议强化国务院层级的组织和协调工作，要求各部门认真落实配套措施的改革、调整工作，广泛听取地方政府、学界、产业界的意见与建议，制定科学、务实、系统、细致的实施方案。为适应试验区内跨境中转贸易发展的需要，建议借鉴香港地区经验，建立转口贸易专项统计和服务、监管体系，在海关统计中明确区分转口贸易与本地贸易，现有特殊监管区域货物物流进出口中的跨境贸易部分也应计入转口贸易统计。

（人民网 2015年6月19日）

自贸试验区建设下一步要如何升级

孙元欣

建设自由贸易试验区是全面深化改革和扩大开放的一项战略举措，是国家战略需要。回顾历史，2013 年 9 月上海自贸试验区率先建设，主要有两个方面的建设背景：一是时代背景，我国已进入全面深化改革的新时期。经过 30 多年的改革开放，2013 年我国国内生产总值已达到全球第二，贸易规模位居全球第一。党的十八届三中全会提出全面深化改革的任务，其中经济改革是核心。二是全面深化改革的顶层设计，即党的十八届三中全会提出的 16 个方面 60 项措施。其中，与自贸试验区相关的内容包括构建开放型经济新体制、加快转变政府职能、加快完善现代市场体系，等等。作为改革试验田，自贸试验区的建设无疑是一个重要的风向标。过去几年里，自贸试验区发展取得了哪些重要成果？新时代，自贸试验区建设又将如何“升级”？它与自由贸易港有什么关系？

一、自贸试验区建设“初心”，可概括为五个关键词

自贸试验区是全面深化改革和扩大开放的试验田，按照顶层设计安排，通过局部试点，通过实践加以检验，并决定是否向全国复制推广。党的十九大报告指出，赋予自由贸易试验区更大改革自主权，探索建设自由贸易港。站在新的起点上，自贸试验区肩负着探索新途径、积累新经验的重要使命。我国自贸试验区的建设，经历了三个阶段，也可称之为“三个台阶”：2013 年 9 月，正式启动建设上海自贸试验区；2015 年 4 月，增加广东、天津、福建等，上海自贸试验区扩区；2017 年 4 月，增加浙江、辽宁、陕西、河南、湖北、重庆、四川等。目前，11 个自贸试验区呈“1+3+7”雁行式。在全球经济格局大变化的环境下，我国正

在编织“面向全球的高标准自由贸易区网络”。自贸试验区的作用主要体现在四个方面：第一，国家推出新的政策，需要局部试验。自贸试验区是改革先行者、排头兵，有责任意识。第二，自贸试验区是为国家作贡献，国家可以用这种方式调动各地政府的改革积极性。第三，被批准的自贸试验区要有一个建设方案，方案内容要体现国家需求，要为国家试制度，这就增强了地方政府的国家意识和协同意识。第四，自贸试验区形成的新经验和案例，可以供全国借鉴。对于自贸试验区建设来说，也有一个建设“初心”的问题。2016 年 12 月，习近平总书记对上海自贸试验区工作汇报有一段批示，谈到了建设“初心”。他指出，建设上海自贸试验区是党中央、国务院在新形势下全面深化改革和扩大开放的一项战略举措。上海市、商务部等不负重托和厚望，密切配合、攻坚克难，紧抓制度创新这个核心，主动服务国家战略，工作取得多方面重大进展，一批重要成果复制推广到全国，总体上实现了初衷。这里面，可以提炼出五个关键词：全面深化改革、扩大开放、服务国家战略、制度创新、重要成果复制推广。可以说，这就是建设自贸试验区的初衷。

进一步来看，制度是指人际交往中的规则设计，以及社会组织的结构和机制。通过制度建设，可以形成更明确的规则和约束力。30 多年间，我国由计划经济转向市场经济，多层次资本市场逐渐建立，这些都是制度创新。自贸试验区制度创新的主要特征是接轨国际规则、探索中国之路，进而提出全球经济治理的新方略，成为国际规则的参与者、贡献者和引领者。

需要指出的是，自贸试验区的改革探索不应完全照搬国际规则，而要注重符合本国国情，要符合新时代经济发展的新要求。事实上，自贸试验区实施的一系列改革中，有一些试行后是有所调整的，如境外投资政策和金融创新等方面的政策。建设初期，境外投资一般项目只需备案，而现在我们把境外投资分成三类，即鼓励类、限制类和禁止类，有些境外投资项目受到限制，如到境外买房地产、收购酒店等。金融创新在具体探索过程中也有一些收紧，如资本项目可兑换，原先是要大力推进，现在是有序推进。这些都是根据我们自身的发展情况作出的有益调整，目的是为了更好地推进自贸试验区建设。

二、新增两大改革领域，体现了“开放+创新”思路

总体上看，自贸试验区制度创新涵盖七大改革领域，即“投资体制改革、贸易便利化、金融开放创新、事中事后监管、完善营商环境、科技创新和服务国家战略”。前五大改革领域是首轮改革的重点，体现了以开放促改革、以开放促发展，形成倒逼机制。后两大改革领域是自贸试验区扩区后新增的，体现了“开放+创新”的思路。

第一个领域是投资体制改革。核心是探索市场准入负面清单管理，放宽外资、国内资本的市场准入限制，减少事前审批，提高“引进来、走出去”的质量。核心改革事项有外商投资准入前国民待遇加负面清单，服务业扩大开放，国民待遇的市场准入负面清单、工商登记改革和“证照分离”改革试点等。

目前，相关改革取得了积极成效，激发了企业和市场活力。在上海自贸试验区，不仅新增企业4万多家，而且有1500多个新项目落地，包括专业再保险公司、合资道路运输公司、外资独资游艇设计公司、外商独资国际船舶管理公司、外资医院、外资职业技能培训机构、外资认证机构、合资邮轮公司等。

第二个领域是贸易便利化。贸易便利化有两个改革方向：减少、放松管制和政府部门协同。减少、放松管制表现为海关、检验检疫、海事等采取的一系列措施，如“一线进境货物先入区后报关”“进境货物预检验”“第三方检验结果采信”等。政府部门协同的范例是建立“国际贸易单一窗口”，企业一次性提供贸易数据，海关、检验检疫、税务、海事、边检等近20个部门提供审批和服务。通过实施贸易便利化的措施，目前自贸试验区已形成了一些新模式和新平台，如保税展示平台、汽车平行进口、国际文化艺术品平台、大宗商品现货交易平台（上海已有钢铁、煤炭、化工等8种类型）、进口商品展示直销平台、技术贸易交易平台等。

第三个领域是金融开放创新。核心任务是开放和创新，更好地服务实体经济。一方面，金融领域对外资银行和民营银行开放。另一方面，金融创新包括人民币跨境使用、投融资汇兑便利化、资本项目部分可兑换、利率市场化和外汇管理体

制改革。通过金融创新实践，形成了融资租赁、企业集团资金池等新模式。同时，上海还利用自贸试验区建设的机会，进一步加快建设金融市场体系，如上海国际黄金交易市场、上海国际能源交易中心、国际金融资产交易中心、上海保险交易所等。

第四个领域是政府事中事后监管。政府放松企业准入事前审批后，需要加强事中事后监管,更好地发挥社会监督和社会机构的作用。事中事后监管的1.0版本，含国家安全审查工作制度、反垄断工作机制、社会信用体系、企业年度报告公示制、政府部门信息共享平台和综合执法、支持社会力量参与市场监督等。事中事后监督的2.0版本，重点在于建设三大信息平台：一是网上政务大厅，二是公共信用信息服务平台，三是事中事后监管信息平台。

第五个领域是完善营商环境。这包括加强知识产权保护、司法和仲裁的制度建设，还包括一些鼓励投资和贸易的专项政策，如融资租赁、进口环节增值税、选择性征税、部分货物免税、启运港退税试点等专项政策，以及优化税收服务的努力。其中，有两项重要政策在2013年就被提出，但至今仍未落地。一项是境外股权投资税收政策，另一项是离岸业务发展税收政策。

第六个领域是科技创新。上海要建设成为具有全球影响力的科技创新中心，需要在2020年前形成科技创新中心基本框架体系，并再用10年时间形成科技创新中心城市的核心功能。目前，上海要重点解决科技成果转化难、创新创业人才不足、体制机制环境以及科技创新布局有待优化等短板。

第七个领域是服务国家战略。上海加快建设国际金融中心，归根结底是为了服务国家发展大局。广东自贸试验区则有望成为粤港澳深度合作示范区，成为海上丝绸之路的重要枢纽。广东珠海横琴片区专门拿出一块地建澳门科技大学，并着眼于“葡萄牙语系”，有侧重地加强国际合作和交流。天津推进京津冀一体化，建设高水平开放平台。福建建设两岸经济合作示范区，对我国台湾地区进行开放和互通。

三、对标国际最高标准，不是简单地对标优惠政策

全国的自贸试验区已发展到11个，呈现园区面积显著增加、差异化改革试点、产业更丰富、更好地对接服务国家战略等新格局。根据党的十九大精神，新时代自贸试验区的改革探索，将主要在以下六个方面展开：

（一）探索建设自由贸易港。自由贸易港是“一带一路”建设的重要枢纽节点，是贸易强国的通道窗口和口岸，是全面开放新格局的重要承载区。建设自由贸易港要对标国际最高标准、最好水平，包括对标国际新协定，如世贸组织贸易便利化协定，以及对标国际上的好经验和先进管理模式。需要强调的是，不能把这种对标简单地视为对标优惠政策。建设自由贸易港要有系统观，梳理总结迪拜、新加坡、鹿特丹、伦敦、中国香港等地的经验。其中，主要涉及8大要素，即港区一体化、监管制度、组织架构、税收政策、资金流动、港区基础设施、特色产业、腹地经济等。当然，自由贸易港并没有统一固定的模板，应在关注自身动态比较优势的基础上最大限度发挥自身特色。从政府角度来说，可以采取相对宽松的监管，建立充分授权的集成管理机构，实施清晰透明的税收政策，鼓励形成有竞争力的特色产业等。名列全球港口排名前20位的中国港口，如上海、深圳、广州、舟山、天津、青岛、大连、厦门等，其中大部分有自贸试验区，有望率先进入自由贸易港行列。

（二）更好地服务“一带一路”建设。各地自贸试验区地理位置不同，改革任务也各有侧重。比如，有的着重建设枢纽港口和物流中心，如郑州双枢纽模式；有的主要加强国际产能合作，如在国外建立农业科技示范产业园；有的打出国际文化和旅游合作牌，如西安对外文化交流；有的建立有针对性的合作机制，如辽宁面向东北亚合作；还有的注重加强服务平台建设，如上海建设国际经贸合作、金融服务和总部经济三大平台。

（三）成为高质量高水平利用外资的示范地。2017年国务院5号文件指出，要支持外资企业在主板、中小企业板、创业板上市，鼓励外商到中西部地区投资。国务院39号文件进一步指出，将在12个领域进一步扩大开放，包括新能源汽车、

加油站、互联网上网服务营业场所、银行业、证券业、保险业等。从这些文件可以看出，国家希望把外资引入中西部地区，使整体的产业分布更加均衡，包括实现制造业服务业协同开放、制度成本优势的转变等。目前，中西部地区有 5 个自贸试验区，可以在这些方面发挥更积极的作用。

（四）探索试点差异化制度创新。各地自贸试验区的产业结构不一样，经济发展水平有差异，要结合自身特点开展差异化改革。东北要振兴，国有企业改革是一个重点；浙江舟山要推进油品全产业链的制度创新；重庆要推动西部大开发战略的深入实施；四川可以打造为内陆型经济的新高地；陕西要发挥“一带一路”节点城市的作用，与“一带一路”相关国家积极开展人文交流；上海正在加强开放创新相结合的改革试点，要全面推进“证照分离”改革。

（五）率先营造有国际竞争力的营商环境。营商环境是经济发展软实力和国际竞争制高点之一。在世界银行的评价体系中，我国目前的营商环境排名第 78 名，相比 2013 年的第 96 名虽然有所上升，但总体还是比较靠后的，营商环境需要进一步改善。站在新的起点上，自贸试验区建设可在营商环境改善上有新探索，积累好经验。比如，辽宁自贸试验区在“申请建筑许可”方面大胆简化，包括土地、建筑项目的审批都有所简化。如果能够成功，就可以向全国推广。

（六）形成自贸试验区和城市发展的联动机制。在自贸试验区建设中，会发现不少工作难点和“不对称”现象。例如，如何把为国家“试制度”和为地方“谋发展”更好地结合起来？再如，许多改革任务超出了自贸试验区管委会的范畴，如政府转变职能。这就至少需要在地方一级政府层面展开。解决“不对称”问题，形成联动机制是一个好方法。具体包括：自贸试验区与城市发展目标的联动，与地方一级政府转变职能的联动，与城市重点产业发展的联动，与其他产业园区的联动。这样做，可以拓展自贸试验区制度创新的应用范围，加强自贸试验区改革任务和政府组织层面的对接，丰富制度创新的差异化探索，提升企业和城市居民的感受度和获得感。

（《解放日报》2017 年 12 月 5 日）

自贸区升级版该向何处发力

盛　斌

中国自由贸易试验区（以下简称自贸区）是中国推进供给侧结构性改革、构建开放型经济新体制和实施新区域发展战略的重要途径与方式。2017 年政府工作报告中将“推广上海等自贸区改革创新成果，新设 7 个自贸区”作为“积极扩大对外开放”的重要成果，将“高标准高水平建设 11 个自贸区，全面推广成熟经验”作为 2017 年的工作重点之一。如何使上海等已有的 4 个自贸区创新升级和新增 7 个自贸区建立发展，最终形成面向国际的自贸区网络，从而实现为政府治理立标杆、为国家开放试制度、为区域发展筑高地的战略使命，是中国自贸区再起航所面临的重要任务。

一、成绩单

2016 年 11 月在上海自贸区建设三周年和广东、天津、福建自贸区建设一周年之际，商务部开展了对 4 个自贸区全面的第三方评估，而在此之前各自贸区也对其开展的工作比照总体方案进行了制度创新评估与市场反应评估。所有评估都充分肯定了习近平总书记所强调的自贸区“彰显全面深化改革和扩大开放的试验田作用”。

首先，自贸区形成一整套自主和集成制度创新体系。一是开放公平、安全高效的市场准入管理制度系统，其亮点主要包括：以准入前国民待遇和负面清单为核心的外商投资管理制度、以国际贸易单一窗口为核心的贸易便利化管理制度、以自由贸易账户分账核算体系为核心的金融创新及监管制度以及国际航运开放监管服务制度。二是以“放管服”（简政放权、放管结合、优化服务）为重心的政府职能转变制度创新体系，其亮点主要包括：现代商事登记制度，即先照后证、多证合一、审批注册单一窗口、市场准入负面清单等。三是与市场化、法制化、国际化营商环境相适应的法制保障制度，其亮点包括：调整国家层面上的法律法规；建立地方性司法保障及权益保护制度，如国际商事仲裁中心、知识产权法庭等；发展创新人才服务体系和国际人才流动通行制度，如人才“绿卡”制度、“双创”特区等。

其次，自贸区形成三批面向全国的可复制、可推广的经验与案例。第一批是在上海自贸区试行一周年以后，商务部会同上海市和有关中央部门进行了阶段性总结，于 2015 年 1 月形成 28 项试点经验，以国务院文件的形式印发全国进行推广。第二批是 2015 年 2 月国务院成立自贸区工作部际联席会议制度后，在同年年底总结自贸区创新性强、市场主体受益多、反映好的做法，形成了 8 个“最佳实践案例”进行推广实施。第三批是 2016 年 11 月在国务院发展研究中心等第三方机构进行全面评估后，又形成 19 项可复制改革试点经验建议，并以国务院文件形式印发推广。

最后，自贸区形成对接国家重大发展战略的政策举措。上海、广东、天津和福建自贸区遵照总体方案分别服务于对接长江经济带、粤港澳深度合作、京津冀协同发展、两岸经济合作国家重大区域发展战略。此外，作为实施“一带一路”战略的核心区或重要节点城市，4 个自贸区都将推动“一带一路”建设作为重要内容，争作“一带一路”特别是 21 世纪海上丝绸之路建设的排头兵和主力军。

二、问题与挑战

经过三年的创新建设，上海自贸区的精、广东自贸区的活、天津自贸区的实、福建自贸区的拼，都给市场留下了深刻印象，取得了预期的效果，获得了市场主体较好的反应。但是，自贸区的建设、发展与创新仍然面对一些困难与挑战。

一是开放程度还有待提高。以外资准入的负面清单为例，禁止投资、股权限制和数量型经营限制等限制程度较高的措施占比偏高，对一些服务业部门，如金融、交通运输、快递、教育、医疗、娱乐等行业的外资准入限制也较高。同时，当前负面清单中的各项特别管理措施缺乏明确的国家和地方层面的法律法规依据描述。

二是制度创新的实质程度和发挥效果情况需要进一步提高。目前各自贸区的制度创新中有相当的比重属于程序性的创新，比如简化程序、缩减时间等。而属于政策性或体制性的重要创新，例如国际贸易单一窗口、FT 账户、人才流动制度等，数量较低，且在实际落地并发挥巨大市场效果上与预想相比仍有差距。

三是在政策制定与执行的协调、组织与沟通上各级政府之间的关系亟待优化。中央部委须进一步向自贸区放权，支持地方先行先试和自主创新，并加强中央层面在重要议题上的部际协调，推动解决由于协调问题而出现的自贸区总体方案未能实施落地的改革内容。

三、自贸区 2.0 版

目前，已经取得一定建设成效的四个自贸区均在制订 2.0 版的升级规划，继续将制度创新作为中心任务，努力成为推动中国深水区改革开放的旗手与促进区域经济发展的引擎。

首先，建设 2.0 版自贸区要设定更高的目标。第一，要为提升国家和区域全球价值链创造制度安排，着力构建自贸区的四种创新能力，即研发、设计、品牌、总部管理能力；全球配置资源与管理要素流动性能力；全球产品供应链整合能力；与价值链高端相匹配的基础设施软硬件能力。第二，要为提升国家治理体系与能力提供可复制、可推广经验，着力通过集成性改革创新，形成现代化国家政府对市场进行系统化有效管理的一整套体制，包括政策透明度机制、产权与契约机制、行政许可与市场事中事后监管机制等。第三，要为适应全球商业新规则进行压力测试与为提升全球经济治理话语权提供动能，在试验基础上开展对实施国际贸易投资新规则的风险评估，从而确立保留合理监管权力的底线与红线，为国家在国际层面的谈判提供重要经验参考，并形成适应新规则改革的顶层设计。

其次，建设 2.0 版的中国自贸区要设定更高的标准。第一，对标多边贸易规则，包括 WTO 多边贸易体制下达成或正在进行谈判的一系列多边或诸边协定，如《贸易便利化协定》、《国际服务贸易协定》等。第二，对标高水平区域贸易协定中的新商业规则，包括投资、知识产权、技术标准、竞争政策、环境、电子商务等。第三，对标高质量的国际营商环境，参考国际通行的对企业投资经营不同阶段的关键指标，对自贸区的综合营商环境进行数据搜集、实地调查、诊断分析和有针对性的改善提高。第四，对标全球其他高水平自贸区，借鉴我国香港、新加坡等自由港和迪拜、鹿特丹等综合型自贸（港）区的有益经验和做法，在建设自贸区的离岸金融市场功能上，借鉴内外分离型中心（如纽约、东京）和分离渗透型中心（如新加坡）的模式与措施。

再次，将中国自贸区的工作重心回归到开放发展问题上。将自贸区作为改革创新示范区是中国自贸区的一项特殊功能，而实现货物、服务、资本、人员的自由流动并促进竞争、效率与国际经济一体化是自贸区的最本质功能。4 个自贸区在深化发展中应进一步在服务贸易和服务业开放、投资便利化、外资准入、离岸贸易与金融、跨境电子商务、资本项目自由化、商务自然人流动和深层次制度融合等方面实现更大胆的制度创新与改革。通过税收激励、构建交易平台、促进转口、联运和航运、发展人民币离岸业务等途径努力增强离岸功能，提高国际区位竞争力，使沿海自贸区能够成为在东亚乃至全球集聚高级生产要素和创造高附加值产出的平台。

最后，中国自贸区要切实加强法律保障制度建设。调整国家层面的相关法律法规，加强地方层面立法自主权，建立司法保障和权益保护制度，特别是在知识产权、投资、争端解决和商事仲裁、竞争中立等方面，吸收国际有益经验与做法，跟上时代发展的潮流与趋势。这也为国际贸易投资新规则在国内进行风险与压力测试创造有利条件，将这些规则在自贸区内的实施作为国际承诺的过渡性安排，并及时总结中国利益与经验，为在未来多边或区域贸易协定谈判中提供策略与模式。

四、自贸区新兵

2016 年 8 月，辽宁、浙江、河南、湖北、重庆、四川、陕西等 7 地获中央批准成为我国第三批自贸区，这标志着自贸区建设从试点探索阶段进入成熟发展的新航程。

第三批自贸区一方面将尽快复制、推广已建立的4个自贸区的成熟经验、模式与做法，实现其“全国功能”的遍地开花；另一方面，又将更加结合这些省份的区位优势突出“地域特色”，实现对周边地区的联动与溢出效应。7个自贸区主要侧重中西部地区，兼顾东北地区和东部地区，分别对接“一带一路”、长江经济带、中部崛起、西部大开发、振兴东北老工业基地等国家重大区域发展战略。

目前，这些新增自贸区已经完成上报总体方案，挂牌在即，并且在加快相关基础设施建设、招商引资和出台配套措施等工作。

辽宁自贸区包括沈阳、大连、营口片区，重点打造高端装备制造基地和跨境电商综合试验区；浙江自贸区包括舟山和宁波片区，重点推动大宗商品贸易自由化，提升大宗商品全球配置能力；河南自贸区包括郑州、开封、洛阳片区，着力建设贯通南北、连接东西、服务于“一带一路”的现代综合交通枢纽和物流体系；湖北自贸区包括武汉、宜昌、襄樊片区，主要定位于承接产业转移以及发展高新技术产业；重庆自贸区以两江新区为主，发挥战略支点重要作用，推动保税物流园区转型升级，加大西部地区门户城市开放；四川自贸区包括成都和泸州片区，重点打造内陆开放型经济新高地，实现内陆与沿海沿边沿江协同开放；陕西自贸区包括西安、西咸、杨凌三个片区，聚焦探索内陆与“一带一路”沿线国家经济合作和人文交流新模式，并带动西部大开发。

第三批自贸区挂牌成立后，中国基本形成以“1+3+7”自贸区为骨架、东中西协调、陆海统筹的全方位和高水平区域开放新格局，并为加快实施“一带一路”战略提供重要支撑。

（《上海证券报》2017年3月28日）

自贸区 2.0 版：激发开放型经济新动力

张 双

伴随中国（上海）自由贸易试验区扩区，以及广东、天津、福建自由贸易试验区总体方案获批，我国自贸试验区建设正式启动“2.0”版本。

加快实施自由贸易试验区战略，是我国在经济发展进入新常态的形势下，为全面深化改革、扩大开放探索新途径、积累新经验而采取的重大举措，有利于加快构建开放型经济新体制，更好应对国际经济贸易和投资规则变化与挑战。对于以开放促改革促发展，以对外开放的主动赢得经济发展和国际竞争的主动，具有重要意义。

一、用开放倒逼深层次改革

随着我国经济发展进入新常态，缓解经济下行压力，推动经济提质增效，既要大力深化内部各项改革，也要加快形成更高水平的开放格局，为发展注入新动能、增添新活力、拓展新空间。新常态下的对外开放需要对世界经济全方位的融入与整合，对接标准、明确规则与优化软环境至关重要。

上海自由贸易试验区运行近两年来，加快政府职能转变，探索体制机制创新，在建立以负面清单管理为核心的外商投资管理制度、以贸易便利化为重点的贸易监管制度、以资本项目可兑换和金融服务业开放为目标的金融创新制度、以政府职能转变为核心的事中事后监管制度等方面先行先试，形成了一批可复制、可推广的改革创新成果，为全国范围的体制改革提供了有益经验和借鉴。

2015 年初，国务院部署在全国范围内推广上海自贸试验区可复制改革试点经验，包括投资管理、贸易便利化、金融改革、服务业开放、事中事后监管等领域的改革事项，以及在全国其他海关特殊监管区域复制推广的海关监管及检验检疫制度创新等改革事项。

作为自贸区开放与透明的标志，2015 版外商投资准入特别管理措施（负面清单）再次取得突破，不仅适用于 4 个自贸区，条数更是从上一年的 139 项缩减到 122 项，调整幅度达到 12.2%，2013 年上海自贸区首份负面清单则有 190 项。政府部门对市场主体的管理由以审批为主向事中事后监管转变，货物通关更为便捷，资金流动更为快速，人员往来更为自由。

自贸区是新一轮对外开放的推进器，设立自贸区的初衷就是用开放倒逼改革。上海财经大学自由贸易区研究院院长赵晓雷指出："自由贸易试验区的重要功能就是主动顺应全球化经济治理新形势新格局，主动对接国际贸易投资高标准新规则，在接轨国际制度规则、法律规则、政府服务、监管模式等方面率先试验，构建开放型经济新体制，为全面深化改革、扩大开放探索新思路和新途径。"

二、连点成线共筑改革高地

为了进一步深化上海自贸区改革开放的试点，并与其形成对比和互补试验，通过试验的多样性验证制度创新和措施扶植推广的可行性，党中央国务院决定进一步扩展上海自贸试验区的范围，并且在广东、天津、福建新设 3 个自贸试验区。

经国务院批准，2015 年 4 月 20 日，广东、天津、福建自贸试验区总体方案和进一步深化上海自贸试验区改革开放方案正式公布。至此，四大自贸试验区在东部沿海连点成线，构筑起各具优势、各有侧重的对外开放新高地，勾勒出我国对外开放的全新格局。

根据国务院印发的方案，上海自贸区实施范围从 28.78 平方公里扩大到 120.72 平方公里，将形成与国际投资贸易通行规则相衔接的制度创新体系；广东自贸区将建设成为粤港澳深度合作示范区、21 世纪海上丝绸之路重要枢纽和全国新一轮改革开放先行地；天津自贸区将努力成为京津冀协同发展高水平对外开放平台，面向世界的高水平自由贸易园区；福建自贸区将率先推进与台湾地区投资贸易自由化进程，建设成为深化两岸经济合作的示范区。

四大自贸试验区在上海自贸试验区原来试点的基础上进一步扩大改革开放的创新措施，包括坚持制度创新、服务国家战略、建设开放高地、辐射带动周边、有效防控风险等5个方面。

据了解，上海自贸区扩区后，自贸区管委会与浦东新区合署办公，积极探索在一个行政区内以开放促改革的体制机制。扩区后上海自贸区继续保持改革的先发优势，具体工作集中在5个方面，包括：全面落实深化改革方案中的25项重点工作，全面推进政府职能转变，全面加强与上海“四个中心”、科技创新中心建设的联动，全面对接“一带一路”和长江经济带国家战略，全面衔接浦东综合配套改革。

广东、天津、福建3个自贸试验区建设也已进入实质性阶段，并取得了初步成效。广东省正加紧制定落实总体方案的工作方案和3大片区建设方案，并推动进一步下放省级管理权限。天津市发布天津自贸试验区管理办法等多个文件，在金融创新等领域出台多项创新措施。福建省围绕投资贸易便利化、金融国际化等方面，制定了福建自贸试验区总体方案重点试验任务分解表以及3个片区实施方案。

3个新设自贸试验区受各类市场主体高度青睐。2015年1—5月，广东自贸试验区区域内新设企业14217家，注册资本5779亿元人民币；天津自贸试验区区域内新设企业4500家，注册资本1062亿元人民币；福建自贸试验区区域内新设企业9296家，注册资本1258亿元人民币。同时，吸收外资的集聚效应也十分明显。

三、积极对接国际经贸规则

当前，以自由贸易区（FTA）为代表的区域贸易优惠安排蓬勃发展。截至2014年底，全球已建和在谈的自贸协定263个，跨太平洋经济伙伴关系协定（TPP）、跨大西洋贸易与投资伙伴关系协定（TTIP）等自由贸易区带动全球FTA向大规模、高标准方向加速发展，将深刻影响经济全球化的走向。

作为全球第二大经济体、第一大贸易国和外汇储备国，面对全球贸易和投资规则重构的巨大变化，我们必须进一步扩大开放，做经济全球化的推动者、国际经济体系的建设者和互利共赢发展理念的践行者。加快实施自由贸易区战略，是我国积极参与国际经贸规则制定、争取全球经济治理制度性权力的重要平台。

天津市自由贸易区研究院执行院长刘恩专表示，自贸区要为全国的市场化建设和构建开放型经济新体制进行试验，一方面，要掌握好自贸区建设在全国推进的节奏；另一方面，在贸易投资自由化和便利化的政策顶层设计上，应有更加开放的思维，与新的国际贸易投资规则和国际通行惯例对标。还要通过一系列制度建设防控好风险，从而更有信心地开放，进一步扩大吸引外资的规模和范围。

“金融开放创新是现代高端产业发展的必要条件，也是自贸区深化改革的重要方面。”赵晓雷指出，深化金融领域开放创新，重点任务之一是加快金融制度创新，包括推进资本项目可兑换、人民币跨境流动、人民币国际化、促进贸易投资便利化；同时要增强金融服务功能培育，金融服务业向民营资本和外资开放，提升资本市场开放水平。

按照中央要求，自贸区要配合“一带一路”建设、京津冀协同发展、长江经济带发展等国家战略。福建师范大学福建自贸区综合研究院院长黄茂兴表示：“这些战略将使自贸区拥有更加广阔的改革和开放空间，把引进来和走出去更好结合起来。在此过程中，培养和引进一流的管理人才、技术人才和营商人才，特别是懂得国际化、市场化、法治化的人才，显得尤为重要。”

“改革是自贸区的灵魂，是最重要的功能和使命。”广东省社科院教授丁力指出，要把自贸区试验证明是可以复制和推广的制度创新经验向全国推广，着力打造国际化和法治化的营商环境，在与国际通行规则接轨的同时，为促进我国经济提质增效升级探索经验，促使各项创新政策尽快“落地生根”。

（《经济日报》2015年7月9日）

自贸区是盘活改革开放全局的棋眼

马建堂　杨正位

中国上海自由贸易试验区已运行近两年，广东、天津、福建自贸区也于2015年4月21日同步挂牌。党中央、国务院高度重视自贸区建设，可复制、可推广的经验和做法正在推向全国。从一定意义上可以说，在改革开放这盘大棋局中，自贸区是盘活全局的棋眼。建设好自贸区，对于更好地以开放促改革、促发展，打造改革开放新高地，具有重要理论和实践意义。

一、深化改革，增强经济自主发展能力

处理好政府和市场的关系是经济体制改革的核心问题。面对改革中众多难啃的“硬骨头”，关键是找到市场作用与政府作用的黄金分割点，纠正政府越位、错位与缺位现象。在这方面，自贸区的定位十分明确：制度创新是核心，不搞政策洼地，跳出“跑马圈地上基础设施、政策优惠搞招商引资”的传统模式，探索全面深化改革新途径、深度扩大开放新经验。自贸区将简政放权作为关键环节，加快放开、放手、放活，打破行政条块分割，转变政府职能，给市场让出空间，形成国际化、市场化、法治化营商环境，激发大众创业、万众创新热情，走一条制度创新的新路。

自贸区与以往园区的最大不同是制度创新和推广。上海自贸区试行四项制度创新：以负面清单为核心的外资管理制度创新，以便利化为重点的贸易监管制度创新，以资本项目可兑换和金融开放为内容的金融制度创新，以政府职能转变为核心的事中事后监管制度创新。这四项制度创新都以企业为导向，关注各类企业在成长壮大过程中的需求。企业活才是真的活，企业方便才是真的方便。为了方

便企业、释放企业活力，上海自贸区实行“综合执法”、“单一窗口”，领证照时间由29天缩短为最快4天；广东自贸区“一口受理”，外资企业办理外商投资准入从超过20个工作日缩短为3个工作日；天津自贸区“一颗印章管审批”；福建自贸区实行“一照一号”；等等。这些简政做法，切实增强了经济自主发展能力。

二、扩大开放，创造新一轮开放红利

开放也是改革，二者如同孪生兄弟。没有改革，开放是无源之水，效果不彰；没有开放，改革缺乏参照和动力，行之不远。对外开放对国内改革具有倒逼效应和促进作用。开放就得放开，按国际通行规则放活、放到位。没有国内放开的配套，开放政策就无法落实。加入世界贸易组织对我国经济融入世界和深化改革起到了巨大促进作用。14年后的今天，国内传统竞争优势弱化，国际竞争形势日益严峻，迫切需要继续以开放倒逼改革，再创新一轮改革开放红利，推动中国经济行稳致远。

自贸区是新一轮高水平开放战略的试验田。我国在多双边、自由贸易区、投资协定谈判中的敏感内容都可以先拿到自贸区进行压力测试，守住底线红线，把握开放力度、速度和可承受程度，避免盲目冒险。比如，上海自贸区将负面清单从最初的190条减少到139条，再减少到122条，90%以上的外资企业通过备案设立，改变“逐案审批+产业指导目录”的传统方式，试行“法无禁止即可为”、“法无授权不可为”。在贸易便利化方面，有“先入区、后报关”、“一次申报、一次查验、一次放行”、“单一窗口”、综合管理服务平台等60多项举措，通关时间缩短40%左右。金融方面推出51项措施，在资本项目可兑换、人民币跨境使用、利率市场化、外汇管理4个方面先行先试。开放试验正逐步结出果实。

三、结构调整，加快经济转型升级

经济转型升级是我国跨越“中等收入陷阱”、实现可持续发展的必要条件。近半个世纪以来，全球中等收入经济体中仅有少数成功迈入发达经济体行列，多数则停滞不前。一些拉美国家陷在“中等收入陷阱”中已达60多年，这与其对国内产业保护过度、致使产业缺乏竞争力不无关系。可以说，开放停滞是导致创新不足、经济结构固化的重要原因。跨越“中等收入陷阱”，离不开创新驱动和结构优化。相比于科技创新，制度创新是我国经济的短板。在世界知识产权委员会公布的2014年全球创新指数中，我国知识产出排名世界第二位，但制度创新排到第一百一十四位。对此，上海、天津发挥自贸区、国家自主创新示范区的联动优势，深化知识产权、科技金融、人才流动等体制改革，制度创新与科技创新结合，研究成果转化加快，高端人才开始聚集，创新驱动发展战略加速实施。

推动产业转型升级是我国自贸区的共同特点。上海自贸区在自由贸易账户上已实现本币和外币自由兑换，下一步将推动人民币资本项目可兑换先行先试，方便企业和个人开展境内外投融资活动，同时还将扩大金融服务业开放。这有利于提高服务业质量和比重，带动产业结构升级。广东自贸区将通过加工贸易转型升级、打造区域发展综合服务区等，推动产业发展。天津自贸区也在积极打造制度创新高地、转型升级引擎。各自贸区还通过与全球供应链、产业链对接，紧跟世界先进制造、服务创新步伐，推动我国产业向全球价值链高端攀升，加快国民经济优化升级。

四、规则重构，扩大发展的国际空间

目前，全球正面临二战后最大一轮国际经济规则重构。在金融规则上，美国无视国际社会要求，拖了5年仍未通过国际货币基金组织的份额调整方案；美元作为世界货币不履行应尽国际义务，量化宽松政策的推行与退出都给世界带来“负外部效应”。在贸易投资规则上，美国力推“两洋战略”，其要旨是试图为国际经贸规则树立“新标杆”，主导国际经贸规则走向。我国如果不主动适应经济全球化的新变化，不主动参与和引领规则重构，在规则重构中应对不力，就可能面临被边缘化的风险。

党的十八届三中全会要求加快自由贸易区建设，形成面向全球的高标准自贸区网络。这表明，自贸区的重要任务之一就是面向世界，对标国际规则和通行做法，特别是将高标准的“21世纪新议题”如准入前国民待遇加负面清单、政府竞争中立、生态环保优先等新理念、新体制和新要求拿到自贸区来试，科学评估其正、负面影响，精准预测其挑战所在，制定管用、合规的防范预案，为我国参与国际经贸谈判积累经验，进而把握国际规则重构的主动权，创造更好的国际环境。

五、适度监管，打造法治中国建设先行区

理顺政府职能，越位的要放、错位的要正、缺位的要补，事中事后监管就属于补的领域。应加强对市场主体“宽进”后的过程监督和后续管理，打造“放得开、管得住”的监管格局；加强社会信用体系、信息共享、综合执法、企业年报公示、经营异常名录、社会监督、反垄断、安全审查等基础监管制度建设，为全面推进政府职能转变积累经验，为高水平开放打下基础。

自贸区始终坚持在法治轨道上推进改革开放，重大举措有法可依，是法治中国建设的先行区。监管并非越多越好、越严越好，关键是把握好“度”。应努力做到开放力度、速度、可承受程度有“底”，事中事后监管有“度”。提高开放后的事中事后监管水平，设定安全目标，强化行业风险审慎管理、经营者风险过程管理、诚信管理，保证开放和监管同步到位。以风险可控为底线，通过试点积累经验，并逐步推广到全国，防止盲从和“休克疗法”，严防系统性风险。

六、制度创新，拓展园区发展之路

自贸区的核心是制度创新。其中，政府管理创新可以有效解决“三个和尚没水吃”、交易成本过大等问题；简政放权和职能归并等可以降低交易费用，减少制度成本，提高经济社会效益；先试验再复制、推广，遵循胆大和步稳相结合的方法论，注重风险防范，提供更优的公共产品，更好为企业和居民服务；建立诚信体系、规范市场秩序可以保障公平竞争，减少逆向选择；人才制度创新致力于形成正向激励，防止“劣币驱逐良币”；鼓励大胆去试是反对因循守旧、促进制度变迁、防止路径依赖。可以说，自贸区的综合型制度创新模式，走在了国际经济理论和实践的前沿。

建设自贸区是一种“中心开花”战术，扼住要害部位，再向四周扩大战果，

以增量带动存量。发展园区并发挥其窗口、示范、引领、带动作用，是我国经济发展的成功经验之一。从时间维度看，如果把经济特区看成中国园区 1.0 版，此后的经济开发区、高新区、海关监管区等则是 2.0 版，上海浦东、天津滨海等 14 个新区为 3.0 版，今天的自贸区就是 4.0 版。如果从功能上说，特区开放水平比 2.0 版和 3.0 版高，经济开发区、高新区、海关监管区相当于特区开放功能的专业分解，或者说三者加起来才接近于特区；新区只是经济开发区、高新区、海关监管区三区面积的扩大，旨在推进综合体制改革，功能则次于特区。只有自贸区才可与特区相比，是真正的功能升级，是中国特色园区发展道路的新阶段。

总之，建设自贸区是以高水平开放促高标准改革、高质量创新、高难度转型，以开放倒逼改革，推动简政放权，打破行政藩篱，创新政府管理模式，促使政府、市场各归其位，创造国际一流营商环境，再创新一轮开放红利期，推动我国经济转型升级。正像当年的特区勇当开路先锋一样，自贸区成为让进一步改革开放全盘皆活的棋眼。当然，建设自贸区是全新的实验，时日尚短，仍面临不少难题，不可能一步到位，其功用也不可能一日见效。要在不太长的时间交出一份党和人民满意的答卷，需要更大的勇气和更多的智慧，需要弘扬“杀出一条血路来”的特区精神。中国特区能行，中国自贸区同样能行！

（《人民日报》2015 年 9 月 14 日）

把自贸区建设成为改革开放新高地

赵晓雷

自贸试验区进一步的建设要更大力度推动改革开放创新，要着眼解决深层次矛盾和结构性问题，强化改革统筹谋划和系统集成，继续狠抓制度创新，加快形成发展和竞争新优势。

自贸试验区要主动对标全球最高标准，符合世界自贸区未来发展和追求卓越的基本导向，符合中国高质量发展及高水平开放的发展战略，不断提高自贸试验区发展水平。

一、中国自贸试验区要成为新时代改革开放新高地

2018 年 10 月，中国自由贸易试验区建设 5 周年之际，习近平总书记对自由贸易试验区建设作出重要指示强调，面向未来，要在深入总结评估的基础上，继续解放思想、积极探索，加强统筹谋划和改革创新，不断提高自由贸易试验区发展水平，形成更多可复制可推广的制度创新成果，把自由贸易试验区建设成为新时代改革开放的新高地，为实现“两个一百年”奋斗目标、实现中华民族伟大复兴的中国梦贡献更大力量。

中央明确，将增设中国上海自由贸易试验区的新片区，鼓励和支持上海在推进投资和贸易自由化便利化方面大胆创新探索，为全国积累更多可复制可推广经验；将在上海证券交易所设立科创板并试点注册制，支持上海国际金融中心和科技创新中心建设，不断完善资本市场基础制度；将支持长江三角洲区域一体化发展上升为国家战略，同“一带一路”建设、京津冀协同发展、长江经济带发展、粤港澳大湾区建设相互配合，完善中国改革开放空间布局。

以上海自贸试验区为标志的中国自贸试验区建设已走过5年历程。自贸试验区建设在我国改革开放进程中具有里程碑意义。5年来，各自贸试验区认真贯彻党中央决策部署，锐意进取，勇于突破，工作取得重大进展，一大批制度创新成果推广至全国，发挥了全面深化改革的试验田作用。自贸试验区进一步的建设要更大力度推动改革开放创新，要着眼解决深层次矛盾和结构性问题，强化改革统筹谋划和系统集成，继续狠抓制度创新，加快形成发展和竞争新优势。

二、上海自贸试验区要建设成为引领全国自贸试验区的标杆

自贸试验区是国家试验田，要一切服务于国家战略进行探索和试验。要紧紧依靠制度创新激发市场活力，进行“首创性”探索，彰显改革开放试验田标杆示范带动引领作用。上海自贸试验区要在全面完成3.0版总体方案建设任务基础上，趁势谋划4.0版新一轮建设大计。在建设5周年基础上，上海自贸试验区要确立新的发展目标和发展维度。

新的发展目标：新时代改革开放新高地。

在5年建设所形成的与国际投资贸易通行规划相衔接的制度创新体系及法治化、国际化、便利化营商环境基础上，在推进投资和贸易自由化便利化方面大胆创新探索，推进更高起点的深化改革和更高层次的对外开放，打造国际一流营商环境，提升配置全球资源能力。上海自贸试验区新一轮建设要进一步符合中国高质量发展及高层次开放型经济发展战略，全面落实国家进一步扩大开放的重大举措，对标国际最高标准、最高水平，持续推进制度创新，增强创新策源能力，加强改革系统集成，发展更高水平的国际贸易、国际投资、国际金融、国际航运，高质量建设“四个中心”和具有全球影响力的科技创新中心。同时为我国构建开放型经济新体制探索新路。

新的发展维度：空间布局优化和战略空间拓展；国际金融中心和科技创新中心深度联动发展；更高水平的投资和贸易自由化便利化制度创新；更好服务国家区域发展战略。

第一，空间布局优化和战略空间拓展。中央决定将增设上海自贸试验区新片

区，这是试验区空间布局优化和战略空间拓展的重大任务。上海自贸试验区现在的实施范围120.72平方公里，涵盖上海外高桥保税区及保税物流园区、洋山保税港区、上海浦东机场综合保税区4个海关特殊监管区域以及陆家嘴金融片区、金桥开发片区、张江高科技片区。在3.0版总体方案中，明确要求加快探索一级地方政府管理体制创新，各项改革试点任务具备条件的在浦东新区范围内全面实施。实践证明，自贸试验区制度创新由点、到线、到面的统筹推进路线是科学而有效的，有助于稳中求进、防控风险、积累经验、复制推广。在建设5周年基础上，特别是推进落实新一轮深化改革扩大开放重大战略举措，我认为，自贸试验区空间布局从“一区多片”向“一区全域”转型也可以是一个选项，即谋划浦东新区全域自贸区。“一区多片”向“一区全域”转型有利于加强改革系统集成，将自贸试验区、综合改革试验区、具有全球影响力的科技创新中心、“四个中心”等国家战略有效衔接、联动推进；有利于土地资源的存量调整和有效配置，提高城市经济密度，促进高质量发展；有利于进一步增强上海自贸试验区的集聚效应和辐射效应，扩大上海开放优势，显著提高上海在全球资源配置中的影响力和竞争力，进一步提升上海制度创新的战略空间。另外，如果以虹桥国际空港为中心、依托虹桥交通枢纽及国家会展中心，增设保税物流中心，则在大虹桥地区增设自贸试验区片区也是一个好的选项，可以有效发挥上海自贸试验区制度创新、国际要素集聚的辐射效应，推动长三角区域高水平一体化发展。

第二，国际金融中心和科技创新中心深度联动发展。中央决定将在上海证券交易所设立科创板并试点注册制，这是支持上海国际金融中心和科技创新中心建设，不断完善资本市场基础制度的重大任务。国际金融中心建设是上海自贸试验区显著特点之一。上海在中国金融业对外开放方面处在全国前列，总部设在上海的外资法人银行、合资基金管理公司、外资保险公司占国内总数的50%左右，在沪20家最大外资法人银行资产余额占全国所有外资法人银行资产余额的80%以上，外资金融机构占上海所有挂牌金融机构总数近30%，2017年上海金融市场直接融资总额7.6万亿元，占全国直接融资总额的85%以上。上海金融业扩大开放一直在稳步推进，进一步扩大金融业对外开放的举措包括扩大银行业、证券业、保险业、金融市场对外开放，拓展自由贸易账户功能和使用范围，放开银行卡清算机构和非银行支付机构市场准入等6个方面。上海自贸试验区新一轮建设要把住科创板设立的契机，将国际金融中心和科技创新中心深度联动作为一个维度，扩大金融市场开放，深化资本市场改革，吸引培育本土更多科创企业发展壮大。科技创新产业在融资需求上具有相应的风险偏好、风险分散、风险补偿的特征，与这些特征相适应的是资本性融资。处于创新创业阶段的科创型企业需要长期资本投资支持，而传统的债务性融资工具和渠道又不适合科创企业和项目的融资要求。所以，科创板作为资本性融资平台和直接融资工具，可以使科创企业得到有效的金融支持，有助于使创新成为高质量发展的强大动能。科创板的设立也是不断完善资本市场基础制度、进一步推进金融市场深化、支持上海国际金融中心建设的有力举措。国际金融中心和科技创新中心深度联动发展可以加快建设实体经济、科技创新、现代金融、人力资源协同发展的产业体系，全面提升上海在全球城市体系中的影响力和竞争力。

第三，更高水平的投资和贸易自由化便利化制度创新。中央鼓励和支持上海在推进投资和贸易自由化便利化方面大胆创新探索，为全国积累更多可复制可推广经验。更高水平的投资和贸易自由化便利化制度创新是在更深层次、更宽领域、以更大力度推进全方位高水平开放的核心环节。上海自贸试验区要坚持对标国际上公认的竞争力最强的自贸区，谋划创新突破举措。要选择体现国家战略需要、国际市场需求大、对外开放要求高的重点领域，持续深化差别探索，加大风险压力测试。在操作方面，可以创新试验开放水平更高的外商投资准入负面清单，试验开放水平更高的跨境服务贸易负面清单，试验开放水平更高的金融服务业负面清单及本外币一体化跨境金融服务监管制度，创新试验海关特殊监管区域“一线放开”负面清单监管模式，先行先试WTO《政府采购协定》以激发进口潜力。要将功能培育与制度创新相结合，构建与高水平国际投资、贸易通行规则相衔接的开放型经济新体制，把自贸试验区建设成为投资贸易自由、规则开放透明、监管公平高效、营商环境一流的国际高标准自由贸易区。

第四，更好服务国家区域发展战略。中央决定将支持长江三角洲区域一体化发展并上升为国家战略。上海要按照国家统一规划、统一部署，全力服务“一带一路”建设、长江经济带发展。上海自贸试验区新一轮建设要在3.0版总体方案“三区一堡”任务措施基础上，进一步与长三角区域一体化、长江经济带国家区域发展战略和“一带一路”建设深度融合，更有效发挥高水平开放、高质量发展的辐射带动效应。上海可以牵头创新试验长三角区域一体化行政治理模式。自贸试验区可以主动联通“南向通道”，构建“一带一路”铁海联运“桥头堡”；利用上海洋山港和外高桥港为启运港退税离境港政策，主动与四川自贸试验区、重庆自贸试验区、湖北自贸试验区合作，构建江海联运、铁海联运国际贸易通道，推动形成陆海内外联动、东西双向互济的开放格局；利用上海国际金融中心和多层次资本市场的优势，充分发挥长三角资本市场服务基地的能效，主动联通长三角区域的金融资源和科创资源，构建科创企业债权融资（信用担保融资），股权融资（PE、VC）、科创板上市融资相连接的跨省融资链，为长三角区域科创企业对接资本市场提供一站式、个性化、高效率的服务，推进长三角区域金融市场一体化发展。

三、赋予自贸试验区更大改革自主权提高发展水平

在扩大开放、深化改革、制度创新中，自贸试验区担负着试验田的作用。中国自贸试验区建设与国家自由贸易区战略是紧密结合的。截至2018年11月，中国正在与27个国家进行12个自贸协定谈判或者升级谈判，包括《区域全面经济伙伴关系协定》（RCEP），中、日、韩，中国与挪威，中国与斯里兰卡，中国与以色列，中国与韩国自贸协定第二阶段，中国与巴基斯坦自贸协定第二阶段谈判以及已完成的中国与新加坡，中国与新西兰，中国与东盟自贸协定升级谈判。在双边、多边自贸协定谈判的同时，中国实施自由贸易试验区建设的战略举措，在扩大开放、全面深化改革的“深水区”积极探索创新，发挥了改革开放试验田作用。通过自贸试验区的制度创新和压力测试，有效支持了中国扩大对外开放及多边和双边经贸合作深入发展。

自贸试验区要深化改革创新，持续深化差别化探索，带动形成更高层次改革

开放新格局。中国在全国各地设立多个自贸试验区，是新时代推进改革开放的一项战略举措，战略意图是要通过自贸试验区建设，带动国家的区域发展战略，带动形成更高层次改革开放新格局。在国家战略框架中，各地自贸试验区持续深化差别化探索，在各自的基础条件下在某些领域、某些任务方面争创一流，体现对国家战略的执行力、完成率、创新性。各地自贸试验区的基础条件、区位条件、发展阶段有差异，但发展路径都是以制度创新为核心，实行高水平的贸易和投资自由化便利化政策，推动改革开放和高质量发展。发展目标都是成为新时代改革开放新高地。所以，自贸试验区要主动对标全球最高标准，符合世界自贸区未来发展和追求卓越的基本导向，符合中国高质量发展及高水平开放的发展战略，不断提高自贸试验区发展水平。

（《经济参考报》2018 年 11 月 21 日）

第三部分
地方创新

上海将以体制机制创新为重点建设自由贸易区

张　莉

2013年8月，国务院正式批准设立中国（上海）自由贸易试验区（以下简称“上海自贸区”）。

这是新一届政府审时度势，充分把握国际国内经济发展形势所提出的更加积极主动对外开放的重大举措，有利于破解当前我国经济发展的困境，拓展我国对外开放和经济增长的新空间，打造中国经济“升级版”。

一、为什么要建自由贸易区

传统的自由贸易区通常是指 Free Trade Agreement（简称 FTA），即两个或两个以上的国家或单独关税区依据 WTO 规则、通过签订双边或多边自由贸易协定所建立的经济合作区。而上海自贸区则是指 Free Trade Zone（简称 FTZ），指在某一国家或地区境内设立的实行优惠税收和特殊监管政策的特定区域。目前全球已有 1200 个 FTZ，其中 15 个发达国家设立了 425 个，占 35.4%；67 个发展中国家共设立 775 个，占 64.6%。

截至 2012 年底，我国共建立了 111 个海关特殊监管区，这些监管区都具有自由贸易区的某些特征，但自由贸易区的功能则更为全面。其中，综合保税区与之最接近，目前我国的综合保税区享有“免证、免税、保税”政策，实行“境内关外”运作方式，是中国对外开放程度最高、运作机制最便捷、政策最优惠的经济区域之一。除了设立于 1990 年的外高桥保税区外，新建立的上海自贸区还包括外高桥保税物流园区、洋山保税港区和上海浦东机场综合保税区共 4 个海关特殊监管区域，总面积为 28.78 平方公里。新建立的自贸区将具备下列三个功能：

首先，中国经济新的增长极。我国已有的保税区都有着较为成熟的国际化发展经验，也面临着转型升级的迫切要求，对这些综合保税区进行整合，形成一个统一运作的自由贸易区，无疑可以使这些分散的区域发挥联动效应，从而使这些保税区在上海经济发展中实现效应最大化。试验区的建立，有助于探索创造新的要素转移和资源配置模式，促进外贸及投资便利化进程，进而为新时期中国外贸“突围”破题，创造出新的经济增长极。

其次，新一轮对外开放的试验田。模式创新是当前中国开放型经济发展的迫切要求，新一轮对外开放需要在前 30 多年改革开放的基础上有所突破。然而面临的环境更为复杂，尤其是面对国际金融体系和国际经贸规则的重塑，建立上海自贸区，就是要使之成为推进我国改革和提高开放型经济水平的“试验田”，在货物贸易、服务业、金融业等重点领域、重点环节上先行先试，将开放的风险降到最小，同时，形成可复制、可推广的经验，发挥示范、带动、服务全国的积极作用。

最后，以开放促改革的新特区。以开放促改革、促发展，充分释放改革开放的红利是提高我国开放型经济水平的总体要求。上海自贸区将像改革开放之初的深圳特区那样，成为以开放促改革的新特区。通过在自贸区内实施一系列自由化的开放举措，使中国经济进一步融入全球经济体系，实现与国际规则的接轨，改革束缚开放进程的体制和机制；通过在自贸区内实施市场化运作，以点带面，由局部至整体，破解改革困境，推进市场化进程，实现资源和要素的优化配置，提高社会效率，提高国民福利。

二、如何建设自由贸易区

从世界范围来看，虽然各个自贸区在管理上各有不同，但也有些普遍的规律，最主要的有四个方面：一是管理和法制保障健全完备，先立法后设区，以严密的法律法规保障自由贸易区健康发展；二是设有专门机构进行管理，管理机构权威性强，区内实行统一、高效管理；三是重视优惠政策，免征关税，并赋予其他税收优惠；四是监管便捷，区内企业和货物实行“一线放开，二线管住，区内自由”。

新建立的上海自贸区也将采取上述做法，同时也会具有自身的发展特色和重点。从已经制定的总体方案来看，上海自贸区的建设重点将在以下几个方面实现新的突破：

一是体制创新。上海自贸区将设立自贸区管委会，由管委会实施统一管理。管理体制创新的基础是要具备健全的法律法规，2013 年 8 月 30 日，第十二届全国人民代表大会常务委员会第四次会议通过了《全国人民代表大会常务委员会关于授权国务院在中国（上海）自由贸易试验区暂时调整有关法律规定的行政审批的决定》，决定在自由贸易试验区内暂停三类外资企业的部分审批，改为备案制度。

二是管理创新。上海自贸区将率先在引进外资中探索“负面清单管理方式”，即遵循“法无禁止即自由”的原则，取消行政许可、审批制度，除了关乎国家经济安全的法律禁止事项外，未来上海自贸区范围内的外商企业管理将逐步和国际接轨，审批制也将转为备案制。并率先改革投资项目管理、外商投资企业设立及变更管理、工商登记三个环节，实现政府管理向政府服务的转变。

三是金融创新。金融创新和人民币国际化是中国新一轮开放中需要突破的重大问题，上海自贸区将承担金融创新的先行先试重任。预计包括区内实行人民币资本项目下开放；未来企业法人可在上海自贸区内实行人民币自由兑换；分步骤推进人民币可自由兑换的方式，先行推动境内资本的境外投资和境外融资等。

四是税收创新。除了实施所有自由贸易区都会实施的货物贸易关税免除措施外，上海自贸区还将在企业税收减免上有所作为，推动税收创新，包括离岸贸易、金融采用低税率，对境外投资收益分期缴纳所得税等。

创新是一个渐进过程，上海自贸区的发展值得期待，然而有两个关键问题也是需要注意的：一是建立较为完善、鼓励公平竞争的法律法规，这是自贸区未来健康发展的根本保障；二是加强风险控制。上海自贸区不仅是对外开放的高地和试验区、中国经济体制改革的先行区，更重要的是通过优化营商环境，加速各种要素资源的流入，构筑我国面向全球的国际竞争新优势。

（《时事报告》2013 年第 10 期）

广东自贸区深耕“试验田”勇闯开放路

喻 剑

一张白纸，从零开始，可以画出最美的图画。从珠江入海口的滩涂与荒岛，蝶变为楼厦林立的城市新中心，前海蛇口与横琴仅用了短短数年；国际航运服务和通关模式改革，推动南沙加速建成吐纳万象、东西互济的国际通道与现代化港区。

城市与港口的沧桑变化，源自广东自贸区全方位的制度创新与先行先试释放的巨大活力。挂牌运作3年多来，广东自贸区形成385项制度创新成果，向全国复制推广33项；发布92项制度创新案例，3项入选全国最佳实践案例，示范带动效应凸显。

今天的广东自贸区，国际贸易中心、国际航运枢纽、金融业对外开放试验窗口建设扎实推进，高端要素加速集聚，粤港澳合作不断深化，内生动力愈发强劲。

一、新模式——探索经济管理的市场化运作

在中山大学自贸区综合研究院副院长毛艳华看来，3年多来广东自贸区以制度创新为核心，率先挖掘改革潜力，破解改革难题，在构建开放型经济新体制、探索粤港澳经济合作新模式、建设法治化营商环境等方面，争当改革开放排头兵与创新发展先行者。“尤其是前海片区创新制度设计，设立了中国内地首个法定机构——前海管理局。法定机构施行的现代治理体系，对于探索经济管理的市场化运作模式、厘清政府与市场的边界，是一个很好的探索。”毛艳华说。

法定机构起源于20世纪70年代的英国，在中国香港和新加坡等地广为推行，被视为帮助行政管理机构“消肿”和“治懒”的利器。前海借鉴香港经验，将设

立法定机构作为发展突破口，2011 年前海管理局应运而生，履行前海的行政管理和公共服务职责，承担开发建设、运营管理、招商引资、制度创新、综合协调等工作。

法定机构依政府规章设立，实行企业化管理、市场化运作，不以营利为目的，具有独立法人地位。毛艳华介绍，法定机构主要有 4 大特征：一是经过法律和行政的授权，与一般的企业法人、社会法人不同；二是一个小规模、低成本、高效率的管理机构，有独立的机构设置和用人自主权；三是以服务辖区商业机构、社会机构及居民的社会生活为宗旨；四是位于市场、政府和社会之间的中介性管理机构。“这些特点指向同一个目标：让政府机构有效精简，让政策链条切实减少，让公共服务效率和质量得到快速提高。”

李燕过去是一名金融机构职员，现供职于前海管理局自贸综合协调处社会信用服务中心，她对法定机构带来的“精简化、高效化、现代化”深有感触。“与从前的工作相比，在前海管理局工作充满干事创业的激情，不少同事有海外经历、国际视野和独当一面的能力。这里工作节奏快、开创度大、专业性高、参与性强，经常需要满负荷运转，但成就感也非常高。”

在广东，探索设立法定机构与推进法定机构改革，已经被先后列入《中国（广东）自由贸易试验区总体方案》与《进一步深化中国（广东）自由贸易试验区改革开放方案》中。在前海管理局之后，南沙明珠湾开发建设管理局和产业园开发建设管理局等法定机构相继设立，逐步推广并深入探索这一治理模式。

二、新制度——贸易便利化与国际接轨

“南沙位于珠三角地区的地理几何中心，港口优势突出，企业运输成本低，关检业务成熟，订单清关快，进出口商品全球质量溯源体系有保证。”京东集团华南区跨境电商负责人邓涵介绍，京东入驻南沙保税园区以来，“全球购”业务订单量增长迅猛，年增长率超 80%。

以贸易便利化为核心，用制度创新为企业实现减负增效，以南沙片区为代表的广东自贸区改革创新硕果累累。在投资贸易便利化方面，南沙率先上线“人

工智能+”商事登记系统，最快10分钟完成营业执照办理；建成“线上海关”样板间，企业办事效率提高80%以上；进出口商品全球质量溯源体系被纳入APEC成员复制推广项目，应用该体系后南沙口岸跨境电商抽检不合格率同比下降61.43%，平均通检时间105秒，市场采购商品验放周期也由平均两三天缩短为16分钟。

得益于贸易便利化改革和营商环境的优化，南沙片区外贸新业态发展如虎添翼。跨境电商网购保税进口3年累计进口额125.2亿元，备案企业总数达1336家，备案商品34万种；经南沙港出口的市场采购货物货值累计达1391亿元；平行汽车进口到港累计超过2.8万台，成为全国平行汽车进口第二大口岸。

不仅在南沙，前海也以“促合作、简手续、降成本”为导向，构建高效集约的贸易监管模式。推进关检联合作业，推动智能化通关、进口商品“1+4全球溯源核放”、深港陆空联运、全球中心仓、原产地证书智慧审签等试点改革。“单一窗口”上线运行，企业货物申报数据项减少三分之一，船舶申报数据项减少80%、放行时间由1天缩短到1小时，贸易便利化水平进入新阶段。

“广东是贸易大省，南沙是崛起中的国际航运中心，粤港澳大湾区贸易往来频繁，对贸易便利化改革的需求极大。”毛艳华说，在贸易便利化领域的组合式制度创新，将大力推动广东建设引领全国的高水平贸易体系，夯实广东经济高质量发展的基础。

广东自贸区还以广东省统一信用信息数据库为基础，依托全省一体化的政务信息资源共享交换体系向自贸区开放企业及个人相关信用、监管数据，加快自贸区企业信用信息数据和信用平台建设。李燕告诉经济日报记者，前海已经启动公共信用平台项目建设，汇集深圳市74个信源单位的400余万条企业信用数据，建立企业信用风险分类及预警平台，形成“企业信用画像”；同时，推行“信易租”“信易贷”“信易批”等多场景的“信易+”服务，让守信者获得实实在在的激励。

三、新局面——建粤港澳深度合作示范区

在横琴岛西侧，一个历时7年建设，涵盖药品科研、中试、检测等平台的粤

澳中医药科技产业园正在崛起。粤澳中医药科技产业园开发有限公司首席财务官张海鸿说："产业园将充分利用澳门现有的中医药研究积累和内地研究机构、中医院、制药企业资源，推进粤澳中医药产业发展，让中医药走向'一带一路'。"

香港客商尤建兴几乎每天都会往来深港两地，他创立的玖明智控科技有限公司专门开发非电解电容LED，已入驻前海深港青年梦工厂。"15%企业所得税的优惠力度很大，到前海后我还发现，有更多的扶持政策和项目基金可以申请。"尤建兴对前海服务香港创客的政策赞不绝口，"特别是我们要找什么企业合作、找哪家机构融资，梦工厂都会帮我们牵线搭桥，我们只用专心做科技研发。"

广东自贸区的战略定位，是依托港澳、服务内地、面向世界，将自贸试验区建设成为粤港澳深度合作示范区、21世纪海上丝绸之路重要枢纽和全国新一轮改革开放先行地。进一步深化自贸试验区改革开放，支持香港、澳门融入国家发展大局，前海在为香港服务业扩大空间、推动香港结构优化方面成功发挥了杠杆作用；横琴正成为促进澳门经济适度多元化发展的重要载体。除此之外，前海香港优势产业基地、横琴粤澳合作产业园、黄金深港通、世界自贸区（横琴）论坛……一批重要合作项目也成为粤港澳三地优质资源集聚、高端要素交融的平台。

统计数据显示，截至2018年8月底，广东自贸区前海蛇口片区累计注册港企9580家，注册资本9230.05亿元，港企作为前海蛇口自贸片区经济支柱的作用日益显现；横琴开发9年来，对澳合作在基建对接、通关便利、产业合作、服务一体等方面取得明显成效，累计在横琴注册的澳资企业已近1300家。

浩瀚伶仃洋，滚滚珠江潮。广东自贸区大胆试、大胆闯、自主改，发挥示范带动，将为全面深化改革和扩大开放探索更多新途径、积累更多新经验。

（中国经济网 2018年9月25日）

天津自贸区的制度创新及其启示

周 南

天津自贸区是继上海自贸区之后，中央政府设立的第二批自由贸易试验区之一。2016年，天津自贸区总体方案中90项改革任务全部启动，175项制度创新举措中有151项落地实施，9项制度创新成为国家复制推广试点经验。随着各项创新举措的落地实施，天津自贸区投资贸易便利化水平显著提高，法治化、国际化、便利化营商环境日益完善。2016年9月，湖北自贸试验区获批，在湖北自贸区建设中，天津自贸区的建设路径可以提供有益的经验。

一、加快政府职能转变

力推政府职能改革。天津自贸区实施了“一颗印章管审批”“一份清单管边界”“一个平台管信用”等“十个一”的政府职能改革。三个片区全部建立了行政审批局，承接了241项市级审批权限，企业设立、贸易服务、资质资格等审批事项全部纳入自贸区行政服务中心办理。建立了综合受理单一窗口，实行审批全流程便利化服务，审批效率提高了75%。实施了企业设立登记制度改革，在“三证合一”基础上，实施“一照一码”登记制度改革，将涉税事项纳入联合审批，将负面清单以外的外商投资企业备案与企业设立合并受理，实现了企业设立“一照一码一章一票一备案”一天办结。据统计，成立仅一年，天津自贸区新设立了11535家企业，注册资本达2702.1亿元。

扎严监管的“网子”。天津自贸区在事中事后监管方面建立国际通行、具有自身特色的管理体系，防范风险守住底线。自贸区管委会牵头编制了制度创新风险防控措施清单，详细梳理出48项风险事项、71个风险点，提出120条风险防控措施，努力做到一份清单“风险事项全覆盖”。比如，针对社会最为关注的金融风险，清单聚焦金融风险防控，列明了金融领域22个风险点，有针对性地制定了55条金融防范处置措施。运用大数据、云计算等前沿技术，提升风险识别、预警和处置能力。比如，中心商务区应用“爬虫”软件，每天对区内企业的公开信息进行监测，凡涉及敏感点的都会预警，然后监管措施跟上，由专业部门和人员去处置。自贸区实施企业年度报告公示、经营异常名录和严重违法企业名单制度。建立各类市场主体信用信息公示系统，实现56家市级行政部门信用信息归集，涵盖各行政机关的4000余项信息指标；实施信用风险分类管理，通过市场主体信用信息公示平台面向社会公示，实施基于社会信用体系的市场监管，达到了“守法经营一路绿灯，一处违法处处受限”的效果。建立了市场监管随机抽查联合检查制度，出台了自贸区反垄断工作办法和外商投资安全审查实施意见。

为自贸区建设发展营造法治化环境。天津自贸区为给自贸区建设提供更高位阶的法制保障，参照上海自贸区的做法，在挂牌后，研究制定了《中国（天津）自由贸易试验区条例》，对自贸区的方方面面进行了规范，既落实国家的要求，又突出自身特色。同时，天津自贸区设立了自贸区检察室负责自贸区内的各类检察案件，成立了自贸区法庭，出台27条针对性服务意见，并与中国贸促会、贸仲委共同建立了涉自贸区商事纠纷诉调对接平台，为构建自贸区法治化营商环境提供机构保障。天津自贸区还成立了中国国际经济贸易仲裁委员会/中国海事仲裁委员会天津自贸区仲裁中心，与仲裁委共建知识产权国际仲裁中心，强化创新主体知识产权保护力度。

从天津自贸区的建设中可以看出，在建设湖北自贸区时，需要创新行政管理方式，提升行政管理水平，建设适应国际化、市场化、法治化要求和贸易投资便利化需求的服务体系。如加快行政审批制度改革，建立综合统一的行政审批机构，实施“一颗印章管审批”等。强化事中事后监管，完善信息网络平台，提高行政透明度，实现部门协同管理等，提供坚强的法治保障。

二、扩大投资领域开放

设立负面清单管理制度。天津自贸区对外商投资实行准入前国民待遇加负面清单管理，对境外投资项目实行备案管理，运用政府“有形之手”，管好市场“无形之手”。天津自贸区与上海、广东、福建等三大自贸区共用一张负面清单，清单划分为15个门类、50个条目、122项特别管理措施，其中特别管理措施包括具体行业措施和适用于所有行业的水平措施。负面清单实施后，在自贸区范围内，负面清单之外的事项“法无禁止即可为”，而且绝大多数不需要审批，只需要备案，这就极大地方便了外资企业在自贸区兴办，透明度也大大提高。自2015年1月1日至2016年6月30日，天津自贸区新增外商投资企业1112户，注册资本（金）2511.45亿元，新增外商投资企业户数占同期新增外商投资企业户数的59%。

创新对外投资制度。天津自贸区研究制定了《中国（天津）自由贸易试验区境外投资项目备案管理办法》。对一般类境外投资项目实行备案制管理模式，建立对外投资“一站式”服务平台，在备案环节为三个片区开设省级权限网络端口，并将原先7个工作日办理时限缩短到3个工作日。在境外投资服务体系创新方面，天津自贸区在中心商务片区启动了“走出去”服务联盟试点工作。在支持政策创新方面，天津自贸区设立了“走出去”政治风险统保平台，海外风险承保费由政府资助一部分、金融机构优惠一部分、企业自付一部分，加大金融支持企业“走出去”力度，一系列制度创新举措取得明显成效。2016年，天津自贸区内企业对外投资呈现持续倍增态势，1—9月，天津自贸区内中方对外投资额累计实现115.3亿美元，同比增长8.8倍；2016年天津自贸区对天津对外投资增长贡献率超过90%，对外投资额占全市比重超过80%，天津自贸区已经成为拉动天津对外投资的主要引擎。

从天津自贸区的建设可以看出，在建设湖北自贸区时需要扩大开放领域，改革“引进来”和“走出去”投资管理方式，突出重点，创新机制，有效监管，完善服务，探索建立与国际通行做法接轨的基本制度框架。认真实施外商投资“负面清单”的管理模式。深化投资管理体制改革，在负面清单以外的投资领域，做到与内资、外资一视同仁。打造投资综合服务平台，对接国家“一带一路”、长江经济带、长江中游城市群等重大战略，立足发挥武汉的辐射带动作用，支持企业以多种形式开展境外投资活动。

三、推动贸易便利化和转型升级

建立国际贸易“单一窗口”。天津检验检疫局、天津市口岸办、天津海关等联合建设天津国际贸易单一窗口，在此单一窗口模式下，企业可以通过互联网一次性录入或导入所有货物报关和报检信息，系统形成报关单和报检单，企业点击即可完成报关、报检。天津国际贸易单一窗口基于“互联网+”理念，是建设在互联网上的国际贸易与航运综合办事大厅，可以优化口岸部门间协调配合，提高贸易便利化水平，提升天津口岸的影响力和竞争力。实现单一窗口以前，企业报关、报检需要在固定的地点分别登录报关、报检系统，需要重复录入大量信息，效率不高，录入容易出错，申报工作需要报关员、报检员2个人分别操作。在单一窗口平台下，企业可以在任何地点通过互联网上的单一窗口登录、申报、查询，录入信息集中在一张表单上，减少重复录入信息32项，全部报关、报检操作1个人即可完成，申报效率大大提升，人工成本显著降低，录入准确率明显提高。此外，单一窗口还实现了报关、报检的信息化无缝对接，为推进关检合作“三个一”、通关无纸化等工作提供了保障。

创新海关和检验检疫制度。天津海关出台了三批29项通关便利化措施，比如，“保税货物自行运输”制度，使企业货物流转时间节约50%，成本节约近30%，“批次进出、集中申报”制度，使平均通关时间由原来的1—2天缩短到2个小时，节约报关成本70%。天津检验检疫局出台了三批40项检验检疫便利化措施，实行了检验检疫分线监督管理模式，一般货物“一线”只检疫不检验，最大限度放开，“二线”重点检验，管得住、放得快。

积极培育新型贸易方式。天津申请获批了全国跨境电商试点城市和综合试验区后，建立了综合信息服务平台上线运行，并与海关总署全国版系统成功对接。

在30家企业、5家平台开展汽车平行进口试点。发展保税展示交易业务，东疆片区在10个省市设立30家进口商品直营中心和欧洲贸易中心、环球购等项目。境外旅客购物离境退税政策在34家退税商店启动实施，中国银行在天津滨海国际机场提供24小时离境退税服务。

从天津自贸区建设经验看，在湖北自贸区建设中需要深化海关和检验检疫制度改革，积极探索服务贸易发展的新途径和新模式，搭建服务贸易公共服务平台、服务贸易促进平台，积极发展跨境电子商务，建设进口贸易创新示范区，促进对外贸易发展。

四、深化金融领域开放创新

落实“金改30条”。2015年12月9日，中国人民银行出台了《关于金融支持中国（天津）自由贸易试验区建设的指导意见》（简称“金改30条”）。“金改30条”核心内容的21条54项具体措施绝大部分已经落实，天津自贸区基本形成了以扩大人民币跨境使用、深化外汇管理改革、扩大金融机构和业务开放、提升租赁业发展水平为重点，以做好金融风险防控工作为基础，以推动京津冀区域金融市场一体化为发展方向的金融制度创新内容。“金改30条”的实施实现了天津自贸区在金融领域的一系列开放创新，充分发挥出“助力器”作用。截至2016年11月末，天津自贸区区内主体累计新开立本外币结算账户近3万个，办理跨境收支达到752.1亿美元，占天津市跨境收支的24%，结售汇298.7亿美元，跨境人民币结算1670.1亿元，占天津市跨境收支的34.5%，自贸区金融改革创新已经成为天津金融业发展的新名片。

大力发展融资租赁业。天津自贸区将融资租赁业作为特色产业打造，建立了中国天津租赁平台、中国金融租赁登记流转平台，实施了融资租赁企业进出口飞机等大型设备海关异地委托监管、融资租赁企业设立登记备案限时办结、允许融资租赁企业开展主营业务相关的保理业务和福费廷业务、允许收取外币租金等制度改革，建立完善了租赁企业服务体系。

增强金融服务创新。天津自贸区积极推动金融服务业对符合条件的民营资本开放，全国首批筹建的三家民营银行之一的天津金城银行运营良好。开展了跨国公司外汇资金集中运营管理改革。

积极推进金融基础设施建设。天津自贸区持续改善金融生态环境，促进动产融资业务发展，通过“政府推动 + 司法释义 + 征信保障 + 市场运作”制度建设机制，推动建立动产权属统一登记制度，促进社会诚信体系建设，探索金融纠纷司法替代性解决机制。

从天津自贸区的建设看，湖北自贸区的建设需要深化金融体制改革，创新业务模式，加强风险控制。大力发展科技金融，为科技型企业提供全生命周期的金融服务。加快金融组织体系建设，吸引全国性和外资金融机构到湖北设立区域总部或分支机构。加强区域金融中心建设，吸引各类金融要素聚集，逐步健全多层次金融机构和金融市场体系，打破制约湖北自贸区金融发展的制度瓶颈。

（《政策》2017 年第 3 期）

上海、天津、广东先进经验对福州自贸区建设的启示

徐 勇

推进自由贸易试验区建设，是我国经济发展进入新常态的形势下，为全面深化改革、扩大开放探索新途径、积累新经验而采取的重大举措。2013 年 9 月和 2015 年 4 月，中央先后批准设立上海、天津、广东、福建 4 个自贸区，在全国掀起新一轮区域改革开放热潮。福州自贸区作为福建自贸区的重要组成部分，要发挥省会优势、凸显试验特色，积极学习借鉴上海、天津、广东自贸区建设的先进经验做法，探索创新一批自贸区运作的标志性改革举措，努力在全国自贸区建设中走在前列。

一、福州自贸区建设基本情况

根据国务院确定的范围，中国（福建）自由贸易试验区范围总面积 118.04 平方公里，包括福州、厦门和平潭三个片区。其中福州自贸片区共 31.26 平方公里，主要包括两个区域，分别是福州经济技术开发区和福州保税港区。福州经济技术开发区：主要位于马尾区，涉及规划面积 22 平方公里，含福州保税区 0.6 平方公里和福州出口加工区 1.14 平方公里，为全国唯一集国家级经济技术开发区、保税区、台商投资区、高科技园区和地方行政区于一体的特殊开发区域，形成了“对台”、“高新产业”和港口的主要特色。福州保税港区：位于福清江阴，规划面积 9.26 平方公里，脱胎于我国首批设立的保税区之一——福州保税区，2014 年通过验收封关运作。当前，福州自贸区正紧密围绕“立足两岸、服务全国、面向世界”的战略要求，积极发挥侨台和海洋优势，抓好投资、贸易、通关、海运、金融等改革工作，加快构建面向国际的先进制造业基地、21 世纪海上丝绸之路

沿线国家和地区经贸合作的重要平台、两岸服务贸易合作示范区、两岸金融创新合作示范区。

二、上海、天津、广东自贸区建设经验对福州自贸区的借鉴

他山之石，可以攻玉。上海、天津、广东自贸区以扩大开放倒逼政府职能和行政体制改革，促进转变经济增长方式的经验做法，对福州自贸区建设具有重要借鉴意义。

1. 上海自贸区：作为新一轮区域改革开放领跑者，上海自贸区围绕加快政府职能转变，推动体制机制创新，营造国际化、市场化、法治化营商环境等积极探索，取得了显著成效。一是在投资管理制度、贸易监管制度、金融制度和事中事后监管制度等方面实现了创新突破。着力优化负面清单，将外商投资特别管理措施由 190 条调整为 139 条；商事登记制度“先照后证”改革成效明显，“单一窗口”制度和以备案为主的境外投资制度改革不断推进；“一线放开，二线安全高效管住、区内自由”的贸易监管制度加快实施；初步构建起金融服务自贸区实体经济发展的制度框架；开通了公用信用信息平台，建立企业年报公示和经营异常名录制度。二是探索建立简政放权、放管结合的新型开放格局，为在全国范围内深化政府体制改革起到了示范引领作用。三是在金融、航运、商贸、文化等服务业领域扩大对外开放，吸引了大批服务型企业和跨国公司集聚。四是通过更加开放的投资领域、更加人性化的监管措施、更加多元化的融资渠道，大大强化了企业主体地位。五是形成了一批可在全国复制推广的制度创新经验，如“法无禁止即可为”、“一口受理、综合审批和高效运作”、统一营业执照样式、海关海事监管制度创新等，推动了全国新一轮改革开放。

2. 天津自贸区：立足于服务京津冀协同发展和“一带一路”国家战略，发挥天津港枢纽交通优势，辐射带动北方经济发展。一是着力促进北方地区外向型产业发展。重点以期货保税交割业务、大宗商品现货电子交易带动大宗商品贸易产业，以平行进口汽车试点巩固天津作为国内最大汽车口岸功能，以跨境电商、海运快件、进口商品直营中心、邮轮保税供给等创新试点带动快消品市场发展。二

是着力促进北方地区金融服务水平提升。重点依托融资租赁优势平台与政策，吸引各类租赁类企业进入自贸区，使北方地区成为我国融资租赁聚集高地，同时大力发展专业金融和跨境金融服务。三是积极服务“一带一路”国家战略。天津自贸区依托欧亚大陆桥，大力发展过境集装箱班列运输，推进国际贸易单一窗口建设，创新电子口岸监管模式，增强对沿线国家和地区的转口贸易服务功能，提升北方地区口岸辐射功能。

3. 广东自贸区：积极探索粤港澳经济合作新模式，突出高端产业发展和片区合理分工。一是结合毗邻港澳的地域优势，着力打造粤港澳深度合作示范区。在广度上拓宽粤港澳合作领域，取消和放宽港澳投资者准入限制，在深度上创新粤港澳合作机制，在规则标准对接、项目资金互通、要素便捷流动等方面先行先试，打造粤港澳联手参与国际竞争的合作新载体。二是科学配置各片区功能和特色高端产业。三大片区中：广州南沙新区重点发展航运物流、特色金融、国际商贸、高端制造等产业；深圳前海蛇口片区重点发展金融、现代物流、信息服务、科技服务等战略性新兴服务业；珠海横琴新区片区重点发展旅游休闲健康、商务金融服务、文化科教和高新技术等产业。通过各片区产业分工、优势互补，带动泛珠三角区域产业转型升级。

三、借鉴经验，改革创新，全力推进福州自贸区建设

（一）借鉴上海自贸区经验，着力在机制创新上求突破，营造与国际接轨的营商环境

1. 加强投资管理制度创新。一是完善负面清单管理模式。在福州自贸区全面建立以负面清单和准入前国民待遇为核心的外商投资管理体制，按照国家最新发布的 122 项自贸区特别管理措施的要求，减少对外商投资准入限制，扩大服务业与制造业的开放度；同时扩充架构、调整分类，逐步推进负面清单与国际通行的“保留行业 + 不符措施”的开列方式和产业分类标准接轨。二是深化商事登记制度改革。在内资企业“四证合一”和外资企业“五证合一”登记制的基础上，大力实施“一照多号”登记模式；进一步对海关、外汇等所有登记注册号进行归并，

加快推行“一号通用”制度。三是健全行政审批制度，实施“一口受理”服务模式。梳理并优化投资项目审批许可和备案流程，推进综合服务大厅“一套材料、一口受理、一网互联、并网审批、一口出文”的全流程、无纸化的电脑办文，减少投资者的资格资信等方面的审查内容和约束条件。四是健全备案制投资管理体制。对负面清单之外领域，按照内外资一致的原则，实行外商投资项目备案制，对境外投资项目和境外投资开办企业实行以备案制为主的管理方式。

2. 加强贸易监管制度创新。一是在条件成熟的区域全面复制实施上海自贸区11 项海关监管创新制度（工单式核销，智能卡口自动核放，仓储企业联网监管，区外保税展示交易，融资租赁，集中汇总纳税，简化无纸化通关随附单证，简化统一进出境备案清单，内销选择性征税，期货保税交割，自主报税、自助通关、自动审放、重点稽核）。同时在福州自贸区实行进口货物先征放后审核、放宽海运货物直接运输判定标准、简化保税料件串换审批手续以及允许开展寄售业务。二是复制上海自贸区 7 项国检监管创新制度（第三方检验结果采信制度、通报通放、动植物检疫创新、全球维修产业监管制度、特殊物品特殊监管、原产地证便捷管理模式、分线监管）。同时在福州自贸区构建两岸往来交通工具快速通关模式、对台湾输大陆食品农产品先行先试开展“源头管理、口岸验放”工作模式、进口台湾动植物及其产品检疫分级管理制度等。三是以建设自贸区“单一窗口”为目标，建立全市统一的自贸区信息化平台，用于承接复制推广上海自贸区贸易监管创新制度。四是在区内海关特殊监管区域探索推进货物状态分类监管试点，促进试验区货物、服务等各类要素自由流动，营造与国际惯例接轨的贸易便利化环境。

3. 加强金融制度创新。围绕金融服务实体经济发展，推动福州自贸区在人民币跨境使用、投融资汇兑便利、自由贸易账户体系等金融制度创新方面取得进展。推动区内企业开展跨境人民币资金集中运营业务，包括跨境双向人民币资金池业务，经常项下跨境人民币集中收付业务等；依托区内中国—东盟海产品交易所等大宗商品交易市场，争取突破两岸人民币双向贷款；引导有条件的金融机构设立离岸金融中心、海外客服中心、后台数据服务中心，方便自贸区企业跨境投融资、降低融资成本；建立与自贸区相适应的账户管理体系，完善人民币涉外账户管理模式，简化人民币涉外账户分类，促进跨境贸易、投融资结算便利化；创新面向国际的人民币金融产品，稳妥推进资本项目可兑换试点。

4. 加强事中事后监管制度创新。以转变政府职能为重点，坚持简政放权与加强事中事后监管并重，构建行政监督、行业自律、社会监督、公众参与的综合监督体系。推行事前诚信承诺、事中评估分类、事后联动奖惩的管理模式，着力完善企业年度报告公示和异常名录制度、企业社会诚信公示制度，明确企业违法惩罚清单，让企业“一处违规失信、处处为难”，促进企业依法合规守信经营；加强自贸区内公共信息服务平台建设，方便有关部门查询在市场准入、货物通关、政府采购以及招投标等企业和个人的信用记录；完善信息共享和综合执法制度，规范相对统一的法律文书和执法程序，促进跨部门协同监管、联动执法；推动社会力量参与市场监管，通过扶持引导、购买服务、制定标准等制度安排，支持行业协会和专业服务机构参与市场监督。

（二）借鉴天津自贸区经验，积极服务“一带一路”国家战略，辐射带动区域经济发展

1. 服务“21 世纪海上丝绸之路”国家战略，打造“海丝”建设核心区。发挥福州自贸区作为“海丝”战略陆海重要节点、毗邻东南亚国家的优势，大力推进海上丝绸之路建设。一是打造亮点项目，全力推进中国—东盟海产品交易所建设。积极吸纳双方的海产品龙头企业为会员，通过“线上交易，线下交割，人民币结算”，打造规范、公平、快捷的第三方电子交易平台；加快在部分东盟国家建设交易所分中心；建立全球海洋产业信息大数据库，整合全球海产资源，建立中国与东盟国家的海产品电子档案。二是做大贸易总量，发展大宗商品交易。引进有实力企业入区设立东南亚独具优势的橡胶、棕榈油、木材、水产品、矿产品等大宗商品交易所，开展保税仓储、保税展示交易、保税加工、物流分拨等业务，形成面向全国的东盟优势商品集散配送中心。三是“走出去”投资，拓展国际市场。发挥“海上丝绸之路基金”功能作用，引导更多有能力的企业进入“海丝”沿线国家的投资领域；鼓励民营企业在自贸区设立总部，运用人民币对外投资和

投资项目备案制政策，到“海丝”沿线特别是东南亚国家投资办厂；利用自贸区关于支持构建对外投资合作服务平台和对外投资便利化等政策，鼓励本土企业走出去进行海外并购、承揽海外业务，做大服务贸易。

2. 扩大自贸区辐射效应，带动海峡西岸经济区经济发展。一是扩大自贸区典型示范效应。努力在特色项目上求突破，推进江阴汽车整车进口口岸、两岸电子商务实验区、东盟海产品交易所等取得明显成效，打造一批福州自贸区建设的典型示范点，将其先进经验和创新成果在海峡西岸经济区推广，扩大辐射效应。二是增强自贸区的总部辐射功能。推动高端制造与高科技研发、设计、营销、生产性服务业的相互渗透和支持，促进自贸区成为跨国公司和高端制造业总部集聚区；加强区内、区外的产业合理分工和联动，延伸产业链条、增强服务功能，引导区内高端制造总部企业和平台，整合资源、信息、设备、人才等要素，辐射并服务区外产业转型升级；大力发展跨境电子商务、保税仓储分拨配送中心、进口商品直销中心、海运快件、邮轮保税供给等创新试点，带动区域快消品市场发展。三是加大自贸区金融服务辐射功能。在自贸区打造一批融资租赁优势平台，吸引各类租赁类企业进入自贸区，构建区域融资租赁集聚高地；利用自贸区政策倾向的投资引导，吸引境外的证券、信托、商业保理等机构到自贸区内设立子公司，鼓励商业银行等中资金融机构“走出去”，融回低利率大额度的境外资金。

（三）借鉴广东自贸区经验，深化对外开放合作，发展壮大主导产业

1. 发挥对台优势，打造深化两岸经济合作的示范区。一是探索对台产业合作新模式。重点承接台湾地区产业转移，推动台湾先进制造业、战略性新兴产业、现代服务业在福州自贸区内集聚发展；打造两岸电子信息生产和研发基地，加强与台湾地区技术的对接，加快物联网产业园建设、打造芯片研发集群、做强服务外包产业；推进两岸电子商务试验区发展，建设跨境电商物流园、跨境电商进出口保税仓库，完善跨境电商公共服务平台，构建榕台电商邮包互递快速通道；建设海峡两岸汽车运营中心，试点开展汽车整车平行进口业务；打造海峡两岸文化融合产业基地和两岸创意文化产业园。二是扩大对台服务贸易开放。引进有实力的台湾企业、慈善机构和基金会合作新建医疗服务业；推动台湾大学的分校区和

教育培训机构入驻自贸区；打造“两马旅游合作示范区”，开发两岸旅游服务特色项目；推动两岸双方口岸、检验检疫互认，支持在自贸区范围内开展两岸检验检测认证结果互认。三是推动两岸金融合作先行先试。争取在中国外汇交易中心福州分中心设立台币交易兑换中心，开展人民币与台币兑换交易业务；降低台资金融机构准入和业务门槛，探索允许台湾地区的银行参照有关规定，申请在自贸区内设立异地支行；支持在自贸区设立两岸合资银行等金融机构。

2. 发展主导产业，强化片区特色、促进联动发展。一是明确福州自贸区主导产业。重点发展高端制造、商贸服务、航运服务、现代物流、金融服务、新兴服务、旅游服务七大产业集群，集聚发展总部经济、平台经济、离岸经济等新业态，打造“互联网 +”等新产业和新模式，加快产业转型升级，深化功能创新，打造海峡西岸经济区产业发展新高地。二是科学配置各片区功能和发展重点。其中，福州经济技术开发区：重点发展以新一代信息技术、智能装备制造为主的高端制造业，以大宗商品交易、保税展示交易为主的商贸服务业，以跨境金融、融资租赁为主的金融服务业，以服务外包、文化创意为主的新兴服务业，以文化旅游、健康养生为主的旅游服务业，建设以高端制造业和生产性服务业为主导的海峡西岸现代产业集聚区。福州保税港区：重点发展以两岸航运服务、港口服务为主的航运服务业，以保税仓储物流、汽车整车进口为主的现代物流业，以跨境电子商务为主的“互联网 +”新兴产业，建设海峡两岸航运枢纽和货物集散地。通过强化各片区特色，促进差异、协调发展，实现产业有序分工、功能互补和品牌效应，形成自贸区建设的整体合力。

（《丝路经济》2016 年第 11 期）

福建自贸区贸易便利化的制度创新

伊 馨

中国（福建）自由贸易试验区挂牌成立后，福州、厦门、平潭三大片区从供给侧结构性改革发力，把握时机进行贸易制度改革创新，通过新技术、新产业、新业态及新模式创造新供给，并重塑比较优势，提高贸易供给质量及调整贸易供给结构，创造了新鲜经验，也需要继续解决问题。

一、制度创新主要措施及成效

（一）设立国际贸易“单一窗口”，提升贸易便利化水平

2015 年 8 月，福建自贸试验区“单一窗口”上线试运行，项目设福州、厦门两个运营体，包括货物进出口申报“一次申报、一次查验、一次放行”系统和船舶进出境联检系统，并形成以贸易标准数据为核心的“通关（企业）—监管（口岸管理部门）—决策（地方政府）”三位一体的生态链，实现全省通关查验、港口物流等口岸运行数据实时汇总。目前已实现船舶进出境申报、货物进口检疫申报、空运海关物流监管、海运海关物流监管四个业务模块全面覆盖，自贸试验区电子账册监管及关区转关业务 95% 以上业务覆盖。相较于其他自贸试验区，运作效果显著。

“单一窗口”通过实现装箱单、提运单等多项报关随附单证及船舶检验检疫全程无纸化，简化申报表格，减少重复录入，如进出口企业报关报检数据减少录入 53 项；船舶进出境申报减少录入 257 项，大大节约了时间并方便企业操作。此外，由于“单一窗口”减免报关报检环节的经营服务性收费，并通过无纸化分段担保及小微企业信保费用全免措施，降低企业通关成本，减少企业资金占用，提高了

企业的综合收益率。

（二）创新海关通关便利化举措，提高通关自动化水平

作为贸易便利化实施的重要部门，海关、检验检疫等政府机构在福建自贸试验区内积极探索贸易便利化制度创新，不断优化“一线放开、二线安全高效管住”监管模式，相继出台了一系列改革措施，形成了一系列全国首创的通关便利化创新举措并得以推广复制，提升了自贸试验区内贸易便利化水平。

（三）充分发挥对台优势，深化两岸贸易自由化

福建自贸试验区立足地域优势，通过转变政府职能和转变贸易发展方式等一系列供给侧的制度性改革，推动两岸投资经贸领域的深度合作与自由化并在对台贸易制度创新方面取得明显成效。

1. 试点海运快件业务。福建自贸区利用两岸海运快件平台，简化两岸电商过境物品通关手续，通过与海关、国检监管系统、台湾关贸网等对接，简化个人自用物品海关、检验检疫监管措施，实现两岸海运快件中心无缝对接。这也是全国首创的对台特色创新举措。针对海运快件运输，海关实行“清单核放、集中申报”模式。在福建自贸试验区内，厦门海关和检验检疫部门还进一步简化海运快件的移场监管手续，对海运快件实现关检一次申报、一次查验、一次放行。福州海关通过监管点实施快速施检和专窗办理快速通关等方式提高通关效率，截至2016年7月底，共监管海运快件295批次、19.4万件，货值767.5万美元，并实现每周3至4批海运快件常态化。

2. 加强闽台监管合作。在自贸区成立之初，福建检验检疫部门就开展第三方检验结果采信工作，对于台湾商品“采信台湾认证认可和检验检测结果”，并与海关联合推进“信息互换、监管互认、执法互助”的新型通关监管机制，实现关检一站式查验，提升两岸货物贸易通关效率。同时，福建自贸试验区内，允许台湾渔船自捕水产品入境申报免提交台湾官方主管部门出具的检验检疫证书，加强两岸海关对接，开展货物通关、贸易统计、原产地证核查、AEO互认等方面合作，推动两岸跨境贸易通关便利化。此外，福建自贸试验区在平潭片区率先试点单方采信台湾认证认可和检验检测结果措施，以简化程序，减低成本，提供便利。

3. 推动台湾特定货物快速通关。物流运输时效对农产品销售意义重大。与全国其他口岸相比，福建口岸具有无可比拟的时效优势和地理优势，因而成为台湾地区食品、农产品输往大陆的最重要口岸之一。为了进一步加快通关效率，福建自贸试验区采取“源头管理，口岸验放”与风险监控相结合的查验模式，对台湾产品入关进行一系列快检通关改革，创新快速通关模式，并取得一系列成效。如对台湾易腐、生鲜的台湾农产品、水产品采取的“先验放后通关”的通关模式，缩短货物滞港时间（平均节省0.5—1天），实现货物在港零停留，提高企业综合收益率。

4. 台商协会总担保制度。台商协会总担保制度，是福建自贸试验区提高两岸货物贸易便捷度的创新性举措。通过该制度，台商协会的会员企业可充分利用资金杠杆，通过向台商协会缴纳一定的保证金后，即可享受台商协会提供的总担保，便利企业办理海关业务。与传统的“平保放行”不同，该制度的担保主体由个体企业变为台商协会，担保资质提高，保障担保的安全性与有效性；同时台商协会提供的是总担保而非普通担保，在担保的有效期内，企业可循环使用总担保金额办理相同海关事务，无需逐次缴费及担保。该制度同时还适用于境内外维修等业态，既提高海关担保的有效性，也减少企业资金占用。

二、继续创新的发展方向

（一）创新海关监管手段及风险防范

1. 采取更为便利的通关监管手段。目前，福建自贸试验区对台湾的食品或鲜活农产品采取“快审快核”“源头管理、口岸放开”的贸易便利化模式并取得一定经验。未来可根据自贸试验区实际，更多借鉴海外经验。一是可借鉴美国的“二次结关”模式，即实行货物查验与审核征税相分离的办法，第一次结关是货物的查验放行，第二次是占用通关时间较多的审核征税环节的结关，比第一次结关适当推迟时间，以便企业又足够时间处理货物问题而产生的补退税及单据错误，管理形式更加灵活。二是试行审计核查监管。海关可赋予自贸区内企业负责对区内货物票据造册及储存情况进行管理，海关不在保留库存记录，也无须定期到区内仓库检验，只通过审计和核查方式实施监督管理，从而提高自贸区货物出入区的便捷程度，减少海关日常监管工作。

2.强化海关风险管控能力。“一线放开、二线管住”是自贸试验区贸易便利化监管特色之一。在确保贸易便利化的同时，不能忽略贸易安全。为此，可建立海关部门信息共享和风险管控平台，实现各部门联动分析，运用风险管理技术和自动化系统，采取运输工具抵（离）港前数据分析审核，对提前甄别出的高风险企业及商品实行跟踪处理，分类布控，重点监测贸易行为异常变化，通过数据分析对比，研判可能出现的走私风险，采取有针对性的防范措施。

（二）完善货物分类监管模式

目前，福建自贸试验区对货物进行分类监管，分为保税货物、非保税货物和口岸货物，建立国内非保税货物进入海关特殊监管区的监管和配套管理措施，并在厦门片区探索区内保税仓储企业同时经营保税和非保税业务的监管模式。这些措施可以盘活自贸试验区内仓储空间，提高通关速度，降低监管风险。对福建自贸试验区而言，还可在一定程度上借鉴美国等国家的经验，完善自贸试验区内货物监管模式。如美国对区内货物设定为四类“区内货物状态”进行分类管理，对国内货物开放，对不同货物状态享受不同税则与税率，货物状态由货主申报时自由选择，一方面提高国内货物的竞争力，另一方面通过分类监管满足商品无国界生产和全球分销运作的需要，在监管货物的同时降低企业物流成本。未来福建自贸试验区可根据自贸试验区海关特殊区域的分布情况，给予企业更灵活的申报权，实现对货物更有效的分类汇总与货物监管。

（三）建立以供应链为切入点的对台商品贸易监管

尽管福建自贸试验区针对物流通关便利化不断推出新举措，但其监管模式仍是传统的运输工具与货物分开管理，而未来商业模式走向供应链管理是大势所趋。供应链通过对商流、信息流、物流、资金流的控制，将上下游用户连成整体的功能网络结构。所以，福建自贸试验区可以充分利用台商投资相对集中的优势，尝试在平潭片区建立以供应链为导引的口岸工作流程与工作模式。海关与检验检疫部门可与行业协会及企业联合制定供应链安全指南，通过供应链安全指南评估台湾企业，对符合标准的台湾企业可以减少查验次数，加快通关速度。同时，以供应链为切入点，优化海关工作流程，打破关区壁垒与条块分割，实施无障碍化供应链监管形式，最终实现按照供应链自身流向的无障碍监管。此外，可通过供应链的贸易监管，引导形成自贸试验区内的要素集聚，实现自贸试验区的集聚联动机制；同时，可充分利用该模式的通关便利化优势，吸引台湾龙头企业入驻，形成主导企业的高度集中与规模效应，对周边产生辐射带动作用，并借助乘数效应向外扩散，从而带动整个区域的创新发展。

（《开放导报》2017 年第 2 期）

福建自贸区创新发展经验及其启示

天津市政府驻福州办事处

2015 年 4 月，中国（福建）自由贸易试验区正式揭牌。一年来，该区重视制度创新，突出对台特色，积极融入“一带一路”国家战略，成绩斐然，一些经验值得借鉴，并给予我们启示。

一、一年来的成绩和举措

福建自贸区是祖国大陆位置上最接近我国台湾地区的自贸区。它由福州、厦门和平潭 3 个片区组成。面对自贸区这样的新事物，福建省十分重视制度创新，坚持向机制要活力、以创新换红利。自挂牌以来，福建自贸区拟推进的 186 项重点实验任务，已实施了 145 项；制度创新催生了 160 项创新举措，其中 63 项为全国首创。

制度创新促进了发展。截至 2016 年 4 月，福建自贸区共新增内、外资企业 2.7 万户，注册资本 4.3 亿元，分别比挂牌初期增长 5.8 倍和 8.2 倍。另外有 24 家台湾地区银行与 16 家大陆地区银行签订了人民币代理清算协议。他们采取的举措主要有以下方面：

（一）着力提升改革效应

一是准确把握创新方向和重点。选取企业样本 800 家问卷，以企业的问题和需求为导向，倒逼创新解决方案的提出。

二是着力提升创新质量。突出自主创新，重视原创度、首创性；突出创新深度，制度创新与流程优化、技术提升并重；突出创新广度，创新举措覆盖投资、贸易、金融、监管等领域；重视复制拓展，借鉴兄弟自贸试验区先进做法，转化形成符合省情特点的可操作制度。

三是复制推广创新成果。按照“成熟一项、评估一项、发布一项、推广一项”工作要求，福建省政府先后下发了两批创新成果复制推广通知，将30项改革创新成果在福建省内其他区域推广，实行“区内先行先试，区外积极跟进”。

（二）全力推动贸易便利化

一是着力提升通关效率。建成国际贸易“单一窗口”，在线运行企业3700多家，间接服务企业达2.5万多家，日单证处理量超过3.5万票，各项指标均居4个自贸试验区之首。企业进出口货物申报时间从4个小时减至5—10分钟；船舶检验检疫申报时间由50分钟缩短为5分钟；一般货物贸易出口全流程时间从16天缩短至8天；船舶进境时间由36小时减少至2.5小时，出境时间由36小时减少至1小时。

二是监管模式更加科学。首先，实施分类监管。对海关特殊监管区域内货物实施“状态分类、分账管理、标识区分、实时核注、联网监管”。海关特殊监管区可以同时经营保税和非保税业务，有力地促进了集拼业务、国际中转业务的发展。其次，密切关检合作。此方面的制度创新居全国前列。关检“一站式”查验可减少30%申报数据，节省50%人力，每箱可减少600元费用。再次，优化流程。对进口东盟海产品，采取“统一申报、集中查验、分批核放”，通关时间减少1.5天，每集装箱可为客户节省港杂费500多元。

三是有效减轻企业负担。第一，关检合作监管互认。单一窗口实施后，企业足不出户就可以通过互联网录入货物进出口、船舶进出境所需数据，各监管部门审核结果反馈到平台即可生成通关所需证件，每个集装箱可减少费用600元。第二，海关申报费用每票下调5元，对自主申报企业的数据传输费用全免。第三，在“单一窗口”实现进出口的小微企业信保费用全免。第四，实行无纸化分段担保，税款担保由按月预缴，改为按实际批次缴交，大大减少了企业资金占用。

（三）功能性平台建设不断完善

按照各片区的功能定位，自贸区加快建设76个功能性平台。截至2015年底，已建成平台36个，其余40个正在推进。

福州片区点重点建设11个平台。其中有东盟海产品交易所、互联网游戏产业创业平台、海关监管信息平台等。厦门片区重点建设49个平台。东南红酒交易中心的进口量已增长183%；象屿集团台湾商品B2B跨境直送分销平台，实现从台湾地区厂家到大陆地区卖家的供应链服务。平潭片区重点建设15个平台。其中福建跨境通电子商务项目已与50多家电商、物流及支付企业完成系统对接；海运快件中心项目总投资3亿元，建设标准化国际物流作业平台。

福建省重点建设的平台有1个。即国际贸易单一窗口。截至2016年，在平台上正式运行的服务项目48个，在建项目40个。平台直接服务的口岸生产运营、国际贸易、物流企业和中介服务企业3700多家，间接服务的外贸企业2.5万多家，日单证处理量3万多票；在船舶进出境申报、货物进口检疫申报、空运海关物流监管、海运海关物流监管4个业务模块实现100%的业务覆盖。在自贸区电子帐册监管及关区转关业务方面，实现95%以上的业务覆盖。

（四）平衡发展各种业态

福建自贸区在规划、建设和招商中，注意平衡发展各种业态。一是跨境电商。目前已引进跨境电商企业580多家。福州万国国际商城电商平台已入驻300家企业。厦门“直购进口”平台正式上线运行；推出“分送集报、分段担保”举措，助力跨境电商发展。二是保税展示交易。福州利嘉保税商品直销中心、闽江世纪城保税展示交易中心等已开业。三是融资租赁。已引进外资融资租赁企业58家。厦门境外融资8亿多美元，引进飞机13架；金圆融资租赁公司开展人民币跨境融资业务，已发放从海外融资的跨境人民币贷款。四是商业保理。已引进商业保理企业7家。主要开展应收应付资产、信用资产、债权债务交易，打造信用结算交易平台。五是整车进口。福州海关采用RFID一体化快速通关、预约查验快速放行、整车进口就地报关审价等一体化通关服务措施。自贸区挂牌后不到半年，进口汽车就超过去年全年总量，在全国新批汽车整车进口口岸中业绩领先。六是海产品交易。东盟海产品交易所已发展境内外会员118家，并在马来西亚和缅甸建了分中心。

（五）用足优势便利对台贸易

两岸贸易，福建得天独厚，自贸区推出一系列创新举措，推动对台通关贸易便利化。

一是简化原产地证管理。福州海关全国首创“简化 CEPA 以及 ECFA 项下货物进口原产地证书提交需求”措施，使得每票货物至少减少通关时间 1—2 天，节省通关成本 8%。厦门海关提高通关作业自动化水平，对 CEPA、ECFA 项下优惠贸易进口的企业，无需提交纸质原产地证书。厦门检验检疫局简化原产地证申领手续，企业注册改为备案，取消年审，实现全程无纸化。

二是加快闽台监管互认。福建检验检疫局对台湾地区出厂的小家电、白酒等，采信台湾地区认证认可和检验检测结果。厦门检验检疫局采信第三方检测结果，对符合条件的台湾地区输往大陆地区消费品，试行在当地完成标签加注，在报检时实行资料核验。他们还加强与台湾地区有关机构的对接，开展货物进出、贸易统计、原产地证书核查、“经认证的经营者”（AEO）互认等方面合作，实现双方信息互换、监管互认、执法互助。

三是推动车船便捷通关。在福州，台车进入前只需办理货运企业、车辆的备案手续，且车辆可运输携带货物入境；同时简化台湾地区小型汽车入闽临时车辆牌照手续。厦门检验检疫局对入闽台车实行一站式服务及 24 小时查验，便利台车入闽；对厦金客轮实施分类管理，凡符合要求的船舶采用电讯检疫，省时达 50%。

四是试点海运快件业务。厦门有关方面简化海运快件的移场监管手续，支持经金门中转的厦台海运快件业务。福州有关方面在平潭客运码头实施快速施检，设专窗快速办理通关手续，实现海运快件常态化。厦门检验检疫局利用两岸海运快件平台，实现检验一次申报、一次查验、一次放行，对台海运快件实现双向互通。

五是推动台湾地区产品快速进入。对台湾地区生产的农产品、水产品类实行先验放、后补办相关手续，并实施两岸海上客运航线“客带货”。检验检疫方面，对台湾地区生产的农产品、食品等试行快速检验检疫模式；实施“快审快核”标签审核，简化审核内容 9 成，审核时限缩短为 1 个工作日。对平潭小额商品交易市场销售的台湾地区生产水果实施“边抽样检验、边上架销售”。厦门对台湾地区输往大陆地区食品实施“源头管理、口岸验放”。

二、福建自贸区的主要特点

目前，我国从南到北4个自贸区各具特色，都在利用优势，积极探索，竞相发展。有别于其他地区，福建自贸区在创新和发展方面打造出自己的特色：

（一）突出对台，量身定制

福建地处海峡西岸，对台合作独具优势，获批自贸区试验区，更为闽台深度合作加劲助燃。为此，福建省更加注重实施灵活、开放、包容的对台政策。如针对台湾地区生产水果、海产品的检验检疫：具有“空运速度，海运价格”的两岸海运快件的无缝对接；提高ECFA项下货物的进入效率；对台企试行“台商协会总担保制度”、台湾地区居民注册的个体工商户，无需经过台资备案即可从事129个行业的经营活动等，都体现出对台量身定制的福建特色。

（二）放眼“海丝”，拓展触角

历史上福建就是海上丝绸之路的东方起点。自贸区紧贴国家发展战略，将打造面向21世纪海上丝绸之路沿线国家和地区开放合作新高地作为发展重心。福州各金融机构充分发挥境内外分行的优势，推出“对证通”、“境外簿记”等产品，为区内企业提供“走出去”配套服务。福州宏东公司在毛里塔尼亚投资1亿美元，建设中国境外最大的渔业基地。为支持其发展，福建海峡银行给予其3亿元贷款授信，并专为它精心设计了全产业链融资产品，解决其棘手的境外资金回流等难题。

（三）宽进严管，激发活力

福建是全国第一个以省政府名义出台《企业登记前置许可项目目录》的省份，企业登记前置许可项罔已由227项减为17项。福建省在自贸区制度创新方面的一个突出特点，就是宽进严管。在自贸区全面实施外商投资负面清单制度，对负面清单以外的外资企业设立、变更，全由审批制改为备案制。而事前放宽，并不意味着放松管理。该区建立健全事中事后监管，强化市场风险防控，梳理出监管风险点55个，提出88条防控措施，确保每一项政策都有相应的监管措施，着力防范区域性、行业性和系统性风险。被载入经营异常名录的商事主体，财政资金招投标项目将其排除在外，银行等金融机构不受理其开户、贷款等业务，实现了“一处违法、处处受限”。

（四）强化特色，联动发展

“一区三片”是福建自贸区的独特之处。3个片区虽互不接壤，但各具特色。福建省在自贸区制度创新上，注重调动3个片区的积极性。鼓励特色差异，支持功能互补，统筹协调发展。当某个片区出台创新举措，福建省都视其可行性，负责在其他片区进行推广。

三、启示和建议

自2015年4月，天津、福建和广东自贸实验区获批后，连同上海自贸区，4个自贸试验区勇于探索，积极实验，各具特色。借鉴福建及其他自贸区经验。我们从中得到启示并建议：

（一）进一步厘清政府与市场边界

自贸区诸多制度在于清晰的划分政府与市场的边界，树立“法无禁止即合法”的管理思路，要求政府在投资、贸易、金融等领域舍得放权，废除国内通行的审批制度。因此，自贸区应继续进行改革探索。一是国家治理制度变革，主要是政府与政府职能有关的投资管理制度改革。二是贸易自由化改革，主要是构建海关、商检和外汇等政府机构的协同、高效管理模式。三是维护市场的决定性作用，核心是金融市场化改革，主要内容为资本项目的可兑换和金融市场化。

（二）继续创新政府管理模式

自贸区要探索精简高效的管理模式。应引入国际惯例，实行公司伙伴关系管理体制，探索管委会与私营企业合作管理自贸园区的新模式，管委会只负责自贸园区的行政执法事务。而将自贸区的日常经营管理赋予企业化的私营机构。

（三）制定更加高度开放的负面清单管理体制

自贸区是高度自由开放的海关特殊监管区，原则上除了军火和黄赌毒非等违禁品外，其他均在开放之列。福建有专家指出，目前我国上海自贸区的负面列表清单过长，甚至比中美投资谈判的负面列表还长，因而失去了实验意义。但这也说明负面清单管理模式还有大的开放空间。因此，自贸区要充分落实投资自由化和贸易自由化政策，建议可先对某一国家或地区，比如针对我国台湾地区编制更加开放的负面列表清单。

（四）继续推动金融市场化与金融制度创新

一是金融服务业的开放。自贸区要支持各类金融机构设立分支，包括中外资银行、保险公司以及非银行金融机构，特别是允许民营银行、金融租赁公司和消费金融公司等金融机构入驻。二是金融市场化改革。自贸区要允许实现人民币资本项目的可兑换，金融产品利率市场化、人民币跨境使用等先行先试。三是建立金融监管和风险防范机制。金融自由化会方便资本投机。金融监管机构要按照央行发布自贸园区反洗钱、反恐融资和反逃税细则，强化对跨境资金流动监测和跟踪分析，建立区内防范体系。

（五）探索自贸区功能扩区实验

推进自贸园区可复制、可推广经验，必须突破自贸区的地理空间。一是将自贸园区注重事先事后企业备案登记制和企业年度申报与异常名录企业信用制度等经验，推广到自贸区以外的区域。二是采取在自贸区周边增设辅区的办法，将不易放在区内的大型或者对环境有影响的项目放到辅区。三是设定区内企业可在园区外进行的业务范围。借鉴相关经验做法，设定自贸园区可以委托加工的业务范围。四是建立电子围栏管理体制。对自贸区企业、货物、人员进行特殊监管，实现企业在区外经营、货物在区外销售、人员在区外居住，从虚拟空间上扩大自贸区的功能范围。

（六）推动相关配套财税制度改革

推动税制改革，探索与自贸园区相配套的税收政策，包括离岸贸易、离岸金融采取低税率，对境外投资收益采取分期缴纳所得税等优惠，打造国际化的营商环境。如在对跨国公司从事离岸贸易和离岸金融的高管征所得税时，可参照上海陆家嘴金融高管的个人所得税补贴政策。又如，可进一步松绑国际船舶登记政策，吸引中资远洋船队回国登记落户。

（七）营造良好营商环境

一是防范畸形土地繁荣。防止自贸园区可能出现的房地产炒作和圈地囤地问题。防止利用区内等利好因素驱动，造成自贸园区及其周边地区租金上涨、物业增值等新一轮楼宇经济“繁荣”。自贸园区的土地只能租借。二是实行宽松的出入境管理。为吸引跨国公司和国际人才进入自贸园区，需要放宽外国人免签入境要求。缩短入境审查时间；允许获得永久居留权资格；放宽外币使用限制；建造专供外国人居住的住宅区；建立方便外国人的学校、医院。三是实行投资者业务运营的自由开放。投资者除可从事装卸、运输、再出口、展示、加工、零售等核心业务外，还可从事报关、金融、租赁、保险、税务、会计、餐饮、住宿、美容、美发和洗衣等业务。

（八）实行特殊的人力资源政策

自贸区不仅需要掌握国际经贸规则和具有创新能力的管理人才，还需要大量的金融、航运、商贸、文化和社会等服务领域的国际化专业人才。目前我国人才绿卡门槛较高，人才流动自由度不畅，应尝试突破目前的涉外用工政策，降低绿卡申办门槛，促进自贸区人力资源的跨境自由流动。

（《环渤海经济瞭望》2016 年第 10 期）

浙江自贸区制度创新激发改革发展新动能

李维君

习近平总书记指出，创新是引领发展的第一动力，我们必须始终坚持在创新中发展。

建设自由贸易试验区，是习近平治国理政新理念新思想新战略的生动实践。“自贸试验区”这个我国经济发展新模式、新平台、新增长点，从刚面世起就带有“先行先试，突破创新”的属性。

从 2016 年 8 月党中央、国务院宣布决定在浙江等地新设立第三批 7 个自贸试验区，到 2017 年 3 月中国（浙江）自由贸易试验区正式获批并印发总体方案，外界议论纷纷之中夹杂着几分疑惑——为什么要在与上海自贸区地域邻近的浙江舟山再布置一个自贸试验区？小小的舟山何以在晋升国家级新区之后再撑起一顶国家级自贸区的“大帽子”？

这些疑问显然忽略了战略实施、政策落地，尤其是制度创新在这片 119.95 平方公里区域内激发的强大发展动力和聚变效应。

国家对自贸试验区的根本要求就包含“加强制度创新和改革系统集成，发挥全面深化改革和扩大开放的试验田作用”。浙江省委、省政府在决策部署时便提出“要紧紧抓住制度创新这一核心，大胆试、大胆闯、自主改，争取走在全国自贸试验区前列”。浙江自贸试验区管委会和舟山市委的落实方针为“首要任务就是制度创新，必须率先在政策制度上破冰”。

从 2017 年 4 月 1 日至今，回眸浙江自贸区正式挂牌以来一年的发展过程，不难看出制度创新的亮点纷呈、成效显著。在这股创新力量的推动下，浙江自贸试验区已在中国自由贸易试验区的新经济版图上占住了一席之地。

一、突破创举敢为人先

自由贸易试验区建设在我国仍属于新课题，尤其是围绕探索油品全产业链投资便利化和贸易自由化的改革创新，全国无先例可循，需要“摸着石头过河”，不断探索创新。

挂牌一年来，浙江自贸试验区围绕“打造政策领先、监管便利、制度创新的开放高地”的目标，紧扣以油品为核心的大宗商品领域改革创新，在制度创新等方面取得了显著成效。至今已经形成 40 项创新成果，其中 20 项属全国首创，大部分具可复制推广性。对照国务院下发的前两批自贸试验区 123 项改革试点经验和“最佳实践案例”，舟山已累计复制推广 119 项。

近期，浙江自贸试验区管委会总结形成了 21 项制度创新成果和创新案例，拟向全国复制推广数量位于第三批自贸试验区前列。由毕马威企业咨询（中国）有限公司提供的一份制度创新成果评估报告指出：浙江自贸试验区的制度创新成果均具备一定的创新性，对区域整体发展和油品产业提升具有积极促进作用。

这 21 项制度创新成果主要集中在统一开放的市场准入和高标准监管制度、创新通关监管服务模式、油品全产业链投资便利化和贸易自由化、深化行政体制改革、推动金融管理领域体制机制创新、建设国际海事服务基地、发展融资租赁业务、建设国际矿石中转基地等 8 个维度，突出体现在转变政府职能、通关监管领域体制机制创新、油品全产业链投资便利化和贸易自由化三个层面。

其中全国首创的制度创新案例主要包括：保税燃料油出库“最多跑一次”；油品全产品链合作平台建设、举办首届世界油商大会；助推江海联运直达船舶造船技术标准与相关规范实施；试验出台管理细则保障行业开放准入（《中国（浙江）自由贸易试验区国际航行船舶保税油经营管理暂行办法》）；保税燃料油跨关区直供；同商品编码下保税油品混兑；保税燃料油供应服务船舶准入管理新模式；全国首个保税燃料油供应业务操作规范（《中国（浙江）自由贸易试验区国际航行船舶保税燃料油供应业务操作规范》）；保税燃料油先供后报监管模式；外锚地保税燃料油加注监管新模式；进口铁矿石“直卸直装”作业监管模式；建造商直租业务允许享受现有融资租赁的税收政策等。

大胆试、大胆闯、自主改。一项项制度创新，特别是国内首创型创新成果，凝聚了浙江人、舟山人“敢为人先、勇立潮头”的魄力与智慧，在自贸试验区建设发展中起到令人瞩目的实效。

“通过跨关区直供，2017年年我们跨上海及江苏地区的保税油直供量达37.2万吨，节省租罐、物流等成本近2200万元；通过外锚地供油加注，企业对不进港船舶也能提供‘即加即走’服务，供油量迅速提升。”中石化燃料油销售有限公司浙江舟山分公司业务主管王蛟介绍说。“这些措施，不仅免了多次报关流程，还省了多次入库出库造成的损耗和费用，使每吨燃料油的成本平均降低了50元左右。”舟山中燃船舶燃料有限公司贺意忠经理说，“而我们跟新加坡的差价大概也就15美元左右。”

正是浙江自贸试验区过去一年制度创新的层层突破，使得舟山成为国内保税燃料油价格洼地和服务高地。在全国率先实现船舶、货物、舱单等报关功能全口岸覆盖，船舶进出境“一单四报”功能成为全国唯一试点地区，为企业节省1000小时、300万美元滞期费等，港口效率提高20%，2017年实现油品贸易额657.6亿元，成品油贸易交易突破1000万吨。

纵观挂牌一年来的制度创新表现和成效，浙江自贸试验区正在从“分蛋糕”“抢蛋糕”的政策制度享用模式，转向“做蛋糕”乃至“做模具”的创新改革发展模式。

二、新政落地创新助推

中国（浙江）自由贸易试验区的制度创新动力来源于自我革命、自主探索，得益于对先进地区成功经验的复制借鉴，更离不开来自国家、省的各项政策扶持。如何把上级出台的新政吃透用足，为推动区域经济发展释放更大红利，这是浙江自贸试验区挂牌一年来制度创新的一项重点内容。

检索一年来的落地新政，商务部、质检总局、海关总署、公安部、国家外汇管理局浙江分局、中国银监会浙江监管局、中国人民银行杭州中心支行、杭州海关、浙江海事局、浙江出入境检验检疫局、省商务厅、省交通运输厅、省国税局、省工商局等国家部委、省属部门单位纷纷为浙江自贸试验区研究出台了相关政策举措共计 291 条。

从 2017 年 4 月初的杭州海关“15 条”、浙江检验检疫“26 条”，到浙江海事局“16 条”、人行杭州支行“33 条”，浙江自贸试验区在真切体验到“举全省之力”的同时，也在积极地以创新的思路和方式把这些“量身定制”的利好政策运用好，为助推自贸区建设发挥最大功效。

权限能放尽放，资源能给尽给，省属部门的助力，使浙江自贸试验区不断获得商事制度新优势。三类公司登记管理权限直接下放到自贸试验区，一类是省政府国有资产监督管理机构、省政府授权投资的其他部门或机构履行出资人职责的公司以及该公司投资设立并持有 50% 以上股份的公司；第二类是自然人投资，注册资本 2 亿元以上的有限责任公司或发起设立且注册资本 1 亿元以上的股份有限公司；第三类是省属事业单位法人、社会团体、非公司制企业法人投资设立的全资或控股公司。

企业注册登记进一步便利。外商投资实行准入前国民待遇加负面清单管理制度，外资进入门槛进一步降低，手续进一步简便；自贸试验区内推广企业住所（经营场所）申报承诺制，申请人对所申报信息的真实性作出承诺后，可免予提交租赁协议等使用权证明文件；率先在全省实行“网上申报、网上受理、网上审核、身份认证、电子签章、电子归档”等全程电子化登记，加快推进“无介质”电子营业执照。

整合资源保障自贸试验区企业做大做强。在商品交易市场专项资金安排和省重点市场认定上予以重点扶持；全面开放数据资源，支持自贸试验区创新监管服务模式；以安排专项资金等方式支持自贸试验区市场监管部门加强基层基础建设；帮助自贸试验区向工商总局申请授予外资登记管理权。

由制度创新带动的“最多跑一次”改革，国际贸易“单一窗口”建设，使浙江自贸试验区的营商环境及招商成果日趋优化。挂牌一年来，自贸试验区新增注册企业 4860 家，平均每天 15 家，注册资本总额 2339.11 亿元；其中油品企业 1017 家，注册资本 774.78 亿元；企业平均注册资本大幅领先第三批自贸试验区。

新增外资企业74家，合同利用外资10.46亿美元，实际利用外资3.35亿美元。

不久前，又一项制度创新成果在浙江自贸试验区诞生——商务部允许浙江自贸试验区企业申请原油非国营贸易进口资格，这一政策突破对浙江自贸试验区做大做强原油贸易交易将发挥巨大推动作用。浙江自贸试验区的另一张“王牌”，则是国务院首次将国际航行船舶保税加油许可权下放至舟山，目前已有5家企业获得首批国际航行船舶保税油经营资质。舟山市商务局有关人士分析指出，该许可权的下放打破了以往的经营垄断，当前国内拥有保税燃料油经营资质的企业均可在舟山开展业务，充分的市场竞争将有力地提升浙江自贸试验区在保税燃料油方面的国际竞争力。

随着改革探索的深入，自贸区制度创新正在接近核心点。有消息表明，中央部委已明确支持在舟山设立人民币结算试点，逐步开展人民币计价结算和离岸金融业务，全力推进人民币国际化进程。浙江自贸试验区已经谋定而动，将加快提升金融服务，更有效地联合银行、证券、基金等金融类机构，打造一站式、国际化投融资服务体系，致力于为助推中国“石油人民币”战略进程作出“舟山贡献”。

（《舟山日报》2018年4月16日）

河南自贸区：构筑中部改革开放前沿

崔志坚

在全国率先通过手机短信验证方式“零见面、无介质、无纸化”办理电子营业执照，形成全国首个《跨境电商零售进口正面监管工作指引》及十余个配套操作指引。2017 年 4 月 1 日，河南自贸试验区挂牌运行，一个接一个的突破由此不断发生。一年多来，河南自贸区郑州、开封、洛阳三大片区，以制度创新为核心，加快建设贯通南北、连接东西的现代立体交通体系和现代物流体系，阔步迈向服务“一带一路”建设的现代综合交通枢纽，正在成为我国中部地区改革开放的前沿。

一、服务创新：零等待、零容忍

挂牌运行一个多月，河南自贸区就选择已取得用地的市政基础设施、社会事业、工业和现代物流业等备案类企业投资项目开展企业投资项目承诺制试点。开封片区将企业投资项目承诺制与投资便利化和事中事后监管举措有机结合，积极优化办事流程、变革管理模式、强化事中事后监管，系统性推进项目开工“零等待”，监管“零容忍”。

围绕“放管服”改革和营商环境优化等方面重点突破，开封形成了“一门集中、一口受理、一网通办、一窗发证、一链监管、最多跑一次”的“六个一”服务新模式。目前，开封片区内实行企业投资项目承诺制的项目进展顺利。

河南自贸区释放后发优势，推广兄弟自贸试验区改革成果经验。同时，围绕自身战略定位，河南自贸区以企业需求和问题为导向，以“放管服”改革、跨境电商、多式联运、金融开放、贸易便利化为重点，梳理筛选了企业投资项目承诺制、原产地信用签证、多式联运“一票制”、政务服务“一次办妥”、“三双三联”事中事后综合监管等 190 项改革创新举措。

根据营业执照上统一信用代码生成的企业服务“一码通”，将企业营业执照、备案、行政许可及信用状况、综合监管服务等信息集成加载到二维码上，不仅实现了企业身份“一码识别”、申办信息“一码共享”、经营资质“一码查询”、行政服务“一码通行”，而且实现监管信息“一码公示”。

坚持推进“零等待”、“零容忍”，河南自贸区释放出旺盛的活力。自 2017 年挂牌到 2018 年 9 月底，自贸试验区累计入驻企业 4.44 万家，主导特色产业进一步壮大，新业态新技术逐步集聚，完整的跨境电商物流产业链已经形成。河南保税物流园区海关备案企业已达 1112 家，法人注册企业 105 家，其中上市企业 9 家；郑州国际陆港入驻关联服务企业 33 家；大学科技园、中关村软件园等一批创新创业平台带动效应显著，视微影像技术、心脏组织器官再生中心、普莱柯生物医药等一批具有世界领先水平的高技术项目先后落户自贸区。

二、货畅其流：“一单制”多式联运

“货到中原睡一觉”是传统交通物流环节多、手续麻烦带给河南的“魔咒”。如何实现“货到中原不打盹”？ 2017 年 10 月 30 日，河南省政府出台的中国（河南）自由贸易试验区建设专项方案，就将一单到底的多式联运服务体系与政务服务、监管服务、金融服务、法律服务并列为五大服务体系建设专项之一。

河南自贸区在郑州国际陆港“一带一路”国际多式联运全程物流服务模式基础上，实施“国际物流 + 金融创新”合作，制定形成多式联运提单，探索赋予国际多式联运提单物权属性，拓展金融服务功能，为企业提供门到门物流服务，形成了以中欧班列（郑州）为主要载体的国际多式联运“一单制”，实现了“一次委托”、“一口保价”、“一单到底”、“一票结算”的目标。

围绕“一单制”抓改革，郑州机场多式联运数据交易服务平台、郑州国际陆港中欧国际多式联运综合服务信息平台上线运行，率先在中欧班列推行“一票式”“门到门”全链条服务模式，实现了多运输方式高效衔接。同时，河南省机场集团探索制定空陆联运标准，启动了空铁联运货物箱体、安检标准、操作流程和管理体制“四统一”研究，发起成立国际物流数据标准联盟，郑州国际陆港公司制定了 4 项企业标准，还参与了国家 2 项行业标准制定。目前，河南省入选国家多式联运示范工程项目数量居全国第一。

河南自贸区实现“一站式”办理所有通关手续，压缩通关时间 1/3，监管执法由“串联”变“并联”。“先进区后报关”制度大大提高进境入区速度，被企业评为最便利、最受益、影响力最大的改革之一。智能化卡口在口岸、特殊监管区域、保税监管场所全覆盖，对进出车辆及货物监管做到自动识别、自动验放，进口通关时间同比缩短 27%，出口通关时间同比缩短 51%，近八成入境货物经审单后可直接签证放行。

三、“空陆网海”：畅通开放通道

2014 年 5 月 10 日，习近平总书记在考察郑州国际陆港时，提出希望建成连通境内外、辐射东中西的物流通道枢纽，为丝绸之路经济带建设多作贡献。如今，河南自贸区正在形成空中、陆上、网上、海上的开放通道新优势。

郑欧班列成为“陆上丝绸之路”的主力军。2018 年前三季度，中欧班列（郑州）共开行班列超过 2017 年全年总和，目前已实现每周“去九回八”常态化均衡开行，形成了“境内境外双枢纽、沿途多点集疏”格局。

目前，在郑运营货运航空公司 21 家，在全球前 20 位货运枢纽机场中开通 15 个航点，基本形成了横跨欧美亚三大经济区、覆盖全球主要经济体的枢纽航线网络，成为引领中部、服务全国、辐射全球的空中经济廊道。

河南自贸区在全国首推 O2O 现场下单、现场提货模式，首创“一区多功能”监管服务模式，EWTO 核心功能区现已集聚了全球近 4 万种产品。

郑州集装箱中心站设立的“铁海联运服务中心”将铁路货场与沿海港口的信息、业务、操作等无缝对接，正在成为铁路“无水港”。同时，已建成连接上海等“海上丝绸之路”重点港口的沙颍河、淮河两条通江达海内河高等级航道，河南面向“海上丝绸之路”的通道也将越来越顺畅。

（《光明日报》2018 年 11 月 25 日）

湖北自贸区改革创新成效及其经验

管志鹏

一、湖北自贸区改革创新成效及经验

（一）湖北自贸区改革创新成效

1. 行政管理体制优化。湖北自贸试验区总体方案明确的 170 项试验任务已启动 160 项，启动率达 94%，已完成 32 项，正在落实 128 项。在简政放权，制度创新方面，深入推进“放管服”改革。其一是坚决放。向自贸区下放 61 项省级经济社会管理权限，推进证照分离改革，全面实施“27 证合一”，工商登记审批精简 85%、资质资格认定压减 44%。其二是有效管。建立“双随机”等工作机制，全面涵盖“事中审批”许可机制、“事后监管”协同机制。其三是优服务。推出 20 多项税收服务创新举措，在全国首创涉税执法容缺容错机制。

2. 吸引顶尖人才推进科技创新发展。突出创新驱动发展，服务于自贸区建设，湖北省先后出台“科技十条”和“黄金十条”等系列政策措施，形成湖北自贸区传统产业改造升级的政策框架体系，推进科技成果知识产权混合所有制改革；强化科研人员激励，以“3551 人才计划”吸引了海内外 4000 多个人才团队、8000 多位博士在武汉城市圈所属开发区创新创业。截至 2018 年 3 月底，湖北自贸区引进 3 名诺贝尔奖得主，聚集 55 名中外院士、125 名国家“万人计划”专家，412 名国家“千人计划”专家，成为中部首屈一指的人才高地。

3. 市场主体优质增长。截至 2018 年 2 月底，武汉、襄阳、宜昌三大片区共新增市场主体 10697 家，企业科技含量高。武汉片区吸引美国半导体设备、科大讯飞、上海联影、小米等重点项目，一批世界 500 强项目、“互联网 + 独角兽”

企业落地，全力推进国家存储器基地。襄阳片区围绕新能源汽车、高端装备、现代物流等产业，引进飞龙跃江新能源汽车、马茨汽车、骆驼集团等企业和重大项目。宜昌片区聚焦高端服务业，吸引阿里巴巴国际站、宜贸通、全橙通等外贸龙头企业和商业服务平台。

（二）湖北自贸区改革创新主要经验

1. 发挥高校、科研机构云集的优势，整合智力资源，激发创新潜力。湖北高校、科研机构云集，科研成果众多。全省建有160家省级工程研究中心（工程实验室）、475家省级企业技术中心。2017年登记重大科技成果1600项。其中，基础理论成果20项，应用技术成果1540项，软科学成果40项。全年签订技术合同24742项，技术合同成交金额1066亿元。

2. 突出片区特色，协调发展，坚持问题导向和效果导向，形成可复制推广经验。从功能上看，武汉片区是研发和管理总部，襄阳片区是制造工厂，宜昌片区是绿色经济基地。自贸区注重统筹协调，破除行政壁垒，实现资源要素跨区域流动、公共服务跨区域保障的一体化开放格局。一方面，推进产业一体化进程。襄阳、宜昌片区，利用武汉片区交通区位、销售市场、科技信息、人才等优势，以“园外园”形式开展产业对接，武汉东湖高新区已在全省建立20多个“园外园”。另一方面，推动形成一体化市场。三个片区已形成统一的市场主体准入政策体系，初步建立工商登记注册机关协调联动机制，基本实现信贷资源区内自由流动和合理配置，信贷市场、票据市场、支付结算、金融信息、外汇服务等同城市化建设初见成效。

湖北自贸区坚持问题导向和效果导向，多项改革措施走在全国前列，形成一批可复制推广的经验。如投资项目审批建成“同步受理、同步办理、限时办结、互抄互告、信息公开”的网上联合审批新模式，实现投资项目从提出申请到开工建设前“所有事项、所有层级、所有部门、所有流程”网上联审四个全覆盖，被国家发展改革委确定为“湖北模式”，全国已有9个省、市、自治区复制经验做法。

二、湖北自贸区改革创新中存在的问题

（一）协调配合不够，政策措施精准性不高

一是省自贸办协调管理机制不科学。目前省自贸办采取的专题组管理模式，层级太多，分工太杂，在一定程度上降低了行政效能。按照现行管理模式，大部分时间和精力都耗费在与专题组各成员单位的材料催报方面，而忽视了对自贸区片区和企业的调查研究。二是跨部门协调难度大。湖北自贸区有170项改革任务，按对应的部门职能，每项任务由多家牵头单位和责任单位协调配合推进，工作过程中难免出现推诿等情况。三是政策措施精准性不高。湖北自贸区在总体方案指导下，相关部门配合总体方案相继出台一系列政策文件，但因部门协调不够顺畅，调查研究不深入，市场化、法治化手段运用不充分，导致政策措施缺乏精准性。另外，由于三个自贸片区都在原有的高新技术开发区内，片区面积分散且相对较小，片区管委会的机构和工作力量薄弱，许多基础性工作尚未开展，省直各部门开发建设的信息系统和数据库也因此均无法有效筛选相关数据，无法为自贸区建设提供公共信息服务，也难以针对自贸区出台具体政策措施。

（二）权限下放不充分与承接不住的矛盾

湖北省级经济管理权限下放了61项至自贸区，与第三批其他自贸区对比属下放较少的，河南下放455项、陕西下放213项、重庆下放174项。据调研情况显示，下放的省级权限中对减少审批频次没有显著作用，市场关注度较高的管理权限下放较少。自贸区一方面期待更多的省级权限下放，另一方面又存在没有承接主体、业务人员不足等承接不住的矛盾。自贸区管委会权责不明，机构设置不全，人员配备不足，当前不具备承接数百项省级经济社会管理权限的条件。即便有些权限下放至自贸区，但又因没有市场需求而闲置，有政策没有市场需求的现象在自贸区170项改革任务中也有体现。

（三）大胆试、大胆闯、自主改精神不够

湖北自贸区170项改革任务除4条中央事权项外，其他166条均已启动，落地实施率达80%，总结拟向全省复制推广经验13项，3项改革措施收入国家自

贸区重要改革经验目录（全国共31项）。从这些数据上看，湖北自贸区改革力度很大，效果明显，确实取得了可喜的成就。但从自贸片区调研情况看，仍然存在改革畏首畏尾、踌躇不前的情形，大胆试、大胆闯、自主改的思想认识需要强化。自贸区改革多触碰到相关部门痛点，推进难度大，这就导致出台的改革措施一般较为偏向发展类，未能紧扣自贸区建设的核心目标，规避了改革痛点，未能解决当前亟待处理的问题，难以体现出自贸区改革前沿阵地所在。

三、湖北自贸区改革创新建议

（一）加强统筹谋划，优化管理模式，畅通信息渠道

一是加强统筹谋划力度。省自贸办承担省自贸区工作领导小组的日常工作，进一步发挥统筹协调作用，明确省直部门及片区自贸区管委会职能。省直部门完善政策措施，加强与上级部门沟通，多争取国家层面支持。自贸片区加强部门间协调，摸清市场需求，找准改革方向。二是优化管理模式。省自贸办全面优化管理流程，实行扁平化管理，改进层级报送的工作方式，整合省直部门力量，提高工作时效性和精准性，避免行政资源浪费。三是畅通信息渠道。省自贸办进一步加强督促推进，全面优化业务主管部门之间、部门与自贸片区之间的联络渠道，实现高效、无障碍沟通。四是加快统计制度及信息化建设。省自贸办应统筹协调，尽快出台自贸区统计工作办法，明确统计口径和统计范围，切实开展统计工作，全面推动大数据与自贸区实体经济深度融合，以数据深度融合催生转型升级新动力，以数据汇聚应用释放政务服务新红利，以产业创新发展拓展经济增长新空间，最终实现以自贸区的高水平信息化建设带动促进全省产业转型升级和政府治理能力、公共服务水平全面提升的良好局面。

（二）完善自贸区管委会职权，承接省级权限

一是明确自贸区管委会行政地位。加快出台自贸区条例，赋予自贸区管委会完整的行政权力，尽快完善机构设置和人员配备。二是承接省级权限。加强业务衔接和人员指导培训工作，提升权限承接能力。同时，开展调查研究，关注市场动向，找准市场需求，向上申请必要的管理权限。三是弄清权限下放和政府职能

转变的关系。自贸区设置和运行的核心是制度创新，成败的关键在于政府职能转变，权限下放只是实现政府职能转变的必要措施，并不等同于政府职能转变本身，权限下放是行政方法和程序等表面上的制度创新，最终目的是涉入制度结构性的深层领域，触及体制改革的核心问题。

（三）总结创新经验、建立容错机制

一是总结创新经验。自贸区的改革创新路径无非两种：自上而下，自下而上。自贸区的改革创新应更注重市场主体呼声，自下而上应声而改，总结经验复制推广。企业投资项目"先建后验"改革就是自下而上改革的典型案例，襄阳片区深刻认识到企业报建流程复杂的难处，联合国土、城建等部门自主改革，在省发改委的全力支持下，极大地简化审批流程、缩短审批时限、加快项目落地。二是建立容错机制。改革是"摸着石头过河"，必然存在风险，为激励改革，各地自贸区条例中均有容错条款，改革的前置条件是符合法律、法规规定，但现实障碍往往是改革难以突破现行法律、法规瓶颈。对此，容错机制应进行扩大理解，针对特定的改革事项，在法律、法规未调整前，报备的违法改革视具体情况也应容错。

（四）激励创新，促进产业集聚

落实制度创新成果，建设完善以企业为主体、市场为导向，创新链、产业链、资金链、政策链、人才链深度融合的技术创新体系。继续提升投资贸易自由化便利化水平和开放水平，营造国际化、市场户的良好创新环境。把形成的制度创新优势持续转化为功能优势和项目、规模、产业优势。将湖北自贸区打造成制度高地，逐步释放制度创新红利，不断壮大市场主体，促进产业集聚，形成长江经济带世界级产业集群。

（《行政事业资产与财务》2018年第15期）

重庆自贸区成绩斐然 西部物流园呈现“蝴蝶效应”

刘晓旭

重庆，是西南地区最大的工商业城市，是西部大开发重要的战略支点，是“一带一路”和长江经济带重要联结点以及内陆开放高地。

重庆自贸试验区自 2017 年 4 月 1 日挂牌建设以来，深入贯彻中央对重庆提出的“两点”定位、“两地”“两高”目标，认真落实党中央、国务院“高标准、高质量”建设要求，坚持高位推进，明确目标定位，实施“双轮驱动”，完善运行机制，凝聚发展合力，取得显著成效，得到中央改革办、国务院大督查组、国务院自贸试验区部际联席会议办公室以及市委、市政府的充分肯定。

据重庆自贸区相关负责人介绍，截至 2018 年 11 月，重庆自贸试验区建设成效明显，151 项改革试点任务已落地实施 122 项，29 项正积极推进。截至 2018 年 10 月底，重庆自贸试验区引进项目 1605 个，签订合同（协议）总额 4848.14 亿元人民币。

一、重庆自贸区建设取得的阶段成果

自贸区规划至今已经有五年时间，也取得了阶段性成果及经验。探寻自贸区建设进展也成为环球网财经本次采访的重点？对此，据相关负责人介绍，围绕国家赋予的“一带一路”与长江经济带互联互通枢纽、西部大开发战略重要支点的战略定位，重庆自贸区着力打造以多式联运为核心的内陆国际物流枢纽、以货物贸易为基础的内陆国际贸易中心、以金融结算便利化为抓手的现代金融中心、以互联互通为目标的现代服务业运营中心、以科技创新为支撑的国家重要现代制造业基地，在陆海贸易新通道建设、中欧班列功能拓展、多式联运平台建设、国际物流分拨中心建设、国际贸易“单一窗口”运行、通关一体化、开放平台协同发展、自贸试验区与中新项目一体化发展、物流金融创新、新兴产业集聚等方面取得积极进展。

重庆自贸区已经取得了以下五方面成绩：

一是制度创新成果丰硕。重庆自贸试验区 151 项改革试点任务已落地实施 122 项，29 项正积极推进。国家四批 153 项自贸试验区复制推广经验已落地实施 126 项。出台配套文件 34 个、支持措施 500 余条。形成投资、贸易、金融和事中事后监管 4 个领域 141 条创新政策举措。培育形成 13 个创新典型案例，34 项制度创新成果，其中全国首创案例 6 个、首创制度创新成果 11 个，海关特殊监管区域“四自一简”、“国际物流大通道建设”、“实施铁路运输信用证结算”等被国家采纳和推广，“重点企业进口付汇新模式”21 项案例和成果从自贸试验区推广到全市。积极开展个性化探索，引导和鼓励商业银行围绕陆路贸易开展以运单为核心的金融服务和产品创新，开立全球第一份跨境铁路联运提单及跟单国际信用证，国际陆路贸易规则探索迈出重要步伐。

二是便利化水平显著提升。全面实施外商投资负面清单管理，外资项目备案实现立等可取，覆盖率达到 100%。加快海关通关一体化改革，“三互”大通关建设持续发力，企业业务协调时间节省 50% 以上。国际贸易“单一窗口”上线运行，口岸通关时间压缩了三分之一。传统加工贸易产业实现加快升级，零部件和智能终端出口持续增长。贸易新业态加速崛起，融资租赁、全球维修顺利起步，飞机保税租赁率先在第三批自贸试验区实现突破，跨境电商、汽车进口规模不断扩大，在中西部地区处于前列。

三是营商环境大幅度优化。33 项市级经济管理权限下放片区。商事主体注册登记“四办”（网上办、马上办、辅导办、帮你办）、基层“注册官”制度广受企业好评。推进“多证合一”和“证照分离”改革试点，探索推行“四十一证合一”，通过取消审批、审批改备案、告知承诺、提高透明度、加强市场准入监管等措施，解决“准入不准营”的问题。“证照分离”事项网申专区上线，100项行政审批事项具体操作细则和流程向社会公开。涉税事项“最多跑一次”“全程网上办”全面铺开。在第三批自贸试验区中率先建成区域识别系统，正式运行大数据监管信息平台，自贸试验区法院获批，组建商事仲裁中心和知识产权法庭，设立调解、公证、涉外法律服务等机构，成立西部唯一的商标审查协作中心。

四是金融开放创新取得实效。在全国率先启动物流金融创新试点，推出国际陆路贸易供应链融资新产品。优化跨境收支管理，提高跨境结算效率，节省企业人力和资金成本超过70%。在全国率先推出“出口双保通”产品，跨境保理业务实现突破。跨境人民币使用范围扩大，跨境人民币汇率风险和汇兑成本实现“双降”。跨境投融资领域更广，企业外债流入维持历史较高水平，平均融资成本下降0.5个百分点。多元化、专业化金融服务网络更加健全，中信银行、交通银行等设立跨境结算、离岸业务等区域性或全国性功能总部。

五是产业聚集效应初步显现。严格推行政策、项目“双清单”，坚持“为好项目设计好制度”“为好制度匹配好项目”，强化招商工作。智能产业加速聚集，商汤科技人工智能、金泰克内存生产基地等标志性项目落地。医疗领域实现突破，新加坡莱佛士集团独资医院落户。航空产业逐渐壮大，美国AAR、新加坡新科宇航、广州飞机维修公司维修企业落户共建。金融、教育领域逐步扩大，筹建首家中外合资证券公司及合资医疗保险机构，引进美国石溪中学等境外教育机构。截至2018年10月底，重庆自贸试验区新增企业注册20630户，占全市比重9.0%，注册资本总额1725.39亿元人民币，占全市比重13.8%。其中，新增外资企业注册347户，占全市比重21.0%，注册资本24.05亿美元，占全市比重12.0%。重庆自贸试验区引进项目1605个，签订合同（协议）总额4848.14亿元人民币。

据重庆自贸区相关负责人介绍：下一步，将深入学习贯彻中央重要批示精神，按照国务院自贸试验区建设五周年座谈会部署以及市委市政府部署，进一步解放思想，大胆创新，不断提高自贸试验区发展水平，推动自贸试验区建设走深走实，努力把重庆自贸试验区建设成为新时代改革开放的新高地，在内陆开放高地建设中发挥更大引领和示范作用。将从以下六点突破：一是提高政治站位，加强统筹谋划，主动融入和服务国家战略。二是聚焦改革创新，实现重点突破，形成更多高质量、集成式制度创新成果。三是落实试点任务，抓好复制推广，确保改革举措落地生效。四是深化“放管服”改革，强化法治保障，进一步优化营商环境。五是立足自身优势，开展个性化探索，打造特色亮点。六是实施开放引领，发展开放型经济，形成竞争和发展新优势。

二、西部物流园自贸板块成绩斐然

探索铁路运单贸易融资功能、建设国际物流枢纽和口岸高地、带动西部大开发战略深入实施等方面的成效和经验，也成为环球网财经采访时的重点提问。

对此，重庆自贸区相关负责人回复环球网财经，认为目前西部物流园自贸板块在探索陆上贸易规则、建设内陆枢纽和口岸高地、跨区域产能对接等方面取得显著成效，“铁路运单物权凭证化”和“创新推动国际物流大通道建设”2 项创新成果上报国务院，并面向全国推广。主要体现为以下三点：

第一，创新物流供应链金融，探索陆上贸易规则。长期以来，世界贸易的规则都与海运挂钩，铁路运单不是物权凭证，货物买卖方指定的代理收货公司，均不能用运单证明其对相关货物拥有处分权，这直接导致跨境陆路运输无法形成畅通的供应链金融，造成了内陆地区直接参与国际贸易的极大不便。

重庆自贸区总体方案中提出“构建中欧陆路国际贸易通道和规则体系，发展国际铁路联运”的有关要求，其核心就在于打造物流供应链金融，实现海运和陆运的贸易规则相融通、相适应。由于西部物流园是中欧班列（重庆）、国际陆海贸易新通道等陆上运输线的起点，占位全市多式联运体系的中枢，因此也成为了攻坚此项任务的主战场。

在中欧班列（重庆）的现有主要货源中，物流园自贸板块选择了原装整车作为切入点，利用国内的合同法及贸易规则，以“货代单”代替铁路运单为思路，结合重庆铁路口岸对货物的指定查验及放行权限，积极接洽德国汉宏、德意志银行及中行、工行、建行，成功实现经中欧班列（重庆）运输的进口汽车货运提单被银行授权认可作为物权凭证。2017 年 10 月，重庆铁路口岸成功开具第一单铁路信用证，2018 年 3 月完成了铁路信用证的批量化使用。目前，在中欧班列（重庆）线路，已有 4 批进口整车采用这种模式进口，初步实现常态化。

同样可喜的是，在重庆农商行与迪拜 MAS 银行的支持下，国际陆海贸易新通道铁海联运线路于 2018 年 7 月打通了进口车商的结算通道。首批采自中东地区的进口整车一改当地主流的 T/T 外汇现金付款结算方式，转而采用“海铁多式联运提单”进口，率先在内陆地区实现了“信用证结算 + 海铁多式联运”的结合。此举很大程度上解决了进口商海外采购融资问题，也规避了境内预付款境外不发货的风险，对相关产业从沿海地区向重庆转移具有直接促进作用。

第二，体系化运作开放资源，建设内陆枢纽和口岸高地。2018 年，物流园自贸板块加快推动以铁路为主的综合国际物流通道体系建设，东西南北四个方向的班列开行皆表现抢眼。截至 10 月底，中欧班列（重庆）共开行班列 991 班，其中去程 523 班，回程 468 班，新增重庆—越南、重庆—明斯克、重庆—汉堡、重庆—伊朗运行线路；国际陆海贸易新通道开行铁海联运班列 365 班，其中下行 192 班，上行 173 班，实现“天天班”开行，并于新加坡、越南、香港等地设立了 5 个海外货物集散分拨中心。此外，北向的“渝满俄”班列开行 149 班、东向的“渝甬”班列开行 127 班，均实现常态化开行。

在巩固国际物流枢纽的基础上，物流园自贸板块立足铁路口岸核心资源，提升口岸功能，优化完善口岸配套，引导上下游产业的集聚，基本形成了与通道体系相呼应、与国际规则相接轨的口岸体系。园区已建成投运整车进口口岸，正在快速推进设立首次药品进口口岸，推动进口粮食、肉类、冰鲜水产品等指定口岸功能拓展至铁路口岸，以及 B 型保税区拓展区（含保税冻库）、国际邮件互换中心、口岸公共仓等一批服务口岸经济的配套设施的建设。同时加快自贸区项下体制机制创新，不断优化营商环境，培育壮大现代物流、商务商贸、智能制造、现代金融等开放主体，软硬两手服务保障国际物流通道运行能力，赋能口岸高地建设。

目前，物流园自贸板块正在着力推动转口贸易的发展，通过中欧班列（重庆）与国际陆海贸易新通道的接驳，实现欧亚间通过重庆的转口贸易。园区已分别开展两次将越南产的韩国 LG 的电子产品通过陆海新通道和中欧班列联动测试，抵达波兰和德国；比利时产的烟叶至日本的转口贸易测试。

第三，强化跨区域产能对接，撬动中西部经济格局。2018年9月，一列满载PVC的货运班列从青海驶出，抵达西部物流园后转运至印度海港。这是青海的首班国际陆海贸易新通道铁海联运班列，开辟了新的“盐马古道”。无独有偶，11月，中欧班列（重庆）实现白俄罗斯回程班列常态化开行，其主要货品乳制品原料从此无须绕行沿海，能够直接运往全国各地工厂。

以上物流方式的改变，正是物流园自贸板块推动陆上联运的成果，促使供需双方都能以低廉成本实现大规模贸易流动，也从侧面佐证了重庆自贸试验区“西部大开发重要战略支点”的重要功能。

事实上，依托通道建设的辐射、带动作用，物流园自贸板块正全方位营造出中西部地区跨区域产能对接的新环境。以中欧班列（重庆）为例，主要货物品类逐步涵盖了笔电产品、整车及零部件、通讯设备、机械、汽配、服装、小家电、化工品、食品、冷链、医药及医药器械等数十个大类。而究其来源，重庆以外地区的货源占比逾60%。在陆海新通道的主要货品中，内地的工业制品（如机械设备、电器、五金件等）与进口的原材料（如矿物性建筑材料、化工原料、农产品等）同样实现了南北对流，达到了各取所需、互利共赢的效果。换言之，凭借物流园自贸板块的集散分拨功能，周边地区尤其是西部地区，找到了一种新的产能对接渠道，受制于地缘的产能优势得以释放并不断变现。

另一方面，物流园自贸板块借力自贸区制度红利，加快培育开放型经济，签约落地了一大批影响力大、带动性强的产业项目，如美国安博、普洛斯、红星美凯龙等国际物流商贸巨头，传化智联、万达互联网小贷、中垦融资租赁等金融结算类企业，腾博物流、昂洋供应链、尼尔森等国际贸易企业。截至2018年10月底，物流园自贸板块共实现了1500余家企业入驻，主要涉及物流、商贸、金融及相关配套领域。这些企业的集聚，不仅使园区自我造血能力持续增强，其业务版图的不断扩大，也创造了越来越多的商业机会，为活跃周边地区的经济社会发展发挥了引擎作用。

物流园自贸板块将紧紧围绕中央对重庆提出的“两点”定位、“两地”“两高”目标和“四个扎实”要求，以“从全局谋划一域、以一域服务全局”的发展思维，紧扣重庆自贸试验区顶层规划，主动服务国家开放战略，深度融入“一带一路”建设、长江经济带发展和西部大开发战略，全力以赴推动从高水平开放到高质量发展的转化。

（环球网 2018 年 11 月 20 日）

四川自贸区：加快形成立体全面开放新态势新格局

中国日报四川记者站

2019年4月1日，四川自贸试验区青白江片区正式挂牌成立两周年。作为全国自贸区中唯一以铁路港为核心的自贸片区和中欧班列（成都）的地点，四川自贸试验区青白江片区按照“要利用蓉欧快铁这张名片，打造蓉欧枢纽”的重大要求，主动融入“一带一路”建设，坚守打造内陆地区联通丝绸之路经济带的西向国际贸易大通道重要支点定位，创新提升内陆铁路港贸易便利化水平，高质量构建开放型经济发展的新高地。

历经两年时间的探索实践，对标国际营商环境标准体系，四川自贸试验区青白江片区制度创新蹄疾步稳，多项改革创新举措相继诞生，改革红利加快释放，创新活力持续迸发，在拉动开放型通道经济增长的同时，也推动了职能转变、法制建设、沿边协同开放、贸易及投资等便利化营商环境的改革发展，“四向拓展、全域开放”的立体全面开放新态势、新格局正加快形成。

一、加速拓展网络布局构建国际领先的物流枢纽

四川自贸试验区青白江片区始终坚持以提升物流通达能力和运行效率为关键，依托成都国际班列的稳定开行和运营能力的提升，加速拓展网络布局，扎实推动国际物流大通道建设，蓉欧枢纽建设取得明显成效。

2018年，成都国际班列年度开行2619列，其中中欧班列（成都）开行1591列，连续三年位列全国第一，不仅是开行量的引领，中欧班列（成都）西向欧洲腹地不断驶入纵深，国际国内物流“两张网”也不断加密。截至2019年4月，中欧班列（成都）境外站点数拓展至24个，国内“蓉欧+”互联互通直达班列覆盖沿海、

沿边城市 14 个，打造 7 条国际铁路通道和 5 条国际铁海联运通道，全方位打通了新丝绸之路经济带与长江流域经济带铁水、铁海、公铁多式联运通道。

西向新开通至奥地利维也纳、德国杜伊斯堡、匈牙利布达佩斯、德国不来梅、德国汉堡、白俄罗斯布列斯特直达班列，并打通汉堡经里加到成都的国际海铁联运通道。南向稳定开行“蓉欧 +”东盟国际海铁联运通道和东盟全程铁路国际联运通道班列，先后开通钦州、凭祥、广州三条线路，构建南向跨区域联运一体化的国际陆海贸易新通道。北向推动俄罗斯班列往返开行，促进木材、纸浆、肉类、整车等运贸一体化发展，现已成为中国内陆往返俄罗斯最密集的贸易通道。东向则与上海、天津、宁波、青岛、日照等港口合作，构建辐射日韩以及欧美跨洲际的海铁联运通道。

据统计，2018 年成都创新开行的中俄贸易定制化班列，助力四川蔬菜、云南茶叶，“成都造”整车、服装、鞋帽、箱包等开拓俄罗斯市场，同时也把俄罗斯的木材、糖果、纸浆等货物源源不断地运入中国，带动贸易额增长约 13 亿元。同时，与宜宾、泸州实现铁水联运，与攀枝花、凉山等地建立蓉欧班列基地，仅 2018 年中欧班列（成都）就带动川内逾 200 亿元的货物进出口。成都国际铁路港作为区域性国际物流枢纽的产业聚集效应进一步凸显。

二、强化枢纽要素配置功能　谋划开放口岸平台建设

挂牌两周年来，自贸区持续完善配套功能，加快建设国际新型贸易口岸，不断提升口岸承载能级、口岸通关便利化水平，以全球视野谋划开放口岸平台建设。

坚持“国际领先、亚洲一流、国内第一”的目标，自贸区已坐拥亚洲规模最大的铁路集装箱中心站，成都最大的大弯货站和国内领先的国际集装箱物流园区、散货物流园区，规划建设智慧无人集装箱中心作业区，对标青岛、上海自动化码头，建成全球第一个铁路系统的智能无人港，加快实现远期集装箱吞吐量 400 万标箱目标。

成都铁路口岸已先后获批投运四川唯一的铁路货运型国家对外开放口岸，国家多式联运海关监管中心、汽车整车进口口岸，进境肉类指定口岸和成都铁路保

税物流中心（B型），蓉欧铁路港国家级经开区和成都国际铁路港综合保税区也在积极申报中，目前综保区申报材料已按流程流转至海关总署，为发展适铁适欧产业、进一步打造高水平开放平台注入了强劲动力。

未来，来自哈萨克斯坦、俄罗斯等国的小麦和玉米等粮食产品将通过中欧班列（成都）销往成都及内陆腹地。据青白江海关工作人员表示，进境粮食指定口岸建成投运后，成都铁路口岸将达到年粮食处理能力30万吨，仓储能力4330吨。

2018年4月26日，首票由荷兰蒂尔堡启运，车型为18款路虎的保税平行进口车抵运成都国际铁路港开箱查验并保税仓储，标志着成都铁路保税物流中心（B型）成为全国首个开展平行进口车保税业务的保税物流中心自2016年11月封关运营以来，保税物流中心（B型）成长速度惊人。据海关总署公布数据显示，其全国排名已升至第五。同时为进一步优化中心业务形态，满足多元化业务快速增长的需求，保B“一站式”综合服务平台投运运行，实现了企业进出口业务办理、业务查询、补贴办理、投诉建议等多种事项的一站式服务。

三、数十项创新经验成果落地　改革试验任务取得新突破

以改革促发展，四川自贸试验区青白江片区挂牌成立两周年来，深入推进《四川自由贸易试验区总体方案》多项改革实验任务和重点改革任务，已累计形成改革成果案例54项，多式联运“一单制”和集拼集运上报国务院部际联席会，有望在全国范围内复制推广，另有多式联运“一单制”、路地合作、邮政通讯地址作为企业注册登记地址3项案例在全省复制推广。

“以前进口100台高档汽车，我们就需要全额支付上亿元的资金，而有了多式联运提单后，只用2000万左右的资金就可以完成预付，极大地减少了资金占用，降低了国际贸易风险。”成都蓉贸揽驰平行进口汽车贸易有限公司董事郑成欢表示，多式联运“一单制”给企业带来了看得见的红利，初步估计国际贸易成本可降低1—2成。

自2017年4月国内首张中欧班列多式联运提单诞生于四川自贸试验区青白江片区以来，多式联运“一单制”深入推进，截至2019年4月共签发多式联运

提单近1500单，服务品类拓展到了平行进口汽车、木材和红酒等领域，商务部、人民银行、铁总、最高院等7部委专题调研青白江“一单制”改革经验。

集拼集运常态化开展，创新海关多式联运监管，监管单元由“列”变为“节”，与中铁多联、乌鲁木齐班列公司签订三方合作协议，通过整合各城市班列资源，提升装载量，降低运行成本约20%。

宽轨段集并运输模式顺利推进。2018年，在中国铁路总公司牵头指导下，中欧班列（成都）共计成功组织测试了12列“三并二”集并运输班列，全程运行时间约10—15天，有效节约了运力资源，充分利用集并组织工作，全程物流成本下降了5% ~ 10%，同时也为中铁总公司全面推广集并运输提供了实践基础。

国际班列通关便利化取得新突破。获批成都海关与波兰罗兹海关布局开展“报关数据提前交换试点”合作，已明确数据交换标准、范围，成为全国首个开展关际合作内陆自贸区。2019年2月中欧安智贸大会第32次工作组会议通过中欧班列（成都—波兰罗兹）线路及相关企业纳入“安智贸”试点，试点企业将享受互认国家或地区海关提供的通关便利措施，进一步提高了自贸区贸易便利化水平。

全国首创以海铁联运方式开展整车进口，顺利打通“迪拜—钦州—成都”海铁联运线路，从北美、中东地区进口整车，搭建起了西部地区向东开放的新桥梁，物流成本与传统海港清关、公路分拨模式基本持平，在通关时效性方面较传统模式压缩近20%，打破平行进口车在沿海地区集散的传统模式，实现了整车贸易集散功能向内陆口岸的转移。

供应链金融创新加快推进。自贸区内首家内资融资租赁公司，成都惠融公司获批开展融资租赁服务试点。首家商业保理公司万创华瑞公司已完成审批流程，首家外资小贷公司法国美兴已提交审核资料，正加快注册。中国人保关税保证保险已落地，与建设银行合作班列数据融资加快推进，形成《成都交子供应链金融服务有限公司组建方案》报市政府。

四、对标国际一流水准　高能级创建国际化营商环境标杆

四川自贸试验区青白江片区坚持以问题为导向，在政府职能转变、市场准入、

投资便利化、贸易便利化、法制建设和监管治理等方面努力探索，在国际化、法治化、便利化营商环境打造上全面发力，为企业生存和发展提供了良好的土壤和基础。

放管服改革全面深化，已承接4批次157项省市级行政权力事项，设立外国人申请签证、（停）居留证件的一站式办理窗口。推动首次进口非特殊用户化妆品审批改备案，用时由5个月压缩到5天。建立证照联办单一窗口，企业开班时间从20天压缩到5天。出台《工程建设项目审批制度改革试点方案》，全流程审批时限从200个工作日压缩到60个工作日。全国率先打造跨部门“双随机、一公开”综合监管平台，28个执法部门实现共享共用。建成全省首个市场监管大数据平台和自贸区区域识别系统，打造自贸区企业“全画像”。

国际化是四川自贸试验区青白江片区着力构建国际一流的城市政务环境、产业环境和法治环境。成都国际铁路港单一窗口正式揭牌并投入使用，实行一窗受理、内部流转、并联审批和限时办结，推行外商投资企业商务备案与工商登记“单一窗口、单一表格”，免费为新登记企业刻制印章，为企业入驻提供一站式服务。全面推广应用国际贸易“单一窗口”，力争在2019年年底前主要申报业务应用率达到100%，到2020年底前实现国际贸易进出口业务全部通过“单一窗口”办理。

创新口岸服务机制体制。围绕“提效降费促贸易”总目标，实现口岸基础作业“零收费”，截至2018年年底，累计减免企业场站操作费用达1.58亿元。遵循国际惯例，为企业发展提供坚实法治保障，实行“府院联动、多元化解”。探索建立跨境电子商务事中事后监管及消费者权益保护机制。依托“蓉欧+”法律服务联盟，引入优质涉外法律服务资源，挂牌成立四川自由贸易试验区人民法院（青白江）巡回法庭，为企业提供精准法律服务。

对外开放是我国基本国策，自贸试验区建设也是我国国家战略，是四川具有标志性意义的重大战略机遇。相关负责人表示，四川自贸试验区青白江片区将加快协同开放，深化改革创新，提升贸易便利化水平，推动高水平对外开放，加快构建高能级战略开放载体和立体全面开放新格局，打造内陆开放型经济新高地。

（中国日报网 2019年4月2日）

陕西自贸区：新丝路上的新探索

陈小玮

位于古丝绸之路起点的陕西，现在既是“一带一路”国家战略重要枢纽，也是“向西开放”的战略前沿。自贸试验区挂牌后，陕西除了继续发挥“一带一路”建设对西部大开发的带动作用，也开始着力打造内陆型改革开放新高地，探索内陆与“一带一路”沿线国家经济合作和人文交流新模式。

2017 年 4 月 1 日，国家第三批七个自贸试验区同时挂牌。第三批自贸试验区中，有五个是内陆省份，其中有三个位于西部。此前两批四个自贸试验区均位于沿海。自贸试验区从沿海向内陆延展，形成不同梯度的发展格局，承担制度创新的使命，但每个自贸区又各有不同的定位。

陕西自贸区的定位，就是打造内陆型改革开放新高地，探索内陆与“一带一路”沿线国家经济合作和人文交流新模式。

《中国（陕西）自由贸易试验区总体方案》提出：经过三至五年改革探索，形成与国际投资贸易通行规则相衔接的制度创新体系，营造法治化、国际化、便利化的营商环境，努力建成投资贸易便利、高端产业聚集、金融服务完善、人文交流深入、监管高效便捷、法治环境规范的高水平高标准自由贸易园区，推动“一带一路”建设和西部大开发战略的深入实施。

简言之，自贸区就要通过制度改革、金融创新以及政府职能转变，营造一个更自由更开放、实现国际化和便利化的营商环境，从而方便企业办事，推进贸易和投资便利化，吸引国外、省外高端生产要素，以推动陕西经济升级。

一、陕西自贸试验区功能定位

中国（陕西）自贸试验区由三个片区组成，即中心片区、国际港务片区、杨凌片区，三片区沿新亚欧大陆桥自东向西呈串珠式分布，总面积119.95平方公里。

中心片区包含了西安高新区、西安经开区、西咸新区部分区域，共计87.76平方公里，也是陕西自贸区最大的片区。其范围东至经开区明光路，南至高新区锦业二路、滨河北路，西至秦汉新城秦英路，北至空港新城正平大街。

中心片区重点发展战略性新兴产业和高新技术产业，着力发展高端制造、航空物流、贸易金融等产业，推动服务贸易促进体系建设，拓展科技、教育、文化、旅游、健康医疗等人文交流的深度和广度，打造面向“一带一路”的高端产业高地和人文交流高地。

中心片区又由如下几个分区组成。

西安高新区片区，规划面积为35.67平方公里。该区定位是，重点发展战略性新兴产业和高新技术产业，着力发展以金融贸易为核心、以生产性服务业为特色的现代服务业，打造面向全球的高新技术产业基地、人文交流枢纽和金融贸易中心，建设具有国际竞争力的先进制造创新中心和“一带一路”创新之都，成为世界一流科技园区。

其发展目标是，建成具有投资贸易便利、高端产业聚集、金融服务完善、人文交流深入、监管高效便捷、法制环境规范的自由贸易园区和创新创业生态系统，在服务国家“一带一路”战略中，凸显科技创新特色，形成一批可复制推广的制度创新成果，构建一批有辐射带动作用的创新驱动新模式。

西安经开区片区规划面积9.515平方公里，涵盖西安出口加工A区，该区定位是，重点发展先进制造业、新金融产业和制造服务业，打造“两高地”、建设“两园区”、促进“一合作”（即：打造“一带一路”先进制造业高地和制造服务业高地；建设“一带一路”金融新试验区和产融结合示范区；促进“一带一路”国际产能合作），构建先进制造业、新金融产业和制造服务业融合发展的现代产业体系。

其发展目标是，成为先进制造业与制造服务业集聚、金融服务完善、投资贸易便利、监管高效便捷的自由贸易高地，为陕西省推进“一带一路”和西部大开发战略提供有力支撑。

经开区将通过“坚持产业主导、坚持制度创新、坚持政策引导”的“三坚持”原则，建设投资贸易便利、监管高效便捷的自由贸易试验区。经开区将以自贸区的建设发展为契机，围绕“追赶超越、争先进位”的大局，主动承担起建设万亿级工业大走廊、打造工业增长极和加快军民深度融合的重大使命。

西咸新区划入自贸区，又具体分为四个功能区。

空港新城功能区，规划面积 13.8 平方公里。作为中国民航局支持设立的首个“国家航空城实验区”，空港新城以打造丝路交通商贸物流中心、国际航空服务业聚集中心、国际会展文化创意中心、生态和农业小镇示范中心为发展目标，围绕西安咸阳国际机场做文章，大力发展航空物流、飞机维修、总部经济、文化创意和临空农业，已初步形成良好的产业基础和城市配套服务功能。

秦汉新城功能区，规划面积 10.85 平方公里。秦汉新城根据中省、西咸自贸试验区发展要求，依托国家服务贸易创新试点、双创示范基地以及开放型经济新体制综合试点为基础，以促进外向型经济发展为主题，围绕文化旅游产业、健康医疗产业、智能制造产业，打造陕西自贸试验区“一带一路”人文交流与合作创新平台、“一带一路”智能制造与国际贸易互联互通平台和国际健康医疗养老服务三大平台。

沣东新城功能区，规划面积 13.14 平方公里。陕西自贸试验区方案中对该区确定的任务是，服务贸易、金融贸易、文化贸易。

西咸新区能源金融贸易区，规划面积为 4.79 平方公里。该区重点发展金融贸易产业，打造现代化大西安新中心中央商务区。

西安国际港务区片区包含西安国际港务区和浐灞生态区部分区域，其范围东至西安国际港务区西韩公路，南至浐灞生态区香槐一路，西至西安国际港务区灞河东路，北至西安国际港务区铁路北环线。

西安国际港务区片区重点发展国际贸易、现代物流、金融服务、旅游会展、电子商务等产业，建设“一带一路”国际中转内陆枢纽港、开放型金融产业创新高地及欧亚贸易和人文交流合作新平台。

西安国际港务区规划面积22.62平方公里（含西安综合保税区6.17平方公里）。该区重点建设国际陆港、商贸物流区和新金融产业示范区。国际贸易、现代物流、临港产业、类金融服务、电子商务、文化体育等产业。建设“一带一路”国际中转内陆枢纽港和商贸物流集散中心、开放型金融产业创新高地、国际文化体育交流新平台，致力于打造临港产业、融资租赁产业、电子商务产业、体育健康产业和开放型经济产业五大千亿级产业集群。

浐灞生态区规划面积3.81平方公里。该区以打造丝路沿线金融创新实验区和国际文化交流示范区为核心，重点发展金融商务、国际旅游文化交流、会展经济、对外贸易等产业，将建设成为“一带一路”沿线的开放型金融商务聚集区、国际文化交流及会展服务新平台。

杨凌片区在陕西自贸区中面积最小，只有5.76平方公里，其范围东至新桥路，南至城南路、河堤路、滨河路一线，西至民乐路，北至兴平路、永安路、西兰高铁（杨凌段）一线。该区以农业科技创新、示范推广为重点，通过全面扩大农业领域国际合作交流，打造“一带一路”现代农业国际合作中心。

陕西自贸区首提全省概念，将试验区范围扩大到西安以外区域，此乃一大创新。

陕西自贸区提出了三大战略定位：充分发挥改革先行优势，结合内陆地区特色，营造国际化、市场化、法治化营商环境，把自贸区建设成为“内陆改革创新试验田”；充分发挥向西开放优势，创新内陆开放模式，推动陆海内外联动、东西双向开放，把自贸区建设成为全国“双向开放示范区”；充分发挥陕西作为古丝绸之路起点的综合优势，打造“一带一路”开放合作新高地。

二、开放倒逼政府改革

“西部地区进入自贸试验区的重庆、四川和陕西，共同承担深入推进西部大开发的任务，党中央国务院给陕西确定的最具特色的试验任务是探索与‘一带一路’沿线国家经济合作与人文交流新模式。”中国（陕西）自由贸易试验区筹建办公室负责人、陕西省商务厅副厅长李生荣对媒体这样介绍道。

陕西在扩大与“一带一路”沿线国家的经济合作方面，要重点做到“三个创新”，即“创新互联互通合作机制，创新国际产能合作新模式，创新现代农业国家交流合作机制”。在创建与“一带一路”沿线国家人文交流新模式上把握好“五个重点”，即发挥陕西特色优势，以科技、教育、文化、旅游和医疗卫生合作为重点，创新机制、搭建平台、探索方式，全面加强与“一带一路”沿线国家在人文领域的交流，扩大中华文明的影响。这些安排体现了国家战略在自贸区中的贯彻落实。

“自贸区绝不是一个过去的政策‘洼地’，而是一个‘苗圃’，所做的改革开放的制度红利，会变成可复制、可推广的先进经验。”李生荣表示：“我们要把陕西自贸区作为建设内陆改革开放高地的新标杆来建设发展，完成好国家赋予的使命与担当。”

“自贸区的设立，是对政府管理方法的一次革命。”西北政法大学副校长王瀚对记者说。在自贸区实行登记备案制，政府的角色从过去的事前审批，转型为事中、事后的监管，政府只是提供咨询服务。“广泛地推广网络备案制，方便投资者用最小成本，包括时间成本完成登记备案，在投资商业活动中尽量减少和政府的接触。”王瀚进一步建议道。

自贸区成立后，要求政府要不断地提高涉外行政服务的能力，执行对外政策到位、透明，工作效率高。这对政府的行政能力，包括政府执法习惯都是一个很大挑战。

向自贸试验区下放省级管理事项是推进自贸试验区“放管服”改革的重要内容，对于增强自贸试验区经济发展活力、改善发展环境有着十分重要的意义。

目前，西安区域先行先试，以自贸区建设倒逼各项改革创新和政府职能转变，试点行政审批和市场监管“一体化”服务的改革。有34个省级相关部门向陕西自由贸易试验区下放了217项省级管理事项，其中，委托176项，下放41项。这些事项中，涉及生产经营活动审批的132项、资质资格许可与认定的43项、经济社会管理的38项、投资项目核准的4项。

西安市市级相关部门将下放、委托、派驻中国（陕西）自由贸易试验区西安各片区管委会实施103项市级行政管理事项。

西安市各功能区已经顺利实现“一口受理、19项联办”，并将办证时间缩短为三个工作日。同时加快推进政府效能革命，以到政府办事“最多跑一次”为目标，4个功能区首批推出了702项最多跑一次服务事项。

“陕西这一次应该说放的力度很大，超过了许多自贸区。”陕西省机构编制委员会办公室（省行政审批制度改革工作领导小组办公室）副主任史丰有表示：“更关键的工作是，各片区管委会将下放的行政职能接好并管好。”

下一步的工作是，加强对相关人员的培训，加快建立和完善规范高效的政务服务大厅，加快推进网上大厅，以及自助服务等审管方式的创新和变革。自贸区将会是网上办事最集中最主要的一个阵地。

陕西省工商局副局长田中智介绍说，陕西自贸试验区实行市场准入制度创新，整合区内行政审批、备案事项，推行“多证合一、多项联办”的审批模式。先期整合15项涉及企业设立的行政审批（备案）事项，在行政事项审批（备案）联办平台中预留扩展接口，后续可以整合更多的许可“证照”和“联办”事项。依托联办平台，实现各联办部门业务数据信息实时传递、同步办理，三个工作日办结企业设立所需的全部行政审批（备案）事项，实现走进“一个大厅”，填写“一份表格”，递交“一套材料”，领取“一份执照”，办结相关登记备案事项即可营业。

据介绍，联办平台具有申请“一口受理”、事项“一窗通办”、业务“一网流转”、数据“互联共享”四大功能。联办平台的使用涉及省、市两级多部门的多项行政审批（备案）事项，涉及的自贸试验区片区综合服务大厅共11个。

陕西自贸试验区把支持企业“走出去”、扩大对外投资作为建设内陆型改革开放新高地的重要抓手，主动放宽境外投资限制，简化境外投资管理程序，明确提出对一般境外投资项目和设立企业实行备案制，属省级管理权限的，由自贸试验区负责备案管理；同时建立对外投资合作“一站式”服务平台，加强事中事后监管服务和境外资产、人员安全风险防范。自贸试验区推出的对外投资便利化措施，将为企业放开手脚发展国际产业合作提供有效支撑，还能带动陕西装备、技术、标准、服务出口，深度融入全球产业链、价值链和物流链。

自贸区不能是孤立的，要实现跨片区合作，跨省市自贸区，甚至对接全球其他的自贸区。王瀚建议，“必须实现网上联动机制，实现数据所有部门的共享。”

陕西自贸区对外商投资也将实行“准入前国民待遇加负面清单”管理制度，凡不在负面清单上的产业投资，法无禁止则可，在自贸区投资建厂将没有任何法律障碍。

“自贸区成立后，最急迫的问题是尽快推出负面清单，向社会公布，便于投资主体明确投资方向。”王瀚认为，负面清单可以复制上海等成立较早的自贸区经验。

王瀚指出，陕西是内陆型自贸区，存在一些沿海自贸区不存在的问题，这方面的制度创新，要依据现行法律、政策，要依据贸易和投资流动的基本规律，以及与国际规律对接，产生陕西自贸区的全新管理规范和制度，这样势必产生大量的地方性立法，这需要专人，尤其是法律专业人员进行理论研究，以提供理论支持。“比如自贸区的融资租赁业务的开展，就必须从推进地方立法起步，搞出一个地方性条例。”

三、助力陕西追赶超越

自贸区带来的最大利好是便利化，无论是投资、贸易，还是金融以及服务。

“国际港务区原旨就是做开放，国际港务区在成立自贸区之前就已做自贸区之事，就是围绕国际贸易、开发平台的建设。”西安市委副书记、西安国际港务区党工委书记韩松介绍道。

国际贸易是西安国际港务区（下文简称港务区）“主业”之一。港务区争取了跨境电子商务试点，并及早布局了与自贸区关系极为紧密的综合保税区；目前还是国内唯一的一个内陆粮食口岸。

为支持电商发展，港务区为入区跨境电商企业提供创业孵化基地，并在海外设立海外仓，以解决跨境电商企业海外仓储问题。为给跨境电商企业提供通关的便利，港务区已实现在口岸作业区申报一般贸易清关、跨境清关、快邮件清关等；直购进口比照邮政快件查验监管，免除通关单等一系列优惠政策；针对备货进口采用“先进区后报关”的办法，加快货物通关效率；B2C跨境出口业务，关检采用大包机检和比例抽查，以加快通关放行速度。

目前，港务区已初步形成了依托“长安号”中欧班列的多式联运物流通道体系。

2013年，“长安号”刚开通时，每月只有1班。2015年已突破了每年100班。目前则保持每周3班的频率。“长安号”打通了西安到中亚、波兰、华沙、德国汉堡、莫斯科五条线路，还将开通三条新线路，承担着“一带一路”重要的交通与物流功能。

2016年3月，“长安号”回程货运是爱菊集团从哈萨克斯坦采购的2000吨初榨食用油，共计86个20尺集装箱。为确保班列快速、便捷通关，港务区与陕西省商务厅、省口岸办、西安海关、陕西检验检疫局一同赴乌鲁木齐、阿拉山口协调通关事宜，最终确定采用“舱单归并”的方式进行申报，将通关填报单从过去的86单减为2单，通关费用由30100元降为700元，节省了97%的通关费用。“舱单”是指运输工具的载货清单，1节车厢生成1个舱单，是进出口企业报关的重要文件。长期以来，按照海关监管要求，货运班列通关实施1节车厢一申报的监管模式。“舱单归并”是指同一品名、同一规格、同一合同、同一公司、同一列次的大宗进口货物，几十节车厢的舱单归并成1个舱单，然后用1票报关单申报。

2015年12月25日，国家质检总局正式批复西安港为进境粮食指定口岸，是中国内陆地区唯一进境粮食指定口岸。截至2017年4月，已有三趟中亚班列粮食专列从哈萨克斯坦顺利直达至西安港。均采用“舱单归并”的通关模式。

2016年3月28日，由西安陆港集团组织运营的国内首条陆空联运跨境电商货运航线由阿姆斯特丹直飞抵达西安，100余吨来自欧洲的货物顺利进入西安综合保税区，标志着西安港“海陆空”国际综合联运枢纽基本成型。

投资便利化之后，进驻港务区发展的企业，特别是国际企业、贸易企业数量激增。据统计，2016年企业注册量同比增长67%。

“陕西自贸区的获批，与西安国际港务区长期服务‘一带一路’建设所做的大量工作是分不开的。”西安交通大学冯宗宪教授认为：“自贸试验区首要的就是改革的探索和进一步的开放，国际港务区应该成为服务贸易开放的一个先行机体，特别是在物流、金融和相应的交易、文化等方面，可以做大量的工作，更好地‘走出去和引进来’。”

自贸区也给国际港务区在贸易通关便利化服务和运输服务等方面带来了新的挑战，这就需要该区立足“港口”的功能和大宗货物的交易能力，使“长安号”双向常态化，积极和“一带一路”沿线地区和国家的港口开展深度合作，打通贸易通关的大桥梁。

在西北政法大学副校长王瀚看来，陕西自贸区的战略定位应该包含两方面：首先是外向型经济的发展，即商品投资、服务、贸易、技术的自由化；其次是建设临空经济，将西安打造为内陆门户机场。

航空大都市是全球流行的一个新概念。有调查发现，发达国家的航空大都市，都布局有重大产业聚集区，通过空运这种最快方式与全球产业链连接。王瀚认为，前几年西安提出建国际化大都市抽象了点，他建议将西安定位为航空国际化大都市。西安借助空港，建成通达世界各大洲主要经济区及制造产业聚集区的航空网络，从空中走向世界，对接全球经济区，如此一来，西安就完全呈现出国际化的开放态势，也克服了西安位于内陆，不沿海，货物运输不便的先天不足。

西安目前存在的障碍是，机场服务设施，航线网络，以及直飞能力不足，而且没有航空公司。王瀚建议，应借助开放航权，利用与外国大航空公司的合作，培植优质航线网络，尤其是货运。可在西咸空港对内陆空港规则进行创新，以着重解决货物人员技术服务的大进大出以及与国际市场的对接。

陕西借自贸区“先行先试”进行的诸多制度创新，必将会助力陕西经济腾飞，实现追赶超越的目标。

（《新西部》2017 年 4 月上旬刊）

海南自贸区：围绕三大重点产业打造全面开放新格局

欧阳春香　潘宇静

2018年10月16日，国务院印发《中国（海南）自由贸易试验区总体方案》。方案提出，到2020年，自由贸易试验区建设取得重要进展，国际开放度显著提高，努力建成投资贸易便利、法治环境规范、金融服务完善、监管安全高效、生态环境质量一流、辐射带动作用突出的高标准高质量自贸试验区，为逐步探索、稳步推进海南自由贸易港建设，分步骤、分阶段建立自由贸易港政策体系打好坚实基础。

海南大学中国特色自由贸易港研究院专家曹晓路向中国证券报记者表示，海南自贸区的范围包含海南全岛，是此前获批的11个自贸区面积总和的26倍。此次在海南探索建设中国特色自由贸易港意义非凡，是对外开放、构建开放型经济新体制背景下的一次具有划时代意义的改革试验。

一、重点打造三大产业

2018年4月14日，《关于支持海南全面深化改革的指导意见》发布，海南拟建设国际自贸区和自由港的规划浮出水面。《意见》对海南作出了新的四大战略定位：全面深化改革开放试验区，国家生态文明试验区，国际旅游消费中心，国家重大战略服务保障区。

中国社科院工业经济研究所研究员、中国区域经济学会副会长陈耀表示，“海南是第一个明确要建设自由港的地区，且独特的条件适合打造自由港。海南没有陆路与大陆相连，适合打造离岸金融中心。在自贸港内，投资、贸易等将更加便利。如实施负面清单，国民待遇等政策，准入门槛更低，金融开放力度将更大，有利于创新创业等。”

曹晓路指出，总体方案的一大亮点，是大幅度放宽外资市场准入。结合海南旅游业、服务业、高新技术产业三个重点产业放宽市场准入，在海南比较有优势的航空、海洋经济、新能源汽车制造等重点领域加大开放力度。

曹晓路认为，海南全岛陆地面积为 3.54 万平方公里，此前获批的 11 个自贸区的面积均为 120 平方公里。海南自贸区陆地面积是此前获批的 11 个自贸区面积总和的 26 倍，也是全国唯一一个拟建设的自贸港。因此，海南探索建设中国特色自贸区应学习国际自由港建设先进经验，对标国际最高标准，参考中国香港、新加坡、迪拜等国际上成熟的自由港建设发展模式，结合中国国情和海南本土优势，建设中国特色自由贸易区。

“海南自贸区强调中国特色，与国内其他自贸试验区不同之处在于，强调不能以转口贸易和加工制造为重点，而要以发展旅游业、现代服务业、高新技术产业为主导。目前的自贸区总体方案，也是围绕三大产业进行规划的。”曹晓路说。

不过，他认为，这也为海南自贸区发展提出了更高的要求。因为中国香港、新加坡、迪拜自由港的起家都是靠加工贸易和转口贸易，在转型升级之后以现代服务业为主导。所以海南要跨过依靠加工贸易的阶段，就更应该着重发展现代服务业和高新技术产业。

中国（海南）改革发展研究院院长迟福林认为，海南建设自贸区，与国内其他自贸试验区不同之处，是有步骤地加快推进自由贸易港的政策和制度建设。同时，海南自贸区和自由贸易港建设，是以服务业市场开放为重点，形成服务贸易发展新高地。这也正是海南从自贸试验区走向自由贸易港的一个重大任务。

二、加快金融开放创新

总体方案提出，出台金融领域的一揽子政策措施，以服务实体经济、促进贸易投融资便利化为出发点和落脚点，以制度创新为核心，大力推动自贸试验区金融开放创新。

曹晓路分析，总体方案关于海南金融开放创新的内容，主要是原则性的内容，包括进一步扩大人民币跨境使用、探索资本项目可兑换、深化外汇管理改革、探索投融资汇兑便利化，扩大金融业开放，为贸易投资便利化提供优质金融服务等。期待未来相关部门细化方案出台。

2018 年 5 月，海南省委副书记、省长沈晓明在中国人民银行海口中心支行调研时指出，在自贸区（港）建设进程中，最难的是金融改革，海南最大的短板之一也是金融。

沈晓明要求，要结合海南实际、特点开拓创新之路，加紧谋划搭建海南自贸区（港）金融改革基本框架。目前要抓住若干重点争取突破。一是加快研究和创建适应自贸区（港）建设需要的更加开放的账户体系，既要便利企业资金自由进出，同时也要满足监管要求。二是对海南自贸区（港）金融机构市场准入给予充分研究，做好“点对点”招商，鼓励更多的金融市场主体进入自贸区（港）。三是在风险可控前提下，逐步放开金融业务限制，推动金融机构业务创新。

“做金融创新，自贸账户最重要。账户体系是自贸区金融创新的一个基础设施，可以打通区内、境外多个市场，让资金实现双向流通。”曹晓路说，“从全球范围自贸区（港）看，离岸金融是核心。海南自贸区（港）应发挥空港优势，推动以商用航空航天、飞机租赁为核心的融资租赁业务，以融资租赁和资产证券化为主，打造离岸资产交易中心。”

曹晓路建议，在 FT 账户的基础上，探索离岸金融账户，逐步放宽资本项目可兑换，打造人民币离岸资产交易中心，进而吸引国际资本，做大资金“池子”。当然这些都需要给“口子”先行先试。

“任何金融创新一定是建立在足够大的金融体量上，否则金融创新能产生的效益很小。2017 年海南金融业增加值 300 多亿元，上海金融业增加值 5300 多亿元，深圳 3000 多亿元，海南不到上海的 1/10。不过，这是海南的劣势也是优势。经济体量小，意味着改革试错成本比较低。”曹晓路说。

国信证券首席宏观分析师、中国人民大学国际货币研究所研究员熊园认为，离岸金融、跨境金融、海洋经济等，应成为未来海南自贸区（港）金融领域创新的着力点。目前海南建设离岸金融中心面临一些挑战，如当前人民币国际化程度还不是很高、人民币离岸业务整体规模有限、人民币计价相关产品方面仍较薄弱等。推进离岸中心建设，监管部门仍需在人民币国际化等方面持续推进。

三、政策体系成型

从 1995 年海南省提出“一省两地”的概念，到 2009 年海南以发展成国际旅游岛为目标。时至今日，海南的发展高度又将更上一层，海南全面深化改革开放是国家的重大战略。

在《关于支持海南全面深化改革的指导意见》发布之后，海南省委办公厅、人民政府办公厅联合下发《关于引进人才住房保障的指导意见》。人才公寓面向 2018 年 5 月 13 日后引进的大师级人才、杰出人才、领军人才供应，每人限供一套。人才公寓 8 年免收租金，人才全职工作满 5 年由政府无偿赠与 80% 产权，满 8 年无偿赠与 100% 产权。

随后，海南省委七届四次全会通过《百万人才进海南行动计划》。按照计划，全日制大专以上学历、中级以上职称等人才，可在海南省工作地或实际居住地落户。各类高层次人才、硕士毕业生、“双一流”高校和留学归国本科毕业生以及相关创新、创业人才可在海南任一城镇落户。自落户之日起在购房方面享受本地居民同等待遇。

在加大财政资金支持力度方面，从 2018 年开始，中央财政连续五年专门安排综合财力补助，支持海南基础设施建设、生态环境保护、经济结构转型等支出，减少海南对房地产的依赖，促进经济转型发展，推动海南全面深化改革开放和提高基本公共服务水平。

税收支持政策方面，财政部门将进一步完善离岛免税购物政策和离境退税政策，扩展离岛免税购物政策适用对象范围到乘船旅客，实现离岛旅客全覆盖，研究增设免税店，提高年度免税购物限额。

值得一提的是，海南省机构改革方案颇具特色。组建海南省委全面深化改革委员会办公室的同时，挂省委自由贸易试验区（自由贸易港）工作委员会办公室的牌子，加强对重点领域改革与对外开放工作的统筹协调。

中国社科院研究员、海南省社科院特约研究员陈耀表示，海南此次机构改革还是与中央机构相对应为主，一方面有利于上下贯通、提高行政效率。一方面，部分“自选动作”也围绕自贸区（港）建设和“三区一中心”的战略定位展开，突出了海南特色。

2018 年 8 月 21 日，海口市政府常务会议审议通过了《海口市美丽乡村建设三年行动计划（2017—2019）》。根据该计划，到 2019 年年底海口全市累计至少建成 142 个美丽乡村示范村，建成一批不同功能定位的海口特色乡村旅游片区，重点打造若干个美丽乡村休闲旅游区。

（中证网 2018 年 10 月 17 日）

第四部分
国际经验

自由贸易园区建设的国际经验及启示

燕秋梅

自由贸易园区是指在某一国家或地区境内设立的实行优惠税收和特殊监管政策的小块特定区域。由于自由贸易园区具有在投资、金融、雇工、经营以及货物进出方面的充分自由，有“境内关外”的特殊海关监管制度和优惠高效及通达便利的特点，因此，它是世界范围内推进贸易自由化和投资便利化的有效工具，也是世界各国参与国际竞争和分享经济全球化利益的重要机制和平台。我国自由贸易实验区的建设还处于起步阶段，有必要分析总结国外自由贸易园区的实践经验，为我国自贸园区的建设提供借鉴。

一、国外自由贸易园区的实践经验

（一）美国对外贸易园区建设的经验

自1936年美国设立第一个对外贸易区后，经过几十年的发展，对外贸易园区几乎遍及美国主要港口城市。美国对外贸易园区主要有两类：一类是综合性对外贸易区，主要从事贸易，目的是方便货物的进出，提高货物流转速度和贸易的效率；另一类是单一性的对外贸易区，主要开展加工业，目的是提高产品附加值，扩大出口。国内外商品在遵守美国对外贸易区的法律法规和程序的前提下，可以进入对外贸易区进行储存、展览、生产、拆解、组装、制造和加工等活动，无需报关或缴纳关税。如果货物从贸易园区转口或运到国外，也不需要缴纳关税。在对外贸易区装配的制成品，对其征收的税率往往低于对元件征收的税率，同时区内采取加工原料和成品的税收转换优惠。对外贸易区的各项管理活动均遵守《对外贸易区法案》，及美国对外贸易区委员会条例、美国海关和边境保护条例。

美国注意贸易区的发展与经济环境变化相适应，为了适应世界经济形势和美国利益的需要，不断修订其《对外贸易区法案》。定位贸易区的功能时，充分考虑当地的经济条件和地理位置，使各对外贸易区具有不同的特点。另外，美国建立了完善的管理制度，以提高贸易区的管理效率。

（二）韩国经济自由区建设的经验

韩国政府为了改善外商投资企业的经营环境和生活条件，2002 年制定了《经济自由区指定及运营特别法》，2003 年 7 月成立了经济自由区委员会，同年 8 月设立了第一个经济自由区——仁川经济自由区。到 2016 年为止，韩国指定并运营了 8 个经济自由区。韩国经济自由区提供多种税务优惠，有完善的规章制度、便利的生活条件和简便的行政服务，保障自由广泛的企业活动。经济自由区的功能主要是仓储物流、旅游、加工制造和进出口贸易等。外国企业可在韩国经济自由区内自由地进行企业活动。经济自由区原则上不受《关税法》的管辖，海关仅对物品的进出进行监管。

韩国政府在经济自由区选址时充分考虑地理位置和交通条件，大多数经济自由区都拥有自己的港口。韩国政府规定，入驻经济自由区的外国投资者将享受一系列的政策优惠，如：在盈利之后的首个 3 年期内，外资公司享受所得税全额免除、之后两年再减免 50% 的待遇。韩国政府不断推出政策，持续为企业在经济自由区的经营活动松绑。另外，经济自由区还开放教育、医疗等服务行业，允许主要的外国货币在经济自由区内自由使用。改善外国人居住环境，在政府服务中使用英语，并建立国外高校的分校。

（三）巴西自由贸易区建设的经验

巴西政府于 1957 年建立了玛瑙斯自由港，并于 1967 年正式更名为玛瑙斯自贸区。从 1976 年起至今，巴西政府先后颁布了 19 项法令，一方面对引进外资和外国先进技术采取保护、鼓励和积极引进的优惠政策，另一方面又为保障民族工业的发展和实现“巴西化”的目标做出某种严格的限制。

玛瑙斯自贸区由农牧业发展区、免税商业中心和工业区三个功能区组成，是一个以贸易为主，兼营工农牧业和旅游业的综合型自贸区。其功能定位为贸易、制造、出口加工、金融服务和旅游等。现在玛瑙斯自贸区已经形成了30多个产业部门，形成了具有国际竞争力的电子、两轮、钟表、眼镜四大主导产业，其中电子工业是整个拉美洲最大的产业园区。

玛瑙斯自贸区内实行优惠的税收政策，如减免进口关税、全免工业产品税、实行流通税的退税和减免法人所得税。强化自治管理的职能，自贸区管理委员会是政府和企业的结合体，具有相当大的自主权。同时发展经济，坚持环保先行，凡是造成生态环境污染破坏的企业和项目全部禁止进入自贸区。另外，注意把自贸区的设置与落后区域的开发结合起来，实现通过一个地区的开放而带动内陆落后区域经济社会发展的战略。

二、我国自由贸易实验区建设面临的主要问题

我国自由贸易实验区成立以来，虽然取得了一定的成效，但还存在着下列需要改进的问题：一是自由贸易实验区的法制建设滞后，相关的法律、法规与政策不健全，自由贸易实验区的法制保障与国外相比水平较低，阻碍了金融创新和投资的深层次改革。二是税制改革局限在申报效率、税种选择等技术层面，现行税收政策不能满足贸易实验区高级阶段发展的需要。三是投资准入政策的开放度、透明度不高，负面清单管理模式的应用存在局限性。

三、借鉴国际经验完善我国自由贸易实验区的措施

（一）完善自由贸易实验区的法律制度

从国外自由贸易园区建设的实践来看，只有建立了规范、透明、稳定的法制环境，才能确保自由贸易园区的健康运行。世界上许多成功的自由贸易园区都是先立法后设区，不但有国家立法，还有地方法规，从而形成一套完整严密的法律保障体系。立法内容包括自由贸易园区的定位、功能、管理体制、优惠制度和监管制度等。很多国家在其法律制度中还运用对法律修改、增补和取消的立法技巧，使其自由贸易园区法具有动态的适用性，不合时宜的条款会及时取消或修改，新的需求会在法律中及时得到反映。

我国也应建立一套完整统一的自由贸易实验区的法律法规，从法律上对自贸区的性质、地位、功能进行统一界定，明确自贸区管理中的权责关系，使自贸区长期稳定的发展建立在法律法规基础上，保证自贸区的建设、管理和运营有法可依，从而保障自贸区内各种政策的平稳运行以及自贸区的健康发展。

（二）构建合理的管理体制

世界主要贸易园区的政府管理体制分为宏观层面政府管理体制和园区层面政府管理体制。宏观层面政府管理体制有两种，一是政府设立专门独立机构，负责贸易园区的事务管理，并对贸易园区进行监督和协调的专管型体制；二是由最高行政长官直接负责或委托给特定政府职能部门来执行宏观管理权限的代管型体制。园区层面政府管理体制有三种：一是由政府部门来承担管理职责的政府主导型体制；二是由政府授权某家专业管理公司负责贸易园区的开发建设和经营管理的企业主导型体制；三是由政府部门和企业化的管理公司共同管理的政企混合型体制。宏观层面的政府管理主要是草拟贸易园区法律、法规；核定管理规则、优惠政策等；监督相关法律、法规、管理办法的执行；以及贸易园区运行状况的审查等。园区层面的政府管理仅限于园区内经济活动所带来的经济管理事务和必要的行政管理事务。

借鉴国际经验，我国可在宏观层面上成立一个专门的自贸区管理机构，减少多重管理，简化行政手续；在园区层面把我国单一的政府管理模式发展为政府与市场相结合，充分发挥企业经营管理作用的模式。即重要决策、规划、审批及必要的监管事项，由政府部门负责。园区内纯粹经济业务经营活动事项由管理公司负责，以增强市场活力。

（三）制定吸引力强的优惠政策

国外的自由贸易园区制定了很多优惠政策吸引投资者。如美国的关税豁免政策，韩国的延长外国人投资用地租赁期限政策等。我国的自由贸易实验区可学习国外经验，完善产业政策和补贴形式；完善适应境外股权投资和离岸业务发展的税收政策；建立与海关监管模式相适应的税收征管机制；建立有国际竞争力的税费水平，免除进口环节的增值税和消费税，降低区内企业的增值税、营业税；将财税政策多样化，推进税收服务的便利化。

（四）建立合理的外资准入制度

国外成功的自由贸易园区都实行宽松的外资准入制度，允许投资的范围非常广泛。对国内弱势产业发展留有空间，逐步调整开放力度。投资程序也非常简化，只要在相关部门登记备案即可。同时，对外资股权限制较少。目前世界上有70多个国家和地区采用准入前国民待遇和负面清单的外资管理模式，促进了贸易园区的发展。

借鉴国外经验，我国既不宜过于强调“东道国留权”，也不能太侧重投资者保护，应实施准入前国民待遇，建立以负面清单为基础的中性外资政策，减少外资准入限制。通过立法增强投资准入的透明度，完善安全审查制度和风险审查体系，在负面清单的形式和要素上和国际接轨，减少负面清单的内容，在敏感行业与新兴领域作出适度保留。

（《现代商业》2016年第33期）

欧美自由贸易区贸易便利化经验及其启示

刘奇超

一、自由贸易区的国际实践：以欧盟与美国为例

（一）完善的法律与管理体系

1. 健全的法律制度。《欧共体海关法典实施细则》规定了欧盟Ⅰ型、Ⅱ型自由区和保税仓库运作的细化规则；但以2008年出台的《现代化海关法典》为界，其自由贸易区制度发生了较大变化，Ⅰ型、Ⅱ型自由区的设立条件、运营规则存在明显差异。大陆法系的国家多设立Ⅰ型自由区，英美法系国家则多设立Ⅱ型自由区。自此欧盟自由区规则朝向更高层次的一体化发展，数量也将大幅下降。从总体上看，近十年来欧盟自由区总体数量较少，与美国、日本等世界发达国家相比，数量相差十分悬殊。其中2008—2012年间Ⅰ型自由区增加的趋势主要是因欧盟一些经济相对落后的国家设立而引起的。与欧盟相比，美国的自由贸易区立法显得更为成熟。自1929—1933年经济大萧条后，美国国会于1934年批准的《对外贸易区法案》（Foreign-Trade Zones Act of 1934）以及《对外贸易区委员会条例》（Regulations of the Foreign Trade Zones Board）构成美国自由贸易区基本法规体系。前者是美国自由贸易区设立、运行等有关事项的基本法律依据；后者则围绕有关做法和程序方面的规则提供具体操作细则。

2. 完善的管理体系。在行政管理方面，美国对外贸易委员会由商务部部长、财政部部长或他们指定的其他成员组成，其总部设在商务部内，同时任命执行秘书（Executive Secretary）担任主要管理官员。其中，海关在对外贸易区内扮演一个中立的执法角色，它的主要任务是对货物进出对外贸易区进行控制，征收有关

税收，并确定对外贸易区的所有手续符合《对外贸易区法案》（FTZA）与相关法律法规的要求，但海关不得代表财政部长处理属于政策制定性质的事务和属于财政部其他机构权限内的事务。在具体运营中，美国海关与边防局（CBP）有三个主要的监管对象：（1）受让人（Grantee）、（2）经营人（Operator）、（3）使用人（Users）。

（二）灵活运用与区域经济密切相关的自由区制度

1. 注重货物流通的自由区制度安排。当前，欧盟通过自由区制度的灵活使用有效处理区内的非共同体货物与共同体货物。根据各有关程序规定的条件，留在自由区内的非共同体货物可以放行进入自由流通，或者置于入境加工、暂准进口或最终用途程序之下，在上述情况下，货物经过不被视为处于自由区程序之下，但排除适用于供应或食物存储条款、共同农业或商业政策下的措施等；而共同体货物则可以在自由区内入区，存储、移动、使用、加工或消费。同时，欧盟对自由区内可从事活动并无明显限制，商业主体可以在区域内从事流通性增值税服务、物流服务或开展工业性行为。

2. 主分区相结合的自由区制度创新。美国将对外贸易区划分为主区与分区，两者相结合的运作机制已成为其对外贸易体系的一大显著特征。从 1936 年美国首个对外贸易区纽约 1 号面世后，至今已有 50 个州以及其自治领地波多黎各相继设立对外贸易区。这些对外贸易区总分为两类：一类是综合性对外贸易区（即主区 General-purpose Zones），目前共约有 180 个；另一类是具有特定用途的辅区（即分区 Subzones），目前总约有 280 多个。多年以来，美国的对外贸易区一直存在主区、分区倒挂现象，但有趋缓态势；由于美国法律规定一家企业就可以申请一个辅区，因此分区设立的灵活多变拓展了主区的空间局限，弥补了主区功能上的不足，使得双方发展相得益彰。如美国加州长滩对外贸易区便有 11 个分区，CBP 海关为方便企业将入口置于洛杉矶与长滩。

3. 功能全面、经济效应巨大的自由区制度。功能全面的综合性保税区是欧盟自由区的主要形式。欧盟自由区在进口税费方面给予保税或其他便利待遇，但是其他海关制度和国内其他法如统计政府财政收入、实施海关 / 贸易政策和法规、推行社会安全与健康、打击恐怖主义和犯罪组织、执行欧盟外交政策（如实施货物禁运、防扩散等）、保护文化遗产与环境、强化知识产权保护等方面的制度仍在其自由区内实施。与欧盟略有不同，美国对外贸易区的定位不仅基于公共利益，而且还会考虑使用者的利益。

2012年美国有174个运行的对外贸易区，使用者大约有3200家企业，就业人数约为37万人，对外贸易区出口占美国总出口的3.2%；区内货物流总额超过7320亿美元，大约58%的区内货物涉及美国国内地位货物（Domestic Status Inputs）。美国对外贸易区中的国外地位货物所占比重不断提高，其外贸经济影响力不断加强。

（三）国际贸易便利化措施

1. 经授权的经营者（AEO）制度。欧盟AEO制度的运用，无疑在其自由区内形成无国际法约束的对外国贸易经营者的隐形壁垒。一方面，AEO制度在欧盟成员国关境内被国内法化以后，为其申请者的身份、行业、条件设定了准入门槛；另一方面AEO制度也因资格认证授权的苛刻条件而成为全球跨国企业与资本集团量身定制的VIP通关制度。享受AEO制度的企业可在欧盟自由区出区享有一个综合性担保或免于担保，使用专用关封，免于按照规定线路行驶要求，享受铁路、集装箱、空运、海运、管道运输货物的专门简化程序；或享受入区即时申报数据手续简化、提前通知查验等便利措施。

2. 国际贸易单一窗口。国际层面：欧盟以高层次立法将电子海关与单一窗口建设固化在《现代化海关法典》中，并定于2020年12月31日实现其自由区内以海关为主体的电子环境建设。为了按期实现目标，欧盟委员会和参与国不断加强系统研发，以确保其沟通与信息交换的实现。国内层面：以法国自由区内“国际贸易程序去实质化”项目为代表，其在2013年2月率先在各成员国之间实现了海关与贸易经营者之间的系统运行，并相继建立电子授权、电子退税等系统，实现在经授权下的海关与税务、海关与商界等沟通与信息交互。尽管法国成功完成了去实质化工作，但为解决B2B（金融、税务等其他业务平台）、B2G（政府与商界）、G2G（政府与政府）之间的法律衔接与利益再分配等问题，其通过制定明确的、短期的战略计划作为实现目标的手段，值得各国效仿。

3. 严格的海关知识产权边境执法保护。以欧盟现行有效的立法为例，海关知识产权的严格执法原则所适用的通关程序范围详记于 2003 年《欧盟知识产权边境保护条例》中；同时，在欧洲法院的判例中，将海关执法范围扩及于暂时过境、通运、转运等过程中存在的侵权行为。通过这样的方式确保其自由区的海关监管范围可以覆盖主要侵权货物流通来源，使得关境内外货物流通中不存在边境保护的盲点。

欧盟如此立法源于其知识经济发展的需要以及自由区内侵权现象的严重性。欧盟认为特殊区域内边境侵权行为已经成为其边境侵权的主要方式，而且其转运程序下的海关查获侵权批次虽然不多，但每批的货物量很大。转运程序下的知识产权侵权货物占边境侵权货物总量的 42%。而多数转运、复出口行为都发生在特殊区域内。这已成为与进口侵权并行的一种边境侵权方式，也成为欧盟边境执法的重点。

4. 创新的海关监管模式。美国对外贸易区的总体思路遵循“知情守法”原则开展，即海关和对外贸易区参与方应共同承担责任。其对外贸易区的海关监管方式自 1986 年便由现场查验（On-site Supervision）创新为审计稽查（Audit Inspection）形式。具体而言，海关将充分相信对外贸易区内经营人、使用人均有自律能力，通过对货物的审计核查制度，将逐单逐票的海关监管模式改变为以对外贸易园区经营人及使用人自律管理为主体、以海关不定期审计核查为保障的方式进行的监管。海关在区内不再派设常驻官员，以一段时期内的抽查监管方式取代了原来在某一个时间节点上的监管，以严格的审计执法来平衡货物自由流动可能出现的管理风险。同时，在监管手段上实行全程计算机控制，降低对外贸易区货物进出手续的办理时间，促使行政管理效率成倍提高。

（四）基于不同税收战略取向的动态调整机制

1. 选择性征税。随着现代征管理念中民主、法治精神的不断植入，税收强制、无偿性作出了巨大让步，为欧盟推行选择性征管奠定了坚实基础；市场准则中的经济效益迫使欧盟不断优化税制，以彰显关税机理新要求；同时，欧洲将民法债务问题中双方当事人权利制约与平衡引入税法关于税收征纳的关系中，否定了国家在税收征纳关系中的优越性，弱化了政府征税权力的特质，为纳税人享有某些选择性的权利提供可能；这些因素都是欧盟推行选择性征税（Optional Tariff）战略的必然选择。具体而言，欧盟将其自由区划分为两种管理方法：一是针对为长期保存、改进外观、提升上市品质、为零售或转售所做的一些商业行为的货物，海关在Ⅰ型自由区内计算税款时就会对该货物的属性、完税价格以及货物的数量，按照货物未实施处理状态与海关债（Customs Debt）发生之时的估价要求为基础加以审定；二是Ⅱ型自由区明确对所有区域、所有类型仓库仓储期间发生的入仓费和保管费用，只要能与货物实付或应付价格区别开来，一律不必计入海关完税价格之中。

2. 与国家经济发展有关的动态调整。从1934年到1950年，美国对外贸易区使用比较有限，基本上处于休眠状态，其主要原因是区内禁止制造（Manufacturing）或展示（Exhibition）。1950年，那些早期积极支持《对外贸易区法案》的国会议员说服其他议员，允许区内从事制造业活动，但区内制造的产品在进入国内市场时要按照其全部价值即包括国内的成本、劳动力、费用与利润进行征税，导致这些区的制造业活动完全与国内经济相分离，形成“孤岛”模式（"island" model）。然而，由于美国关税结构仍然主要偏向国内生产活动（包括最终品与中间品），导致进口中间品或原料的名义关税率往往比进口最终品要高，进而引发关税倒置问题。直到1980年，美国海关接受“全国对外贸易区协会”（NAFTZ）的建议，解决了关税倒置问题。区内制造业企业若进口外国零部件或原料，则免关税；如果进一步将这些国外零部件或原料与美国的零部件和劳动力结合在一起生产最终品，且如果该最终品进入美国市场销售，则只按未付关税的国外成本价值进行征税。这样就使得对外贸易区与美国的国内经济紧密联系起来，形成“一体化”模式（"integrated" mode）。2008年，在全球金融危机的背景下，美国对外贸易区委员会又引入一项新举措即“可选区址框架”（Alternative Site Framework，ASF），使其对外贸易区地址的确定、整合与管理更加灵活。

二、对中国（上海）自由贸易试验区的启示

（一）明晰改革法律与管理难题的解决思路

1. 理顺法制总体保障思路。尽管《中国（上海）自由贸易试验区总体方案》（以下称《总体方案》）作为上海自贸区先行先试的法律界限，为相关立法活动基础法意的概括与各项配套政策措施的完善提供了总依据，但从规范性文件的制发主体与规范性文件的法律效力两个方面来分别考量，其《总体方案》的法律效力是否高于地方性法规，在理论上存疑。因此，笔者建议以可复制、可推广的立法经验为契机启动《中华人民共和国立法法》的修订工作，从而理顺《总体方案》的法律层级问题。与此同时，要加强行政法规、部门规章及地方性法规的制定工作，为进一步支持上海自贸区在服务业扩大开发、实施准入前国民待遇和负面清单模式方面深化改革的制度提供法律保障。

2. 解决监管机构的法律授权问题。中国（上海）自由贸易试验区管理委员会作为统一的协调监管机构，需负责制定管理上海自贸区的法律法规及其实施细则，但考虑到现行体制问题，要统一协调金融、海关、检验检疫、海事、边检等各管理部门，故仅依靠上海市地方性法规《中国（上海）自由贸易实验区管理办法》第 4 条的规定，将管委会仅仅定义为地方市政府的派出机构，其准立法权、准司法权与准行政权将受到极大限制。因此，笔者建议借鉴美国经验，由国务院制定《中国（上海）自由贸易试验区条例》或全国人大制定《中国（上海）自由贸易试验区法》，或者授权上海市人大常委会制定《中国（上海）自由贸易试验区条例》的同时，授权上海市政府会同相关部委制定《中国（上海）自由贸易试验区管理条例》及其相关办事机构的管理细则，对上海自贸区管委会的性质、定位、功能和作用，以及其机构设置、权限、职责予以详细规定，为上海自贸区的管理运行提供依据和保障。

（二）探索税收改革路径

1. 聚焦税务部门的税收法律完善与制度创新。我国可通过《立法法》的修订解决实施促进投资税收政策（主要关于分期缴纳所得税，在纳税时间上给予的税

收优惠问题）与贸易税收政策（税额上给予减免税的待遇问题）的税收立法问题；解决国务院将上海自贸区内税收权力的制定权（但不包括税收立法权）转授权给上海市政府的改革探索问题。与此同时，通过“税法的行政侧面”与税收创新来实现促进经济稳定增长、优化资源的有效配置的目的；探索金融监管权与税收执法权相结合的税收监管权创新；通过税收透明创新税收监督权；通过加强税务机关的信息化建设，构建纳税人信用体系实现税收执法创新；创新税收司法权，即尝试在上海自贸区法院内部专设应对国际税收问题的税务法庭，在税务诉讼方面探索快速处理金额不大的税务争议案件，保护部分纳税人权益。

2. 完善海关选择性征税制度。按照《总体方案》，我国有必要在上海自贸区内进一步明晰选择性征收的范围、条件和标准。一是确定园区征管的基本原则。宜采用扩大解释，参照美国海关做法不区分加工形态，而引入园区总价格（Total zone value）和应税价格（Dutiable value）两个基本概念，强化“买方”与“卖方”的地位，以维系“出区计征”标准，同时参照欧盟自由区制度将保税仓库（Customs Warehouses）与园区内具保税功能的仓库（Free Warehouses）区分开来，并对有关货物的海关识别身份（Customs Status）进行定位。二是拓展园区内加工产品核销的途径，同时允许部分制成品转移到可以享受减免海关收税的部门或行业。三是将选择征税的条件和程序标准化。在区内企业资信的等级上，将成交价格环节的认定标准多元化，让估价及汇率纳入纳税人选择范围；同时明确境内最近出厂价格或未受关联关系影响的境内相同、类似货物的最近销售价格，以及为结转出区而发生的零售或拍卖价格，作为估价的法定标准。四是在“一线放开、二线监管”下明确区内纳税人保管完整价格信息的义务。

（三）提升国际贸易便利化水平

1. 加强对 AEO 制度的立法与互认，使其成为推动国际贸易便利化的重要筹码。我国将 AEO 制度作为 AA 类企业的设定标准引入到新的《企业分类管理办法》中的做法，在落实环节上尚需从《海关法》等较高法律规范中明确 AA 类企业的权利义务。同时，我国海关也应适应国际化海关便利通关的大环境，制定更为详尽的 AA 类企业认证标准与便利化通关优惠措施；可以效仿欧盟制定《企业分类通关指南》，对我国 AA 类企业的相关优惠措施予以明确；借助上海自贸区的建立，推行我国 AEO 制度的国际互认。我国不仅可以充分利用现有的国际通用证书，如 ISO、TAPA 及 C-TPAT 等取代境外设置区域性贸易壁垒的 AEO 制度中的部分标准，而且可通过国家签订的双边或多边贸易协议，进一步增强我国 AEO 制度在国际物流供应链环节的互认与影响，避免因各国间 AEO 制度分类与标准存在较大差异而引发不必要的贸易壁垒。

2. 建立国际贸易单一窗口，实现便捷通关。上海自贸区洋山港区 2014 年 2 月 21 日先行试点国际贸易“单一窗口”，是继成功实施“一机双屏、信息共享”、上海海关与检验检疫共推口岸通关单无纸化试点之后的又一轮新探索。因此，应以此为契机，以企业需求为中心，对原有所有网上服务进行评审、归纳和总结，设计运行相关口岸部门、外贸管理部门共享使用的基于电子数据交换的“单一自动系统”，形成区内跨部门的贸易、运输、加工、仓储等业务的综合管理服务平台，加强区内口岸各管理部门之间的信息互换、监管互认、执法互助，满足海关、税务、检验检疫等口岸相关部门提供“一站式”服务的需求，实现企业向一个部门或一个信息系统申报即完成所有口岸通关手续，进一步提高上海自贸区内口岸通关便利化程度。

3. 明晰自贸区内知识产权边境保护制度，使其成为重要的贸易保护措施。2014 年 4 月 24 日，由 17 万张“LG 笑脸”引发的上海自贸区知识产权第一案宣判，引发了外界对区内知识产权边境执法保护的关注，对立法明确授权海关在上海自贸区内开展知识产权边境保护提出了迫切要求。一方面要完善侵权货物禁止或限制出入上海自贸区的法律授权。应规定海关有权对进入、离开区域的货物的知识产权状况进行监管，并根据侵权严重程度决定禁止或限制进入区域。这就必然使得边境保护扩展适用于货物的转运环节。为了避免区域内外的转运程序适用不同的知识产权边境保护规则，有必要在知识产权海关保护条例中明确规定，边境保护适用于转运程序中，而不分货物处于区域内外。另一方面要完善对上海自贸区货物知识产权状况海关监管的法律授权。货物进入区域后，会在区域内进行一系列的商业或工业行为。因此，海关对知识产权的监管不能仅局限于“进”与“出”

的点上，必须将监管扩展于货物存在于区域内的整个期间。

4. 创新海关监管制度，适应国际贸易发展需求。上海自贸区的海关监管创新应坚持“一线放开、二线管住、区内自由”原则，在区内建立与国际贸易等业务发展需求相适应的监管模式；建立货物状态分类监管制度，实行电子围网管理，推行通关无纸化、低风险快速放行；探索境外货物进入区内凭进口舱单先行入区、再分步办理进境申报手续的制度创新。同时，对口岸出口货物则实行先报关、先进港；对区内和境内区外之间进出的货物，实行进出境备案清单比对、企业账册管理、电子信息联网等监管制度。区内保税储存不设储存期限，简化区内货物流转流程，允许分送集报、自行运输；实现区内与其他海关特殊监管区域之间货物的高效便捷流转。

（四）持续发挥上海自贸区建设的积极效应

上海自贸区作为启动领先、发展领先、经济效益领先的先行先试者，要持续发挥其试点改革的积极效应。一是要发挥贸易创造与要素集聚效应，利用比较优势扩大与国外之间的贸易规模，创造更多贸易机会，引来更多外商投资和先进技术，在经济活动空间上集中，形成吸引经济活力向上海自贸区靠近的向心力。二是要发挥贸易辐射与转移效应，通过上海自贸区自身优越条件聚集形成一个贸易增长极，利用极化效应使资金、技术、产业、人才等向发达地区集中，然后辐射传导到国内经济贸易发展较落后的腹地地区，形成一个由点及线到面的辐射圈。同时以上海自贸区为龙头，聚集区内产业的前向、后向产业在长三角地区内得到加工深度和产业链的延伸，形成强大的产业集群，进而实现向中西部地区贸易转移。三是要发挥劳动生产率增强效应，上海自贸区可以带来技术或者劳动生产率的提高，将这些变化转化为要素禀赋的变化，从而实现更为有效的生产配置。四是要发挥示范效应，事实证明上海自由贸易区的聚集力、辐射力与资源配置能力的增强，正吸引着国内其他贸易中心城市的关注，要利用好“开放红利”激发“改革红利”的绝佳契机，为全国性改革破局带来巨大示范效应。

（《西华大学学报（哲学社会科学版）》2014 年第 6 期）

新加坡：自贸区助推整体经济升级

胡隽欣

在世界上最繁忙的港口之一新加坡港，要想实时获得过往船只的详细信息，坐在控制中心的工作人员只要轻点鼠标就行了。

在新加坡西部海岸的维斯达海港运作控制中心，海事及港务管理局的工作人员坐在 18 个 30—56 英寸的监控屏幕前，通过新启用的船只交通资讯系统，可以综合雷达扫描、船只自动识别系统以及船舶数据库等各项信息，同时监控一万艘过往航船的航行，确保这一亚太地区最大的转口港的安全顺畅。

从控制室往南观望，一艘艘货轮依次停靠，一座座巨型岸边集装箱起重机正在繁忙工作，一辆辆货车穿梭在码放整齐的集装箱货柜中间，一切有条不紊，高效、先进的现代化物流和 IT 系统让这个繁忙的港口井然有序。

以自由贸易港立国的新加坡设有多个自由贸易区，依靠优良深水港的天然优势，借助先进的基础设施、高效的物流系统、亲商环境以及开放的外汇市场，成为亚洲乃至世界建设自贸区的成功范例，为上海自贸区建设提供了极有价值的借鉴。

一、利用天然地理优势

新加坡地处扼守马六甲海峡和新加坡海峡的重要战略要塞，1819 年英国人莱佛士登陆以后便确定把这一优良的深水港开辟成完全自由的港口。独立后，新加坡以自由贸易港立国，并依赖转口贸易发展出炼化、船舶修造、电子电器等众多优势产业。

为打造国际仓储和物流中心，吸引世界各地的商品到新加坡进行中转、运输，新加坡于1969年在裕廊码头设立第一个自由贸易区，并通过《自由贸易区法案》，对自贸区的定位、管理体制、运作机制、优惠政策等进行了全面规定，通过法律来保障自贸区的稳步推进。

新加坡自贸区的管理体制主要分为政府和主管机构两部分，政府主要负责招商、规划，具体的开发职能由主管机构负责。目前新加坡由三个机构运营着多个自贸区，其中新加坡国际港务集团负责新加坡全岛的主要码头货运，裕廊海港私人有限公司负责裕廊港，民航局主要负责樟宜机场的自贸区。因为转口贸易在新加坡贸易中占比较高，将自由贸易区设在码头或机场附近，极大地便利了转口贸易。

新加坡的自贸区采用“境内关外”做法，只提供免税区，便于商家存放、改装、分拣、展示以至再出口。全球大多数货物都可以自由进出新加坡，但酒类、石油产品、烟草制品以及机动车辆四大类属于应税货物，须按规定缴纳一定税率。如果将自由贸易区内的产品投入到新加坡市场，则应税和非应税货物都需要征收7%的消费税。

由于地理位置优越，从东南亚各国运抵的商品，经常在新加坡被重新包装、组合，再转运至中东和欧洲各地。反过来，中东和非洲的很多货物也在这里打包分销到亚洲各国。每2—3分钟，就有一艘船抵达或离开新加坡港。

新加坡海事及港务管理局的公开资料显示，新加坡与世界上超过120个国家和地区的逾600个港口建立了联系，是世界上最繁忙的港口之一。2013年新加坡港口的集装箱吞吐量达3260万标箱，同比增长2.9%；货运吞吐量达到5.575亿吨，同比增长3.6%；船舶进出港吨位数达23.3亿吨，同比增长3.2%。

二、两大平台高效便捷

随着区域内众多自由港和自贸区的发展，新加坡自贸区也面临激烈的竞争和挑战。而其制胜的法宝，就是高效。“自由贸易区像是一个硬约束，要想在全球分到一杯羹的话，必须参与国际竞争，以竞争倒逼效率。”新加坡国立大学李光耀公共政策学院副教授顾清扬总结说。

早在1989年，新加坡政府就推出了全国范围内的电子数据交换系统贸易网（Trade Net）。这一系统打通了海关、税务、军控、安全、企业发展局、农粮局等逾35个与进出口贸易相关政府部门，所有通关程序统一经过贸易网执行。原本需要2—7天的通关时间甚至可以缩短至不到1分钟，需向各个不同监管部门提交的多份文件也锐减至1份电子文档即可。

顾清扬表示，审批通关流程的简单高效，并不是专门针对自由贸易区设立的，而是新加坡建设服务型政府努力的一部分。新加坡政府为了吸引外资，对外国企业呵护备至，尽力做到审批程序简便快捷。而政府部门之间信息共享也不是专门针对自由贸易区设立的。当时，新加坡政府推行电子政务，口号是“多个部门、一个政府”，即通过有效整合政府部门的服务为公民和企业提供无缝管理和“一站式”服务，贸易网络的电子数据交换系统也是电子政务进程的集中体现。

而负责港口管理的港口网（Port Net）也是新加坡成为世界第一物流中心的重要因素之一，它能够简化、整合货物转运和跟踪的复杂过程，每年处理2亿笔交易，有效提高了港口管理的效率。港口网能够使港口相关方获得船只进出港信息、舱位安排、货物在港所处的状态、预订舱位、指定泊位、起重机布置、集装箱实时跟踪等信息。

三、打造优越营商环境

新加坡自由贸易区发展成为多功能、综合型自贸区，并不仅仅得益于园区内通关便利、物流和信息处理便捷等方面，也得益于新加坡整体营商环境的优势。

新加坡税制简单，个人和企业的税费水平都很低，且不征收遗产税，是众多企业愿意投资新加坡的重要原因。新加坡对内外资企业实行统一的企业所得税政策，自2010年起所得税税率调整为17%，并且所有企业可享受前30万新元（约合24万美元）应税所得的部分免税待遇；居民个人所得税率也为0% ~ 20%的超额累进税率。除此以外，新加坡政府还适时推出系列税收优惠政策助推该国贸易相关行业的发展。

另外，从1968年起，新加坡就开始逐步放宽外汇管制，并在1978年全面取消了外汇管制。外汇管制的取消使新加坡能够快速地建立多边结算体系，提高了出口企业的创汇积极性，提升了贸易自由度。

四、发酵作用带动全国

在顾清扬看来，新加坡自由贸易区发展经验的关键并不在其本身，更主要是其发酵作用带动了新加坡整体经济的发展。

随着政府对营商环境的打造，服务型政府也随之建立起来，而对自由贸易区执行具体开发职能的多个主管机构则充分发挥了其作为私营企业的活力，这与政府的总体规划形成一股合力，共同促成了新加坡的经济发展和产业升级。

顾清扬说，自由贸易港的开放带来了众多外资企业和公司，随之而来的是先进的管理理念和经验，以及高质量的管理人才和技术人才。随着时间的推移，这些高素质技术和管理人才带动了整个新加坡技术含量的提升，管理水平也开始与国际接轨。

新加坡的炼化工业就是依托自由贸易港而发展起来的重要支柱产业。新加坡尽管不是一个产油国度，但却是世界领先的加油港，2013 年燃料油销售量超过 4200 万吨。尽管不产一滴油，但新加坡也可以成为世界主要的炼化中心之一，裕廊工业园区就聚集着壳牌、英国石油、埃克森美孚、中石油、中石化等重要石化巨头。

顾清扬介绍说，20 世纪 90 年代中期，随着环保成本大幅上升，市场出现饱和，西方化工产品利润率大幅下降。新加坡审时度势，接手化工产业，依托其优越的地理位置，通过填海建成了今天的裕廊岛。

在这个远离新加坡本岛的产业园区中，管道、消防、培训等公共设施共享，节约了大量成本，再加之产业链上较高的产出带来的经济效益，因此利润率很高。炼化行业产值目前已跃升至新加坡制造业的 34%，占比超过传统电子制造业的 31%，是非常成功的典范。

随着物流中心而来的资金流，则助推新加坡成为区域重要的金融中心。新加坡繁荣的银行业始于英国殖民地时期为英国贸易活动提供服务，而随着新加坡逐步成为世界贸易中心，一些金融机构为贸易活动提供授信、结算、证券、保险、租赁、衍生品交易等金融服务，又反过来繁荣了新加坡的金融服务业。2013 年，新加坡超越东京，成为仅次于伦敦和纽约的全球第三大外汇交易中心，也是亚洲最大的外汇交易中心。

五、控制风险分步推进

顾清扬说，上海自贸区的发展要借鉴新加坡经验，关键要看到自贸区给经济带来的巨大催化作用，同时也要分步骤、分阶段实现开放，尤其要采取比较审慎的风险控制措施。

他说，目前关于上海自贸区的很多建议都是好的，包括大宗商品现货市场建设，使用人民币计价并同时推动人民币国际化，都是上海自贸区应该探索的路径，但关键的问题仍然是要分阶段、分步骤地进行，先实现贸易和投资的便利化，夯实基础后再谋求推动人民币成为强势货币，最终实现人民币成为可完全兑换的币种。

新加坡在谋求自由贸易港、物流中心和金融中心的历程中，时刻谨慎对待风险控制，待步子走稳之后才考虑到创新和新产品的开发。“中国的实体经济和银行体系仍然脆弱，因此控制节奏和风险，积累经验是前期要做的。待基础稳定之后将精力投入到更具战略性的领域，才是最稳妥之计。”顾清扬说。

（参考消息网 2014 年 5 月 14 日）

新加坡自贸港发展策略

海南省外事侨务办公室调研组

新加坡是东南亚一个面积只有715.8平方公里的城市岛国，自1965年独立以来，逐渐发展成为全球第四大国际金融中心和世界重要的电子工业中心。研究其发展历程，不难发现，优越的地理位置及开放的自贸港政策是推动其经济持续高速发展的重要原因。

一、新加坡自贸港概况及建设现状

有学者认为，在新加坡的经济发展中，自由贸易园区不足以涵盖其金融中心、电子工业中心等功能，因此新加坡是一个有限自贸港，包含了7个自由贸易园、30多个享有关税减免权的工业区和70余座保税仓库。作为一个自贸港，新加坡的消费税和进口关税相对较少。自由贸易政策是新加坡国际贸易战略的核心，几乎所有的货物可以零关税进入新加坡。当前新加坡的关税税率从0% ~ 4%不等，应税的商品项目仅有酒类、烟草制品、汽车和石油产品，消费税税率为7%，依据货物的价值进行计算。

（一）新加坡自由贸易园区

新加坡的自由贸易园区主要业务以转口贸易为主，进入园区内的货物在不改变其性质的前提下可以重新包装、分类和拆（并）箱，但是深加工被限制，区内基本没有制造业，主要以提供物流附加值为目的。新加坡的自由贸易园区均以围墙等方式加以封闭，未经海关部门准许，任何人不得擅自进入或居住其内。

新加坡发达的空运、海运和陆运交通运输网络，保证了货物在国际间的迅速流通。进入新加坡境内的国外货物，90%以上会再次转运出口。因此，就整体交易而言，新加坡实质上是一个国际货物转运的枢纽站。

（二）其他物流园区、工业区和保税仓库

为适应国家港口物流经营商的需求，要选择具有相关制造与国际物流基础结构的地点来从事特定产品的简单或深加工活动，再转运至下游客户，通常在港区或周边地区划出一部分区域作为工业区。目前，新加坡有7个出口加工区和35个工业园区。

除此之外，新加坡还有70余个保税仓库，以增强自由贸易园区功能。保税仓库是自由贸易园区概念上的延伸，通过物理界限与外界隔离开来。当把货物从自由贸易园区转运到保税仓库储存时，暂时不征收消费税。只有当货物离开保税区进入国内市场时，才会征收消费税。保税仓库由业主或服务仓库的运营商管理，负责安全问题和对存储货物进行适当的控制。此外，新加坡还有一种特许仓库区，用来存储征税货物，即酒类、烟草制品、汽车和石油产品。这类仓库只有得到新加坡海关的授权才能建立，也是封闭的物理区域。

（三）新加坡自贸港的功能及取得的成绩

1. 仓储和贸易转运功能。利用货物进出口不征关税、不受进口配额限制、通关便利、进仓时间短、仓储费用低廉等优惠条件，新加坡自贸港吸引了世界各地的转运货物在其区内的物流中心、保税仓库进行储存，或待恰当时机销往国内市场，或者转运到其他国家，从中获得大量的附加收益。而自由贸易园区的转运功能又与仓储功能密不可分，只有提供以便利的仓储服务设施才能保证货物的顺利转运，同时转运业务的增多又可促进仓储业的发展，这二者是自由贸易园区最基本和最原始的商业功能。

对于在自由贸易园区内中转的国际集装箱，码头可以根据船务公司的要求变更承运的二程船，只需向新加坡海关报备，增加了集装箱中转的灵活性和便利性。由于海关几乎完全不干涉业务的“境内关外”，新加坡自贸港是真正落实“自由政策”的范本。在2017年全球集装箱港口吞吐量排名中，新加坡港以3367万标箱（TEUS）的吞吐量位居上海港之后，名列第二。

2. 吸引外资和加工制造功能。在自贸港内设立出口加工区和工业园区，主要目的是为了吸引外商直接投资，在区域内设立工厂，进行产品的生产加工，进而供应出口，在此过程中刺激经济增长，解决劳动力的就业问题。例如出口加工区以机器、原料、零件等进口免征关税、所得税，并享有其他税收优惠、货物及资金进出自由等良好的投资环境与条件，吸引外资到区内进行加工制造等投资行为。

3. 国际金融中心功能。新加坡地处交通要道，有利的地理位置使之成为世界金融活动的接力点，拥有技术先进且运转良好的通讯网络，可实现与世界各贸易、金融中心的密切联系。这些都为新加坡金融业的发展奠定了良好的基础。

新加坡国际金融中心的形成是政府推动的结果，属于政府主导型。1997 年至 1998 年亚洲金融危机之际，东亚一些金融中心开始萎缩，大量国际资本从东南亚撤出，但新加坡在危机之后实施的自由化政策反而巩固了其作为国际金融中心的地位。新加坡已经连续多年位居全球金融中心排行榜前列，在 2017 年全球金融中心排行榜中名列世界第三、亚洲第一。

二、新加坡自贸港的发展历程和演化模式

（一）以转口贸易为主的完全自贸港（1819—1959 年）

1819 年，英国东印度公司的托马斯·斯坦福·莱佛士乘船抵达新加坡，发现这里是一个天然的避风深水港后，决定在此建立一个贸易站。随后，英国取得了新加坡的租借权，宣布将新加坡的全境开辟为自贸港。这个时期的新加坡是完全意义上的自贸港，各国船只可以自由进出港口，除了烟、酒和殖民地政府专卖的鸦片烟外，其他的进出口货物一律免征关税

（二）具有综合功能的有限自贸港

1. 向有限自贸港过渡的转型期（1959—1970 年）。1959 年到 1967 年是新加坡发展“替代进口工业化”阶段，面向国内市场的加工制造业发展迅速。期间新加坡开始建立工业区，1961 年底设立了当时最大的裕廊工业区。为了降低关税保护对转口贸易的影响，1966 年新加坡颁布了《自由贸易区条例》，并于 1969 年在裕廊港码头设立第一个自由贸易区。与其他国家的自由贸易区不同，新加坡

的自由贸易区并不是通过优惠政策吸引外资来发展加工制造业，它实质上是一个免税区。商家可以免费把本来应征关税的货物存放在区内，进行重新分类、包装和陈列等，然后再转运出口，或在有利的销售时机到来时运转到新加坡的关税区，缴纳关税后再销往新加坡国内市场。新加坡通过对自贸港政策的灵活运用，有力地促进了转口贸易。

2. 制造业与服务业并举的发展期（1970—1990 年）。进口替代工业化政策使新加坡形成了以制造业为支柱的合理产业结构，并带动了对外贸易、交通运输、金融业以及旅游业的发展。1967 年底，新加坡转而实行面向出口的工业化政策，颁布了《经济拓展奖励（豁免所得税）法案》，突出鼓励出口工业。从 20 世纪 80 年代开始，新加坡政府重点发展高新技术产业，积极推动现代服务业等发展和输出，在依托港口的自由贸易方面，除了保留一些基本的激励政策外，还制定了针对不同产业部门的具体优惠便利政策，促进服务业各产业的繁荣。

3. 多功能自贸港的繁荣期（1990 年至今）。1990 年，新加坡港口集装箱吞吐量跃居世界第一位，时至今日仍在全球集装箱港口排名中名列前茅，有 500 多条航线连接世界 600 多个港口，同时又是亚太地区重要的航运中心。新加坡自贸港的码头设备完善，处理货物效率极高，分别为远洋巨轮、邮轮、集装箱货轮，以及其他各种轮船提供服务。目前，全球超过 90% 的货物可以自由进出新加坡港而不需要缴纳关税。

除了完善基础设施、重点发展金融服务业外，科技在新加坡国家发展战略中的地位逐渐上升。目前，新加坡是世界上最大的电脑磁盘驱动生产国和第五大半导体生产国。此外，新加坡还是软件业的“总部经济”所在地，吸引了全球 80% 的顶尖软件和服务公司。

三、新加坡自贸港的成功因素

（一）优越的地理位置

自治之后，新加坡实行了循序渐进的工业化计划，但不管是其进口原料发展的进口替代工业，出口产品发展面向出口工业，还是利用进驻到本国跨国公司的资金、技术和销售网，以及发展以其国际金融中心地位为首的现代服务业体系，都与其便利的海上运输和完善的交通网络所分不开。因此，新加坡优越的地理位置是其发展的首要条件。

（二）正确的功能定位

新加坡自贸港的发展成就得益于政府的正确定位。在自贸港的建设过程中，新加坡政府实施了一系列行之有效的政策。在20世纪60年代初，新加坡政府改变完全自贸港的发展策略，采取有限的关税政策，使得国内刚刚起步的民族工业得以保护并发展壮大，开启了新加坡的工业化进程。为适应外向型经济的发展，新加坡政府在裕廊工业区内设立第一个自由贸易区，重点扩建和完善港口码头，建立物流园区，发展水、电和煤气等公用基础设施建设，促进转口贸易的蓬勃发展。同时根据经济发展形势，不断调整关税政策，以保持自贸港的活力。现在，新加坡不仅全面实行贸易自由开放政策，而且通过简化通关程序，提高自由贸易区内货物装卸和运送的效率，使得货物可在新加坡境内自由转移或出口，提升自贸港的国际贸易竞争力。时至今日，新加坡自贸港已发展成为集仓储、贸易、加工和金融等功能于一体的新兴国家型港口。

（三）强大的政策支持

新加坡自贸港一直实行低关税乃至零关税政策，即便是20世纪60年代为了保护国内民族工业而对少数商品开始征收关税，都尽量把关税制定在低于周边港口的水平上。现在的新加坡自贸港更是近似于非课税区域，99%的货类进入到区内不用缴纳关税。进口的免征关税货物，有80%以上将会再次出口。进口免征关税货物在先行存放于保税仓库直至复运出口为止，不会被加征消费税。新加坡自贸港内的金融自由化水平较高，可以自由兑换外汇，资金流动没有限制，汇出收入、利息、利润、分红以及投资所得没有限制。区内还设有离岸金融中心，实行与境内市场分割的模式，豁免法定储备金率、无利率管制、无外汇管制、不收资本所得税等。新加坡通过放宽金融政策和提供优惠措施以促进其国际金融中心的形成和发展，首先逐步放宽外汇管制，其次逐步放宽黄金交易的限制，其三不断修改税务条例以提供各种优惠税收。

（四）有力的人才保障

新加坡对教育的投资力度，仅次于国防，是世界上最重视国民教育的国家之一。而新加坡经济的优势之一，也是在于它拥有一批受过各种专门培训的劳动者队伍和具有较高素质的管理人才。为了提高人才素质，新加坡不仅重视正规教育，更注重其与职业教育的结合。在职业教育方面，有厂内训练、海外培训和联合培训等多种形式。为此，新加坡政府专门建立了职工技术培训基金，不断加大投入力度。同时，在相关政策的制定上，新加坡也对职工培训做出了很多规定。比如规定企业雇主需缴纳相当于工资总额 4% 的资金给政府，用作专项的培训基金；或者企业出资培训工人，政府为其补贴培训费的 70%。从 20 世纪 80 年代中期开始，政府便定下“以智取胜”的目标，普及电脑应用知识，实行英语和汉语并行的双语教学，使国民普遍具有良好的语言能力，增强与世界的沟通。

四、新加坡自贸港模式
对海南建立自由贸易试验区和自由贸易港的启示

（一）逐步探索管理模式由政府主导型向企业主导型转变

新加坡的经验表明，当市场开放进行到一定程度，要适时减少行政干预，将政府职能部门进行企业改制，发挥市场对资源的有效配置作用，顺应市场化潮流，抓住经济发展机遇。海南建设自贸区（港）可以据此探索新型的管理模式，即适时推动政企分开：自由贸易区管委会负责自由贸易区的具体行政管理；自由贸易区的经济管理由专门的开发公司负责，从事区内的开发建设和经营管理工作，同时代行部分行政管理职能。在未来自由贸易区发展渐入成熟时，可以逐步过渡到企业主导型的微观管理模式上。

（二）创新贸易监管模式，加强投资政策的协调性

自由贸易区的最大特色是“境内关外”，自贸区将实施“一线彻底放开、二线安全高效管住、区内货物自由流动”的贸易创新监管服务新模式。“一线放开、二线管住”是对自由贸易区实施监管的国际通行惯例。贸易监管做到“一线彻底放开”，这就要求自贸区建设的首要工作之一是将通关程序化繁为简，提高通关

效率，减少行政成本。可以利用IT技术，实现电子化监管技术创新能力，这种先进的监管手段在国际上并不罕见，但新加坡的做法更为典型，以下举例说明。

境外货物由新加坡海关进入时，报关人只需要通过由新加坡政府所开发的TradeNet贸易网络系统，即可整合货物流动的文件流程，取得各相关部门之核准。TradeNet系统通过垂直联合，与新加坡5000多家政府机关和公司管理信息系统实现联网，货物的通关手续只需通过TradeNet系统申请，便可于15分钟内快速完成通关程序。海南可以借助国家电信公网和阿里、腾讯等互联网企业的大数据资源，将自由贸易区进出口业务信息流、资金流、货物流的电子数据集中存放于公共数据中心，在统一、安全、高效的计算机物理平台上实现数据共享和交换，方便行政部门的核查和企业的运作，安全、高效地完成监管服务。

在投资监管领域，可以借鉴新加坡实行“负面清单”和“正面清单”相结合的投资管理模式，并在其经济发展的不同阶段根据国家战略的需要，通过制定税收优惠等政策，及时调整在相应领域的开发力度。也可以借鉴上海自贸区率先探索建立“负面清单”这一国际上通行的管理模式。“负面清单”管理模式即遵循“法无禁止即自由”的原则，取消行政许可、审批制度，除了关乎国家经济安全的法律禁止事项外，资本可随意进入。

（三）开展离岸金融业务，促进服务业发展

自由贸易区不仅是投资和对外贸易开放的窗口，更是深化金融改革创新、增强金融开放性的试验田。

新加坡离岸金融中心最初采取的是内外分离的模式，商业银行和金融公司等金融机构可以兼营ACU（1968年10月，新加坡政府允许美洲银行新加坡分行在银行内部设立一个亚洲货币经营单位，以欧洲货币市场同样的方式接受非居民的外国货币存款，为非居民提供外汇交易以及资金借贷等各项业务），但必须另立单独账户分开管理。后来新加坡政府为了吸引外资银行经营ACU，于1978年全面取消外汇管制，以吸引外资银行到新加坡经营ACU，开展离岸金融业务。

由于海南省目前的金融发展相对较为滞后，不能直接发展内外混合一体化的模式，如果像新加坡一样以内外分离为起点，逐步发展为一体化的离岸金融市场，则会直接影响试验区的稳定发展，且很难在短期内实现对国内经济的劳动作用。因此，海南自贸试验区的发展更应该采取渗透型的离岸金融市场模式，即在将境内金融账户和离岸金融账户分开管理的前提下，根据国内经济发展的投资需求，允许一定比例的离岸账户资金流入国内实体经济，但应限制引入的资金量以及资金流向。

要发展离岸金融，除了要建立与自贸试验区相适应的外汇管理体制外，还要为离岸金融的开展提供税收优惠。应不断降低企业在开设离岸专用账户所要求的注册资本门槛，扩大使用企业范围，并逐步赋予离岸专用账户的融资和理财功能，增强企业资金运作效率、降低运营成本。对在岸账户和离岸账户的监管方面，建立一个认证系统，实现对离岸贸易公司、离岸贸易种类、离岸贸易收入及离岸贸易金额的认定等。

（四）发展高端服务型国际航运中心

应该学习新加坡充分发展航运金融、保险业，在国际金融中心的建设中促进航运融资、海事保险等航运服务业的繁荣。新加坡国际航运中心的成功经验同时表明，港口发展要求我们必须关注世界港口航运状况。海南可以成立港口信息和战略研究部门，了解掌握国内外港口的发展概况、周边港口的竞争能力和格局，以及运输、航运方式的变化趋势。通过对世界港口、航运发展信息的掌握，为海南建设国际航运中心和世界邮轮码头发展提供新思路、新方法。同时，为全球航运相关企业提供金融、保险、法律、咨询等高附加值的航运服务，不仅可以获得高额的经济回报，更可以无形中引领全球航运市场的发展方向。

（五）制定严格的法律法规，建立良好的监管体系

除了“负面清单”外，海南在投资方面还可以借鉴新加坡的做法，制定出台明确的投资法，新加坡还制定了各种和投资有关的税收、公司注册、劳工管理、环境保护等方面的法律法规。为了防止外资企业偷税漏税，新加坡的审计机关有权监督检查外资企业项目。

（《今日海南》2018年第5期）

韩国自由贸易区战略经验及其启示

关兵　于宾

一、韩国自由贸易区发展现状

韩国对外的自贸区谈判工作自20世纪90年代末开始。迄今为止，韩国已达成或正处于谈判进展中的自贸区共14个，涉及57个国家和地区。按地域来看，亚洲地区主要有东盟、新加坡、印度以及海合会；拉美地区主要有美国、智利、加拿大、秘鲁、哥伦比亚以及墨西哥；大洋洲主要有新西兰、澳大利亚；欧洲主要是欧盟、欧洲自由贸易联盟。在上述14个自贸区中，已经正式签署协议的自贸区有5个，分别是韩国与智利、东盟、新加坡、印度、欧洲自由贸易联盟，且均已经开始实施。而且，2007年5月韩国与美国结束谈判，协定等待韩国国会的批准。2009年10月韩国与欧盟结束谈判，并于2010年4月前签署协定。尚处与商谈阶段的自贸区分别是韩国与新西兰、澳大利亚、哥伦比亚、加拿大、海合会、秘鲁、墨西哥。目前，韩国与日本准备重新启动2004年中断的韩日自由贸易协定（FTA）谈判，中日韩自贸区谈判也在逐渐推进中。此外，韩国正在考虑开展与俄罗斯、土耳其、南方共同市场、以色列、南部非洲关税同盟等国家启动自由贸易协定（FTA）谈判。

二、韩国推行自由贸易区战略的动机及特点

（一）韩国推行自由贸易区战略的动机

1. 推行自由贸易区是实现经济发展目标的需要。韩国积极推进自由贸易区战略一个重要的动因，来自韩国设定的雄心勃勃的经济发展目标。2006年8月30日，

韩国宣布了一项国家经济增长潜力与社会福利的中长期目标计划。根据名为“展望2030年”的计划，到2030年，韩国在经济增长与社会保障体系等方面都将成为世界一流先进国家。国内总产值达到24060亿美元，与2005年的7880亿美元相比将大幅增长300%。

由于受到国际金融危机沉重打击，韩国经济受挫，2011年韩国GDP为11171.47亿美元，位于世界第15位。韩国预计2020年达到4.5万美元，成为世界第十位的经济大国。

无论从韩国的长远经济目标，还是近期的经济发展，都是难度不断增大的重要时期。为此韩国力图通过与众多国家签订双边自由贸易协定，不断扩大对外贸易规模，促进和保证经济的长期稳定增长。

2. 推行自由贸易区是实现扩大贸易的重要途径。韩国国内需求不足，经济增长乏力，因此推进自由贸易区不仅是实现扩大贸易的重要途径，更是基于外向型经济为发展战略的“生存战略”。由于受全球金融危机影响，2009年，韩国的国家竞争力在全世界排名第29位，在1年内排名下降了11位。落后于新加坡、日本和中国香港，在亚洲主要竞争国家中排在最末尾。因此，韩国必须扩大进军海外市场的机会，加快与经济大国签署自由贸易区的步伐，成为开放型的贸易国家。

3. 推行自由贸易区是增加就业和实现产业升级的重要举措。自由贸易区对促进国际投资、增加就业和产业结构的优化升级发挥着巨大作用。

首先，促进国际投资。由多个关税组成的市场环境下，影响跨国公司直接投资区位选择的重要因素是无关税市场规模的大小。而自由贸易区会使自由市场规模扩大，区域内的劳动力、自然资源、资本投向的地理选择不受关税因素的困扰。实施自由贸易区后，区域内企业从成本最小化出发，通过再投资对劳动力、物资资本、自然资源的地理分布进行选择，促进自由贸易区成员国和非自由贸易区成员国跨国公司对自由贸易区成员国的投资。

其次，增加就业。当前韩国国内两大重点是“降低失业率”和“经济稳定增长”。从2008年12月开始，由于大量韩国公司担心经济会迅速恶化而大规模裁员，韩国失业率达到两位数。韩国近期经常项目逆差不断扩大，外汇形势严重恶化，信贷困难愈演愈烈。由此，韩国汇率急剧贬值，民众实际购买力严重缩水，民间消费下滑日趋严重。韩国政府重要出发点就是通过签署自由贸易区扩大贸易规模和吸引海外投资，为韩国创造就业岗位，增加就业率并通过就业改变产业结构。

另外，由于缔结自由贸易区后，取消了关税保护，促使企业在产品市场、生产要素资源等方面的重新布局，迫使企业为求得生存提高自身素质，优化产业结构，改善企业管理。韩国推进自由贸易区战略最终目的是为了实现经济更快更大发展，从而进入经济发达国家行列。

（二）韩国自由贸易区战略特点

1. 韩国自由贸易区伙伴的特点

一是能源型国家。长期以来，韩国人口的急剧增长带来对能源和粮食的绝对需要，给国家经济发展带来巨大压力。为解决经济发展的后顾之忧，韩国积极推进与东盟、俄罗斯、印度、澳大利亚等国的协商，除达到扩大投资和贸易的目的外，也是为能源合作进一步铺平道路。

二是市场需求旺盛的经济大国。为了弥补国内需求的不足，韩国瞄准国外市场，不断扩大贸易需求范围，从而实现经济的逐步增长。

三是可发挥韩国地理优势的国家。韩国充分发挥韩国在地缘政治学上的优势，主要通过与东北亚其他国家签署自由贸易区来壮大国家实力，以实现其发展成为东北亚地区的中心国家这一战略目标。

四是贸易大国。韩国与美国、加拿大、中国、日本等贸易大国签订自由贸易区，能很大程度上促进韩国贸易的发展，使其向贸易大国甚至是贸易强国迈进。

2. 韩国与不同自由贸易区伙伴的战略特点

一是韩国与美国。韩国把与美国签订自由贸易区作为推动自由贸易区战略的重点。2007 年 4 月 2 日，韩美两国自 2006 年 6 月开始的自由贸易区进程，经过 10 个月的艰苦谈判终于达成协议。韩国更为迫切希望与美国签署自由贸易协定，主要原因是韩国以出口为导向的经济对国内经济增长难以保持活力和竞争力，经济增长需要新的引擎。但由于种种原因，韩美自由贸易区至今未能生效。

二是韩国与欧盟。欧盟是排在中国之后的韩国第二大贸易伙伴，也是韩国最大的海外投资来源。2009 年，韩国和欧盟都希望自由贸易区能减少全球经济危机对各自经济的影响。韩国政府的智囊机构——韩国国际经济政策研究所发布报告称，一旦和欧盟的自由贸易区生效，韩国国内生产总值（GDP）将增加 3.08%，从长期看，将增加 186 亿美元 GDP。同时，自由贸易区还能促使韩国的就业率上升 3.58 个百分点。一旦欧韩签署自由贸易区，韩国和欧盟也将超越北美自由贸易协定的规模，成为世界上最大的自由贸易经济体。韩国与欧盟 FTA 自 2012 年 7 月生效半年来，双方贸易额同比增加 3.9%，韩实现贸易顺差 7.4 亿美元，同比减少 61.8 亿美元。若欧债危机得以解决，韩欧 FTA 将给韩国带来更大经济效益。

三是韩国与智利、新加坡和东盟。之所以韩国与智利、新加坡和东盟九国能够实现签订，关键是双方在产业结构和商品贸易上存在互补优势，摩擦较小，协商容易达成一致，同时容易得到政府和企业的认同。从而得出，韩国在实施自由贸易区战略采取了先易后难的策略。

四是韩国与日本。韩国和日本于 2003 年 12 月在韩国召开旨在缔结日韩自由贸易区的首次谈判。韩日两国的方针是：缔结自由贸易区十年后原则上取消所有关税。但韩国对于日本机械制品大量涌进，导致对日贸易赤字扩大抱有高度警惕，韩日自由贸易区谈判陷入僵局。

五是韩国与中国。中国虽是韩国第一大贸易伙伴，但是数年来，韩国对于与中国的自由贸易区合作表现得一直很冷淡，不仅将与中国的自由贸易区谈判放在韩美自由贸易区之后，甚至韩欧盟自由贸易区之后。近来，韩国频频向中国送出秋波，希望早日启动与中国自由贸易协议（自由贸易区）的谈判。中国正在加快经济增长的速度，市场环境急剧变化，韩国必须主动和有效应对这种变化，应积极研讨和中国签署自贸协定（自由贸易区）的问题。如果中韩自由贸易区得以谈成并生效，韩国占优势的汽车、钢铁、电子、重化工业等产品可以大幅度进入 13 亿人口的大市场，大幅提高在中国市场的占有份额。然而韩方担心，他们的中小企业在中国价廉物美的产品冲击下恐怕难免出现破产潮。韩国政府更担心的是韩国农业渔业在中国产品冲击下遭灭顶之灾。

（三）韩国自由贸易区战略路线

根据上述韩国与不同自由贸易区伙伴的战略特点，可以看出韩国的自由贸易区战略路线遵循的是“重点先行，先易后难”原则。

1. 重点先行。韩国希望通过其眼中所谓的“重点”带给它“重点先行”的效果，这不能不说是一个非常明智的选择。

韩国认为，通过与美国签订自由贸易区，不仅能大大改善韩美经贸关系，减少对中国市场的过度依赖。因此，韩国把与美国签订自由贸易区作为推动自由贸易区战略的重点，而把与中国签订自由贸易区放在之后考虑。2006 年 6 月至 2007 年 4 月，韩国政府与美国政府经过 10 个月的艰苦谈判后，双方终于缔结了自由贸易区协议。然而 3 年过去了，由于美国国会迟迟没有批准，致使韩美自由贸易区并没有生效。其原因是随着韩美两国新总统上台后，韩美双方在贸易方面产生了不少摩擦。迟迟不能生效的韩美自由贸易区使韩国政府陷入了深深的焦虑中。

韩国眼中的第二个重点是与世界第二大经济体欧盟签订自由贸易区。韩国与欧盟于 2006 年初开始了有关签订自由贸易协定的研究。欧盟是韩国最大的外资来源地，欧盟对韩国的直接投资占韩国外资的 1/3 以上。韩国对与欧盟签订自由贸易区持积极态度。双方自 2007 年开始谈判，2009 年签署协议，欧盟和韩国议会分别在 2011 年的 2 月和 5 月通过该协定。《韩欧自由贸易协定》是世界上仅次于《北美自由贸易协定》的第二大自由贸易协定。

2. 先易后难。韩国考虑到，倘若双方在产业结构和商品贸易上存在互补优势，摩擦较小，协商容易达成一致，同时容易得到政府和企业的认同，所以能够首先实现签订自由贸易区。因此，韩国积极推进自由贸易区研究和谈判的是一些具备经济互补优势、谈判障碍较小、将会在短时间内实现自由贸易区的签订的国家。与智利、新加坡和东盟签订自由贸易区协定，就是遵循这个原则。

三、韩国自由贸易区战略对我国的启示

（一）完善中国的自由贸易区战略

目前，我国尚未建立起一整套主旨明确、安排有序、措施具体的国家自由贸易区战略，这种局面不利于中国及时适应世界经济形势，最大限度地获取战略利益。周边的竞争对手韩国、日本对于本国对外经济战略的调整极为迅速和明确。

中国应该通过纲领性文件的形式正式确立本国自由贸易区战略，以便扩大海外市场。

（二）加强对自由贸易区的系统研究

自由贸易区的缔结是以部分让渡主权、相互开放市场为基本特征的，为了避免自由贸易区对国内经济的过度冲击，最终与伙伴国实现双方经济利益的最大化，加强对自由贸易区的研究非常必要。我国应组建由政府官员、研究机构学者、民间人士和国内产业界代表共同参与的研究队伍，对于各种可供选择的自由贸易区方案进行系统研究。

而在正式启动各种多边和双边自由贸易区谈判之前，也应该由专门的研究机构提供相关咨询报告，以利于政府在谈判中制定正确的谈判方案与策略。

（三）加快自由贸易区战略进程

在过去近十年的时间里，中国一直将主要精力用于消化和适应加入 WTO 以后所带来的种种影响，中国的自由贸易区步伐不仅远远落后于美日欧等发达国家，甚至也落后于很多发展中国家。截至 2013 年 8 月，中国对外总共只签署了 8 个自贸区协议，包括已经签署并实施的中国与智利自由贸易协定、中国与巴基斯坦自由贸易协定、中国与新加坡自由贸易协定、中国与新西兰自由贸易协定和亚太贸易协定，以及今年刚刚签署的中国与东盟自由贸易区、中国与秘鲁自由贸易区、中国与哥斯达黎自由贸易区协定。这与中国的贸易大国地位很不相称。

（《中国经济时报》2013 年 8 月 20 日）

韩国釜山港国际集装箱物流中转服务主要经验及其启示

陈继红　朴南奎

一、发展上海自贸区国际集装箱物流中转服务的意义与内涵

国际集装箱物流中转服务能力，向来被作为评估国际航运中心及枢纽港核心竞争力的重要指标。相比于亚洲相近的釜山港，中国（上海）自由贸易试验区（简称“上海自贸区”）洋山深水港的国际集装箱物流中转服务发展相对滞后，国际集装箱物流中转量小，对亚洲周边港口的辐射力不足，这与上海要建设国际航运中心的战略目标并不相称。因此，提升国际集装箱物流中转服务水平，将是未来上海国际航运中心发展和上海自贸区建设的关键任务和重要目标之一。

2009年国务院通过《关于推进上海加快发展现代服务业和先进制造业建设国际金融中心和国际航运中心的意见》（国发〔2009〕19号），正式对上海国际航运中心建设作出重要战略部署，提出到2020年，上海将基本建成具有全球航运资源配置能力的国际航运中心，并明确提出在洋山港区积极发展国际集装箱物流中转服务，并将其作为新阶段上海国际航运中心建设的关键任务。从目前上海配置的港口生产和船舶运输资源能力来看，未来的国际集装箱物流服务将是全球航运资源向上海集聚、由上海配置的重要途径。2013年，国务院出台《中国（上海）自由贸易试验区总体方案》（国发〔2013〕38号）进一步明确提出，上海自贸区洋山深水港区发展国际集装箱物流中转集拼业务，以发挥上海港作为国际枢纽港的重要作用，提升上海国际航运中心国际航运服务能级。从以上国务院发布的两个重要文件来看，国际集装箱物流中转服务功能在上海自贸区国际物流功

能的拓展、国际枢纽港口网络核心地位的确定、全球航运资源综合配置能力的提升等方面具有重要的战略意义。

从相关内涵来看，国际集装箱物流中转服务有狭义和广义之分。通常，狭义的国际集装箱物流中转服务是指集装箱货物从境外一国（或地区）港口出发，经由本国港口停留或服务，继续通过船舶运往境外第三国（或地区）的港口。而广义的国际集装箱物流中转服务的内涵更为宽泛，在包括狭义的国际集装箱物流中转服务的基础上，还考虑以下两种情况：一是集装箱物流装货港在境外，经过本国枢纽港口进行中转，再通过船舶运至本国卸货港；二是集装箱物流出发港口在本国，经过本国枢纽港口进行中转，继续通过船舶运至境外目的地港口。简单来讲，狭义和广义的主要区别是对处于中间环节的本国中转枢纽港口两端的出发港和目的港的规定不同，狭义的国际中转要求“两头在外，中间在内”，即出发港口和目的地港口均处在境外国家（或地区），中转枢纽港口在本国境内；而广义的国际中转内涵则更为灵活，进一步涵盖了“一头在外，中间在内”的“境外装货港—境内中转港—境内卸货港”，以及“境内装货港—境内中转港—境外卸货港”两种情形，即对于出发港口和目的地港口，只要有一方处在境外国家（或地区），中转枢纽港口在本国境内就属于国际中转的范畴。

二、韩国釜山港国际集装箱物流中转服务的主要经验

釜山港作为韩国的第一大港口，长期以来是亚洲最主要的国际集装箱中转港口之一，尤其是在中国、日本等亚洲主要海运国家的国际集装箱物流中转中发挥着重要作用。釜山港位于中国、日本以及俄罗斯远东地区的中心地带，处于连接欧洲和美洲大陆的中心环节，临近世界集装箱海运东西方向的三大国际主要干线。良好的区位条件和自然地理环境为釜山港发展国际集装箱物流中转服务奠定了基础，是上海自贸区洋山深水港国际集装箱中转物流服务业务的主要竞争对手。

釜山港是世界名列前茅的大型集装箱港口之一，2014 年底名列世界集装箱港口第 6 位，集装箱吞吐总量仅次于上海、新加坡、深圳、香港和宁波等港口。国际集装箱中转作为釜山港的物流服务优势，近几年来其国际集装箱中转吞吐量

保持稳步发展态势，2014 年其国际中转比例已经占据整个釜山港集装箱吞吐作业量的半壁江山。然而值得高度关注的是，从近几年数据来看，釜山港的国际集装箱中转物流发展作业量较大程度地依赖中国的国际集装箱货源。近几年宁波、上海、大连、天津、青岛等长三角和环渤海湾主要沿海港口已经是釜山港口发展国际集装箱物流服务的重要支撑，每年对釜山港国际集装箱物流吞吐量的贡献率为 25% ~ 30%，环渤海湾三大沿海港口贡献率更为突出。

釜山港国际中转服务的快速发展，主要得益于其自由贸易区功能完善、海关运作高效、集装箱港口收费和奖励机制完善等多方面因素，尤其是韩国政府高度重视，根据市场情况及时出台强有力的发展支持政策，其经验值得上海自贸区借鉴。

（一）自贸区完善、便利的海关监管和宽松的口岸环境

釜山港自由贸易区是韩国具有代表性的自贸区之一，实施“境内关外”相对宽松的海关监管政策，国外集装箱货物从釜山港中转非常便利，国际物流中转自由。例如，在釜山港开展物流中转出口不需要进行备案等等，手续简便，效率很高。在海关监管方面，釜山港为方便国际集装箱物流运作，提高集装箱物流处理效率，将其港口作业区、自贸区以及工业经济加工区进行一体化监管，在整个区域内，集装箱货物可以自由流动中转以及加工增值再出口，货物运转快速便捷，中间环节少，物流速度快、效率高，极大地吸引了中国、日本等亚洲周边港口的集装箱货源。

（二）优惠的集装箱港口物流费收措施和奖励政策

釜山港在发展国际集装箱物流中转服务过程中，长期采用经济手段（如降低港口费率、减免港口费用等）吸引货源，并对忠实的集装箱航运客户进行补贴以维持稳定的货源，巩固其国际集装箱物流中转服务大港地位和持续竞争力。例如，釜山港根据集装箱航运企业的国际中转发展贡献实施两种奖励措施：一是国际中转箱总量贡献奖励。每年支出 35 亿韩元，对当年在釜山港处理国际中转箱量超过 5 万标准箱的航运企业进行奖励，奖励金额取决于当年航运企业国际中转箱总量中在釜山港的国际中转箱比例。二是国际中转箱增量奖励。即针对每年在釜山

港处理的国际中转箱量大于 1 万标准箱的航运企业，当本年度中转箱量大于过去两年的平均中转箱量时，釜山港根据本年度相比上年的增长箱量对航运企业给予国际中转增量贡献奖励，每增加一个标准箱奖励 5000 韩元，增量贡献奖励金额设定上限为每家航运企业 20 亿韩元。这两种奖励机制可以叠加使用，即如果中转箱量超过 5 万标准箱且符合第二种奖励条件，则既可按照第一种条件获得总量贡献奖励，又可以按照第二种条件获得增量贡献奖励。这种经济奖励机制是釜山港开发国际集装箱货源市场、维护稳定客户的重要手段，对其国际集装箱物流服务发展起到了较大的促进作用。

（三）有效的营销与战略合作方式

釜山港高度重视其集装箱物流中转服务营销及与其他港口建立战略合作关系。为推广其物流中转服务，专门成立了釜山港口营销协会，宣传和推广釜山港国际集装箱物流服务。针对客户需求，开展市场调研和访问，采取差别客户策略，制订差别港口费率。同时，为强化港口营销功能，构建了港口物流服务营销信息系统，对生产企业、周边客户港口、航运企业以及管理机构实行信息共享，并建立了一站式复合港口物流信息系统。为吸引更多的国际集装箱中转货源，釜山港不断增加中国北部和南亚地区等周边港口间的支线运输，同时为这些国际中转货源提供免费的港口设施服务，减免服务费用，与周边港口建立长期的战略合作关系。例如，釜山港与我国的青岛港、日照港、烟台港、威海港等环渤海湾四港联合签署了战略联盟框架协议，构建了中韩 4+1 港口战略联盟合作框架机制，为稳固其国际中转大港地位奠定了坚实基础。

（四）完善的国际集装箱物流中转增值服务功能系统

釜山港国际集装箱物流中转增值服务功能系统完善，适应了全球供应链模式的港口功能需求。釜山港不仅设立了自贸区，方便国际集装箱物流中转，而且根据国际物流增值服务需求，在港区周围建设了经济加工自由区，从而实施面向全球供应链采购、加工和增值服务的模式。釜山港服务亚洲区域市场与全球供应链的对接，港区作业与自贸区、加工区等功能叠加，港区主要开展集装箱物流装卸、搬运、存储等物流生产作业，自贸区和加工区从事货物的国际中转、国际配送、国际采购、国际转口贸易和出口加工业务等高附加值的流程和再加工，以及与国际物流配套的金融、保险、理赔、检测等高端服务，实现了基础物流业务和高端服务业务的协同式发展。

（五）强有力的政策支持

针对釜山港国际集装箱物流发展和中转服务，韩国政府给予了强有力的政策支持。韩国政府近年来制定了一系列扶持釜山港成为东北亚国际航运中心、促进其国际物流中转服务发展的港口政策。例如，近年来韩国海洋水产部针对釜山港国际集装箱物流服务发布了一项新的战略规划，规划到2020年，釜山港的集装箱中转货物吞吐量达到1300万标准箱，发展成为继新加坡港之后的全球第二大国际集装箱中转港口。根据该项规划，韩国政府将目前釜山港的北港港区和新港港区合二为一，新港港区集中开展国际集装箱物流作业，方便国际物流中转，北港港区发展海洋产业集群支撑相关服务业，同时计划投资4649亿韩元开展基础设施建设，拆除新港港区小岛，为未来更大型的国际集装箱船舶挂靠和物流服务作业做准备。

三、上海自贸区国际集装箱物流中转服务发展的关键问题

上海自贸区政策对上海国际航运中心国际集装箱物流中转服务的发展做了重要部署，从上海国际航运中心的现状来看，港口生产作业服务水平保持世界领先地位，集装箱吞吐总量连续多年保持世界第一，2014年底完成集装箱吞吐量3529万标准箱，通过水路中转集装箱物流量比例达到46%左右，其中狭义的国际中转比例为7%左右。

从目前港口物流服务的功能分工来看，上海自贸区洋山深水港作为上海国际航运中心建设的重要组成部分，是上海港开展国际集装箱物流的关键枢纽，自贸区国际集装箱物流中转服务也主要集中于此。洋山深水港区能否成为国际集装箱物流中转枢纽，除了具备相应的港口硬件外，其定位、口岸监管环境以及政府的相应政策等都十分关键。上海自贸区建设和发展为上海国际航运中心开展国际集装箱物流中转服务、促进世界航运服务资源要素集聚给予了政策机制创新的便利，

围绕国际服务能力的培育和发展还需要解决这些关键问题。

（一）定位

目前，上海自贸区洋山深水港区国际中转服务是采用狭义的还是广义的国际中转概念还存在着一定争议，我们认为广义的国际中转更为适合。洋山深水港与釜山等国际枢纽港口不同。上海是典型的腹地型港口城市，处于长江入海口，主要为我国的沿江、沿海经济发展服务；釜山地域狭小，只能面向中国、日本等亚洲周边国家开展国际中转。本质上两港承担的集装箱物流中转服务的功能相同，只是地理位置不同。其实，仅从港口地理条件来看，上海自贸区洋山深水港区与欧洲的鹿特丹港类似。鹿特丹港面向欧洲大陆腹地开展中转服务，但由于货物来源归属不同的欧洲国家而纳入狭义国际中转的范畴；洋山港区也是为腹地开展转运服务，服务功能与之相似，只是腹地位于同一国家。上海自贸区国际集装箱中转服务应在推广采用广义的国际中转服务模式的基础上，进一步发展狭义的国际中转服务。广义的国际集装箱物流中转服务内涵更能客观反映上海自贸区的国际集装箱物流服务能力。

（二）口岸监管模式

从广义上讲，上海自贸区国际集装箱物流中转涉及多种物流中转模式，不同的中转模式经过不同的货物处理流程和环节，从而对海关等口岸部门的监管协调提出了不同的要求。发挥上海自贸区政策创新机制的优势，设计符合其国际集装箱物流服务实际且相对宽松、便捷和高效的口岸特殊监管机制，在简化口岸手续、设计合理流程、完善服务功能等方面进行创新，是上海自贸区提升国际集装箱物流中转服务竞争力的关键。

针对不同的国际集装箱物流中转服务模式，需要不同的口岸监管模式。对于狭义的国际中转服务，上海自贸区需要采用符合业务实际和宽松便利的监管模式。以国际中转集拼服务为例，目前外高桥港区和洋山港区在空间上的分离，加大了一体化监管的难度，需要设计一套减少复杂流程和环节、全程一体化的口岸监管模式。对于广义的面向国际的国内集装箱进出口的中转服务也遇到类似的口岸监管创新问题。例如，在国内集装箱二次中转集拼服务中，国内进出口中转拼箱货物无法直接进入自贸区范围与狭义的国际中转箱一起拼装进行中转作业，这就要求口岸进行改革创新，以适应这种需求。

（三）政策的系统完善性

釜山港国际集装箱物流服务的优势地位很大程度上源于韩国政府的政策支持。为提升上海自贸区国际集装箱物流中转服务竞争力，我国政府部门已经出台了启运港退税、内外贸同船运输以及中资非五星红旗船沿海重箱捎带等政策。例如，启运港退税政策规定从国内其他港口装船发往上海自贸区洋山深水港中转至境外的出口集装箱货物，确认离开启运港即视为出口，可申请办理退税，吸引更多的集装箱货物从洋山深水港中转；内外贸同船运输政策使得从事承运海关监管货物的中国籍内支线船舶，可以同时承载内贸和外贸内支线集装箱货，增加内支线船舶有效利用的空间，有利于提高洋山深水港内支线服务频率，促进内支线中转业务开展（海关总署公告 2014 年第 44 号）；中资非五星红旗船沿海重箱捎带政策，也允许中资航运公司利用自有或者控股拥有的非五星红旗国际航行船舶先行先试外贸出口集装箱在国内开放港口与上海港之间（以上海港为中转港）的捎带业务。

这些相关政策从不同的角度促进上海自贸区国际集装箱物流发展，具有重要的意义，但政策的系统完善性还不够，在具体实施过程中需要及时出台配套措施。例如，启运港退税这项政策虽然在一定程度上赋予上海自贸区“境内关外”的地位，即洋山深水港在国境内，却类似于单独关税区，进出区视为进出口，执行有别于境内的关税政策，为沿海、长江集装箱货物在洋山深水港中转至境外奠定基础，但启运港退税和内外贸同船运输两项政策的混合使得海关监管变得十分复杂，相关退税流程和时间成本等问题也使得出口退税与直接在境外釜山港中转相比没有太大竞争力。另外，中资非五星红旗船沿海重箱捎带作为上海自贸区先行先试的一项重大海运政策，《中国（上海）自由贸易实验区总体方案》明确实施该项政策的意义在于推动上海自贸区中转业务发展，但与目前集装箱海运联盟化经营和船舶航线资源共享模式有冲突，因为目前大部分海运集装箱干线经营均采用跨国联盟方式，船舶由国内外企业共同投入，中资船舶在一条航线上投入有限，政策实施效果不佳。

四、上海自贸区国际集装箱物流中转服务发展策略

从韩国釜山港国际集装箱物流中转服务的发展经验来看，其在海关监管、港口市场开发、港口物流功能以及政府支持政策等方面值得上海自贸区借鉴，然而上海港的实际情况与釜山港又不尽相同，存在一定的差异。未来上海自贸区国际集装箱物流中转服务发展应针对所面临的关键问题，采取相应的发展策略。

（一）多种集装箱物流国际中转模式协同发展

上海自贸区洋山深水港没有釜山港那样的区域地理位置，提振其集装箱国际物流中转的手段只能是为服务腹地经济而大力开展面向广义国际中转的水水中转服务，同时在提升自身竞争力的条件下，进一步发展狭义的国际中转服务。从上海自贸区的特征和优势来看，其国际集装箱物流中转服务应该是运输型的水水中转集装箱物流服务，洋山深水港主要提供船舶停靠，海运货物的装卸、换装、仓储，以及拆分与再次集拼等服务，集装箱货物在洋山港口进行装卸、仓储和拆分集拼等处理后再换装国际班轮大船至远洋干线。具体服务模式可以分为“境内港口—洋山深水港—境外港口”的广义国际中转和“境外港口—洋山深水港—境外港口”的狭义国际中转服务两大类。

广义和狭义的国际集装箱物流服务这两大类模式根据货流情况和服务需求又可以进一步划分为四种具有代表性的国际物流中转业务。其中广义的模式包括传统水水整箱中转和国内二次中转集拼服务两种业务。传统水水整箱中转主要为国内沿海和长江港口的集装箱货物在洋山深水港直接中转换装至国际干线服务，长江港口货物到达外高桥港区后换装“穿梭巴士”短驳至洋山深水港，沿海港口货物一般通过沿海内支线抵达外高桥港区再驳运或通过沿海捎带的方式直至洋山深水港换装；国内水水中转二次集拼业务主要利用洋山深水港的自贸区政策优势，对国内不同出发港至同一目的港的拼箱货物进行二次集拼，以中转的方式运往境外港口。狭义的国际中转主要面向境外货物服务，具体也可分为国际水水整箱中转和国际中转集拼两种服务业务。国际水水整箱中转主要为境外周边港口的近洋

航线船舶集装箱货物进行国际干线整箱换装作业服务；国际中转集拼业务，主要为境外周边港口货物经过近洋航线至外高桥港区再驳运至洋山深水港，与内地通过沿海或沿江内支线船舶转关至洋山深水港的境内货物，在海关特殊监管区域内拆箱进行分拣和包装，并根据不同目的港或不同客户，与本地货源一起重新拼箱后再运送出境的港口物流服务业务。

（二）拓展国际集装箱物流增值服务功能

韩国釜山港国际集装箱物流的核心竞争力主要依靠其自贸区和经济工业园区的物流增值服务。上海自贸区国际集装箱物流中转服务核心竞争力的提升，对自贸区物流增值服务功能拓展有迫切需求。从目前入驻的物流相关企业来看，上海自贸区洋山深水港主要还是从事船务、货代、报关等传统运输类物流业务，集装箱物流增值服务功能有待拓展和强化。尤其是未来随着国际中转集拼和二次集拼业务的开展与商贸功能的升级，上海自贸区内需要进一步实现国际物流配送、国际物流采购、制造加工以及国际物流金融保险等高附加值功能。因此，未来上海自贸区在加快国际集装箱物流运输型中转服务的同时，在改善中转流程降低时间和资金成本的同时，必须拓展国际中转或集拼所涉及的增值服务，建立相配套的物流贸易、国际中转物流库场、精制造加工、采购配送等辅助设施，全面拓展国际中转物流增值功能并提升水平，在功能和服务方面缩小与釜山等国际港口的差距。

（三）补偿国际物流中转经济和时间成本损失，建立国际中转奖励制度

韩国釜山港国际集装箱中转发展很大程度上依赖其对相关航运企业进行的奖励补贴机制。相比而言，上海自贸区洋山深水港在成本以及时间等方面并没有什么优势。洋山深水港岛屿与陆域相距甚远，两者相隔30余公里的东海大桥，开展中转集拼等业务成本和时间成本均较高，而直接在岛屿开展中转作业又受港口作业和海关监管限制；上海自贸区洋山深水港和外高桥港区航线空间隔离导致国际物流中转流程增加，经济和时间成本也随之提高；加上洋山深水港区以欧美远洋干线为主，外高桥港区以沿海和近洋航线为主，这样的空间格局对于开展国际中转来说并不科学，由于航线布置不集中，集装箱货物到外高桥港区后，需要通

过“穿梭巴士”驳运至洋山港区，货物周转时间和成本也相应增加。此外，沿海和长江内支线船期不够稳定及其航线规模化水平不足等问题导致集装箱在上海自贸区中转的时间成本也在上升。因此，与韩国釜山港相比，过高的时间或经济成本大幅削弱了上海自贸区洋山深水港国际中转服务的竞争力。

对此，建议借鉴釜山港吸引国际集装箱海运企业挂靠的做法，建立国际中转物流贡献奖励机制。例如，可以考虑设置按照集装箱海运企业几个年度一个周期的集装箱处理量，设置中转总量贡献忠诚度奖励，根据贡献大小给予港口使用费和装卸费用的优惠；同时按照海运公司集装箱货物的增加率变化设置不同的费用减免率。对于忠诚度高的集装箱海运企业，还可采取繁忙时期优先靠泊、优先装卸以及对其开展驳运经济补偿等特殊优惠措施。另外，在世界航运发展呈现联盟化的趋势下，也可以将忠诚度指标整体应用在海运公司联盟内，按照整个联盟的集装箱处理量来计算忠诚度，以此充分带动联盟成员的相继进入，扩大集装箱物流中转服务的保有量。

（四）不断创新口岸监管机制，提升自由化程度

韩国釜山港成为国际转运中心的一大因素，就在于其口岸监管的便利大幅提高了集装箱物流在口岸环节的流转速度，对集装箱海运企业具有足够的吸引力。上海自贸区洋山深水港区能够吸引国际集装箱中转货源也需要创新口岸监管机制，提升上海自贸区自由化程度，实现“境内关外”的转运模式，使国际集装箱物流实现快速便捷通关。一是加快完善海关等口岸监管机制，适应国际集装箱物流中转服务需要，减少口岸监管环节，加快口岸流转速度。例如，可探索在上海自贸区洋山深水港区以及外高桥港区设立国际中转服务和集拼中心，将进出口报关与进出境备案等手续合并，减少口岸环节，提升中转货物的流转速度。二是监管理念与模式创新并举，真正实现“境内关外”监管，国际中转货物进区视同货物出口，国际中转货物在自贸区内可自由流转、放松监管；实施风险管理的监管模式，将工作重心从对货物流通的监管转变为对相关企业诚信的监管。三是提高技术手段，完善信息系统。上海自贸区国际中转的业务类型繁多，涉及不同的海关口岸监管形态，环节复杂，未来业务发展规模化后必须借助海量信息处理技术

系统，实现全程共享的货物监管和海运信息管理。同时，构建由政府主导的以公益和服务为主的公共服务电子平台，实施“单窗口”通关模式，推进无纸化通关，大幅提高口岸监管效率。

（五）发挥政策动态创新优势，强化政策协同效应

目前，上海自贸区关于国际集装箱物流中转已经试点实施了中资非五星红旗船沿海捎带、启运港退税等相关利好政策，这对发挥上海自贸区国际中转服务优势有积极作用，但在具体政策实施过程中仍面临着政策协同效应发挥的问题。例如，中资非五星红旗船沿海捎带因为联盟合作而沿海市场不向外资公司开放；启运港退税政策也在出发港口、运输企业、船舶和航线等方面仍有诸多限制，退税时间尚未做到启运港退税，需要等待中转港口海关电子数据交换（EDI）核销等诸多环节，致使海运企业去韩国釜山港等港口中转更为便捷。由于国际集装箱物流中转服务处于完全的国际市场竞争环境中，上海自贸区国际集装箱物流中转服务需要政策软环境的改善，关键就在于航运制度与政策的突破与创新，这是上海自贸区的主要功能之一。因此，需要不断发挥上海自贸区政策动态创新的优势，未来相关政策应根据市场需求不断调整并强化协同效应，从而不断适应物流服务新需求。

（《中国流通经济》2016 年第 7 期）

韩国自贸区制度化建设的经验与借鉴

王 琳

1997 年亚洲金融危机爆发后，韩国经济遭受沉重打击，被迫大幅改革经济体制，寻求新的增长动力。同时，这一时期东亚经济一体化发展迅速，韩国的主要贸易伙伴如中国、美国、日本等均加大自贸区建设，抢占和扩大国际市场，韩国产业国际竞争力受到威胁。在内外双重压力下，韩国也开始将自贸区纳入国家发展战略，谋求通过开放优化国内经济结构，稳定和扩大出口市场，吸引外来投资，并在实践中取得了显著成效，其经验值得借鉴。

一、韩国自贸区战略发展历程

韩国自贸区建设发展大致可分为三个阶段：

第一阶段，决定建设自贸区和韩国—智利自贸协定生效（1998—2004 年）。1998 年 3 月韩国专门设立“通商交涉本部”（正部级），主管外贸谈判事宜。同年 11 月，韩国将智利选为首个自贸区谈判对象。双方 1999 年 12 月举行第 1 轮谈判，历时 3 年于 2002 年 8 月签署协定，最终协定于 2004 年 2 月生效。

第二阶段，制定“FTA 路线图”和韩美、韩国—欧盟自贸区生效（2004—2012 年）。在与智利的谈判过程中，韩国充分认识到了自贸区建设制度化的重要性，于 2003 年 8 月制定“FTA 路线图”，并于 2004 年 5 月根据 WTO 多哈回合谈判现状对路线图加以调整。该路线图的短期目标是优先推进与新加坡、墨西哥、加拿大等经济体的自贸区建设，并将其作为今后与发达和大型经济体开展谈判的桥头堡，中长期目标则是与美国、欧盟、中国等发达和大型经济体建成自贸区。此外，为摆脱自贸区建设起步较晚带来的不利影响，实现经济效果最大化，路线图强调要建设一揽子自贸协定，谈判领域要包括商品、服务业、投资、政府采购、知识产权等，谈判对象要同时推进多个自贸区建设，以相互弥补各协定带来的负面影响。

这一时期，韩国自贸区建设最重要的成果是先后与东盟、欧盟、美国等全球性重量级经济体完成谈判并生效。韩国—欧盟自贸谈判于2007年5月启动，历经2年8轮谈判于2009年7月签署，2011年7月生效。韩美自贸谈判于2006年6月启动，2007年4月迅速达成协定，2012年3月生效。

第三阶段，制定“新通商路线图”和应对东亚经济一体化趋势（2012年至今）。这一时期，中日韩FTA、“区域全面经济伙伴关系”（RCEP）、“跨太平洋伙伴关系协定”（TPP）、“跨大西洋贸易与投资伙伴协议”（TTIP）等全球性自贸区谈判快速推进。2013年6月韩国在既有“FTA路线图”的基础上制定“新通商路线图”，以韩美、韩中自贸区为基础，谋求在美国主导的TPP和中国主导的RCEP之间担任关键角色，进而在东亚经济一体化过程中发挥主导作用。2013年11月，韩政府正式对TPP表明关注，已与TPP成员国进行多轮双边预备磋商。2015年11月，中韩草签自贸区协定。“新通商路线图”还提出，在保持开放型贸易政策基调、加强FTA网络建设的同时，要着眼新兴经济体的开发与合作需求，打造双赢和共赢自贸区，力争到2023年将自贸区贸易规模占外贸总额的比重提高到85%。

二、韩国自贸区建设成果

韩国自贸区建设成果主要体现在以下四个方面：

其一，自贸区“经济领土”位列全球前列。截至2015年2月，韩国已生效的自贸协定共11个，已完成谈判但未生效的共4个，涉及美国、欧盟、加拿大、澳大利亚、东盟、智利、秘鲁、中国、印度等54个经济体。全球14大经济体中，目前只有日本、俄罗斯和巴西未与韩国签署自贸协定。2014年韩国GDP占全球GDP的比重仅为1.6%，虽然远远小于中国（11.4%）、日本（8.3%），但通过自贸区建设确保的“经济领土”已占全球GDP的61.4%，远远超过中国（16.2%）、日本（17.2%），仅次于智利（78.2%）、墨西哥（61.4%），位列全球第三。中韩自贸协定生效后，韩国自贸区“经济领土”有望扩大到72%以上。

其二，同自贸伙伴的贸易额快速增加。2004年韩国—智利自贸协定生效10年间，双方贸易额年均增长16.3%，其中出口增长16.9%，进口增长16.0%。2007年韩国—东盟自贸协定生效7年间，双方贸易额年均增长11.8%，其中出口增长14.4%，进口增长8.7%。2011年韩国—欧盟自贸协定生效后3年间，双方贸易年均增长4.4%。2009年韩国自贸区贸易额仅占外贸总额的14%，落后于同期的中国（20%）、日本（17%），但到2013年已达到35%，遥遥领先中国（20%）、日本（19%）。

其三，产品竞争力要增强。通过缔结自贸协定，韩国对外出口的关税壁垒从2004年的5.28%（出口额加权平均关税率）下降到2013年的4.65%，自贸区带来的关税节省效果达到79.9亿美元。2003年韩国产品在智利市场的占有率仅为2.8%，但两国自贸区建立后的2007年急剧上升到6.8%，特别是汽车、水泥、石油产品的占有率分别上升到30.6%、39.9%、33.8%。自贸协定还有效促进了韩国中小企业对智利的出口，据统计对智利出口额在1万美元以上、100万美元以下的中小企业由2003年的471个增加到2013年的1249个。韩美自贸协定自2012年3月生效至同年12月，在不到一年的时间内，韩国关税受惠商品对美出口同比增长14.6%，其中对美汽车及配件出口增加25%。

其四，产业结构进一步优化。近年来韩国传统产业开发和市场容量基本饱和，在电子、汽车、信息通讯等领域虽有一定优势，但前有美国、欧盟、日本等发达经济体技术打压，后有中国等新兴市场赶超，“三明治现象”突出。韩国迫切希望通过自贸区建设，倒逼国内产业升级换代，谋求在新一轮国际竞争中占领先机。经过不断努力，一度带动韩国经济增长的造船、汽车、钢铁、无线通讯设备等传统支柱型行业继续保持全球领先地位，先进制造、节能环保、新能源、现代服务业等新兴产业发展迅速，正通过自贸区建设走向全球。

三、韩国自贸区制度化建设经验

（一）谈判及批准程序日趋成熟

韩国—智利自贸协定生效后，2004 年 6 月韩国以“总统训令”方式颁布“FTA 缔结程序规定”，规定政府签署自贸协定的必要程序为“FTA 工作层推进委员会→FTA 推进委员会→对外经济部长会议”。其中，FTA 推进委员会下设“FTA 民间咨询会议”，履行听取民间意见的程序。在自贸区谈判前举行听证会，之后将听证会结果提交对外经济部长会议，由该会议最终决定是否启动谈判。经历韩美自贸协定的曲折谈判后，《与通商条约缔结程序及履行相关的法律》（简称“通商程序法”）于 2011 年 12 月通过韩国国会表决，并于 2012 年 7 月正式生效。该法适用对象从 FTA 扩大到所有对外贸易条约，包括加入国际经济机构、区域贸易协定（RTA）等双边或多边贸易组织，并强化国会监督及审批权限。

该法规定，缔结所有对外贸易条约，均需广泛听取各部门意见，包括履行建立相关条约缔结计划、举行听证会、听取国民意见、考察相关条约的经济合理性等程序。条约谈判过程中需向国会报告重大事项，谈判结束后需向国会报告谈判结果，并听取国会意见和接受国会监督。条约生效后，每 5 年须向国会提交有关经济效果、国内补偿机制的实效性及改善方案、对方国家履行相关义务的情况等报告。

（二）加强官产学有效沟通

韩国自贸区建设中，政府与产业界之间的沟通经历了三个阶段：政府主导的意见搜集→民间咨询制度化及产业界自发活动→通过成立民官联合机构建立“随时沟通”关系。韩国—智利自贸区谈判过程中，FTA 促进委员会中只有部分产业界代表参加，政府与产业界的意见交换有限。此后，FTA 民间咨询会议作为政府与产业界沟通的机制正式成立，产业界也自发成立了 FTA 民间对策委员会，制造业、农水产业、服务业、消费者等社会团体广泛参与。2007 年，韩美 FTA 签署咨询委员会升级为 FTA 国内咨询委员会，政府有关部委部长及经济界、媒体、学界、社会市民团体共同参与，目的为完善国内对策。2013 年，通商产业论坛正式成立，产业通商资源部长官和韩国贸易协会会长担任共同委员长，下辖22个分委会，讨论议题从FTA扩大到韩国所有对外贸易事务，进一步强化了政府与产业界等的沟通。

（三）不断完善开放补偿机制

2004年韩国—智利自贸协定中，韩国政府提供的开放补偿规模仅为1.2万亿韩元，主要用于提高果树产品的竞争力。2007年韩美自贸协定中，韩国政府投入29.8亿韩元的产业支援金。2010年韩国—欧盟自贸协定中，韩国政府投入10.8万亿韩元以加强畜产品竞争力，并扩大对化妆品、医疗器械等产品的RD投资。韩国针对不同的产业，先后制定《根据自贸协定制定的农业援助特别法》、《根据自贸协定制定的贸易调整援助法》、《< 根据自贸协定制定的贸易调整援助法 > 的施行令》等相关法律，为国内优势产业争取更加有利的国际贸易环境，对因进口增加而遭受损失的产业和群体提供补贴，确保有关产业的国际竞争力。

对农畜水产业，一方面是提供直接损失补偿金和企业倒闭支援金，另一方面是强化竞争力，包括提高生产、加工、流通等阶段的能力，扩充生产基础设施，培育种子产业，改善农业结构等。对制造业和服务业，在提供直接损失补偿金和调整贸易支援制度的同时，大力促进RD投资和出口多样化。

（四）自贸区效果的扩大需要政府和业界的持续努力

就韩国企业对自贸协定利用率而言，一般在协定生效初期效果并不明显，但之后呈现快速增长趋势。例如在出口方面，2008年韩国—东盟自贸协定利用率仅为14.0%，但2013年上升到38.7%；在进口方面，2018年韩国—东盟自贸协定利用率为38.0%，2013年上升到75.6%；2010年韩国—印度自贸协定利用率为44.7%，2013年达到61.0%。韩国自贸协定利用率得到不断提高，这主要得益于韩国政府及商会不断加大对自贸区的宣传和培训，使企业深入了解韩国与自贸伙伴相互开放市场的时间表、商机和挑战，进而趋利避害。

四、借鉴韩国自贸区制度化建设的经验

自贸区建设有一定普遍规律，可借鉴韩国自贸区制度化建设经验，统筹规划，

稳妥推进，使自贸区为国家经济社会发展带来最大正面效应。

（一）加紧制定自贸区发展战略

当前美国、欧盟、日本、韩国、东盟等制定自贸区战略时，除追求贸易和投资便利化之外，更多将其作为争夺贸易规则主导权、谋划地缘政治、运筹外交关系的重要工具，这导致东亚自贸区建设"意大利面条"现象突出。我国自贸区建设既要考虑现实经济利益，也应着眼未来战略利益，既要考虑自身利益，也要照顾其他伙伴的关切，可在推动中韩和中澳自贸协定早日生效的基础上，加快推进中日韩和RCEP谈判进程，积极同"一带一路"有关国家建立不同类型的自贸区，最终建成立足东亚、面向亚太、展望全球的自贸区网络。

（二）抓紧建立自贸区与产业无缝对接机制

通过韩国自贸区建设经验可以看到，规范自贸协定谈判程序，尽早制定有关法律，这是顺利推进自贸区战略的基本保障。我国可在总结以往自贸协定谈判的基础上，尽早建立由国务院直接领导的统筹自贸协定谈判与实施的专门机构，制定《自贸协定谈判原则与程序》，这既可使相关部门和企业在参与自贸协定谈判时有章可循，也有助于完善自贸谈判过程中的信息沟通渠道，帮助谈判部门改进决策方法，提高决策效率。在自贸区建设的全过程，即从可行性研究、谈判到协定实施的所有过程中，有必要与国内产业建立联系机制，为相关企业提供意见反馈平台，让重点行业参与决策制订。在可行性研究中要充分考虑国内产业的实际情况，在此基础上对是否启动谈判做出客观评价。在谈判时要为有关产业提供沟通平台，为保护敏感产业利益预留时间和空间，并主动向企业作政策解读，推动其主动进行结构调整。在自贸协定实施中要建立公众信息提交平台，让利益攸关企业直接向政府反馈意见，并在核实后及时加以解决。定期评估自贸协定对产业的影响并形成报告，根据评估报告的建议采取必要措施。

（三）加快完善自贸区补偿机制

我国有必要借鉴韩国贸易调整支援制度的经验，加快完善开放补偿机制建设，解决开放过程中的利益调整和救济问题，争取社会各界对推进自贸谈判的支持。既要以整体利益为基准评估是否需要做出谈判让步，也需要探索建立敏感产业、部门的利益补偿机制，以平衡利益和达成协议。考虑到我国国情，我国在实施开放补偿机制时，不能只关注那些国有企业的得失，应把更多资源投向弱势产业和群体。对于开放补偿机制的申请和认证，应以简化为原则，避免由于申请耗时过长而错过最佳援助时期，并立足长远，做到“授人以鱼”和“授人以渔”有效结合。此外，政府既要考虑各产业、部门的特点、发展水平以及现有开放程度和竞争力，确保国家经济产业安全，也应发挥市场优胜劣汰的竞争机能，通过市场退出机制，淘汰落后企业，促进产业结构升级，激发国内产业活力。

（四）努力突破自贸区建设中的制度障碍

韩国将自贸区建设与优化经济结构密切联系，且取得较好效果。我国亦有必要借鉴这一经验。当前，全球自贸区谈判重点逐渐转向竞争政策、劳工权利、政府采购、环境等领域，而我国在上述领域的基本体制大多已由法律形式固定下来，接受这些高标准需要突破现行体制和法律制度，有些领域还将受到较大的利益冲击。应当说，在欧美国家仍掌握国际贸易规则话语权的情况下，高标准的贸易、服务、投资自由化，必然是未来自贸区发展方向，其中很多领域也与我国产业发展方向是一致的。今后在我国开展自贸区谈判中，在规则领域可逐步与国际接轨，引入准入前国民待遇和负面清单等模式，特别是在金融、电信等竞争力较弱产业中应引入适度竞争等先进理念，打破垄断等限制服务业发展的制约因素。

（《对外经贸实务》2015 年第 5 期）

日本冲绳自由贸易区经验教训及对海南的启示

海南省外事侨务办公室调研组

冲绳县地处日本最南端，由诸多岛屿组成，在自然禀赋、区位条件、旅游产业发展等方面与海南趋同。1988 年海南建省办经济特区，当年日本唯一的自由贸易区（冲绳自由贸易区）正式设立。但冲绳自贸区 30 年的发展并不理想，该县各项经济指标仍位列日本各行政区域之末，总结其发展经验教训对海南推进自由贸易试验区建设具有一定的参考意义。

一、冲绳自由贸易区的基本情况

1972 年 5 月，日本从美军手中接管冲绳，并将原美军在靠近那霸机场设立的保税区改建为日本特色的那霸保税区。1987 年 12 月，冲绳县政府将原保税区改为自由贸易区。1988 年 7 月，颁布实施《冲绳振兴开发特别措施法》，自由贸易区正式启动建设，规划面积为 0.026 平方公里。1998 年 4 月，日本政府对自由贸易区进行扩充和强化，并制定了投资税减免制度和关税任选制度。

由于那霸自由贸易区存在面积小、港口进出不便等难以克服的先天缺陷，1999 年日本政府在冲绳县的中城湾港新港地区增设了一个特别自由贸易区，区域面积为 1.22 平方公里。然而，自贸区发展并不理想。

2002 年 4 月，日本政府重新制定《冲绳振兴特别措施法》作为新的自由贸易区制度，并为了提升冲绳县整体的经济发展水平、弥补自贸区的不足，新设了信息通信产业特别地区、金融业务特别地区和产业高度化地区。

冲绳设立自贸区以来，冲绳县 2010 年人均 GDP 在 47 个都道府县中排名最后；2014 年和 2016 年排第 46 位，人均收入停留在日本平均水平的 70% 左右，始终在日本国内低水平徘徊，与日本本土有较大的经济差距。当地完全失业率始终较高。2010 年，冲绳的完全失业率为 7.6%，在 29 岁以下的年轻人中更是达到了 12.6% 的高水平。2015 年，完全失业率也达到了 5.4%，几乎是日本全国平均水平 3.6% 的 2 倍。

二、冲绳自由贸易区发展局限和问题

自身条件和发展起点低，先天不足后发乏力。冲绳县由于远离日本本土，始终游离于日本近代化发展的辐射和成长的机遇之外，冲绳县的经济发展一直比较落后。特别是经历残酷地面战争摧毁，发展基础基本为零。1988 年建立那霸自由贸易区时，该自贸区面积只有 0.026 平方公里，虽然在 1999 年新设中城湾特别自贸区时将区域面积扩大到 1.246 平方公里，但相比香港工业区面积 60 多平方公里、菲律宾自贸区面积 100 多平方公里、上海自贸试验区面积 120.72 平方公里，其区域面积过于局促狭小。至 2004 年，那霸地区共有日本本土和冲绳本地的 15 家企业进驻，已无空余土地供外国企业建厂。另外，港口进出要绕道，运输成本提升，给企业造成诸多不便。自贸区所在的那霸港至今仍为美军所用，系军港重地，因此区内企业进出口货物都必须使用较远的另一个港口安谢港，十分不便。同时，自贸区发展也深受冲绳与美军基地的经济从属关系影响。1972 年冲绳归还日本之后，冲绳对美军基地经济依赖度为 15.5%，只能发展以美军基地为依存的消费型经济。虽然到 2014 年，对基地经济依赖度为 5.7%，但依然严重影响着冲绳自贸区的发展结构和布局，使其发展具有难以克服的先天缺陷和不足。

缺少高水平谋划布局，自身发展乏善可陈。1972 年冲绳回归日本后，当地经济界要员希望回归后将原美军设立的保税区改为自贸地区，并通过《冲绳振兴开发特别措施法》使“冲绳自由贸易地区”制度被法制化，但其本身在关税和外汇贸易方面的特例措施并没有得到承认。1998 年之前，其所谓的自贸区其实一直是沿袭的保税区，1998 年 4 月日本政府对自贸区进行扩充和强化，才制定了投资税减免制度和关税任选制度。冲绳自由贸易区的设立主要是政治上的考量，缺乏在经济基础上的分析，其设立之初是为了解决当地的就业问题。在 2002 年之前该自贸区就是在传统自由贸易地域模式设立的保税工厂地区，实际上没有发挥有效功能。同时，也没有深刻地分析和借鉴当时台湾、韩国、香港等地出口加工区的成功经验，缺乏高水平的谋划和布局，导致其制定的“振兴计划”始终达不到既定目标。

国际化水平和开放程度不够高，封闭保守。冲绳自贸区建设前期，从 1988 年到 2002 年将近 14 年时间里，仅有 7 家企业与园区签订了为期 3 年的厂房租赁合同。而原先政府的目标是在 2008 年完成 91 家企业的引资。1990 年在自贸区的企业有 27 家，而到了 2002 年仅剩下 14 家。日本政府想留住本土企业，减少其向国外发展，所以打造的冲绳自贸区招商引资的主要对象也是日本本土企业。目前，入驻那霸自贸区的企业有 16 家，主要从事食品加工、贸易代理、仓储等传统产业以及集成电路制造和电气照明器具制造；入驻中城湾自贸区的企业有 29 家，主要从事电子元件和设备制造、汽车制造、普通机械器具制造、金属产品制造、建材批发、体育用品制造、塑料产品制造和运输用机械器具制造等。除 1 家澳大利亚公司，其余均为日本本国企业。另外，自贸区建设发展受农业问题羁绊较深、过于保守。日本农民对政治的参与度很高，在政治上处于优势地位，具有很强的利益表达能力，经常对政府施压，影响政府决策。在这种政治体制之下所形成的一系列严密的农业保护政策，使农业产品逐渐失去了在国际市场上的竞争能力。

三、经验教训启示

当前，党中央决定支持海南全岛建设自由贸易试验区，支持海南逐步探索、稳步推进中国特色自由贸易港建设，这是习近平总书记亲自谋划、亲自部署、亲自推动的重大国家战略，是海南历史上具有里程碑意义的大事和千载难逢的机遇。相比之下，冲绳自贸区案例从一个侧面展示了其生不逢时、先天不足、后天乏术、封闭保守的经验教训。海南省可结合自身特点、优势和发展实际，汲取冲绳经验教训，避免在自贸试验区建设中少走弯路，从以下几方面寻找切入点和突破口：

抢抓我国新一轮改革开放发展的机遇期，着力发展符合海南实际的现代产业经济体系。冲绳自由贸易区发展深受日本本国经济泡沫破灭后的停滞影响，而海南经济发展同样与我国现有经济发展的大环境、大背景和大趋势紧密相连。当前，我国经济发展持续平稳提高，特别是近年来新经济快速发展超出预期，移动支付、大数据、云计算、“互联网 +”等带动产业革命与产品创新。新经济对中国经济的贡献度持续提升，伴随着“中国制造 2025”政策利好不断，新经济“独角兽”上市获政策支持，新经济企业融资与发展或迎来重要战略机遇期。海南要实现《中共中央 国务院关于支持海南全面深化改革开放的指导意见》中明确的“到 2035 年在社会主义现代化建设上走在全国前列”的发展目标，只有瞄准经济发展前沿，抓住下一个“风口”产业才有可能予以实现。一是加强对“风口”产业的研究，提前统筹谋划布局；二是加大对高新技术的开发投入；三是加强高等院校及科研院所的建设发展，积极发展高新技术，加大对高新技术人才的引进和培育培养；四是加大对高新技术中小企业的扶持，提高企业自主创新能力。

加强对中国特色自由贸易港建设的理论研究，高起点谋划科学统筹布局。日本冲绳自由贸易区设立之初是为了解决当地的就业问题，设定的相关政策也是围绕这一目的展开的，虽经后期多次振兴计划调整，但其发展都不理想，没有实现既定的目标，其中一条重要的教训就是缺乏高起点的谋划和科学统筹。习近平总书记指出，海南要站在更高起点谋划和推进改革，下大力气破除体制机制弊端，不断解放和发展社会生产力。而当前海南就面临着理论准备相对不足，且较缺乏相关国际经验借鉴的问题。就历史经验来看，我国历次重要的改革开放政策措施都曾经历较长的理论准备过程。虽然我国已相继建立了 12 个自由贸易试验区，且全球已有 1200 多个自由贸易区，但是这些自贸区的性质和海南自贸试验区的性质差异较大，目的也完全不一样，加之海南自由贸易试验区承担着逐步探索、稳步推进中国特色自由贸易港建设的重大使命，作为先行试点地区必须要不断总结经验，以便通过一段时间的改革实践，其贸易投资规则、金融开放措施、行政改革方式等能在全国范围内全面铺开。在当前自贸试验区相关理论准备工作不足的情况下，必须抛开单纯建设自由贸易试验区的发展思路，应准确把握全球经济重构的新特点与贸易投资规则调整的新趋势，探索并“试验”出中国改革与发展的新经验、新理论。建议：一是制定鼓励激励措施，鼓励各行各业开展广泛、深入和持久的自贸区建设理论研究；二是加大实践探索做到理论和实践相结合，以制度创新为核心多出可复制推广的经验，并建立经验积累共享机制；三是密切政府各部门与中国特色自由贸易港研究院的联系和配合，建立资源共享、定期研讨、合作研究机制。

创新方式手段实现农业增效、农民增收、农村增美。习近平总书记在庆祝建省办经济特区 30 周年大会上强调，“海南是我国唯一热带省份，要实施乡村振兴战略发挥热带地区气候优势，做强做优热带特色高效农业，打造国家热带现代农业基地，进一步打响海南热带农产品品牌。”冲绳自贸区在建设中遇到的来自本地区的最大阻力之一就是农业问题，海南自贸试验区建设也绕不开的“三农”问题。应围绕“《海南乡村振兴战略规划（2018—2022）》”的总体要求，坚持生态优先、绿色发展、品牌引领、产业升级的思路，以推进农业供给侧结构性改革为主线，促进数量导向转向质量导向，实现存量调优、增量提质，以品种调优、品质提升、品牌引领为重点，立足海南热带特色农业资源优势，优化农业产业结构，促进农业生产向标准化、产业化、品牌化转变，不断推动农业增效、农民增收、农村增美，为建设美好新海南奠定农业发展的坚实基础。建议：一是着力提升农村“五网”基础设施建设，开展农村生态现代化整治，扎实推进全域旅游、“美丽海南百镇千村”建设，让农民在乡村振兴战略中有更多获得感和幸福感。全面扩大国际农业领域合作交流与贸易便利化的“一带一路”现代农业国际合作中心和世界知名农业科技创新基地。二是积极引进现代农业技术和国外优质作物品种，尽早建立全球动植物种质资源引进中转基地，打造一批具有异国风情的国际农庄集群。三是抢占“一带一路”沿线国家农产品消费市场份额，打造现代农业领域跨境电商平台，吸引一批有实力的涉农加工企业入驻，推出税收优惠政策和便利化措施。四是支持国内外知名涉农企业等在海南设立区域总部，加快农业科技创新成果的产业化，并引进国际孵化器及国内外知名风险投资基金扶持涉农高科技企业。

（《今日海南》2018 年第 9 期）

迪拜自贸港区发展对海南的启示

海南省外事侨务办公室调研组

迪拜是阿联酋的重要城市，面积仅3000多平方公里，常住人口290万，但国际知名度和影响力却远超全球许多规模体量大于它的城市。20世纪60年代，迪拜还只是一个沙漠渔港，仅半个世纪的发展，便跃升为中东乃至全球的金融、贸易、展会、航运和旅游文化中心，成为“海湾明珠”，创造了城市发展的“迪拜奇迹”。迪拜以“总部经济”著称，全球500强企业无一不在此扎根立足，即便迪拜经济进入“平台期”，各大企业仍坚守不撤，均将迪拜视为衡量公司实力的“定星盘”。放眼全球，迪拜已成为吸引海外资本、技术、人才的“洼地”，“迪拜现象”领跑海湾地区乃至国际发展潮流。当前海外中资企业约3万家，仅迪拜就有4000余家，占总量近1/7，是海外中资企业最密集的地区之一。其中，我国的世界500强企业和中国前200强企业大都将迪拜作为区域总部，以其为支点，开拓中东北非以及“一带一路”沿线市场，成为我国实施“走出去”战略以及推进“一带一路”建设的桥头堡。

迪拜已建有30多个自贸园区，世界知名的就有14个，其中杰贝阿里自贸区、迪拜机场自贸区发展势头迅猛。杰贝阿里自贸区入驻企业已达7000余家，超过100家世界500强企业落户，提供了15万个就业岗位，GDP占迪拜总量的20.6%。迪拜机场自贸区入驻企业1600多家，年处理国际货运240万吨，全球排名第6；客运吞吐量达7800万人次，全球排名第3；空中航线多达140条，可通达全球260个城市。据悉，迪拜自贸区进出口贸易高达1300亿美金。

迪拜自贸港于1985年由迪拜政府建立，位于迪拜城区西南约50公里处，依托世界第三大港口——杰贝阿里港和建设中的世界最大机场——艾马克图姆国际机场，总面积达100平方公里，是阿联酋乃至整个中东地区最大的自由贸易区，也是全球第一个通过ISO9000国际认证的自贸区。目前，自贸港内企业超过7000家，贸易额占迪拜非石油贸易总额的比重超过25%，已发展成为迪拜的经济中心和世界500强企业竞相聚集的宝地。

一、迪拜自由港区三大重要成功经验

与纽约、伦敦等其他国际大都市相比，迪拜城市起步晚、规模小、底子薄，但短短几十年却造就了世界经济奇迹。从海南角度看，与国内北京、上海、广东、深圳等发达省市以及其他11个自贸区相比，海南建省晚、经济总量小、基础弱、底子薄，在人口、资金、技术、资源上均不占优势，如何弯道超车，同样面临着迪拜当初发展的问题。因此，迪拜的发展经验很值得海南深入研究和借鉴。迪拜自贸港的成功经验可以简要归结为三条：

一是实行政企合一的运营和管理机构。杰贝阿里自贸区管理局（Jebel Ali Free Zone Authority）成立于1985年，实行政企合一的运营方式，以市场为导向，为企业提供一站式高效服务。该管理局是拥有政府职能的实体公司，母公司为“经济区世界”（Economic Zones World），隶属于“迪拜世界集团”（Dubai World Group）。作为政府性质服务机构，杰贝阿里自贸区管理局通过优质服务网络，提供国际“单一窗口”管理，迪拜贸易门户、杰贝阿里自贸区手机APP和综合服务网络，承担全部招商、管理和服务工作。杰贝阿里自贸区管理局实现“一站式”服务，可以直接向投资者颁发营业执照，提供行政管理、工程、能源供应和投资咨询等多种高效服务。迪拜港务局（Dubai Port Authority）成立于1991年，直属迪拜政府，对拉什德港（Port Rashid）和杰贝阿里港（Port Jebel Ali）的港口运作以及杰贝阿里自贸区的管理实行港区联动一体化运作，承担上述功能区的基础设施建设和港口发展工作，对外执行政府职能，对内管理加工区一切事务。该自贸区副首席执行官阿勒贾纳西透露，政策自由度是最重要的因素。政府给了杰贝阿里自贸区自由和政策，可以在政策允许的范围内运行，这是其成功的主要原因。

二是实行“1+N”产城融合模式。迪拜自由港的运行模式可以总结为：1个自贸区（杰贝阿里自贸区）结合 N 个特色产业城（迪拜金融城、迪拜互联网城、迪拜媒体城等）。杰贝阿里自贸区定位为低投资、低运营的工贸结合型自贸区，专注于物流贸易供应链管理、加工制造再出口等相关的业务，主要实现贸易便利化的功能。杰贝阿里自贸区设有物理围栏，主要进行区域监管（海关特殊监管区）。而各个特色产业城则发挥人才、资本、技术集聚的作用，实现特色产业的高速发展。各个产业城不设物理围栏，主要进行产业政策监管和企业自主管理。迪拜的“1+N”模式，成功实现了自贸区与产业的协调发展，突破了物理围栏的界限，最大限度地释放了自由贸易港的“制度红利”和辐射效应，以点带面，形成了自贸区与腹地经济之间的综合性功能网络。

三是营造宽松优越的政策和投资环境。迪拜自贸港允许大部分商品进出。采取一切有利于加快货物流通效率的措施，提供各种个性化服务，外资可 100% 独资，不受阿联酋公司法中规定的条款的限制；资本和利润可随时 100% 汇出境外，不受任何金融和货币限制；无外汇管制，货币可自由兑换；税收政策优惠，规定 50 年内免除公司所得税，公司营业税、所得税和资本收益税期满后延长 15 年免税期，无个人所得税，无进出口关税和再出口关税，自贸区内存储、贸易、加工制造均不征收任何税收；海关通关手续和程序简单便捷，办理审批进出口手续、签证等可在 24 小时内办结；办理投资审批手续 7 天内即可完成。另外，还有跨国招工不受限制、可向银行抵押不动产等优惠政策。

二、迪拜经验的海南借鉴

建设自由贸易试验区和中国特色自由贸易港，海南有别于国内其他 11 个自贸区。海南是一个全岛性自贸区，是全国唯一包括农村和农业的自贸区。因而，海南建设自由贸易试验区和中国特色自由贸易港的功能区域如何划分，特别是经济外向度处于很低的发展阶段的情况下，其路径如何设计，是当前海南省应深入研究和思考的问题。迪拜案例从一个侧面展示了其由起步晚、基础弱、底子薄的发展阶段快速迈向世界经济发展样板的成功经验。海南省可结合自身特点、优势和发展实际，参考迪拜经验，从以下几方面寻找切入点和突破口：

一是按照全岛“一座大城市”的理念，做好自由贸易试验区和中国特色自由贸易港建设功能区分。国际经验表明，功能区的划分可以进一步明确产业方向和战略布局。目前，海南省各市县经济发展速度不一，东西发展不平衡，这就必须加强“多规合一”下的自由贸易试验区和中国特色自由贸易港建设的统筹协调，按照全岛“一座大城市”的理念，做好功能区分。

二是探索成立具有市场化职能的法定机构。迪拜自贸港模式是，实行政企合一的运营管理模式。杰贝阿里自贸区管理局是一家拥有政府职能的实体公司。这类企业在香港和新加坡也比较多见，其优势在于市场化运作，政府职能可以被高效执行，有利于投资贸易便利化和自由化。可考虑从行政机构改革角度出发，结合海南实际情况，探索设立法定机构来运营和管理自由贸易港，既可以高效执行政府职能，又有较高权威性和资源动员能力。

三是建立自贸区智力支撑网络。迪拜最大的经验就是集聚了全球最优质的资本、人才资源，为我所用，实现自身快速发展。建议建立海南自由贸易试验区和中国特色自由贸易港智力支撑网络，可考虑邀请诸如新加坡、荷兰阿姆斯特丹市、迪拜等国家和地区的专家，建立自贸区国际咨询智库网络，吸收世界最前沿的发展理念、最先进的科技技术，高标准、高起点谋划自贸区整体发展战略。

四是探索实行“前港 + 园区（中区）+ 后城”的产业模式。目前，海南面临的问题是港口发展滞后、设施不完善、带动作用小、港口与园区联动不紧密等。要建设中国特色自由贸易港必须立足港口，必须以港口先行、产业园区跟进、配套城市新区开发，从而实现成片区域的整体发展。可考虑按照“南北两极带动”的思路，北部以“海澄文”经济圈为中心，南部以“大三亚”经济圈为中心，探索实行“前港 + 园区（中区）+ 后城”的产业模式，带动三者有机联动发展。

五是构建统一管理平台，提高行政服务效率。为更好地促进自贸区内货物自由流通，避免行政分割产生的货物流动障碍，海南自由贸易试验区和中国特色自由贸易港建设应积极建立统一、科学的大平台管理体制，将区内的海关、检验检疫、港口、交通运输等纳入统一信息管理平台，避免各行政服务部门在形态、功能、政策、监管模式上的相互交叉，以及功能和资源利用的单一化、分散化。建议海南省统筹推动自由贸易试验区和中国特色自由贸易港建设各行政服务管理部门在功能、政策、监管、法制等方面的整合，做到综合互补平衡。

六是打造与国际接轨的国际服务体系和营商环境。外资企业到海南来，最关心的往往是能否得到国际标准的有法律保障的专业服务；民营企业最关心的是地方领导人变更后既定事项能否继续推进。政府不能仅仅通过减税、简政放权来吸引外资，国际标准的专业服务和强有力的法律保障体系至关重要。建议：一是加大引进在建筑工程、园林设计、争端仲裁、国际结算、知识产权、海外融资、商业投资策略、跨国贸易、财税融资、购买咨询、审计、评估、注册会计师、国际法、海洋法、商业广告等国际化专业服务机构力度，推进服务要素的聚集，为企业营造良好的国际服务环境；二是充分用好、用活、用足海南特区立法权，为中外投资商提供良好的法律保障环境；三是可借鉴杰贝阿里自贸区在促进投资便利化方面的做法，给予自贸试验区内企业在投资、雇工、经营、人员出入境等方面更大便利和自由，进一步简化负面清单的内容，以构建法治化、国际化、便利化且公开透明的营商环境。

（《今日海南》2018 年第 7 期）

荷兰鹿特丹自由贸易港发展经验探析

海南省外事侨务办公室调研组

鹿特丹港是欧洲第一大港，也是全球最重要的物流中心之一。鹿特丹港区占地12606公顷，其中陆地面积7796公顷，水域面积4810公顷。港口长度40公里，码头长度89公里，总泊位656个，航道最大水深24米，最大可泊54.4万吨超级油轮，有500多条航线通往世界各地。港区四季不冻，泥沙不淤，常年不受风浪侵袭。该港通往全球1000多个港口，货运量占荷兰全国的78%，每年约3万多艘航海船只和11万艘内陆船只抵港。2017年，鹿特丹港货物吞吐量为4.67亿吨，其中液态散货2.17亿吨、集装箱货物1.462亿吨（1370万标准箱）、固态散货8020万吨、其他货物2360万吨，是欧洲最重要的石油、化学品、集装箱、铁矿、食物和金属的运输港口。

一、鹿特丹港的运营管理模式

鹿特丹港区的基础设施归鹿特丹市政府所有，鹿特丹港务局负责港区和工业区的管理、经营和开发。鹿特丹港务局是政府有限责任公司，荷兰中央政府和鹿特丹市政府在港务局所持有的股份分别是29.17%和70.83%。该港务局目前有雇员约1100名，2017年实现营业收入7.121亿欧元、净利润1.87亿欧元，投资额达2.138亿欧元。

鹿特丹港务局拥有港区土地使用权，负责港口规划、租赁管理、港口基础设施建设和维护、港区水上安全保障、船舶动态监管、装卸质量监管、环境保护，并提供各类信息服务。港务局对港区的运作采取产权和经营权分离的方式，对区域范围内的土地、岸线、航道等进行统一开发，将码头和基础设施长期租赁给企业经营并收取港务费和租金。港口的码头租期一般为 25 年或者更长。港口的主营业务，如货物装卸、存储、船只拖带、物流供给等由企业经营；港务局则负责行政监管，如船舶指泊、船舶进出港秩序等。

二、鹿特丹港规划建设特点

近年来，鹿特丹港依托其优越的港口资源，促进港口产业在港区附近集聚，推动以原材料输入、产成品输出为特征的临港大工业和出口加工业迅猛发展。目前，鹿特丹港吸引了约 3500 家国际贸易公司落户，拥有一条包括炼油、石油化工、船舶修造、港口机械、食品等部门的临海沿河工业带。

构建以港口为中心的临港工业体系。进入 20 世纪，鹿特丹港利用其独特地理优势、便利的港口运输条件，兴起了炼油、船舶制造、石化加工、钢铁、食品加工和机械制造等临港工业。经过不断发展，形成了不断向城市延伸的港口产业链和临港工业体系，使鹿特丹港成为世界三大炼油中心之一，炼油能力占荷兰全国的 50% 以上。

以港口物流带动区域经济和产业发展。20 世纪 80 年代以来，鹿特丹港务局一直将发展港口物流作为重要任务之一，并根据国际航运业和国际市场的发展不断提高港口的集装箱吞吐能力，使鹿特丹港成为当今世界上最重要的物流中心之一。从鹿特丹港城一体化发展经验来看，港口物流的发展带动了城市经济发展以及区域相关产业的发展，并使荷兰政府从鹿特丹港口物流的发展中获得丰厚回报。

合理规划促进港城一体化。鹿特丹港 2020 年的远景规划从 6 个方面创建高质量的港口。一是建设多方位综合性港口。不仅为港口的传统装卸、包装、加工、运输提供场所和设备，还要为各种新兴商业活动提供空间。二是建设可持续发展不断创新的港口。为在港落户的企业提供空间和设施，以便进行多方合作，共享设施，相互利用剩余产品，开发新的工艺技术。三是建设知识智慧型港口。与教育部门和科研机构合作，为在港口创办服务型和创新型的公司引入紧缺高端人才创业条件。四是建设快捷安全的港口。解决水路、铁路、管道和公路运输的瓶颈问题，限制进出港区的非必要公路交通，确保交通畅通无阻，为货物吞吐量的增长预做准备，并为安全装卸和危险货物运输提供安全的环境。五是建设环境友好型港口。在港区内部和周边建设更加完善的自行车道和步行道、绿化区域和娱乐场所。六是建设洁净港口。减少灰尘和噪音排放。

依托港口发展城市第三产业。鹿特丹旅游业发达，拥有一系列具有港口特色的观光景点，例如高达 185 米、可以鸟瞰整个鹿特丹市的“欧洲之桅”。与此同时，鹿特丹港还利用文化产业促进港口发展。20 世纪 90 年代起，鹿特丹港在每年一届的世界港口节（World Port Festival）期间，举办世界港口、海运、物流等方面的专业国际会议和学术讨论会、展览会，以及各种海洋、港口和物流文化娱乐活动，吸引了成千上万的企业代表、专家学者和游客参加。世界港口节给鹿特丹港带来了巨大经济收益和长远的人流、物流效益。

三、以超强的港口综合功能服务客商

随着欧洲近年来一直不断地推进经济一体化，成员国之间大部分货物实现免税流通，自由贸易港关税减免的优势在欧盟内部已失去竞争力。鹿特丹港则因其超强的港口服务引领能力和港口物流服务功能而获得成功。

物流运营服务体系成熟完善。鹿特丹港区服务最大的特点是储、运、销一条龙。该港通过保税仓库和货物分拨中心进行储运和再加工，提高货物的附加值，然后再通过公路、铁路、河道、空运、海运等多种运输路线将货物送到荷兰和欧洲的目的地。鹿特丹港有一套完整、强大的港口服务体系和公共信息平台，为客商提供贸易上的便利。鹿特丹港有完善的海关设施、优惠的税收政策，保税仓库区域内企业在海关允许下可进行任何层次加工。港区和各个工业区内的物流配送基地可为集装箱货物的仓储和配送提供最完善的增值服务。在通关方面，海关可以提供 24 小时通关服务（周日除外），先存储后报关，以公司账册管理及存货数据取代海关查验，企业还可以选择适合的通关程序，运作十分便利。

物流中心规模大、专业化程度高。1998 年，鹿特丹港便建立了“配送物流园区”，提供专业化的物流服务。目前，鹿特丹港区及腹地有 Eemhaven、Botlek 和 Maasvlakte 等三个专业化大型物流中心。鹿特丹港物流园区的主要功能有拆装箱、仓储、再包装、组装、贴标、分拣、测试、报关、集装箱堆存修理以及向欧洲各收货点配送等。物流中心与码头间有专用运输通道、物流运作的必要设备，并提供增值服务和海关现场办公服务。物流中心的配送园区既是众多企业在欧洲建立的配送中心，也是小企业所依托的能保证按时送货到欧洲各地的放心的物流服务商。

信息网络服务系统高效。鹿特丹整个港区均采用先进的电子信息网络和通信技术对港口进行全方位的管理。一是在其推出的“货运信息卡”中包含了货车司机的姓名、年龄、性别、资历，货车所运输货物的品种、规格、数量，所属国家名、公司名、船舶名，具体的舱位、层次，运往的国家、地区、收货人，以及装卸地点、通关时间等，可谓一卡在手，相关信息应有尽有，大大提高了通关效率。二是鹿特丹港建有无纸化电子报关报验系统、船舶和货运数据电子申报系统、船舶车辆的卫星定位系统、内河运输信息系统、地理信息系统、无线电通信系统等，可通过港口公共电子信息平台进行电子数据的交换与共享，这种先进的工作模式大大减少了人力、物力和工作时间，也极大地提高了工作效率和准确率。三是在汽车码头安装的汽车识别与定位系统可准确地掌握每辆汽车的位置，从而为汽车存储与装运节省了成本，提高了效率。四是装卸过程完全用电脑控制，实现港口装卸过程无人化，运用国际上先进的码头操作系统（TOS），以合理计划码头的集装箱，减少翻箱。世界上最大的干散货船舶可以在2—3天内完成装卸离港。管理设备和操作手段高度现代化使货物在24小时内便可送达以鹿特丹为中心、半径500公里范围内的目的地。五是建立欧洲物流信息库，向全世界公开提供物流信息。

此外，鹿特丹港务局一直在不断进行功能调整，由先前的港务管理功能向物流链管理功能转型，尝试使用近海运输、驳船和铁路等方式来促进物流。鹿特丹地区的各大高校和教育机构也在积极开展海运相关的研究和教育，同各行各业的人士一同努力建设一个面向未来的现代化港口。

四、以便利化的政策吸引贸易投资

荷兰以自由贸易为立国之本，虽从未专门规划特定区域作为自由贸易区，但却一直采取开放、包容、友好的贸易投资政策。

贸易便利化措施。荷兰设立了大量保税仓库，并为进口商品提供税务免交或缓缴优惠。进口商品在荷兰海关保税仓库内暂存，期间可免缴关税、增值税和消费税；进口商品如处在荷兰海关监管下运输，在到达最终消费地前可不缴纳关税和增值税，这可为进口商节省现金流。此外，荷兰海关还出台了针对进出口货物加工的相关政策支持，如原料或半成品进入欧盟境内加工后再出口，可免缴进口关税、增值税或享受退税；海关监管下的商品出口至非欧盟国家或在欧盟外进行加工、修理后再次进入欧盟，可申请关税减免或零关税；进口产品如申请在海关监管下进行加工，可暂时免缴进口关税，之后按制成品税率缴纳关税。该政策对制药、医疗和信息通讯等行业尤其利好，因为原料（或零部件）进口关税较高，而制成品的关税较低或免征关税。

引资优惠政策。一是做减法，为企业投资移除障碍、降低负担。国外投资进入荷兰基本不存在行业、审批限制。在荷兰注册企业门槛较低、程序简便，数天即可完成。在荷兰的外资企业享受国民待遇，在参与政府采购、公共招标、创业创新扶持项目等方面不受歧视。二是做加法，为企业提供良好服务。例如，荷兰税务部门可通过与企业进行预先谈判来确定未来的缴纳税金额和缴纳方式，极大地减少了企业经营成本的不确定性。荷兰海关还为通关企业指定“客户经理”，上门提供咨询和合理化建议，甚至与业务量较大的客户合作设计优化报关流程。荷兰外商投资局向外国投资者提供法律、税收等公共信息服务以及企业选址、物流方案等个性咨询服务，并组织安排企业实地对接考察等。

金融开放政策。一是外汇管理方面。荷兰实施宽松的外汇管理措施，外资企业的利润、资本、贷款利息和其他合法收入汇出不受任何限制，外国投资者可以选择任何一种货币作为支付币种。外国投资者可以在荷兰开设其他外汇账户，不受外汇管理的限制。在荷兰从事与进出口业务有关的外汇交易不需要领取特别许可证。二是融资条件方面。外国企业在荷兰融资享受国民待遇。外国投资企业可通过阿姆斯特丹纽约泛欧交易所主板市场、创业板、快速通道和替代投资工具上市融资，也可向银行申请抵押贷款和引进投资基金等特定渠道进行非公开融资。

五、思考和体会

海南自由贸易试验区和中国特色自由贸易港建设是一个庞大、复杂的系统工程。既需要有严密的政策、法律设计，齐全的产业链条，系统、到位、快速、高效、便利的各项服务措施，又需要有政府监管，同时还需要大量高素质人才的支撑。

谋划好顶层设计。建设海南自由贸易试验区和中国特色自由贸易港是瞄准开放水平最高的目标做出的全方位开放的制度设想，包括了货物流通、货币流通、人员流通、信息流通，以及更重要的法律和监管方面的全方位变革。因而，谋定一个站位高远的顶层设计是成功建设海南自由贸易试验区和中国特色自由贸易港的重要保证。中央和地方政府需要在外资银行准入、人民币汇率开放、资本项下放开、税费减免、企业准入、人才自由流动等各个领域做出一系列特殊的政策安排。在港口城市的建设方面，应充分借鉴鹿特丹港的经验，做好港区和城市一体化规划设计。依托现有的“四方五港”，发展临港产业集聚群，除发展传统的港口工业外，也要谋划好生活、娱乐服务等产业，实现港口产业和居住的高度融合，将港口城市由单一的产业园区打造成为一座宜居宜业的都市新区。加强陆港联动，降低岛内物流成本。鹿特丹港背靠欧洲大陆，依托强大的内陆、内河物流系统来提升港口竞争力，海南要做强临港产业除了要加强与岛外的互联互通之外，还应着力加强岛内公路、铁路运输及物流网络建设，最大限度降低岛内物流成本，提升整体竞争力。

储备充足的高素质人才。海南自由贸易试验区和中国特色自由贸易港建设需要大量通晓多种语言和国际惯例的金融服务、信息服务、外汇交易、海外融资、保险服务、法律仲裁、运作监管、风险防控等方面的高素质人才。一是迫切需要引进和培育一批高水平的科研、教育机构为海南自由贸易试验区和中国特色自由贸易港建设培养大批高素质人才；二是需要下大力气创立各类高科技创意园、物流园区以吸纳外来高层次人才创业发展；三是需要分步骤、分阶段持续引进一批具有国际影响力的创新型龙头企业落户海南，带动中小型科技企业协同创新发展，打造产业链、创新链、资本链相互融合的产业集群；四是需要利用特区立法权为高层次人才的居留制定优惠政策，以一流的服务和宜居的生活环境留住人才。

建立权威运营监管机构。海南自由贸易试验区和中国特色自由贸易港建设可以借鉴参考荷兰鹿特丹港的实践经验。一是在每一个科技、物流和创新园区或集群产业园区设立一个由政府控股的企业机构完全按市场化方式来进行日常运作。该企业机构拥有园区的土地使用权，负责园区规划、土地租赁管理、基础设施建设和维护、安全保障、环境保护，并提供各类信息服务。必要时可聘请国际专业管理机构来负责某些园区的日常运作。二是设立权威高效的机构来监管这一企业机构的日常运作。

打造一流的营商环境。按照国际通行标准和水准构建起来的国际化营商环境既是吸引国际客商、国际人才创业发展的重要条件，也是海南自由贸易试验区和中国特色自由贸易港建设取得成功的重要保证。正如李克强总理多次指出，中国最大的潜力就是降低制度性交易成本，大力推进简政减税减费。建议：一是按照国际通行规则建立一套完整的包括金融、法律等金融机构，以及创业、物流、人员流动所需要的生产、生活方面的综合服务体系；二是建立一套涵盖物流、信息流、资金流和监管信息的完善的信息服务系统；三是构建共公开透明的法制化环境，保证企业权利平等、规则平等、机会平等，避免朝令夕改，提升企业投资的安全感；四是下大力气推动简政放权，减少企业审批运营成本，借鉴鹿特丹港经验，探索由政府为重点企业配备专门的“客户经理”，为企业落户提供政策、税收、投融资等方面的定制化、个性化信息。

树立数字经济理念，超前布局新型智慧城市建设。建议参照鹿特丹港区智慧港口信息化建设的经验，树立数字经济理念，超前谋划，超前布局，依靠互联网、大数据等先进技术，建立数字化、信息化的港口城市发展模式。坚持数字城市与现实城市同步规划、同步建设，适度超前布局智能基础设施，打造全球领先的数字城市。建立城市智能治理体系，完善智能城市运营体制机制，打造全覆盖的数字化标识体系，构建汇聚城市数据和统筹管理运营的智能城市信息管理中枢，推进城市智能治理和公共资源智能化配置。

下大力气推进口岸通关便利化，大幅度提升通关效率。海南自由贸易试验区和中国特色自由贸易港建设最核心的理念之一就是人员自由流动。口岸的形象关系到外来宾客对国家的第一印象，对以旅游和现代服务业为主的海南国际旅游岛而言尤其重要。故此，海南可以在改善服务上大做文章：一是参照博鳌亚洲论坛年会期间与会代表“来了就走、不排队、不等候”的服务标准，下大力气简化海南省口岸通关手续，优化流程设计。二是在航空和航海口岸按照国际通行做法，分门别类设立旅客出入境通道，比如可分为中国大陆公民、港澳台同胞、59 国免签、外交护照 /APEC 卡持有人、外国公民、落地签等窗口，合理快速通关；此外应学习北京、广州等城市经验设立中国公民电子自助通关系统，大力提升国内外游客出入境通关效率。三是对接国际通行的入境旅客携带行李的海关检验模式，合理设计检查流程，彻底改变现有海关的二次查验模式，通过合理设置申报和无申报通道，提升游客入境舒适度和满意度。

（《今日海南》2018 年第 7 期）

马耳他、荷兰鹿特丹港发展特点与借鉴经验

中国南海研究院

为深入学习贯彻习近平总书记在庆祝海南建省办经济特区30周年大会上的重要讲话和《中共中央国务院关于支持海南全面深化改革开放的指导意见》（下称中央12号文件），借鉴国际先进经验服务海南自由贸易试验区和中国特色自由贸易港建设，中国南海研究院近日率团赴马耳他、荷兰鹿特丹市进行专题调研。本报告旨在对马耳他港航业和荷兰鹿特丹港的发展特点与可借鉴经验进行解析，并在此基础上结合海南省当前面临的新形势、新任务和新挑战，就推进海南自由贸易试验区和中国特色自由贸易港建设、产业转型升级和培育新经济增长点等提出相应政策建议。

一、马耳他围绕港航产业发展海洋经济的经验

马耳他位于地中海中心地带且靠近主航道，地理位置得天独厚，航运历史悠久。在港航业发展起步之初，马耳他以英国商船法为蓝本制定《商业航运法》，在国家立法层面逐步开放游艇、商船注册并提供相应配套服务。近年来，马耳他政府致力于打造地中海地区的物流中心、旅游中心和金融中心，港航、旅游和金融服务在经济发展中发挥着支柱作用，2017年港航产业对马耳他国内生产总值贡献比重达到36%。马耳他港航业发展的特点与启示有以下几点：

一是港航业起步早，发展定位明确。20世纪六七十年代，作为地中海地区船舶开放注册和自由港建设的先行者，马耳他在围绕现代港航服务业进行政策规划伊始，便对区域航运市场规模、自身配套服务能力、港航基础设施潜力、区位特点、经济发展水平和开放程度等因素进行了充分考量与客观评估，在认清自身

比较优势（濒临地中海主航道、旅游资源丰富）和竞争劣势（自然资源缺乏、国内市场规模小）的基础上，科学布局、精心谋划，重点发展旅游、物流、船舶注册及相关金融、保险等港航服务业。马耳他对发展目标的准确把握和科学定位使其能够避免因战略决策失误而导致的国家经济起伏宕落，在客观上提升了其政治、经济环境的稳定性。

二是法治为先，立法超前，修法及时，体系完整，制度健全，法律服务覆盖港航业全领域、全过程。马耳他《商业航运法》和《自由港法》的立法初衷和条款设计具有前瞻性和可预见性，这为马耳他港航业的持续发展奠定了坚实的法律基础。为解决港航业快速发展过程中出现的新情况和新问题，马耳他行政、立法部门和港航企业共同参与讨论法律修订问题，最大程度地避免了立法与商业实践的脱节，也确保港航法律体系始终维持稳定性、可预见性和有效适用。马耳他港航法律服务业发达，海事海商法律从业人才国际化程度高，国内四家律师事务所和一家海商法院提供覆盖港航产业链全领域的法律服务和商事争端解决。

三是政府、市场职能界定清晰，两者实现良性互动。马耳他港航业的发展得益于“政府推动＋市场主体”模式，政府将外国投资者最为关心的本地合作伙伴的可靠性、营商条件的便利性、投资环境的稳定性作为其工作的重点，其职能发挥止于提供优质的公共服务和良好的营商环境。基于这一理念，马耳他在20世纪末成立“自由港集团”和“自由港码头”两家公司，并于2004年对港口运营进行私有化改革，法国达飞海运集团、土耳其伊尔集团、中国招商局集团等外国资本先后入股进驻。马耳他以此为契机实现了港口投融资渠道多样化，也引入了国际先进管理理念和运营模式。此项政策在马耳他港航经济发展史上具有里程碑意义。

四是根据供给创造需求的理论，不断发展、完善现代港航服务产业链，这是马耳他航运服务业经久不衰的奥秘所在。马耳他的现代港航服务业侧重体系化建设，港口建有欧洲一流的码头设施，提供货物中转和仓储服务、引航和拖船服务、油料补给服务（包括油料混合、废油处理、溢油防治）等。除船舶改装、维修、保养等传统产业外，马耳他还着眼于对消费市场的精准定位，不断发展船内装修设计、船体喷绘等以“定制化、个性化”为特色的高附加值服务和航运金融、海事海商法律咨询等高端服务。

五是以服务优势保持行业竞争的领先地位。地中海沿岸各港口之间竞争激烈，但马耳他对商船和邮轮的岸电供应、油料补给、食品淡水补给等保障体系和配套的货币兑换店、旅游商店、船员休闲娱乐、邮轮体验店等服务体系相对完善、健全，港口运营管理的国际化程度高，岸上休闲旅游产业发育成熟。凭借这些优势，马耳他在竞争中才能立于不败之地。这一经验表明，当竞争港口在服务航线上趋于同质化的情况下，提高服务效率、质量、便利性和体验度是保持领先地位的关键。

此外，在调研中还发现，马耳他目前主要依靠欧盟项目资金援助来完善港航基础设施，在部分大型项目上欧盟资助比例一般占75%到85%，从长远来看这一模式不具有可持续性。当前欧盟投资增长动能不足，马耳他国内经济增长原动力若出现衰退，可能对港航业投资增长造成不利影响。马耳他通过开放船舶方便注册成为世界海运大国，但这种做法较难复制，对海南的借鉴意义有限。从目前的国际实践来看，船舶登记作为赋予船舶以国籍的行为，是国家主权的体现，地方政府不能独立进行船舶登记。即使地方通过特殊政策独立放开船舶注册，也难以对大量注册船舶进行登记前审核、年检和全寿命期内的全球性监管，而且注册船舶在海事和海商领域的法律风险也是一般地方政府难以应对的。

二、荷兰鹿特丹港的发展经验

荷兰鹿特丹港位于莱茵河与马斯河河口交汇处，西与北海相连，濒临海运繁忙的多佛尔海峡，是西欧海陆运输核心枢纽，经济腹地广阔，素有“欧洲门户”之称。2017年鹿特丹港货物吞吐量为4.67亿吨，位列欧洲第一，完成集装箱吞吐量为1360万标准箱（TEU），位列世界第11。经过两百多年的发展，鹿特丹港聚集了国际航运业的各种要素，拥有完善的港口设施、发达的转运网络、健全的服务体系和生机勃勃的临港产业。2017年港口及临港产业总产值约占荷兰国内生产总值的12%。鹿特丹城市经济发展充分发挥临近港口的优势，其临港产业的发展对港口及区域经济有很强的带动和辐射效应。近10年来，鹿特丹港按照“以大规模的临港产业带动物流业”的思路驱动港区发展。临港产业区在项目设计、公共工程、货物运输、环境保护和管理服务 5 个方面实现“一体化”布局，综合功能完善。经过多年发展，临港产业已成为鹿特丹经济的重要构成部分，产业区进驻企业超过 3000 家，其中绝大部分是跨国公司。目前鹿特丹已经成为世界上港城融合发展模式的典范，在国际航运服务创新、智能港口等领域中发挥着引领作用。

鹿特丹港之所以能够发展成为港城融合型的国际航运中心，地理位置、腹地广阔是区位基础，临港产业规模和交通运输网络是硬件优势，法治化、便利化、国际化的营商环境是软件优势，欧洲经济一体化的进程为其提供了更为广阔的发展空间。鹿特丹港作为国际上港城融合模式的标杆，其发展经验与启示有以下几个方面：

一是得益于荷兰历史悠久的航海文化和根深蒂固的重商主义传统与自由贸易精神。荷兰是曾经的海洋强国和早期资本主义发源地之一，鹿特丹港自大航海时代起就是荷兰的重要贸易中转地，19 世纪末、20 世纪初便发展成为面向西欧的主要转运港口和工业中心。二战后在欧洲经济一体化的大背景下，鹿特丹港同西欧腹地的联系更趋紧密。长期以来的历史积淀，为鹿特丹港航业的持续发展奠定了深厚的物质基础。

二是注重港航业统筹谋划，从发展目标、产业路径和运作模式 3 个方面进行总体规划。鹿特丹港根据港口的比较优势和城市的社会经济特征制定了以 20 年为周期的长期发展规划；根据国际航运业发展态势和港口产业链成熟程度制定了每 5 年更新一次的港航业规划；根据港口填海造地和基础设施建设情况，针对码头作业和企业入驻制定了岸线资源利用规划。港航业的这种顶层设计为鹿特丹港航业的发展提供了清晰稳定的政策框架和目标指引。

三是通过实施“超前发展、错位发展、创新发展”的战略保持其在国际竞争中的领先地位。进入 21 世纪以后，鹿特丹港在规模上先后被上海、宁波、香港、新加坡等地超越，但其在国际航运中仍是最具竞争力的港口之一。鹿特丹港对于自身发展有着清晰的战略定位，其核心目标不是提升货物吞吐量能力和港口规模，而是要在打造全球一流的智能港口、绿色港口方面保持世界领先地位。鹿特丹港多年以前就开始采用电子数据交换系统（EDI）向从事港口相关经营活动的各类主体提供交易服务、增值技术服务和信息支持。此外，对于进驻产业园区从事创意设计、科技创新的企业，鹿特丹港还通过可协商的具有一定灵活性的税收政策加以扶持鼓励。在管理理念创新、技术手段革新的牵引之下，鹿特丹港的比较优势始终能够得到最大程度发挥。

四是港口运营管理体制机制完善、健全，管理模式科学、合理。鹿特丹港务局采取“地主港”管理模式，其作为特许经营机构，代表国家拥有港区范围内的土地、航道、岸线及基础设施的产权，以租赁方式把港口码头租给国内外港口经营企业或航运公司经营，实行产权和经营权分离。作为港口管理运营主体，鹿特丹港务局不以盈利为目的、不参与市场竞争。这种“地主港”的经营管理模式确保了鹿特丹港务局对港口土地资源和码头岸线资源的有效控制和高效利用，为其提供了长期、稳定的资金收入来源。港务局对港区规划、港区规章制度、土地出租、港区入驻企业选择以及港区内经营活动等有较大话语权，但本身不参与港口码头的经营活动。鹿特丹港务局在招商引资方面针对性强，只有那些符合其长远战略规划而且能与周边相邻企业形成良性互补的企业才能被选择进驻港区。

五是注重港口物流与临港产业互动发展。鹿特丹港一方面优化港口传统物流服务，推进物流业智能发展、绿色发展；另一方面对港口及区域物流资源进行整合，兴建产业园区并引导港航企业进园开展增值服务。产业区入驻企业类型齐全，基本覆盖港航业全产业链，发达的腹地经济又为港口物流提供强大支撑。鹿特丹港物流链和产业链紧密交织，各类资源要素得到充分利用，临港经济运行成本大为降低。在产业集聚效应的推动下，鹿特丹港形成了港口物流与临港产业互动发展、临港经济与腹地经济双向促进的态势。

三、马耳他、鹿特丹对海南的参考意义

一是根据中央对海南发展的战略定位，立足于我省海岛经济的特点和比较优势，科学制定港航业发展规划，力争尽早实现中央 12 号文件确定的将海南打

造成为面向太平洋和印度洋的门户和海上枢纽的重要目标。以提升海南省港航产业规模、行业管理水平、法律完善程度和公共服务质量为切入点，在深入分析港航业发展面临的现实问题、制约因素和有利条件的基础上，进行顶层政策设计，制定海南省发展港航产业的总体方案和体制机制设计。包括做好港航产业规划，通过提升、完善港航配套服务驱动港航产业向纵深发展；坚持海南几大港口城市差异化发展，科学配置资源要素，形成布局合理、优势互补和体现整体竞争力的港口群；重点打造邮轮旅游和游艇产业，并通过产业链延伸来带动港航服务业的发展与繁荣。

二是从体制机制改革入手，以资源整合为抓手，以建设中国面向太平洋和印度洋重要对外开放门户的港口枢纽为目标，加快海南省发展港航产业的步伐。整合全省港航资源，逐步打破传统港航产业的界限。目前，海南省港口运营分属33家经营主体，“四方五港”由海南港航控股有限公司等8家经营主体负责运营，港口发展布局“散乱小低”问题突出。由此，可借鉴荷兰鹿特丹港、马耳他自由港模式加快港口资源整合进度。包括构建省级港口资源整合平台，在省级层面组建港航投资管理集团，打造海南省港航龙头企业；以改制为抓手吸纳民营资本和国际资本参与港航设施建设和港区管理运营；在投融资过程中逐步探索以航道、码头、土地、岸线及港口设施等资源资产化入股的运作模式。

利用各港口现有产业基础、配套设施和自然地理条件，打造形成“四方五港”错位融合发展的局面，避免同质化发展和无序竞争。一是以海南省北部地区为重心，建设琼州海峡港航产业集群；以海口市为重点，发展游艇旅游产业，打造多元化高端商务休闲、旅游度假城市。二是以建设三亚邮轮母港为重心打造邮轮产业集群，推动环南海邮轮旅游；以三亚周边地区为重点发展大型休闲旅游产业。三是以八所—洋浦为轴心，在现有石化产业基础上，按照市场需求，坚持绿色发展原则，拉长石化产业链，构建集储运、提炼、化工、交易、销售于一体的大宗能源储运和化工产业集群；以洋浦港为依托，建设船舶油料补给基地，服务保障过往琼州海峡的船舶。四是以清澜港为中心，打造国家重大战略服务保障产业集群，为国家航天发射和深海开发提供有力保障。

三是将完善涉及发展港航产业的地方立法、法律服务和商事争端解决体系建设置于港航产业培育的优先地位。厘清港航法律服务体系的建设思路，将法律服务软环境建设作为培育和发展现代港航业的重中之重。包括做好顶层制度设计，根据港航产业发展整合过程中暴露出来的法律法规缺失问题建立健全法律法规；明确港航法律服务建设的主体、内容、对象、范围，逐步建立海商纠纷解决“一站式”服务模式，构建港航全产业覆盖的法律服务制度；推动争端解决机制多元化，尝试建立海商纠纷专业调解工作室等新型法律服务机构，探索建立当事人可在本地仲裁或国际仲裁中任择其一的“双轨”商事仲裁制度；稳步推进港航法律服务业开放，提升海事法律服务的国际化水平；在海事仲裁、海损推算、海事法律咨询等领域引入国际知名法律咨询机构在琼拓展业务。

四是学习借鉴国外港航产业发展的先进理念和管理经验，以建设智能港为导向，加快建设信息化、智能化的港航设施，以产业链群创造集聚规模效应为目标，将港航产业打造成海南省现代服务业实体经济的标杆产业。包括着力建设、完善港口服务业配套设施和集疏转运系统；加大港航基础设施建设投入，建立立体化的交通运输体系，可以采取港口基础设施出租的方式，以较小成本投入实现产业集群效应；借助智能化、自动化的现代信息技术建设港口“无纸化”综合物流体系；引进和利用自动识别系统、辅助决策系统、电子信息交换系统，推动临港物流与管理形成仓储、运输、装卸、加工、销售的环节链，提升港口对货源的吸附与分散能力；充分利用可开发陆域建立临港产业集群；大力建设临港产业园，实现工业生产、仓储、物流、交易“多流合一”，以产业链群创造集聚规模效应，吸引更多的国内外企业进入港航及临港产业；提高招商引资的针对性、有效性和灵活性；对于契合海南省港航产业发展规划的重点项目、重点投资实行“点对点”招商引资，可制定专门的投资招商法规，为实施“一事一议”的特殊优惠政策提供法律依据。

五是与鹿特丹伊拉斯谟大学合作共建“中国特色自贸港研究院”，为海南自由贸易试验区和中国特色自由贸易港建设以及管理型人才培养发挥独特作用。鹿特丹伊拉斯谟大学作为一所有较高国际知名度的大学，在海商法、经济学、管理学、国际投资与贸易等领域研究水平高，师资力量强，国际化程度高。通过本次调研，中国南海研究院与伊拉斯谟大学达成了初步合作意向。未来可通过邀请相关学者来琼进行学术交流、互派研究人员进修、联合办会、共同完成研究课题等方式开展合作，将中国特色自贸港研究院打造成为服务于海南自由贸易试验区和中国特色自由贸易港建设的研究型智库及管理型人才的培训基地。

（《今日海南》2018年第7期）

美国自由贸易区的实践特点及借鉴

殷为华　杨荣　杨慧

在全球经济重构和国内产业升级的压力背景下，我国以上海、广东、天津及福建的特定区域为重点，实施以自由贸易区为引领的主动全方位开放战略，以期获得高质量的经济集聚优势。这不仅是我国经济发展适应经济全球化新趋势的客观要求，而且是以全面深化改革构建开放型经济新体制的必然选择。然而，自由贸易园区发展要实现提高经济开放程度和发展增值贸易等国家经济目标，肩负着由“政策优惠”向“制度创新”转变的重大使命。美国的自由贸易园区发展历经八十余年实践，并已成为全球自由贸易园区数量最多、管理最成熟的国家之一。梳理美国自贸区发展实践历程，重点透析其自由贸易园区的区位类型、产业选择和管理模式等主要特点，可为我国自由贸易实验区建设的探索实践提供有益借鉴。

一、自由贸易区的概念内涵

（一）广义的自由贸易区

世界贸易组织（WTO）界定了广义自由贸易区（Free Trade Area，FTA）。《关贸总协定》（GATT）第二十四条第八款中提出：“自由贸易区是指按照 WTO 的协议框架设计，由两个和两个以上关税领土所组成的对产品贸易取消关税或其他贸易限制的经济集团。”它具有实行贸易开放、取消关税壁垒、达成互惠互利的双边或多边贸易政策的功能内涵。例如，北美自由贸易区（NAFTA）、美洲自由贸易区（FTAA，包括美洲 34 国）、中欧自由贸易区（CEFTA）、东盟自由贸易区（AFTA）、中国与东盟自由贸易区等。因此，该类自由贸易区以促进区域经济一体化为目标，旨在通过双边或者多边签订自由贸易协定，以取消或减少贸易壁垒，实现各种生产要素的跨国自由流动，主要体现为一个国家对外进行区域经济合作的战略部署。

（二）狭义的自由贸易区

世界海关组织（WCO）界定了狭义自由贸易区（Free Trade Zone，FTZ）。它被称为自由贸易园区。1973 年国际海关理事会签订的《京都公约》提出：“自由贸易区是指一国的部分领土，在其内部运入的任何货物就进口关税及其他各税而言，被认为在关境以外，并免于实施惯常的海关监管制度。”与此类似，美国关税委员会认为，自由贸易区对再出口的商品在豁免关税方面有别于一般的关税地区，它是一个只要进口商品不流入国内市场便可免关税的独立封锁地区。同时，我国政府制定的《中国利用外资基础知识》则提出，自由贸易区是划在所在国或地区的海关管辖区的关卡之外，以贸易为主的多功能经济性特区。

概括而言，自由贸易园区是一个国家或地区为了促进贸易和吸引投资，在其领土范围内划定一部分区域，设立特殊经济区，实行特定的管理体制和一系列更为开放的优惠政策和特殊监管体制。尽管当前自由贸易园区的名称各异，但这类特殊的经济空间凭借优良的港口 / 机场交通条件和完善的商贸、通讯及海关服务，形成了“监管独立、进出自由、（离岸）金融发达、物流高效”的经济空间，其本质属性上是一国实施高水平开放政策的重要空间载体。世界典型的自由贸易园区主要包括：鹿特丹欧洲贸易园区、巴拿马科隆自由贸易区、德国汉堡自由贸易区及美国纽约港对外贸易区等。进入 21 世纪以来，伴随国际贸易的指数性增长和交通通信技术的快速发展，自由贸易区愈加显现出作为地区经济发展战略政策的功能内涵，其目标是支撑所在国家或者地区更好地参与全球价值链分工体系、融入国际贸易体系和建立国际高标准监管体系。

二、自由贸易区的核心区位因素

自由贸易园区的区位选择具有重要的战略意义。区位分析是解决空间经济问题的有力工具，通过研究区位关系可以探求经济活动的最优空间组织。发达国家自由贸易园区发展的实践表明，自由贸易园区究竟能否提高国民收入和降低失业率，主要取决于它的综合经济区位优势。自由贸易园区的系统性规划和管理也突出强调“地点选择、区位要求和市场营销”。显然，作为一种特殊的经济区域，由政府引导并由企业自主决策，自由贸易园区的区位选择是多元主体的利益博弈和协调均衡的结果。因而，政府高度重视自由贸易园区的战略区位选择，在综合分析各地经济—社会—生态条件的基础上，重点分析三个核心区位因素。

（一）产业基础

世界各国的自由贸易园区具有不同的目标选择与功能定位。它的发展和布局无一不受内外部环境的影响制约，而其所在城市或地区的产业基础则成为重要考量因素。自由贸易园区能否形成强大的集散服务功能、完善的基础设施条件以及专业化的供应商和服务商等，均与自由贸易园区所在城市或港口的产业发展水平息息相关。与此同时，伴随全球化生产网络体系和投融资服务体系的深度发展，也为拥有产业基础和优势的城市或地区提供了更多的发展机遇。显然，自由贸易园区拥有充分利用这些机遇的独特条件，因其是在特定领域内既竞争又合作的相互关联的公司、专业化供应商和服务商、相关产业的企业和有联系的机构所组成的重要地理集聚体。它能够凭借强大的国际贸易体制创新能力，并与自身产业基础有效结合而形成重要的产业集群优势。

（二）交通条件

为了大力促进国际经济贸易发展，自由贸易区作为一国或地区设立的特殊经济区域，其成功运营与交通条件紧密相关。自由贸易区在发展之初多为自由港的形式。欧美等发达国家为了占领海外市场和扩大对外贸易，纷纷将沿海的一些港口城市设为自由港或者划定一部分区域设为自由区，更有甚者直接在海外殖民地或半殖民地设立自由贸易区。优良的港口成为自由贸易区的首选优势区位。因此，自由贸易区大多设立在港口或者毗邻港口的地区。

随着交通技术条件的不断进步，海运以外的其他运输方式的运输效率不断提高，且运输成本逐渐降低，各国的陆运和空运能力得到迅速提升。以美国为代表的发达国家开始将自由贸易区大量设立在内陆或者边境区，尤其是大型机场附近。例如，在美国自由贸易区发展初期，主要分布在地处大西洋沿岸、五大湖地区以及墨西哥湾沿岸的城市。自 20 世纪 80 年代以后，美国内陆的诸多交通枢纽城市，依托四通八达的交通网络和发展便捷的物流服务，陆续发展了数量不等的自由贸易区。

（三）市场功能

经济活动的市场辐射功能深刻影响自由贸易区的区位选择决策。随着经济全球化不断推进，全球的市场和资源得到更有效的配置。自由贸易区由于连接海内外的特殊地位，区内企业在全球选择原材料和零部件，然后将产品销售到本国和全球其他市场。因而，自由贸易区成为配置全球生产和市场网络的重要节点。一方面，国外商品或服务通过自由贸易区的优惠政策和便利条件直接进入或者在自由贸易区进行加工制造以后进入本国市场；另一方面，在自由贸易区内生产的出口产品同样也要能够直接高效地进入目标国家市场。自由贸易区面临着国内和海外市场的双重考验，因其拥有广阔的经济腹地和能够充分利用其在国内市场的领头地位，而成为发展对外贸易的优势区位。同样地，两国的毗邻或临近地区的重要经济区、借助交通枢纽城市开展密切的经贸往来，亦是自由贸易区建设的重要区位。因而，是否占据连接国内国际市场的枢纽或门户区位，日趋成为自由贸易区合理区位布局的基本参考依据之一。

三、美国自贸区的发展实践特点

（一）基本概况

美国的自由贸易区被称为对外贸易区，是自由贸易区的一种重要类型。1934 年 6 月，美国国会通过了以促进对外贸易为宗旨的《对外贸易区法案（1934）》。该法案提出：在港口或机场附近划出一个特别地区作为自由贸易区。该区不在海关管辖之内，凡依法进入区内的货物，都不受美国海关法限制，并享有各种优惠待遇。同时，联邦政府还设立了专门管理机构——对外贸易区委员会（Foreign Trade Zones Board，FTZB）。

1936年美国在纽约州的布鲁克林建立了第一个自由贸易区。美国对外贸易区在1940—1960年处于缓慢发展期。截至1970年，美国对外贸易区数量仅为12个，主要分布于沿海及五大湖的港口地区。之后，鉴于美国对外贸易形势出现下滑并形成贸易逆差的不利局面，为了促进对外贸易发展和增加就业机会，美国联邦政府和各州政府开始争相建立各类自由贸易区，每个州均有分布。截至2015年6月，美国对外贸易区的总数高达854个。目前，在美国三分之一进口商品关税为零（平均最惠国进口税率只有4.5%，农产品除外）的情况下，其对外贸易区仍呈现出强大的经济竞争力。

（二）区位类型

综观美国自由贸易区的八十余年发展实践，其基本特点是数量庞大且遍布各州。以各个州或城市的经济基础与区位条件为前提，设立自由贸易区的数量和产业功能各有差异。其中，根据美国各州设立自由贸易区的实际数据，通过测算自由贸易园区的分布数量和密度指标，发现美国自由贸易区的空间分布具有显著的地域分异特征，形成了临空、临港和陆路枢纽等三大基本区位类型。

1. 临港型。包括濒临海港与河港两种类型。该类型自由贸易区以太平洋、大西洋、五大湖以及墨西哥湾沿岸地区的分布最为密集。其中，加利福尼亚州、密歇根州、马萨诸塞州、新泽西州、佛罗里达州等的自由贸易区数量和入区商品价值总额均位居全美前列。目前，明确由港口、港务局或港口委员会承办的贸易主区数量达56个，主要包括洛杉矶202号、长滩50号、怀尼米港205号、波士顿27号、布劳沃德25号、新奥尔良2号、格拉姆西124号自由贸易区等著名的自由贸易区。

2. 临空型。包括依托综合航空运输体系而设立的自由贸易区。它通常临近航空港而设，如孟菲斯、丹佛等的国际化大型枢纽机场成为发展临空型贸易区的优势区位。目前，由美国航空管理局或机场管理局直接承办的贸易主区多达24个（以田纳西州、佛罗里达州、印第安纳州、北达科他州、德克萨斯州、弗吉尼亚州较为集中）。其中，孟菲斯国际机场是全球最大的货运机场之一，77号自由贸易区的入区商品价值总额位居美国首位。

3. 陆路枢纽型。包括依托高速公路、铁路等交通枢纽节点设立的自由贸易区。该类型自由贸易区能够充分发挥由州际高速公路、州内高速公路以及县内外公路组成的陆路物流高效便捷优势。与临空型和临港型自由贸易区相比，陆路枢纽型自由贸易区发展的总体规模较小，但数量众多且分布广泛。它的运营管理主体比较多元化，主要包括地方当局、地区商会、自贸区公司、交通运输部等等。

（三）产业选择

1950 年美国修订自由贸易区法案，允许其扩展至制造业及其他各类生产性服务。对外贸易区以加工制造和仓储物流为主要功能，兼具仓储、展示、处理、销售等多种功能。2012 年美国对外贸易区的入区货物中，仓储和分销运作的价值超过 1810 亿美元（约占比 25%），以石油、汽车整车、消费类电子、纺织业和鞋业、消费类产品为主；制造和生产运作的货物价值超过 5500 亿美元（约占 75%），以石油、汽车零部件、消费类电子、制药和机械设备为主。此外，区内产品出口总额中，仓储和分销运作出口占 23.9%，制造和生产运作出口占 76.1%。美国对外贸易区以加工制造业和物流等生产性服务业为主。

对外贸易区为美国充分利用国内外资源要素参与世界经济分工提供了极大便利，以工业制造业领域最为突出。目前，美国活跃的对外贸易区约为 180 个。其中，活跃的制造业有 289 项，聚集了 3050 家企业，提供了约 39 万个就业岗位。对外贸易区的各项便利条件和优惠政策，吸引了大量国内外原料和零部件企业进入区内进行仓储、配送或生产。2013 年美国对外贸易区的产品出口额为 795 亿美元，而经由对外贸易区进入国内市场的产品价值总额超过 7500 亿美元，比重高达 90%。这说明美国自由贸易区的制造产品以进入国内消费市场为主，其用于出口的产品占比并不大。

（四）管理模式

基于不同的经济体制和经济基础，各国自由贸易区发展的过程中积累了不同的政策导向和管理经验。作为一种特殊的经济区域，自由贸易区行政上的依赖性和经济上的相对独立性，决定了其管理体制构成的复杂性和特殊性。美国自由贸易区在长期发展过程中，逐渐形成了独特的管理模式。

1. 双层管理机构各司其职。美国自贸区的管理机构主要分为两个层级。第一层级是统筹性的管理协调体系，包括美国对外贸易区委员会、美国海关总署和全国对外贸易区协会（National Association of Foreign Trade Zones）。对外贸易区委员会为美国所有对外贸易区的最高行政管理机构，其主要职责是对自贸区进行宏观决策、调控、监督和协调；美国海关总署配合对外贸易区委员会工作，行使海关管辖权，对进出货物和人员活动进行监督管理；美国对外贸易区协会作为民间性组织，积极参与协调与合作，主要针对普遍遇到的共同性问题和困难进行讨论与协商，同有关政府部门进行商议，寻求解决办法。第二层级是对外贸易区的内部管理经营体系，以承办者和运营者为主体。承办者主要包括经过对外贸易区委员会授权的法人团体或私人公司，根据相关法律和公共事业原则雇佣运营者对对外贸易区进行经营管理。

2. 主区—辅区并行运营。美国对外贸易区的发展形成了颇具特色的主区（General Purpose Zones）和辅区（Subzones）经营扩展模式。截至 2015 年 6 月，美国批准成立 261 个主区和 593 个辅区。其中，主区是综合性的多用途区域；辅区则通常由一家公司划定经营，属于专门性的特定用途区域（以单一企业为主）。当通用的主区内出现公用场所不能满足相关企业发展需求时，依据相关法律可以准许建立分区，作为主区的附属部分。

从企业经营的角度来说，即使受到用地成本、固定投资或环境因素等各种条件限制无法进驻主区，也可以利用辅区制享有自由贸易园区的所有政策优势。辅区以加工制造业活动为主，且一个主区可附属多个辅区。目前，对外贸易区 77% 的出口货物是由辅区完成，其经济总量规模大大超过主区。其中，石油生产、汽车零部件制造，纺织服装、钢铁、食品和造船等都是以设立辅区的形式存在。因此，众多辅区已然成为美国对外贸易的主体。主辅区的运营模式，既提供了美国自由贸易区发展机制的灵活性，又提高了自贸区生产资源的空间配置效率。

3. 矩阵联络制协调沟通。美国对外贸易区委员会以不同的区域和活动类型两个因子为依据，建立矩阵制联络员制度，以实现对全美各个地区对外贸易区的有效沟通。一方面，根据各个自贸区所在州的地理位置将自贸区划分归属到东部区域、大湖区域、中部区域和西部区域，每个区域各自配备1名联络员，将全国所有自贸区加以囊括；另一方面，根据自贸区的相关活动类型，又将其划分为六大类别，主要包括新设或变动的对外贸易区范围、有关制造活动、石油炼制、年度汇报、申请副本和利用网站进行沟通等，并配备专职的交叉联络员。以上四大区域和六大类别构建起矩阵制联络制度，为自贸区发展提供了高效的沟通保障机制。

四、对中国自由贸易园区发展的有益借鉴

（一）引入市场机制，创新贸易经济的治理体系

政府监督管理和市场依法运作的有机结合是美国自由贸易园区治理体系的重要特色。其中，政府管理是指由美国对外贸易区委员会和海关等政府机构所主导的管理，代表政府的统一引导力和刚性强制力。为此，建议我国新增由国家商务部牵头的全国自由贸易园区管理委员会，其主要相关成员应来自发展改革委、财政部、国土资源部、交通运输部、税务总局、工商总局、质检总局、外汇管理局及海关总署等。其主要职责是，根据“一带一路”国家战略目标要求，科学制定中国自由贸易实验区的发展战略与空间布局规划，并统筹协调国家与地方机构为自由贸易园区提供高效的监管服务。

与此同时，积极引入专业化的市场主体——企业，提高自由贸易园区的经营和使用效能。借鉴美国充分发挥市场力量的有益经验，建议上海等自由贸易试验区可以尝试采用市场化手段，充分调动我国自由贸易园区参与方的主观能动性，科学引导自由贸易试验区实现差异化发展和高效率的实际运营。主要目标在于通过政府授权给符合资质的受让人，使其获得设立、经营和管理对外贸易区的专属权，依法严格监督自由贸易区对所有人员开放，经营人和使用人在法律规范框架下进行公平竞争和规范经营。

（二）拓展产业功能，推动内外贸易的融合联动

作为世界经济强国，不应单纯追求出口总量规模和对外贸易顺差，而是更加强调保持本土制造业和生产服务业的国际竞争力。美国设立对外贸易区也为本土

企业（不仅是外国企业）提供国际贸易便利。1990年实施新的自由贸易区管理条例，产业功能进一步拓展为“进出口贸易、保税仓储、简单商业性加工、商品展销、混合加工和制造及转口贸易等”。驻区的美国企业利用国内和国外投入品进行大规模生产和服务，产品同时供出口和内销（约占美国进口总值的13%）。因此，作为更高级形态和功能的自由贸易区定位，以上海为代表的中国自由贸易试验区建设，亟须确立内外贸兼顾的发展目标。从产业功能定位上，根据2012年国务院《关于促进海关特殊监管区域科学发展的指导意见》，产业选择既要提升中高端制造业功能，也要增强研发设计、金融、法律、物流服务等业务类型功能。扩区后的上海自由贸易试验区面积达120平方公里，应当明确内外贸易功能的一体化发展，以利于充分发挥服务辐射功能，促进自由贸易区与上海市域、长江三角洲乃至全国的生产加工、物流和服务业的深度融合与联动发展。

（三）试行主—辅区制度，加快制造业的转型升级

美国自由贸易园区的基本功能之一也包含加工制造。1999年美国国会重新修订了《对外贸易区法案》，对外贸易区委员会发布第29号令，实行主区—辅区的运营制度模式。它允许为特定企业专门建立对外贸易区的辅区，鼓励进口深加工发展。当前，我国具有一定自由贸易功能的各类保税区面临土地资源紧缺或成本上升的压力。例如，上海外高桥保税区2000年就已驻满了外企和贸易企业，但新增企业开展实际运营的土地面积已严重不足，且企业多为低端加工，使得土地产出率明显偏低。如果加工型企业可以落户分区仍能享用对外贸易区的特殊海关政策，也可节约政府管理成本和提高土地利用效率。

由于统筹境内外产业联动和促进产业升级是未来我国海关特殊监管区内产业组织实施的重点，建议我国现有的四个自由贸易实验区，可先行进行主区—辅区的制度试点探索，并改革调整相应的法规和管理体制，以利于辅区内可复制、可推广实施自由贸易园区政策和监管措施，尽快逐步淘汰或置换低加工度、低空间产出价值的企业，加大吸引较大规模的中高端出口加工项目和满足国内需求的大宗进口商品的深加工项目。

（四）对接国际高标准，提升法律监管的保障力度

美国颁布对外贸易园区立法的若干年后，才出现第一个实际运作的对外贸易区。相比而言，我国保税区和自由贸易区的相关立法严重滞后于实际建设。例如，我国第一个保税区运行 14 年后，至今还尚无统一的保税区国家立法。况且我国自由贸易试验区的立法也多见于理论研究。我国《立法法》分别于 2000 年 7 月和 2015 年 3 月进行了颁布和修订，明确海关、财政、税收、外经贸、外汇等政策只能由国家立法进行设定。虽然现有的自由贸易试验区由中央政府批准，但其法律地位却是由地方政府立法确立和地方政府规章支撑。这意味着自由贸易试验区的实际运作中有关政策的权威性和法律保障力度明显偏弱。例如，2014 年 7 月 25 日上海市人大常委会第十四次会议通过的《中国（上海）自由贸易试验区条例》。美国外贸易区的批准设立和运作从一开始就是联邦政府依据《对外贸易法》，对其进行海关关税滞免等制度安排。毋庸置疑，自由贸易试验区建设是一项长期的国家策略和有效的经济促进工具。建议尽快建立国家统一权威的《自由贸易区基本法》及相应建设规范，尽可能与自由贸易区进行法律监管的国际最高标准接轨，保障我国自由贸易试验区依法有序发展。

（《世界地理研究》2016 年第 2 期）

国外自由贸易区建设经验及其启示
——以美国对外贸易区为例

吕 颖

引言

设立现代化的、新型的自由贸易区，已成为各国发展经济、抵御经济衰退和开展战略合作的重要方式和手段。目前，全球有135个国家和地区共设有3500多个自由贸易区，创造直接就业机会6800万个，每年创造的经济附加值高达5000亿美元。美国堪称是全球自由贸易区第一大国，其自由贸易区的发展是世界上最为成功的国家。据不完全统计，美国各类自由贸易区已经发展到277个，还有500多个分区，自由贸易区遍布美国东西南北所有区域，尤其是边境口岸城市。

为了加快经济发展，中国也制定“实施自由贸易区战略”，2013年8月22日，中国（上海）自由贸易试验区设立，标志着中国的“自由贸易区战略”正式启动；2014年，中国又在广东、天津、福建设立自由贸易试验区；2016年在辽宁、浙江、河南、湖北、重庆、四川、陕西设立7个自贸试验区，这标志着中国的自由贸易区进入了设点探索建设的新阶段。

美国自由贸易区的建设和发展经验，可以为中国建设适合的自由贸易区发展模式提供经验。

一、自由贸易区概念的界定

关于自由贸易区的概念，在已有的文献中有以下两种表述，一个是FTA，另一个是FTZ，虽然二者都翻译为自由贸易区，中文名称相同，但却存在着本质上的差别。FTA（Free Trade Area），关于它的定义，最早出现在1947年的《关税与贸易总协定》：“自由贸易区应理解为在两个或两个以上独立关税主体之间，就贸易自由化取消关税和其他限制性贸易法规。”FTA的特点是由两个或多个国家或地区组成，成员之间相互取消关税壁垒和非关税壁垒，但各成员都有自己独立的对外贸易政策。此种定义源于WTO有关“自由贸易区”的规定，目前，世界上有很多这样的区域，如北美自由贸易区、欧盟、中国东盟自由贸易区等。

FTZ（Free Trade Zone），世界海关组织制定的《京都公约》中指出：“FTZ是缔约方境内的一部分，进入这部分的任何货物，就进口关税而言，通常视为关境之外。”FTZ特点是在单个主权国家（地区）在国境内划出一个区域，作为单独的关税区，实施单独的关税措施，境外入区货物的关税实施免税或保税，而不是降低关税。一般情况下需要进行物理围网进行管理。目前，世界上有许多国家都在国境内设立了自由港、自由贸易区，例如韩国济州自由贸易区、日本冲绳自由贸易区、巴拿马科隆自由贸易区等。

FTA和FTZ的设立，都是为了降低贸易成本，促进国际贸易的发展，进而刺激经济的发展，增加就业机会。但是FTA与FTZ存在着明显的区别。

目前，我国所设立的自由贸易试验区，本质是属于FTZ，类似于单独关税区。根据本国（地区）法律法规在本国（地区）境内设立的区域性经济特区。自由贸易区是属于一国国境范围，但适用的是不同的海关法令，即所谓的境内关外，国家对自由贸易区的贸易活动不过多干预，实行自由贸易，进出口该区域的货物实行免税措施。

美国的自由贸易区被称为对外贸易区，是自由贸易区的一种重要类型。对外贸易区是指在进口口岸或其毗邻地区内设立的地理区域，在这个区域内，来自美国国内和国外的货物都受到同等的关税待遇。在本质上，美国的对外贸易区就是自由贸易区，只是称谓不同而已。

二、美国对外贸易区发展特点

目前，世界上设立自由贸易区最多的国家是美国，截至2015年6月，美国对外贸易区的总数高达854个。美国对外贸易区的设立比较晚，但却是世界上发展速度最快、发展最为成熟的，其特色主要表现为：

（一）总、分区设置，数量较多

由于对外贸易区大都位于海港、机场和一些工业园区内，面积大、企业多，造成交通拥挤，而且距离企业厂区较远、不利于日常交易。为了弥补布局上的缺陷，美国对外贸易区的发展形成了颇具特色的主区（General Purpose Zones）和辅区（Subzones）经营扩展模式。所谓“分区”是指在总区之外单独划出一片区域，该区域主要从事总区所无法进行的一些加工和制造业，分区主要以企业为主体建立，每个分区对应一个企业，但一个企业可以拥有多个分区。由于分区的优势比较明显，其数量越来越多，已经超过了对外贸易总区的数量，成为美国对外贸易区活动的主体。

（二）公、私结合，灵活经营

美国的对外贸易区，采取灵活的经营方式，无论是公共机构还是私人公司，甚至是外国公司都可以申请建立、经营和管理对外贸易区，美国的《对外贸易区法案》对此有明确的规定：“对外贸易区也可以以长期出租的方式租给私人公司使用，由使用者在该地区内建立各种必需的设备。”

开放的政策和措施，为国外跨国公司和国外企业建立、运行、管理对外贸易区，进入美国国内市场，提供了良好的机会和便利的条件。

（三）生产和加工为主，功能丰富

美国的对外贸易区，功能丰富，包括仓储、物流、展示、销售、生产、加工等其中，最为主要的功能是生产和加工。2012年，美国对外贸易区的仓储和运作业务所接收的货物价值超过1810亿美元，占比24.76%，制造和生产运作所接收的货物价值超过5500亿美元，占比75.24%。而在区内产品出口总额中，仓储和分销运作出口167亿美元，占比23.9%，制造和生产运作出口532亿美元，占比 76.1%。制造业和以物流为主的生产性服务业是美国对外贸易区的两大支柱产业。

（四）内销为主，外销为辅

美国的对外贸易区与世界各地大多数自由贸易区或出口加工区的情况有所不同，美国对外贸易区的设立的目的，是促进本国的企业参与国际贸易。对外贸易区内，只要是使用外国投入品和本国投入品进行商品的生产、制造和加工，产成品用于出口或者内销。出口的产成品是免税的，而进入美国国内市场的产成品，需要交纳相应的税费。进入内销的商品在征税时，也仅针对产品中所包含的国外成分。2013 年美国对外贸易区的产品出口额为 795 亿美元，而经由对外贸易区进入国内市场的产品价值总额超过 7500 亿美元，比重高达 90%。对外贸易区的大部分货物实际上是内销到了美国海关关境内。所以有人评论，对外贸易区并没有促进美国的出口。

三、美国自由贸易区发展经验

（一）美国对外贸易区的管理体制

目前，世界上对于自由贸易区的管理体制按层级结构分，存在两种模式：二层级管理体制和三层级管理体制。所谓二层级管理体制是指国家管理部门对自由贸易区的行使宏观管理职权，同时，中央管理部门又直接领导、管理自由贸易区内部管理机构；而三层级管理体制是指中央管理部门对自由贸易区仅有宏观管理权，并不对自由贸易区进行直接管理，而是委托下一级机构即自由贸易区所在的地方政府负责管理。美国对外贸易区的管理体制属于二层级管理体制。

（二）美国对外贸易区的税收优惠政策

美国发展对外贸易中为企业提供的税收名目繁多，对外贸易区主要通过暂缓纳税、免除关税和倒转关税三种手段在关税方面进行优惠。

1. 暂缓纳税。一般情况下，货物在进入关境时，就要交纳进口关税。而美国的对外贸易区实施关税延迟，在货物进入对外贸易区时，不用缴纳进口关税，只有在货物从对外贸易区进入美国国内市场时，才缴纳关税。

2. 免除关税。货物在进入对外贸易区时，免除进口关税，当货物在区内进行加工和制造完成后，根据货物出区后的流向，判断是否缴纳关税。如果货物出区后直接出口，那么就不用缴纳关税。

3. 倒转关税。倒转关税是美国对外贸易区最优惠的政策之一。倒转关税与暂缓纳税配合使用。由于美国进口零部件的关税要高于成品进口的关税，而美国对外贸易区对进口零部件实行暂缓纳税，在零部件进入对外贸易区时不用缴纳关税。零部件进入对外贸易区后，在区内进行加工、装配，生产成为产成品，再流入美国国内市场，只需要按照产成品的税率缴纳关税。例如，美国进口汽车零件的关税税率是4.5%；如果将汽车零部件进口后，在对外贸易区将零部件组装成汽车，再在美国国内市场销售，该整车（包括零配件）的关税税率是2.5%。这样，在对外贸易区内将零配件组装成成品的企业就会得到关税的优惠。

美国对外贸易区委员会的研究表明，倒转关税在美国对外贸易区发展中发挥了重要的作用。超过50%的外国产品进入对外贸易区是为了享受美国倒转关税的优惠措施。倒转关税已经成为美国对外贸易区增长的主要激励因素。

（三）美国对外贸易区的海关监管措施

美国对外贸易区实行的是公司主导型管理体制，在美国的对外贸易区内，没有海关的相关派驻机构，一般情况下，海关的官员也不会进入对外贸易区。区内的货物流动采取的是备案核销的制度，都是由企业自行管理。而海关对于对外贸易区的监管重点在于货物进入国内市场的卡口上。对于进入国内市场的货物，海关采取的都是贸易便利化的监管措施。

1. 直通报关和周集中报关相结合的报关方式。直通报关是指对外贸易区内的企业在进口货物时，无论货物是从那个口岸抵达，经过企业所在地海关关长批准，货物可以以保税的方式直接进入对外贸易区。这样的话，就减少了获取的在途时间，平均的运输时间能够缩短1到2天。周报关是指对外贸易区内的货物运往区外时，可以采取集中报关的方式，一周申报一次，这样可以减少企业的申报手续，从而节约了相当于货值0.21%的报关费用。

2. 货物分类管理的监管方式。对外贸易区内，根据货物的不同状态，采取不同的监管方式。目前，海关对运入对外贸易区的货物设定4类区域货物状态，对不同类别的货物，采取不同的监管方式。

3.审计核查的监管制度。美国海关对对外贸易区货物的监管方式是审计核查，即由对外贸易区的营运商负责对区内货物的单据，证册、生产、加工、物流及安全等进行监管，海关不再保存库存记录，也不再定期到区内仓库检查，只是通过审计和核查方式进行后续监管，内容包括交易情况、库存货物分类、登记及交接手续等。审计核查的监管制度，减少了海关的工作量，提高了货物通关的便捷程度。

4.全程信息化的监管手段。美国的对外贸易区在监管手段上，实行全程信息化控制，采取计算机联网监管，进行合同备案、收发货的登记，采取滚动核销制度，简化了对外贸易区进出口货物的通关程序，提高了海关的行政工作效率。

四、美国对外贸易区的发展经验对中国的启示

（一）选择有效的管理体制

美国对于对外贸易区采取的是公私合营的管理体制，在当今世界，大多数的国家对于自由贸易区的管理都采取了公私部门合营的模式。世界银行报告将自由贸易区管理体制大致分为三类，即地主型管理体制、公司型管理体制和私人企业型管理体制。

地主型管理体制主要由政府相关机构代表国家建设港口土地、岸线及基础设施，享有港口的所有权，同时把建设好的港口租赁给国内外的企业或者是船公司进行经营，实现了所有权和经营权的分离。目前世界上大多数的自由贸易区都是采取这种模式。这种经营模式解决了自由贸易区建设资金量大回收期长的难题，同时采取租赁经营方式，又解决了资金的回笼问题。

公司型管理体制主要由政府和投资公司进行合作，由投资公司对自由贸易区进行管理，政府把土地租赁给投资公司使用，投资公司每年向政府缴纳土地租赁费用，由投资公司负责筹集自由贸易区建设所需资金。这种管理体制实现了政府行政行为与公司商业经营行为的有效分离，增强了自由贸易区企业经营灵活性。

私人企业型管理体制是指所有港口设施均为私人投资、私人经营。这种自由贸易区的管理体制很少见到。由于自由贸易区全部私营，不会受到政府行为的干预，所以其效率比较高，经营比较灵活。

综上所述，不论各个国家在自由贸易区的管理上采取何种管理体制，其总体趋势是政企分开，即由国家负责港口的基础设施建设，而生产、经营设施则是由企业负担，融资方式上也是逐步的呈现多元化的趋势。

（二）完善优惠的税收政策

税收优惠政策对于自由贸易区的发展是至关重要的。自由贸易区作为一个特殊的经济区域，其非常重要的特点是“境内关外”。在海关的监管下，进入该区域的货物“保税”，其核心内容就是保关税，即从境外进入区内的货物实施“进区不征，离境不退”的关税措施。为了促进自由贸易区的发展，只有提供更多的税收优惠措施和促进投资的措施，进而更大力度地吸引外资。促进自由贸易区的发展，可以从以下几个方面进行调整：

1. 完善出口退税政策。这样可以充分发挥自由贸易区对区域经济发展的带动作用。区外的货物进入区内，能够实现出口退税，有利于增强国内料件与国外进口料件的竞争，促进企业使用国产料件，带动国内经济发展。

2. 实施适度优惠政策。对于进入自由贸易区的货物，除了给予关税上的优惠之外，还可以享有适当的增值税和消费税的优惠。对于在自贸区内生产、加工的产品运往国内销售，应该免缴增值税和消费税。

3. 健全吸引投资政策。企业投资需要良好的投资环境，自贸区应该完善投资服务体系，增强投资者信心，同时对于投资的企业，应给予所得税方面的优惠，以吸引企业的投资，例如给予投资企业的低税率、减免期以及加速折旧等形式的优惠措施。

（三）建立灵活的监管方式

海关需要改变传统的监管方式，利用信息化手段，建立灵活的监管方式，促进自由贸易区的发展。从海关自身来讲，要树立海关的服务意识，提高行政效率。对于海关所管理的对象企业而言，要树立知情守法的理念，提高法律意识，自觉遵守法律法规。在监管方式方面，应该借鉴美国的经验。

1. 实施货物分类的监管。对于自由贸易区货物的流转，可以根据货物来源和流向，采取分类监管方式。例如，从境外流入自由贸易区，以及自由贸易区流出至境外的货物，可以采取备案的方法，保税进出自贸区。而对于境内区外的货物进区，以及区内的货物进入国内市场，则需要报关，按照进出口的货物来进行管理。

2. 推进企业信息化管理。我国目前海关对于保税货物的监管包括电子账册管理和电子手册管理方式。电子手册是以合同为单位进行管理，每个合同都需要海关备案审查，手续复杂，工作量大，而电子账册是以企业为单位进行管理，通过控制企业的周转，对企业进行监管，手续简单，通关便利，海关要加强电子账册管理，构建电子信息平台。通过整合电子信息资源，方便企业上集中办理通关手续。同时，可以使政府通过网上信息核查账目，从根本上防范伪造单证和走私骗汇等情况。

（《工业经济论坛》2018 年第 3 期）

巴西综合型自由贸易园区发展经验及启示

胡剑波

21世纪初期，新兴经济体的经济发展速度较快，平均经济增长率超过6%，而金砖国家经济年均增长率超过8%，远远高于发达国家2.6%和世界4.1%的经济平均增长率，经济发展备受世界瞩目。但2008年爆发的国际金融危机给世界经济带来衰退性的冲击，除我国保持较高经济增速外，其余新兴经济体似乎风光不再。新的国际环境急需新兴经济体在国内建立更加开放且开放质量更高的经济体系，而作为提高开放水平、助推经济快速增长的重要抓手，自由贸易园区建设无疑对拓展本国经济发展空间、缓解资源供给压力、减少贸易投资壁垒、改善国际环境都有积极的推动作用。目前，全球自由贸易园区的类型主要有综合型、出口加工型、转口集散型和金融型。纵观全球新兴经济体国内自由贸易园区的发展情况，当属全球面积最大的巴西玛瑙斯综合型自由贸易园区最为典型。巴西玛瑙斯自由贸易园区的发展经验对我国自由贸易区建设具有启示作用。

一、巴西玛瑙斯自由贸易园区发展经验

（一）玛瑙斯自由贸易园区的发展历程

巴西玛瑙斯自由贸易园区占地面积221万平方公里，占全国领土总面积的26%，是拉丁美洲建立的第一个自由贸易园区，同时也是目前世界上面积最大的自由贸易园区。玛瑙斯原是一个经济落后的西北内陆腹地城市，1957年被巴西政府选定为建立自由港的试验区，1967年正式更名为巴西玛瑙斯自由贸易园区。玛瑙斯被设为自由贸易园区后，推行对外开放与内地开发相结合的发展战略，并成为发展中国家建立自由贸易园区的先行者。玛瑙斯自由贸易园区成立后，经历

了三个发展阶段：一是商业服务业发展阶段。亚马逊地区具有独特的自然景观和便利的水路交通，玛瑙斯自由贸易园区充分利用地理及自然优势，大力发展商业和以旅游为代表的服务业，取得卓越成效。二是工业发展阶段。1971 年，在发展商业和旅游业的基础上，巴西政府又开辟了专门的工业区，大力发展工业，使工业产值稳步提升。三是农牧业发展阶段。该时期巴西政府再次划出 59 万平方公里土地用来种植粮食、咖啡等产品，并设立农牧业发展基地，以满足园区对农副产品的需求。玛瑙斯自由贸易园区经过长达四十余年的发展，形成了目前工、商、农牧共同发展的局面，同时形成了以玛瑙斯为中心、以西亚马逊地区为腹地的两大开放体系，园区引进的外资、先进技术最大限度辐射至周边地区，以园区为轴心带动了西部、西北部落后地区的经济发展。

（二）玛瑙斯自由贸易园区的发展成绩

巴西玛瑙斯自由贸易园区自 1967 年成立以来成功吸引了众多企业入驻。如，宝马、索尼、三星、飞利浦、宝洁、百事可乐、松下、LG 等，并取得了卓越的成绩。目前，园区已成为南美洲最大的电子产品生产中心。2010 年，玛瑙斯自由贸易园区全部入驻企业为巴西提供多达 11 万个就业机会，仅摩托车制造部门就提供了 25000 个就业职位。工业产值高达 416 亿美元。2012 年，玛瑙斯自由贸易园区内总投资达 10.7 亿美元，出口额达 2.05 亿美元，联邦税收收入达 19360 亿巴西雷亚尔，总税收高达 41410 亿巴西雷亚尔。此外，玛瑙斯自由贸易园区有效地促进了工业、农牧业、商业、旅游业、交通运输业、文教服务等行业的全面发展。

（三）玛瑙斯自由贸易园区的服务功能

玛瑙斯自由贸易园区覆盖的行业范围广泛，包括旅游、农副产品、商业、工业等。在增进服务功能方面，玛瑙斯自由贸易园区采取多项措施，一是划分免税商业区、工业区和农牧业发展区三个部分，涉及旅游、酒店、农副产品、电子设备、纺织品等众多行业。二是设立专门的研发中心——亚马逊生物技术中心和科技创新中心。前者主要研究化妆品、防腐剂、生物燃料、功能食物、生物探索等，后者主要为 35 家集成电路、微型系统、科技制造等领域的区内企业提供相应科技服务。三是积极发展各种文化事业，如亚马逊电影节、戏剧节、舞节、爵士节、户外节等。四是积极为培养园区人才，针对不同领域设立本科、硕士、博士课程达 70 多种。

（四）玛瑙斯自由贸易园区的政策和法规

为促进园区得以更好地发展，巴西政府颁布多项相关政策和法规。1957 年，国会通过 3173 号法令，标志着玛瑙斯正式成为自由港。1967 年，国会通过 288 号法令对 3173 号法令内容进行进一步扩展。1968 年，玛瑙斯自由贸易园区在 356 号法令颁布后，正式将其开发政策辐射至西亚马逊地区。1976 年后，巴西政府相继颁布 19 项法令，对引进外资和国外先进技术给予保护和鼓励，同时保护本国民族工业发展，实现“巴西化”目标。另外，玛瑙斯自由贸易园区还制定多项优惠政策。如，对涉及进出口、工业产品、货物流通、外汇利润汇出和区内再投资等制定税收优惠政策；对使用巴西产品达到 85% 以上的外企，在税收、官方贷款、与政府订立合同时给予优惠待遇；鼓励园区引进外资；企业每年及时更换环保建设许可证和环保运营许可证方可享受园区优惠条件，等等。

（五）玛瑙斯自由贸易园区的机构设置

根据巴西联邦政府法令，玛瑙斯自由贸易园区由自由贸易园区管理局统一管理，该局负责制定自由贸易园区发展的各项方针和政策，并下设计划司、营运司、管理司、其他事务司。管理局负责人职务为总监，下设四个副总监，采取委任制，由总统直接任命。总监与州长平级，行使在自由贸易园区的权利。副总监协助总监各分管一个司。自由贸易园区管理局是一个跨地区性质的机构，促进西亚马逊地区的协调发展是该机构的主要职责。

二、对我国建设自由贸易园区的启示

（一）不断拓展和完善自由贸易园区服务功能

从巴西玛瑙斯自由贸易园区的发展经验看，在自由贸易园区服务功能构建方面，我国应在区内加工与转口贸易并进的传统功能的基础上，逐步落实扩大开放措施，进一步拓展和完善园区的服务功能。

一是进一步加强国际间贸易，充分发挥转口贸易功能。推进国际物流分拨配送、商品研发展示及开展产品多样化检测维修等，并大力发展离岸贸易。在金融服务方面积极探索，创新金融服务功能。

二是不断扩大人民币跨境使用功能。目前，我国还仅处于“贸易大国、金融小国”的阶段，在风险可控的前提下，园区建设可先行先试人民币资本项目可兑换及人民币跨境使用功能。另外，不仅是外币和人民币双向资金池业务，还应积极开展园区内外关联企业在区内开展经常项下跨境人民币的集中支付业务。

三是积极推进跨境电商服务功能。随着经济全球化的发展，电子商务在国际贸易中的地位日益凸显，在园区推行跨境电商服务对顺应经济全球化潮流，进一步促进园区服务功能多样化具有积极意义。因此，政府除应在园区内加大力度培育贸易新型业态和功能，积极发挥对跨境电商服务的支持引导作用，形成以技术、品牌、质量、服务为核心的外贸竞争新优势外，还应在园区内建立国际贸易结算中心试点，并为跨境电商搭建服务化、一体化平台，加强跨境电商专用账户的服务贸易跨境结算功能和融资功能。另外，积极尝试在园区构筑国际大宗商品交易和资源配置平台，以便开展大宗农产品和能源产品的国际贸易。

四是进一步拓展园区服务功能。依据园区所在地的经济辐射区位范围，完善周边物流园区包括公路港、内陆港等与园区对接的服务能力和管理方式，积极利用港口或内陆腹地优势，探索形成具有国际竞争力的航运发展制度和运作模式，形成国际性的货物集散中心。

（二）建立健全自由贸易园区相关的法律法规

从巴西玛瑙斯自由贸易园区的发展经验看，巴西在园区运行法律法规方面采取的是先进行中央立法，再依法设立自由贸易园区并运行和管理的模式，使自由贸易园区在成立伊始便在法律框架内规范化运作。只有自由贸易园区的各级机构、各种政策、业务范围等均受法律约束和保障，国外投资者才能安心地在自由贸易园区进行投资。因此，建立健全相关的法律法规是园区发展的关键。

一是加强相关立法。我国传统的特殊监管区存在缺少立法的问题，如果自由贸易区建立后，继续使用以往的地方行政性法规，将可能在一定程度上影响国外投资者在我国自由贸易园区投资的信心。虽然《关于授权国务院在中国（上海）

自由贸易实验区等国务院决定的实验区内暂时停止实施有关法律规定的决定（草案）》通过，暂时缓解了《外资企业法》、《中外合资经营企业法》和《中外合作经营企业法》中的有关规定与自由贸易区在运行过程中某些行为的冲突，但暂行三年的限定仍制约自由贸易区未来稳健快速发展。因此，一旦时机成熟，限定应予以彻底取消。

二是完善企业投资设立和变更制度。目前，我国已有的《外商投资产业指导目录》过于宽泛，尚未对外商投资边界作出明确限制，难以适应自由贸易区发展。另外，通过法律手段在园区内取消合同章程审批，推行备案制也是一项迫在眉睫的工作。

三是建立健全争端解决机制。自由贸易园区建设是一项巨大且复杂的工程，能否公正、便捷地进行争端调解处理，与园区发展的前途和命运息息相关。作为各国和各国际性经济组织所普遍采用的争端解决方式，仲裁应成为园区争端解决的首选方式。此外，还应发挥商事调解在园区争端解决方面的积极作用。

（三）加大自由贸易园区体制机制创新力度

我国自由贸易园区应在充分发挥市场的决定性作用和更好发挥政府作用原则的基础上，积极探索管理模式创新。

一是简政放权，转变政府职能。充分发挥市场机制的作用，积极推进投资管理体制改革，促使贸易自由最大化，加快形成更加开放透明的投资管理制度，使园区内产业得到快速发展，投资便利化水平得到切实提高。

二是深化贸易监管制度创新。使“一线放开、二线安全、高效管住、区内自由”的创新监管制度得到具体落实。重点推进海关和检验检疫监管模式创新，推进“先进区、后报关”、“分送集报、自行运输”等服务监管制度方面的创新，以便贸易便利化水平得到进一步提高。

三是加大力度促进金融制度创新，推动实体经济的更好发展。例如，在资本项目可兑换、人民币跨境使用等方面先行先试，并建立与园区相适应的外汇管理体制。

四是深化行政管理体制改革，创新政府管理方式。通过建立协同和联合监管制度、社会信用制度、综合执法制度、社会组织参与市场监管制度、安全审查和反垄断审查协助监管制度、综合评估制度等六方面转变政府职能，推进园区综合监管制度建设。

五是着眼于可复制、可推广的改革创新探索。“负面清单”管理模式应进一步完善，政府监管、准入的透明度应更进一步得到提高，争取早日建成更加符合国际化、法制化、市场化的商业运营环境；暂停或取消对投资者资质要求、股比限制、经营范围限制等准入限制；积极推进“先照后证”商事登记制度改革。

三、结论

20 世纪 60 年代末至今，在全球化浪潮推动下，自由贸易园区进入蓬勃发展时期，目前全球 135 个国家约有 3500 个自由经济区，尤其是发展中国家，多将建立自由贸易园区作为发展国际贸易、引进外资和先进技术及振兴本国经济的试验基地和示范区。2013 年 9 月 29 日，中国（上海）自由贸易试验区正式挂牌开始运营。上海自由贸易园区作为我国大陆的第一个国家战略级自由贸易园区，对帮助我国先行先试、深化改革、顺应全球经贸发展新趋势、实行更加积极主动开放战略具有深远的指导作用。而巴西玛瑙斯自由贸易园区作为全球面积最大的自由贸易园区，经过四十余年的发展，取得了显著成绩，也积累了诸多经验，可为我国建立自由贸易园区提供参考与借鉴。

（《经济纵横》2015 年第 2 期）

巴西玛瑙斯自贸区发展实践与借鉴

邱书钦

自从1923年世界上第一个境内关外型自贸区FTZ（Free Trade Zone）——乌拉圭自贸区成立以来，全世界已建立自贸区一千多个。考虑到对外贸易和联系的便利性，大多数国家都把自贸区设置在工业基础好、交通便利的沿海城市，然而成立于1967年的巴西玛瑙斯自贸区却设置在远离沿海，地处西北部内陆的亚马逊腹地。玛瑙斯自贸区通过实行特殊的政策，吸引外资、引进技术，目前自贸区已经发展成为巴西北部经济社会发展的龙头，并且是拉美地区最大、最成功的自贸区之一。

一、玛瑙斯自贸区的建立和发展

玛瑙斯市位于巴西亚马逊河平原的中部，人口有二千多万，距离亚马逊河出海口约1700公里，是巴西北部重要的河港。作为亚马逊州首府，玛瑙斯市既是巴西的大城市之一，又是一个工业城市。19世纪末到第一次世界大战之前，亚马逊地区盛产橡胶，玛瑙斯市作为橡胶集散地，曾经有着“黑金之都”的美称，是盛极一时的世界性大城市，并在长达70年的时间里垄断了全世界的橡胶市场。1920年以后，随着东南亚橡胶种植业的发展和产量的增加，该地区橡胶业的国际竞争力急剧下降，由于失去了经济来源，玛瑙斯市的经济逐步走向落后、衰败。玛瑙斯市虽然自然资源丰富，具有进一步发展的资源基础，但是由于缺乏强有力的工业支撑，尤其是其位于西部内陆的亚马逊热带雨林的中心，不具备国际贸易的区域优势，因此必须找到一条符合玛瑙斯实际的内陆经济发展模式。

巴西国土范围广阔，区域之间的经济、社会发展失衡严重，为了保持领土的完整性，平衡全国发展，促进北部落后地区尤其是亚马逊地区的发展，巴西政府决定在这一区域实行特殊的经济政策。1957 年 6 月，巴西政府首次提出在玛瑙斯设立自贸区，并且给予进出口商品关税优惠等措施，以克服该地区正在遭受的严重经济危机，然而由于此时玛瑙斯市人口只有二十多万，优惠的进出口措施并没有取得太大的实际进展。1967 年 2 月，巴西政府颁布了第 288 号法令，通过立法的形式正式批准建立玛瑙斯自由贸易区（Free Economic Zone of Manaus），设置了直属中央的自贸区管委会，并且制定了相关的计划。由于玛瑙斯距离圣保罗、里约热内卢等中心城市较远，政府决定自贸区定位于两头在外、兼顾国内市场，发展对外贸易。1968 年 8 月，政府颁布新的法令，将玛瑙斯自贸区的一切优惠政策适用于整个西亚马逊地区，包括亚马逊、帕拉、郎多尼亚等州，整个区域面积占巴西国土面积的四分之一，成为世界上面积最大的自贸区。玛瑙斯自贸区的建立，成为巴西的“进出口走廊”，为巴西开辟了一个迅速引进外资和技术的通道，直接推动了 20 世纪 70 年代巴西经济高速增长的奇迹。

1968 年开始，自贸区就有跨国公司入驻，日立、夏普、松下、飞利浦、通用电器等公司陆续在此设立工厂。80 年代，很多日资企业大量入驻，成为自贸区居于主导地位的外资企业。90 年代以后，韩国三星把显像管生产基地也迁移到这里，与 LG 共同合作生产。进入 21 世纪，西门子、吉列、汤姆逊、诺基亚、百事可乐等企业也纷纷入驻该自贸区。目前入驻自贸区的跨国企业母国位于前三位的是日本、韩国和美国。1983 年华西木材公司入驻自贸区的农业园，成为最早入驻该区的中国企业。近年来随着中国企业走出去战略的实施，包括格力、嘉陵等企业在自贸区工业园开始大规模投资，建立主要的海外生产基地，但是总体来看入驻的中资企业比例还是很低。

经过四十多年的发展，作为巴西唯一的经济特区，自贸区已经从初期 1 万平方公里范围逐步辐射到整个西亚马逊区域，总面积达到 221 万平方公里，入驻园区的跨国企业也已达到 600 多个。依靠入驻的外资企业，玛瑙斯自贸区实现了经济的跨越式发展，连续多年人均收入增速位居巴西各州第一，使得这一地区彻底摆脱了长期依赖联邦政府补贴的落后局面。目前，玛瑙斯自贸区已经跃升为全球

2000多个自贸区中最为成功的前五名，成为南美区域经济发展最为成功的地区。2007年2月28日，玛瑙斯自贸区举行了40周年庆典，2008年自贸区的年销售额达到230多亿美元，共创造10万个就业机会。玛瑙斯也从一座偏僻小城变成了拥有200万人口的大城市。如今的玛瑙斯自贸区已经成为一个特色鲜明、规模宏大、效益显著的自由贸易区，成为巴西的第三大经济区，不仅是拉美最大的自由贸易区之一，也是巴西参与经济全球化的主要渠道之一。

二、玛瑙斯自贸区的成功做法

（一）实行优惠的税收政策

由于巴西各项税负繁多，企业的成本支出有一大半都花费在这上面，因此自贸区出台的所有政策核心，都是围绕免税或者是减税。首先，减免进口关税。凡是进入自贸区的外国商品，包括在区内消费、为转口转港储运的商品，以及区内企业为加工制造而使用的原材料、零部件、机械设备等都不需要进口许可证，全部免除进口关税。同时对于区内出口的商品，除了征收营业税，不征收其他税，但是自贸区内储存的来自国外的商品若是进入巴西其他地区销售时，就需要补缴关税，而巴西其他地区的产品运入自贸区，则免缴流通税。其次，工业产品税全免。为鼓励区内工业生产，在自贸区生产制造的产品不管是在区内消费还是销往巴西其他地区，都免缴工业产品税；如果销售到其他地区，只对产品中使用的原料和零部件征收进口关税，但可以减免其中的88%。再次，对于州流通税的退税。根据产品的不同，退税比率从55%到100%不等。最后，减免法人所得税。法人所得税是巴西很重的一种税，税率高达75%，对于自贸区内的企业，从开始盈利年度10年之内100%减免法人所得税。玛瑙斯自贸区减免税的措施是有期限的，1967年设立的时候有效期至少为20年，1986年政府颁布法令，将有效期延长到2007年，2003年政府又通过宪法修正，将期限延长至2023年。

（二）强化自治管理的职能

为了领导、协调、管理自贸区的发展，巴西政府于1967年颁布法令，决定设立管理委员会。管委会直属联邦政府领导，该机构不仅向自贸区提供优惠的政策，而且要合理利用分配资源、创造就业机会、促进整个西亚马逊地区的发展。管委会的职能主要是：制定发展规划，协调、督促规划的落实；对于区内企业进行技术援助；同中央和地方部门沟通协调，建议相关部门为自贸区的发展提供必要政策；制定自贸区发展的相关法令。自贸区管理委员会既不完全等同于政府部门，也不同于一般的企业，是政府和企业的结合体，具有相当大的自主权，是个跨州性的自治机构。

（三）加快发展经济，坚持环保先行

在发展经济与环境保护二者之间，玛瑙斯自贸区把环境保护放在了企业生产活动的前面。进入自贸区的企业全部严格按照相关规定进行操作，凡是造成生态环境污染破坏的企业和项目全部禁止进入，批准投资建设的项目首先应确保不能破坏生态环境。自贸区提倡所有企业采取节能环保的可持续的发展模式，企业生产运输和销售等相应环节都必须遵从可持续的原则，否则就会受到相应的惩罚。进入园区的企业虽然可以享受到优惠的税收政策，但这并不是“免费的馅饼”，这是因为所有进入园区的企业必须同时申请环保建设许可证和环保运营许可证，并且每年还要在环保部门进行登记、更新证书才能够享受到相应的优惠政策，否则就会就会受到相应惩罚，甚至吊销入驻资格。通过自贸区管理委员会和园区企业的共同努力，玛瑙斯自贸区在发展过程中不仅推动了巴西落后地区社会经济的发展，尤为重要的是，还成为经济发展与环境生态保护的典范。经历了将近半个世纪，玛瑙斯自贸区周边的热带雨林仍然生生不息。

（四）推进工农商综合发展、共同繁荣

玛瑙斯自贸区是亚马逊地区工业、商业和农牧业全面发展的中心，由三部分组成：工业区、免税商业区和农牧区。工业区入驻的企业通过引进的技术和资金，已经形成了 30 多个产业部门，形成了具有国际竞争力的四大主导产业，包括电子工业、两轮工业、钟表工业、眼镜工业，其中电子工业是整个拉美洲最大的产业园区，世界上几乎所有知名电视机厂商都设有大型生产基地。另外，作为重要的河港，美欧输往巴西国内以及邻近国家的货物，多以玛瑙斯为集散地，货物转港转运、仓储物流、包装分装业等也得到蓬勃发展，这为自贸区商业的发展创造了有利条件。1975年建立了免税商业区。由于亚马逊地区自然资源丰富，随着工商业的发展，当地的农牧渔业也得到较快发展，为此自贸区在距离玛瑙斯市50公里的地方成立了规模较大的农牧业区，面积达60多万公顷，建设了170多个农场，从事农牧业和水果蔬菜生产的就业人员达到3万多人。

（五）把自贸区的设置与落后区域的开发结合起来

为了促进巴西北部地区尤其是亚马逊地区的发展，巴西政府决定通过设置玛瑙斯自贸区来带动亚马逊河流域的开放，以促进毗邻落后地区经济社会共同发展，玛瑙斯自贸区所有的特殊优惠政策、自贸区的法令均适用于整个亚马逊地区，这样就形成了以玛瑙斯市为中心、整个西亚马逊内陆地区为腹地的两个开放层次，玛瑙斯吸引的资金、引进的技术也逐步向整个西亚马逊地区扩展，同时这些地区也可以利用自贸区免税进口原材料和先进机械设备。玛瑙斯自贸区每年都会相应地向邻近的州和地区提供无偿的财政支持，同时还资助相关机构调研这些地区的资源开发，进而带动巴西北部、西北部内陆地区的发展，缩小发展差距。可以说，通过一个城市的开放而带动整个内陆落后区域经济社会的发展是巴西政府相当高瞻远瞩的发展战略。

三、玛瑙斯自贸区实践对我国内陆自贸区建设的借鉴价值

第一，玛瑙斯自贸区的内向功能也就是辐射带动功能，对于我国内陆自贸区建设具有普遍的示范意义。辐射带动作用就是依靠玛瑙斯自贸区优惠税收政策，促进毗邻地区的经济社会发展，并将其经济效果进一步扩散到内陆更远的区域。由于玛瑙斯自贸区的带动，巴西曾经最为落后的西亚马逊地区实现了经济的腾飞，不仅甩掉了长期财政补贴的穷帽子，而且还成为巴西北方各州中唯一向中央国库纳税的州。作为正在角逐我国首批内陆自贸区的中心城市武汉、重庆、西安等，城市周围也都分布着很多贫困县区，有的甚至是国家级贫困地区，因而如何在城市本身快速发展的同时，实现周边落后地区的共同发展，就是一个亟待破解的难题。我国内陆自贸区建设，必须在进一步加大改革力度的同时，借鉴玛瑙斯自贸区的做法，获得国家更多的政策支持，尤其是包括关税在内的税收减免优惠政策，

才能通过一个点的开放，带动城乡一体化的协同发展。

第二，玛瑙斯自贸区的外向功能对于武汉和重庆的借鉴意义较为明显。由于亚马逊河流域拥有最佳内陆河航运优势，所以虽然地处内陆，远离沿海的玛瑙斯自贸区却依然具备发展加工制造、贸易转运的便捷条件。我国长江的航运条件虽说没有亚马逊河优越，但是长江同样具有强大的水运功能、完善的航运设施，以及纵深的流域内资源优势。因此，长江的这些优势也可以使得武汉、重庆将自贸区建设的定位在建成两头在外的更高档的加工制造基地。当然对于其他地处内陆的城市，也可以利用陆路交通枢纽的优势达到同样目的，甚至可以利用发展航空枢纽的优势来实现上述目的。为了实现外向功能，玛瑙斯自贸区划定了包括工业区、免税商业区、农业区非常大的区域。但是从我国国情出发，我国土地资源短缺，不适合在内陆自贸区搞一般的农业开发，但先进的工业制造区、生态农业区以及贸易商业区依然会占用较多的土地资源，所以进行自贸区建设的内陆城市，必须有较大的空间回旋余地，才能保证进驻自贸区的各种跨国公司能够有充足的发展空间。

第三，玛瑙斯自贸区既有加工贸易的特征，又有自由贸易的特征，但其定位是以发展加工制造业为主，而不是以服务业为主，免税商业区也是为促进加工制造产品的贸易而设置的。上海、广东、福建、天津自由贸易实验区的设置主要围绕负面清单管理、贸易便利化、外国投资自由化、金融服务业的全面对外开放进行的深化改革，因此这四个沿海自贸区发展的重点是以服务业为主，尤其是金融、航运、保险等服务部门。我国内陆自贸区建设在这方面不能与沿海自贸区完全一致，只能在吸收和借鉴沿海自由贸易试验区成功经验和做法的同时，发挥内陆工业城市的优势，通过更加灵活的优惠税收措施促进先进加工制造业与贸易业的发展，并带动周边城乡地区的同步发展。

（《对外经贸实务》2015年第4期）

巴拿马科隆自贸区的发展经验及启示

孟广文　刘　函　赵园园　王春智　王红梅　鲁笑男

一、科隆自由贸易区发展历程

巴拿马科隆自贸区的发展与演变经历了3个阶段，每个阶段的经营模式与功能都有所不同。

（一）20世纪50—70年代的“仓库型”科隆自由贸易区

20世纪50年代由于生产国际化、国际竞争以及科技革命的飞速发展，许多国家想通过建立与发展贸易型自由港和自贸区来参与国际分工，提高劳动生产率以及国际市场竞争力，获取更大经济效益。在这一过程中，无论是发达国家向外转移还是发展中国家接受和建立新的产业，或者促进国际贸易，都要选择较为有利的区位。由于巴拿马具有特殊的地理位置、便利的交通条件以及悠久的贸易历史，科隆自贸区便应运而生。

科隆自贸区始建于1948年，1953年正式投入运营。巴拿马地理位置优越，但国内市场容量小，科隆自贸区在20世纪60—70年代采用的是转口贸易运营模式：即科隆自贸区贸易公司从世界各国进口商品，然后再以批发销售方式把商品再出口到拉丁美洲和加勒比地区。在运营早期，科隆自贸区占地面积仅38公顷，仅有几间小仓库，11家公司，营业额仅有2240万美元。此时，国际商品交易还不发达，并且中南美洲又远离亚洲地区，科隆自贸区的建立使得巴拿马附近国家的商人都来此采购货物。由于货物少但需求量较大，自贸区内的公司只要能够找到货源就能够很快将商品销售出去，并获得5—10倍的利润。此时科隆自贸区的公司多采取仓库经营方式，即在仓库门外设有小橱窗，里面陈列着几种展品，而真正的畅销商品却不轻易展示。这些公司都是以电话或者电报的形式与国外客商联系，交易数量和金额都较大，但是每个公司的商品种类并不多，并且交易方式单一。这种交易方式短时间内确实给科隆自贸区内带来了繁荣。

科隆自贸区的转口贸易发展非常迅速，年进口额在20亿美元左右，并且逐年增长，一度成为西半球最大的自贸区。进口与转口商品主要有：轻纺工业（服装、鞋与电子产品）、工业机械、运输工具、原油、化工、医药和食品（香蕉、虾、蔗糖）。到20世纪70年代，科隆自贸区的销售市场主要包括墨西哥，中部加勒比海等国家以及南美的巴西、阿根廷、智利等国家。在此期间，科隆自贸区内建立的公司由最初的十几家发展到了300多家。

（二）20世纪80—90年代的“百货街型”科隆自由贸易区

20世纪70年代中后期，科隆自贸区转口集散型的发展模式陷入了困境。20世纪80年代初，美国军队从科隆地区基地撤出，外国投资也急剧下降，巴拿马整个国家经济衰退，政府所欠外债总额达62亿美元，失业率高达18%。此外，巴拿马国内收入差距扩大等问题也日益突出。1961年科隆自贸区的人均收入大约是巴拿马全国人均收入的3倍以上。科隆自贸区内中等收入水平所占比例较少，出现了高低收入阶层的两极分化。区内低收入阶层的30000多个岗位主要包括码头工人、仓库员工、保安和职员，月工资只有280—650美元，比少数销售经理低很多。

20世纪60年代自贸区内的外国公司通过转口贸易已与当地直接联系，使得科隆自贸区的转口贸易方式难以为继，从而导致科隆自贸区从繁荣走向衰落。此外，由于自贸区的主要进口国，如墨西哥和阿根廷等国家已经掌握了大部分客商来源，便直接与这些外国公司进行交易，以节省运费，获取更大经济效益。中南美洲国家还陆续开始建立新的自贸区，从而抢走了科隆自贸区的部分生意。

为改变这一状况，科隆自贸区转变发展模式，增加零售业务，向“百货街型”经营方式转型，促进了自贸区的再次繁荣与发展。在20世纪50—60年代，科隆自贸区的“仓库型”商品展览方式禁止零售业，但是，由于商品的滞销和客商的减少，区内开始允许客商经营零售业。以零售为特征的“百货街型”经营模式放开大部分商品免税零售，不少公司连成衣、手表、香烟等都可以零售，已达到吸引客商的目的。此外，为了促进“百货街”型自贸区的复兴，巴拿马政府根据美国政府实施的《加勒比海盆地振兴法》以及本国的实际情况，拟定了一份奖励投资的“马基拉计划”对加勒比和中美洲国家进行免税进口优惠，并鼓励其他国家前往投资加工制造业。只要这些公司能够取得当地的生产证明，就可以免税进入自贸区外市场，这项措施吸引了来自世界各地的大量投资。

“百货街”型经营模式使自贸区的进出口贸易额和短期外债占总外债的百分比等指标有很大改善。1981 年进出口贸易额达到 43 亿美元，1989 年上升到 45 亿美元，创造当时历史最高纪录。1991 年进出口贸易额达到 60 亿美元，1996 年更是达到 110 亿美元，自贸区内当年利润超过了巴拿马的国内生产总值。此外，区内公司引进越来越多的新产品，货物种类日益多样化，使客户有跑多家不如科隆自贸区一家的感觉。随着自由区经营好转，巴拿马外债也在减少。自 20 世纪 70 年代国家的外债一直呈增长趋势，最高短期外债达 44%，但得益于巴拿马政府实行马基拉计划，1996 年外债减少至 12%，到 2000 年时已无任何短期外债。

（三）21 世纪以来的“仓储区”与“商铺区”多元并存的科隆自由贸易区

“百货街型”自贸区已经恢复和改变了 20 世纪 70—80 年代的科隆自贸区的衰落状况，但仍不能满足科隆自贸区的复兴与发展需求。科隆自贸区在发展的后期，除具备贸易型的特点外，还发展运输、通讯、金融、保险、房地产、旅游和其他服务业。巴拿马政府将巴拿马运河衍生产业与科隆自贸区的产业进行整合，已发展与培育出一个以航运业为基础，包括多种中介服务的运河产业群与集聚带，以促进巴拿马国家的经济发展。随着产业类型的不断丰富，科隆自贸区的经营方式也随之出现了变化，由“百货街型”向更强调零售业务的“商铺区”转变，呈现出“仓储区”与“商铺区”并存的经营格局。

仓储区依然以经营转口贸易为主，主要功能包括货物仓储、包装、组装加工等物流与简单加工业。作为科隆自贸区的一大特色，商铺区内建筑多为楼房，可从事展示和免税零售业务。区内货物免税进口、商品价格低廉、品种繁多，推动了旅游业的发展，这不仅促进了自贸区本身的发展，也繁荣了区域经济。

科隆自贸区得以运转主要依赖于南美洲的大量商户需求。由于中国经济影响力的提高，与美洲经贸联系日益紧密，科隆自贸区的货物大多来自中国。在自贸区进口货物中，除了日本电器和意大利首饰等商品外，来自中国的商品主要有丝织品、工具、家用电器、玩具以及其他日用品等。自贸区出口国家主要包括美国、加勒比地区以及墨西哥、巴西、厄瓜多尔、哥伦比亚、委内瑞拉等。来自这些国家的出口货物为香蕉、鱼虾、糖、咖啡、服装等。随着经济活动的复苏，2008年自贸区的进口货物增长了13.7%，2012年则达到历史最高水平。

总体而言，科隆自贸区是世界上发展较为成功的自贸区。目前，科隆自贸占地约400公顷，区内有2000多家企业，共有2万人在这些企业就业，占科隆市就业人口很大比例。除此之外，还建成了5个大型码头和一个国际机场，进出口和转口贸易额达数百亿美元，可以说科隆市的繁荣发展是建立在自贸区的基础之上的。

（四）科隆自由贸易区未来发展展望

除现有的优惠政策，管理模式以及经营模式等内部条件外，科隆自贸区的3个外部条件对其未来发展具有举足轻重的作用。

巴拿马运河扩建与南美洲经济一体化。2014年是巴拿马运河开通的100周年，而2015年巴拿马运河的扩建将会给科隆自贸区的发展带来新机遇。截至2012年，巴拿马运河承载着全球贸易的5%的货运量，若扩建工程能顺利完成，货物年通过量也将由3亿吨提升至6亿吨，每年通过运河的船舶将达到1.7万艘。由于世界前三大经济体“美中日”三国是科隆自贸区的主要贸易国，因此，运河扩建将对远东及美东部地区集装箱运输和港口建设带来新机遇，也为自贸区与其他国家的贸易往来提供了更大的方便。此外，作为重要的贸易伙伴，随着南美洲区域经济一体化，科隆自贸区与南美洲将逐渐发展成为包括铁路、航空、海路和公路在内的区域多通道物流平台，区内每年的游客数量也将会超过25万人以上。

中国因素影响。科隆自贸区40%的货物来自中国，而最大的货物流向就是中国产品发往美国以及大西洋、加勒比地区。科隆自贸区具有实行境内关外加工贸易的条件，中国通过在此投资办厂，建立零部件加工组装基地，就可以规避欧盟、美国、巴西等国的原产地规则。中国与巴拿马经贸关系的发展会深刻影响科隆自贸区未来的发展。

新太平洋自贸区的竞争。为了吸引大型跨国公司，发展物流、商业和工业，建立国际贸易中心，巴拿马政府于2007年又在太平洋入口处建立巴拿马新太平洋自贸区。新自贸区连接巴拿马和中美洲以及北美洲，紧邻巴尔博亚港、国际机场和巴拿马首都巴拿马城。与科隆自贸区只是转口与零售为主的商业模式不同，新太平洋自贸区希望增加货物贸易的增值业务，发展信息技术和加工制造业以及通过职业培训解决熟练劳动力不足等问题，虽然成立时间较短，但发展前景广阔，给科隆自贸区的发展带来了较大挑战。新太平洋自贸区成立以来和科隆自贸区一起提供了近70000个工作岗位，大大降低了巴拿马整个国家的失业率。根据巴拿马政府的相关统计，科隆自贸区在2010年的前3个季度中的净收益是4.9亿美元，新太平洋自贸区的收入是1.6亿美元。

二、科隆自由贸易区的成功经验与面临的挑战

多种有利条件共同发挥作用促进了科隆自由贸易区的成功发展，近70年的发展历程中，它也经历了很多问题与挑战。

（一）成功经验与发展机遇分析

1. 联通两大洋的航运枢纽区位优势。科隆很早以前只是被印第安人称为“迪亚斯”的一片荒芜之地。最初，西班牙人来此修建堡垒，把从拉美各地掠夺的金银财宝在这里集中，然后再运回到西班牙。19世纪初，拉丁美洲人民开始独立斗争，大哥伦比亚共和国成立，当时巴拿马只是其中的一个省。1852年，“迪亚斯”正式改名为科隆，1903年，巴拿马建立独立的共和国。巴拿马运河将大西洋与太平洋连接起来，成为世界航运上最繁忙的水道之一，而科隆自贸区位于巴拿马运河的咽喉地带，濒临大西洋且三面环海，具有国际贸易航运枢纽有利区位优势。

2. 高效自由的自贸区管理模式。科隆自贸区海关办事机构只对进出口货物中与外界的联系通道进行监管，对区内货物的正常经营活动不加干预，豁免关税的范围相对较宽，并且自贸区的进出口手续简便快捷，通关效率很高。此外，科隆

自贸区（含新太平洋自贸区）采取的是“政府管理”的模式，即中央政府直接管理自贸区。由中央某个部或者由几个部组成一个管委会，并由总统直接任命一个理事会负责有关事务，这样便于科隆自贸区协调各方面的关系，提高办事效率，同时也有利于整个国家的统一规划和建设。

3. 优惠的税收政策与法律保障。一个国家税收优惠政策与设立自贸区的国家经济实力及经济发展阶段等方面紧密相关。对于市场经济相对成熟的发达国家，其总体经济实力较强且对外国投资的依赖性较弱，因此，实施的税收优惠政策就相对较少。相反，对于巴拿马这样的发展中国家，资金实力较弱，就需吸引外资，因此，在科隆自贸区内实行的税收优惠政策就较多。比如，巴拿马公司所得税平均为 30% ~ 40%，而在科隆自贸区内却只征收 2.5% ~ 8.5%；而且，除了车辆牌照税外，其余的销售税、增值税、不动产销售税以及企业和个人每月缴纳的市政税全部免除，只对烟酒、毒品和危害公共安全的物品征收关税。

1925 年巴拿马通过的第 8 号法令决定成立国家海商局。1948 年第 18 号法令批准开设科隆自由贸易区，允许在区内开展转运和转口贸易活动以及有关的装配活动。此外，为了缓解 20 世纪晚期的衰落，巴拿马政府制定了一系列法律制度以及激励措施使科隆自贸区得以持续发展，例如《内销及外销工业奖励法》（1986 年 3 月）、《加工区设立及营运特别法》（1992 年 11 月）、《观光事业投资奖励法》（1994 年 6 月）、《普遍化优惠奖励法》（1995 年 6 月）、《外国人投资保护法》（1998 年 7 月）以及《银行法》（1990 年颁布，1998 年修订）。此外，巴拿马政府制定了许多有利于区内客户经营的政策，例如客户在区内存款，任何自然人和法人可以不需公开身份，也不需公司营业执照以及只要公司雇佣 10 个巴拿马当地人就可以注册公司等。

（二）存在的问题与挑战

1. 贫困和犯罪问题较严重。世界银行 2012 年巴拿马社会保障项目指出，超过 32% 的巴拿马人居住在贫困地区，12% 以上的人口生活在极端贫困地区。在一定意义上，建立自贸区加剧了巴拿马的经济发展区域差异。由于政府采取相对宽松的监管措施，科隆自贸区历史上出现很多违法问题。巴拿马自贸区的非法活动之所以层出不穷，一方面是因为军队与进口商勾结获取免税收益；另一方面不少走私贩通过自贸区走私武器以及其他非法货品再转运到南美一些犯罪率高发的地方。

2. 本国高层次人才缺乏。巴拿马的教育体系不完善，导致本国高素质人才缺乏，难以满足区内高技术产业的要求。虽然人力资源较为丰富，但是大多从事低技术工作，科隆自贸区内的高素质人才往往通过引进而不是通过本地培训获得，这虽然短期内能够满足自贸区发展需要，但从长远看不能使自贸区可持续发展。

3. 收入差异大造成社会不稳定。由于国家的产业、教育、医疗以及公共住房等投资大都集中在科隆自贸区内，造成对其他地区投入较少，例如韦拉克鲁斯和巴拿马城的大片地区仍然被忽视。区内小部分中高收入阶层都是由国家精英或者为外籍人士所占有，而大多数为处于底层的工薪阶层，两极分化严重，而更不公平的是高收入人群实行递减税政策，即收入越高缴税越少。因此，表面的繁荣掩盖了结构性的弱点，容易导致社会的持续不稳定。

三、科隆自贸区对中国自贸区发展的启示

一个成功的自贸区往往具有有利的区位条件、高效自由的监管、有吸引力的税收政策、不断优化的经营模式以及以航运为基础的产业群。同时，如果自贸区的特殊地位被滥用，也会出现贫富两极分化、走私犯罪等问题。结合中国自贸区的建立以及“一带一路”倡议的实施，科隆自贸区在五个方面具有借鉴意义。

（一）“一带一路”倡议下贸易畅通的重要节点

“一带一路”倡议主要包含欧亚大陆和非洲，但同时向美洲和世界其他大洲开放，其主要目标是通过政策沟通、设施联通、贸易畅通、资金融通和民心相通，实现沿线各国共同发展与繁荣的目标，而贸易畅通则是“一带一路”连接美洲的主要方式。中美洲位于美洲大陆的中心位置，而位于中美洲的巴拿马运河是连接太平洋和大西洋国际贸易航线的节点，科隆自贸区对“一带一路”倡议下中国在美洲的贸易与投资能够发挥重要的平台与支撑作用。应该充分发挥科隆自贸区在货物中转、加工与投资促进的作用，使之成为中国货物与投资进入美洲尤其是拉

丁美洲的跳板与基地，成为"一带一路"倡议在拉丁美洲的先行区，发挥示范带动作用。

（二）自贸区的成功很大程度上依赖于合理的选址

科隆自贸区依托作为跨洋与跨洲贸易通道的巴拿马运河，是世界上屈指可数的货物集散中心。就区位条件而言，上海自贸区尽管不具备横跨两洋航线的优势，但位于北太平洋主航线上，背依中国经济最发达的长三角，又有洋山深水港，因此，上海具有建立世界航运中心的有利条件。广东与福建未来应该通过与香港和台湾的合作，共同成为中国南部世界航运与贸易中心。天津自贸区依托天津港，但由于居于渤海湾内侧，偏离太平洋主航线，又有渤海湾港口与韩国港口的竞争，因此，只有开展水铁联运，开拓中欧集装箱铁路班列，才能够发挥京津冀腹地的经济优势，把港口和铁路运输结合起来，成为中国北方航运中心。

（三）自贸区应因时因地确定功能定位与经营模式

巴拿马自贸区经历了仓库型、百货街型及百货街与商铺型综合发展的经营模式的转变。这一经验说明，自贸区的经营模式与功能应该根据自身条件和国内外政治经济状况加以调整。科隆自贸区毕竟是以转口贸易为基础，功能较单一，而中国自贸区大多为综合型自贸区，因此，必须根据自身优势及国家的需求以及国际政治经济形势变化，因时因地的进行合理的功能定位。天津自贸区在京津冀协同发展战略下以融资租赁业、航运与国际贸易为特色，广东自贸区在粤港澳经济更加融合的战略背景下开展高端金融服务创新业务，福建自贸区在海峡两岸经济进一步融合背景下离不开对台湾的贸易合作，而上海自贸区未来发展和上海国际经济、金融、航运、贸易四大中心的建立密切相关。

（四）航运物流业是自贸区的基础产业

巴拿马科隆自贸区的成功有赖于其在航运物流、转口贸易基础上，培育运河产业群，才使科隆成为今天的世界航运中心和贸易中心之一。此外，科隆自贸区在船舶代理、船舶及货物保险等航运服务业方面积累了丰富的经验。上海自由贸易试验区的港口规模和其他设施已然超过了科隆港，具备了成为国际航运中心的条件，而科隆自贸区培育航运物流业为基础的运河产业群经验，则为上海自贸区向国际航运服务业中心发展提供了有益借鉴。广东和福建自贸区作为中国南方的货物集散地，对东南亚等国家也具有相当规模的国际海运转运潜力。而天津自贸区依托京津冀、环渤海、三北地区以及中北亚广大的经济腹地，随着“一带一路”战略的实施以及欧亚大陆桥的建立，其航运物流业必然会得到发展，并带动国际贸易、金融及现代服务业的发展。此外，可以结合科隆自贸区的发展经验在自贸区内进行商品零售与批发业务，促进所在地区经济和旅游业的繁荣。

（五）自贸区实施简化的税收体系

科隆自贸区为了吸引外资，采取了众多的税收优惠政策，而中国自贸区建立目标主要是服务业开放，实行国民待遇与负面清单管理政策，一般不允许自贸区开展零售业务，对关税及所得税等税收没有特别优惠。未来，如果自贸区转口贸易发展，可借鉴巴拿马自贸区经验，允许自贸区开展零售业务及旅游业。此外，为了进一步降低区内企业的运营成本，自贸区可以探讨简化税收名目和税率水平，促进中国自贸区的转型发展。

（《地理科学》2017 年第 6 期）

出版说明

为深入学习贯彻习近平新时代中国特色社会主义思想和党的十九大精神，促进广大党政干部对高质量发展、乡村振兴、精准扶贫、防范化解重大风险、美丽中国、健康中国、自由贸易区建设、“一带一路”建设、长江经济带建设等新时代发展方略的理解和落实，我们编辑出版了《新时代发展方略党政干部参考读本》丛书。书中选用了一些中央和地方知名媒体的相关文章，在本丛书出版之际，我们谨向有关媒体和作者表示衷心感谢！由于各种原因，我们没能与部分作者取得联系，敬请谅解。请这些作者速与我们联系，以便奉上稿酬、赠送样书。

本书编辑组

2019 年 12 月